Die gesonderte und einheitliche Feststellung

Studien zum Steuer-, Bilanz- und Gesellschaftsrecht

Herausgegeben von André Meyer

Band 4

PETER LANG

Enrico Stenzel

Die gesonderte und einheitliche Feststellung

Thesen zu einer subjektivitäts-, zweck- und interessengerechten Ausgestaltung des Verfahrens bei Einkünften Mehrerer (insbesondere bei Mitunternehmerschaften)

PETER LANG

Bibliografische Information der Deutschen Nationalbibliothek
Die Deutsche Nationalbibliothek verzeichnet diese Publikation in der Deutschen Nationalbibliografie; detaillierte bibliografische Daten sind im Internet über http://dnb.d-nb.de abrufbar.

Zugl.: Bayreuth, Univ., Diss., 2019

D 703
ISSN 2566-7122
ISBN 978-3-631-80139-0 (Print)
E-ISBN 978-3-631-82028-5 (E-PDF)
E-ISBN 978-3-631-82029-2 (EPUB)
E-ISBN 978-3-631-82030-8 (MOBI)
DOI 10.3726/b16873

Peter Lang – Berlin · Bern · Bruxelles · New York · Oxford · Warszawa · Wien

Diese Publikation wurde begutachtet.

www.peterlang.com

Meiner Mutter

Vorwort

Die vorliegende Arbeit wurde im Wintersemester 2018/2019 von der Rechts- und Wirtschaftswissenschaftlichen Fakultät der Universität Bayreuth als Dissertation angenommen. Für die Drucklegung konnten Rechtsprechung und Literatur bis September 2019 berücksichtigt werden.

Großen Dank schulde ich meinem Doktorvater, Herrn Prof. Dr. *Markus Möstl.* Er hat die Entstehung dieser Dissertation stets wohlwollend begleitet und durch wertvolle Anregungen und Hinweise gefördert. Danken möchte ich zudem Herrn Prof. Dr. *André Meyer,* LL.M. Taxation, für die interessierte Übernahme des Zweitgutachtens sowie die Aufnahme meiner Arbeit in die Schriftenreihe „Studien zum Steuer-, Bilanz- und Gesellschaftsrecht". Frau Prof. Dr. *Nina Nestler* danke ich für die Übernahme des Vorsitzes der Prüfungskommission. Während meiner Tätigkeit an ihren Lehrstühlen an der Universität Bayreuth haben mir Herr Prof. Dr. *André Meyer,* LL.M. Taxation, sowie Frau Prof. Dr. *Nina Nestler* die Freiräume zur Anfertigung dieser Arbeit eingeräumt. Vielen Dank dafür.

Mein freundschaftlicher Dank gilt Herrn Priv. Doz. Dr. *Christoph Zehetgruber,* nicht lediglich für die mühevolle Durchsicht und Korrektur des Skriptes in seiner Rohfassung, sondern auch für die vielen aufbauenden Gespräche. Meine Frau *Susanne* hat in der Schlussphase der Dissertation die alltäglichen Lasten des Lebens nahezu allein geschultert, mir so den Rücken frei gehalten und damit Lebensumstände geschaffen, deren Bedeutsamkeit für die Entstehung einer wissenschaftlichen Arbeit nicht zu unterschätzen ist. Ihr danke ich zudem sehr für die Übernahme der unbequemen Schlussredaktion und der damit verbundenen Auseinandersetzung mit der sich nicht immer auf Anhieb erschließenden Schönheit juristischer Diktion.

Gewidmet ist diese Arbeit meiner Mutter *Beate.* Ihrem Vertrauen in mich sowie ihrer in vielfältiger Weise gewährten, vorbehaltlosen, vor allem aber auch selbstlosen Unterstützung, die Sie mir immerfort hat zukommen lassen, verdanke ich die Chancen, die sich mir aufgrund des dadurch ermöglichten, qualifizierten Bildungsweges boten. Meine geliebten Großeltern, die mich nicht minder gefördert und geprägt haben, wären noch stolzer gewesen.

Frankfurt (Oder), im November 2019
Enrico Stenzel

Inhaltsübersicht

Inhaltsverzeichnis

A. Einleitung

Sind an Einkünften, welche im Zusammenhang mit einer Beteiligung an einer Personengesellschaft oder Gemeinschaft erzielt werden, mehrere Personen beteiligt und die Einkünfte diesen Personen steuerlich zuzurechnen, so sind die Einkünfte gesondert, § 180 Abs. 1 S. 1 Nr. 2 a) AO, und einheitlich, § 179 Abs. 2 S. 2 Alt. 2 AO, festzustellen. Festzustellen sind ebenfalls mit diesen Einkünften im Zusammenhang stehende andere Besteuerungsgrundlagen, § 180 Abs. 1 S. 1 Nr. 2 a) AO. Bei genauerer Betrachtung handelt es sich hierbei um eine aus juristischer Sicht reizvolle verfahrensrechtliche Materie. Die Gründe sind vielschichtig. So kommt man bereits, wenn man sich auf zivilrechtlicher Ebene mit Personengesellschaften befasst, unweigerlich an den ein gewisses Grundverständnis akzentuierenden Schlagworten „*Einheit der Gesellschaft*" und „*Vielheit der Gesellschafter*" nicht vorbei. Ähnlich ringt man seit vielen Jahren um die zutreffende materiell-rechtliche Vorstellung zu Personengesellschaften im Ertragsteuerrecht. Auch wenn sich hier mit der Abkehr von der Bilanzbündeltheorie eine universelle Basis erkennen lässt, kann man aus heutiger Sicht bedauernswerter Weise nicht mehr als ein weitgehend gesichertes Zwischenergebnis abbilden. Unbeschadet des materiellen steuerlichen Verständnisses von Personengesellschaften und auch von Gemeinschaften unterliegen diese nach der ausdrücklichen gesetzlichen Konzeption aber nicht selbst der Ertragsbesteuerung. Steuerschuldner sind die Gesellschafter und Gemeinschafter. An diese Ausgangslage hat das Steuerverfahrensrecht anzuknüpfen. Es bedient sich hierbei indessen nicht des hergebrachten Instrumentariums, sondern stellt mit der gesonderten Feststellung gerade einen besonderen Verfahrensgang bereit. 1

Naturgemäß sind mit einer abweichenden prozeduralen Umsetzung Besonderheiten und über das allgemeine Steuerverfahren hinausgehende Fragestellungen verknüpft. Auch wenn sich die vorliegende Arbeit nicht dem Ziel verpflichten kann, sämtliche Eigenheiten und Konstellationen einer umfassenden Würdigung zu unterziehen, scheint die Betrachtung wesentlicher Aspekte, beispielsweise der Ausgestaltung des Verfahrensgangs an sich, des Anwendungsbereiches sowie der Fragen zur Einkünfteermittlung, lohnend. Teilweise sollten in diesen Bereichen vorherrschende und tradierte Auffassungen überdacht werden. Über derartige Überlegungen sowie über die grundlegende Darstellung des Verfahrens hinausgehend widmet sich diese Untersuchung vornehmlich zweier Grundsatzfragen. 2

Es soll dargelegt werden, dass sich Personengesellschaften, gegebenenfalls auch Gemeinschaften, als Verfahrensbeteiligte in das Verfahrensrechtsverhältnis integrieren lassen und zu integrieren sind. Hierzu ist zunächst erforderlich, sich der Reichweite und Grundlagen ihrer materiellen Ertragsteuersubjektivität zu vergewissern. Es wird zu zeigen sein, dass nach zutreffender Ansicht und abgesehen von der letztendlichen Steuerschuldnerschaft eine umfassende materielle 3

Verselbständigung dieser Unternehmungen[1] anzunehmen ist. Entgegen dieser materiellen Subjektivierung verweigert die derzeitige verfahrensrechtliche Ausgestaltung nach nahezu einhelliger Ansicht aber deren Umsetzung in das Verfahrensrecht.[2] Stellt sich das Schrifttum zum materiell-rechtlichen Verständnis von Personengesellschaften im Steuerrecht als nahezu unüberschaubar,[3] wenn auch

---

1 „*Unternehmung*" wird im Folgenden unabhängig von der Einkunftsart, somit auch unabhängig vom Vorliegen einer Mitunternehmerschaft, als Oberbegriff für Personen[handels]gesellschaften und Gemeinschaften verwendet. Zu etwaigen Einschränkungen der Begrifflichkeit hinsichtlich der Umsetzung der materiellen Verselbständigung zivilrechtlich nicht rechtsfähiger Unternehmungen im Steuerverfahren aufgrund möglicherweise fehlender prozeduraler Beteiligungsfähigkeit siehe noch Rdnr. 114 ff., insb. Rdnr. 118. Gesellschafter und Gemeinschafter werden als „*Beteiligte*" bezeichnet.

2 Siehe exemplarisch zur fehlenden Erklärungspflicht der Unternehmung: BFH, Urteil vom 23.08.1994 – VII R 143/92, BStBl. II 1995, S. 194 (195); BFH, Urteil vom 21.05.1987 – IV R 134/83, BStBl. II 1987, S. 764 (765); *Brandis* in Tipke/Kruse, AO FGO, § 181 AO Rn. 13; *Söhn* in Hübschmann/Hepp/Spitaler, AO FGO, § 181 AO Rn. 49; *Frotscher* in Schwarz/Pahlke, AO FGO, § 181 AO Rn. 8; *Kunz* in Gosch, AO FGO, § 181 AO Rn. 13. Zur Nichtadressierung des Feststellungsbescheides an die Unternehmung: BFH, Urteil vom 02.07.2004 – II R 73/01, BFH/NV 2005, S. 214 (216); BFH, Urteil vom 31.08.1999 – VIII R 21/98, BFH/NV 2000, S. 554 (555); BFH, Urteil vom 07.04.1987 – VIII R 259/84, BStBl. II 1987, S. 766 (767); FG Hamburg, Urteil vom 31.10.1985 – I 54/82, EFG 1986, S. 364 (364); *Söhn* in Hübschmann/Hepp/Spitaler, AO FGO, § 179 AO Rn. 150; *Brandis* in Tipke/Kruse, AO FGO, § 179 AO Rn. 8; *Frotscher* in Schwarz/Pahlke, AO FGO, § 179 AO Rn. 28; *Kunz* in Gosch, AO FGO, § 179 AO Rn. 20. In Rechtsbehelfsverfahren soll keine Beschwer der Unternehmung geltend zu machen sein: BFH, Urteil vom 25.04.2006 – VIII R 52/04, BStBl. II 2006, S. 847 (848); BFH, Beschluss vom 24.03.2011 – IV B 115/09, BFH/NV 2011, S. 1167 (1168); BFH, Beschluss vom 19.05.2000 – VIII B 98/99, BFH/NV 2000, S. 1444 (1445); BFH, Urteil vom 27.05.2004 – IV R 48/02, BStBl. II 2004, S. 964 (966); *Dißars/Dißars*, BB 1996, S. 773 (774); *Werth* in Gosch, AO FGO, § 352 AO Rn. 7; *Keß* in Schwarz/Pahlke, AO FGO, § 352 AO Rn. 9; *Brandis* in Tipke/Kruse, AO FGO, § 48 FGO Rn. 7; *Siegers* in Hübschmann/Hepp/Spitaler, AO FGO, § 352 AO Rn. 33, 40; *Meßmer*, FR 1990, S. 205 (211); *von Beckerath* in Gosch, AO FGO, § 48 FGO Rn. 95; *Stadie*, Rn. 760 Fn. 2; *Heißenberg*, KÖSDI 1990, S. 8037 (8039); *Hardtke* in Kühn/von Wedelstädt, AO FGO, § 352 AO Rn. 7; *Pinkernell*, S. 70 f.; *Haarmann* in Haarmann/Schmieszek, Fach 31307 Rn. 70.

3 Zum Meinungsspektrum exemplarisch *Heyll*, S. 291 ff.; *Schön*, StuW 1996, S. 275 (282); *Herrmann*, DStZ 1998, S. 87 (88); *Ruppel*, DStZ 1982, S. 465 (466 ff.); *Döllerer*, JbFSt 1986/1987, S. 37 (46 f.); *Krüger*, FR 2016, S. 1031 (1035 ff.); *Raupach*, StuW 1991, S. 278 (280), *Hüttemann* in GS Knobbe-Keuk, S. 39 (43); *Hallerbach*, S. 233 f.; *Kuck*, S. 48 Fn. 108, S. 59 ff.; *Pinkernell*, S. 30 ff.; *Beierl*, S. 74, 84 f.; *Kurth*, S. 283 f.; *Bodden*, S. 37 ff.; *Erm*, S. 56 ff.; *Fischer* in FS Beisse, S. 189 (191 ff., 198); *Mönkemöller*, S. 112; 127 ff., 194 f.; *Desens/Blischke* in Kirchhof/Söhn/Mellinghoff, EStG, § 15 Rn. C 20 ff.; *A. Schmidt*, S. 44 f.; *Gschwendtner* in FS Klein, S. 751 (770 ff., 779); *Gschwendtner*,

ergänzungswürdig, dar, sind kaum Ansätze ersichtlich, welche sich eingehender mit einer verfahrensrechtlichen Harmonisierung befassen.[4] In diesem Zusammenhang sollen Argumentationsstrukturen und Interpretationsspielräume aufgezeigt werden, die eine Einbindung der Personenmehrheit erlauben und nahelegen. Bequemliche Forderungen nach einer Verfahrensausgestaltung de lege ferenda sollen durch eine konsequent auf den Gesetzestext ausgerichteten Betrachtung vermieden werden.

Zudem ist hinsichtlich des Umfangs des einheitlichen Feststellungsverfahrens 4
seit seiner Schaffung und normativen Ergänzung eine fortschreitende Ausweitung nicht zu verkennen. In diesem Kontext ist die weit vorherrschende und praxisbestimmende Einbeziehung der Sonderbetriebssphären der Beteiligten in die einheitliche Feststellung eingehend und kritisch zu hinterfragen. Hierdurch werden sämtlichen Beteiligten sämtliche Geschäftsvorfälle aller Sonderbetriebssphären bekannt. Lösungsansätze, welche insbesondere den Geheimhaltungsinteressen der Beteiligten gerecht werden könnten, sind, soweit überhaupt vorhanden,[5] nicht praktikabel oder vermögen nicht sämtliche Konstellationen rechtlich zutreffend aufzulösen. Dieser Problematik wird ein Alternativmodell entgegengestellt, welches sich aus den gesetzlichen Vorgaben entwickeln lässt.

Zum Zweck der entzerrenden Darstellung werden zunächst jedoch die Grundla- 5
gen der gesonderten und einheitlichen Feststellung nachgezeichnet. Hierbei sollen anhand eines historischen Abrisses der überwiegend anerkannte Status quo der materiellen Besteuerungssystematik sowie dessen verfahrensrechtliche Einkleidung reflektiert werden. Ausgehend von dieser Sachstandsumschreibung erweist es sich für die späteren Betrachtungen als gewinnbringend, wenn man sich neben der Funktionsweise den Sinn und Zweck der gesonderten und einheitlichen Feststellung vergegenwärtigt, da diesem für die Interpretation und Normanwendung in nahezu allen Einzelfragen eine gewichtige Rolle beizumessen ist. Die nach den materiellen Subjektivitätsüberlegungen darzustellenden Verfahrensfragen binden zunächst auch lediglich diese Thematik ein, sind somit zur Wahrung erleichterter Erfassbarkeit nicht an einem zur tradierten Auffassung abweichenden Umfang der einheitlichen Feststellung orientiert. Entsprechende Ausführungen erfolgen gesondert.

DStZ 1998, S. 335 (338); *Engel*, Vermögensverwaltende Personengesellschaft und ertragsteuerliche Selbständigkeit, S. 33 ff.

4 Einen ganzheitlicheren Ansatz im Rahmen eines einheitlichen Steuerrechtsverhältnisses vertritt *Stehr*, S. 50 ff. Zur Adressierung und Rechtsbehelfsbefugnis siehe auch *von Groll* in Gräber, FGO[7], § 48 Rn. 12, § 57 Rn. 26.

5 Für eine Erfassung der Sonderbetriebssphären im Festsetzungsverfahren *Reuter*, S. 124, *Keuk*, StuW 1974, S. 1 (42); *Keuk*, DB 1971, S. 2326 (2328 f.); *Knobbe-Keuk*, S. 519; eine differenzierende Betrachtung findet sich bei *Brandis* in Tipke/Kruse, AO FGO, § 180 AO Rn. 63; *Söhn* in Hübschmann/Hepp/Spitaler, AO FGO, § 180 AO Rn. 247; *Kunz* in Gosch, AO FGO, § 180 AO Rn. 49; *Felix*, KÖSDI 1987, S. 6991 (6993).

B. Grundlagen

Unternehmungen in Form von Personengesellschaften und Gemeinschaften waren und sind selbst nicht Ertragsteuerschuldner.[6] Sie werden insoweit materiell steuerlich grundsätzlich als transparent betrachtet (sogenanntes „*Transparenzprinzip*"). Diese ausdrückliche gesetzgeberische Entscheidung vermögen weder herangereifte zivilrechtliche noch steuerrechtliche Sichtweisen zum Wesen der Personengesellschaften und teilweise der Gemeinschaften zu beseitigen. Aber auch ohne Steuerschuldnerschaft wird einer Unternehmung als Ebene, auf der nicht nur Beteiligteninteressen zusammenfinden, sondern auch ertragsteuerrelevante Sachverhalte verwirklicht werden, nach heutigem Verständnis eine Bedeutung beigemessen. Das konkrete Ausmaß dieser Relevanz erscheint jedoch beklagenswerter Weise noch nicht abschließend geklärt (hierzu noch gesondert Rdnr. 62 ff.). Gleichwohl lässt sich, anknüpfend an die historische Entwicklung, zunächst ein weitgehend anerkanntes Grundverständnis aufzeigen. 6

Unbeschadet der materiell-rechtlichen Verortung einer Unternehmung kommt dem Steuerverfahrensrecht die Aufgabe zu, den Weg hin zu einer zutreffenden Besteuerung der an der Unternehmung Beteiligten zu ebnen. Es hat hierbei die Eigentümlichkeit zu meistern, dass sich ein Steuerpflichtiger gerade mit anderen Steuerpflichtigen zusammengeschlossen hat. Auch dem Gesetzgeber wurde beizeiten bewusst, dass eine jeweils isolierte Betrachtung der Beteiligten wenig zielführend sein muss. Fortan bediente er sich mit der gesonderten und einheitlichen Feststellung von Einkünften, die mehreren Personen zuzurechnen sind, einer speziellen verfahrensrechtlichen Konstruktion; eines „*verfahrensrechtlichen Tricks*". Dessen Funktionsweise ist, betrachtet man den grundsätzlichen Ansatz, kunstlos wie überzeugend. Die mit ihm zutreffender Weise verbundene Zwecksetzung, als gewichtiges Element der Interpretation, liegt auf der Hand. Nicht aber alles, was der Interpretation dient, wird gleichsam zum Zweck. 7

I. Historischer Überblick zu Personengesellschaften im Ertragsteuerrecht

Das privatrechtliche Verständnis der verbandsmäßigen Verfasstheit von Personengesellschaften[7] war seit jeher einer teilweisen, vermeintlich schleichenden, so doch in mancher Hinsicht auch einschneidenden Rechtsentwicklung unterworfen. Auch das materielle Steuerrecht hat sich einem gewissen Fortschritt nicht vollkommen 8

---

6 Ertragsteuer verstanden als Einkommen- und Körperschaftsteuer. Zur Gewerbesteuer siehe Rdnr. 416.

7 Zur ertragsteuerlichen Betrachtung von Gemeinschaften siehe kursorisch Rdnr. 21 a.E. sowie Rdnr. 99.

verschlossen. Auch wenn die Reichweite dieser Entwicklung nach neueren Rechtsprechungstendenzen (unzutreffender Weise) wieder infrage zu stehen scheint (hierzu gesondert unter Rdnr. 64 ff.), lässt sie sich bis hin zum heute weitgehend gesicherten Verständnis wie folgt nachzeichnen.

1. Das Preußische Einkommensteuergesetz von 1891

9 Das Preußische Einkommensteuergesetz von 1891[8] (PrEStG) belegte lediglich natürliche Personen, insbesondere die *„Preußischen Staatsangehörigen“*, § 1 Nr. 1 PrEStG, sowie ausgewählte juristische Personen, § 1 Nr. 4, 5 PrEStG, mit einer Steuerpflicht. Das Einkommen der steuerpflichtigen natürlichen Personen umfasste unter anderem die Einkünfte *„aus Handel und Gewerbe einschließlich des Bergbaus“*, § 7 Nr. 3 PrEStG. *„Der von einer nicht ... steuerpflichtigen Erwerbsgesellschaft erzielte Geschäftsgewinn“* war *„den einzelnen Theilhabern nach Maßgabe ihres Anteils anzurechnen“*, § 14 Abs. 2 Nr. 2 PrEStG. Wörtlich ging das Preußische Einkommensteuergesetz 1891 somit von einem zweistufigen Besteuerungskonzept aus: auf der ersten Stufe erzielt die Personengesellschaft einen Gewinn, der den Gesellschaftern auf einer zweiten Stufe zugerechnet wurde.[9] Teilweise wird aus dieser Normierung der Schluss gezogen, dass das Gesetz der zum damaligen Zeitpunkt maßgeblichen zivilrechtlichen Lehre von *Otto von Gierke* folgte,[10] der in seinen späteren Werken auch von der Rechtssubjektivität der Personengesellschaft ausgegangen ist,[11] oder dass diese Lehre in der damaligen Rechtsansicht zumindest vorherrschend war.[12] Indessen war weder die Lehre *von Gierkes* vorherrschend, noch entsprach es dem allgemeinen Verständnis, einer Personengesellschaft als Gesamthandsgemeinschaft allgemein Rechtssubjektivität zuzuerkennen.[13] Nachweisen lässt sich in diesem Zusammenhang lediglich, dass einerseits die Betrachtung des Gesellschaftsvermögens als einheitliches Rechtsobjekt bei Gesamthandsgemeinschaften in Diskussion stand[14] und andererseits die Rechtsprechung

---

8 Preußisches Einkommensteuergesetz vom 24. Juni 1891, PrGS 1891, S. 175 ff., abgedruckt auch bei *Fuisting*, PrEStG, S. 101 ff.

9 *Bodden*, S. 15; *Hallerbach*, S. 101 f.

10 So *Bodden*, S. 15.

11 Beispielsweise *von Gierke*, S. 661 sowie S. 682, *„rechts- und handlungsfähige Kollektiveinheit“*, *„Personenmehrheit als solche rechtsfähig“*; hierzu auch *K. Schmidt*, NJW 2001, S. 993 (994).

12 So *Kurth*, S. 129.

13 Statt Vieler ausführlich hierzu *Meyer*, Verbandsmitgliederhaftung, S. 15 ff., mit umfassenden Nachweisen.

14 Hierzu *Meyer*, Verbandsmitgliederhaftung, S. 17 ff., 22, der zudem auf S. 23 in Fn. 135 darlegt, dass zwar eine Mindermeinung die Gesamthandsgesellschaften als rechtsfähig ansah, die Personenhandelsgesellschaften aber nicht als solche verstanden wurden (abgesehen von *von Gierke* in seinen späteren Werken; siehe Fn. 11).

vereinzelt die Gesellschaft als Vermögensträger ansah.[15] Dass aber der Gesetzgeber mit dem Preußischen Einkommensteuergesetz eine (wie auch immer verstandene) zivilrechtliche Verselbständigung der Personengesellschaft[16] nachzeichnen wollte, kann weder angenommen noch belegt werden. Vielmehr ist der Grund der damaligen Ausgestaltung in der zu jener Zeit vorherrschenden Quellentheorie zu erblicken.[17] Die selbst nicht der Besteuerung unterliegende Gesellschaft wurde als gewerbliche Unternehmung beziehungsweise gemeinsam betriebener Gewerbebetrieb als eben eine solche Quelle des Ertrages angesehen.[18] Hiermit verbunden war sodann auch, dass die Gesellschaft als Personenzusammenschluss das Subjekt der Einkünfteerzielung bildete.[19] Viel zitiert sind die damaligen Darlegungen von *Fuisting* hierzu: *„Mag eine gewerbliche Tätigkeit von einer Person allein oder zusammen mit anderen Personen, also in irgendeiner Gesellschaftsform, ausgeübt werden, als Quelle erscheint stets die gewerbliche Unternehmung. Auch wenn mehrere Personen zusammen die Inhaber des Betriebes sind, so ist doch für jeden von ihnen der gemeinschaftliche Betrieb, nicht etwa das Anteilsrecht des einzelnen, die Quelle; denn die neuen Güter entstehen nur aus dem Betriebe der Gesamtheit während sich nach dem Anteilsrechte lediglich die Beteiligung der einzelnen Mitinhaber an dem Genusse der erzeugten Güter bestimmt.“*[20] Diese steuerrechtliche Subjektivierung einer Gesellschaft hinsichtlich der Einkünfteerzielung (nicht nur der Ermittlung und Qualifikation) unter Zugrundelegung des bereits damals geltenden Transparenzprinzips erscheint angesichts der heutigen Ansichten hierzu (siehe noch Rdnr. 62 ff.) äußerst beachtlich.

Ungeachtet dessen wandte sich die nahezu einhellige Ansicht von den Ende 10
des 19. Jahrhunderts, Anfang des 20. Jahrhunderts zumindest teilweise bestehenden zivilrechtlichen Ansätzen, das Gesellschaftsvermögen der Gesellschaft als solcher zuzuordnen, nach Einführung des BGB und des HGB am 01.01.1900 wieder ab. Anders als zuvor auch teilweise judiziert, wurde die Gesellschaft daher nicht als kollektive Einheit verstanden, sondern die einzelnen Mitglieder als Träger aller Rechte und Pflichten aufgefasst. Somit war auch nicht die Gesellschaft

---

15 Siehe hierzu die Darstellungen und Nachweise bei *Kurth*, S. 129 f., insb. auf S. 130 Fn. 1, in welcher er auf eine Entscheidung des Reichsgerichtes verweist, in welcher dieses sogar von der Gesellschaft als *„Rechtssubjekt mit selbständigem Vermögen“* sprach (RGZ, Urteil vom 14.05.1886 – Rep. II. 523/85, RGZ 16, S. 16 (17); *Hallerbach*, S. 101 f.; *Meyer*, Verbandsmitgliederhaftung, S. 19 Fn. 111.

16 Zur allgemeinen Rechtsentwicklung in diesem Bereich siehe statt Vieler: *K. Schmidt*, S. 196 ff.

17 Besteuert wurden hiernach (im Gegensatz zur Reinvermögenszuwachstheorie) alle Erträge im Sinne stetiger Zuflüsse aus einer Einkommensquelle, allerdings nicht Wertsteigerungen der Quelle selbst; hierzu *Fuisting*, Steuerlehre, S. 107 ff., welcher auf die Fassung des PrEStG maßgeblichen Einfluss hatte.

18 Hierzu auch *Beierl*, S. 26; *Hallerbach*, S. 101 f.; *Bodden*, S. 16.

19 Aus heutiger Sicht ebenso *Beierl*, S. 26; *Bodden*, S. 16; *Hallerbach*, S. 102.

20 *Fuisting*, Steuerlehre, S. 169.

Rechtsträgerin in Bezug auf das Gesellschaftsvermögen, sondern die vereinigten Gesellschafter hielten das Gesellschaftsvermögen als zur gesamten Hand sämtlicher Gesellschafter stehendes Sondergut.[21]

2. Die Einkommensteuergesetze 1920 und 1925

11 In § 7 Nr. 3 EStG 1920,[22] welcher grundsätzlich an § 14 Abs. 2 Nr. 2 des Preußischen Einkommensteuergesetzes 1891 angelehnt war, verwendete das Gesetz sodann erstmals den Begriff des Mitunternehmers.[23] Es bestimmte als Einkünfte aus Gewerbebetrieb *„bei Gesellschaftern einer offenen Handelsgesellschaft, einer Kommanditgesellschaft oder einer anderen Erwerbsgesellschaft, bei der der Gesellschafter als Unternehmer (Mitunternehmer) des Betriebs anzusehen ist"* den *„Anteil am Gesellschaftsgewinne zuzüglich etwaiger besonderer Vergütungen, die der Gesellschafter für Mühewaltungen im Interesse der Gesellschaft für deren Rechnung bezogen hat."* Retrospektiv wird die Einführung der Mitunternehmerbegrifflichkeit in Übereinstimmung mit den damaligen zivilrechtlichen Vorstellungen als eine Abkehr von materiellen Subjektivierungstendenzen gewertet. Anders als noch im Preußischen Einkommensteuergesetz, welches dem Quellenprinzip folgte, sei der Gesetzgeber nicht mehr davon ausgegangen, dass der Gewinn grundsätzlich von der Gesellschaft erzielt wird und somit grundsätzlich dieser zuzuordnen ist, bevor er sodann den Teilhabern zugerechnet wird. Vielmehr sei nach dem nunmehr geltenden personenbezogenen Reinvermögenszuwachsprinzip der einzelne (Mit-)Unternehmer in den Mittelpunkt der Betrachtung gestellt, welcher als Mitgesellschafter Unternehmer des Betriebes sei und einen Gewinn aus eigener Tätigkeit erwirtschafte.[24]

12 Der § 7 Nr. 3 EStG 1920 wurde durch den Gesetzgeber mit einer redaktionellen Änderung in § 29 Nr. 3 EStG 1925[25] übernommen. Eine wesentliche Neuerung erfuhr jedoch die verfahrensrechtliche Ausgestaltung: Bisher wurden die Feststellung des Gesellschaftsgewinns wie auch die des Gewinnanteils jedes Gesellschafters von den jeweiligen Wohnsitzfinanzämtern der einzelnen Gesellschafter, parallel nebeneinander und unabhängig voneinander, vorgenommen. Nunmehr wurde mit § 65 Abs. 1 EStG 1925 erstmalig eine Regelung zur einheitlichen Feststellung des Gewinns beziehungsweise des Überschusses getroffen (näher hierzu Rdnr. 24 ff.).

---

21 So ausdrücklich das RG, Urteil vom 23.02.1907 – I 404/06, RGZ 65, S. 227 (235). Zu dieser Entwicklung mit entsprechenden Nachweisen auch *Kurth*, S. 130; *Bodden*, S. 16 f.

22 RGBl. I 1920, S. 359.

23 Zur Begrifflichkeit aus heutiger Sicht siehe zunächst *Bode* in Blümich, EStG, KStG, GewStG, § 15 EStG Rn. 221, 222. Zu Einzelheiten sodann unter Rdnr. 315 ff.

24 So das wohl allgemeine Verständnis; siehe hierzu *C. Müller*, S. 13; *Kurth*, S. 138 f., mit Nachweisen zur zivilrechtlichen Sichtweise auf S. 140 ff.; *Mellwig*, DB 1978, S. 1047 (1048); *Beierl*, S. 29 f., *„Reinvermögenszuwachstheorie"*; *Bodden*, S. 17.

25 RGBl. I 1925, S. 189.

3. Herleitung der Bilanzbündeltheorie durch den RFH

In einem sodann für diese gesonderte und einheitliche Feststellung richtungsweisenden Urteil entschied der RFH, dass in die einheitliche Feststellung nach § 65 Abs. 1 Nr. 2 EStG 1925 auch die in § 29 Nr. 3 EStG 1925 genannten besonderen Vergütungen für Mühewaltungen einzubeziehen seien.[26] Die Begründung dieser Entscheidung war zudem Ausgangspunkt für die später als Basis der Besteuerung von Personengesellschaften dienenden *„Bilanzbündeltheorie"*. Der RFH argumentierte einerseits mit dem Sinn und Zweck der gesonderten und einheitlichen Gewinnfeststellung.[27] Maßgeblich war eine etwaig drohende unterschiedliche Einkünftequalifikation, da die besonderen Vergütungen Einkünfte aus Gewerbebetrieb darstellten, nicht als besondere Vergütung zu qualifizierende Leistungsbeziehungen, mithin individualrechtlich als Leistungsaustausch gestaltete Verhältnisse, wie entsprechende Beziehungen zu fremden Dritten behandelt wurden.[28] Andererseits berief sich der RFH auf seine Rechtsprechung aus dem Jahre 1926, wonach es sich bei der besonderen Vergütung *„im Grunde nur um eine besondere Berechnung des Anteils am Gewinne der Gesellschaft"* handele[29] und folgerte auch aus dem Wort *„zuzüglich"*, dass eine Einbeziehung der besonderen Vergütung veranlasst war.[30] 13

Zudem sah der RFH im Gesellschafter nicht einen durch seine Mitgesellschafter beschränkten Unternehmer, sondern nahm die Steuersubjektivität des Mitunternehmers zum Anlass, das Gesellschaftsverhältnis allein aus der Sicht des Mitunternehmers als Einzelperson zu beurteilen und diesen als Einzelunternehmer des Geschäftsbetriebes zu betrachten.[31] Aus dieser Qualifikation des einzelnen Gesellschafters als Unternehmer des gemeinschaftlichen Betriebes folgte sodann, dass sämtliche mit der Personengesellschaft verbundenen Geschäftsvorfälle beim Gesellschafter einem einheitlichen Bereich Gesellschaft zugewiesen wurden, mithin die gewerblichen Einkünfte des Gesellschafters vollständig von seiner Eigenschaft als Mitunternehmer erfasst wurden.[32] Dies führte zu der in einem ersten 14

---

26 RFH, Urteil vom 02.03.1927 – VI A 89/27; RFHE 21, 8.

27 Nach seiner Auffassung war die Einbeziehung geboten, denn wollte *„man als einheitlich festzustellenden Geschäftsgewinn der Gesellschaft nur die Summe der Anteile der Gesellschafter ohne Zurechnung der besonderen Vergütungen auffassen, so hätte das zur einheitlichen Feststellung zuständige Finanzamt auch darüber zu entscheiden, ob eine besondere Vergütung im Sinne des § 29 Nr. 3 vorläge, und es wäre nicht ausgeschlossen, daß das für den einzelnen Steuerpflichtigen zuständige Finanzamt abweichender Meinung ist."*; RFH, Urteil vom 02.03.1927 – VI A 89/27, RFHE 21, S. 8 (9).

28 Hierzu *Kurth*, StuW 1978, S. 1 (2–4); *Mellwig*, DB 1978, S. 1047 (1048); jeweils m.w.N. aus der Rechtsprechung.

29 RFH, Urteil vom 17.02.1926 – VI A 120/26, StuW 1926, Sp. 572 (573).

30 RFH, Urteil vom 02.03.1927 – VI A 89/27; RFHE 21, S. 8 (8, 9).

31 Näher hierzu: *Kurth*, StuW 1978, S. 1 (7, 8); *Kurth*, S. 148- 155; *Mellwig*, DB 1978, S. 1047 (1049).

32 So sah der RFH im Urteil vom 17.02.1926 – VI A 120/26, StuW 1926 Sp. 572 (573), Provisionszahlungen der Gesellschaft an den Gesellschafter als Vergütung an. Hierzu

Schritt teilweise als „Gewinnbündelungstheorie“[33] bezeichnete Sichtweise. Mit dem Mitunternehmer als Ausgangspunkt der steuerlichen Betrachtung sei als Gewinn der Gesellschaft *„nichts anderes festzustellen ... als die Summe der Gewinne der einzelnen Gesellschafter“*.[34] Der Gewinn der Gesellschaft war somit nichts anderes als die Aneinanderreihung selbständig erzielter Gewinne der Gesellschafter, deren Ermittlung insoweit vorausgehen musste.

15 Diesen zur einheitlichen Gewinnfeststellung entwickelten Gedanken übertrug der RFH sodann auf die Bilanzen und schuf damit die fortan über Jahrzehnte für die Besteuerung von Personengesellschaften maßgebliche *„Bilanzbündeltheorie“*.[35] Nach Ansicht des RFH war *„die Bilanz der Gesellschaft für die Einkommensteuer nicht als eine Bilanz, sondern als Mehrheit von Bilanzen aufzufassen“*.[36] Die für die Gewinnfestsetzung maßgebliche einheitliche Bilanz besteht somit, wenn auch lediglich gedanklich, aus einem *„Bündel von Einzelbilanzen der Unternehmer-Gesellschafter“*.[37]

16 Entsprechend dieser Annahme der Zuordnung der mit der Gesellschaft verbundenen Geschäftsvorfälle zu einem Bereich einer einheitlichen Mitunternehmerschaft beim Gesellschafter war es insoweit zu erwarten, zumindest jedoch nicht unwahrscheinlich, dass der RFH den Bereich der gewerblichen Einkünfte des Mitunternehmers ausdehnte. Argumentativ gestützt auf das Verständnis des Betriebsvermögens im BewG 1925 und zur Verhinderung missbräuchlicher Gestaltungen[38] urteilte der RFH im Jahre 1931, dass sowohl von der Gesellschaft an den Gesellschafter gezahlte Darlehenszinsen als auch Vergütungen für die Überlassung von Wirtschaftsgütern gewerbliche Einkünfte des Mitunternehmers darstellen würden.[39] Diese, offensichtlich dem damaligen § 29 Nr. 3 EStG 1925 („*Mühewaltungen im Interesse der Gesellschaft*“) nicht entsprechende, Weiterung der gewerblichen Einkünfte wurde vom Gesetzgeber in § 15 Nr. 2 EStG 1934[40] übernommen. Zu den

---

Kurth, S. 148; Nachweise zur diesbezüglichen RFH-Rechtsprechung finden sich auch bei *Mellwig*, DB 1978, S. 1047 (1049 Fn. 18).

33 *Brezing*, FR 1974, S. 499 (499).

34 RFH, Urteil vom 20.06.1928 – VI A 281/28, StuW II 1928, Sp. 940 (942, 943). Vgl. auch RFH, Urteil vom 04.06.1930 – VI A 852/28; RFHE 27, S. 67 (68); RFH, Urteil vom 22.02.1928 – VI A 285/27, StuW II 1928, Sp. 463 (466); RFH, Urteil vom 16.05.1928 – VI A 481/28, StuW II 1928, Sp. 1050 (1050); RFH, Urteil vom 09.12.1931 – VI A 2139/31, RStBl. 1932, S. 292 (292).

35 Richtiger, auch wenn sich dieser Terminus nicht durchgesetzt hat, mit *Wündisch*, FR 1960, S. 147 (147 Fn. 3): *„Bilanzenbündeltheorie“*.

36 RFH, Urteil vom 20.06.1928 – VI A 281/28, StuW II 1928, Sp. 940 (943).

37 *Baier*, DStZ 1937, S. 1212 (1212).

38 Zu den entsprechenden Argumentationen siehe eingehender: *Kurth*, S. 167 – 177; *Mellwig*, DB 1978, S. 1047 (1049).

39 RFH, Urteil vom 22.10.1931 – VI A 1863/31, StuW II 1932, Sp. 39 (41, 42); RFH, Urteil vom 22.10.1931 – VI A 1949/29, StuW II 1932, Sp. 42 (45).

40 RGBl. I 1934, S. 1005 (1010).

gewerblichen Einkünften zählten, nunmehr auch gesetzlich normiert und insoweit deckungsgleich mit dem heutigen § 15 Abs. 1 S. 1 Nr. 2 S. 1 EStG, „*die Gewinnanteile der Gesellschafter einer Offenen Handelsgesellschaft, einer Kommanditgesellschaft und einer anderen Gesellschaft, bei der der Gesellschafter als Unternehmer (Mitunternehmer) anzusehen ist, und die Vergütungen, die der Gesellschafter von der Gesellschaft für seine Tätigkeit im Dienst der Gesellschaft oder für die Hingabe von Darlehen oder für die Überlassung von Wirtschaftsgütern bezogen hat*".

In der Folgezeit entfernte sich die Rechtsprechung des RFH noch weiter von 17
dem zivilrechtlichen Gedanken der ungeteilten Mitberechtigung. Zwar wurde dieser auch zuvor schon dahingehend modifiziert, dass der Umfang des gemeinschaftlichen Betriebes aus Sicht der einzelnen Unternehmer abgegrenzt wurde. Aufgrund der Trennung von Gesellschaftsvermögen als Sondervermögen und Privatvermögen der Beteiligten sowie der Betrachtung der Gesellschaft als Handlungsgemeinschaft konnten jedoch lediglich solche Umstände als Betriebsvorfall gewertet werden, welche die Sphäre der Gemeinschaft beziehungsweise Sphären aller Gesellschafter berührten.[41] Dieser Einschränkung trat der RFH mit einer rein wirtschaftlichen beziehungsweise steuerlichen Betrachtungsweise des Beteiligungsverhältnisses entgegen. Aus der Qualifikation des Gesellschafters als Unternehmer wurde geschlossen, dass dieser auch als unmittelbar Gewerbetreibender beurteilt und somit wie ein Einzelunternehmer besteuert werden müsse.[42] Hierbei folgte der RFH maßgeblich der wissenschaftlichen Vorarbeit von *Becker*[43] und *Veiel*[44], welche für die gedankliche Auflösung des Gesellschaftsbetriebes in einzelne im Verhältnis zueinander selbständige Gesellschafterbetriebe plädierten. Überaus deutlich führte der RFH sodann aus: „*Das Einkommensteuergesetz sieht die OHG nicht als selbständiges Steuersubjekt an, sondern behandelt die Teilhaberschaft daran als selbständigen Gewerbebetrieb jedes einzelnen Mitunternehmers*"[45]. Der Betrieb

41 Vorfälle, welche lediglich die Sphäre *eines* Gesellschafters betrafen, beispielsweise Aufwendungen eines Gesellschafters zum Erwerb der Anteile, waren daher nicht in die Mitunternehmersphäre einzubeziehen; hierzu RFH, Urteil vom 31.10.1934 – VI A 6/34, StuW II 1935, Sp. 60 (60, 61); RFH, Urteil vom 09.02.1928 – VI A 656/27, StuW II 1928, Sp. 222 (224, 225). Zu Vergütungen von Dritten aufgrund von aus der Gesellschafterstellung heraus herbrachten Leistungen siehe RFH, Urteil vom 27.11.1935 – VI A 399/35, StuW II 1936, Sp. 51 (51, 52).

42 Hierzu *Kurth*, S. 191 ff.

43 Nach *Becker*, S. 429 und S. 94, wirkte „*die Verwendung bürgerlich-rechtlicher Krücken, Notbehelfe und Vorwände nur störend und verwirrend*"; vielmehr seien die Mitunternehmerschaften, „*wenn sie auch wirtschaftlich noch so lebenskräftige selbständige Gebilde sind, ... für die Einkommensteuer nicht da.*"

44 *Veiel*, StuW I 1941, Sp. 825 (831), begründete die Abweichung zum bürgerlichen Recht damit, dass die Höhe der Steuer nicht „*von Zufälligkeiten, von für die Gesamtheit belanglosen und uninteressanten Einzelregelungen, von kniffligen Verträgen und juristischen Konstruktionen und Künsteleien*" abhängen dürfe.

45 RFH, Urteil vom 14.07.1937 – VI A 422/37, RStBl. 1937, S. 937 (937).

der Gesellschaft sei so zu beurteilen, *„wie wenn der einzelne Gesellschafter den Betrieb der Gesellschaft in dem seinem Anteil entsprechenden Umfang als eigenen Betrieb führen würde"*.[46] Letztendlich wurde somit die Mitunternehmerschaft nicht wie eine Gesamthandsgemeinschaft sondern wie eine Bruchteilsgemeinschaft behandelt, der Mitunternehmer dem Einzelunternehmer gleichgestellt und nahezu alle Geschäftsbeziehungen,[47] auch solche die nicht in § 15 Nr. 2 EStG 1934 genannt wurden, der betrieblichen Sphäre Mitunternehmerschaft zugeordnet.[48] Die Summe der den Gesellschaftern zurechenbaren Anteile an den einzelnen Wirtschaftsgütern stellte den Umfang des Gesellschaftsbetriebes dar.[49] Die Gesellschaft wurde folglich in so viele steuerlich selbständige Teile zerlegt, wie Gesellschafter an ihr beteiligt waren.[50]

4. Rezeption durch den BFH

18 Der BFH übernahm die Bilanzbündeltheorie als Erklärungsansatz für die Besteuerung der Mitunternehmerschaft zunächst ohne Einschränkung.[51] Indessen waren bereits seit den 50er Jahren kritische Stimmen[52] zu vernehmen, welche insbesondere die Gesellschaft in der zivil- und handelsrechtlichen Ausgestaltung als *„zwar nur relative, in der praktischen Auswirkung aber beherrschende Einheit"*[53] anmahnten, die infolge der Bilanzbündeltheorie erforderlichen Fiktionen kritisierten[54] und eine Ableitung der Bilanzbündeltheorie aus § 15 Nr. 2 EStG a.F. ablehnten[55]. Die zunehmende Kritik[56] veranlasste den BFH sodann, seine Bruchteils- bzw. Anteilsbetrachtung zumindest zu relativieren. Nachdem der BFH zunächst darlegte, die

46 RFH, Urteil vom 31.08.1937 – VI A 216/37, RStBl. 1937, S. 1272 (1272, 1273).

47 Zu Ausnahmen siehe RFH, Urteil vom 29.02.1940 – III 213/37, RStBl. 1940, S. 459 (460); RFH, Urteil vom 13.06.1940 – III 114/39, RStBl. 1940, S. 762 (763).

48 Insoweit war es sodann möglich, Aufwendungen, die im Sinne der Beteiligung und nicht im Interesse der Gesellschaft getätigt wurden, in die Mitunternehmersphäre einzubeziehen; RFH, Urteil vom 14.07.1937 – VI A 422/37, RStBl. 1937, S. 937 (937); RFH; Urteil vom 21.12.1938 – VI 759/38, StuW II 1939, Sp. 175 (175, 176).

49 RFH, Urteil vom 14.07.1937 – VI A 422/37, RStBl. 1937, S. 937 (937); RFH, Urteil vom 31.08.1937 – VI A 216/37, RStBl. 1937, S. 1272 (1272, 1273).

50 RFH, Urteil vom 10.01.1940 – VI 704/39, RStBl. 1940, S. 134 (134, 135), fasst die Grundsätze des Einzelbetriebsgedankens nochmals zusammen.

51 BFH, Urteil vom 06.05.1952 – I 17/52 U, BStBl. III 1952, S. 183 (183); BFH, Urteil vom 24.02.1956 – III 13/56 U, BStBl. III 1956, S. 110 (110); BFH, Urteil vom 10.10.1952 – I 99/52, BStBl. III 1953, S. 94 (94, 95); BFH, Urteil vom 08.10.1957 – I 347/56 U, BStBl. III 1957, S. 440 (441, 442).

52 Zunehmend noch in den 60er Jahren; siehe hierzu die sehr umfassenden Nachweise bei *Kurth*, S. 221 Fn. 1.

53 So *Bühler*, S. 2.

54 *Meilicke*, StuW I 1939, Sp. 897 (910).

55 So *Fink*, StbJb 1955/56, S. 525 (529).

56 Weitere Nachweise bei *Kurth*, S. 201 Fn. 6.

Vorstellung jeder Gesellschafter führe selbst einen Betrieb *„darf aber nicht darüber hinwegtäuschen, daß der Gesellschafter „seinen" Betrieb doch immer nur als Mitunternehmer, also in Verbindung mit den Betrieben der anderen Gesellschafter führt"*[57], wurde die sich ändernde Sichtweise deutlicher in einem Urteil aus dem Jahre 1958. Dort hieß es, die Bilanzbündeltheorie *„darf aber nicht zu einer Auflösung der Einheit der Personengesellschaft und zu einer Überbetonung der Sonderbilanzen der einzelnen Gesellschafter führen, weil das mit dem Sinn und Zweck und der gesetzlichen Gestaltung der Besteuerung von Mitunternehmern der Personengesellschaft nicht vereinbar wäre."*[58] Die Folgerungen, die aus der Bilanzbündeltheorie hergeleitet werden *„könnten"*, dürfen *„im Interesse der Einheit der Personengesellschaft nicht überspannt"* werden.[59] Nachfolgend sah der BFH das Vermögen einer Gesellschaft zwar als gesamthänderisch gebundenes Vermögen an;[60] in derselben Entscheidung führte er indessen aus, es dürfe *„die grundsätzlich richtige Rechtsfigur der Bilanzbündeltheorie nicht durch starre Anwendung und konstruktive Überspitzungen zu Ergebnissen führen, die, ohne daß steuerrechtliche Besonderheiten es gebieten, dem bürgerlichen Recht und dem Handelsrecht widersprechen."*[61] Insoweit zeigte sich, dass der BFH zwar hinsichtlich einzelner Problemstellungen die Bilanzbündeltheorie hinterfragte, indessen (noch) nicht von dieser abrückte.[62]

5. Die Begründung der Einheitstheorie

In der Folgezeit nahm die Kritik an der Bilanzbündeltheorie weiter zu.[63] Entsprechend der fortschreitenden zivilrechtlichen Anerkennung der (Teil-) 19

57 BFH, Urteil vom 15.11.1957 – VI 43/56 U, BStBl. III 1958, S. 68 (69).

58 BFH, Urteil vom 14. 01.1958 – I 159/57 U, BStBl. III 1958, S. 75 (76).

59 BFH, Urteil vom 14. 01.1958 – I 159/57 U, BStBl. III 1958, S. 75 (76).

60 *Söffing*, S. 90, bezeichnet hieran anlehnend diese Phase in Abgrenzung zur Bilanzbündeltheorie als *„Gesamthandsvorstellung"*.

61 BFH, Urteil vom 29. 01.1960 – I 117/60 S, BStBl. III 1961, S. 183 (184).

62 So führte insb. BFH, Urteil vom 02.08.1960 – I 22159 S, BStBl. III 1960, S. 408 (409), an, aus § 15 Nr. 2 EStG sei *„der Wille des Gesetzgebers erkennbar, für die Einkommensteuer der Gesellschafter einer Personengesellschaft jeden Gesellschafter als Unternehmer des Betriebs der Gesellschaft anzusehen. Daher muß grundsätzlich die gesamte Tätigkeit eines Gesellschafters im Rahmen des Unternehmens der Gesellschaft als selbständige Unternehmertätigkeit beurteilt werden."*

63 Insb. *Meßmer*, StbJb 1972/1973, S. 127 (129 ff., 202), unterzog die Bilanzbündeltheorie einer viel beachteten Generalkritik und gelangte zu dem Ergebnis, dass diese *„a) nicht konsequent durchgeführt werden darf, b) in Wahrheit keine Theorie ist, c) schon im gedanklichen Ansatz verfehlt ist, weil sie mit dem ihr vorgegebenen Gesellschaftsrecht nicht übereinstimmt und d) schließlich eine Fülle von widersprüchlichen Aussagen geliefert hat."* Mit den Worten von *Wündisch*, FR 1973 S. 204 (204), hat er sie damit *„öffentlich hingerichtet ... Kein Richter der etwas auf sich hält, wird künftig noch Entscheidungen auf diese Theorie stützen können."* Siehe zudem die Darstellung der damaligen Kritik bei *C. Müller*, S. 20 f.; sowie *Kurth*, S. 221 Fn. 1.

Rechtsfähigkeit[64] der Personengesellschaft[65] und gestützt auf den Beitragsgedanken[66] wurde von der Gesellschaft als solcher ausgegangen, welche neben den Gesellschaftern mit verselbständigten Sondervermögen als solche existiere.[67] Mit dieser Auffassung war die Ansicht des BFH, im privaten Eigentum stehendes Vermögen, welches der Gesellschaft dauerhaft dient, als Betriebsvermögen des Gesellschafters und der Gesellschaft zu qualifizieren,[68] indessen nicht vereinbar. Vorerst nahm der BFH den Beitragsgedanken, nach welchem Vergütungen nach § 15 Abs. 1 Nr. 2 EStG auf Leistungen beruhten, welche zwar nicht gesellschaftlichen Beziehungen entsprechen, aber wirtschaftlich als Förderung des gemeinsamen Zweckes anzusehen seien und mithin steuerlich den gesellschaftsrechtlichen Beiträgen gleichzustellen seien, was indessen nicht bedeutete, dass im Ergebnis sämtliche Rechtsbeziehungen zwischen Gesellschafter und Gesellschaft gleich behandelt werden, in seine Rechtsprechung auf, ohne jedoch in Zweifelsfällen maßgeblich

---

64 Die oftmals verwendete Begrifflichkeit der *„Teilrechtsfähigkeit“* von Personenvereinigungen erscheint obsolet, zumindest aber missverständlich. Personenvereinigungen sind weder nur teilweise rechtsfähig, noch ist nur ein Teil der Vereinigung rechtsfähig. Es wäre auch nicht klar, was der Vereinigung zur vollen Rechtsfähigkeit fehlen würde. Richtig ist vielmehr, dass jede Rechtspersönlichkeit nur relativer (partieller, punktueller, fragmentarischer) Natur ist. Kein Rechtssubjekt wird je Träger und Adressat sämtlicher Rechte und Pflichten sein. So ist exemplarisch eine natürliche Person anerkanntermaßen *„voll-rechtsfähig“*. Sie darf jedoch beispielsweise eine Firma mangels Kaufmannseigenschaft nicht führen und ist nicht völkerrechtlich verpflichtet. Auch ihr kommen daher spezielle Rechte oder Pflichten konkret nicht zu. So ist der BGH, Beschluss vom 29.01.2001 – II ZR 331/00, NJW 2001, S. 1056 (1057), zwar auch der *„Auffassung von der nach außen bestehenden beschränkten Rechtssubjektivität der GbR“* gefolgt, sprach im Folgenden aber überwiegend von der (uneingeschränkten) *„Rechtsfähigkeit“* der Außen-GbR (1. Leitsatz, S. 1056 (*„rechtsfähig“*), 1058; anders nur auf S. 1061 in Verbindung zur akzessorischen Haftung *„beschränkte Rechtsfähigkeit“*). Überwiegend anders sodann aber BGH, Beschluss vom 02.06.2005 – V ZB 32/05, NJW 2005, S. 2061, zur *„Teilrechtsfähigkeit“* der WEG. Auch § 14 Abs. 2 BGB spricht lediglich von der *„rechtsfähige[n] Personengesellschaft“*. Der Begriff der Teilrechtsfähigkeit oder in Bezug auf das Verfahren der Begriff der Teilbeteiligtenfähigkeit werden auch sonst im Gesetz nicht verwendet. Hierbei sollte es sein Bewenden haben.

65 Die wesentlichen Argumente zusammenfassend *Reuter*, S. 4 ff. Den Auslöser für die Anerkennung der Rechtsfähigkeit der Personengesellschaften insgesamt bilden die Arbeiten von *Flume*, ZHR 136 (1972), S. 177 (184 ff., 193); *Flume*, DB 1973, S. 786 (786); *Flume*, S. 6 f., S. 50 ff., S. 89 ff., S. 315. So auch *Meyer*, Steuerliches Leistungsfähigkeitsprinzip und zivilrechtliches Ausgleichssystem, S. 503 Fn. 2475.

66 Hierzu insb. *Woerner*, BB 1974, S. 592 (596).

67 Hierzu *Kurth*, S. 223 m.w.N.

68 So ausdrücklich BFH, Urteil vom 29.09.1971 – I R 161/68, BStBl. II 1972, S. 118 (119). In dieser Entscheidung (S. 120) äußerte der BFH indessen bereits Zweifel, ob die Bilanzbündeltheorie *„tatsächlich geeignet ist, das Verhältnis der Personengesellschaft zu ihren Gesellschaftern in allen auftauchenden Fragen zufriedenstellend zu klären“*.

hierauf abzustellen.[69] Indessen griff der BFH nachfolgend mit der Begrenzung der gewerblichen Einkünfte auf die im Gesetz genannten Sondervergütungen einen wesentlichen Kritikpunkt an der Bilanzbündeltheorie auf.[70] Zudem übernahm er in der Folge die zivilrechtliche Unterscheidung zwischen Gesellschafts- und Gesellschaftersphäre, indem er Dienste für die Gesellschaft, beispielsweise die Vermietung und Verpachtung von Vermögen, nicht mehr umdeutete und in den Bereich des Gesellschaftsbetriebes verlagerte, sondern diese, der Lehre vom Sonderbetriebsvermögen folgend, als besondere gewerbliche Tätigkeit außerhalb der Gesellschaft beurteilte.[71] Der Gesellschaft dienendes Privatvermögen eines Gesellschafters wurde somit nicht mehr als Gesellschaftsvermögen (um-)qualifiziert, sondern als Sonderbetriebsvermögen begrifflich vom Gesamthandsvermögen getrennt. Konsequenterweise verlangte der BFH eine entsprechende, differenzierende Bilanzierung der Vermögensmassen, einerseits des Gesamthandsvermögens und andererseits der Sonderbetriebsvermögen in Sonderbilanzen der einzelnen Beteiligten.[72] Da der Gesellschaftsbetrieb und die einzelnen Sonderbetriebe der Gesellschafter als Teile einer wirtschaftlichen Einheit angesehen wurden,[73] waren die so erstellten einzelnen Bilanzen zu einer Gesamtbilanz zusammenzufassen.[74]

Hinsichtlich der Frage, welche Vorfälle der Sphäre des Sonderbetriebes zuzu- **20**
rechnen seien, bediente sich der BFH fortan des Beitragsgedankens. Rechtsverhältnisse des Gesellschafters mit der Gesellschaft wurden somit nicht mehr als Beziehung des Mitunternehmers zu seinem eigenen Betrieb angesehen, sondern als Beitrag zum Gesamtbetrieb, dessen gesamter Ertrag nach § 15 Abs. 1 Nr. 2 EStG das Ergebnis einer am einheitlichen Geschäftszweck orientierten Betätigung sei.[75]

---

69 Siehe die diesbezüglichen Nachweise bei *C. Müller*, S. 24–27; insb. Fn. 124 und Fn. 146.

70 So wurden seit BFH, Urteil vom 28.01.1976 – I R 84/74, BStBl. II 1976, S. 744 (745), entgeltliche Übertragungen in beide Richtungen mit voller Gewinnwirksamkeit angenommen; ebenso BFH, Urteil vom 31.03.1977 – IV R 54/72, BStBl. II 1977, S. 415 (417 f.).

71 Zur erstmaligen Anerkennung von Sonderbetriebsvermögen neben dem Betriebsvermögen der Gesellschaft siehe BFH, Urteil vom 05.07.1972 – I R 230/70, BStBl. II 1972, S. 928 (929). Zur Verstetigung dieser Rechtsprechung siehe die umfangreichen Nachweise bei *Kurth*, S. 239 Fn. 3.

72 Siehe bspw. BFH, Urteil vom 10.01.1973 – I R 114/71, BStBl. I 1973, S. 238 (239); BFH, Urteil vom 01.02.1973 – I R 228/70, BStBl. II 1973, S. 393 (394); BFH, Urteil vom 19.06.1973 – I R 201/71, BStBl. II 1973, S. 706 (707); sowie die Nachweise bei *Kurth*, S. 239 Fn. 3.

73 Dies im Widerspruch zur zivilrechtlichen Sondervermögenslehre; *Kurth*, S. 240.

74 Hierzu BFH, Urteil vom 10.01.1973 – I R 114/71, BStBl. II 1973, S. 238 (239), sowie zu weiteren Nachweisen bei *Kurth*, S. 240 Fn. 4.

75 BFH, Urteil vom 04.07.1974 – IV R 166/70, BStBl. II 1974, S. 677 (679); BFH, Urteil vom 23.07.1975 – I R 210/73, BStBl. II 1976, S. 180 (181); BFH, Urteil vom 28.08.1974 – I R 18/73, BStBl. II 1975, S. 166 (167); BFH, Urteil vom 08.01.1975 – I R 142/72, BStBl. II 1975, S. 437 (438).

21 Diese Neuorientierungen des BFH leitete die Abkehr von der Bilanzbündeltheorie hin zur Einheitstheorie ein. Mit einem Beschluss des Großen Senates aus dem Jahre 1980 verwirft der BFH die Bilanzbündeltheorie sodann endgültig: *„Der Gewinn oder Verlust der Gesellschaft ist durch einen Vermögensvergleich der Gesellschaft und nicht durch Vermögensvergleiche der einzelnen Gesellschafter zu ermitteln.“*[76] Mit Beschluss des Großen Senates aus dem Jahre 1984 erkennt der BFH Personengesellschaften im Einkommensteuerrecht, entsprechend der zivilrechtlich anerkannten Rechtsfähigkeit, teilweise Steuerrechtsfähigkeit[77] zu.[78] Hiernach ist zwar die Personengesellschaft nicht selbst Subjekt der Besteuerung, indessen aber die Feststellung der Einkunftsart auf Ebene der Gesellschaft vorzunehmen, denn *„[e]ine Personengesellschaft ist ... für die Einkommensteuer oder Körperschaftsteuer insoweit Steuerrechtssubjekt, als sie in der Einheit ihrer Gesellschafter Merkmale eines Besteuerungstatbestands verwirklicht, welche den Gesellschaftern für deren Besteuerung zuzurechnen sind.“*[79] *„Die Art der Einkünfte der Gesellschafter einer Personengesellschaft wird in erster Linie durch die Tätigkeit der Gesellschafter in ihrer gesamthänderischen Verbundenheit, mithin durch die Tätigkeit der Gesellschaft, bestimmt.“*[80] Diese materiell-rechtlichen Wertungen übertrug der BFH auch auf Gemeinschaften *„als Steuerrechtssubjekt“*[81] (siehe zudem noch Rdnr. 99).

6. Status quo – Einheitstheorie als Zwei-Stufen-Modell

22 Klammert man die (in der vorgenannten Rechtsprechung letztendlich noch angenommene) Tatbestandsverwirklichung durch die Unternehmung selbst zunächst

---

76 BFH, Beschluss vom 10.11.1980 – GrS 1/79, BStBl. II 1981, S. 164 (167).

77 Ebenso wenig wie im Bereich des Zivilrechts die Begrifflichkeit der Teilrechtsfähigkeit, siehe hierzu Fn. 64, überzeugen im Steuerrecht die gebräuchlichen Umschreibungen der teilweisen, partiellen oder beschränkten Steuerrechtsfähigkeit. Gemeint ist hiermit stets eine Verselbständigung der Gesellschaft, eine Subjektivität materiellrechtlicher Natur, ohne dass die Gesellschaft selbst Steuerschuldner ist. Letzteres ist jedoch evident, so dass dieser Selbstverständlichkeit nicht durch eine besondere Begrifflichkeit Rechnung getragen werden muss. Das Besteuerungssubjekt der Einkommensteuer im Sinne der Steuerschuldnerschaft ist nicht gleichzusetzen mit einem Steuersubjekt. Im Folgenden wird daher schlicht von der Steuerrechtsfähigkeit oder Subjektivität gesprochen.

78 BFH, Beschluss vom 25.06.1984 – GrS 4/82, BStBl. II 1984, S. 751 (761 ff.); bestätigt durch BFH, Beschluss vom 25.02.1991 – GrS 7/89, BStBl. II 1991, S. 691 (699).

79 BFH, Beschluss vom 25.06.1984 – GrS 4/82, BStBl. II 1984, S. 751 (761, 762).

80 BFH, Beschluss vom 25.06.1984 – GrS 4/82, BStBl. II 1984, S. 751 (761). Zur Behandlung sog. *„Zebra-Gesellschaften“* siehe BFH, Beschluss vom 11.04.2005 – GrS 2/02, BStBl. II 2005, S. 679, sowie unten Rdnr. 362 ff.

81 BFH, Beschluss vom 03.07.1995 – GrS 1/93, BStBl. II 1995, S. 617 (621); BFH, Urteil vom 07.10.1986 – IX R 167/83, BStBl. II 1987, S. 322 (323).

aus,[82] lässt sich der auf dieser Entwicklung beruhende und weitestgehend[83] anerkannte Status quo[84] der *„heute herrschenden Einheitstheorie“*[85] – kursorisch – wie folgt umschreiben:

Der Unternehmung wird eine gewisse ertragsteuerliche Selbständigkeit zuerkannt.[86] Die aufgezeigte und den zivilrechtlichen Ansichten zur Rechtsfähigkeit der Personengesellschaften[87] nachfolgende Entwicklung[88] in Wissenschaft und Steuerrechtsprechung erscheint folgerichtig.[89] Auch ohne Steuerschuldner zu sein kommt der Unternehmung insofern Relevanz als Steuerrechtssubjekt zu, als in der Einheit der Beteiligten Merkmale eines Besteuerungstatbestandes (Einkünftetatbestand) verwirklicht werden. Somit ist die Unternehmung zwar nicht Subjekt der Einkommensbesteuerung, indessen aber (zumindest) Subjekt der Einkünfteermittlung und Einkünftequalifizierung.

---

82 Zur gegebenenfalls anzunehmenden Relativierung der Rechtssubjektivität der Gesellschaft hinsichtlich der Tatbestandserfüllung durch diese siehe im Einzelnen Rdnr. 64 ff.

83 Zur abweichenden Ansicht hinsichtlich der Subjektivierung, nicht jedoch hinsichtlich der in Rdnr. 23 dargestellten Ermittlungsmethode, siehe Rdnr. 73.

84 Zur hier überblicksartig aufgezeigten historischen Entwicklung siehe auch: *Beierl*, S. 25 – 61; *Heyll*, S. 39–225; *Hallerbach*, S. 101 ff.; *Meßmer*, StbJb 1972/1973, S. 127 (134 ff.); *Littmann*, DB 1958, S. 580 ff.; *Haas*, DStR 1997, S. 1706 (1707 ff.).

85 So bereits 1991 der BFH, Urteil vom 30.04.1991 – VIII R 68/86, BStBl. II 1991, S. 873 (875).

86 § 39 Abs. 2 Nr. 2 AO steht dem nicht entgegen, da es sich bei den Gewinnermittlungsvorschriften des EStG insoweit um eine gesetzessystematische Ausnahme handelt; BFH, Urteil vom 10.07.1980 – IV R 136/77, BStBl. II 1981, S. 84 (87); *Krüger*, FR 2016, S. 1031 (1035), weist zudem zutreffend darauf hin, dass nach dem Wortlaut (*„soweit“*) eine Bruchteilsbetrachtung überhaupt nur dann in Betracht käme, wenn diese tatsächlich erforderlich wäre.

87 Hierzu *K. Schmidt*, S. 196 ff.

88 *Meyer*, Steuerliches Leistungsfähigkeitsprinzip und zivilrechtliches Ausgleichssystem, S. 503, verweist darauf, dass die heutige Einheitsbetrachtung nicht Folge der Anerkennung der zivilrechtlichen Rechtsfähigkeit ist, sondern vielmehr dieselben Ursachen hat.

89 Wollte man nicht die zivilrechtlichen Gegebenheiten vollends negieren beziehungsweise durch eine rein steuerliche Betrachtungsweise ersetzen, wäre wohl spätestens mit der Anerkennung der Rechtsfähigkeit der Außengesellschaft bürgerlichen Rechts durch den BGH im Jahre 2001, BGH, Beschluss vom 29.01.2001 – II ZR 331/00, NJW 2001, S. 1056, eine Abkehr von der Bilanzbündeltheorie notwendig geworden. Entgegen dieser zivilrechtlichen Vermögenszuweisung an die Gesellschaft ihr Vermögen gedanklich bruchteilhaft in einzelnen Bilanzen der Gesellschafter zu verorten, erschiene nicht nachvollziehbar. Durch die Anerkennung der Rechtsfähigkeit und somit der eigenen Vermögenssphäre der GbR wird das Gesamthandsprinzip zivilrechtlich an sich zudem obsolet.

23 Die Gewinnermittlung[90] einer exemplarisch auf einem Gesellschaftsverhältnis beruhenden, bilanzierenden Mitunternehmerschaft (hierzu noch Rdnr. 390 ff.) erfolgt daher konzeptionell in zwei Stufen:

In einem ersten Schritt wird der Gewinn der Gesellschaft ermittelt („*Steuerbilanz der Gesellschaft*“[91]). Diesem Betriebsvermögensvergleich liegt lediglich das Betriebsvermögen der Gesellschaft als solcher zugrunde, somit Wirtschaftsgüter, welche im Gesamthandseigentum stehen.[92] Dieser Gesellschaftsgewinn wird entsprechend der gesellschaftsvertraglichen Regelungen beziehungsweise in Ermangelung solcher nach dem gesetzlichen Verteilungsschlüssel den Gesellschaftern zugerechnet. In einem zweiten Schritt werden sodann bei den jeweiligen Gesellschaftern Sonderbetriebseinnahmen und Sonderbetriebsausgaben sowie Mehrungen und Verringerungen des Sonderbetriebsvermögens berücksichtigt.[93]

II. Normhistorie der gesonderten und einheitlichen Feststellung

24 Die besondere verfahrensmäßige Behandlung zur Festlegung des Unternehmungsergebnisses und zur Ermittlung des Gewinnes beziehungsweise Überschusses der Beteiligten durch eine gesonderte und einheitliche Feststellung wurde erstmals mit § 65 Abs. 1 Nr. 2 EStG 1925 (siehe im historischen Kontext bereits Rdnr. 12) und somit außerhalb der maßgeblich auf *Enno Becker* zurückgehenden

---

90 Die Ermittlung eines Überschusses der Einnahmen über die Ausgaben erfolgt entsprechend: Auf erster Stufe ist der Überschuss der Einnahmen über die Werbungskosten auf Gesellschaftsebene zu ermitteln und den Beteiligten zuzurechnen. Nachfolgend sind auf zweiter Stufe (Sonder-)Einnahmen und (Sonder-)Werbungskosten der einzelnen Beteiligten zu berücksichtigen. Hierzu *Hüttemann* in GS Knobbe-Keuk, S. 39 (59); *Engel*, Vermögensverwaltende Personengesellschaften, Rn. 141 m.w.N. Zur Berechtigung der Begrifflichkeit der Sonderbetriebseinnahmen und Sonderbetriebswerbungskosten im Bereich der Überschusseinkünfte siehe *Engel*, Vermögensverwaltende Personengesellschaften, Rn. 256. Die Begrifflichkeiten werden vorliegend zur Differenzierung hinsichtlich des Anlasses auf Gesellschafts- oder Gesellschafterebene gebraucht.

91 So die gängige Bezeichnung seit BFH, Beschluss vom 10.11.1980 – GrS 1/79, BStBl. II 1981, S. 164 (167, 168); zu anderen Umschreibungen siehe *Regniet*, S. 11.

92 BFH, Urteil vom 12.11.1985 – VIII 286/81, BStBl. II 1986, S. 55 (57).

93 Nach ganz h.M. mittels additiver Methode mit korrespondierender Bilanzierung; so wohl bereits BFH, Beschluss vom 25.02.1991 – GrS 7/89, BStBl. II 1991, S. 691 (697); nunmehr st. Rspr., siehe BFH, Urteil vom 02.12.1997 – VIII R 15/96, BStBl. II 2008, S. 174 (176); siehe hierzu auch *Hennrichs* in Tipke/Lang, § 10 Rn. 108; *Hallerbach*, S. 226 ff.; *Raupach*, DStZ 1992, S. 692 (693 ff.); *Wacker* in Schmidt, EStG, § 15 Rn. 403 ff.; kritisch zur Existenz von Sonderbetriebsvermögen nach Aufgabe der Bilanzbündeltheorie *Wichmann*, DStR 2019, S. 2214 (2217 f.).

Reichsabgabenordnung von 1919[94] normiert. Wörtlich hieß es: „*§ 65 (1) Einheitlich sollen festgestellt werden: 1. bei Land- und Forstwirtschaft (...) der gesamte im Betrieb erzielte Gewinn (...), sofern der Betrieb von mehreren auf gemeinsame Rechnung ausgeübt wird; 2. bei Gewerbebetrieb (...) der Geschäftsgewinn einer Gesellschaft oder Gemeinschaft, an der mehrere Personen als Unternehmer (Mitunternehmer des Betriebs) beteiligt sind; 3. bei sonstiger selbständiger Berufstätigkeit (...) der Gewinn (...), sofern an ihm mehrere berechtigt sind; 4. bei Vermietung und Verpachtung von unbeweglichem Vermögen (...) der Überschuß der Einnahmen über die Ausgaben (...), sofern dieser aufgrund Eigentums oder dinglichen Nutzungsrechts mehreren zufließt.*“[95] Beweggrund für diese verfahrensrechtliche Ausgestaltung waren Beschwerden, bei der Einkommensteuerveranlagung würde der Gewinn der Unternehmung durch verschiedene Wohnsitzfinanzämter der Beteiligten oft in unterschiedlicher Höhe festgestellt und es komme in der Folge zu materiell-rechtlich nicht zu rechtfertigenden Unterschieden bei der Besteuerung.[96] Insoweit war von Seiten der Steuerpflichtigen (der Wirtschaft) das Anliegen an den Gesetzgeber herangetragen worden, das Geschäftsergebnis und die Anteile hieran einheitlich zu bestimmen und in einer für die Wohnsitzfinanzämter verbindlichen Form festzustellen, welchen die Hinzurechnung der Vergütung für Mühewaltungen verbleiben sollte.[97] Die damit eingeführte einmalige Feststellung der Gesellschafts- und Gesellschaftereinkünfte bedingte zudem eine auch im Interesse der Verwaltung liegende Vermeidung von Mehrarbeit.[98]

Die einheitliche Feststellung bei Einkünften Mehrerer wurde sodann erstmals **25**
1930 durch die Verordnung des Reichspräsidenten zur Sicherung von Wirtschaft und Finanzen[99] und nachfolgend nahezu wortgleich in die Reichsabgabenordnung 1931 übernommen.[100] § 215 Abs. 2 RAO 1931 lautete: „*(2) Ferner werden einheitlich und gesondert festgestellt: die einkommensteuerpflichtigen und körperschaftsteuerpflichtigen Reineinkünfte (der Gewinn oder der Überschuss der Einnahmen über die Ausgaben) 1. aus Land- und Forstwirtschaft, 2. aus Gewerbebetrieb, 3. aus sonstiger selbständiger Tätigkeit, 4. aus Vermietung und Verpachtung unbeweglichen Vermögens, wenn an den Einkünften Mehrere beteiligt sind.*“[101] Diese Regelung wurde

---

94 RGBl. I 1919, S. 1993.

95 RGBl. I 1925, S. 189 (202).

96 Vgl. Begründung des Entwurfs zum EStG 1925, Verhandlungen des Reichstages, III. Wahlperiode 1924, Band 400, Nr. 795, S. 70 (auch abgedruckt bei *Strutz*, EStG 1925, § 65 Rn. 1); *Knobbe-Keuk*, S. 519; *Keuk*, StuW 1974, S. 1 (39); *Keuk*, DB 1971, S. 2326 (2328); *Kurth*, S. 153.

97 Begründung des Entwurfs zum EStG 1925, Verhandlungen des Reichstages, III. Wahlperiode 1924, Band 400, Nr. 795, S. 70 (auch abgedruckt bei *Strutz*, EStG 1925, § 65 Rn. 1); *Kurth*, S. 153; *Keuk*, StuW 1974, S. 1 (39); *Keuk*, DB 1971, S. 2326 (2328).

98 *Kurth*, S. 153; *Keuk*, StuW 1974, S. 1 (39); *Keuk*, DB 1971, S. 2326 (2328).

99 Vom 01.12.1930, RGBl. I 1930, S. 517 (552), sodann § 52 RAO.

100 RGBl. I 1931, S. 161.

101 RGBl. I 1931, S. 161 (191).

sodann unter Verzicht auf die bisherige Beschränkung hinsichtlich bestimmter Einkunftsarten[102] in § 180 Abs. 1 S. 1 Nr. 2 a) der Abgabenordnung 1977[103] übernommen. Dieser lautete fortan: „*Gesondert festgestellt werden insbesondere: [...] 2. a) die einkommensteuerpflichtigen und körperschaftsteuerpflichtigen Einkünfte, wenn an den Einkünften mehrere Personen beteiligt sind und die Einkünfte diesen Personen steuerlich zuzurechnen sind,*".[104] Die Frage, ob auch „*Sonderausgaben, z.B. Spenden oder Entnahmen gesondert festzustellen sind*", wollte der Gesetzgeber ursprünglich nicht beantworten.[105]

26 Seine noch heute gültige Fassung erhielt § 180 Abs. 1 S. 1 Nr. 2 a) AO durch das Gesetz zur Bekämpfung des Mißbrauchs und zur Bereinigung des Steuerrechts (Mißbrauchsbekämpfungs- und Steuerbereinigungsgesetz – StMBG 1993).[106] Waren nach der Abgabenordnung 1977 – zumindest streng ausgehend vom Gesetzeswortlaut[107] – lediglich die steuerpflichtigen Einkünfte von der gesonderten Feststellung umfasst, sollten nunmehr diese „*und mit ihnen im Zusammenhang stehende andere Besteuerungsgrundlagen*" erfasst werden.[108] Hiermit bezweckte der Gesetzgeber eine Anpassung der Gesetzeslage an die bisherige Praxis der Rechtsprechung, welche – wie der Gesetzgeber selbst hervorhob – „*über den Wortlaut des § 180 Abs. 1 Nr. 2a AO hinaus*" Besteuerungsgrundlagen, beispielsweise die außerordentlichen Einkünfte im Sinne des § 34 Abs. 2 EStG, die Beteiligung am Freibetrag nach § 16 Abs. 4 EStG, Sonderbetriebsausgaben und Sonderbetriebseinnahmen miteinbezog.[109] Die, zumindest hinsichtlich der vom Gesetzgeber intendierten Einbeziehung von Privatausgaben, beispielsweise Sonderausgaben wie Spenden oder Bausparbeiträge,[110] in die gesonderte Feststellung, konstitutive Erweiterung

---

102 Dieser Verzicht ist in der Gesetzesbegründung erwähnt, indessen nicht näher erläutert. Siehe hierzu den nicht angenommen Entwurf zur AO 1977, BT-Drs. VI/1982, S. 156, auf welchen der letztlich gemäß der Empfehlung des Finanzausschusses BT-Drs. 7/4292 umgesetzte inhaltsgleiche Entwurf BT-Drs. 7/79, S. 93 lediglich verweist. Im Folgenden wird daher auf die Gesetzesbegründung zur AO 1977, BT-Drs. VI/1982, Bezug genommen.

103 BGBl. I 1976, S. 613.

104 BGBl. I 1976, S. 613 (656).

105 Dies sollte „*im neuen Einkommensteuerrecht zu klären sein*", Gesetzesbegründung zur AO 1977, BT-Drs. VI/1982, S. 156, wobei unklar erscheint, was hierbei gemeint war.

106 BGBl. I 1993, S. 2310 = BStBl. I, 1994, S. 50.

107 Zur Handhabung in der Praxis siehe ausführlich unten Rdnr. 393 ff.

108 BGBl. I 1993, S. 2310 (2346). Zum hier durchweg nicht relevanten Streitstand hinsichtlich des Verständnisses der „*Besteuerungsgrundlagen*" im Sinne des § 179 AO siehe *Söhn* in Hübschmann/Hepp/Spitaler, AO FGO, § 179 AO Rn. 11 f.; *Brandis* in Tipke/Kruse, AO FGO, § 179 AO Rn. 1.

109 Gesetzesbegründung zum Mißbrauchsbekämpfungs- und Steuerbereinigungsgesetz 1993, BR-Drs. 612/93, S. 102.

110 Gesetzesbegründung zum Mißbrauchsbekämpfungs- und Steuerbereinigungsgesetz 1993, BR-Drs. 612/93, S. 102.

der Feststellungsgegenstände sollte *„unterschiedliche Entscheidungen"* sowie *„aufwendige Rückfragen"* der Wohnsitzfinanzämter vermeiden, welchen zuvor Besteuerungsgrundlagen lediglich nachrichtlich mitgeteilt wurden.[111] Seit Einführung der gesonderten und einheitlichen Feststellung lässt sich daher zunächst eine Ausweitung der Feststellungsgegenstände konstatieren. Gerade diese Entwicklung in Rechtsprechung und Gesetzgebung soll noch verstärkt den Fokus der hier vorliegenden Betrachtung bilden (zur diesbezüglichen kritischen Bewertung siehe unten Rdnr. 393 ff.).

III. Funktionsweise der gesonderten und einheitlichen Feststellung

Der Regelungsgehalt der gesonderten und einheitlichen Feststellung erschließt sich 27
am ehesten, wenn man sich deren Funktionsweise vergegenwärtigt. Steuern werden vom Finanzamt durch Steuerbescheid festgesetzt, § 155 Abs. 1 S. 1 AO. Grundsätzlich umfassen Steuerbescheide auch die entsprechenden Besteuerungsgrundlagen. Diese stellen einen unselbständigen Teil des Steuerbescheides dar und sind somit auch nicht isoliert, daher ohne Angriff des Steuerbescheides selbst, anfechtbar, § 157 Abs. 2 Hs. 1 AO.

1. Auslagerung von Besteuerungsgrundlagen

Abweichendes gilt, wenn Besteuerungsgrundlagen gesondert festgestellt werden, 28
§ 157 Abs. 2 Hs. 2 AO. Eine solche gesonderte Feststellung ist lediglich aufgrund gesetzlicher Anordnung zulässig (Enumerationsprinzip und Gesetzesvorbehalt), § 179 Abs. 1 AO. Zweckmäßigkeitserwägungen allein können eine gesonderte Feststellung somit nicht rechtfertigen.[112] Eine gesonderte Feststellung ist einheitlich vorzunehmen, wenn der Gegenstand der Feststellung mehreren Personen zuzurechnen ist, § 179 Abs. 2 S. 2 Alt. 2 AO.[113] Für einkommensteuerpflichtige und körperschaftsteuerpflichtige Einkünfte ordnet § 180 Abs. 1 S. 1 Nr. 2 a) AO die gesonderte, und über § 179 Abs. 2 S. 2 Alt. 2 AO einheitliche,[114] Feststellung an,

---

111 Gesetzesbegründung zum Mißbrauchsbekämpfungs- und Steuerbereinigungsgesetz 1993, BR-Drs. 612/93, S. 102.

112 *Söhn* in Hübschmann/Hepp/Spitaler, AO FGO, § 179 AO Rn. 28 m.w.N.; *Frotscher* in Schwarz/Pahlke, AO FGO, § 179 AO Rn. 14.

113 Die in § 179 Abs. 2 S. 2 Alt. 1 AO genannte gesetzliche Bestimmung bezieht sich unter anderem auf § 180 Abs. 2 AO i. V. m. der entsprechenden Rechtsverordnung; hierzu *Söhn* in Hübschmann/Hepp/Spitaler, AO FGO, § 179 AO Rn. 16 ff., 22; sowie Rdnr. 484.

114 Es handelt sich somit um eine gesonderte und, hierauf aufbauend, einheitliche Feststellung, nicht indessen um eine *„einheitliche und gesonderte"* Feststellung. Die §§ 179 ff. AO befassen sich übergreifend mit der gesonderten Feststellung. Diese gesonderte Feststellung ist nach § 179 Abs. 2 S. 2 AO einheitlich vorzunehmen.

wenn an den Einkünften mehrere Personen beteiligt sind und die Einkünfte diesen Personen steuerlich zuzurechnen sind. Somit werden Besteuerungsgrundlagen aus den Steuerbescheiden der einzelnen Beteiligten extrahiert, in denen sie ohne gesonderte und einheitliche Feststellung aufzunehmen wären. Anders ausgedrückt werden Besteuerungsgrundlagen, welche mehrere Beteiligte betreffen, aus einer Vielzahl von Steuerfestsetzungsbescheiden ausgelagert, um in einem vorgelagerten Feststellungsbescheid erfasst zu werden. Bei diesem Feststellungsbescheid handelt es sich nicht um mehrere, zusammengefasste Bescheide, sondern um einen einzigen, einheitlichen Verwaltungsakt.[115]

2. Bindungswirkung

29 Bei einer derartigen Verfahrensweise bedarf es naturgemäß einer Verknüpfung zwischen dem Feststellungsbescheid, welcher die ausgelagerten Inhalte umfasst, und den um diese Inhalte kupierten Steuerbescheiden der Beteiligten. Diese Verbindung wird in § 182 Abs. 1 S. 1 AO normiert. Hiernach sind Feststellungsbescheide für andere Feststellungsbescheide, Steuermessbescheide, Steueranmeldungen und, vorliegend relevant, Steuerbescheide (legaldefiniert als Folgebescheide) bindend (zur Bindungswirkung speziell von negativen Feststellungsbescheiden siehe im Zusammenhang Rdnr. 198 ff.). Die Bindungswirkung erstreckt sich hierbei auf sämtliche Feststellungen des Feststellungsbescheides, welche für den Folgebescheid von Bedeutung sind, daher auf Besteuerungsgrundlagen, welche ohne Feststellungsbescheid im Folgebescheidverfahren ermittelt werden müssten. Sie besteht bereits dann, wenn der Feststellungsbescheid noch nicht bestandskräftig geworden ist. Der Feststellungsbescheid als Grundlagenbescheid, § 171 Abs. 10 S. 1 AO, kann nach der gesetzlichen Konzeption dem Folgebescheid auch zeitlich nachfolgen, §§ 155 Abs. 2, 162 Abs. 5 AO.

Zutreffend ist daher die gesetzliche Wortwahl in § 182 Abs. 2 S. 3 AO, nicht indessen die in § 352 Abs. 1 AO, § 48 Abs. 1 FGO, auch wenn inhaltlich keine Unterschiede bestehen.

115 BFH, Urteil vom 27.04.1993 – VIII R 27/92, BStBl. II 1994, S. 3 (4), „*Feststellungsbescheid enthält lediglich einen Verwaltungsakt*“; *Schick*, StuW 1992, S. 197 (218); *Brandis* in Tipke/Kruse, AO FGO, § 179 AO Rn. 5; *Frotscher* in Schwarz/Pahlke, AO FGO, § 180 AO Rn. 75; *Söhn* in Hübschmann/Hepp/Spitaler, AO FGO, § 179 AO Rn. 17; *Birkenfeld* in Hübschmann/Hepp/Spitaler, AO FGO[Stand Mai 2015], § 352 AO Rn. 50; anders nunmehr wohl *Siegers* in Hübschmann/Hepp/Spitaler, AO FGO, § 352 AO Rn. 53. Nicht zu verwechseln ist das Vorliegen eines Bescheides (Verwaltungsaktes) mit der Frage, ob einzelne Feststellungen innerhalb dieses Bescheides isoliert angefochten werden können; hierzu exemplarisch BFH, Urteil vom 10.02.1988 – VIII R 352/82, BStBl. II 1988, S. 544 (545); *Brandis* in Tipke/Kruse, AO FGO, § 180 AO Rn. 11; jeweils m.w.N.

a) *Anpassungspflicht*

Wird ein Folgebescheid erlassen, sind die im Feststellungsverfahren getroffenen Feststellungen zwingend zugrunde zu legen, § 175 Abs. 1 S. 1 Nr. 1 AO. Der Folgebescheid ist entsprechend zu ändern, wenn sich der Feststellungsbescheid ändert oder ein solcher erst nachträglich erlassen wird. Es besteht eine absolute Anpassungspflicht, welche Vorrang gegenüber der Bestandskraft des Folgebescheides genießt.[116] Das Folgefinanzamt hat daher die festgestellten Besteuerungsgrundlagen inhaltlich so zu übernehmen, wie diese im Feststellungsbescheid enthalten sind, darf weder selbst prüfen, ermitteln, Gegensätzliches zugrunde legen oder einen Bescheidinhalt erlassen, der dem Feststellungsinhalt auch nur mittelbar widerspricht.[117] Hierdurch wird der Abgrenzung der Regelungsbereiche zwischen Grundlagen- und Folgebescheid entsprochen, welche auch eine sachliche Kompetenzverteilung zwischen den Finanzämtern beinhaltet.[118] 30

b) *Reichweite der Bindungswirkung*

Die Bindungswirkung des Feststellungsbescheides erstreckt sich auf diejenigen Feststellungen, die im Feststellungsbescheid getroffen wurden und die für den Folgebescheid von Bedeutung sind,[119] § 182 Abs. 1 S. 1 AO. Bindungswirkung entfaltet grundsätzlich nur der Regelungsteil des Feststellungsbescheides (Verfügungssatz), nicht indessen die Bescheidbegründung.[120] Letztere ist nur dann zur Bestimmung heranzuziehen, wenn der Verfügungssatz selbst Raum zu Zweifeln über seinen Inhalt lässt.[121] Bei Unklarheiten ist nicht auf den Willen des 31

---

116 BFH, Urteil vom 29.06.2005 – X R 31/04, BFH/NV 2005, S. 1749 (1750) m.w.N.; BFH, Urteil vom 27.04.1993 – VIII R 27/92, BStBl. II 1994, S. 3 (5); BFH, Urteil vom 17.02.1993, BFH/NV 1994, S. 1 (2); BFH, Urteil vom 14.04.1988 – IV R 219/85, BStBl. II 1988, S. 711 (712); BFH, Urteil vom 13.12.1985 – III R 204/81, BStBl. II 1986, S. 245 (246); *Söhn* in Hübschmann/Hepp/Spitaler, AO FGO, § 182 AO Rn. 50; *Rüsken* in Klein, AO, § 175 Rn. 9; *Koenig* in Koenig, AO, § 175 Rn. 2; *Bartone* in Kühn/von Wedelstädt, AO FGO, § 175 AO Rn. 3; *Söhn* in Hübschmann/Hepp/Spitaler, AO FGO, § 182 AO Rn. 50.

117 BFH, Urteil vom 09.07.1987 – IV R 87/85, BStBl. II 1988, S. 342 (344); BFH, Beschluss vom 05.11.1998 – VIII B 18/98, BFH/NV 1999, S. 513 (514); *Söhn* in Hübschmann/Hepp/Spitaler, AO FGO, § 182 AO Rn. 50.

118 BFH, Urteil vom 12.07.1989 – X R 32/86, BFH/NV 1990, S. 366 (368).

119 Die konkrete Bindungswirkung ist daher abhängig vom materiellen Recht. Allgemein sind Feststellungen für einen Folgebescheid von Bedeutung, wenn die festgestellten Besteuerungsgrundlagen einen Tatbestand der bei Erlass des Folgebescheides anzuwendenden einschlägigen Steuergesetze (mit)ausfüllen; BFH, Beschluss vom 11.12.1997 – III R 14/96, BStBl. II 1999, S. 401 (402).

120 BFH, Urteil vom 08.11.2005 – VIII R 11/02, BStBl. II 2006, S. 253 (256); BFH, Urteil vom 08.11.2005 – VIII R 21/01, BFH/NV 2006, S. 491 (492).

121 Hierzu BFH, Urteil vom 08.11.2005 – VIII R 11/02, BStBl. II 2006, S. 253 (256) m.w.N.

Feststellungsfinanzamtes abzustellen,[122] sondern darauf, wie ein verständiger Empfänger nach den ihm bekannten Umständen den Bescheid unter Berücksichtigung von Treu und Glauben verstehen durfte.[123] Freilich sind Feststellungsbescheide so auszulegen, dass nicht unzulässige Inhalte implementiert werden.[124]

32 Problematisch erscheint die Bindungswirkung dann, wenn der Grundlagenbescheid unter Verstoß gegen eine gesetzliche Anordnung und die damit einhergehende Zuständigkeitsverteilung Gegenstände regelt, die für ein Feststellungsverfahren nicht vorgesehen sind (zur Bindungswirkung bei Verkennung der örtlichen Zuständigkeit siehe im Zusammenhang Rdnr. 160 ff.). So beispielsweise, wenn der Feststellungsbescheid über den vorgeschriebenen Umfang hinausgeht oder für einen konkreten Sachverhalt ein Feststellungsverfahren nicht durchzuführen ist. Teilweise wird die Bindungswirkung in derartigen Fällen verneint,[125] zuweilen mit der Behauptung, dass anderenfalls die gesetzliche Konzeption im Interesse der Praktikabilität durchbrochen würde und brauchbare Abgrenzungskriterien fehlten.[126] Mit der allgemeinen Rechtswidrigkeitsdogmatik in Bezug auf Verwaltungsakte, daher mit dem Grundsatz der Tatbestandswirkung von Verwaltungsakten, lässt sich diese Ansicht indessen nicht vereinbaren. Feststellungsbescheide als Verwaltungsakte, § 118 S. 1 AO, sind entweder rechtmäßig und wirksam, rechtswidrig aber wirksam oder rechtswidrig und nichtig, vgl. §§ 124 Abs. 2, 3, 125 AO. Ein Verwaltungsakt ist nicht allein deswegen nichtig, weil er einer gesetzlichen Grundlage entbehrt oder weil anwendbare Rechtsvorschriften des materiellen oder formellen Rechts unrichtig angewendet worden sind.[127] Solange ein Feststellungsbescheid die Schwelle der Nichtigkeit als gesteigerte Form der Rechtswidrigkeit nicht überschritten hat, bleibt er wirksam und entfaltet somit auch Bindungswirkung.[128]

---

122 BFH, Urteil vom 20.09.1989 – X R 180/87, BStBl. II 1990, S. 112 (113); BFH, Beschluss vom 01.09.2005 – II B 8/04, BFH/NV 2006, S. 118 (119).

123 Ständige Rspr.; siehe BFH, Urteil vom 11.07.2006 – VIII R 10/05, BStBl. II 2007 S. 96 (98 f.); BFH, Urteil vom 08.11.2005 – VIII R 11/02, BStBl. II 2006, S. 253 (256); jeweils m.w.N.

124 So lassen sich auch die Ausführung in BFH, Beschluss vom 01.09.2005 – II B 8/04, BFH/NV 2006, S. 118 (119), sowie in BFH, Urteil vom 24.03.1998 – I R 83/97, BStBl. II 1998, S. 601 (602), verstehen.

125 *Ratschow* in Klein, AO, § 182 Rn. 9; *Frotscher* in Schwarz/Pahlke, AO FGO, § 182 AO Rn. 5, 12.

126 *Ratschow* in Klein, AO, § 182 Rn. 9.

127 So beispielsweise BFH, Urteil vom 30.06.2011 – V R 44/10, BStBl. II 2011, S. 1003 (1006); im Allgemeinen so auch *Ratschow* in Klein, AO, § 125 Rn. 2, der die Bindungswirkung rechtswidriger Feststellungsbescheide im Speziellen indessen ablehnt, § 182 Rn. 9.

128 BFH, Beschluss vom 07.06.2006 – II B 129/05, BFH/NV 2006, S. 1616 (1617); BFH, Beschluss vom 09.06.2000 – X B 104/99, BFH/NV 2001, S. 1 (1); BFH, Urteil vom 24.03.1998 – I R 83/97, BStBl. II 1998, S. 601 (602); *Söhn* in Hübschmann/Hepp/

Ob sodann in den beschriebenen Konstellationen von einer Nichtigkeit auszugehen ist, erscheint, auch wenn stets auf die Umstände des Einzelfalles abzustellen ist, sehr zweifelhaft. Hierzu müsste der Verwaltungsakt an einem offenkundigen[129] und besonders schwerwiegenden Fehler[130] leiden, § 125 Abs. 1 AO (sogenannte Evidenztheorie). Der Erlass eines Feststellungsbescheides durch eine örtlich unzuständige Behörde kann schon nach § 125 Abs. 3 Nr. 1 AO nicht zur Nichtigkeit führen.[131] Insoweit verbliebe lediglich in der unzutreffenden Anwendung des § 180 Abs. 1 S. 1 Nr. 2 a) AO zugleich einen Verstoß gegen Grundprinzipien der Verfahrensordnung zu erblicken sowie diesen als besonders schwerwiegend und zudem offensichtlich einzustufen.[132] Es erscheint indessen eher fernliegend, die schlichte Verkennung des Anwendungsbereiches einer Norm, somit eine unzutreffende materielle Würdigung, zugleich zu einem Verstoß gegen Grundprinzipien der Verfahrensordnung zu stilisieren. Anderenfalls müsste dies für jegliche materiellen Fehler gelten, welche in einen unmittelbaren oder gar mittelbaren Zusammenhang mit einer verfahrensrelevanten Norm stehen. Materiell-rechtliche Fehler führen in der Regel aber gerade nicht zur Nichtigkeit, da die Nichtigkeit als Ausnahme vom Grundsatz anzusehen ist, dass ein Akt staatlicher Gewalt die Vermutung seiner Gültigkeit in sich trägt.[133] Insoweit sind Feststellungsbescheide, welche die Voraussetzungen und den Anwendungsbereich der gesonderten und einheitlichen Feststellung verkennen, rechtswidrig aber wirksam und somit für den Folgebescheid auch bindend. 33

Spitaler, AO FGO, § 182 AO Rn. 24, 25; *Brandis* in Tipke/Kruse, AO FGO, § 182 AO Rn. 2; *Kunz* in Gosch, AO FGO, § 182 AO Rn. 6; *Koenig* in Koenig, AO, § 182 Rn. 7.

129 Offenkundigkeit ist dann anzunehmen, wenn jeder verständige Dritte in Kenntnis aller in Betracht kommender Umstände in der Lage ist, den Fehler in seiner besonderen Schwere zu erkennen; st. Rspr., siehe statt Vieler BFH, Urteil vom 22.10.2002 – VII R 56/00, BStBl. II 2003, S. 109 (110) m.w.N.

130 Besonders schwerwiegend, daher nicht lediglich schwerwiegend, ist der Fehler, wenn er den Verwaltungsakt als schlechterdings unerträglich erscheinen lässt, insbesondere weil dieser mit tragenden Verfassungsprinzipien oder der Rechtsordnung immanenten wesentlichen Wertvorstellungen unvereinbar ist; BVerwG, Urteil vom 22.02.1985 – 8 C 107/83, DVBl. 1985, S. 624 (624) zu § 44 Abs. 1 VwVfG; BFH, Beschluss vom 30.11.1987 – VIII B 3/87, BStBl. II 1988, S. 183 (185).

131 Selbst Verstöße gegen die hier nicht in Rede stehende sachliche oder funktionelle Zuständigkeit führen nicht stets zur Unwirksamkeit; BFH, Beschluss vom 30.11.1987 – VIII B 3/87, BStBl. II 1988, S. 183 (185); BFH, Urteil vom 23.04.1986 – I R 178/82, BStBl. II 1986 S. 880 (883); BVerwG, Urteil vom 29.09.1982 – 8 C 138/81, BVerwGE 66, S. 178 (182).

132 So wohl *Frotscher* in Schwarz/Pahlke, AO FGO, § 182 AO Rn. 12.

133 BVerwG, Urteil vom 11.02.1966 – VII CB 149.64, BVerwGE 23, S. 237 (238); BFH, Beschluss vom 01.10.1981 – IV B 13/81, BStBl. II 1982, S. 133 (135).

IV. Sinn und Zweck der gesonderten und einheitlichen Feststellung

34 Die gesonderte und einheitliche Feststellung bei Einkünften mehrerer Beteiligter nach § 180 Abs. 1 S. 1 Nr. 2 a) AO verfolgt freilich keinen Selbstzweck. Vielmehr stellt sie eine Möglichkeit dar, die Besteuerung im Bereich der Personenvereinigungen verfahrenstechnisch zu fassen. Die Ausgestaltung der Unternehmungen als nicht der Einkommen- oder Körperschaftsteuer unterliegende Gebilde[134] und die damit verbundene Steuerschuldnerschaft der einzelnen Beteiligten erfordert zwingend eine von den Besteuerungsgrundsätzen für Kapitalgesellschaften abweichende verfahrenstechnische Umsetzung.[135] Da Kapitalgesellschaften selbst das Steuersubjekt darstellen, § 1 Abs. 1 KStG, ist die Vermögensphäre der Körperschaft strikt zu trennen von der Vermögenssphäre der ebenfalls mit Steuerrechtssubjektivität ausgestatteten Anteilseigner, § 1 Abs. 1 S. 1 EStG, § 1 Abs. 1 KStG (sogenanntes „Trennungsprinzip").[136] Hierauf aufbauend bedarf es keiner Einbeziehung der Anteilseigner in das Besteuerungsverfahren der Kapitalgesellschaft. Vielmehr ist erst nachgelagert zu klären, ob und inwieweit der Anteilsbesitz und/oder Ausschüttungen einen Besteuerungstatbestand beim Anteilseigner selbst auslösen. Auch die Frage der Berücksichtigung der bereits von der Kapitalgesellschaft getragenen Steuerlast bei der Besteuerung von Ausschüttungen stellt sich erst im Besteuerungsverfahren des Anteilseigners.[137]

35 Da Personengesellschaften und Gemeinschaften indessen ertragsteuerlich transparent sind (sogenanntes „*Transparenzprinzip*"), ist es zur Bestimmung der Einkünfte der Beteiligten aus der Unternehmung notwendig, auch diese Unternehmung als Verbindung der einzelnen Beteiligten in den Blick zu nehmen. Anders als bei Kapitalgesellschaften sind daher sowohl die Sphäre der Gesellschaft oder Gemeinschaft als auch die Sphären der jeweiligen Beteiligten zusammen zu betrachten. Da erst das Steuerverfahrensrecht die Realisierung des materiellen Steuerrechts ermöglicht und das einkommensteuerliche Prinzip der Besteuerung (hier der Beteiligten) nach der Leistungsfähigkeit zur Rechtsverwirklichung daher zwingend[138] ein solches Verfahren durchlaufen muss, verfolgt auch die gesonderte

---

134 Zur Anerkennung als materielles Steuersubjekt siehe oben Rdnr. 22 sowie noch Rdnr. 63 ff.

135 Zu alternativen Überlegungen de lege ferenda siehe *Hey* in Tipke/Lang, § 7 Rn. 90, § 13 Rn. 185 sowie *Hennrichs* ebenda, § 10 Rn. 8, 15; *Hennrichs*, FR 2010, S. 721 (727 ff.); *Hennrichs*, StuW 2002, S. 201 (210 ff.).

136 *Rengers* in Blümich, EStG, KStG, GewStG, § 1 KStG Rn. 10.

137 Einer steuerlichen Doppelbelastung im klassischen System durch die Besteuerung der Erträge auf Ebene der Kapitalgesellschaft und nach Ausschüttung auf Ebene des Gesellschafters wurde seit 1977 durch das Anrechnungsverfahren, seit 2001 durch das Halbeinkünfteverfahren und seit dem Jahr 2009 durch das Teileinkünfteverfahren bzw. die abgeltende Kapitalertragsteuer begegnet.

138 Auch im Fall des § 180 Abs. 3 AO wird ein Steuerverfahren durchlaufen, wenn auch kein gesondertes und einheitliches Feststellungsverfahren.

und einheitliche Feststellung somit *„kein[en] Selbstzweck, sondern hat dienende Funktion“*[139]. Neben dieser als Gesamtzweck, insoweit als übergeordnetem Ziel zu umschreibenden Bestimmung, verfolgt die konkrete Ausgestaltung der gesonderten und einheitlichen Feststellung Absichten, welche sich auf das Verfahren als solches beziehen. Gerade diese Zwecksetzungen sind naturgemäß bei der Interpretation und Anwendung der Norm mitentscheidend, so dass eine nähere Befassung mit diesen lohnend erscheint.

1. Materiell-rechtlicher Zweck

Wie bereits dargelegt (hierzu Rdnr. 24) wurden bis zum EStG 1925 die Feststellung 36
des Gesellschaftsgewinns wie auch die des Gewinnanteils jedes Gesellschafters von den jeweiligen Wohnsitzfinanzämtern der einzelnen Gesellschafter, parallel nebeneinander und unabhängig voneinander, vorgenommen. Die Einführung der einheitlichen Feststellung mit § 65 Abs. 1 Nr. 2 EStG 1925 sollte gerade verhindern, dass bei der Einkommensteuerveranlagung der Gewinn der Gesellschaft durch die einzelnen Wohnsitzfinanzämter in unterschiedlicher Höhe festgestellt würde.[140] Wörtlich hieß es in der Gesetzesbegründung: *„In der allgemeinen Begr. ist ausgeführt worden, daß zur EinkSt. nicht die offene Handelsgesellschaft, Kommanditgesellschaft als solche, sondern die einzelnen Inhaber herangezogen werden sollen. Einer der Gründe, die für die Besteuerung der Firma anstelle des Gesellschafters angeführt worden waren, ist auch der, daß in der Praxis der Gewinn der offenen Handelsgesellschaft bei der Veranlagung der einzelnen Gesellschafter vielfach ganz verschieden festgestellt worden ist. Ähnliche Verschiedenheiten können nicht nur bei offenen Handelsgesellschaften und Kommanditgesellschaften, sondern in allen Fällen vorkommen, wo Einkünfte Mehreren auf gemeinsame Rechnung zufließen. Von Seiten der Wirtschaft ist vielfach verlangt worden, daß Unterschiede bei der Besteuerung der Gesellschafter oder Mitberechtigten vermieden werden. Eine Vereinheitlichung liegt auch im Interesse der Verwaltung. Der Entwurf schreibt deshalb vor, daß ... der Gewinn einheitlich festgestellt werden soll [...]“*.[141]

Somit soll die verselbständigte Feststellung[142] der Vermeidung widersprüch- 37
licher Entscheidungen dienen und zur Verwirklichung des verfassungsrechtlichen Grundsatzes der Gleichmäßigkeit der Besteuerung beitragen.[143] Diese

---

139 BFH, Beschluss vom 31.10.1991 – X B 69/91, BFH/NV 1992, S. 289 (290); so auch ausdrücklich *Frotscher* in Schwarz/Pahlke, AO FGO, § 179 AO Rn. 5; *Reuter*, S. 41.

140 Vgl. Begründung des Entwurfs zum EStG 1925, Verhandlungen des Reichstages, III. Wahlperiode 1924, Band 400, Nr. 795, S. 70 (auch abgedruckt bei *Strutz*, EStG 1925, § 65 Rn. 1).

141 Begründung des Entwurfs zum EStG 1925, Verhandlungen des Reichstages, III. Wahlperiode 1924, Band 400, Nr. 795, S. 70 (auch abgedruckt bei *Strutz*, EStG 1925, § 65 Rn. 1).

142 Als *„verselbständigte Feststellung“* wird vorliegend die des § 180 Abs. 1 S. 1 Nr. 2 a) AO bezeichnet.

143 *Söhn* in Hübschmann/Hepp/Spitaler, AO FGO, § 179 AO Rn. 52, § 180 AO Rn. 153.

gesetzgeberische Zielsetzung wurde fortan von der Rechtsprechung gerade in Fällen argumentativ angeführt, in denen insbesondere die Anwendung oder die Reichweite der gesonderten und einheitlichen Feststellung fraglich war. So sei eine solche beispielsweise in Fällen durchzuführen, in denen zweifelhaft ist, ob einkommensteuerpflichtige Einkünfte vorliegen, an denen mehrere Personen beteiligt sind, da *„eine einheitliche Sachbehandlung durch die Finanzbehörden sichergestellt werden soll"*;[144] gerade *„ein solcher Fall erfordert eine einheitliche Klärung"*.[145] Auch wird der Regelungsgehalt eines Feststellungsbescheides dadurch begrenzt, dass *„einheitliche und gesonderte Feststellungsverfahren ... im Interesse der Gleichmäßigkeit der Besteuerung darauf zielen, die gleichsinnige Würdigung der Besteuerungsgrundlagen sicherzustellen"*[146]. Insgesamt wird daher der gesonderten und einheitlichen Feststellung der Zweck entnommen, *„eine in sich widerspruchsfreie Entscheidung für die verschiedenen Beteiligten zu gewährleisten"*[147]. Dieser Gedanke der gleichmäßigen Rechtsanwendung wurde vom Gesetzgeber mit der Neufassung des § 180 Abs. 2 AO im Jahre 1985 implizit bestätigt, denn schon nach dem Wortlaut des Satz 1 verfolgt die Rechtsverordnung, welche eine gesonderte und einheitliche Feststellung in anderen als den in Absatz 1 genannten Fällen ermöglichen soll, die *„Sicherstellung einer einheitlichen Rechtsanwendung"*, § 180 Abs. 2 S. 1 AO.[148] Da auch die Literatur, soweit ersichtlich einhellig, die einheitliche Rechtsanwendung durch die verselbständigte Feststellung hervorhebt,[149] darf der Vermeidung sich widersprechender Entscheidungen als materiell-rechtliche Zwecksetzung die allgemeine Anerkennung zugesprochen werden.

2. Verfahrensökonomischer Zweck

38 Aber auch wenn die Schaffung der gesonderten und einheitlichen Feststellung vordergründig mit der materiell-rechtlichen Zwecksetzung begründet wurde, steht diese nicht allein. Die gesonderte und einheitliche Feststellung verfolgt zugleich verfahrensökonomische Zwecke.

---

144 BFH, Beschluss vom 31.10.1991 – X B 69/91, BFH/NV 1992, S. 289 (290) m.w.N.; siehe auch BFH, Beschluss vom 16.11.2006 – XI B 156/05, BFH/NV 2007, S. 401 (402) m.w.N.

145 BFH, Urteil vom 12.11.1985 – IX R 85/82, BStBl. II 1986, S. 239 (240).

146 BFH, Urteil vom 08.11.2005 – VIII R 11/02, BStBl. II 2006, S. 253 (256).

147 BFH, Urteil vom 16.10.2008 – IV R 82/06, BFH/NV 2009, S. 581 (583).

148 Zur Entstehungsgeschichte dieser Norm vor dem hauptsächlichen Hintergrund der Erfassung von Bauherrengemeinschaften siehe *Söhn* in Hübschmann/Hepp/Spitaler, AO FGO, § 180 AO Rn. 480 ff.

149 Statt Vieler: *Söhn* in Hübschmann/Hepp/Spitaler, AO FGO, § 179 AO Rn. 52, § 180 AO Rn. 153; *Koenig* in Koenig, AO, § 179 Rn. 2, 3; *Kunz* in Gosch, AO FGO, § 179 Rn. 3; § 180 AO Rn. 15; *Frotscher* in Schwarz/Pahlke, AO FGO, § 179 AO Rn. 6; *Segebrecht*, S. 35.

a) Allgemeine Anerkennung

Bereits in der Gesetzesbegründung findet sich der Zusatz: „*Eine Vereinheitlichung liegt auch im Interesse der Verwaltung.*"[150] Auch wenn dieser Wendung mangels Präzisierung noch kein endgültiger Aufschluss zu den dahinterstehenden Beweggründen zu entnehmen ist, wurde bereits in den ersten Kommentierungen zum EStG 1925 auch der verfahrensökonomische Zweck der Regelung betont: „*Der Zweck ist ein ähnlicher wie bei der Einheitswertfeststellung nach dem Reichsbewertungsgesetz: wie durch diese verschiedenen Bewertungen desselben Gegenstands bei verschiedenen Steuern nach dem Werte und der Leerlauf der Vorarbeit mehrfacher Bewertung desselben Gegenstandes verhütet werden sollen, so durch die Vorschriften der §§ 65 – 67 EinkStG. die mehrfache und unfruchtbare Arbeit der Ermittlung desselben Gewinnes oder Überschusses bei mehreren Steuerpflichtigen, die an ihm beteiligt sind, und das wirtschaftlich widersinnige Ergebnis, daß derselbe Gewinn oder Überschuß, an dem mehrere Steuerpflichtige Anteil haben, nach denselben Grundsätzen bei der Veranlagung des einen Beteiligten in dieser, bei der des anderen in jener Höhe ermittelt und der Besteuerung zugrunde gelegt wird…*"[151]. Neben der Verhinderung divergierender Besteuerungen war somit zugleich und fortan eine Entlastung der Steuerverwaltung insgesamt mit der Neuregelung in Verbindung gebracht worden, da lediglich ein Finanzamt mit der Gewinnermittlung befasst sein soll.[152] Auch diese zweite Zwecksetzung wurde fortan von der Rechtsprechung aufgegriffen: „*Der Zweck gesonderter Feststellungen liegt im Wesentlichen in der Sicherstellung einer einheitlichen Rechtsanwendung und der Erleichterung des Besteuerungsverfahrens.*"[153] Dass mit letzterem ein geringerer Verfahrensaufwand gemeint ist, wird in anderen Entscheidungen noch deutlicher, wenn dargelegt wird, „*dass einheitliche und gesonderte Feststellungsverfahren der Verfahrensökonomie dienen*".[154] Die Vereinfachung im Wege der Verfahrensökonomie lässt sich zudem dem Gesetz an sich entnehmen. Auch die Neufassung der Ermächtigungsgrundlage des § 180 Abs. 2 S. 1 AO im Jahre 1985 (siehe hierzu bereits Rdnr. 37) dient schon ihrem Wortlaut nach zumindest auch der „*Erleichterung des Steuerverfahrens*". 39

Ob darüber hinaus der verfahrensökonomische Zweck der gesonderten und einheitlichen Feststellung auch der Regelung des § 180 Abs. 3 S. 1 Nr. 2 AO 40

150 Vgl. Begründung des Entwurfs zum EStG 1925, Verhandlungen des Reichstages, III. Wahlperiode 1924, Band 400, Nr. 795, S. 70 (auch abgedruckt bei *Strutz*, EStG 1925, § 65 Rn. 1).

151 *Strutz*, EStG 1925, § 65 Rn. 2a).

152 *Keuk*, StuW 1974, S. 1 (39); *Keuk*, DB 1971, S. 2326 (2328); *Kurth*, S. 153; *Söhn* in Hübschmann/Hepp/Spitaler, AO FGO, § 179 AO Rn. 51.

153 BFH, Urteil vom 05.11.1992 – I R 38/92, BStBl. II 1993, S. 177 (179), zu § 18 AStG, indessen verallgemeinerungsfähig.

154 BFH, Urteil vom 08.11.2005 – VIII R 11/02, BStBl. II 2006, S. 253 (256).

entnommen werden kann,[155] erscheint indessen zweifelhaft. Richtig ist, dass der Regelung des § 180 Abs. 3 S. 1 Nr. 2 AO selbst durch das Absehen von der verselbständigten Festsetzung für Fälle von geringer Bedeutung eine verfahrensökonomische Zwecksetzung zugeschrieben werden kann. Hierdurch werden verselbständigte Festsetzungen gerade für Fälle vermieden, in denen sie nach der materiell-rechtlichen Zwecksetzung nicht notwendig erscheinen. Indessen vermag der Rückschluss von der Zwecksetzung einer Ausnahmevorschrift auf den Sinn und Zweck des gesamten Normgefüges nicht zu überzeugen, wenn es sich wie vorliegend um eine Ausnahmevorschrift zum Anwendungsbereich handelt. Anders gewendet: Die Nichtdurchführung der verselbständigten Feststellung in einzelnen Fällen belegt nicht deren verfahrensökonomische Ausrichtung, sondern stellt schlicht die Verfahrenslage her, welche ohne gesonderte und einheitliche Feststellung bestehen würde.

41 Unbeschadet dessen wird die Verfahrensökonomie jedoch einhellig nicht nur als mittelbare Konsequenz der gesonderten und einheitlichen Feststellung beschrieben, sondern allgemein als Zweck und somit Zielrichtung anerkannt.[156] Insoweit scheint jedoch für nachfolgende Betrachtungen eine inhaltlich präzisierende Differenzierung angebracht. Die gesonderte und einheitliche Feststellung stellt bereits in ihrem Kernregelungsgehalt eine Aufwandsminderung dar, sofern ohne Auslagerung von Besteuerungsgrundlagen mehrere Finanzämter für ein und dieselbe Besteuerungsgrundlage zuständig wären. Eine mehrfache Zuständigkeit bedingt eine mehrfache (zumindest doppelte) Erfassung, beispielsweise der Einkünfte auf Gesellschaftsebene. Dies erscheint freilich nicht ökonomisch. Gegenständlich ist somit zunächst die Vermeidung eines Mehraufwandes im Sinne einer mehrfachen Befassung. Diese soll vorliegend abgrenzend als verfahrensökonomischer Zweck im engeren Sinne verstanden werden. Über diesen geht das Verständnis der verfahrensökonomischen Zwecksetzung jedoch allgemeinhin hinaus. Dies belegen Ausführungen in Rechtsprechung und Literatur zu verschiedenen Auslegungsfragen, welche zwar auf die Verfahrensökonomie als Zweck abstellen, hiermit aber nicht den verfahrensökonomischen Zweck im engeren Sinne im Blick haben. Gestützt wird eine solche verallgemeinernde Betrachtung von den Gesetzesbegründungen. War zunächst noch unpräzise von einem *„Interesse der Verwaltung“*[157] an der

---

155 So wohl *Brandis* in Tipke/Kruse, AO FGO, Vor § 179 AO Rn. 2; welcher zudem in § 180 Rn. 10 ausführt: *„Auch Abs. 2, 3, 4 sind vom Gedanken der Verfahrensvereinfachung getragen.“*

156 Statt Vieler *Kunz* in Gosch, AO FGO, § 179 Rn. 4; § 180 AO Rn. 15; *Söhn* in Hübschmann/Hepp/Spitaler, AO FGO, § 179 AO Rn. 51, § 180 AO Rn. 152; *Brandis* in Tipke/Kruse, AO FGO, Vor § 179 AO Rn. 2, § 180 Rn. 10; *Frotscher* in Schwarz/Pahlke, AO FGO, § 179 AO Rn. 8; *Koenig* in Koenig, AO, § 179 Rn. 2, 3.

157 Vgl. Begründung des Entwurfs zum EStG 1925, Verhandlungen des Reichstages, III. Wahlperiode 1924, Band 400, Nr. 795, S. 70 (auch abgedruckt bei *Strutz*, EStG 1925, § 65 Rn. 1).

einheitlichen Feststellung die Rede, wurde die Ergänzung des Wortlautes des § 180 Abs. 1 S. 1 Nr. 2 a) AO um die mit den Einkünften im Zusammenhang stehenden Besteuerungsgrundlagen auch damit gerechtfertigt, dass somit *„aufwendige Rückfragen seitens der Wohnsitzfinanzämter bei den Feststellungsfinanzämtern ... vermieden"* werden.[158] Spätestens mit dieser Begründung hat der Gesetzgeber den Boden der verfahrensökonomischen Zwecksetzung im engen Sinne verlassen und implizit bestätigt, dass der gesonderten und einheitlichen Feststellung allgemein verfahrensökonomische Überlegungen zugrunde liegen. Diese sollen hier differenzierend und zusammenfassend als verfahrensökonomische Zwecksetzung im weiteren Sinne bezeichnet werden.

b) Sachnähe und Sachkunde

Neben der materiell-rechtlichen und verfahrensökonomischen Zwecksetzung 42 schreiben Teile der Literatur der gesonderten und einheitlichen Feststellung einen weiteren eigenständigen Zweck zu. Dieser sei darin zu erblicken, sich die besondere Sachnähe beziehungsweise Sachkunde des Unternehmungsfinanzamtes[159] nutzbar zu machen.[160] Der Anerkennung dieses Aspektes als eigenständige Zwecksetzung ist indessen die Zustimmung zu versagen. Unbeschadet dessen kann natürlich die Überlegung der Sachnähe oder Sachkunde als Auslegungskriterium fruchtbar gemacht werden. Macht man sich klar, welche Erwägung hinter diesem Kriterium steht, wird deutlich, dass die Befassung des sachnäheren oder sachkundigeren Finanzamtes letztendlich der Verfahrensökonomie, hier verstanden als Verfahrensökonomie im weiteren Sinne (Rdnr. 41), dienen kann.

(1) Als eigenständige Zwecksetzung

Gegen die Anerkennung der Befassung des sachnäheren oder sachkundigerem 43 Finanzamtes als eigenständige Zwecksetzung sprechen zunächst die Gesetzesbegründungen zur gesonderten und einheitlichen Feststellung, welche lediglich den materiell-rechtlichen und verfahrensökonomischen Zweck stützen.[161] Gleiches gilt

158 Gesetzesbegründung zum Mißbrauchsbekämpfungs- und Steuerbereinigungsgesetz 1993, BR-Drs. 612/93, S. 102.

159 Der Begriff Unternehmungsfinanzamt wird im Folgenden je nach Einkunftsart vereinfachend als Sammelbezeichnung für das Lagefinanzamt, Betriebsfinanzamt, Tätigkeitsfinanzamt, Verwaltungsfinanzamt beziehungsweise Belegenheitsfinanzamt im Sinne von § 18 Abs. 1 Nr. 1–4 AO verwendet.

160 *Benne*, BB 2001, S. 1977 (1987); *Horlemann*, DStZ 1984, S. 586 (588); *Kuhn*, S. 204; *Krüger*, S. 149; *Reiß* in FS FH Nordkirchen, S. 197 (210); wohl auch *Stehr*, S. 120, 154. Siehe zudem Rdnr. 58 Fn. 192.

161 Die gilt sowohl für die Begründung des Entwurfs zum EStG 1925, Verhandlungen des Reichstages, III. Wahlperiode 1924, Band 400, Nr. 795, S. 70 (auch abgedruckt bei *Strutz*, EStG 1925, § 65 Rn. 1), soweit relevant wiedergegeben in Rdnr. 36 und 39, als auch für die Gesetzesbegründung zum Mißbrauchsbekämpfungs- und

für den Wortlaut des § 180 Abs. 1 S. 1 Nr. 2 a) AO und dessen Vorgängerregelungen. Auch kann keine Parallele zum § 180 Abs. 1 S. 1 Nr. 2 b) AO gezogen werden. Dort ist der Zweck der sachnäheren Behandlung unstrittig.[162] Gegenstand des § 180 Abs. 1 S. 1 Nr. 2 b) AO ist jedoch eine gesonderte (nicht einheitliche) Feststellung bei Gewinneinkünften, an denen nur eine Person beteiligt ist. Voraussetzung ist gerade, dass das für die gesonderte Feststellung zuständige Finanzamt nicht auch für die Steuern vom Einkommen zuständig ist, daher dass Unternehmungsfinanzamt und Wohnsitzfinanzamt auseinanderfallen. Die gesonderte Feststellung knüpft bei § 180 Abs. 1 S. 1 Nr. 2 b) AO daher gerade an unterschiedliche Zuständigkeiten an. Da hiermit eine inhaltlich vollkommen andere Regelungsmaterie und Regelungstechnik vorliegt, mangelt es insoweit an der Vergleichbarkeit mit § 180 Abs. 1 S. 1 Nr. 2 a) AO. Es erscheint daher nicht möglich, per argumentum a fortiori auch dem § 180 Abs. 1 S. 1 Nr. 2 a) AO die Zwecksetzung der Befassung des sachnäheren oder sachkundigerem Finanzamtes zuzuschreiben. Vielmehr ist per argumentum e contrario davon auszugehen, dass im Rahmen des § 180 Abs. 1 S. 1 Nr. 2 a) AO der örtlichen Zuständigkeit und somit Sachnähe und Sachkunde keine besondere Bedeutung zukommt.

44 Ein gewisser Anhaltspunkt gegen die Anerkennung dieser Zweckrichtung ist auch § 180 Abs. 3 AO zu entnehmen. Nach § 180 Abs. 3 S. 1 Nr. 1 AO hat eine verselbständigte Feststellung zu unterbleiben, wenn nicht Mehrere steuerrelevant beteiligt sind. In diesen Fällen ist nur ein Finanzamt, das Wohnsitzfinanzamt, zuständig.[163] Sowohl der materiell-rechtliche als auch der verfahrensökonomische Zweck im engeren Sinne werden ohne verselbständigte Feststellung gewahrt. Mit dem Wohnsitzfinanzamt wird in diesen Fällen aber gerade nicht das vermeintlich sachnähere Finanzamt tätig. Die Befassung dieses Finanzamtes würde aber bei Anerkennung einer eigenständigen Zwecksetzung nahe liegen, da die Sachnähe unabhängig von der Anzahl der Beteiligten ist, wie § 180 Abs. 1 S. 1 Nr. 2 b) AO für die gesonderte (nicht einheitliche) Feststellung belegt. Auch wird nach § 180 Abs. 3 S. 1 Nr. 2 AO die gesonderte und einheitliche Feststellung ausgeschlossen, wenn es sich um einen Fall von geringer Bedeutung handelt, insbesondere weil

---

Steuerbereinigungsgesetz 1993, BR-Drs. 612/93, S. 102, letztere im Zusammenhang wiedergeben in Fn. 1145. Siehe hierzu auch Rdnr. 236.

162 Siehe lediglich die Gesetzesbegründung zur AO 1977, BT-Drs. VI/1982, S. 156, 157; *Söhn* in Hübschmann/Hepp/Spitaler, AO FGO, § 180 AO Rn. 391.

163 Auch über § 180 Abs. 1 S. 1 Nr. 2 b) AO würde es in diesen Fällen nicht zu einer Zuständigkeit des Unternehmungsfinanzamtes kommen können, da die Sperrwirkung der gesonderten und einheitlichen Feststellung nach Buchstabe a) gegenüber Buchstabe b) („*in anderen als den in Buchstabe a genannten Fällen*") auch eintritt, wenn von der gesonderten und einheitlichen Feststellung nach Abs. 3 abzusehen ist; hierzu *Brandis* in Tipke/Kruse, AO FGO, § 180 AO Rn. 69; *Söhn* in Hübschmann/Hepp/Spitaler, AO FGO, § 180 AO Rn. 376a, 390a; jeweils m.w.N. Selbst wenn man dies anders beurteilen wollte, würde das Unternehmungsfinanzamt lediglich für die in Buchstabe b) genannten Gewinneinkünfte zuständig sein.

die Höhe des festgestellten Betrages und die Aufteilung feststehen.[164] Auch hier ist nach der gesetzgeberischen Vorstellung die Einheitlichkeit der Besteuerung sichergestellt und ein verselbständigter Bescheid zur Schaffung von Verfahrensökonomie sowohl im engeren als auch im weiteren Sinne nicht erforderlich. Ist aber die gesonderte und einheitliche Feststellung ausgeschlossen, sofern die anzuerkennende materiell-rechtliche und verfahrensökonomische Zwecksetzung auch ohne diese erfüllt werden, so hätte es auch nahegelegen, wäre die Befassung des sachnäheren Finanzamtes ein Zweck dieses Feststellungsverfahrens, auf ein solches zu verzichten, wenn ohnehin das Unternehmungsfinanzamt zuständig wäre.[165]

Nicht zu verkennen ist jedoch, dass die örtliche Zuständigkeit für gesonderte **45**
(und einheitliche) Feststellungen in § 18 Abs. 1 AO grundlegend geregelt ist und gerade dem Finanzamt zugewiesen wird, in dessen Zuständigkeitsbereich die Gesellschaft oder Gemeinschaft ihre auf Einkünfteerzielung gerichtete Initiative überwiegend entfaltet (siehe hierzu Rdnr. 157 ff.). Insoweit erscheint es denkbar, den Zweck der sachnahen Befassung des Unternehmungsfinanzamtes mittelbar dem § 18 AO oder aus dem Regelungszusammenhang zwischen § 18 AO und § 180 Abs. 1 S. 1 Nr. 2 a) AO zu entnehmen. Normhistorisch sind indessen keine zwingenden Anhaltspunkte ersichtlich. So wurde bei der erstmaligen Normierung der gesonderten und einheitlichen Feststellung durch § 65 Abs. 1 Nr. 2 EStG 1925 (hierzu Rdnr. 24) gerade keine Zuständigkeitsregelung getroffen. Diese wurde gemäß § 65 Abs. 4 EStG 1925 dem Reichsminister der Finanzen überlassen.[166] Insoweit ist ein fehlendes gesetzgeberisches Normierungsinteresse zu konstatieren.[167] Zumindest der historische Gesetzgeber hatte daher die Befassung des sachnäheren oder sachkundigeren Finanzamtes als Zweck der gesonderten und einheitlichen Feststellung nicht im Blick.[168] Die Ausführungsbestimmungen des

164 Dies gilt nach § 180 Abs. 3 S. 1 Nr. 2 Hs. 2 AO sinngemäß auch für die Fälle des § 180 Abs. 1 S. 1 Nr. 1 b) AO.

165 Exemplarisch bei einer Gesellschaft mit 2 Gesellschaftern mit jeweiligem Wohnsitz- und Unternehmungsfinanzamt in derselben Gemeinde.

166 § 65 Abs. 4 EStG 1925 lautete wörtlich: *„Die näheren Bestimmungen, insbesondere über die Zuständigkeit, erläßt der Reichsminister der Finanzen.“*; RGBl. I 1925, S. 189 (202).

167 Gründe, welche gegen eine Festlegung der Zuständigkeit im EStG 1925 gesprochen haben könnten, lassen sich der Gesetzesbegründung jedenfalls nicht entnehmen. Siehe hierzu Begründung des Entwurfs zum EStG 1925, Verhandlungen des Reichstages, III. Wahlperiode 1924, Band 400, Nr. 795, S. 70 (auch abgedruckt bei *Strutz*, EStG 1925, § 65 Rn. 1).

168 Dies gilt auch vor dem Hintergrund, dass der Gesetzgeber davon ausgegangen sein mag, dass die Feststellung wohl *„in erster Linie von dem Finanzamt der belegenen Sache durchzuführen sein wird“* (so in der Begründung zu § 66 EStG 1925, der die Rechtsschutzbeschränkung regelte (siehe hierzu noch Rdnr. 249); Begründung des Entwurfs zum EStG 1925, Verhandlungen des Reichstages, III. Wahlperiode 1924, Band 400, Nr. 795, S. 70 (auch abgedruckt bei *Strutz*, EStG 1925, § 66 Rn. 1), da eine entsprechende Regelung gerade nicht getroffen wurde.

Reichsfinanzministers zum Einkommensteuergesetz vom 08.05.1926 sahen sodann zwar, kursorisch ausgedrückt, die Zuständigkeit des Unternehmungsfinanzamtes vor.[169] Über die zugrundeliegenden maßgeblichen Beweggründe kann in Ermangelung entsprechender, die Intention der Ausführungsbestimmungen darlegenden Unterlagen jedoch lediglich spekuliert werden.

46 In der Folgezeit wurde die Zuständigkeitsregelung zugunsten des Unternehmungsfinanzamtes zwar in die Reichsabgabenordnung übernommen, § 72 RAO 1931,[170] jedoch ebenfalls ohne dass sich diesbezüglich die maßgeblichen Erwägungen aus den Gesetzesmaterialien entnehmen ließen.[171] Erst in der Gesetzesbegründung zur Nachfolgeregelung des § 18 AO 1977, in der Entwurfsfassung noch § 20 AO, finden sich teilweise zweckorientierte Ausführungen. Während für § 18 Abs. 1 Nr. 1–3 AO lediglich dargestellt wird, für welche Fälle die jeweilige Nummer von Bedeutung ist, geht die Begründung zu § 18 Abs. 1 Nr. 4 AO weiter. Nach dieser sei die Vorschrift insbesondere für große Grundstücksgesellschaften und Grundstücksfonds gedacht und es solle, „*einem dringenden Bedürfnis der Praxis*" und der Verwaltungsökonomie entsprechend, vermieden werden, dass mehrere jeweils nach Nummer 1 zuständige Finanzämter eine gesonderte Feststellung durchführen.[172] Neben diesen Ausführungen erscheinen zwei Begründungsinhalte relevant: In Bezug auf die gesamte Norm heißt es zum einen: „*Sie [gemeint ist die Norm des heutigen § 18 AO] steht in engem Zusammenhang mit § 161 [mit dem heutigen § 180 AO]. § 161 bestimmt, in welchen Fällen gesonderte Feststellungen zu treffen sind; § 20 bestimmt, welche Behörde hierfür örtlich zuständig ist.*" In Bezug auf den heutigen § 18 Abs. 1 Nr. 4 AO heißt es zum anderen: „*Die gesonderten Feststellungen werden dort getroffen, wo die Einkünfte aus dem gemeinsamen Vermögen verwaltet werden.*"[173]

47 Aus diesen Ausführungen jedoch zu schließen, dass die Befassung des sachnäheren oder sachkundigeren Finanzamtes einer ausgedrückten gesetzgeberischen Zweckrichtung entspricht, erscheint verfehlt. Der in der Begründung zum heutigen § 18 AO genannte Zusammenhang zwischen der Anordnung der gesonderten Feststellung einerseits und der örtlichen Zuständigkeit für eine solche erscheint evident. Die Begründung geht nicht über das tatsächliche Zusammenspiel des Normgefüges hinaus. Soweit die Gesetzesbegründung darauf abstellt,

---

169 § 5 Abs. 1 der Ausführungsbestimmungen zum Einkommensteuergesetz vom 08.05.1926, RMBl. 1926, S. 209 (auch abgedruckt bei *Strutz*, EStG 1925, § 25 Rn. 4).

170 RGBl. I 1931, S. 161 (171).

171 Die RAO 1931 erging aufgrund § 4 des Artikel 5 des Kapitel IV des Dritten Teils der Verordnung des Reichspräsidenten zur Sicherung von Wirtschaft und Finanzen vom 01.12.1930, RGBl. I 1930, S. 517 (580), welcher den Reichsminister der Finanzen zur Änderung des Wortlautes und der Paragraphenfolge, indessen nicht zu inhaltlichen Änderungen, ermächtigte.

172 Gesetzesbegründung zur AO 1977, BT-Drs. VI/1982, S. 106.

173 Gesetzesbegründung zur AO 1977, BT-Drs. VI/1982, S. 106.

dass Feststellungen dort getroffen werden sollen, wo die Einkünfte verwaltet werden, bleibt auch hier der maßgebliche Grund im Dunkeln. Ein Abstellen auf eine gewisse Sachnähe lässt sich allenfalls vermuten. Mit einer solchen Vermutung liefe man jedoch Gefahr, dem Gesetzgeber Zweckgedanken zu unterstellen, die er an anderer Stelle unzweifelhaft auszudrücken in der Lage ist.[174] Wollte man zudem der Gesetzesbegründung zum § 18 AO derartige Gedanken unterstellen, sollte ebenfalls nicht verkannt werden, dass der Gesetzgeber diese lediglich in Bezug auf § 18 Abs. 1 Nr. 4 AO offenbart haben würde. Wenn die Befassung des sachnäheren oder sachkundigeren Finanzamtes als eigenständiger Zweck jedoch Geltung beansprucht, dann auch bei einer gesonderten und einheitlichen Feststellung, deren örtliche Zuständigkeit sich nach den § 18 Abs. 1 Nr. 1–3 AO richtet.[175]

Mithin ist festzuhalten, dass sich der Sinn und Zweck der Befassung des sach- **48**
näheren oder sachkundigeren Finanzamtes mit der gesonderten und einheitlichen Feststellung als gesetzgeberische Intention weder den Materialien zur örtlichen Zuständigkeit noch den Materialien zur gesonderten und einheitlichen Feststellung an sich entnehmen lässt. Subjektiv-teleologisch und historisch lässt sich diese Zweckrichtung daher nicht stützen.

Gleiches gilt für objektiv-teleologische Erwägungen. Richtig ist in diesem **49**
Zusammenhang zwar, dass § 18 Abs. 1 AO die örtliche Zuständigkeit für die gesonderte (und einheitliche) Feststellung dem Unternehmungsfinanzamt zuschreibt. Insoweit kann es als objektiv-teleologischer Zweck des § 18 Abs. 1 AO angesehen werden, das sachnähere oder sachkundigere Finanzamt mit der Feststellung zu befassen. Indessen sollten die Zuständigkeitsregelung des § 18 AO und die Verfahrensregelungen zur gesonderten (und einheitlichen Feststellung) der §§ 179 ff. AO differenziert betrachtet werden. Entscheidend für den Zweck der verselbständigten Feststellung ist nicht der Zweck des § 18 AO, sondern welche Zwecke die gesonderte und einheitliche Feststellung selbst verfolgt. Ein Gleichsetzen der Zweckrichtungen oder eine Implementierung der Zwecksetzung des § 18 AO in die gesonderte und einheitliche Feststellung erscheint verfehlt, da anderenfalls jede

174 So begründet er die Regelung des § 180 Abs. 1 S. 1 Nr. 2 b) AO wie folgt: „*Sinn der Vorschrift ist es, bei den Einkünften …, an denen nicht mehrere Personen beteiligt sind, dann eine gesonderte Feststellung vorzunehmen, wenn Wohnsitz und Betriebsort bzw. Tätigkeitsort auseinanderfallen. Dem Betriebsfinanzamt, dem Belegenheitsfinanzamt oder dem Tätigkeitsfinanzamt ist es in diesen Fällen besser möglich als dem Wohnsitzfinanzamt, den Gewinn zu ermitteln.*“; Gesetzesbegründung zur AO 1977, BT-Drs. VI/1982, S. 156(157).

175 Es kann aus Zweckmäßigkeitserwägungen beispielsweise keinen Unterschied machen, ob gemeinsame Einkünfte aus gewerblicher Grundstücksverwaltung (§ 18 Abs. 1 Nr. 2 AO) oder aus nicht gewerblicher Vermietung und Verpachtung (§ 18 Abs. 1 Nr. 4 AO) erzielt werden.

Bestimmung einer örtlichen Zuständigkeit immer auch auf den Zweck der Verfahrensregelung durchschlagen beziehungsweise diesen mitbestimmen würde.[176]

50 Wollte man das Ausnutzen besonderer Sachnähe oder Sachkunde in Bezug auf die gesonderte und einheitliche Feststellung als Zwecksetzung anerkennen, liefe dies auf eine Gesamtbetrachtung des Feststellungsverfahrens hinaus, in welche sämtliche Zielsetzungen jeglicher mit dem Verfahren im Zusammenhang stehender Normen integriert würden. Aufgrund der Bindungswirkung des Feststellungsbescheides nach § 182 Abs. 1 S. 1 AO müsste davon ausgegangen werden, dass es gerade der Sinn und Zweck der gesonderten und einheitlichen Feststellung ist, einen verbindlichen Grundlagenbescheid zu schaffen. Aufgrund von § 179 Abs. 1 AO müsste angenommen werden, dass es Sinn und Zweck der gesonderten und einheitlichen Feststellung ist, Besteuerungsgrundlagen aus den Steuerbescheiden auszuklammern. Aus § 157 Abs. 2 Hs. 2 AO würde folgen, dass es Sinn und Zweck der gesonderten und einheitlichen Feststellung ist, dass Besteuerungsgrundlagen lediglich im Rahmen des Grundlagenbescheides angegriffen werden können. Eine derartige Interpretation erscheint zwar möglich. Allerdings würde man hierdurch die vom Gesetzgeber in Teilbereichen verwendeten Regelungstechniken zum Zweck des verselbständigten Verfahrens an sich erheben. Insoweit liegt eine differenzierende Betrachtung näher. Demnach sind die übergeordneten Zwecksetzungen, somit des anerkannten materiell-rechtlichen Zwecks und der Verfahrensökonomie, zu unterscheiden von den konkreten verfahrensrechtlichen Ausgestaltungen.[177] Auch letztere verfolgen freilich jeweils individuelle Zielsetzungen. Mit diesen sollen sie aber zur Erreichung der übergeordneten Zwecksetzungen beitragen.[178]

51 Gleiches gilt auch für die Festlegung der örtlichen Zuständigkeit, deren Regelung eine grundsätzliche Notwendigkeit darstellt. Wenn nun einheitliche Feststellungen verfahrensökonomisch (im weiteren Sinne) getroffen werden sollen, liegt es nahe, das Unternehmungsfinanzamt damit zu befassen.[179] Mit jeglicher

---

176 Auch für das gesonderte Feststellungsverfahren von Steuermessbeträgen nach § 184 AO die Realsteuern, § 3 Abs. 2 AO, betreffend auch die Zuständigkeit in § 22 AO explizit geregelt. Auch dort wird jedoch, soweit ersichtlich, nicht angenommen, dass mit der Festsetzung der Steuermessbeträge der Sinn und Zweck verbunden ist, das sachnähere oder sachkundigere, allgemeiner gesagt ein spezielleres, Finanzamt zu befassen.

177 Ähnlich wohl auch *Reuter*, S. 59, wenn er der gesonderten und einheitlichen Feststellung eine doppelte Zwecksetzung (Einheitlichkeit und Verfahrensökonomie) zuschreibt und ausführt, dass „*[w]eiterhin*“ eine sachnahe Behandlung „*erreicht*“ wird.

178 So werden gerade durch die Auslagerung von Besteuerungsgrundlagen durch die Bindungswirkung des Feststellungsbescheides der materiell-rechtliche Zweck und die Verfahrensökonomie im engeren Sinne verfahrenstechnisch umgesetzt.

179 Theoretisch andere Möglichkeiten bestünden in der Schaffung einer zentralen (landes- oder bundesweiten) Stelle oder in der Anknüpfung an das Wohnsitzfinanzamt des oder der (maßgeblich) Beteiligten.

Zuständigkeitsregelung ist jedoch das Ziel verbunden, die materiell-rechtliche und verfahrensökonomische Zwecksetzung zu verwirklichen. Auch wenn die Befassung des Unternehmungsfinanzamts dieser Zielsetzung am zuträglichsten ist, behält die örtliche Zuständigkeit dennoch ihre dienende Funktion. Das, was der grundlegenden Zwecksetzung der gesonderten und einheitlichen Feststellung dient, wird aber nicht gleichsam zum Sinn und Zweck der gesonderten und einheitlichen Feststellung selbst.

(2) Als der Verfahrensökonomie dienendes Auslegungsargument

Basierend auf dieser differenzierenden Betrachtungsweise erscheint es vorzugswürdig, die Befassung des sachnäheren oder sachkundigeren Finanzamtes der hier gegenständlichen gesonderten und einheitlichen Feststellung nicht als eigenständige Zwecksetzung zuzuschreiben. Sachnähe und Sachkunde stellen sich bei Lichte betrachtet daher (lediglich) als ein Argument im Rahmen der Auslegung dar. Hinterfragt man, warum Sachnähe und Sachkunde überhaupt relevant sein sollten, wird klar, dass hiermit die Erwägung verbunden ist, dem sachnäheren oder sachkundigeren Finanzamt würde oder sollte es in der Regel leichter fallen, bestimmte Feststellungen zu treffen. Betrachtet man, wann gerade auf die Sachnähe und Sachkunde im Rahmen der Auslegung abgestellt wird, bestätigen sich diese Annahmen. 52

So erscheint zunächst auffällig, dass sich auch in der Rechtsprechung die Befassung des sachnäheren oder sachkundigeren Finanzamtes als eigenständige Zwecksetzung nicht wiederfindet. Anders als der materiell-rechtliche Zweck als auch die verfahrensökonomische Zwecksetzung, welche jeweils von der Rechtsprechung explizit genannt und anerkannt werden (siehe hierzu oben Rdnr. 36 ff.), fehlt ein derartiges positives Bekenntnis zur Sachnähe und Sachkunde als Zwecksetzung. Analysiert man die Entscheidungen des BFH und des RFH genauer, so lässt sich feststellen, dass die Rechtsprechung zwar auf Erwägungen der Sachnähe oder Sachkunde argumentativ zurückgreift. Die entsprechende Argumentation wird indessen immer dann angestrengt, wenn über eine zweifelhafte Einbeziehung von Feststellungsgegenständen in die verselbständigte Feststellung zu entscheiden ist. Gegenständlich ist somit stets die Frage, ob sich die gesonderte und einheitliche Feststellung über ihren Kerninhalt der Einkünfte hinaus auch auf bestimmte weitere Feststellungsgegenstände erstrecken soll oder muss. Dies wird zumeist (auch) mit dem Argument der Sachnähe und/oder Sachkunde des Feststellungsfinanzamtes bejaht. Der grundlegende, indessen nicht stets zutreffende (hierzu noch Rdnr. 447 ff.), Gedankengang besteht hierbei darin, dass bei Einbeziehung von weiteren Feststellungsgegenständen das ohnehin schon mit der gesonderten Feststellung befasste Finanzamt zuständig würde und dies auch vorzugswürdig und zweckmäßig erscheint, da dieses (bereits) näher an der Sache und somit sachkundiger sei. 53

So urteilte der BFH beispielsweise im Jahre 1974, dass die Frage ob und in welcher Höhe ein begünstigter Gewinn nach § 16 Abs. 4 EStG entstanden ist, von der 54 gesonderten und einheitlichen Feststellung umfasst sei, denn diese Frage *„kann am besten von dem für die Gesellschaft zuständigen Betriebs-FA beurteilt werden, weil allein diesem die für die Anwendung des § 16 Abs. 4 EStG maßgeblichen Verhältnisse ... bekannt sind.“*[180] In einem Urteil aus dem Jahre 1978 eine gesonderte (nicht einheitliche) Feststellung betreffend wurde entschieden, dass über die Anzahl der in einer Berliner Betriebstätte beschäftigten Arbeitnehmer, welche für eine Tarifbegünstigung maßgeblich waren, in der verselbständigten Feststellung zu entscheiden ist. Es sei *„Sinn der [damals noch geltenden, dem heutigen § 180 Abs. 1 S. 1 Nr. 2 b) AO entsprechenden] Zuständigkeitsverordnung, dem für die Besteuerung nach dem Einkommen zuständigen Wohnsitz-FA Ermittlungen in dem ihm fremden Bezirk des Betriebs-FA zu ersparen. Die mit dem Betrieb zusammenhängenden Besteuerungsgrundlagen sollen von dem mit den betrieblichen Verhältnissen besser vertrauten Betriebs-FA in einem gesonderten Gewinnfeststellungsverfahren festgestellt werden. Insoweit gleichen sich die Zwecke des Verfahrens zur selbständigen Feststellung von Besteuerungsgrundlagen nach § 6 ZustVO und des einheitlichen und gesonderten Gewinnfeststellungsverfahrens nach der AO (§§ 215f).“*[181] Diese Ausführungen ließen darauf schließen, dass auch der gesonderten und einheitlichen Feststellung der Zweck der sachnahen Befassung eigen ist. Allerdings führte der BFH nachfolgend in Bezug auf die gesonderte und einheitliche Feststellung explizit aus, der *„Grund dafür, daß diese [Anm.: zuvor beispielhaft dargestellten und von der Rechtsprechung in die gesonderte und einheitliche Feststellung miteinbezogenen] Feststellungen im Rahmen der einheitlichen und gesonderten Gewinnfeststellung mit verbindlicher Wirkung für das Veranlagungsverfahren getroffen werden, liegt – abgesehen von der Notwendigkeit einer einheitlichen Feststellung gegenüber allen an den Einkünften Beteiligten (vgl. § 215 Abs. 2 AO) – vor allem darin, daß über die genannten Fragen am besten das mit den Verhältnissen des Betriebs vertraute Betriebs-FA entscheiden kann und es zweckmäßig ist, diese Entscheidung mit den übrigen vom Gesetz geforderten Feststellungen zu verbinden.“*[182] Es handelt sich somit wiederum um Zweckmäßigkeitserwägungen, nicht um eine Zweckzuschreibung.

55 Auch über das Vorliegen der Voraussetzungen einer Rücklage nach § 6b EStG sei durch das Betriebsfinanzamt zu entscheiden; hierbei *„wird weniger das Interesse an*

---

180 BFH, Beschluss vom 28.03.1974 – IV B 58/73, BStBl. II 1974, S. 459 (461). Nach neuerer Rechtsprechung ist im Feststellungsverfahren indessen lediglich zu entscheiden, ob und in welcher Höhe ein Veräußerungsgewinn entstanden ist. Die Frage, ob ein solcher auch nach § 16 Abs. 4 EStG begünstigt ist, ist jedoch im Festsetzungsverfahren zu beantworten, da keine divergierenden Entscheidungen drohen; BFH, Urteil vom 10.07.1986 – IV R 12/81, BStBl. II 1986, S. 811 (815); BFH, Urteil vom 21.09.1995 – IV R 1/95, BStBl. II 1995, S. 893 (895); *Schallmoser* in Blümich, EStG, KStG, GewStG, § 16 EStG Rn. 704. Siehe allgemeiner zum § 16 EStG auch BFH, Urteil vom 26.11.1975 – I R 44/74, BStBl. II 1976, S. 304 (305), und BFH, Urteil vom 10.04.2014 – III R 20/13, BStBl. II 2016, S. 583 (584), nebst den dortigen Nachweisen.

181 BFH, Urteil vom 09.11.1978 – IV R 185/74, BStBl. II 1979, S. 330 (331).

182 BFH, Urteil vom 09.11.1978 – IV R 185/74, BStBl. II 1979, S. 330 (331).

einer einheitlichen Feststellung für mehrere Gesellschafter in den Vordergrund gestellt als die Erwägung, daß das für die Feststellung des Gewinns von Gemeinschaften oder Gesellschaften zuständige Betriebs-FA nach dem sachlichen Zusammenhang der außerordentlichen Einkünfte nach den Verhältnissen der Gesellschaft (Mitunternehmerschaft) aufgrund besserer Sachkunde entscheiden kann als das Wohnsitz-FA eines einzelnen Gesellschafters."[183] Der Große Senat des BFH führte verallgemeinernd hinsichtlich der Einbeziehung verschiedener Feststellungsgegenstände aus: „*Die Notwendigkeit dieser zusätzlichen Feststellungen ... wird teils mit dem Interesse an einer einheitlichen Feststellung für mehrere Gesellschafter, teils mit der Erwägung begründet, daß das Betriebs-FA oder das sonst für die einheitliche Feststellung zuständige FA auf Grund besserer Sachkunde entscheiden kann als das Wohnsitz-FA des einzelnen Gesellschafters.*", sodann mit Bezug zu dem konkreten Fall: „*Diese Rechtsgedanken treffen auch auf die vorläufige Feststellung von Besteuerungsgrundlagen bei der Aussetzung der Vollziehung von negativen Gewinn- oder Verlustfeststellungsbescheiden zu.*"[184] Auch die Entscheidung darüber, ob die Einkommensteuer gemäß § 50a EStG abgegolten ist, soll in der verselbständigten Feststellung getroffen werden, da „*das für die Feststellung der Einkünfte zuständige FA besser mit den betrieblichen Verhältnissen vertraut ist als das Veranlagungs-FA*".[185] Auch dort, wo die Zweckmäßigkeitserwägung der Sachnähe oder Sachkunde nicht ganz ausdrücklich angeführt wird, klingt diese zumindest an. So sei im Rahmen der verselbständigten Feststellung auch zu entscheiden, ob ein Gewinn einen steuerbegünstigten Sanierungsgewinn darstellt, denn dies sei „*eine die Personengesellschaft unmittelbar berührende Frage, da bei ihrer Beantwortung die Sanierungsbedürftigkeit des Unternehmens der Gesellschaft eine wesentliche Rolle spielt*".[186]

Die Aussage, dass die gesonderte und einheitliche Feststellung an sich den **56**
Zweck erfüllt, dem sachnäheren Finanzamt die Feststellung zu ermöglichen, wird in all diesen Entscheidungen nicht getroffen. Lediglich, soweit ersichtlich, einmal lässt sich der BFH zu der Aussage hinreißen: „*Die Vorschrift des § 215 AO dient der Zweckmäßigkeit.*"[187] Zuvor führte er indessen aus, Veräußerungsgewinne seien in die verselbständigte Feststellung einzubeziehen, insbesondere da „*die erforderlichen Unterlagen gewöhnlich nur dem Betriebsfinanzamt zur Verfügung stehen.*"[188] Trotzdem könnte man Zweckmäßigkeit mit Sachnähe und Sachkunde gleichsetzen und somit eine Zweckbestimmung erkennen wollen. Indessen wird in diesem Zusammenhang auf ein Urteil des RFH aus dem Jahre 1938 verwiesen, welches eine statt mehrerer Feststellungen bei Ausscheiden eines Gesellschafters zulässt, soweit dies „*zweckmäßig erscheint*"[189] Dass mit der gegebenenfalls nicht gänzlich

183 BFH, Urteil vom 25.07.1979 – I R 175/76, BStBl. II 1980, S. 43 (45).
184 BFH, Beschluss vom 14.04.1987 – GrS 2/85, BStBl. II 1987, S. 637 (644).
185 BFH, Urteil vom 23.10.1991 – I R 86/89, BStBl. II 1992, S. 185 (186).
186 BFH, Urteil vom 03.07.1997 – IV R 31/96, BStBl. II 1997, S. 690 (690).
187 BFH, Urteil vom 10.09.1957 – I 294/56 U, BStBl. III 1957, S. 414 (414).
188 BFH, Urteil vom 10.09.1957 – I 294/56 U, BStBl. III 1957, S. 414 (414).
189 RFH, Urteil vom 25.05.1938 – VI 230/38, RStBl. 1938, S. 718 (719).

durchdachten Wendung des Urteils des BFH aus dem Jahre 1957 dem § 215 AO a.F. nicht die Zwecksetzung der Sachnähe und Sachkunde an sich zugeschrieben wurde, lässt sich zudem den weiteren Verweisen auf Urteile aus den Jahren 1940 und 1942 entnehmen. Im Jahre 1940 entschied der RFH, dass über außerordentliche Einkünfte *„zweckmäßigerweise in dem Verfahren über die einheitliche Gewinnfeststellung nach § 215 Absatz 2 AO zu entscheiden ist.“*[190] Die Entscheidung aus dem Jahre 1942 verweist hierauf.[191] Einer vereinzelten, begründungslos gebliebenen Formulierung aus dem Jahre 1957, in deren Zusammenhang auf Zweckmäßigkeitserwägungen verwiesen wird, kann nicht die Aussage entnommen werden, die Rechtsprechung sehe es allgemein als Zweck der gesonderten und einheitlichen Feststellung an, das sachnähere und sachkundigere Finanzamt mit der Feststellung zu befassen.

57 Zweckmäßigkeitserwägungen können und sollen freilich allgemein als – ein – Auslegungsinstrument nicht infrage gestellt werden. Maßgebend ist jedoch, dass ein angewendetes, aber außerhalb der Norm stehendes Auslegungskriterium, selbst wenn es sachlich zutreffend angewandt wird, worüber im jeweiligen Einzelfall zu befinden wäre, nicht automatisch zur normimmanenten Zwecksetzung wird. Auch wenn der Anwendungsbereich einer Norm, welcher in den vorgenannten Entscheidungen stets fraglich war, mit dem Argument der Logik begründet würde, verfolgte nicht gleichsam die Norm an sich den Zweck der Logik.

58 Sachnähe und Sachkunde eines Finanzamtes sind somit (lediglich) ein Argument im Rahmen der Auslegung. Ihre Grundannahme besteht in einer gegebenenfalls durch sie bedingten erleichterten Feststellung bestimmter Feststellungsgegenstände. Diese potentielle Erleichterung rechtfertigt es, der Sachnähe und Sachkunde Relevanz im Rahmen der verfahrensökonomischen Zwecksetzung zuzuschreiben.[192] Gegenständlich ist sodann aber nicht die Vermeidung mehrfachen Aufwandes (hier als verfahrensökonomische Zwecksetzung im engeren Sinne bezeichnet, hierzu Rdnr. 41), sondern lediglich die ökonomischere Bewältigung ohnehin nur einmal bestehenden Aufwandes aufgrund besserer Voraussetzungen (hier als Verfahrensökonomie im weiteren Sinne bezeichnet).[193]

---

190 RFH, Urteil vom 13.11.1940 – VI 381/40, RStBl. 1940, S. 1042 (1043).

191 RFH, Urteil vom 28.01.1942 – VI 456/41, RStBl. 1942, S. 90 (91).

192 Ausdrücklich oder stillschweigend weisen beispielsweise ebenfalls die Sachnähe und Sachkunde der Verfahrensökonomie zu, auch wenn dies nicht positiv begründet wird: *Brandis*, EFG 2004, S. 472; *Frotscher* in Schwarz/Pahlke, AO FGO, § 179 AO Rn. 8; *Koenig* in Koenig, AO, § 179 Rn. 3; *Söhn* in Hübschmann/Hepp/Spitaler, AO FGO, § 179 AO Rn. 53, m.w.N. in Fn. 5, auf die Rechtsprechung in Bezug auf strittige Feststellungsgegenstände hinweisend in § 180 Rn. 154; *Falter* in FS Spiegelberger, S. 113 (117); *Reuter*, S. 68.

193 Hieraus ergeben sich sodann auch die im Einzelfall zu betrachtenden Fragestellungen, von deren Beantwortung das Gewicht der Argumentation abhängt. Zunächst ist zu hinterfragen, ob überhaupt und unter welchen Gesichtspunkten von einer (gegebenenfalls besonderen oder maßgeblichen) Sachnähe und Sachkunde

3. Zwischenfazit

Die gesonderte und einheitliche Feststellung bei Einkünften mehrerer Beteiligter nach § 180 Abs. 1 S. 1 Nr. 2 a) AO verfolgt somit zwei Zwecksetzungen. Zum einen soll gewährleistet werden, dass in sich widerspruchsfreie Entscheidungen für die verschiedenen Beteiligten getroffen werden (materiell-rechtlicher Zweck). Zum anderen wird aber auch ein verfahrensökonomischer Zweck im engeren und weiteren Sinne verfolgt. Anders als der materiell-rechtliche Zweck, welcher zur Gleichmäßigkeit der Besteuerung und somit zu einem fundamentalen Grundprinzip des Steuerrechts beitragen will, ist der verfahrensökonomische Zweck eher praktikabler und somit vereinfachender Natur. Auch wenn somit beide Zwecke bei der Auslegung der Norm ohne Weiteres Beachtung zu finden haben, kann die verfahrensökonomische Zwecksetzung freilich von zwingenderen oder vorrangigen Prinzipien und Grundwerten des Steuerverfahrensrechts überlagert werden.[194] Nicht zu den normimmanenten eigenständigen Zwecksetzungen gehört es jedoch, sich die besondere Sachnähe oder Sachkunde des Unternehmungsfinanzamtes zu Nutze zu machen. Diese Erwägung kann (lediglich) als außerhalb der Norm stehendes Auslegungskriterium, insbesondere hinsichtlich der Reichweite der Norm, wie es die Rechtsprechung belegt, argumentativ nutzbar gemacht werden, sowie der Verfahrensökonomie im weiteren Sinne zuträglich sein. Als Auslegungskriterium steht es jedoch (lediglich) auf der Stufe anderweitiger Plausibilitätserwägungen und ist daher, wenn im Einzelfall überhaupt zutreffend, nur von geringerem Gewicht. 59

auszugehen ist. Hieran schließt sich die Frage an, ob diese im Einzelfall überhaupt eine (gegebenenfalls besondere oder maßgebliche) Erleichterung für das Verfahren bedingen können.

194 *Brandis* in Tipke/Kruse, AO FGO, § 180 AO Rn. 10; *Söhn* in Hübschmann/Hepp/Spitaler, AO FGO, § 179 AO Rn. 56.

C. Das Verfahren der gesonderten und einheitlichen Feststellung

Das gesonderte und einheitliche Feststellungsverfahren stellt mit diesen aufgezeigten Zweckrichtungen und in seiner Funktionsweise den prozeduralen Mechanismus dar, die Besteuerung der Gesellschafter und Gemeinschafter verfahrensrechtlich umzusetzen. Es bildet eine Grundlage der Steuerfestsetzung bei den Beteiligten. Es wird durch die Eigenart gekennzeichnet, dass mehreren Beteiligten Einkünfte zuzurechnen und daher mehrere Personen von ein und demselben Bescheid betroffen sind. Diese Besonderheit findet ihren Ausdruck in speziellen Regelungen, welche den Verfahrensgang grundlegend einfassen. Der vorbestimmte und hier zu behandelnde Verfahrensablauf, beginnend mit der Erklärungspflicht, gefolgt von der Adressierung und Bekanntgabe des Feststellungsbescheides, gegebenenfalls endend im Rechtsbehelfsverfahren, unterscheidet sich nicht grundlegend von einem Steuerfestsetzungsverfahren. Er weist indessen Eigenarten auf. Diese sowie die hiermit verbundenen relevanten Fragestellungen lohnen einer eingehenderen Betrachtung. 60

Befasst man sich zudem unbefangen mit dem Feststellungsverfahren, ist sich aber der nachgezeichneten Entwicklung der Unternehmung hin zu einem materiellen Steuersubjekt bewusst, reift zwanglos die Überlegung, ob nicht ein gewisser Widerspruch besteht. Das normierte Verfahrensrecht scheint sich in den Einzelregelungen ausschließlich an die jeweiligen Beteiligten zu richten. Insoweit ist die Schaffung eines gesonderten und einheitlichen Verfahrens zwar als prozedurales Zugeständnis an die gemeinschaftliche Einkünfteerzielung und die damit einhergehenden Probleme zu verstehen (zur Funktionsweise sowie zum Sinn und Zweck siehe Rdnr. 27 ff.; 34 ff.). Eine, auch nur mittelbare, Anerkennung einer von den Beteiligten losgelösten subjektiven Verfahrensstellung der Unternehmung selbst ist hiermit aber nicht verbunden. Die Unternehmung wird insoweit prozedural vermeintlich, daher nach fast einhelliger Ansicht (hierzu in concreto Rdnr. 122 ff.), negiert, zumindest aber ignoriert. In materiell-rechtlicher Hinsicht gilt diese Sichtweise annähernd einhellig als überwunden. Man hat sich zu Recht von dem Gedanken verabschiedet, eine Mitunternehmerschaft sei nicht mehr als die Zusammenfassung mehrerer Einzelunternehmungen (sogenannte Bilanzbündeltheorie). Es drängt sich daher die Frage auf, ob man dem materiellen Steuersubjekt, welches in unmittelbarstem Zusammenhang zu den steuerbaren Einkünften steht, in dem gesonderten Verfahren, in welchem diese Einkünfte festgestellt und zugerechnet werden, nicht Beachtung schenken kann. Wie zu zeigen sein wird, ist dies auch de lege lata möglich. Die Unternehmung als solche kann in das Verfahren der gesonderten und einheitlichen Feststellung integriert werden. Verortet man den Begründungsansatz der Subjektivierung zutreffender Weise in der Einkünfteerzielung durch die Unternehmung selbst, erscheint dies auch naheliegend. Es sind 61 aber bisher kaum Ansätze ersichtlich, welche sich um eine Harmonisierung der materiell-rechtlichen Subjektivierung und der verfahrensrechtlichen Stellung der Unternehmung bemühen.

I. Materielle Steuerrechtssubjektivität als verfahrensmitbestimmende Maxime

62 Auch wenn die Gesellschaft oder Gemeinschaft (bislang) nicht selbst zum Steuerschuldner erhoben wird, ist zumindest hinsichtlich der Einkünfteermittlung und Einkünftequalifizierung zunächst auf deren Ebene abzustellen. Dies erscheint, unabhängig davon ob man von einer Tatbestandsverwirklichung durch die Gesellschaft oder Gemeinschaft ausgeht, folgerichtig.[195] Es stellt sich jedoch die Frage, ob es mit einer so verstandenen Gemeinschaftlichkeit sein Bewenden hat (These der gemeinschaftlichen Tatbestandsverwirklichung), oder ob die Ebene der Unternehmung bereits Relevanz gewinnt, weil die Unternehmung selbst die Einkünfte erzielt und die von ihr erzielten Einkünfte den Beteiligten als fremde Einkünfte zuzurechnen sind (These der Zurechnung fremder Einkünfte). Geht man von einer weitgehenden Subjektivierung der Unternehmung aus, ist zu ergründen, ob und welcher Art von Unternehmung eine verfahrensrechtliche Einbindung zuteilwerden soll und kann.

1. Begründung der materiellen Steuerrechtsfähigkeit

63 Das Meinungsspektrum zur Steuerrechtsfähigkeit von Personengesellschaften und Gemeinschaften erscheint breit gefächert. Auch die Feststellung, dass es auf erster Ebene der Einkünfteermittlung und Einkünftequalifikation auf die Ebene der Unternehmung ankommt, kann nicht darüber hinwegtäuschen, dass dogmatische Begründung sowie Herleitung einer steuerlichen Rechtsfähigkeit weiterhin nicht allseits befriedend geklärt sind. Der überwiegend vollzogene Wechsel von der gesellschafter- zur gesellschaftsbezogenen Betrachtung im Nebeneinander von Einheit der Gesellschaft und Vielheit der Gesellschafter lässt sich eher als Faktum beschreiben, ohne dass uneingeschränkte Einigkeit in Bezug auf die konstruktiven Grundlagen vorläge. Auch wenn es nicht Gegenstand dieser Arbeit sein kann, die Frage der materiellen Rechtsfähigkeit allumfassend zu beleuchten, so sollen doch die wesentlichen Aspekte ihrer zutreffenden Annahme, auch im Bereich der Einkünfteerzielung, nicht lediglich im Bereich der Einkünfteermittlung und Einkünftequalifikation, umrissen werden.

---

195 Selbst wenn man diese Tatbestandsverwirklichung bei den Beteiligten verorten wollte, wäre deren Einkünfteerzielung nicht unabhängig voneinander zu betrachten. Sie erfolgte in diesem Fall in einer Verbundenheit zueinander und somit zumindest als gemeinschaftliche Tatbestandsverwirklichung.

a) Begründung und fehlende Stetigkeit der BFH-Rechtsprechung

Die Rechtsprechung des BFH[196] zur materiellen Subjektivität der Personengesellschaften mündete nach anfänglicher Ablehnung zunächst in deren uneingeschränkter Zuerkennung (hierzu Rdnr. 18 ff.). Diese als Ausgangspunkt nehmend ist die nachfolgende Rechtsprechung indessen von Relativierungen und Schwankungstendenzen gekennzeichnet. Während sich die Subjektivierung im Bereich der Einkünfteermittlung und der Einkünftequalifikation verstetigte, lässt sich in Bezug auf die Einkünfteerzielung durch die Unternehmung eine klare Linie kaum erkennen. Der Befund zum aktuellen Stand der Rechtsprechung fällt ernüchternd aus. 64

(1) Die Rechtsprechung des Großen Senates

Der Große Senat des BFH begründete im Geprägebeschluss aus dem Jahre 1984[197] die steuerliche Rechtsfähigkeit im Rahmen des Zwei-Stufen-Modells („*in begrenztem Umfang Steuerrechtssubjekt*") und stellte hierbei maßgeblich auf „*die Tätigkeit der Gesellschaft*" ab, indem er ausführt: „*Die Art der Einkünfte der Gesellschafter einer Personengesellschaft wird in erster Linie durch die Tätigkeit der Gesellschafter in ihrer gesamthänderischen Verbundenheit, mithin durch die Tätigkeit der Gesellschaft, bestimmt. [...] Eine Personengesellschaft ist ... für die Einkommensteuer oder Körperschaftsteuer insoweit Steuerrechtssubjekt, als sie in der Einheit ihrer Gesellschafter Merkmale eines Besteuerungstatbestands verwirklicht, welche den Gesellschaftern für deren Besteuerung zuzurechnen sind.*"[198] Wie sich schon aus der Formulierung des BFH ergibt, bestehen terminologisch zwischen „*Gesellschaft*", „*Einheit ihrer Gesellschafter*" oder auch „*Gesellschafter in ihrer gesamthänderischen Verbundenheit*" keine Unterschiede.[199] Trotz dieses Beschlusses war nachfolgend innerhalb des BFH selbst eine gewisse Kontroverse über Inhalt und Reichweite der 65

196 Auch das BVerfG ging in einer Entscheidung aus dem Jahre 2013 mit Verweis auf den Geprägebeschluss und den Beschluss zum gewerblichen Grundstückshandel des Großen Senates des BFH davon aus, dass die Gesellschaft „*Subjekt der Gewinnerzielung*" ist; BVerfG, Nichtannahmebeschluss vom 05.06.2013 – 2 BvR 2677/11, BVerfGK 20, S. 333 (335). Da es sich hierbei indessen lediglich um rudimentäre Ausführungen unter Bezugnahmen handelt, kann dem wohl kein maßgebliches Gewicht beigemessen werden. Die Verfassungsbeschwerde wurde wegen Fehlens materieller Betroffenheit, freilich in Anknüpfung an die tradierten Auffassungen, für unzulässig gehalten.

197 Zu den vorhergehenden Beschlüssen des Großen Senates GrS 1/70 und GrS 1/79 und zur Andeutung der weiteren Entwicklung in letzterem siehe *Gschwendtner* in FS Klein, S. 751 (752 f.).

198 BFH, Beschluss vom 25.06.1984 – GrS 4/82, BStBl. II 1984, S. 751 (761, 762).

199 Auch in neueren Entscheidungen finden sich entsprechende Gleichsetzungen; siehe exemplarisch BFH, Urteil vom 28.10.2008 – VIII R 69/06, BStBl. II 2009, S. 642 (Tz.21), bezüglich der Qualifikation von Einkünften: „*Das Handeln der Gesellschafter in ihrer gesamthänderischen Verbundenheit und damit das Handeln der Gesellschaft ...*".

Einheitsbetrachtung auszumachen.[200] Mit einem hierdurch notwendigen Beschluss des Großen Senates aus dem Jahr 1991 zur doppelstöckigen Personengesellschaft bestätigte der BFH indessen, dass *„eine Personengesellschaft als eine von den Gesellschaftern zu unterscheidende Einheit"* und als *„Subjekt der Gewinnerzielung und Gewinnermittlung"* anzusehen ist.[201] Hierbei wurde die materielle Rechtsfähigkeit maßgeblich mit der zivilrechtlichen Rechtsfähigkeit der Personengesellschaft begründet[202] und folgerichtig die Oberpersonengesellschaft als Mitunternehmer der Unterpersonengesellschaft angesehen, nicht indessen die Mitunternehmer der Oberpersonengesellschaft. Zur Begründung der steuerrechtlichen Rechtsfähigkeit bezog sich der Große Senat somit sowohl auf die zivilrechtliche Rechtsfähigkeit der Gesellschaft als auch auf die Tätigkeit der Gesellschaft selbst und somit auf die Tatbestandsverwirklichung durch diese.

66 Diese klare Linie wurde vom Großen Senat in nachfolgenden Entscheidungen jedoch wieder relativiert. In seinem Beschluss zum gewerbesteuerlichen Verlustabzug aus dem Jahre 1993 (teilweise Fehlbetragsbeschluss genannt),[203] hat der Große Senat die Personengesellschaft nicht mehr als *„Steuerrechtssubjekt"* oder *„Subjekt der Gewinnerzielung"* bezeichnet, sondern bezog sich auf die vorgehende Rechtsprechung, insbesondere den Beschluss zu doppelstöckigen Personengesellschaften, welche nach seiner Ansicht (lediglich) die *„relative rechtliche Selbständigkeit und Einheit der Gesellschaft betont"*.[204] Die hiermit zusammenhängenden Ausführungen des Großen Senates lassen sich schwerlich mit der entscheidungstragenden Begründung vereinbaren. Der Große Senat führte unter ausdrücklicher Bezugnahme auf den Geprägebeschluss zwar aus, aus *„dem Gesichtspunkt der Einheit der Personengesellschaft ergibt sich vornehmlich, daß es die Gesellschafter in ihrer gesellschaftlichen Verbundenheit sind, die Merkmale eines Besteuerungstatbestands verwirklichen (Mehrung des Gesellschaftsvermögens), welche den einzelnen Gesellschaftern für deren Besteuerung zugerechnet werden."*[205] Isoliert betrachtet sprechen diese Ausführungen für die Anerkennung der Gesellschaft als Einkünfteerzielungssubjekt. Auch die den Beschluss zur doppelstöckigen Personengesellschaft tragende *„zu Recht am Zivilrecht orientierte Betrachtungsweise"* wurde ausdrücklich aufrechterhalten.[206] Hiermit nicht im Einklang stehen indessen die Ausführungen

200 Die entsprechende Kontroverse nachzeichnend *Pinkernell*, S. 30 ff.

201 BFH, Beschluss vom 25.02.1991 – GrS 7/89, BStBl. II 1991, S. 691 (697, 699).

202 BFH, Beschluss vom 25.02.1991 – GrS 7/89, BStBl. II 1991, S. 691 (698): *„Aufgrund dieser Deutung hat die Steuerrechtsprechung im Rahmen der Gewinnermittlung zunehmend auf die Einheit der Personenhandelsgesellschaft abgestellt; sie folgt damit einer Entwicklung im Zivilrecht."*, neben weiteren Ausführungen hierzu; hierzu auch *Kraft*, DStR 1995, S. 921 (925).

203 Zur an § 5 Abs. 1 GewStG ausgerichteten Argumentation in dieser Entscheidung siehe unter Rdnr. 415.

204 BFH, Beschluss vom 03.05.1993 – GrS 3/92, BStBl. II 1993, S. 616 (622).

205 BFH, Beschluss vom 03.05.1993 – GrS 3/92, BStBl. II 1993, S. 616 (622).

206 BFH, Beschluss vom 03.05.1993 – GrS 3/92, BStBl. II 1993, S. 616 (622).

des Großen Senates, davon „*unberührt bleibt jedoch die Grundwertung, daß nicht die Gesellschaft als solche Unternehmer des Betriebs ist, sondern daß die Gesellschafter die (Mit-)Unternehmer des Betriebs sind*“[207] und weil „*die Gesellschafter die Mitunternehmer des Betriebs sind, der Betrieb auf ihre Rechnung und auf ihre Gefahr geführt wird, werden ihnen die Ergebnisse, Gewinn und Verlust, der gemeinschaftlichen Tätigkeit anteilig als originäre eigene Einkünfte zugerechnet.*“[208] Die Annahme der Tatbestandserfüllung durch die Gesellschaft einerseits und die Annahme originär eigener Einkünfte der Gesellschafter schließen sich indessen aus.[209]

Somit lässt sich dem Beschluss zum gewerbesteuerlichen Verlustabzug zumin- 67
dest eine Relativierung der Einheitsbetrachtung entnehmen,[210] welche von gewissen Ungereimtheiten begleitet wird. Diese setzen sich in dem Beschluss des Großen Senates zum gewerblichen Grundstückshandel aus dem Jahre 1995 fort. In diesem sprach der Große Senat unter Verweis auf den Geprägebeschluss des Jahres 1984 und auf nachfolgende Entscheidungen einzelner Senate davon, dass „*in der Einheit der Gesellschaft Merkmale eines Besteuerungstatbestandes verwirklicht*“ werden, „*welche den Gesellschaftern für die Besteuerung zuzurechnen sind. Solche Merkmale sind insbesondere die Verwirklichung oder Nichtverwirklichung des Tatbestandes einer bestimmten Einkunftsart und das Erzielen von Gewinn oder Überschuss ...*“, wodurch die Gesellschaft als „„*Subjekt der Gewinnerzielung*“ *bezeichnet*“ wird.[211] Hervorzuheben sind insoweit zwei Umstände. Zum einen zitiert der Große Senat den Geprägebeschluss und somit letztendlich sich selbst wörtlich, aber unzutreffend, wenn er statt von der „*Einheit der Gesellschafter*“[212] sogar von der „*Einheit der Gesellschaft*“[213] spricht. Mit dieser Wendung kommt jedoch, auch wenn mit „*Einheit der Gesellschafter*“, „*Gesellschafter in ihrer gesamthänderischen Verbundenheit*“ oder ähnlichen Umschreibungen bereits die „*Gesellschaft*“ als solche gemeint ist, eine noch stärkere Subjektivierung zum Ausdruck. Zum anderen sind den Gesellschaftern entsprechend dieser klaren Ausführungen aber von der

---

207 BFH, Beschluss vom 03.05.1993 – GrS 3/92, BStBl. II 1993, S. 616 (622; ebenso 621).

208 BFH, Beschluss vom 03.05.1993 – GrS 3/92, BStBl. II 1993, S. 616 (621).

209 Unklar ist auch, warum ertragsteuerlich ausschließlich die Mitunternehmer als Unternehmer der Gesellschaft anzusehen seien sollen, die Buchführungspflicht nach § 141 Abs. 1 S. 1 AO, welche gerade an die Eigenschaft als gewerblicher Unternehmer anknüpft, sodann aber die Personengesellschaft treffen soll; so aber die st. Rspr., siehe BFH, Urteil vom 30.10.1990 – VIII R 142/85, BStBl. II 1991, S. 401 (403 f.); BFH, Urteil vom 11.03.1992 – XI R 38/89, BStBl. II 1992, S. 797 (798).

210 Siehe hierzu auch *Pinkernell*, S. 37, auch unter Auswertung nachfolgender Rspr. *Kraft*, DStR 1995, S. 921 (926), sieht sich „*in der Argumentation aber auch an die Bilanzbündeltheorie erinnert.*“; nach *Florstedt*, S. 37, wurden die bisherige Entwicklung abgebrochen und erreichte Ergebnisse teilweise zurückgenommen.

211 BFH, Beschluss vom 03.07.1995 – GrS 1/93, BStBl. II 1995, S. 617 (621).

212 So noch im Geprägebeschluss, BFH, Beschluss vom 25.06.1984 – GrS 4/82, BStBl. II 1984, S. 751 (761).

213 BFH, Beschluss vom 03.07.1995 – GrS 1/93, BStBl. II 1995, S. 617 (621).

Gesellschaft verwirklichte Merkmale eines Steuertatbestandes zuzurechnen, wobei die Tatbestandsverwirklichung gerade durch die Gesellschaft ein solches Merkmal ist.[214] Wähnt man sich auf Basis dieser Ausführungen wieder auf der sicheren Basis des Geprägebeschlusses, wird man jedoch durch die nachfolgenden Äußerungen enttäuscht. In diesen stellt der Große Senat unter Bezugnahme auf den Beschluss zum gewerbesteuerlichen Verlustabzug wieder auf die Gesellschafter als Träger des Gewerbebetriebes ab, welchen „*originäre Einkünfte zugerechnet*" werden.[215]

68 In der Entscheidung des Großen Senates zu den Zebra-Gesellschaften aus dem Jahre 2005 (hierzu noch Rdnr. 362 ff.) stellte dieser hingegen wieder unter Verweis auf den Geprägebeschluss eindeutiger auf die Einkünfteerzielung der Gesellschaft ab. In Bezug auf den Anwendungsbereich und die Bindungswirkung der gesonderten und einheitlichen Feststellung spricht er an zwei Stellen zwar auch davon, dass „*mehrere Personen gemeinschaftlich den Tatbestand der Vermietung und Verpachtung (§ 21 EStG) verwirklichen*" beziehungsweise von „*gemeinschaftliche verwirklichten Tatbestandsmerkmale[n]*".[216] Weit überwiegend gebraucht er indessen Formulierungen, welche die Tatbestandsverwirklichung durch die Gesellschaft und sein Verständnis der Gemeinschaftlichkeit belegen: „*die von einer Personengesellschaft erzielten Einkünfte sowie deren Verteilung auf die Gesellschafter*", „*Einkünfte ... den Beteiligten zugerechnet*", „*Tätigkeit der Gesellschafter in ihrer gesamthänderischen Verbundenheit, mithin durch die Tätigkeit der Gesellschaft verwirklicht*", „*die Tätigkeit dieser sog. Zebragesellschaft*", „*dem Gesellschafter ... zuzurechnenden Beteiligungseinkünfte*" und (unter Umkehrung seiner bisherigen Standardformulierung) „*durch die Tätigkeit der Gesellschaft, d.h. der Gesellschafter in ihrer gesamthänderischen Verbundenheit verwirklicht*".[217] Auch geht der Große Senat in diesem Beschluss ausdrücklich von der „*Beteiligung an „den Einkünften*"" aus, worunter er entsprechend dem Vorlagebeschluss „*zu Recht die „nämlichen Einkünfte" der Personengesellschaft*" versteht und es sich hierbei „*um Einkünfte der „von der Personengesellschaft verwirklichten Einkunftsart" handeln muss.*"[218] Bei unbefangener Lesart dieses Beschlusses kann man daher durchaus den Eindruck gewinnen, dass der BFH eher wieder zur Ausgangslage des Geprägebeschlusses

---

214 *Dötsch* in GS Knobbe-Keuk, S. 7 (17), versteht diese Ausführungen indessen so, dass allein die Gesellschafter Subjekte der Einkünfteerzielung sein sollen.

215 BFH, Beschluss vom 03.07.1995 – GrS 1/93, BStBl. II 1995, S. 617 (621). *Mönkemöller*, S. 102 f., will diesen Beschluss daher auch als Höhepunkt der Vielheitsbetrachtung ansehen, auch da eine Zurechnung von Grundstücksverkäufen der Gesellschaft an die Gesellschafter bei angenommener rechtlicher Verselbständigung ausscheiden müsste. Ersteres negiert indessen die vorgenannten Ausführungen des GrS unter Bezugnahme auf den Geprägebeschluss. Letzteres verkennt die mögliche Unterscheidung zwischen Rechtssubjektivität nebst Tatbestandserfüllung einerseits und Zurechnung von Einkünften andererseits.

216 BFH, Beschluss vom 11.04.2005 – GrS 2/02, BStBl. II 2005, S. 679 (681 f.).

217 BFH, Beschluss vom 11.04.2005 – GrS 2/02, BStBl. II 2005, S. 679 (681 f.).

218 BFH, Beschluss vom 11.04.2005 – GrS 2/02, BStBl. II 2005, S. 679 (681 f.).

zurückgefunden hat und die Subjektivierung der Gesellschaft nicht nur hinsichtlich der Einkünfteermittlung und Einkünftequalifikation sondern auch wieder die Tatbestandsverwirklichung durch die Gesellschaft selbst annimmt.

(2) Die aktuellere Senatsrechtsprechung

Dieser Befund wird jedoch von dem für Personengesellschaften zuständigen und insoweit vorwiegend maßgeblichen IV. Senat des BFH in einer Entscheidung aus dem Jahre 2010[219] nachhaltig erschüttert. Zur Begründung der fraglichen Gewerbesteuerpflicht des Komplementärs beim sogenannten Treuhandmodell, bei welchem der Kommanditist seine Beteiligung treuhänderisch für den Komplementär hält, führte der IV. Senat aus, dass die Einkünfte originär von den Mitunternehmern erzielt würden.[220] Ausdrücklich unberührt hiervon soll die Rechtssubjektivität der Gesellschaft (mit den Worten des BFH *„der gesellschaftsrechtlichen Verbindung der Gesellschafter"*) bleiben, welche indessen lediglich bezüglich der Qualifikation der Einkünfte sowie der Ermittlung der Höhe der Einkünfte anzunehmen sei.[221] Unter Verweis auf diese Entscheidung ging auch der VIII. Senat in einem Urteil aus dem Jahre 2011 davon aus, dass *„die Einkünfte nicht von der Personengesellschaft, sondern originär von den Mitunternehmern erzielt"* werden.[222] 69

Diese (unzutreffende, hierzu Rdnr. 74 ff.) Negation der Tatbestandsverwirklichung durch die Gesellschaft scheint indessen dem BFH, insbesondere dem IV. Senat, selbst nicht durchgängig präsent zu sein.[223] In neueren Entscheidungen nimmt er auf die Tatbestandsverwirklichung durch die Gesellschaft wieder teilweise Bezug beziehungsweise verwendet zumindest Formulierungen, welche diese implizieren. So führt der IV. Senat in einem Urteil aus dem Jahre 2013 aus: *„Trotz des Gesellschafterwechsels bleibt die Identität der Personengesellschaft als* 70

---

219 BFH, Urteil vom 03.02.2010 – IV R 26/07, BStBl. II 2010, S. 751.

220 BFH, Urteil vom 03.02.2010 – IV R 26/07, BStBl. II 2010, S. 751 (754); zu Recht kritisch hierzu *Hüttemann* in GS Knobbe-Keuk, S. 39 (46 f.); *Hennrichs* in Tipke/Lang, § 10 Rn. 14.

221 BFH, Urteil vom 03.02.2010 – IV R 26/07, BStBl. II 2010, S. 751(754).

222 BFH, Urteil vom 15.11.2011 – VIII R 12/09, BStBl. II 2012, S. 207 (208). Bereits im Jahre 2005 sprach der VIII. Senat davon, dass die Gesellschaft *„Steuerrechtssubjekt bei der Einkünfteermittlung und der Einkunftsart"*, somit nicht hinsichtlich der Einkünfteerzielung, sei, BFH, Urteil vom 19.04.2005 – VIII R 6/04, BFH/NV 2005, S. 1737 (1738). Wenig konsistent verweist er hierbei aber auf seine eigene Senatsrechtsprechung in BFH, Urteil vom 26.11.1996 – VIII R 42/94, BStBl. II 1998, S. 328 (329), nach welcher auch *„eine atypisch stille Gesellschaft im Sinne dieser Regelungen gewerblich tätig"* ist, somit aus steuerrechtlicher Perspektive selbst tätig ist, und diese somit *„selbständiges „Subjekt der Gewinnerzielung, Gewinnermittlung und Einkünftequalifikation""*, somit auch der Gewinnerzielung, ist.

223 Nach *Ley*, Ubg 2011, S. 274 (276 f.), überwog indessen zum damaligen Zeitpunkt in der Rechtsprechung des BFH die Vorstellung von der Transparenz und somit von der Vielheit der Gesellschafter.

Gewinnerzielungs- und -ermittlungssubjekt (vgl. dazu Beschluss des Großen Senats des BFH vom 25. Februar 1991 GrS 7/89, BFHE 163, 1, BStBl II 1991, 691) erhalten."[224] Neben der ausdrücklichen Bezeichnung als Gewinnerzielungssubjekt nimmt der BFH auf den Beschluss des Großen Senates zu doppelstöckigen Personengesellschaften Bezug, also auf eine Rechtsprechung, die die Subjektivität ausdrücklich betont hatte. In einem Urteil aus dem Jahre 2015, in welchem die Zusammenfassung von Feststellungsbescheiden für doppelstöckige Personengesellschaften gegenständlich war, hat der IV. Senat sowohl auf „*die atypisch stille Gesellschaft als selbständiges Subjekt der Gewinnerzielung*", somit nicht nur der Gewinnermittlung oder Einkünftequalifikation, aber eben auch auf die „*vom Inhaber des Handelsgeschäfts und dem atypisch stillen Gesellschafter gemeinschaftlich erzielten Einkünfte*" abgestellt.[225] In Bezug auf letztere verweist er dabei wenig konsistent auf Entscheidungen, nach welchen sich die Qualifikation der Einkünfte „*nach der eigenen Tätigkeit der atypisch stillen Gesellschaft*"[226] bestimmt oder die von dem „*Gewerbebetrieb der Gesellschaft*" ausgehen und die atypisch stille Gesellschaft als „*selbständiges Subjekt [Anm.: auch] der Gewinnerzielung, Gewinnermittlung und Einkünftequalifikation*"[227] ansehen. In einer früheren Entscheidung aus dem Jahre 2015 führte der IV. Senat jedoch lediglich aus, „*dass die atypisch stille Gesellschaft selbständiges Subjekt [Anm.: auch] der Gewinnerzielung, Gewinnermittlung und Einkünftequalifikation ist*",[228] ohne die Einkünfteerzielung bei den Gesellschaftern zu verorten. Auch für den Beginn der werbenden Tätigkeit einer Personengesellschaft stellte der IV. Senat im Jahre 2016 auf die Tätigkeit der und Einkünfteerzielung durch die Personengesellschaft als solche ab: „*Auch die Tätigkeit einer ... gewerblich geprägten, vermögensverwaltenden Personengesellschaft führt zu einem stehenden Gewerbebetrieb ..., obwohl diese Gesellschaft keine originär gewerblichen Einkünfte erzielt (vgl. BFH-Urteil in BFHE 204, 471, BStBl II 2004, 464). Denn auch hierbei handelt es sich um ein gewerbliches Unternehmen ..., weil die Tätigkeit der Personengesellschaft in Folge der steuerlichen Fiktion ... als Gewerbebetrieb gilt.*"[229] Ebenfalls im Jahre 2016 stellte der IV. Senat hinsichtlich der Frage der Einkünftequalifikation in einer Entscheidung fest, die „*Klägerin [Anm.: Klägerin war die Personengesellschaft] erzielt aber auch keine gewerblichen Einkünfte ...*"[230], was eine Einkünfteerzielung und somit Tatbestandserfüllung seitens der Gesellschaft voraussetzt. Auch im Jahre 2017 hob der BFH bei strittiger Qualifikation von gewerblichen Einkünften wieder

224 BFH, Urteil vom 28.02.2013 – IV R 50/09, BStBl. II 2013, S. 494 (495).
225 BFH, Urteil vom 21.10.2015 – IV R 43/12, BStBl. II 2016, S. 517 (519).
226 So in dem von der Verweisung umfassten Beschluss BFH, Beschluss vom 05.07.2002 – IV B 42/02, BFH/NV 2002, S. 1447 (1450).
227 So in dem von der Verweisung umfassten Urteil des BFH, Urteil vom 15.10.1998 – IV R 18/98, BStBl. II 1999, S. 286 (289).
228 BFH, Urteil vom 12.02.2015 – IV R 48/11, BFH/NV 2015, S. 1075 (1077).
229 BFH, Urteil vom 12.05.2016 – IV R 1/13, BStBl. II 2017, S. 489 (491).
230 BFH, Beschluss vom 22.09.2016 – IV R 35/13, BStBl. II 2017, S. 116 (117).

auf die Personengesellschaft ab, wenn er formuliert, bei *„den Einkünften der Klägerin [Anm.: Klägerin war die Personengesellschaft] handelt es sich um – anteilig den Beigeladenen [Anm.: den Gesellschaftern] zuzurechnende – gewerbliche Gewinne"*, er die *„originär gewerbliche[n] Tätigkeit der ausländischen Personengesellschaft"* in den Blick nimmt und (wenn auch in beide Richtungen interpretationsfähig) ausführt, diese *„Personengesellschaft erzielt – als Subjekt der Einkünfteermittlung – gewerbliche Einkünfte, wenn die Gesellschafter in ihrer Verbundenheit als Personengesellschaft ein gewerbliches Unternehmen betreiben"*.[231]

Insoweit lässt sich festhalten, dass in der Senatsrechtsprechung zumindest kein vollkommen klares Bild hinsichtlich der Annahme einer Tatbestandsverwirklichung durch die Gesellschaft gezeichnet wird.[232] Nach ausdrücklicher Ablehnung einer solchen enthalten nachfolgende Entscheidungen Ausführungen, welche die Tatbestandsverwirklichung durch die Gesellschaft zumindest implizieren, sowie teilweise Ausführungen, welche insoweit auf die Gesellschafter abstellen. Klar ist somit lediglich, dass auch mit diesen Entscheidungen keine Abkehr von der zutreffenden Annahme der Subjektivität der Gesellschaft hinsichtlich Einkünfteermittlung und Einkünftequalifikation verbunden ist. Dies stellte der BFH einerseits bereits in seinem oben dargestellten Urteil zum Treuhandmodell ausdrücklich klar. Dies lässt sich andererseits auch durch die neueren Entscheidungen belegen. Die Haltung des BFH zur Erstreckung der Subjektivität auf die Tatbestandsverwirklichung, welche ursprünglich auch als Begründungsansatz diente, als eher indifferent zu bezeichnen, ginge indessen zu weit. Vielmehr muss davon ausgegangen werden, dass er von der Annahme der Tatbestandsverwirklichung durch die Gesellschaft abgerückt ist. Es scheint dem BFH indessen schwer zu fallen, diese Abkehr in seinen Ausführungen auch sprachlich konsequent und hinsichtlich seiner Verweisungen konsistent durchzuhalten. 71

b) Die steuerliche Rechtsfähigkeit in der Literatur

In der Literatur wird die materiell-steuerliche Rechtsfähigkeit, sofern diese angenommen wird, entweder als von der zivilrechtlichen Rechtsfähigkeit vorbestimmt (sogenanntes Einheitsmodell) oder zumindest als vorgeprägt angesehen (sogenanntes Beteiligungstatbestandsmodell).[233] Hiermit verbunden ist sodann der Ausgangspunkt, dass die Personengesellschaft und nicht die Gesellschafter das 72

---

231 BFH, Urteil vom 19.01.2017 – IV R 50/14, BStBl. II 2017, S. 456 (458 f.).

232 I.E. ebenso *Mönkemöller*, S. 109 (unter Bezugnahme auf weitere Urteile ab S. 106).

233 *Heyll*, S. 291 ff.; *Schön*, StuW 1996, S. 275 (282); *Herrmann*, DStZ 1998, S. 87 (88); *Ruppel*, DStZ 1982, S. 465 (466 ff.); *Döllerer*, JbFSt 1986/1987, S. 37 (46 f.); *Krüger*, FR 2016, S. 1031 (1035 ff.); *Raupach*, StuW 1991, S. 278 (280), spricht von der *„tatbestandsgestaltende[n] Wirkung des Zivilrechts für das Steuerrecht"*; nach *Hüttemann* in GS Knobbe-Keuk, S. 39 (43), ist eine Negation der Gesellschaft *„– jedenfalls auf dem Boden der neueren zivilrechtlichen Gesamthandslehre – nur schwer nachvollziehbar"*; *Rau*, S. 128 ff., 211 ff.

Unternehmen betreibt und entsprechende Einkünfte erzielt.[234] Die notwendige Erklärung für die Besteuerung der Gesellschafter wird sodann argumentativ oftmals über § 15 Abs. 1 S. 1 Nr. 2 EStG hergeleitet, welcher den Gesellschaftern fremdes Einkommen zur Versteuerung zurechnet („*Zurechnungsthese*").[235] Dies macht freilich weitere Überlegungen zur Zurechnung außerhalb der Gewinneinkünfte notwendig (hierzu noch Rdnr. 93 f.).[236] Unbeschadet dessen geht aber der weit überwiegende Teil des Schrifttums davon aus, dass das moderne zivilrechtliche Verständnis der Personengesellschaft in das Steuerrecht integriert und eine steuerliche Rechtsfähigkeit angenommen werden kann, ohne dabei gegen das Prinzip der Individualbesteuerung zu verstoßen.[237] Hierbei wird aber oftmals auch der Gesellschafter als Mitunternehmer in den Mittelpunkt gestellt und davon ausgegangen, dass dieser den Betrieb führt und entsprechende Einkünfte originär erzielt.[238] Diese Annahme lässt zwar einerseits keine Notwendigkeit für eine Zurechnungs- oder Beteiligungsnorm erkennen, da die Einkünfteerzielung bereits von der Mitunternehmereigenschaft getragen wird. Andererseits mag dann als Kehrseite aber auch die selten begründete aber getroffene Annahme einer steuerlichen Rechtsfähigkeit obsolet erscheinen. Sofern eine solche positiv begründet und nicht lediglich vorausgesetzt wird, werden die Personengesellschaften als Dispositionsgemeinschaften[239] und somit Wirkungseinheiten, als Willens- und Handlungseinheiten[240] oder als Dispositions- und Aktivitätsebenen[241] umschrieben, welche als Einheit die Herrschaft über die Leistungserbringung am Markt innehaben. Insoweit wird die teilweise Steuersubjektivität nicht den zivilrechtlichen Vorgaben entnommen,

234 Eine Variante des Beteiligungstatbestandsmodelles findet sich in dessen bei *Hallerbach*, S. 233 f.: „*... nicht Einkünftezurechnungsnorm ... Zugerechnet werden allein die Markthandlungen der Gesellschaft, die zusammen mit der Stellung des Steuerpflichtigen als Gesellschafter ... einen eigenen Einkünftetatbestand begründen.*" In Abweichung zur Zurechnungsthese wird von einem jeweils eigenständigen Beteiligungsbetrieb der Gesellschafter ausgegangen.

235 *Schön*, StuW 1996, S. 275 (282); *Schön*, DStR 1993, S. 185 (190 ff.); *Hüttemann* in GS Knobbe-Keuk, S. 39 (45 f.); *Hennrichs* in Tipke/Lang, § 10 Rn. 14; *Palm*, S. 459, 491, 493; *Sparrer*, S. 74; *Kraus*, S. 53 ff.

236 Dies illustriert beispielsweise *Hallerbach*, S. 236, die mangels speziellem steuergesetzlichem Beteiligungstatbestand bei Überschusseinkünften die zivilrechtlichen Vorgaben aufgeben und in diesen Fällen den Gesellschaftern selbst die Teilnahme am Marktgeschehen zuschreiben will.

237 Siehe statt Vieler die umfassenden Nachweise bei *Stehr*, S. 23 Fn. 83; *Pinkernell*, S. 54 Fn. 46; *Kuck*, S. 48 Fn. 108.

238 Hierzu *Pinkernell*, S. 54 m.w.N.

239 *A. Schmidt*, S. 44 f.

240 *Gschwendtner* in FS Klein, S. 751 (770 ff., 779); *Gschwendtner*, DStZ 1998, S. 335 (338).

241 *Engel*, Vermögensverwaltende Personengesellschaft und ertragsteuerliche Selbständigkeit, S. 33 ff.

sondern anhand einer einkommensteuerlichen Zurechnungsdogmatik entwickelt.[242] Festzuhalten ist daher zunächst, dass das überwiegende Schrifttum von einer gewissen steuerlichen Rechtsfähigkeit ausgeht, diese aber nicht immer begründet. Teilweise wird sie auch vorausgesetzt, ohne dass von einer Einkünfteerzielung durch die Unternehmung ausgegangen wird.

Zuweilen wird die materielle Rechtsfähigkeit mit Verweis auf die fehlende 73
Steuerschuldnerschaft der Personengesellschaft auch verneint.[243] Hierbei wird dann aber trotzdem, und soweit ersichtlich durchweg, die Ermittlung der Einkünfte und deren Qualifikation auf einer ersten Stufe auf Ebene einer gemeinsamen Einkünfteerzielung, mithin auf Ebene der Unternehmung, verortet. Zumindest soweit dies nicht begründet wird, wird die Einkünfteermittlung innerhalb des Zwei-Stufen-Modells (siehe hierzu oben Rdnr. 23) de facto zu einer bloßen Einkünfteermittlungsmethode und somit zu einem Berechnungsmodell im Rahmen reiner Praktikabilitätserwägungen degradiert. Soweit Begründungsansätze hierfür angeführt werden, gehen diese zumeist von einer vertikalen oder horizontalen Zurechnung von Erwerbshandlungen aus. Teilweise wird daher der Gesellschaft auch ohne Rechtssubjektivität eine gewisse Verselbständigung im Sinne einer mediatisierten oder kollektiven Handlungsebene zugestanden, von welcher eine (vertikale) Zurechnung von Erwerbshandlungen der Gesellschaft an die Gesellschafter erfolge, was sodann die Tatbestandserfüllung durch die Gesellschafter selbst bedinge.[244] Ein anderer Ansatz besteht darin, die angenommenen einzelnen tatbestandsspezifischen Erwerbshandlungen der Gesellschafter diesen (horizontal) gegenseitig aufgrund des von Einkünfteerzielungsinitiative und Einkünfteerzielungsrisiko getragenen arbeitsteiligem Zusammenwirkens zuzurechnen, wodurch die Steuerrechtsfähigkeit der Gesellschaft zu verneinen sei und ein einkünfteneutrales Gesamtkonzept entsteht,[245] welches indessen nicht vollkommen frei von

242 Eine kritische Würdigung von Einheitsmodell, Zurechnungs- bzw. Beteiligungstatbestandsmodell und den vermittelnden Ansichten findet sich bei *Pinkernell*, S. 30 ff.

243 *Beierl*, S. 74, der auf S. 84 f. ein *„Seil-Modell“* entwickelt; *Kurth*, S. 283 f.; *Bodden*, S. 37 ff.; *Erm*, S. 56 ff.; *Kuck*, S. 59 ff.; *Pinkernell*, S. 74 ff.; *Fischer* in FS Beisse, S. 189 (191 ff., 198).

244 *Mönkemöller*, S. 112; 127 ff., 194 f. Ähnlich *Desens/Blischke* in Kirchhof/Söhn/Mellinghoff, EStG, § 15 Rn. C 24 ff., welche zunächst von der Tätigkeit der Gesellschaft am Marktgeschehen ausgehen, ihr somit auch den Gewerbebetrieb zuordnen, allerdings dann annehmen, dass die Tätigkeit der Gesellschaft den Beteiligten insgesamt zuzurechnen sei, wodurch im Rahmen von § 15 Abs. 1 S. 1 Nr. 2 S. 1 Hs. 1 EStG ein Gewerbebetrieb der Mitunternehmer fingiert würde. Hierdurch erzielten diese eigene Einkünfte. Auch nach *Kraus*, S. 57, *„gilt“* der Gesellschafter nur als derjenige, der die Einkünfte erzielt.

245 Diesen Ansatz, welcher an die Zurechnungsgrundsätze strafrechtlicher Mittäterschaft erinnert, entwickelt *Pinkernell*, S. 81 ff., der die Personengesellschaft als Regelungsobjekt und nicht Subjekt begreift, S. 76. Ihm grundsätzlich folgend *Kuck*, S. 59.

Friktionen zu sein scheint.[246] Teilweise wird auch schlicht eine gemeinschaftliche Verwirklichung von Besteuerungsmerkmalen angenommen.[247] Soweit diese Erklärungsmodelle die Einkünfteermittlung und Vorqualifikation der Einkünfte auf Gesellschaftsebene nicht in Abrede stellen, ist ihnen gemein, dass sie selbst definierte, subjektlose Meta-Ebenen erschaffen, welche rechtlich nicht greifbar sind.

c) Steuerliche Rechtsfähigkeit auch ohne Steuerschuldnerschaft

74 Die Ablehnung der Rechtsfähigkeit im Bereich der Einkommensteuer mit Verweis auf die fehlende Steuerschuldnerschaft der Personengesellschaft überzeugt nicht. Zutreffend ist vielmehr zunächst, dass die steuerliche Rechtsfähigkeit relativer Natur ist. Sie ist daher für jede Steuerart gesondert zu beurteilen. Wenn ein Steuergesetz der Personengesellschaft die Steuerschuldnerschaft zuschreibt, so bedingt dies freilich eine Rechtsfähigkeit im Rahmen dieser Steuerart.[248] Die Kernfrage besteht indessen darin, ob auch eine Rechtsfähigkeit ohne Steuerschuldnerschaft existieren kann. Denjenigen, die dies verneinen (hierzu Rdnr. 73), sei zunächst zugestanden, dass das Einkommensteuergesetz in erster Linie die natürliche Person als Steuerschuldner und somit auch als Steuersubjekt im Blick hat. Diese Grundaussage der §§ 1, 2 Abs. 1 EStG lässt sich nicht negieren. Das soll sie auch nicht.

75 Es scheint jedoch so, als dass sich der BFH dieser Grundaussage nicht durchgängig bewusst ist. In einem Beschluss aus dem Jahre 2011 geht dieser von der Kapitalertragsteuerpflicht einer Gesellschaft bürgerlichen Rechts aus. Im Streit stand hierbei, ob die Steuerpflicht von Zinsen aus einer Kapitallebensversicherung, welche von einer GbR als Versicherungsnehmerin abgeschlossen wurde, gesondert und einheitlich nach § 180 Abs. 1 S. 1 Nr. 2 a) AO und somit gegenüber allen Beteiligten oder, wie es die Vorinstanz annahm, nach § 9 der Rechtsverordnung zu § 180 Abs. 2 AO (lediglich) gesondert und zudem gegenüber der GbR festzustellen

---

246 Gemäß *Pinkernell*, S. 91 ff., fußt die gegenseitige Zurechnung von Handlungen unter anderem auf einer Einkünfteerzielungsinitiative. Auch in Fällen von Widerspruch bei Mehrheitsentscheidungen sei diese gegeben und bereits in der Eingehung eines Mehrheitsentscheidungen zulassenden Gesellschaftsvertrages zu erblicken. Warum sodann aber bei mehrstöckigen Personengesellschaften dem mittelbar Beteiligten Mitunternehmerinitiative hinsichtlich der Untergesellschaft fehlen und insoweit die Obergesellschaft Mitunternehmerin sein soll (S. 159 ff. und 209), erschließt sich kaum.

247 *Fischer* in FS Beisse, S. 189 (196 f.).

248 Ordnen beispielsweise Gewerbe-, Umsatz- und Grunderwerbsteuer die Steuerschuldnerschaft einer Personengesellschaft an (§ 5 Abs. 1 S. 3 GewStG, § 2 Abs. 1 S. 1 UStG, § 13 GrEStG), muss diese gewerbe-, umsatz- und grunderwerbsteuerrechtsfähig sein. Nach neuerer Rechtsprechung kann eine Bruchteilsgemeinschaft nicht mehr Unternehmer im Sinne des Umsatzsteuergesetzes sein; BFH, Urteil vom 22.11.2018 – V R 65/17, DStR 2019, S. 265.

sei. Der BFH verneinte die Anwendbarkeit von § 180 Abs. 1 S. 1 Nr. 2 a) AO sowie des § 179 Abs. 2 S. 2 AO unter anderem wie folgt: „*Im Streitfall hat unstreitig die GbR die Versicherungsverträge [Anm.: im Sinne von § 20 Abs. 1 Nr. 6 EStG] im eigenen Namen abgeschlossen; nur sie ist Versicherungsnehmerin und zum Bezug der Leistungen berechtigt. Die GbR ist auch Steuerschuldnerin. Sie schuldet die auf die Zinsen entfallende Kapitalertragsteuer (§§ 43, 44 Abs. 1 Satz 1 des Einkommensteuergesetzes). Dass die Kapitalerträge letztlich den Gesellschaftern der Klägerin zuzurechnen sind, ändert nichts. Über die Zurechnung der Einkünfte wird erst im Rahmen der gesonderten und einheitlichen Feststellung des Gewinns der GbR entschieden bei Fälligkeit der Zinsen.*“[249] Dass die Zuordnung der Steuerschuldnerschaft an die GbR weder systemkonform ist noch der, soweit ersichtlich, bisher einhelligen Ansicht in Rechtsprechung[250] und Literatur[251] entspricht, wonach „*der Gläubiger der Kapitalerträge*“ i.S.d. § 44 Abs. 1 S. 1 EStG nicht im zivilrechtlichen Sinne zu verstehen ist, sondern eine steuerliche Zurechnung voraussetzt, übergeht oder übersieht der BFH hierbei ohne Weiteres. Auf den BFH bezugnehmend gehen indessen nunmehr auch Teile des Schrifttums davon aus, dass eine Personengesellschaft Gläubigerin der Kapitalertragsteuer sein kann.[252] Mit dem Wesen der Kapitalertragsteuer als, wie auch die Lohnsteuer, besondere Erhebungsform der Einkommensteuer, welche eine Steuerpflicht voraussetzt, nicht aber erst schafft, ist dies freilich nicht vereinbar. Der Gesellschaft fließen zwar durch den Steuerabzug an der Quelle lediglich um die Kapitalertragsteuer gekürzte Erträge zu. Dies qualifiziert die Gesellschaft indessen nicht zum Steuerschuldner.[253] Die Ausführungen des BFH sind hoffentlich ein unbedachter Begründungsfehlgriff.[254] Ihnen ist nicht zu folgen. Sie zeigen indessen, dass die völlige Ablehnung einer Subjektivität der Gesellschaft im

---

249 BFH, Beschluss vom 26.05.2011 – VIII B 144/10, BFH/NV 2011, S. 1509 (1509).

250 BFH, Urteil vom 22.08.1990 – I R 69/89, BStBl. II 1991, S. 38 (38); BFH, Urteil vom 09.11.1994 – I R 5/94, BStBl. II 1995, S. 255 (256).

251 Statt Vieler: *Gersch* in Kirchhof/Söhn/Mellinghoff, EStG, § 44 Rn. B 5; *Storg* in Frotscher/Geurts, EStG, § 44 Rn. 7 ff.

252 *Weber-Grellet* in Schmidt, EStG[36], § 44 Rn. 1; *Lindberg* in Blümich, EStG, KStG, GewStG, § 44 EStG Rn. 3.

253 Entsprechend stehen auch zivilrechtlich Ausgleichsansprüche der Gesellschaft gegenüber den Gesellschaftern im Raum; siehe hierzu BGH, Urteil vom 16.04.2013 – II ZR 118/11, NJW 2013, S. 2511; *Kruth*, DStR 2013, S. 2224 (2225 ff.).

254 Im weiteren Verfahrensgang haben sowohl das FA als auch das FG eine Bindungswirkung der im gesonderten Feststellungsbescheid gegenüber der GbR getroffenen Entscheidung über die Steuerpflicht hinsichtlich der Zinsen auf die Steuerpflicht eines hierauf bezogenen Veräußerungsgewinnes bei den Gesellschaftern angenommen; FG Münster, Urteil vom 06.11.2015 – 4 K 1109/14 F, EFG 2016, S. 30. Die hiergegen eingelegte Revision ist unter dem Az. VIII R 39/15 noch anhängig. Es bleibt zu hoffen, dass der BFH diese Gelegenheit nutzt, um seine Ausführungen zur Kapitalertragsteuerpflicht von Personengesellschaften zu berichtigen.

Ertragsteuerrecht kritisch zu betrachten sein sollte, wenn selbst die Zuerkennung einer Steuerschuldnerschaft möglich erscheint.

76 Unbeschadet dessen missachtet ein alleiniges Abstellen auf die Steuerschuldnerschaft jedoch entweder die inhaltlichen Anforderungen an die Rechtsfähigkeit oder die gesetzlichen, materiell-rechtlichen Vorgaben des Einkommensteuerrechts. Steuerliche Rechtsfähigkeit, als spezielle Form der öffentlich-rechtlichen Rechtsfähigkeit, wird allgemein, wie in anderen Rechtsgebieten auch, dahingehend umschrieben, dass in ihr die Fähigkeit (Potentialität)[255] zum Ausdruck kommt, Träger von steuerrechtlichen Rechten und Pflichten zu sein.[256] Letztendlich ist somit entscheidend, wer Beteiligter eines Steuerrechtsverhältnisses sein kann.[257] Die Steuerrechtsfähigkeit deckt sich insoweit nicht mit der zivilrechtlichen Rechtsfähigkeit, ist vielmehr unabhängig von dieser und geht zudem über diese hinaus.[258] Im Rahmen der definitorisch statuierten Anforderung der Zuweisung von Rechten und Pflichten wird jedoch oftmals vorschnell darauf abgestellt, dass das Einkommensteuerrecht die natürliche Person als Steuerschuldner beschreibt und somit lediglich dieser Rechte und Pflichten zugeschrieben werden.[259] Letztendlich wird somit die einkommensteuerliche Rechtsfähigkeit unzutreffend mit Steuerschuldnerschaft gleichgesetzt.

77 Zunächst ist zu vergegenwärtigen, dass der Gesellschaft verfahrensmäßige Rechte und Pflichten zuerkannt werden.[260] Die Gesellschaft ist nach weit vorherrschender Auffassung Rechtsbehelfsführer (in Verfahrensstandschaft für die Beteiligten) nach § 352 Abs. 1 Nr. 1 Alt. 1 AO und § 48 Abs. 1 Nr. 1 Alt. 1 FGO (hierzu noch Rdnr. 255). Sie ist nach Ansicht der Rechtsprechung buchführungspflichtig, auch für die Sonderbetriebsbereiche (hierzu noch Rdnr. 511 ff.).[261] Die Gesellschaft

---

255 Allgemein hierzu siehe *Palm*, S. 159 ff.

256 BFH, Urteil vom 20.11.1979 – VII R 97/77, BStBl. II 1980, S. 301 (302); *Drüen* in Tipke/Kruse, AO FGO, § 33 AO Rn. 33; *Boeker* in Hübschmann/Hepp/Spitaler, AO FGO, § 33 AO Rn. 28a; *Pinkernell*, S. 62; *Mönkemöller*, S. 110.

257 *Pinkernell*, S. 62; *Boeker* in Hübschmann/Hepp/Spitaler, AO FGO, § 33 AO Rn. 28; *Drüen* in Tipke/Kruse, AO FGO, § 33 AO Rn. 33.

258 *Pinkernell*, S. 62; *Erm*, S. 47; *Boeker* in Hübschmann/Hepp/Spitaler, AO FGO, § 33 AO Rn. 28; *Drüen* in Tipke/Kruse, AO FGO, § 33 AO Rn. 33; *Seer* in Tipke/Lang, § 6 Rn. 31.

259 So aber *Bodden*, DStZ 1996, S. 73 (75); *Erm*, S. 52; *Pinkernell*, S. 75 ff.; *Bodden*, S. 41 ff.

260 Zusätzlich zu den im Folgenden genannten Rechten und Pflichten ist die Gesellschaft nach hier vertretener Auffassung selbst erklärungspflichtig (hierzu Rdnr. 124 ff.) und kann durch Rechtsbehelfe die Verletzung eigener Rechte rügen (hierzu Rdnr. 256 ff.).

261 BFH, Urteil vom 30.10.1990 – VIII R 142/85, BStBl. II 1991, S. 401 (403 f.); BFH, Urteil vom 11.03.1992 – XI R 38/89, BStBl. II 1992, S. 797 (798); BFH, Urteil vom 27.06.2006 – VIII R 31/04, BStBl. II 2006, S. 874 (878). In der Literatur stößt die Bilanzierungspflicht in Bezug auf das Sonderbetriebsvermögen weitestgehend auf Ablehnung; siehe statt Vieler *Stehr*, S. 61 ff.; *Görke* in Hübschmann/Hepp/Spitaler, AO FGO, § 141 AO Rn. 19, 20; *Drüen* in Tipke/Kruse, AO FGO, § 141 AO Rn. 3a; jeweils m.w.N. und grundlegender Argumentation.

ist, zumindest bei gewerblichen Einkünften, zur Duldung einer Außenprüfung verpflichtet.[262] Hierauf aufbauend kann man das maßgebliche Steuerrechtsverhältnis allumfassend und somit im Sinne einer dogmatischen Klammerfunktion verstehen. Dieses kann als eine Zusammenfassung sämtlicher Rechte und Pflichten verstanden werden, welche durch einen Lebenssachverhalt begründet werden, nicht nebeneinanderstehen, sondern miteinander verzahnt sind. Ginge man zudem davon aus, dass innerhalb dieses Rechtsverhältnisses entweder einheitlich Rechtsfähigkeit vorliegt oder abzulehnen ist, müsste man der Gesellschaft Steuerrechtsfähigkeit zugestehen.[263] Entscheidend wäre nicht, dass einer Gesellschaft sämtliche Rechte und Pflichten oder eine Vielzahl hiervon zuerkannt werden. Vielmehr wäre es ausreichend, dass (irgend-)eine Pflicht im Sinne von § 33 Abs. 1 AO oder (irgend-) ein Recht besteht. Eine Steuerpflicht im Sinne der allgemeinen Umschreibung des § 33 Abs. 1 AO, welche über die Steuerpflicht im Sinne der Steuerschuldnerschaft hinausgeht, genügt hiernach. Aber auch wenn ein derart umfassend verstandenes Einkommensteuerrechtsverhältnis argumentativ in diesem Sinne nutzbar gemacht werden kann, so müsste man doch konstatieren, dass ohne zusätzliche materiellrechtliche Begründung von einer verfahrensrechtlichen Rechtsfähigkeit auf eine materiell- rechtliche Rechtsfähigkeit rückgeschlossen würde.

Ein solcher Rückschluss ist indessen nicht erforderlich. Unbeschadet der zutref- **78**
fenden ertragsteuerlichen Interpretation zur Einkünfteerzielung durch die Gesellschaft selbst (hierzu noch Rdnr. 87), stellt das Gesetz selbst an einigen Stellen auf die Personenmehrheit als Träger von Rechten und Pflichten ab. Hierdurch erkennt es deren materiell-rechtliche Rechtsfähigkeit an. Die Annahme, dass eine Personengesellschaft nicht Trägerin von einkommensteuerlichen Rechten und Pflichten sein könne, weil es an der Adressierung durch materielle Normen fehle,[264] ist daher unzutreffend.[265] So waren nach dem bis Mitte des Jahres 2016 geltenden

262 So die an die handelsrechtliche Buchführungspflicht anknüpfende st. Rspr.; siehe lediglich BFH, Urteil vom 12.02.2015 – IV R 63/11, BFH/NV 2015, S. 832 (833); BFH, Urteil vom 16.11.1989 – IV R 29/89, BStBl. II 1990, S. 272 (272 f.); BFH, Urteil vom 25.09.1990 – IX R 84/88, BStBl. II 1991, S. 120 (120 f.). Teilweise wird auch bei anderen Einkünften, insbesondere auch bei Überschusseinkünften, die Unternehmung selbst als Duldungsverpflichtete angesehen; so beispielweise FG Köln, Urteil vom 05.12.1990 – 7 K 231/85, EFG 1991, S. 120 (122); *Stehr*, S. 88 f. Sofern man, wie vorliegend, eine Erklärungspflicht der Unternehmung annimmt (hierzu noch Rdnr. 124 ff.), ist die Unternehmung Steuerpflichtiger nach § 33 Abs. 1 AO, woran § 193 AO anknüpft. Da nach hier vertretener Auffassung die Unternehmung selbst die Einkünfte erzielt (hierzu noch Rdnr. 86 ff.), ist sowohl bei Gewinneinkünften (§ 193 Abs. 1 Alt. 1–3 AO) als auch bei Überschusseinkünften (§ 193 Abs. 1 Alt. 4 AO) die Unternehmung im Rahmen des § 147a AO duldungsverpflichtet.

263 Diesen Gedankengang entwickelt *Stehr*, S. 16 ff., 228, der ergänzend auch die materielle Rechtsfähigkeit positiv begründet.

264 So indessen *Erm*, S. 52.; *Mönkemöller*, S. 111.

265 Ausgangspunkt der materiell-rechtlichen Adressierung ist oftmals, dass im Rahmen der Gewinneinkünfte das zivilrechtliche Gesamthandsvermögen auch

Fördergebietsgesetz direkt die Personengesellschaften und Gemeinschaften zu steuerlich wirksamen Sonderabschreibungen, Gewinnabzügen (lediglich für Einkünfte aus Land- und Forstwirtschaft) oder Rücklagenbildungen berechtigt, § 1 Abs. 1 S. 2 FördG. Mit der Inanspruchnahme derartiger Rechte gingen freilich auch Pflichten einher, insbesondere soweit eine gewinnerhöhende Auflösung von Rücklagen erfolgen musste, § 6 Abs. 2 FördG. Die Begünstigung der Anschaffung und Herstellung von abnutzbaren beweglichen Wirtschaftsgütern war auf solche des Anlagevermögens und somit auf die Gewinneinkünfte beschränkt, § 2 FördG.[266] Diese Einschränkung galt indessen nicht für die Anschaffung und Herstellung von abnutzbaren unbeweglichen Wirtschaftsgütern, § 3 FördG.[267] Insoweit erkannte das Fördergebietsgesetz unabhängig von der Einkunftsart die materielle Rechtsfähigkeit der Gesellschaft oder Gemeinschaft an. Die allgemeine Aufhebung des Fördergebietsgesetzes kann freilich nicht darauf hindeuten, dass der Gesetzgeber nicht mehr von einer Rechtsfähigkeit dieser Gebilde ausgehen würde. Auch das derzeitige Investitionszulagengesetz räumt Personengesellschaft und Gemeinschaften eine eigene Anspruchsberechtigung ein, § 1 Abs. 1 S. 3 InvZulG. Den einzelnen an diesen Unternehmungen beteiligten steuerpflichtigen natürlichen Personen kommt keine Zulagenberechtigung zu.[268] Auch wenn steuerliche Folgen hiermit nicht verbunden sind, § 13 InvZulG, so kann die Regelung des § 1 InvZulG doch durch die Anknüpfung an die Einkommensteuersphäre zum Beleg einer anerkannten Rechtsfähigkeit auch in diesem Bereich herangezogen werden. Wollte man den vorgenannten Regelungen noch entgegen halten, dass es sich hierbei (trotz einkommensteuerlicher Wirkungen beim Fördergebietsgesetz) nicht um originäre Normierungen im Bereich des Einkommensteuergesetzes handelt, so wäre dies in Bezug auf § 7g EStG (auch in der bis zum 31.12.2015 geltenden

---

steuerrechtlich der Gesellschaft als Betriebsvermögen zugerechnet wird; hierzu *Hennrichs* in Tipke/Lang, § 10 Rn. 25 f. Im Rahmen der Überschusseinkünfte existiert indessen weder Betriebs- noch Sonderbetriebsvermögen. Das Gesamthandsvermögen wird über § 39 Abs. 2 Nr. 2 AO steuerrechtlich wie Bruchteilsvermögen behandelt. Zwar existieren auch hinsichtlich des Betriebsvermögens der Gesellschaft Normen, welche personenbezogen interpretiert werden und in deren Rahmen daher die steuerpflichtige natürliche Person angesprochen wird; so beispielsweise (nunmehr wieder) bei der Übertragung stiller Reserven nach § 6b EStG; hierzu im Überblick *Bode* in Blümich, EStG, KStG, GewStG, § 15 EStG Rn. 445 f. Indessen stellt das Gesetz an anderer Stelle gerade auf die Gesellschaft oder Gemeinschaft ab.

266 *Stuhrmann* in Blümich, EStG, KStG, GewStG, § 2 FördG Rn. 15.

267 Mittelbar so auch *Engel*, Vermögensverwaltende Personengesellschaften, Rn. 207 ff.

268 Dies gilt auch, wenn es sich um begünstigte Wirtschaftsgüter des Sonderbetriebsvermögens handelt, BFH, Urteil vom 07.12.2000 – III R 35/98, BStBl. II 2001, S. 316 (319) m.w.N. aus der st. Rspr.; *Selder* in Blümich, EStG, KStG, GewStG, § 1 InvZulG Rn. 13 f. Der von der Unternehmung zu stellende Antrag ist bei dem für die gesonderte und einheitliche Feststellung zuständigen Finanzamt zu stellen, § 7 Abs. 1 S. 2 InvZulG.

Fassung) nicht möglich (zur Betriebsbezogenheit des § 7g EStG und der damit einhergehenden Gesamteinkünfteermittlung siehe noch Rdnr. 434). § 7g Abs. 7 EStG ordnet ausdrücklich an, „*dass an die Stelle des Steuerpflichtigen die Gesellschaft oder die Gemeinschaft tritt*". Insoweit ist zwar zweifelhaft, ob Investitionsabzugsbeträge und Sonderabschreibungen auch für den Sonderbetriebsbereich von der Gesellschaft oder Gemeinschaft geltend zu machen sind (hierzu Rdnr. 435). Aufgrund von § 7g Abs. 7 EStG ist indessen, soweit ersichtlich, einhellig anerkannt, dass für den Bereich des Betriebsvermögens im Gesamthandsbereich ausschließlich die Gesellschaft berechtigt ist,[269] diese Vergünstigungen in Anspruch zu nehmen.[270] Zudem ist im Rahmen der Gewinnermittlung nahezu einhellig anerkannt, dass die Gewinnermittlungsart auf Gesellschafterebene der Gewinnermittlungsart auf Gesellschaftsebene folgt. Ein bestehendes Wahlrecht nach § 4 Abs. 3 S. 1 EStG ist daher auf Gesellschaftsebene auszuüben (hierzu noch Rdnr. 390 ff.). Ob dieses Wahlrecht von der Gesellschaft oder den Gesellschaftern (ein- oder mehrheitlich) auszuüben ist, erscheint unklar.[271] Geht man von einem Wahlrecht der Gesellschaft aus,[272] was angesichts der Verpflichtung der Gesellschaft zur Buchführung nach § 140 AO naheliegt, käme der Gesellschaft auch hier ein Recht zu, welches die Höhe der Einkünfte der Gesellschafter zumindest interperiodisch beeinflusst.[273]

---

269 Der Gesellschaft oder Gemeinschaft selbst steht das Wahlrecht zu, ob und in welcher Höhe ein Investitionsabzugsbetrag nach § 7g Abs. 1 S. 1 EStG in Anspruch genommen wird. Der Gesellschaft oder Gemeinschaft selbst steht auch das Wahlrecht zu, Anschaffungs- oder Herstellungskosten gewinnerhöhend hinzuzurechnen, § 7g Abs. 2 S. 1 EStG, oder gewinnmindernd herabzusetzen, § 7g Abs. 2 S. 2 EStG. Zudem trifft die Gesellschaft oder Gemeinschaft selbst die Pflicht, in Anspruch genommene aber innerhalb einer bestimmten Frist nicht hinzugerechnete Investitionsabzugsbeträge wieder rückgängig zu machen, § 7g Abs. 3 S. 1 EStG. Eine Pflicht zur Rückgängigmachung besteht auch, falls das Wirtschaftsgut nicht mehr fast ausschließlich in einer inländischen Betriebstätte genutzt wird, § 7g Abs. 4 S. 1 EStG. Auch die Möglichkeit der Inanspruchnahme von Sonderabschreibungen, § 7g Abs. 5 EStG, steht ausschließlich im freien Ermessen der Gesellschaft oder Gemeinschaft.

270 *Brandis* in Blümich, EStG, KStG, GewStG, § 7g EStG Rn. 23; *Bugge* in Kirchhof/Söhn/Mellinghoff, EStG, § 7g Rn. G 13; *Kulosa* in Schmidt, EStG, § 7g Rn. 13; *Meyer* in Herrmann/Heuer/Raupach, EStG KStG, § 7g EStG Rn. 100; BMF, Schreiben betreffend steuerliche Gewinnermittlung; Zweifelsfragen zu den Investitionsabzugsbeträgen nach § 7g Abs. 1 bis 4 und 7 EStG in der Fassung des Steueränderungsgesetzes 2015 vom 2. November 2015 vom 20.03.2001, BStBl. I 2017, S. 1834 (Tz. 4); wohl ebenso *Pfirrmann* in Kirchhof, EStG, § 7g Rn. 51.

271 Ausdrückliche Aussagen hierzu scheinen weder in der Rechtsprechung noch in der Literatur ersichtlich.

272 So wohl *Hennrichs* in Tipke/Lang, § 10 Rn. 101.

273 Ferner sind auch außerhalb des Anwendungsbereiches des § 7a Abs. 7 S. 2 EStG Bilanzierungs- und Bewertungswahlrechte bilanziell einheitlich vorzunehmen; siehe lediglich BFH, Urteil vom 07.08.1986 – IV R 137/83, BStBl. II 1986, S. 910 (913); *Bode* in Blümich, EStG, KStG, GewStG, § 15 EStG Rn. 445; *Wacker* in Schmidt, EStG, § 15 Rn. 410. Auch wenn nicht die Gesellschaft diese Entscheidungen trifft, sondern

79 Kurzum: Das Gesetz weist in Teilbereichen einer Gesellschaft oder Gemeinschaft selbst ausdrücklich Rechte und Pflichten zu. Bei den zugewiesenen Rechten und Pflichten handelt es sich um solche materiell-rechtlicher Art. Sie beeinflussen die Höhe der den Beteiligten zuzurechnenden und von diesen zu versteuernden Einkünfte. Wollte man dem Rückschluss von verfahrensrechtlichen Rechten und Pflichten auf eine materiell-rechtliche Rechtsfähigkeit (hierzu oben Rdnr. 77) noch skeptisch gegenüberstehen, so ist der Befund nunmehr eindeutiger. Die Zuweisung von materiell-rechtlichen Rechten und Pflichten bedingt zwingend eine materielle Steuerrechtsfähigkeit. Hierdurch wird die Grundaussage der §§ 1, 2 Abs. 1 EStG zur Steuerpflicht der natürlichen Person nicht beseitigt. Es wird aber deutlich, dass Steuerrechtsfähigkeit nicht mit Steuerschuldnerschaft gleichzusetzen ist oder diese zwingend voraussetzt.

d) Einkommensteuerliche Rechtsfähigkeit aufgrund Verwirklichung des Einkünftetatbestandes durch die Unternehmung

80 Richtiger Weise ist die materielle Steuerrechtsfähigkeit einer Personengesellschaft im Einkommensteuerrecht nicht infrage zu stellen. Maßgeblich hierfür ist die Verwirklichung des Einkünftetatbestandes durch die Gesellschaft selbst. Diese Tatbestandsverwirklichung lässt sich bereits weit überwiegend mit einer Anknüpfung an das Zivilrecht begründen, folgt andererseits aber bereits aus dem ertragsteuerlichen Normgefüge. Ein Gebilde, das einen Einkommensteuertatbestand erfüllt, muss im Einkommensteuerrecht sodann auch als Subjekt wahrgenommen werden.[274]

81 Hierbei ist wiederum zwischen Steuerschuldnerschaft und Tatbestandsverwirklichung zu unterscheiden. Die Personengesellschaft ist nicht Steuersubjekt, §§ 1, 2 Abs. 1 S. 1 EStG. Dies schließt jedoch nicht aus, dass die Gesellschaft einen Einkünftetatbestand verwirklicht. Tatbestandserfüllung und Steuerschuldnerschaft fallen zwar weit überwiegend, nicht jedoch automatisch zusammen. Steuertatbestände müssen nicht höchstpersönlich verwirklicht werden.[275] Die mögliche Inkongruenz zwischen Tatbestandserfüllung und Steuerschuldnerschaft ist bereits in der Abgabenordnung angelegt. So mögen zwar §§ 3 Abs. 1, 38 AO grundsätzlich davon

---

die Gesellschafter einheitlich oder mehrheitlich, so wirkt diese Entscheidung doch faktisch wie eine Entscheidung der Gesellschaft.

274 *Sparrer*, S. 72, beschreibt die Personengesellschaften insoweit *„als Adressat der Rechtsgrundvoraussetzungen"*.

275 Dies belegt bereits die körperschaftsteuerliche Organschaft, § 14 KStG, sowie die grundsätzlich mögliche Zurechnung der Handlungen Dritter; hierzu *Ratschow* in Blümich, EStG, KStG, GewStG, § 1 EStG Rn. 81; *Sparrer*, S. 55. Auch die Annahme einer mittelbaren Tatherrschaft (hierzu bspw. BFH, Urteil vom 15.03.2005 – X R 39/03, BStBl. II 2005, S. 817 (822)) oder die Zurechnung aufgrund § 42 AO (hierzu bspw. BFH, Urteil vom 06.08.1998 – III R 227/94, BFH/NV 1999, S. 302 (304)) legen die Unterscheidung zwischen Tatbestandsverwirklichung und Steuerschuldnerschaft nahe.

ausgehen, dass diejenigen, die den Tatbestand erfüllen, zugleich Steuerschuldner nach § 33 AO sind. Allerdings schreibt § 43 S. 1 AO explizit die Bestimmung der Steuerschuldnerschaft in den einzelnen Steuergesetzen vor. Dieser Bestimmung bedürfte es nicht, wenn der tatbestandlich Handelnde stets Steuerschuldner wäre. Etwas anderes folgt auch nicht aus § 2 Abs. 1 S. 1 EStG, der von den Einkünften spricht, die der Steuerpflichtige erzielt.[276] Hiermit wird nicht die Steuerpflicht an die Tatbestandsverwirklichung gekoppelt, sondern der Kreis der steuerpflichtigen Einkünfte festgelegt.[277] Der Wendung *„Einkünfte ... erzielt"* kann nicht die Bedeutung einer definitiven personalen Verknüpfung von Einkünftetatbestandserfüllung und Steuerschuldnerschaft entnommen werden, wenn das Gesetz selbst an nicht wenigen Stellen von dem *„Beziehen"* von Einkünften (und auch Einnahmen[278]) spricht.[279] Wenn das Gesetz *„erzielen"* und *„beziehen"* indessen synonym verwendet

---

276 So auch *Hüttemann* in GS Knobbe-Keuk, S. 39 (43 f.)

277 BFH, Beschluss vom 25.02.1991 – GrS 7/89, BStBl. II 1991, S. 691 (700); *Stehr*, S. 30. Was zu diesen Einkünften gehört, lässt sich § 2 Abs. 1 S. 1 EStG allein nicht entnehmen. Hierzu verweist § 2 Abs. 1, 2 EStG auf die Einkünftetatbestände, insbesondere auch auf § 15 EStG. Nach diesem gehören zu den Einkünften aus Gewerbebetrieb auch Einkünfte, deren Tatbestand nicht von dem Steuerpflichtigen selbst erfüllt wird (hierzu Rdnr. 87 f.).

278 Zur teilweise fehlenden terminologischen Differenzierung zwischen Einnahmen und Einkünften im EStG siehe *Ratschow* in Blümich, EStG, KStG, GewStG, § 2 EStG Rn. 51.

279 Wenn auch ohne Anspruch auf Vollständigkeit: § 2a Abs. 2 S. 2 EStG (*„bezogenen Einkünften"*), § 3 Nr. 10 S. 3 EStG (*„bezogenen Einnahmen"*), § 3 Nr. 41 EStG (Gewinne, die *„bezogen werden"*), § 3 Nr. 64 EStG (*„Arbeitslohn ... beziehen"*), § 4a Abs. 2 Nr. 2 EStG (Gewinn, der *„bezogen"* wird); § 11 Abs. 1 S. 1, 2 EStG (*„Einnahmen sind ... bezogen"*, *„Einnahmen ... gelten als ... bezogen"*), § 15 Abs. 1 S. 1 Nr. 2 S. 1 und Nr. 3 EStG (jeweils *„Vergütungen ... bezogen"*), § 15 Abs. 1 S. 2 EStG (*„nachträgliche Einkünfte ... bezogen"*), § 15 Abs. 3 Nr. 1 EStG (*„Einkünfte ... bezieht"*), § 15 Abs. 4 S. 7 EStG (*„Gewinne ... bezieht"*), § 20 Abs. 1 Nr. 1 S. 4 EStG (*„Einnahmen ... bezogen"*), § 24a S. 3 EStG (*„Einkommen bezogen"*), § 25 Abs. 1 EStG (*„Einkommen ... bezogen"*), § 26a Abs. 1 S. 1 (*„bezogenen Einkünfte"*), im Gegensatz hierzu § 26b EStG (*„Einkünften, die die Ehegatten erzielt haben"*), § 32a Abs. 6 S. 1 Nr. 2 EStG (*„Einkommen bezogen"*), § 32b Abs. 1 S. 1 Nr. 2 bis 5 EStG (jeweils *„Einkünfte .... bezogen"*), § 32b Abs. 1a EStG (*„bezogene ... Einkünfte"*, *„Einkünfte ... bezogen"*), § 32d Abs. 5 S. 3 EStG (*„bezogenen Kapitalerträge"*), § 34 Abs. 1 S. 1 EStG (*„bezogenen ... Einkünfte"*), § 34c Abs. 1 S. 5 EStG (*„bezogenen Einkünfte"*), § 38a Abs. 1 S. 2, 3 EStG (jeweils *„Arbeitslohn ... bezogen"*), § 38b Abs. 1 Nr. 3 a) aa), Nr. 4, 5 EStG (jeweils *„Arbeitslohn bezieht"* beziehungsweise *„beziehen"*), § 39 Abs. 2 S. 4 EStG (*„Arbeitslohn ... beziehen"*), § 39e Abs. 5a S. 2 EStG (*„Arbeitslohn bezieht"*), § 40a Abs. 4 Nr. 2 EStG (*„Arbeitslohn beziehen"*), § 41b Abs. 6 EStG (*„Arbeitslohn bezogen"*), § 41c Abs. 4 S. 1 Nr. 1 EStG (*„Arbeitslohn ... bezieht"*), § 42b Abs. 1 S. 3 Nr. 6 EStG (*„Einkünfte ... bezogen"*), § 46 Abs. 2 Nr. 2, 3a EStG (jeweils *„Arbeitslohn bezogen"*), § 46 Abs. 2 Nr. 4a S. 2 EStG (*„Einkünfte ... bezogen"*), § 49 Abs. 1 Nr. 4 c), d) EStG (jeweils *„Einkünfte ... bezogen"*),

und ein *„beziehen"* sprachlich weiter verstanden werden kann, so erschließt sich nicht, warum dem engeren Begriffsverständnis des Erzielens im Sinne eines *„selbst Erzielens"* zu folgen wäre. In die gleiche Richtung weist auch die vorherrschende Sichtweise zur Gewerbesteuer. Wie gezeigt geht insbesondere der BFH davon aus, dass die Mitunternehmer als Unternehmer des Betriebes anzusehen sind, nicht die Mitunternehmerschaft, und die Mitunternehmer eigene Einkünfte erzielen.[280] An diese knüpft die Gewerbesteuer grundsätzlich an. § 5 Abs. 1 S. 3 GewStG sieht indessen eindeutig die Personengesellschaft als gewerbesteuerpflichtig an.

82 Einer Trennung von Steuerschuldnerschaft und Realisierung des Einkünftetatbestandes steht auch aus methodischer Sicht nicht entgegen, dass der übergreifende Einkommensteuertatbestand[281] ausschließlich von einer natürlichen Person verwirklicht werden kann. Auch diejenigen, welche maßgeblich auf diesen Einkommensteuertatbestand abstellen, stellen nicht in Abrede, dass das Einkommensteuergesetz aus einer Vielzahl von Rechtssätzen, insbesondere den Rechtssätzen der Einkünftetatbestände, besteht.[282] Das Einkommensteuergesetz stellt sich somit als differenziertes Rechtssatzgefüge dar,[283] mittels dessen eine Vielzahl positiver und negativer Voraussetzungen für eine Steuerzahlungspflicht ermittelt wird. Dessen Rechtsfolgen müssen nicht, wie im Rahmen der sogenannten Imperativentheorie angenommen, stets auf die Begründung von Rechten und Pflichten gerichtet sein.[284] Vielmehr genügt das Vorliegen einer Geltungsanordnung[285] im Sinne von Bestimmungssätzen[286]. Während sich der Imperativ an Personen wendet, enthält eine Bestimmung nicht notwendiger Weise ein personales Rechte- oder Pflichtenelement sondern zielt auf eine normative Geltung ab, indem etwas *„als seinsollend gesetzt"* wird.[287] Dass einzelnen Regelungen hierbei lediglich eine Mittlerfunktion zukommt, nimmt ihnen nicht die Eigenständigkeit als Rechtssatz.[288] Hiermit geht es dann aber auch einher, dass im Rahmen des Vollzuges der unterschiedlichen Rechtssätze, beispielsweise der Einkünftetatbestände, ein Subjekt angesprochen werden kann, welches nicht mit dem Steuerpflichtsubjekt identisch ist.[289]

---

§ 50d Abs. 1 S. 9 EStG (*„Kapitalerträge oder Vergütungen bezogen"*), § 50d Abs. 9 S. 1 Nr. 2 EStG (*„Einkünfte ... bezogen"*).

280 BFH, Beschluss vom 03.05.1993 – GrS 3/92, BStBl. II 1993, S. 616 (622 ff.); BFH, Urteil vom 03.02.2010 – IV R 26/07, BStBl. II 2010, S. 751 (756).

281 Siehe zu diesem *Schell*, S. 27 ff.

282 Exemplarisch *Pinkernell*, S. 76.

283 Grundlegend hierzu *Vogel*, StuW 1977, S. 97 (97 ff.).

284 Hierzu *Engisch*, S. 54 ff.; *Larenz/Canaris*, S. 71 ff.

285 So *Larenz/Canaris*, S. 74 ff.

286 Diesen Begriff prägt *Reinach*, S. 170 ff.

287 *Reinach*, S. 174; *Larenz/Canaris*, S. 77.

288 *A. Schmidt*, S. 41; *Engel*, Vermögensverwaltende Personengesellschaft und ertragsteuerliche Selbständigkeit, S. 32; *Heyll*, S. 234 f.

289 Ebenso *A. Schmidt*, S. 41 f.; *Engel*, Vermögensverwaltende Personengesellschaft und ertragsteuerliche Selbständigkeit, S. 33; *Heyll*, S. 234 f.; *Sparrer*, S. 72, beschreibt die Personengesellschaften insoweit *„als Adressat der Rechtsgrundvoraussetzungen"*.

Einkommensteuertatbestand im Sinne eines umfassenden Einkünfte„*erzielungs*"- oder Einkünfte„*beziehungs*"tatbestandes und die einzelnen Einkünftetatbestände sind daher zu trennen. Eben diese Überlegung liegt auch der Formulierung des BFH zugrunde, „*[e]ine Personengesellschaft ist ... für die Einkommensteuer oder Körperschaftsteuer insoweit Steuerrechtssubjekt, als sie in der Einheit ihrer Gesellschafter Merkmale eines Besteuerungstatbestands [Anm.: des umfassenden Einkommensteuertatbestandes] verwirklicht, welche den Gesellschaftern für deren Besteuerung zuzurechnen sind. Solche Merkmale sind insbesondere die Verwirklichung oder Nichtverwirklichung des Tatbestands einer bestimmten Einkunftsart [Anm.: des Einkünftetatbestandes] und das Erzielen von Gewinn oder Überschuß im Rahmen dieser Einkunftsart.*"[290] Im Sinne vereinfachender Diktion wird im Rahmen dieser Arbeit mit dem „*Erzielen von Einkünften*" oder mit „*Tatbestandserfüllung*" durch die Unternehmung die Realisation des Einkünftetatbestandes, nicht des Einkommensteuertatbestandes, welcher auch die Steuerschuldnerschaft umfasst, umschrieben. 83

(1) Zivilrechtliche Anknüpfung

Aufgrund zivilrechtlicher Rechtsfähigkeit können Personengesellschaften selbst am Marktgeschehen teilnehmen, Verträge schließen und daher verpflichtet und berechtigt werden. Wenn nun eine natürliche Person mit eben diesen Handlungen einen Tatbestand des Ertragsteuerrechts erfüllt, so sollte dies auch für eine Personengesellschaft Geltung beanspruchen. Die fortschreitende Anerkennung der zivilrechtlichen Rechtsfähigkeit sollte daher auch im Steuerrecht fortgelten. Dies gilt auch unter der Prämisse, dass Steuer- und Zivilrecht grundsätzlich nebeneinander stehende, gleichrangige Rechtsgebiete sind.[291] Die Eigenständigkeit des Steuerrechts in Verbindung mit der dort grundsätzlich geltenden wirtschaftlichen Betrachtungsweise bedingen zwar, dass eine zum Zivilrecht abweichende Betrachtung unter Wertungsgesichtspunkten und Ausrichtung am jeweiligen Steuertatbestand möglich ist. Aber auch wenn das Zivilrecht keinen Vorrang in Bezug auf die Deutungshoheit genießt, so besteht im Ergebnis doch eine Vorgreiflichkeit beziehungsweise Vorherigkeit[292]. Mit anderen Worten sind die zivilrechtlichen Wertungen als Präjudiz zu verstehen, von denen im Steuerrecht zwar abgewichen werden kann, allerdings lediglich wenn und soweit eine sachliche Rechtfertigung hierfür existiert.[293] Eine solche ist indessen vor dem Hintergrund, dass sich die 84

290 BFH, Beschluss vom 25.06.1984 – GrS 4/82, BStBl. II 1984, S. 751 (761, 762).

291 Hierzu BVerfG, Beschluss vom 27.12.1991 – 2 BvR 72/90, BStBl. II 1992, S. 212 (213); siehe auch *Kraft*, DStR 1995, S. 921 (923); *Sparrer*, S. 43; *Schön*, StuW 2005, S. 247 (248 f.).

292 So BVerfG, Beschluss vom 27.12.1991 – 2 BvR 72/90, BStBl. II 1992, S. 212 (213).

293 So im Ergebnis auch *Hallerbach*, S. 80; *Pinkernell*, S. 107; welche sich jeweils m.w.N. aus Rspr. und Lit. eingehender mit dem Einfluss des Zivilrechts auf das Steuerrecht befassen; *Heyll*, S. 281 ff.; *C. Müller*, S. 55; weitergehend *Crezelius*, Steuerliche Rechtsanwendung, S. 178 ff., 191 ff., 331 ff., 358 ff., Orientierung an der

Verwirklichung der Einkünftetatbestände durch die Personengesellschaft selbst auch aus dem Einkommensteuerrecht ableiten lässt (hierzu Rdnr. 87 ff.), nicht ersichtlich. Zudem sollte nicht verkannt werden, dass die Bilanzbündeltheorie gerade aufgrund fehlender Kongruenz zu dem sich fortentwickelnden gesellschaftsrechtlichen Verständnis aufgegeben wurde (hierzu Rdnr. 19 ff.). Pflichtet man dieser Abkehr, wie allgemein hin auch die Vertreter der rechtssubjektivitätsverneinenden Ansicht, zutreffender Weise bei, erscheint eine Abwendung von den zivilrechtlichen Wertungen für Fragen der Rechtssubjektivität zumindest äußerst fraglich.[294]

85 Insofern trägt bereits eine Anknüpfung an die zivilrechtlichen Vorgaben die materielle Steuersubjektivität von Personengesellschaften.[295] Die Vorstellung, die Gesellschafter würden entgegen den zivilrechtlichen Wertungen selbst am Markt tätig und somit selbst statt der Gesellschaft originär eigene Einkünfte erzielen, wäre eine *„letztlich rein fiktive"*[296] Annahme *„wider der Realität"*[297]. Die Annahme, welche insbesondere im Beschluss zum gewerbesteuerlichen Verlustabzug des Großen Senates zum Ausdruck kommt (hierzu auch Rdnr. 66),[298] aus einer gemeinschaftlichen Tatbestandsverwirklichung folge die Tatbestandsverwirklichung eines jeden Einzelnen und somit dessen Unternehmerstellung überzeugt bereits im Ansatz nicht. Auch handelsrechtlich macht der kaufmännische Charakter einer

---

Terminologie des Zivilrechts, da dem Steuerrecht keine eigene Teleologie zugrunde liegt bzw. Steuerrecht als reines Annexrecht. Nach *Schön*, StuW 2005, S. 247 (252 ff.), bedingt das Verfassungsgebot der Folgerichtigkeit, dass Steuer- und Zivilrecht aufeinander abzustimmen sind, ohne jedoch vorzugeben, auf welcher Seite dies zu erfolgen hat.

294 *Kraft*, DStR 1995, S. 921 (923), attestiert entsprechenden Überlegungen eine *„gewisse Inkonsistenz in der Gedankenführung"*.

295 *Heyll*, S. 291 ff.; *Schön*, StuW 1996, S. 275 (282); *Herrmann*, DStZ 1998, S. 87 (88); *Ruppel*, DStZ 1982, S. 465 (466 ff.); *Hennrichs* in Tipke/Lang, § 10 Rn. 14; *Krüger*, FR 2016, S. 1031 (1035); nach *Hüttemann* in GS Knobbe-Keuk, S. 39 (43), ist eine Negation der Gesellschaft *„– jedenfalls auf dem Boden der neueren zivilrechtlichen Gesamthandslehre – nur schwer nachvollziehbar"*; *Sparrer*, S. 72, mittelbare Anknüpfung; *Rau*, S. 128 ff., 211 ff., begründet dies auch anhand des Leistungsfähigkeitsprinzips; a.A. *Bodden*, S. 37 ff. Anknüpfend an die zivilrechtlichen Grundentscheidungen und in Verbindung mit dem steuerlichen Leistungsfähigkeitsprinzip stellt *Hennrichs*, FR 2010, S. 721 (723 ff.), StuW 2002, S. 201 (204 ff.), die Berechtigung des geltenden Dualismus der Unternehmensbesteuerung generell in Frage und plädiert für eine Einbeziehung der Personengesellschaften in die (in gewissen Punkten zu modifizierende) Körperschaftsteuer.

296 *Hüttemann* in GS Knobbe-Keuk, S. 39 (45); ebenso *Hennrichs* in Tipke/Lang, § 10 Rn. 14.

297 *Engel*, Vermögensverwaltende Personengesellschaft und ertragsteuerliche Selbständigkeit, S. 36.

298 BFH, Beschluss vom 03.05.1993 – GrS 3/92, BStBl. II 1993, S. 616 (621).

OHG oder KG nicht den einzelnen Gesellschafter zum Kaufmann.[299] Auch an anderen Stellen werden die zivilrechtlichen Vorgaben nicht negiert. Beispielsweise verneint der Große Senat des BFH vollkommen zu Recht die Körperschaftsteuerpflicht einer GmbH & Co. KG, denn die *„verfassungskonforme Auslegung des § 1 Abs. 1 Nr. 1 KStG gebietet es, diese [Anm.: zuvor dargestellte] Ordnungsstruktur des Zivilrechts durchgehend zu wahren“*.[300] Eine Anknüpfung an die zivilrechtlichen Vorgaben ist einerseits einkunftsartunabhängig, scheitert indessen dann, wenn es an einem zivilrechtlichen Fundament der Rechtsfähigkeit fehlt (hierzu Rdnr. 95 ff.).

(2) Ertragsteuerliche Interpretation

Allerdings lässt sich die Verwirklichung der Einkünftetatbestände durch die Personengesellschaft selbst aus einer ertragsteuerlichen Interpretation ableiten. **86** Außerhalb von Einkommen- und Körperschaftsteuergesetz lässt sich die Einkünfteerzielung der Personengesellschaft anhand von § 1 Abs. 1 S. 2 AStG (Satz 1 spricht von *„Einkünfte eines Steuerpflichtigen“*, Satz 2 bestimmt als Steuerpflichtigen *„auch eine Personengesellschaft oder eine Mitunternehmerschaft“*) belegen.[301] § 97 Abs. 1 S. 1 Nr. 5 BewG ordnet an, dass Sonderbetriebsvermögen der Gesellschafter dem alleinigen Gewerbebetrieb der Gesellschaft zuzuordnen ist. Diese Zuordnung wäre unnötig, wenn die Gesellschafter jeweils einen eigenen Gewerbebetrieb unterhalten würden.[302]

(a) Im Rahmen der Gewinneinkünfte

Für gewerbliche Einkünfte geht § 15 Abs. 1 S. 1 Nr. 2 S. 1 Hs. 1 EStG konkretisierend von der Einkünfteerzielung durch die Gesellschaft aus, denn mit der **87** Formulierung *„Gewinnanteile“* wird klargestellt, dass es ich um einen Anteil an dem von der Gesellschaft erzielten Gewinn handelt.[303] Es wird daher zwischen Einkünfteerzielung und Steuerschuldnerschaft nach Zurechnung dieser Einkünfte unterschieden.[304] Dies beansprucht über die Verweisungen in § 13 Abs. 7 EStG für Einkünfte aus Land- und Forstwirtschaft und in § 18 Abs. 4 S. 2 EStG für

---

299 So instruktiv *Schön*, StuW 1996, S. 275 (283); ähnlich *Hüttemann* in GS Knobbe-Keuk, S. 39 (44). Zur handelsrechtlichen Fragestellung siehe *K. Schmidt* in MünchKomm HGB, § 1 Rn. 67.

300 BFH, Beschluss vom 25.06.1984 – GrS 4/82, BStBl. II 1984, S. 751 (758); hierzu auch *Crezelius*, Steuerrecht II, § 5 Rn. 4.

301 So auch *Wacker* in Schmidt, EStG, § 15 Rn. 163.

302 Ebenso *Desens/Blischke* in Kirchhof/Söhn/Mellinghoff, EStG, § 15 Rdnr. C 25.

303 *Knobbe-Keuk*, S. 365; *Rätke* in Herrmann/Heuer/Raupach, EStG KStG, § 15 EStG Rn. 92.

304 Konkret: Die Gesellschaft verwirklicht den Tatbestand des § 15 Abs. 1 S. 1 Nr. 1 EStG, ist aber nicht steuerpflichtig. Die Gesellschafter verwirklichen die Zurechnungsnorm des § 15 Abs. 1 S. 1 Nr. 2 S. 1 EStG. So auch *Kraus*, S. 56.

selbständige Tätigkeiten[305] Geltung für den gesamten Bereich der Gewinneinkünfte, § 2 Abs. 2 S. 1 Nr. 1 EStG.

88 Verdeutlicht wird dies auch durch die Verwendung der Begrifflichkeiten des *„Betriebs"* beziehungsweise des *„Betriebs der Gesellschaft"* in § 15 Abs. 1 S. 1 Nr. 2 S. 1 und 2 EStG, da Betrieb lediglich die Kurzform von Gewerbebetrieb ist und dieser die Erfüllung der Voraussetzungen des § 15 Abs. 2 EStG verlangt, somit insbesondere eine selbständige nachhaltige Betätigung der Gesellschaft, da nur so ein (Gewerbe-)Betrieb der Gesellschaft vorliegen kann.[306] Dieses Verständnis wird von § 15a EStG weitergehend verstärkt, welcher für Kommanditisten eine Begrenzung der Ausgleichsfähigkeit von Verlustanteilen regelt und hierbei wörtlich auf den *„Anteil am Verlust der Kommanditgesellschaft"* abstellt, § 15a Abs. 1 S. 1 EStG. Auch die Abfärbewirkung nach § 15 Abs. 3 Nr. 1 EStG tritt nach dem Gesetzeswortlaut unter anderem ein, wenn *„die Gesellschaft eine Tätigkeit nach Absatz 1 Nummer 1"* ausübt, geht also von der Tätigkeit der Gesellschaft aus. Nach § 15 Abs. 3 Nr. 2 EStG kann es zu einer gewerblichen Prägung kommen bei *„einer Personengesellschaft, die keine Tätigkeit im Sinne des Absatzes 1 Nummer 1"* ausübt.[307] Ebenso wie § 15 Abs. 3 EStG gehen auch die Zinsschrankenregelung nach § 4h EStG[308] sowie die Thesaurierungsbegünstigung nach § 34a EStG[309] davon aus, dass die Gesellschaft den Betrieb führt. In § 15 Abs. 4 S. 7 EStG findet sich eine Anknüpfung an *„die Gewinne, die der Gesellschafter oder Beteiligte ... aus derselben stillen Gesellschaft, Unterbeteiligung oder sonstigen Innengesellschaft bezieht"*, nicht an die Gewinne, die er selbst höchstpersönlich erzielt. § 50i Abs. 1 S. 2 EStG nimmt

---

305 Dies bezweifelt *Pinkernell*, S. 50. Da die Gesellschaft nicht die Voraussetzungen der jeweiligen Berufsqualifikation aufweise, belege der Verweis auf § 15 EStG, dass originär die Gesellschafter Einkünfte erzielen. Richtig ist, dass die persönliche Arbeitsleistung eines Berufsträgers unverzichtbares Tatbestandsmerkmal ist. Warum hierdurch sowie durch die Mithilfe fachlich vorgebildeter Arbeitskräfte durch die Erbringung einer Leistung aber nicht der Tatbestand für die Gesellschaft und somit von der Gesellschaft erfüllt werden kann, wie es in der Regel auch den vertraglichen Abreden entspricht, welche beispielsweise bei Anwaltssozietäten mit der Sozietät und nicht mit allen Berufsträgern bestehen, erschließt sich nicht. Die Tatbestandsverwirklichung muss nicht höchstpersönlich erfolgen.

306 *Schneider*, S. 32, generell zur Bestätigung der Verselbständigung der Gesellschaft durch den Gesetzgeber S. 30 ff.; a.A. *Bodden*, S. 45.

307 Ebenso *Rätke* in Herrmann/Heuer/Raupach, EStG KStG, § 15 EStG Rn. 92.

308 So spricht insbesondere § 4h Abs. 2 S. 1 c) S. 7 EStG vom *„Betrieb der Mitunternehmerschaft"* und ordnet lediglich für die Anwendung der Escape-Klausel das Sonderbetriebsvermögen diesem Betrieb zu. § 4h Abs. 5 S. 2 EStG sieht den anteiligen Untergang von EBITDA-Vorträgen vor, soweit ein Mitunternehmer aus der Mitunternehmerschaft ausscheidet. Diese Regelung wäre mit einer gesellschafterbezogenen Betrachtungsweise kaum zu vereinbaren; so ebenfalls *Schenke* in Kirchhof/Söhn/Mellinghoff, EStG, § 4h Rn. B 139.

309 Hierzu *Stehr*, S. 32.

Bezug auf *„eine Personengesellschaft, die bisher auch eine Tätigkeit im Sinne des § 15 Absatz 1 Satz 1 Nummer 1 ausgeübt hat oder gewerbliche Einkünfte im Sinne des § 15 Absatz 1 Satz 1 Nummer 2 bezogen hat"*. Einer somit belegbaren Erzielung der Einkünfte durch die Gesellschaft steht es nicht entgegen, wenn einzelne Vorschriften nicht gesellschafts- sondern gesellschafterbezogen interpretiert werden.[310] Anhaltspunkte für die Tatbestandsverwirklichung durch die Gesellschaft selbst lassen sich auch dem Körperschaftsteuergesetz entnehmen. So setzt § 14 Abs. 1 Nr. 2 S. 2 KStG dem Wortlaut nach für die Organträgereigenschaft einer Personengesellschaft voraus, dass *„sie"*, somit die Personengesellschaft, Einkünfte nach § 15 EStG erzielt. Auch § 5 Abs. 1 S. 3 GewStG spricht davon, dass *„die Tätigkeit einer Personengesellschaft Gewerbebetrieb"* ist. Auch der letztendlich nicht anwendbare § 3 Abs. 1 KStG spricht unter anderem von dem Einkommen von nichtrechtsfähigen Personenvereinigungen und deren Steuerpflicht, wenn *„ihr Einkommen"* nicht unmittelbar bei einem anderen Steuerpflichtigen zu versteuern ist.[311] Zudem lassen sich Anhaltspunkte für eine gesetzliche Anerkennung der Vermögensphäre der Gesellschaft im Einkommensteuerrecht erkennen,[312] was letztendlich auch

---

310 So auch *Stehr*, S. 33, mit Verweis auf §§ 6b, 7h Abs. 1, 4 Abs. 4a EStG.

311 Strittig (auch in der Rspr.) ist insoweit, ob § 3 Abs. 1 KStG als Auffangtatbestand neben §§ 1, 2 KStG steuerpflichtbegründende Wirkung hätte, oder ob es sich um eine die §§ 1,2 KStG ergänzende und somit begrenzende Subsidiaritätsregel handelt; hierzu *Martini*, DStR 2012, S. 388 (389 ff.); *Rengers* in Blümich, EStG, KStG, GewStG, § 3 KStG Rn. 20; jeweils m.w.N.

312 So belegt die zwischenzeitliche Geltung des § 6 Abs. 5 S. 3 EStG in der Fassung des Steuerentlastungsgesetzes 1999/2000/2002 (BGBl. I 1999, S. 402 (405)) zumindest die Annahme der Trennung der Vermögensmassen von Gesellschaft und Gesellschaftern. Vor Einführung dieser Norm wurde die buchwertneutrale Übertragung von Wirtschaftsgütern zwischen Sonderbetriebsvermögen und Gesamthandsvermögen von der Rechtsprechung (BFH, Urteil vom 15.07.1976 – I R 17/74, BStBl. II 1976, S. 748 (749 f.)) und Finanzverwaltung (Mitunternehmererlass, BStBl. I 1978, S. 8 Tz. 24 ff., 56 ff.) zugelassen. Der Buchwertansatz wurde damit gerechtfertigt, dass diese Wirtschaftsgüter lediglich von einem Betrieb des Steuerpflichtigen in einen anderen Betrieb desselben Steuerpflichtigen verbracht würden (BFH, Urteil vom 15.07.1976 – I R 17/74, BStBl. II 1976, S. 748 (749)). Dieser Sichtweise, welche von einer betrieblichen Tätigkeit des Gesellschafters innerhalb der Gesellschaft und somit von einer Einkünfteerzielung durch den Gesellschafter ausgeht, stellte sich der Gesetzgeber mit § 6 Abs. 5 S. 3 EStG in der Fassung des Steuerentlastungsgesetzes 1999/2000/2002 jedoch entgegen. Dieser lautete: *„Satz 1 [Anm.: gemeint ist die Buchwertfortführung] gilt nicht bei der Übertragung eines Wirtschaftsgutes aus einem Betriebsvermögen des Mitunternehmers in das Gesamthandsvermögen einer Mitunternehmerschaft und umgekehrt, bei der Übertragung eines Wirtschaftsguts aus dem Gesamthandsvermögen einer Mitunternehmerschaft in das Sonderbetriebsvermögen bei derselben Mitunterunternehmerschaft und umgekehrt sowie bei der Übertragung zwischen den jeweiligen Sonderbetriebsvermögen verschiedener Mitunternehmer derselben Mitunternehmerschaft; in diesen Fällen ist bei der Übertagung der Teilwert anzusetzen."* Wie sich in der Zusammenschau mit dem damaligen § 6 Abs. 5 S. 1,

dafür spricht, deren Selbständigkeit auch auf die Tatbestandsverwirklichung und somit Einkünfteerzielung zu erstrecken.

89 Hiervon abgesehen können die Vertreter einer subjektivitätsverneinenden Ansicht die mittlerweile gesetzlich anerkannte, wenn auch modifizierte, Behandlung doppel- oder mehrstöckiger Personengesellschaften nicht hinreichend erklären. Der Große Senat des BFH hat mit seinem Grundsatzbeschluss aus dem Jahre 1991 eindeutig festgelegt, dass bei doppelstöckigen Personengesellschaften ausschließlich die Obergesellschaft als Mitunternehmer der Untergesellschaft anzusehen ist, nicht deren Obergesellschafter (hierzu bereits Rdnr. 65).[313] Hierauf hat der Gesetzgeber zur Abmilderung der sich hieraus ergebenden Rechtsfolgen mit der Einführung des § 15 Abs. 1 S. 1 Nr. 2 S. 2 EStG reagiert.[314] Nach diesem steht der mittelbar über eine oder mehrere Personengesellschaften beteiligte Gesellschafter dem unmittelbar Beteiligten gleich und ist als Mitunternehmer des Betriebes der

---

2 EStG ergibt, war somit Rechtsträgeridentität für eine Buchwertfortführung maßgeblich, da diese bei Überführung zwischen mehreren (Sonder-)Betriebsvermögen desselben Steuerpflichtigen möglich war (in diesen Fällen sprach das Gesetz von *„Überführung“*, in Satz 3 indessen von *„Übertragung“*). Folglich wurde die Vermögensträgerschaft der Gesellschaft im steuerlichen Bereich anerkannt (*Schneider*, S. 32, generell zur Bestätigung der Verselbständigung der Gesellschaft durch den Gesetzgeber S. 30 ff.; *Pinkernell*, S. 111 f.). Dass diese Regelung relativ schnell wieder geändert wurde und Buchwertübertragungen zwischen Gesamthandsvermögen und Sonderbetriebsvermögen wieder möglich sind (§ 6 Abs. 5 S. 3 EStG, Steuersenkungsgesetz vom 23.10.2000, BGBl. I 2000, S. 1433 (1434)), ist dem Umstand geschuldet, dass der Teilwertansatz Umstrukturierungen im mittelständischen Bereich erschwert hatte (*Bodden*, S. 47; *Schneider*, S. 33 Fn. 173), führt nunmehr zu einer interpersonellen Verlagerung stiller Reserven (*Wehrheim/Nickel*, BB 2006, S. 1361 (1365)) und bestätigt daher den Grundsatz der Zurechnung des Gesamthandsvermögens zur Gesellschaft. Auch der § 6b Abs. 10 EStG in der Fassung des Steuerentlastungsgesetzes 1999/2000/2002, welcher die Gewinnrealisierung bei der Veräußerung von Gesamthandsvermögen lediglich durch Übertragung der stillen Reserven auf Gesamthandsvermögen verhinderte und auch für den Vorbesitzzeitraum entgegen der bisherigen Rechtsprechung (BFH, Urteil vom 10.07.1980 – IV R 136/77, BStBl. II 1981, S. 84 (88 ff.)) auf die Gesellschaft und nicht den Gesellschafter abstellte, deutet in die gleiche Richtung (ebenso *Schneider*, S. 34 f.; *Pinkernell*, S. 111 f.; a.A. *Bodden*, S. 46 ff., der dem Gesetzgeber insoweit keine dogmatischen Überlegungen unterstellen will. Hiermit mag er Recht haben. Dies hindert jedoch nicht, diese Normen als Rechtsfortschritt und als konform mit der Anerkennung einer gewissen Verselbständigung der Gesellschaft zu werten). Heute spricht § 6b Abs. 10 S. 10 EStG klar vom *„Gesamthandsvermögen von Personengesellschaften“*. Nach § 16 Abs. 3 S. 2 EStG ist auch im Rahmen der Realteilung eine Buchwertfortführung möglich. Einer gesetzlichen Regelung bedürfte es auch hier nicht, wenn nicht unterschiedliche Rechtsträgerschaften anerkannt würden.

313 BFH, Beschluss vom 25.02.1991 – GrS 7/89, BStBl. II 1991, S. 691 (699 ff.).

314 BGBl. I 1992, S. 297 (303).

Untergesellschaft anzusehen. Nach ganz herrschender und zutreffender Auffassung ist diese Norm entsprechend der Gesetzesbegründung[315] dahingehend teleologisch zu reduzieren, dass der Obergesellschafter hierdurch nicht umfassend zum Mitunternehmer der Untergesellschaft würde und generell in das Feststellungsverfahren der Untergesellschaft einzubeziehen wäre, sondern lediglich in Bezug auf Sondervergütungen und die Qualifikation von Sonderbetriebsvermögen bei der Untergesellschaft einem unmittelbaren Mitunternehmer gleichgestellt wird und einzubeziehen ist.[316] Eine abweichende Ansicht will den Obergesellschafter hingegen vollumfänglich als Mitunternehmer der Untergesellschaft ansehen.[317] Es existiert indessen ein klarer Gesetzeswortlaut. Dieser knüpft die Fiktion der Mitunternehmerstellung des Obergesellschafters daran, dass *„die Personengesellschaften, die seine Beteiligung vermitteln, jeweils als Mitunternehmer der Betriebe der Personengesellschaften anzusehen sind, an denen sie unmittelbar beteiligt sind*". Der Gesetzgeber hat somit einerseits die Mitunternehmerstellung der Obergesellschaft anerkannt und diese andererseits als Voraussetzung für den fingierten *„Sonder-Mitunternehmer*" festgeschrieben. Die ganz herrschende Auffassung geht daher davon aus, dass die Oberpersonengesellschaft Mitunternehmer der Untergesellschaft ist.[318] Soweit vertreten wird, dass die Oberpersonengesellschafter neben der Oberpersonengesellschaft vollumfänglich als Mitunternehmer der Untergesellschaft anzusehen und daher selbst Einkünfte aus der Unterpersonengesellschaft erzielten (*„Sowohl-als-auch-These*"),[319] erschließt sich nicht, worin dann die Mitunternehmerstellung der Oberpersonengesellschaft ihre Grundlage (Mitunternehmerrisiko, Mitunternehmerinitiative) finden sollte. Noch weniger überzeugt es, im Wege vollkommener Transparenz ausschließlich die Oberpersonengesellschafter als Mitunternehmer der Unterpersonengesellschaft anzusehen.[320] Zur Begründung

---

315 BT-Drs. 12/1108, S. 58 f. Maßgeblich waren insbesondere Bedenken, dass nach dem Beschluss des Großen Senates Vergütungen der Untergesellschaft an die Obergesellschafter nicht als Sondervergütungen zu qualifizieren seien und somit den gewerbesteuerlich relevanten Gewinn mindern.

316 Siehe lediglich BFH, Urteil vom 12.02.2014 – IV R 22/10, BStBl. II 2014, S. 621 (623); BFH, Urteil vom 03.02.2010 – IV R 59/07, BFH/NV 2010, S. 1492 (1494); BFH, Urteil vom 22.01.2009 – IV R 90/05, BFH/NV 2009, S. 843 (845); BFH, Urteil vom 06.09.2000 – IV R 69/99, BStBl. II 2001, S. 731 (733); *Rätke* in Herrmann/Heuer/Raupach, EStG KStG, § 15 EStG Rn. 106; *Bode* in Blümich, EStG, KStG, GewStG, § 15 EStG Rn. 538.

317 So beispielsweise *Bodden*, S. 94 ff.; *Bodden*, FR 2002, S. 559 (564); *Wacker* in Schmidt, EStG, § 15 Rn. 253; *Reiß* in Kirchhof, EStG, § 15 Rn. 347.

318 Exemplarisch BFH, Urteil vom 03.02.2010 – IV R 59/07, BFH/NV 2010, S. 1492 (1494); BFH, Urteil vom 06.09.2000 – IV R 69/99, BStBl. II 2001, S. 731 (733); *Rätke* in Herrmann/Heuer/Raupach, EStG KStG, § 15 EStG Rn. 106; *Bode* in Blümich, EStG, KStG, GewStG, § 15 EStG Rn. 538.

319 *Bodden*, S. 94 Fn. 41; *Bodden*, FR 2002, S. 559 (564); zur Rechtslage vor Einführung des § 15 Abs. 1 S. 1 Nr. 2 S. 2 EStG siehe *A. Schmidt*, S. 120 ff.

320 So aber *Reiß* in Kirchhof, EStG, § 15 Rn. 347; *Wacker* in Schmidt, EStG, § 15 Rn. 253.

der fiktiven Mitunternehmerstellung der Oberpersonengesellschafter müsste zunächst entsprechend dem Gesetzeswortlaut, sofern man diesen nicht vollkommen außer Acht lassen wollte, die Mitunternehmerstellung der Oberpersonengesellschaft angenommen, sodann aber gleichsam hinweginterpretiert werden, was der Mitunternehmerstellung der Obergesellschafter wiederum die Grundlage entzöge. Nimmt man das Gesetz ernst, ist die Personengesellschaft jedoch als solche Mitunternehmer. Einem Mitunternehmer werden nach zutreffender Ansicht Einkünfte zugerechnet, nach anderer Ansicht erzielt er diese originär selbst. Beides setzt indessen die Steuerrechtsfähigkeit einer als Mitunternehmer anzusehenden Gesellschaft voraus. Nach zweiter Ansicht käme man zudem zu einem recht abstrusen Ergebnis. Eine Oberpersonengesellschaft wäre bei genereller Ablehnung ihrer Steuerrechtsfähigkeit zwar aufgrund der gesetzlichen Normierung Mitunternehmer, somit Träger des Betriebes der Untergesellschaft und erzielte hierdurch originär eigene Einkünfte. Sie wäre indessen weder Träger ihres eigenen Betriebes, noch erzielte sie insoweit eigene Einkünfte.

90 In einer Gesamtschau ist daher festzuhalten, dass die Tatbestandsverwirklichung durch die Gesellschaft selbst und damit die hierauf aufbauende Steuersubjektivität aus der gesetzlichen Ausgestaltung einzelner Normen im Rahmen der Gewinneinkünfte zu schließen ist. Lediglich soweit für Rechtsbeziehungen zwischen der Unternehmung und den Beteiligten eine Umqualifizierung der Einkünfte erfolgt, somit Sondervergütungen nach § 15 Abs. 1 S. 1 Nr. 2 letzter Hs. EStG betroffen sind, ist von einer eigenen Einkünfteerzielung der Beteiligten auszugehen.

(b) Übertragbarkeit auf Überschusseinkünfte

91 Auch im Rahmen der Überschusseinkünfte ist die Steuerrechtsfähigkeit von Personengesellschaften anzuerkennen. Auch bei den Überschusseinkünften ist die Gesellschaft Subjekt der Einkünfteerzielung und Einkünfteermittlung.[321] Freilich können insoweit nicht die auf die Gewinnermittlung bezogenen Normen argumentativ nutzbar gemacht werden. Insbesondere kann somit § 15 Abs. 1 S. 1 Nr. 2 S. 1 Hs. 1 EStG nicht herangezogen werden. Aus dem Fehlen einer solchen ausdrücklichen einkommensteuerrechtlichen Zurechnungsregelung ergibt sich jedoch keine abweichende Beurteilung.[322] Es würde sich schon nicht erschließen, warum bei

---

321 BFH, Beschluss vom 25.06.1984 – GrS 4/82, BStBl. II 1984, S. 751 (761 f.); BFH, Beschluss vom 11.04.2005 – GrS 2/02, BStBl. II 2005, S. 679 (681); BFH, Urteil vom 18.05.2004 – IX R 83/00, BStBl. II 2004, S. 898 (899); *Hüttemann* in GS Knobbe-Keuk, S. 39 (58 f.); *Engel*, Vermögensverwaltende Personengesellschaft und ertragsteuerliche Selbständigkeit, S. 40; *Heyll*, S. 282.

322 Ebenso BFH, Beschluss vom 05.05.1981 – VIII B 26/80, BStBl. II 1981, S. 751 (761 f.), *„Zu den Einkünften der Gesellschafter einer Immobilien-KG gehören nicht ihre Gewinnanteile, sondern ihre Anteile am Überschuß der Einnahmen über die Werbungskosten, den die KG erzielt.“*; BFH, Beschluss vom 25.06.1984 – GrS 4/82, BStBl. II 1984, S. 751 (761 f.); mit ähnlicher Argumentation auch *Stehr*, S. 39; *Engel*, Vermögensverwaltende Personengesellschaft und ertragsteuerliche Selbständigkeit, S. 40; *Heyll*, S. 282.

Überschusseinkünften ein anderes Zurechnungsmodell als bei Gewinneinkünften zum Tragen kommen sollte. Der Dualismus der Einkunftsarten bezweckt lediglich die Anwendung unterschiedlicher Einkünfteermittlungsvorschriften, bezieht jedoch keine Stellung zur (vorgelagerten) Frage der Steuerrechtsfähigkeit von Personengesellschaften. Auch der Umstand, dass im Rahmen der Überschusseinkünfte weder Gesamthandsvermögen noch Sonderbetriebsvermögen als Einkünfteerzielungsvermögen existiert,[323] gebietet keine Unterscheidung. Es handelt sich hier um eine konzeptionelle, steuerrechtliche Besonderheit, welche in der Einkunftsart und nicht im Bereich der Subjektivität zu verorten ist.

Zudem weisen die Einkunftsarten Verbindungen auf, die eine Gleichbehandlung **92**
hinsichtlich der Steuersubjektivität fordern, zumindest aber rechtfertigen. So wäre es nicht verständlich, warum die Gesellschaft bei Einkünften aus Kapitalvermögen nicht den Einkünftetatbestand erfüllen sollte, wenn diese Einkünfte aber über § 20 Abs. 8 EStG den Gewinneinkünften zugewiesen würden, hingegen schon. Gleiches gilt für § 21 Abs. 3 EStG. Auch verweist der Gesetzgeber für Einkünfte aus Vermietung und Verpachtung in § 21 Abs. 1 S. 2 EStG auf § 15a EStG, welcher von der Einkünfteerzielung durch die Unternehmung ausgeht (hierzu Rdnr. 88). Auch § 20 Abs. 1 Nr. 4 S. 2 EStG verweist für die Anteile des stillen Gesellschafters „*am Verlust des Betriebes*" unter anderem auf § 15a Abs. 4 S. 6–8 EStG sowie auf § 15a EStG und somit auf Normen, welche gerade „*Verluste aus stillen Gesellschaften*" zum Gegenstand haben oder vom „*Anteil am Verlust der Kommanditgesellschaft*" sprechen. Auch die Abfärberegelung des § 15 Abs. 3 Nr. 1 EStG belegt letztendlich, dass nicht die Beteiligten den Einkünftetatbestand erfüllen. Wenn hiernach sämtliche Einkünfte als solche aus Gewerbebetrieb zu qualifizieren sind, mithin die gewerblichen Einkünfte andere Einkünfte, auch Überschusseinkünfte, infizieren, müssen diese anderen Einkünfte auch von der Unternehmung erzielt werden. Auch im Rahmen der Überschusseinkünfte ist daher von der Tatbestandserfüllung durch die Gesellschaft selbst auszugehen, welche deren Steuersubjektivität begründet.

(c) Notwendige Zurechnung der Gesellschaftseinkünfte

Mit der Anerkennung der Tatbestandsverwirklichung durch die Gesellschaft **93**
bedarf es einer Zurechnung dieser Einkünfte an die Gesellschafter. Der Anwendungsbereich des § 15 Abs. 1 S. 1 Nr. 2 EStG und die darin erblickte Zurechnungsthese (hierzu oben Rdnr. 72, 87) sind systematisch auf Gewinneinkünfte begrenzt.[324] Indessen steht außer Frage, dass auch im Bereich der Überschusseinkünfte eine Zurechnung zu erfolgen hat, wenn man zutreffender Weise von der

323 Hierzu *Hennrichs* in Tipke/Lang, § 10 Rn. 26.

324 Zumindest im Bereich der Gewinneinkünfte besteht insoweit Einigkeit dahingehend, dass es keiner weitergehenden Zurechnungsbegründung, insbesondere keines Rekurses auf § 39 Abs. 2 Nr. 2 AO, bedarf, *Reiß* in FS FH Nordkirchen, S. 197 (202) m.w.N.

Einkünfteerzielung durch die Gesellschaft ausgeht.[325] Es sind insoweit auch mehrere unterschiedliche Zurechnungsmodelle denkbar.[326] Ausgeschlossen werden sollte nach allgemeinen, eine Regelungslücke fordernden Grundsätzen zunächst aber eine Analogie zu § 15 Abs. 1 S. 1 Nr. 2 EStG, solange eine andere Zurechnungsbegründung hergeleitet werden kann.[327] Eine Anwendung von § 39 Abs. 2 Nr. 2 AO auf die Einkünftezurechnung würde freilich darüber hinwegsehen, dass die Norm nach ihrem Wortlaut gegenständlich lediglich die Zurechnung von Wirtschaftsgütern und nicht von Einkünften betrifft.[328] Indessen kann man die Mitunternehmerschaft begründenden Merkmale der Mitunternehmerinitiative und des Mitunternehmerrisikos verallgemeinern, unabhängig von der Einkunftsart als Einkünfteerzielungsinitiative und Einkünfteerzielungsrisiko umschreiben und diese als zurechnungsbegründend begreifen.[329] Auch lässt sich die Gemeinschaftsorganisation als Handlungs- und Willenseinheit und somit als vor die Klammer gezogener kleinster Nenner begreifen und somit das Innenverhältnis als Zurechnungsbegründung heranziehen.[330]

94 Am vorzugswürdigsten scheint es indessen, auf § 43 S. 1 AO i. V. m. §§ 1 Abs. 1 S. 1, 2 Abs. 1 S. 1 EStG[331] abzustellen und in der Bestimmung der Steuerschuldnerschaft eine inzidente Zuweisungsregelung zu erblicken.[332] Hierdurch käme § 15 Abs. 1 S. 1 Nr. 1 S. 1 Hs. 1 EStG für den Bereich der Gewinneinkünfte insoweit lediglich deklaratorische Bedeutung zu.[333] Die Begründung der Zurechnung lässt sich somit im Kern auf die gesetzgeberische Entscheidung für eine transparente Besteuerung zurückführen. Mit der aus dem Gesetz ableitbaren

325 Daher kann die vorliegende Darstellung in begrenztem Umfang erfolgen.

326 A.A. wohl *Mönkemöller*, S. 126.

327 Für die entsprechende Anwendung indessen noch *Trzaskalik* in Kirchhof/Söhn/Mellinghoff, EStG[Stand Juli 1996], § 21 Rn. B 200 ff. Anders nunmehr *Drüen* in Kirchhof/Söhn/Mellinghoff, EStG, § 21 Rn. B 222.

328 Hierfür aber *Kuhn*, S. 49.

329 So im Kern auch *Pinkernell*, S. 91 ff., der jedoch auf diese Weise Handlungen der Beteiligten diesen gegenseitig zurechnet. Hiergegen *Mönkemöller*, S. 194 f.

330 In Anlehnung an *Gschwendtner* in FS Klein, S. 751 (770 f.); *Gschwendtner*, DStZ 1998, S. 335 (338). So lassen sich auch Ausführungen des BFH verstehen, der die Abschirmwirkung einer Obergesellschaft und deren Mitunternehmerstellung u.a. wie folgt begründet: *„Aus der personenrechtlichen Verbundenheit der Gesellschafter ist eine Gemeinschaftsorganisation entstanden, innerhalb derer nicht der Wille des einzelnen Mitglieds, sondern nur der Gesamtwille zählt ...“*, BFH, Beschluss vom 25.02.1991 – GrS 7/89, BStBl. II 1991, S. 691 (702).

331 So im Rahmen der (normalen) unbeschränkten Steuerpflicht. Für die erweiterte und fiktive unbeschränkte sowie für die beschränkte Steuerpflicht wäre auf § 1 Abs. 2, 3, 4 EStG Bezug zu nehmen.

332 Ähnlich *Stehr*, S. 39, ohne Nennung des § 1 EStG; *Schellenberger*, DStR 1985, S. 163 (166), ohne § 43 AO.

333 Konstitutiv wirkt lediglich das Merkmal des Mitunternehmers zur Umqualifizierung der Einkünfte.

Tatbestandsverwirklichung durch die Gesellschaft einerseits und der Anordnung der Besteuerung dieser von der Gesellschaft erzielten Einkünfte bei den Gesellschaftern andererseits geht notwendiger Weise eine stillschweigende Aufteilung und Zurechnung der Einkünfte einher. Allen diesen Zurechnungsvarianten ist insoweit gemein, dass sie der Unterscheidung zwischen Außen- und Innengesellschaft für die steuerliche Zurechnung keine Bedeutung zumessen, was insoweit etwaige weitere Differenzierungen vermeidet.[334]

(d) Zivilrechtlich nicht rechtsfähige Gebilde

Der Befund, dass auch bei zivilrechtlich nicht rechtsfähigen Gebilden eine Zurechnung begründet werden kann, kann indessen keine Aussage darüber treffen, ob einem derartigen Gebilde selbst materielle Steuerrechtsfähigkeit zuzuschreiben ist.[335] Die Zurechnung knüpft an eine Tatbestandserfüllung an, begründet diese aber nicht.[336] Auch das gesonderte und einheitliche Feststellungsverfahren vermag keine Rückschlüsse auf die Steuerrechtsfähigkeit von Gemeinschaften oder zivilrechtlich nichtrechtsfähigen Gesellschaften zu geben, auch wenn es diese umfasst.[337] Soweit eine Vorherigkeit des Zivilrechts nicht nachweisbar ist, kann daher lediglich an die originär steuerliche Selbständigkeit aufgrund der Tatbestandserfüllung angeknüpft werden. Dies betrifft unter anderem die bloße Gemeinschaft oder die atypisch stille Gesellschaft als Innengesellschaft bürgerlichen Rechts. Zivilrechtlich sind diese nicht verselbständigt, können nicht selbst Rechte und Pflichten erwerben. Das Steuerrecht kann hier zivilrechtliche Wertungen nicht aufgreifen. 95

334 Insoweit können diese Zurechnungsmodelle auch ohne Weiteres herangezogen werden, wenn man (mit dem BFH) die atypisch stille Gesellschaft als Mitunternehmerschaft und Subjekt der Einkünfteerzielung, Einkünfteermittlung und Einkünftequalifikation anerkennt; siehe zur st. Rspr. BFH, Urteil vom 12.02.2015 – IV R 48/11, BFH/NV 2015, S. 1075 (1077) m.w.N.

335 Eine andere Sichtweise gebietet sich auch nicht, soweit in Bezug auf Gemeinschaften oder zivilrechtlich nichtrechtsfähige Gesellschaften eine Mitunternehmerschaft angenommen wird (siehe hierzu unter Rdnr. 319). Eine Mitunternehmerschaft setzt die steuerliche Rechtsfähigkeit nicht zwingend voraus. Dies ergibt sich bereits aus dem historischen Kontext, in welchem der Begriff der Mitunternehmerschaft unabhängig von der zivilrechtlichen Rechtsfähigkeit entwickelt wurde.

336 Dass auch bei diesen Gebilden die Einkünfteermittlung und Einkünftequalifikation im Rahmen des Zwei-Stufen-Modells zunächst auf Ebene der Unternehmung vorgenommen wird, könnte auf reinen Praktikabilitätserwägungen beruhen.

337 Zum einen hat die Einheitlichkeit einer Verfahrensordnung nicht zur Bedingung, dass sämtliche von ihr erfassten Sachverhalte die gleichen Voraussetzungen aufweisen. Zum anderen kommt der gesonderten und einheitlichen Feststellung, wie anderen Verfahrensnormen auch, lediglich eine dienende Funktion zu. Aus einer solchen ohne weitere explizite, vorliegend nicht vorhandene, Anhaltspunkte Annahmen im Hinblick auf materielle Gesichtspunkte zu schließen, erscheint verfehlt.

96 Indessen knüpft das Steuerrecht an wirtschaftliche Vorgänge oder Zustände an, deren zutreffende steuerliche Erfassung unabhängig von der zivilrechtlichen Organisationsform zu erfolgen hat.[338] Nimmt man dies ernst, besteht keine Notwendigkeit Grenzen zivilrechtlicher Vorgaben nachzuzeichnen.[339] Entsprechend der vornehmlich wirtschaftlichen Betrachtungsweise im Steuerrecht können vergleichbare Sachverhalte auch gleich behandelt werden. Diese Vergleichbarkeit und somit auch die materielle Steuerrechtsfähigkeit kann unter Rückgriff auf das Innenverhältnis dieser Gebilde begründet werden. Dieses bildet die Grundlage der gemeinsamen Geschäftstätigkeit und kann daher auch als Grundlage der steuerlichen Bewertung herangezogen werden. So verstanden werden aber der Inhaber des Handelsgeschäftes bei einer atypisch stillen Gesellschaft oder der Gemeinschafter für eben diese tätig, so dass diese Tätigkeiten der Gesellschaft oder Gemeinschaft zuzurechnen sind. Dies führt dann dazu, dass auch diese Gemeinschaft oder Gesellschaft steuerlich den Tatbestand erfüllt und die Unternehmung steuerlich unterhält.

97 Hiervon ging auch der BFH in ständiger Rechtsprechung aus.[340] So führt er in Bezug auf eine atypisch stille Gesellschaft beispielsweise aus, *„dass für die Einkommensbesteuerung nicht auf das Auftreten der Kapitalgesellschaft [Anm: diese war hier Mitunternehmerin] im Außenverhältnis, sondern darauf abzustellen sei, dass die Gesellschafter im Innenverhältnis aufgrund des Gesellschaftsvertrages als Mitunternehmer einen gemeinsamen Zweck verfolgten und so betrachtet auch eine atypisch stille Gesellschaft als „Subjekt der Gewinnerzielung, Gewinnermittlung und Einkünftequalifikation“ (vgl. ...) gewerblich tätig werde.“*[341] Dass der BFH auf das Innenverhältnis abstellt und die Tatbestandsverwirklichung durch die Gemeinschaft beziehungsweise Gesellschaft annimmt, wurde auch bereits in früheren Entscheidungen deutlich. *„Es trifft zwar zu, daß die stille Gesellschaft anders als eine KG ... zivilrechtlich nicht nach außen auftritt. Vielmehr wird aus den im Betrieb des Handelsgewerbes geschlossenen Geschäften allein der Inhaber des Handelsgeschäfts berechtigt und verpflichtet (§ 230 Abs. 2 HGB). Zivilrechtlich gibt es daher --anders als bei einer Personenhandelsgesellschaft-- keine Tätigkeit der stillen Gesellschaft (BFH-Urteil vom 12. November 1985 VIII R 364/83, BFHE 145, 408, BStBl II 1986, 311). Dies schließt jedoch nicht aus, in der stillen Gesellschaft, sofern sie die Merkmale einer Mitunternehmerschaft i.S. von § 15 Abs. 1 Satz 1 Nr. 2 EStG erfüllt, eine „Personengesellschaft“ i.S. von § 15 Abs. 3 EStG zu sehen (vgl. BFH-Urteile vom 10. August 1994 I R 133/93, BFHE 175, 357, BStBl II 1995, 171, und in BFHE 182, 101, BStBl II 1998, 328). Der Inhaber des Handelsgeschäfts wird, soweit seine Tätigkeit der Erreichung des*

---

338 So auch *Pinkernell*, S. 63.

339 Ähnlich *Reiß* in Kirchhof, EStG, § 15 Rn. 164.

340 Die nachfolgend dargestellten Entscheidungen wurden vor der allgemeinen Relativierung der Subjektivität durch den BFH (hierzu Rdnr. 66 ff.) gefällt.

341 BFH, Beschluss vom 12.09.2005 – VIII B 54/05, BFH/NV 2006, S. 277 (278); anders noch BFH, Urteil vom 12.11.1985 – VIII R 364/83, BStBl. II 1986, S. 311 (313).

im Vertrag über die stille Gesellschaft vereinbarten Gesellschaftszwecks dient, für die stille Gesellschaft tätig; sein Auftreten ist der Gesellschaft zuzurechnen und führt zur gemeinschaftlichen Verwirklichung der Tatbestandsmerkmale einer Einkunftsart (vgl. dazu auch Gschwendtner, DStZ 1998, 335, 337 f.; HG, DStR 1997, 816, 817). Steuerrechtlich „gilt" deshalb die der atypisch stillen Gesellschaft zuzurechnende Tätigkeit des Inhabers des Handelsgeschäfts als Gewerbebetrieb der Gesellschaft (vgl. § 15 Abs. 3 EStG). Die atypisch stille Gesellschaft ist folglich selbständiges „Subjekt der Gewinnerzielung, Gewinnermittlung und Einkünftequalifikation" (vgl. BFH-Urteil in BFHE 182, 101, BStBl II 1998, 328, unter Aufgabe der im Urteil in BFHE 145, 408, BStBl II 1986, 311 vertretenen gegenteiligen Auffassung)."[342]

Eine Gleichstellung mit zivilrechtlich rechtsfähigen Gesellschaften lässt sich für **98**
die atypisch stille Gesellschaft als originär steuerliche Selbständigkeit wiederum aus dem Gesetz ableiten. So versagen § 15 Abs. 4 S. 6, 8 EStG teilweise den Verlustabzug bei Verlusten „*aus stillen Gesellschaften, Unterbeteiligungen oder sonstigen Innengesellschaften an Kapitalgesellschaften*" und stellt somit klar, dass atypisch stille Gesellschaften grundsätzlich von § 15 EStG erfasst werden. Eine Gleichstellung zur KG bei der Berücksichtigungsfähigkeit von Verlusten stellt § 15a Abs. 5 Nr. 1 EStG her. Dass diese Normen von einem unterschiedlichen Verständnis von Innen- und Außengesellschaften ausgingen, lässt sich nicht erkennen. Vor allem aber § 15 Abs. 3 EStG, der ebenfalls auf atypisch stille Gesellschaften anwendbar

---

342 BFH, Urteil vom 15.10.1998 – IV R 18/98, BStBl. II 1999, S. 286 (289). In dem Bezug genommenen Urteil, BFH, Urteil vom 26.11.1996 – VIII R 42/94, BStBl. II 1998, S. 328 (329), heißt es: „*Zwar führt bei einer (atypisch) stillen Gesellschaft die Geschäfte im Außenverhältnis zu den Teilnehmern am Rechtsverkehr nur der tätige Gesellschafter; im zivilrechtlichen Sinne gibt es daher eine Tätigkeit der stillen Gesellschaft nicht. Im Innenverhältnis zu den atypisch stillen Gesellschaftern führt der tätige Gesellschafter die Geschäfte jedoch für alle Gesellschafter entsprechend der für sie geltenden Gemeinschaftsordnung; sie sind deshalb entsprechend dieser Gemeinschaftsordnung auch allen Gesellschaftern einheitlich zuzurechnen. Auf dieses Innenverhältnis stellt das Einkommensteuerrecht in § 15 Abs. 1 Nr. 2 und Abs. 3 EStG ab. So betrachtet wird auch eine atypisch stille Gesellschaft im Sinne dieser Regelungen gewerblich tätig (BFH-Urteile vom 10. August 1994 I R 133/93, BFHE 175, 357, 360, BStBl II 1995, 171; vom 25. Juli 1995 VIII R 54/93, BFHE 178, 448, BStBl II 1995, 794; vom 6. Dezember 1995 I R 109/94, BFHE 179, 427; vom 25. Oktober 1995 I R 76/93, BFH/NV 1996, 504; I R 77/93, BFH/NV 1996, 506). Sie ist selbständiges „Subjekt der Gewinnerzielung, Gewinnermittlung und Einkünftequalifikation" (zum Umfang der beschränkten Rechtssubjektivität von Personengesellschaften vgl. zuletzt BFH-Beschluß vom 3. Juli 1995 GrS 1/93, BFHE 178, 86, BStBl II 1995, 617, unter C IV. 2. b, aa der Gründe, m.w.N.). Der Senat hält an seiner im Urteil vom 12. November 1985 VIII R 364/83 (BFHE 145, 408, BStBl II 1986, 311) vertretenen gegenteiligen Meinung insoweit nicht mehr fest. Dementsprechend kann die atypisch stille Gesellschaft als solche i.S. von § 15 Abs. 3 Nr. 2 EStG durch den tätigen Gesellschafter gewerblich geprägt werden.*" Allgemein zu BGB-Innengesellschaften siehe BFH, Urteil vom 13.11.1997 – IV R 67/96, BStBl. II 1998, S. 254 (255) m.w.N. Siehe auch *Stehr*, S. 41 m.w.N. aus Rspr. und Lit.

ist,[343] geht von der Einkünfteerzielung der Gesellschaft oder Gemeinschaft aus (siehe hierzu bereits unter Rdnr. 88).

99 Auch in Bezug auf Gemeinschaften[344] lässt sich deren Tatbestandserfüllung in der BFH Rechtsprechung nachweisen. So führt dieser beispielsweise aus: „*Den objektiven Tatbestand der Einkunftsart Vermietung und Verpachtung verwirklicht, wer die rechtliche oder tatsächliche Macht hat, ... Wirtschaftsgüter anderen entgeltlich auf Zeit zur Nutzung zu überlassen und Träger der Rechte und Pflichten aus einem Miet- oder Pachtvertrag ist (vgl. BFH-Urteile vom 25. Juni 2002 IX R 55/99, BFH/NV 2002, 1556; vom 17. Dezember 1996 IX R 30/94, BFHE 182, 170, BStBl II 1997, 406; vom 27. Januar 1993 IX R 269/87, BFHE 170, 383, BStBl II 1994, 615). Das kann auch eine Grundstücksgemeinschaft sein.*“[345] Zudem hat der Große Senat auch bereits im Jahre 1995 in seinem Beschluss zum gewerblichen Grundstückshandel (hierzu oben Rdnr. 67) im Anschluss an Darlegungen zur Subjektivität festgehalten: „*Die vorstehenden Rechtsausführungen gelten grundsätzlich auch für Bruchteilsgemeinschaften (BFH v. 26. 1. 1988, IX R 119/83, BStBl. II 1988, 577, DStR 1988, 352).*“[346] Hiermit knüpfte der BFH an seine Rechtsprechung aus dem Jahre 1986 an, nach welcher bei Personengesellschaften die Tatbestandserfüllung in gesamthänderischer Verbundenheit erfolgt und dies auch für Miteigentümergemeinschaften, also für Bruchteilsgemeinschaften im Sinne der §§ 741 ff. BGB, gilt, denn „*die Vermietung oder Verpachtung der gemeinschaftlichen Grundstücke durch die Teilhaber der Gemeinschaft stellt eine Tätigkeit der Gemeinschaft im Sinne des Beschlusses des Großen Senats in BFHE 141, 405, BStBl II 1984, 751 dar (BFH-Urteil vom 12. November 1985 VIII R 240/81, BFHE 145, 401, BStBl II 1986, 296).*“[347] Letztendlich ist die Tatbestandsverwirklichung auch bei Gemeinschaften durch diese selbst bereits im die Rechtssubjektivität von Personengesellschaften konstituierenden Beschluss aus dem Jahre 1984 enthalten (hierzu sowie zur nachfolgenden Rechtsprechung siehe Rdnr. 65 ff.). Nachdem der BFH eindeutig von einer „*Tätigkeit der Gesellschaft*“ spricht, bezieht er diese Ausführungen ausdrücklich auch auf Gemeinschaften.[348]

---

343 So bspw. BFH, Urteil vom 10.08.1994 – I R 133/93, BStBl. II 1995, S. 171 (173). Siehe hierzu auch *Ruban*, DStZ 1995, S. 637 (640).

344 Ein Überblick zu den verschiedenen Gemeinschaften im Rahmen einer Mitunternehmerschaft findet sich bei *Bode* in Blümich, EStG, KStG, GewStG, § 15 EStG Rn. 337, 338, welcher zudem insoweit auf den Normzweck des § 15 Abs. 1 S. 1 Nr. 2 EStG abstellt.

345 BFH, Urteil vom 07.06.2006 – IX R 14/04, BFH/NV 2006, S. 2053 (2054).

346 BFH, Beschluss vom 03.07.1995 – GrS 1/93, BStBl. II 1995, S. 617 (621).

347 BFH, Urteil vom 07.10.1986 – IX R 167/83, BStBl. II 1987, S. 322 (323).

348 BFH, Beschluss vom 25.06.1984 – GrS 4/82, BStBl. II 1984, S. 751 (768): „*Sinn und Zweck des § 15 Nr. 2 EStG, Einkünfte beim gemeinschaftlichen Bezug von Einkünften aus einem gewerblichen Unternehmen zu bestimmen, erlauben es jedoch, als Mitunternehmer auch solche Personen anzusehen, die nicht in einem zivilrechtlichen Gesellschaftsverhältnis einer Außen- oder Innengesellschaft, sondern in einem wirtschaftlich vergleichbaren Gemeinschaftsverhältnis zueinander stehen. In Betracht kommen hierfür z.B. Gesamthandsgemeinschaften in der Form von Erben- oder Gütergemeinschaften*

Die materielle, steuerliche Rechtsfähigkeit von zivilrechtlich nicht rechtsfähigen Gebilden ist daher aus einer Gesamtschau herleitbar. Die Begründung kann unter Rückgriff auf die wirtschaftliche und vergleichende Betrachtungsweise sowie die Maßgeblichkeit des Innenverhältnisses gewonnen werden, sofern sie nicht bereits ertragsteuerlichen Normen zu entnehmen ist. 100

e) *Zwischenergebnis*

Sowohl zivilrechtlich rechtsfähigen Gesellschaften als auch zivilrechtlich nicht rechtsfähigen Gebilden ist daher materielle einkommensteuerliche Rechtsfähigkeit zuzuschreiben. Diese folgt unabhängig von der Einkunftsart aus der Tatbestandserfüllung durch die Unternehmung selbst. 101

2. Berücksichtigung materieller Subjektivität im Verfahrensrecht

Mit der zutreffenden Prämisse der Anerkennung von Gesellschaften und Gemeinschaften als materielles Steuersubjekt eröffnet sich die weitergehende Fragestellung nach einer entsprechenden verfahrensrechtlichen Anknüpfung beziehungsweise Umsetzung. Das Verfahren der gesonderten und einheitlichen Feststellung nach § 180 Abs. 1 S. 1 Nr. 2 a) AO ist, wie das Steuerverfahrensrecht allgemein, einerseits darauf gerichtet, eine zutreffende Besteuerung der beteiligten Steuerschuldner zu bewirken. Im Rahmen dieses Verfahrens ist andererseits und notwendigerweise auch die Unternehmung zu betrachten. Sie ist selbständiges materielles Steuersubjekt und bildet den partiellen materiellen Bezugspunkt des Verfahrens, soweit deren Einkünfteerzielung und somit auch Einkünfteermittlung und Einkünftequalifikation betroffen sind. Das Ergebnis des Verfahrens besteht sodann unter anderem in der Zurechnung dieser Einkünfte an die Beteiligten. Hierdurch kann man der Befassung mit den Einkünften der Unternehmung eine dienende Funktion zuschreiben. Dies allein trifft indessen noch keine Aussage über die Einbeziehung der Unternehmung selbst in den Verfahrensgang. Vielmehr scheint der Einfluss auf das Verfahren der gesonderten und einheitlichen Feststellung durch die zutreffende Anerkennung der Steuersubjektivität der Unternehmung erläuterungswürdig; 102

---

sowie Bruchteilsgemeinschaften (BFH-Urteile vom 17.September 1970 IV R 178/67, BFHE 100, 360, BStBl II 1971, 87; vom 7.Oktober 1976 IV R 50/72, BFHE 121, 21, BStBl II 1977, 201; vom 11.November 1982 IV R 117/80, BFHE 137, 357, BStBl II 1983, 299). Von dem Grundgedanken, daß nicht nur Gesellschafter, sondern auch Gemeinschafter an Einkünften aus Gewerbebetrieb beteiligt sein können, geht für das Verfahrensrecht § 352 Abs. 1 AO 1977 aus, weil in dieser Vorschrift den Beteiligten beider Arten von Gemeinschaftsverhältnissen eine Rechtsbehelfsbefugnis eingeräumt wird." Der BFH spricht somit auch in Bezug auf Gemeinschaften von Einkünften „*aus*" dem Unternehmen und davon, dass die Gemeinschafter hieran „*beteiligt*" sind, geht also von der Tatbestandserfüllung durch die Gemeinschaft aus.

daher ob mit dieser auch Auswirkungen auf das Verfahren der gesonderten und einheitlichen Feststellung einhergehen, einhergehen müssen oder zumindest im Sinne einer sachnahen Interpretation einhergehen sollten.

a) Gegenwärtig: Negation der Unternehmung

103 Sowohl der normhistorische Befund als auch der Status quo sind insoweit eindeutig. Das Verfahren der gesonderten und einheitlichen Feststellung hat seit seiner Einführung im Jahre 1925 und insbesondere seit Anerkennung der Steuersubjektivität der Gesellschaft durch den BFH im Jahre 1984 keine Änderungen erfahren, welche auf die Berücksichtigung einer beschränkten Steuersubjektivität der Unternehmung abzielen würden. Die normative Fassung der gesonderten und einheitlichen Feststellung zeichnet somit die materielle Anerkennung der Rechtssubjektivität nicht nach. Legislative Vorhaben, die auf eine zukünftige Berücksichtigung dieses Aspektes bei der verfahrenstechnischen Umsetzung abzielen, sind nicht ersichtlich. Im aktuellen Verfahrensrecht spiegelt sich die materielle Rechtsfähigkeit der Unternehmung daher auch nach Lesart der nahezu einhelligen Auffassung nicht wider (hierzu in concreto Rdnr. 122 ff.).[349] Die gesonderte und einheitliche Feststellung bliebe hiernach darauf beschränkt, die gemeinschaftliche Gebundenheit der Einkünfteerzielung einer verfahrenstechnischen Umsetzung zuzuführen (hierzu bereits Rdnr. 61).

b) Fehlende rechtstatsächliche Notwendigkeit

104 Zudem wird allseits weder die Eignung der gesonderten und einheitlichen Feststellung zur Ermittlung der relevanten Besteuerungsgrundlagen noch deren Eignung hiermit zur materiell-rechtlich zutreffenden Steuerfestsetzung bei den Beteiligten beizutragen infrage gestellt. Die (vermeintliche) verfahrenstechnische Ausrichtung allein auf die Beteiligten einerseits und die Tauglichkeit dieser verfahrenstechnischen Ausgestaltung andererseits mögen daher belegen, dass eine Berücksichtigung der materiellen Rechtsfähigkeit im Besteuerungsverfahren faktisch nicht zwingend notwendig ist. In rechtstatsächlicher Hinsicht und vom Ergebnis her gedacht kann die Unternehmung daher ignoriert werden, ohne dass die materiell-rechtlich zutreffende Besteuerung der Beteiligten tangiert wird. Zumindest auf den ersten Blick wirkt dies auch plausibel. Zielt ein Verfahren auf die zutreffende Besteuerung der Beteiligten ab, scheint es verzichtbar, anderen als diesen Beteiligten Rechte zuzugestehen und Pflichten aufzuerlegen. Anders gewendet: Da der Unternehmung keine Beeinträchtigung eigener Belange im Sinne einer

---

349 Die der Unternehmung zugewiesene Verfahrensstandschaft, in deren Rahmen Rechte der Beteiligten geltend gemacht werden (hierzu Rdnr. 255 ff.), baut nicht auf einer materiellen Rechtsfähigkeit auf. Gleiches gilt für etwaige Buchführungspflichten.

Steuerschuldnerschaft droht, erscheint deren Einbindung in das Verfahren und somit deren Berücksichtigung im Verfahren zumindest begründungsbedürftig.

c) Begründung prozeduraler Beachtlichkeit

Die prozedurale Einbindung der Unternehmung in das gesonderte und einheitliche Feststellungsverfahren ist indessen begründbar. Zunächst erscheint es nicht fernliegend, den Kerngedanken der materiellen Rechtsfähigkeit entsprechend heranzuziehen und konsequent umzusetzen. Zumindest aber die materielle Betroffenheit der Unternehmung im verselbständigten Feststellungsverfahren spricht für deren Beachtlichkeit und Berücksichtigung. 105

(1) Konsequente Umsetzung

Auch ohne Betroffenheit eigener Belange der Unternehmung im Sinne einer Steuerschuldnerschaft bleibt zunächst festzuhalten, dass die innere konstruktive Verbindung zwischen den Beteiligten und der Unternehmung nicht zu verkennen ist. Es würde fehlgehen, die gesonderte und einheitliche Feststellung mit einem Verfahren vergleichen zu wollen, in welchem ein Steuerpflichtiger materiell betroffen ist und die Einbeziehung eines außenstehenden, materiell nicht betroffenen Dritten infrage steht. Die Unternehmung ist in diesem Sinne kein außenstehender Dritter. Materiell-rechtlich fußt die Anerkennung als Steuersubjekt auf der zutreffenden Annahme, dass in der Unternehmung besteuerungsrelevante Merkmale der einzelnen Beteiligten vereinigt werden. Mit den Worten des BFH ist eine Gesellschaft daher *„insoweit Steuerrechtssubjekt, als sie in der Einheit ihrer Gesellschafter Merkmale eines Besteuerungstatbestands verwirklicht“.*[350] Die Einkünfte werden daher *„in erster Linie durch die Tätigkeit der Gesellschafter in ihrer gesamthänderischen Verbundenheit, mithin durch die Tätigkeit der Gesellschaft, bestimmt.“*[351] Die Unternehmung ist somit die Zusammenfassung steuerrelevanter, verselbständigter Umstände, daher Steuersubjekt und somit beachtlich. 106

Was aber materiell-rechtlich gilt und vorliegend als zutreffend vorausgesetzt wird, kann auch als prozedurale Überlegung fruchtbar gemacht werden. Der Kerngedanke zur materiellen Steuersubjektivität ist übertragbar. Ist die Unternehmung materiell-rechtlich von Bedeutung, soweit in ihr besteuerungsrelevante Merkmale der einzelnen Beteiligten vereinigt werden, sollte sie auch verfahrensrechtlich als relevant erachtet werden, soweit bei ihr gleichgerichtete Interessen sowie gleichartige Rechte und Pflichten der Beteiligten zusammen treffen. Im Ergebnis würde die materielle Subjektivität somit konsequent verfahrensrechtlich umgesetzt. Der Gegensatz zwischen materieller und prozessualer Relevanz würde aufgehoben. Ohnehin knüpft das Verfahrensrecht grundsätzlich an die materielle Rechtslage an 107

350 BFH, Beschluss vom 25.06.1984 – GrS 4/82, BStBl. II 1984, S. 751 (761,762).
351 BFH, Beschluss vom 25.06.1984 – GrS 4/82, BStBl. II 1984, S. 751(761).

und sollte auch nicht auf anderen Vorstellungen und Prämissen aufbauen. Wenn nun eine Gesellschaft oder Gemeinschaft materiell-rechtlich beachtlich ist, sollte dies verfahrensrechtlich fortgelten. Dies gilt erst recht, wenn der Unternehmung selbst eigene Rechte und Pflichten mit materieller Auswirkung auf die Beteiligten zugestanden werden (hierzu Rdnr. 78 f.). Insgesamt erscheint es daher wenig nachvollziehbar, der Unternehmung eine verfahrensrechtliche Beteiligung zu versagen.

(2) Selbständigkeit des Feststellungsverfahrens

108 Zudem spricht die verfahrenstechnische Ausgestaltung der gesonderten und einheitlichen Feststellung an sich sowie die Betroffenheit der Unternehmung dafür, diese in das Feststellungsverfahren einzubeziehen.

(a) Isolierte Betrachtung des Feststellungsverfahrens

109 Die Entscheidung über die verfahrensrechtliche Einbindung der Unternehmung sollte sich an der verfahrensrechtlichen Ausgestaltung der verselbständigten Feststellung ausrichten, nicht am übergeordneten Zweck. Auch wenn die gesonderte und einheitliche Feststellung letztendlich der zutreffenden Besteuerung im Festsetzungsverfahren dient, ist sie in der rechtstechnischen Umsetzung doch als eigenständiges, getrenntes Verfahren ausgestaltet.[352] Feststellungs- und Festsetzungsverfahren sind daher zu unterscheiden und zu trennen. Alleiniges Ziel des Feststellungsverfahrens ist die Feststellung von Besteuerungsgrundlagen.[353] Die jeweils folgenden Festsetzungsverfahren gehen hierüber hinaus, enden in eigenständigen Bescheiden und richten sich nicht an identische Adressaten.[354] Entscheidungen in einem Grundlagenbescheid, wie dem Bescheid über die gesonderte und einheitliche Feststellung, können nur durch Anfechtung dieses Grundlagenbescheides angegriffen werden, § 351 Abs. 2 AO, nicht durch Anfechtung des Folgebescheides (siehe hierzu noch Rdnr. 244). Im Rahmen eines solchen Verfahrens gegen den Feststellungsbescheid sind für die Beschwer indessen Auswirkungen, die sich erst aus der Steuerfestsetzung ergeben, irrelevant (siehe hierzu Rdnr. 259 ff.). Eine Zusammenschau *„durchbricht das System der Verselbständigung der Ermittlung von Besteuerungsgrundlagen, wie sie in zahlreichen verfahrensrechtlichen Bestimmungen zum Ausdruck kommt (vgl. §§ 157 Abs. 2, 179 Abs. 1, 182 Abs. 1, 351 Abs. 2 AO 1977; ferner §§ 175 Abs. 1 Nr. 1, 181 Abs. 1 Satz 2, Abs. 5 AO 1977).“*[355] Letztendlich belegt auch die unterschiedliche örtliche Zuständigkeit nach § 18 AO

---

352 *Söhn* in Hübschmann/Hepp/Spitaler, AO FGO, § 179 AO Rn. 13; *Stehr*, S. 154 f.

353 *Söhn* in Hübschmann/Hepp/Spitaler, AO FGO, § 179 AO Rn. 13.

354 Allgemein befasst sich die Abgabenordnung mit beiden Verfahren in unterschiedlichen Unterabschnitten. Das Feststellungsverfahren ist in Unterabschnitt 2, das Festsetzungsverfahren in Unterabschnitt 1 geregelt, jeweils Dritter Abschnitt des Vierten Teils der Abgabenordnung.

355 BFH, Urteil vom 14.06.1994 – VIII R 20/93, BFH/NV 1995, S. 318 (319).

(hierzu unter Rdnr. 157 ff.) die selten ausdrücklich konstatierte Eigenständigkeit des Feststellungsverfahrens.

Naturgemäß bestehen zur Erfüllung des Gesamtzwecks Verbindungen zwi- 110 schen beiden Verfahren. Diese sind indessen explizit zu regeln und auch geregelt.[356] So bedarf beispielsweise die Bindungswirkung des Feststellungsbescheides der ausdrücklichen gesetzlichen Anordnung, §182 Abs. 1 S. 1 AO (zur Funktionsweise siehe oben Rdnr. 27 ff.). Die inhaltliche Verbundenheit über die Bindungswirkung und das damit geschaffene Abhängigkeitsverhältnis vermögen aber nicht die verfahrenstechnische Selbständigkeit des Feststellungsverfahrens infrage zu stellen. Durch derartige Regelungen werden weder ein Gesamtverfahren noch ein Gesamtverfahrensgegenstand geschaffen, sondern vielmehr belegt, dass das Feststellungsverfahren grundsätzlich selbständig ist.[357] Ein gesondertes und einheitliches Feststellungsverfahren ist gerade ein gesondertes und somit eigenständiges, getrenntes Verfahren. Gewisse Besteuerungsgrundlagen sollen gerade getrennt erfasst werden.

Nimmt man diesen Befund ernst, so wird auch deutlich, dass eine an der die- 111 nenden Funktion der gesonderten und einheitlichen Feststellung ausgerichtete Betrachtungsweise in Bezug auf die Einbeziehung der Unternehmung in das Feststellungsverfahren verfehlt ist. Verfahrensrechtliche Fragen, welche sich auf ein konkretes Verfahren beziehen, sind auch ausschließlich innerhalb dieses gegenständlichen Verfahrens zu beantworten. Die fehlende Steuerschuldnerschaft der Unternehmung und ihre hieraus resultierende Unbeachtlichkeit im Festsetzungsverfahren können daher keine Rückschlüsse auf das Feststellungsverfahren erlauben. Auch die Beteiligten sind im Rahmen des Feststellungsverfahrens lediglich Subjekt der Zurechnung, nicht Subjekt der Steuerschuld. Sämtliche Überlegungen, welche aufgrund der fehlenden Steuerschuldnerschaft der Unternehmung, der alleinigen Steuerschuldnerschaft der Beteiligten, der fehlenden Beteiligung der Unternehmung am Festsetzungsverfahren sowie der dadurch fehlenden Beeinträchtigung originär eigener Rechte im Festsetzungsverfahren eine Aussage über deren Stellung im gesondert zu betrachtenden Feststellungsverfahren treffen wollen, sind nicht zielführend.

(b) Betroffenheit im Feststellungsverfahren

Vielmehr ist eine mögliche Einbindung der Unternehmung in das Feststellungs- 112 verfahren lediglich aus diesem selbst heraus zu beantworten. In dem Feststellungsverfahren ist aber die Unternehmung als materielles Steuersubjekt materieller Bezugspunkt der Feststellungen. Es werden Einkünfte festgestellt, welche die

356 Siehe bspw. § 181 Abs. 5 S. 1 AO, § 18 Abs. 2 S. 1 AO, § 171 Abs. 10 S. 1 AO. § 152 Abs. 4 AO a.F. stellte im Hinblick auf Verspätungszuschläge auf die steuerlichen Auswirkungen ab, ebenso nunmehr in pauschalierender Art § 152 Abs. 7 AO n.F.

357 Ebenso *Stehr*, S. 155.

Unternehmung selbst erzielt hat. Die Unternehmung ist nicht lediglich Objekt. Es sind ihre Einkünfte. Diese werden sodann zwar (logisch nachfolgend) den Beteiligten zugerechnet. Dies kann jedoch nicht darüber hinwegtäuschen, dass die Feststellung von Einkünften, welche die Unternehmung erzielt hat, eben auch diese Unternehmung als Subjekt betrifft. Unabhängig von einer letztendlichen Steuerschuldnerschaft in Bezug auf diese Einkünfte und somit in Bezug auf Folgewirkungen dieser Feststellungen im Festsetzungsverfahren ist die Unternehmung im Feststellungsverfahren somit (zumindest auch) betroffen. Die festzustellenden Besteuerungsgrundlagen, welche im Rahmen des verselbständigten Feststellungsverfahren gegenständlich sind, berühren (zumindest auch) den Rechtskreis der Unternehmung.[358] Dies gilt insoweit, als es sich bei den Feststelllungen um unternehmungsbezogene Feststellungen handelt, daher insbesondere die Einkunftshöhe und Einkünftequalifikation auf Unternehmungsebene betroffen sind.

3. Potentielle Realisierbarkeit

113 Wenn insoweit aber die materiell rechtsfähige Unternehmung als solche betroffen ist, scheint es auch angemessen und folgerichtig, diese Unternehmung im gesonderten und einheitlichen Feststellungsverfahren nicht zu negieren. Eine Beteiligung der Unternehmung korrespondiert hierbei mit der Anerkennung eigener verfahrensrechtlicher Rechte und Pflichten. Dies setzt indessen voraus, dass entsprechende Rechte und Pflichten sowohl abstrakt zugewiesen als auch konkret hergeleitet werden können.

a) Beteiligungsfähigkeit

114 Abstrakt betrachtet dürfe somit zunächst die Beteiligungsfähigkeit sowohl in einem Steuerverwaltungsverfahren als auch in einem finanzgerichtlichen Verfahren nicht ausgeschlossen sein. Hieran könnte man zweifeln, sofern es der Unternehmung an einer zivilrechtlichen Rechtsfähigkeit fehlt. Indessen ist, anders als in anderen Verfahrensordnungen, beispielsweise in § 51 Abs. 1 ZPO, § 61 VwGO, § 70 SGG, die Beteiligungsfähigkeit weder in der Abgabenordnung noch in der Finanzgerichtsordnung explizit geregelt. § 57 FGG und § 78 AO regeln lediglich, wer der Rolle nach Beteiligter des jeweiligen Verfahrens ist, nicht aber, wer rechtlich in der Lage ist, diese Rolle zu übernehmen.[359] Anders als in anderen Verfahrensordnungen besteht daher gerade keine Anknüpfung an eine zivilrechtlich vorgeprägte Rechtsfähigkeit. Vielmehr legen § 79 Abs. 1 Nr. 3 AO und § 58 Abs. 2 S. 1 FGO, welche die Handlungsfähigkeit von „*Vereinigungen oder Vermögensmassen*" beziehungsweise von „*rechtsfähige[n] und nichtrechtsfähige[n] Personenvereinigungen*" regeln, nahe, dass auch zivilrechtlich nicht rechtsfähige Gebilde sowohl im

---

358 So auch *von Groll* in Gräber, FGO^{7}, § 48 Rn. 12; *Stehr*, S. 155.

359 *Von Groll* in Gräber, FGO^{7}, § 57 Rn. 1, 2.

Steuerverwaltungs- als auch im finanzgerichtlichen Verfahren Beteiligte sein können.

Allgemeinhin setzt nach ständiger Rechtsprechung die Beteiligungsfähigkeit **115** auch lediglich *„eine – wenn auch begrenzte – Steuerrechtsfähigkeit auf dem steuerrechtlichen Gebiet voraus, das Gegenstand des Rechtsstreits ist“*.[360] Die Beteiligtenfähigkeit ist somit denkbar weit gefasst. Erkennt man die materielle Subjektivierung zivilrechtlich nicht rechtsfähiger Zusammenschlüsse an (hierzu Rdnr. 95 ff.) und setzt diese mit der vom BFH geforderten, auch lediglich beschränkten, Steuerrechtsfähigkeit gleich, müssten sämtliche dieser Zusammenschlüsse auch beteiligungsfähig sein. Dass sich diese Konsequenz ziehen lässt, belegt die Rechtsprechung zur Beteiligtenfähigkeit und Klagebefugnis von Bruchteilsgemeinschaften. Diese werden, wenn die Bruchteilsgemeinschaft *„als Vermieterin nach außen auftritt“*, somit den einkommensteuerlichen Tatbestand als Steuersubjekt erfüllt, bereits anerkannt.[361] Hierbei hat der BFH in seinem grundlegenden Urteil aus dem Jahre 2004 nicht verkannt, dass zivilrechtlich nicht die Bruchteilsgemeinschaft sondern die einzelnen Teilhaber Vertragspartner sind, da die Bruchteilsgemeinschaft zivilrechtlich nicht rechtsfähig ist und nach außen auftreten kann. Allerdings: *„Dieser Beurteilung folgt das Steuerrecht nur eingeschränkt“*.[362] In der Konsequenz wird somit einem zivilrechtlich nicht rechtsfähigen Gebilde steuerverfahrensrechtliche Außenrechtsfähigkeit zugesprochen.[363]

Die Beteiligungsfähigkeit nichtrechtsfähiger Innengesellschaften, wie der **116** atypisch stillen Gesellschaft[364] oder der Innen-GbR[365], lehnt der BFH in ständiger

---

360 BFH, Urteil vom 18.05.2004 – IX R 49/02, BStBl. II 2004, S. 929 (930) m.w.N.; BFH, Urteil vom 12.11.1985 – VIII R 364/83, BStBl. II 1986, S. 311 (312); BFH, Urteil vom 09.07.1996 – VII R 136/95, BFH/NV 1997, S. 10 (11); siehe auch *Söhn* in Hübschmann/Hepp/Spitaler, AO FGO, § 78 AO Rn. 62; *Drüen* in Tipke/Kruse, AO FGO, § 78 AO Rn. 27; jeweils m.w.N.

361 BFH, Beschluss vom 29.01.2007 – IX B 181/05, BFH/NV 2007, S. 1511 (1512); ebenso bereits BFH, Urteil vom 18.05.2004 – IX R 49/02, BStBl. II 2004, S. 929 (930).

362 BFH, Urteil vom 18.05.2004 – IX R 49/02, BStBl. II 2004, S. 929 (930 f.), hinsichtlich der materiellen Rechtslage, auch mit Nachweisen zur zivilrechtlichen Bewertung.

363 Tragweite und Aussagekraft dieser Rechtsprechung sollten nicht dadurch in Zweifel gezogen werden, dass der BFH in seinem bestätigenden Beschluss vom 29.01.2007 – IX B 181/05, BFH/NV 2007, S. 1511 (1512 f.), die von ihm ausdrücklich und mehrfach als *„Grundstücksgemeinschaft“*, *„Bruchteilsgemeinschaft“* oder *„Gemeinschaft“* bezeichnete Gemeinschaft an zwei Stellen der Urteilsbegründung auch als *„GbR“* bezeichnet hat. Die übrigen Ausführungen sind insoweit sehr deutlich. Zur zivilrechtlich nicht anzunehmenden Ausschließlichkeit zwischen Gemeinschaft und GbR siehe *K. Schmidt* in MünchKomm BGB, § 741 BGB Rn. 4.

364 BFH, Beschluss vom 11.01.2001 – VIII B 83/00, BFH/NV 2001, S. 578 (580); BFH, Beschluss vom 30.09.2005 – VIII B 150/04, BFH/NV 2006, S. 299 (299); noch offen gelassen indessen von BFH, Urteil vom 02.05.1984 – VIII R 276/81, BStBl. II 1984, S. 820 (821).

365 BFH, Beschluss vom 31.01.2008 – IV B 147/06, BFH/NV 2008. S. 1101 (1102).

Rechtsprechung indessen ab. Dies mag auf den ersten Blick verwundern, erkennt er doch diesen Zusammenschlüssen ebenfalls materielle Rechtssubjektivität zu (hierzu Rdnr. 97).[366] Die Beteiligtenfähigkeit derartiger Zusammenschlüsse in den Rechtsbehelfsverfahren (allgemein hierzu Rdnr. 243 ff.) lässt der BFH auch nicht an der fehlenden materiellen Steuersubjektivität scheitern, sondern weil keine zur Vertretung im Außenverhältnis befugten Geschäftsführer oder Organe vorhanden sind.[367] Der Kern des Problems wird demnach in der fehlenden, nach außen gerichteten Verfasstheit verortet, mangels derer nicht auf für das Außenverhältnis bestimmte Regelungen zurückgegriffen werden kann. Bei Bruchteilsgemeinschaften qualifizierte der BFH indessen ohne Weiteres die Teilhaber als *„zur Vertretung berufene Geschäftsführer"* im Sinne von § 48 Abs. 1 Nr. 1 Alt. 1 FGO.[368] Unbeschadet dessen scheinen aber somit materiell-rechtliche Subjektivierungen verfahrensrechtlich (teilweise) an rechtstatsächliche Grenzen zu stoßen.

117 Es erweist sich indessen nicht als absolut zwingend, der Grenzziehung anhand der zivilrechtlichen Rechtsfähigkeit im Rahmen steuerverfahrensrechtlicher Interpretation zu folgen. Die Normen der Abgabenordnung scheinen interpretationsfähig.[369] Der BFH selbst hat diese Grenze bei der Bruchteilsgemeinschaft überschritten. Zudem wurde materiell-rechtlich die Unterscheidung zwischen Außen- und Innengesellschaften sowie Gemeinschaften aufgegeben. Versteht man das Steuerverfahrensrecht als vornehmlich an das materielle Steuerrecht anknüpfend und gegenüber dem Zivilrecht weitgehend autonom, lässt sich auch eine steuerverfahrensrechtliche Beteiligtenfähigkeit herleiten. Diese würde freilich den Vorteil einer unterscheidungslosen Gesamtkonzeption materieller und verfahrensrechtlicher Subjektivität bieten. Dass hierbei zivilrechtlich nicht rechtsfähigen Gebilden steuerverfahrensrechtliche Außenrechtsfähigkeit zugestanden werden würde, kann mit dem Wesen einer generell auf gewisse Bereiche beschränkten Rechtsfähigkeit gerechtfertigt werden. Auch die materielle Steuerrechtsfähigkeit zivilrechtlich nicht rechtsfähiger Gebilde wird autonom hergeleitet. Es überrascht

---

366 Mangelnde materielle Subjektivität kann daher nicht mehr ausschlaggebend sein; so aber noch BFH, Urteil vom 12.11.1985 – VIII R 364/83, BStBl. II 1986, S. 311 (313); hierauf aufbauend BFH, Beschluss vom 24.11.1988 – VIII B 90/87, BStBl. II 1989, S. 145 (146), BFH, Urteil vom 15.12.1992 – VIII R 42/90, BStBl. II 1994, S. 702 (704).

367 BFH, Beschluss vom 31.01.2008 – IV B 147/06, BFH/NV 2008. S. 1101 (1102), für die Innen-GbR; BFH, Beschluss vom 11.01.2001 – VIII B 83/00, BFH/NV 2001, S. 578 (580), für die atypisch stille Gesellschaft.

368 BFH, Urteil vom 18.05.2004 – IX R 49/02, BStBl. II 2004, S. 929 (930); bestätigt durch BFH, Beschluss vom 29.01.2007 – IX B 181/05, BFH/NV 2007, S. 1511 (1512).

369 Freilich müsste jeweils eine Subjektivierung stützende Interpretation gefunden werden. So wäre beispielsweise bei einer atypisch stillen Gesellschaft zu bestimmen, wer als zur Vertretung berufener Geschäftsführer im Rahmen von § 352 Abs. 1 Nr. 1 AO, § 48 Abs. 1 Nr. 1 FGO anzusehen ist. Hier dürfte eine entsprechende Qualifikation des Prinzipals nahe liegen; so auch *Herrmann*, DStZ 1998, S. 87 (92).

daher weniger, wenn vereinzelt für die steuerverfahrensrechtliche Beteiligungsfähigkeit einer atypisch stillen Gesellschaft eingetreten wird.[370]

Angesichts der gegebenen Relativierungstendenzen zur auf der Tatbestandserfüllung aufbauenden materiellen Subjektivität, insbesondere aufseiten der Rechtsprechung (hierzu Rdnr. 69 ff.), erscheint es indessen unwahrscheinlich, dass Erwägungen zur verfahrensrechtlichen Subjektivierung zivilrechtlich nicht rechtsfähiger Gebilde, gleich ob man ihnen aufgeschlossen oder ablehnend gegenüberstehen mag, in absehbarer Zeit die Rechtsentwicklung beeinflussen können. Auch kann und soll in der vorliegenden Untersuchung nicht für sämtliche zivilrechtlich nicht rechtsfähigen Gebilde herausgearbeitet werden, ob diese einer steuerverfahrensrechtlichen Verselbständigung fähig und in welcher Form, insbesondere von wem, steuerverfahrensrechtliche Rechte und Pflichten für diese wahrzunehmen oder zu erfüllen wären. Die nachfolgenden prozeduralen Ausführungen zur Einbeziehung einer Unternehmung in den Verfahrensgang der gesonderten und einheitlichen Feststellung beziehen sich über den dargestellten Gedankengang hinaus daher auf Personenzusammenschlüsse, denen steuerverfahrensrechtliche Beteiligtenfähigkeit zuzugestehen ist. Unbeschadet dessen wird weiterhin an der Begrifflichkeit der Unternehmung als Oberbegriff für Personen[handels]gesellschaften und Gemeinschaften festgehalten. Einerseits, da nach der Rechtsprechung auch Gemeinschaften eine prozedurale Verselbständigung zukommen kann. Andererseits, um erweiternden Überlegungen terminologisch nicht im Wege zu stehen. 118

b) Norminterpretation als Umsetzungsmöglichkeit

Auch bei gegebener Beteiligtenfähigkeit müsste es sodann indessen jeweils konkret und rechtstechnisch möglich sein, die Rechtsfähigkeit aus dem materiellen Steuerrecht auf das Steuerverfahrensrecht zu übertragen. Die normierte Fassung des gesonderten und einheitlichen Feststellungsverfahrens negiert nach bisher nahezu einhelliger Auffassung diese Rechtsfähigkeit und ist nicht auf deren prozedurale Umsetzung und Anerkennung gerichtet. Die Schaffung eines die Steuerrechtsfähigkeit berücksichtigenden Verständnisses im Verfahrensrecht setzt daher voraus, dass die vorhandenen Normen auf andere Weise widerspruchsfrei interpretiert werden können. Lediglich durch Auslegung der einzelnen Verfahrensvorschriften in Detailfragen scheint es möglich, der beschränkten materiellen Steuersubjektivität besser Ausdruck zu verleihen. Sofern dies gelingt, würde der Unternehmung eine beschränkte Verfahrenssubjektivität zu teil, welche die steuerliche Rechtsfähigkeit widerspiegelt. Das Verfahren der gesonderten und einheitlichen Feststellung ließe sich so als prozedurale Umsetzung und Fortführung der materiellen Steuerrechtsfähigkeit verstehen. 119

Ob dies gelingen kann, soll in den folgenden Ausführungen, welche stets auch die Darstellung und Bewertung der tradierten Auffassungen enthalten, untersucht 120

370 So beispielsweise *Schön*, BB 1985, S. 313 (314); *Herrmann*, DStZ 1998, S. 87 (92).

werden. Insbesondere die Fragen der Erklärungspflicht, der Adressierung und Bekanntgabe sowie des Rechtsschutzes bieten sich hier als Diskussionsgegenstand der Verselbständigung der Unternehmung an. Hierbei wird übergreifend als zutreffend vorausgesetzt, dass es aufgrund der vorstehenden Darstellungen folgerichtig und überzeugend erscheint, unabhängig eines hieraus zu erzielenden Nutzens, der Unternehmung wenn möglich eigene Rechte und Pflichten zuzuweisen. Dass man sich hierzu nicht auf die historische Auslegung berufen kann, ist angesichts des Umstandes, dass hiermit ein Beitrag zur Rechtsfortbildung geleistet werden soll, evident.

II. Verfahrensfragen der gesonderten und einheitlichen Feststellung

121 Das Verfahren[371] der gesonderten und einheitlichen Feststellung ist im Wesentlichen in § 181 AO geregelt. § 182 AO befasst sich mit der Bindungswirkung des Feststellungsbescheides, § 183 AO mit dessen Bekanntgabe. Durch den das Verfahren betreffenden Pauschalverweis in § 181 Abs. 1 S. 1 AO (es *„gelten die Vorschriften über die Durchführung der Besteuerung sinngemäß“*) wird ein weitgehender Gleichlauf und eine Vereinheitlichung des Verfahrens erreicht. Neben den allgemeinen Verfahrensgrundätzen der §§ 78 bis 117c AO gelten daher insbesondere die Vorschriften über Verwaltungsakte nach §§ 118 ff. AO,[372] die Vorschriften über Steuererklärungen nach §§ 149 ff. AO, die Vorschriften über die Steuerfestsetzung nach §§ 155 ff. AO, die Vorschriften über die Festsetzungsverjährung nach §§ 169 ff. AO sowie die Vorschriften über die Aufhebung, Änderung und Berichtigung von Steuerbescheiden nach den §§ 129, 172 ff. AO unmittelbar oder sinngemäß.[373] Zudem sind die Spezialregelungen der §§ 179 ff. AO vorrangig[374] und gegebenenfalls die in Bezug genommenen Vorschriften über die Durchführung der Besteuerung unter Beachtung der Besonderheiten des Feststellungsverfahrens zweckentsprechend auszulegen.[375]

---

371 Das Gesetz zur Modernisierung des Besteuerungsverfahrens vom 18.07.2016, BGBl. I 2016, S. 1679, hat auf die hier gegenständlichen Fragestellungen keine Auswirkungen.

372 Allerdings sind die §§ 130, 131 AO wegen der für Steuerbescheide vorrangigen Korrekturvorschriften der §§ 172 ff. AO nicht anwendbar; *Söhn* in Hübschmann/Hepp/Spitaler, AO FGO, § 181 AO Rn. 23.

373 Die sinngemäße Anwendung der Vorschriften ist dadurch bedingt, dass im Feststellungsverfahren keine Steuerfestsetzung erfolgt, sondern Besteuerungsgrundlagen festgestellt werden; *Söhn* in Hübschmann/Hepp/Spitaler, AO FGO, § 181 AO Rn. 7.

374 *Kunz* in Gosch, AO FGO, § 181 AO Rn. 1.

375 *Brandis* in Tipke/Kruse, AO FGO, § 181 AO Rn. 1.

1. Erklärungspflicht und Erklärungspflichtige

Die abzugebende Erklärung zur gesonderten und einheitlichen Feststellung ist nach § 181 Abs. 1 S. 2 AO eine Steuererklärung. Entsprechend der gesetzlichen Konzeption haben die Steuergesetze zu bestimmen, wer eine Steuererklärung abzugeben hat, § 149 Abs. 1 S. 1 AO. 122

a) Ausgangslage

Da sich die Verpflichtungen zur Abgabe einer Ertragsteuererklärung nach § 25 Abs. 3 EStG und § 31 Abs. 1 S. 1 KStG nicht auf die Erklärung zum gesonderten Feststellungsverfahren beziehen, wird § 149 Abs. 1 S. 1 AO für die hier gegenständlichen Einkünfte Mehrerer durch § 181 Abs. 2 AO entsprochen. Erklärungspflichtig ist demnach jeder, dem *„der Gegenstand der Feststellung ganz oder teilweise zuzurechnen ist"*, § 181 Abs. 2 S. 1 AO, *„insbesondere ... jeder Feststellungsbeteiligte, dem ein Anteil an den einkommen- oder körperschaftsteuerpflichtigen Einkünften zuzurechnen ist"*, § 181 Abs. 2 S. 2 Nr. 1 AO,[376] sowie *„insbesondere ... auch die in § 34 bezeichneten Personen"*, § 181 Abs. 2 S. 2 Nr. 4 AO. Hierdurch werden unter anderem der *„Geschäftsführer von nicht rechtsfähigen Personenvereinigungen"* und in Ermangelung eines solchen wiederum *„die Mitglieder oder Gesellschafter"* verpflichtet, § 34 Abs. 1 S. 1, Abs. 2 S. 1 AO. Zumindest nach dem weder differenzierenden noch einschränkenden Wortlaut ist die Erklärungspflicht für jeden Erklärungspflichtigen inhaltlich identisch und jeweils allumfassend. 123

b) Erklärungspflicht der Unternehmung

Mit der Regelung des § 181 Abs. 2 AO habe *„der Gesetzgeber klargestellt, daß nicht die Gesellschaft als solche ... erklärungspflichtig ist."*[377] Die nahezu einhellige Auffassung sieht die Unternehmung[378] an sich auch nicht als erklärungspflichtig 124

---

376 Die Erklärungspflicht ist mangels gesetzlicher Restriktion nicht von der Höhe der Beteiligung am Feststellungsgegenstand abhängig, so dass auch geringfügigste Beteiligungen diese begründen. Hierzu *Frotscher* in Schwarz/Pahlke, AO FGO, § 181 AO Rn. 8; *von Wedelstädt* in Kühn/von Wedelstädt, AO FGO, § 181 AO Rn. 6.

377 BFH, Urteil vom 23.08.1994 – VII R 143/92, BStBl. II 1995, S. 194 (195). Tatsächlich wurden laut Gesetzesbegründung zum Steuerbereinigungsgesetz 1985, BT-Drs. 10/1636, S. 46, in Abs. 2 S. 2, *„[z]ur Klarstellung ... die wichtigsten Anwendungsfälle ausdrücklich aufgeführt."* § 182 Abs. 2 AO in seiner heutigen Fassung war Gegenstand des Entwurfes zum Steuerbereinigungsgesetz 1985, wurde sodann aber dem Steuerbereinigungsgesetz 1986 vorbehalten.

378 Zum Begriff siehe Fn. 1, zur prozeduralen Beteiligtenfähigkeit zivilrechtlich nicht rechtsfähiger Unternehmungen und sich daraus etwaig ergebender Einschränkungen siehe Rdnr. 114 ff., insb. Rdnr. 118.

an.[379] Gemessen an der materiellen Steuerrechtsfähigkeit verwundert dies. Es ist die Unternehmung, die den jeweiligen Tatbestand der Einkünfteerzielung erfüllt (hierzu Rdnr. 86 ff.). Es sind daher die Einkünfte der Unternehmung, welche festgestellt und sodann den Beteiligten zur Besteuerung zugerechnet werden. Materiell-rechtlich trifft somit die Unternehmung die Erstzuständigkeit. Das Feststellungsverfahren umfasst zumindest drei Steuersubjekte; die Unternehmung selbst und zwei Beteiligte. Bereits insoweit überzeugt es nicht, die Unternehmung aus dem Kreis der Erklärungspflichtigen auszuschließen.

125 Dies war in der Gesetzeshistorie auch nicht immer eindeutig der Fall. So legte der RFH im Jahre 1928 allgemeine Bestimmungen der AO dahingehend aus, dass, auch wenn Personengesellschaften nicht selbst steuerpflichtig sind, sie dennoch zur Abgabe der Feststellungserklärung verpflichtet waren.[380] Vor Einführung des § 182 Abs. 2 AO durch das Steuerbereinigungsgesetz 1986[381] war sodann die Erklärungspflicht zunächst den *„zur Geschäftsführung oder Vertretung befugten Personen"* zugewiesen, § 78 Abs. 1 S. 1 der Ausführungsbestimmungen zum Einkommensteuergesetz vom 08.05.1926.[382] Ähnlich wurde in § 58 EStDV 1955[383] die Verpflichtung der *„zur Geschäftsführung oder Vertretung einer Gesellschaft oder Gemeinschaft berechtigten Personen"* vorgesehen. Im Zuge der Einführung des § 34 AO in seiner jetzigen Fassung durch die Abgabenordnung 1977[384] wurde in § 58 EStDV erstmals ein Verweis auf diesen vorgesehen und *„[d]ie in § 34 der Abgabenordnung bezeichneten Personen ... verpflichtet, eine Erklärung zur gesonderten und einheitlichen Feststellung der Einkünfte der Beteiligten abzugeben."*[385] Sämtliche dieser Regelungen eröffneten zumindest einen recht weiten Interpretationsspielraum hinsichtlich der Erklärungspflicht einer Gesellschaft.[386] Diese wurde daher zumindest auch

379 Siehe lediglich BFH, Urteil vom 23.08.1994 – VII R 143/92, BStBl. II 1995, S. 194 (195); BFH, Urteil vom 21.05.1987 – IV R 134/83, BStBl. II 1987, S. 764 (765); *Brandis* in Tipke/Kruse, AO FGO, § 181 AO Rn. 13; *Söhn* in Hübschmann/Hepp/Spitaler, AO FGO, § 181 AO Rn. 49; *Frotscher* in Schwarz/Pahlke, AO FGO, § 181 AO Rn. 8; *Kunz* in Gosch, AO FGO, § 181 AO Rn. 13.

380 RFH, Urteil vom 15.02.1928 – VI A 12/28, StuW II 1928, Sp. 324 (325); hierzu *Herrmann*, DStZ 1998, S. 87 (90).

381 BGBl. I 1985, S. 2436 (2440).

382 RMBl. 1926, S. 209 (auch abgedruckt bei *Strutz*, EStG 1925, § 61 Rn. 2).

383 BGBl. I 1955, S. 753 (769).

384 BGBl. I 1976, S. 613 (625).

385 § 58 EStDV in der Fassung der zweiten Verordnung zur Änderung der Einkommensteuer-Durchführungsverordnung 1975 vom 03.08.1977, BGBl. I 1977, S. 1473 (1474), derogiert durch § 182 Abs. 2 AO i.d.F. des Steuerbereinigungsgesetzes 1986, BGBl. I 1985, S. 2436 (2440, sowie 2443 zum rückwirkenden Anwendungszeitraum gemäß des damals eingeführten § 10a EGAO).

386 So auch die Gesetzesbegründung zum Steuerbereinigungsgesetz 1985, BT-Drs. 10/1636, S. 46: *„Bisher ist nicht eindeutig gesetzlich geregelt, wer bei gesonderten Feststellungen zur Abgabe der Erklärung zur gesonderten Feststellung verpflichtet ist."*

teilweise als erklärungspflichtig angesehen, handelnd durch die Geschäftsführer.[387] Insoweit wäre die Annahme einer Erklärungspflicht nicht neu.[388] Zudem würde sich eine Erklärungspflicht der Unternehmung in das Gesamtgefüge bestehender Mitwirkungspflichten nahtlos einreihen. So geht die Rechtsprechung von einer Buchführungspflicht der Gesellschaft sowohl für das Gesamthandsvermögen als auch für das Sonderbetriebsvermögen der einzelnen Beteiligten aus.[389] Der Feststellungerklärung ist eine Abschrift der Bilanz, die auf dem Zahlenwerk der Buchführung beruht, beizufügen, § 60 Abs. 1 S. 1 EStDV 2000.[390] Eine Erklärungspflicht der Gesellschaft lässt sich insoweit als Fortsetzung dieser Buchführungspflichten verstehen.[391] Auch ist es die Gesellschaft selbst, die zur Duldung einer Außenprüfung, welche der Erklärung regelmäßig nachfolgt, verpflichtet ist, (zumindest) sofern sie gewerbliche Einkünfte erzielt.[392] Somit treffen die Gesellschaft sowohl der Abgabe der Feststellungserklärung vorgelagerte als auch nachgelagerte und mit dieser im Zusammenhang stehende Pflichten. Auch insoweit liegt es nahe, eine Erklärungspflicht anzunehmen.

---

387 *Klasmeyer/Kübler*, BB 1978, S. 369 (372); *Klasmeyer*, ZIP 1980, S. 54 (55); *Reuter*, S. 99.

388 Wenn auch nach der Einschätzung der Gesetzesbegründung zum Steuerbereinigungsgesetz 1985, BT-Drs. 10/1636, S. 46, nicht gängige Praxis.

389 Siehe hierzu BFH, Urteil vom 30.10.1990 – VIII R 142/85, BStBl. II 1991, S. 401 (403 f.); BFH, Urteil vom 11.03.1992 – XI R 38/89, BStBl. II 1992, S. 797 (798); BFH, Urteil vom 27.06.2006 – VIII R 31/04, BStBl. II 2006, S. 874 (878). In der Literatur stößt die Bilanzierungspflicht in Bezug auf das Sonderbetriebsvermögen zu Recht weitestgehend auf Ablehnung; siehe statt Vieler *Stehr*, S. 61 ff.; *Görke* in Hübschmann/Hepp/Spitaler, AO FGO, § 141 AO Rn. 19, 20; *Drüen* in Tipke/Kruse, AO FGO, § 141 AO Rn. 3a; jeweils m.w.N. und grundlegender Argumentation.

390 § 60 EStDV 2000 ist zwingendes materielles Recht, § 51 Abs. 1 Nr. 1 a) EStG, Art. 80 Abs. 1 S. 1 GG. Feststellungserklärungen sind Steuererklärungen, § 181 Abs. 1 S. 2 AO. § 60 EStDV 2000 ist auf Feststellungserklärungen anwendbar, *Frotscher* in Schwarz/Pahlke, AO FGO, § 181 AO Rn. 14; *Kunz* in Gosch, AO FGO, § 181 AO Rn. 10.

391 Zumindest hinsichtlich der Gesellschaftssphäre. Zur Buchführungspflicht hinsichtlich der Sonderbetriebssphären siehe noch Rdnr. 511 ff.

392 So die an die handelsrechtliche Buchführungspflicht anknüpfende st. Rspr.; siehe lediglich BFH, Urteil vom 12.02.2015 – IV R 63/11, BFH/NV 2015, S. 832 (833); BFH, Urteil vom 16.11.1989 – IV R 29/89, BStBl. II 1990, S. 272 (272 f.); BFH, Urteil vom 25.09.1990 – IX R 84/88, BStBl. II 1991, S. 120 (120 f.). Teilweise wird auch bei anderen Einkünften, insbesondere auch bei Überschusseinkünften, die Unternehmung selbst als Duldungsverpflichtete angesehen; so beispielweise FG Köln, Urteil vom 05.12.1990 – 7 K 231/85, EFG 1991, S. 120 (122); *Stehr*, S. 83, 88 f. Sofern man, wie vorliegend, eine Erklärungspflicht der Unternehmung annimmt, ist die Unternehmung Steuerpflichtiger nach § 33 Abs. 1 AO, woran § 193 AO anknüpft. Da nach hier vertretener Auffassung die Unternehmung selbst die Einkünfte erzielt, ist sie sowohl bei Gewinneinkünften (§ 193 Abs. 3 Alt. 1–3 AO) als auch bei Überschusseinkünften (§ 193 Abs. 3 Alt. 4 AO) im Rahmen des § 147a AO duldungsverpflichtet.

(1) Vereinbarkeit mit § 181 Abs. 2 AO

126 Eine Erklärungspflicht der Unternehmung kann jedoch nur angenommen werden, wenn hierdurch nicht die explizite Regelung des § 181 Abs. 2 AO unterlaufen würde. Dies könnte man auf den ersten Blick jedoch annehmen, spricht doch § 181 Abs. 2 AO in Satz 1 ausdrücklich von demjenigen als Erklärungspflichtigen, *„dem der Gegenstand der Feststellung ganz oder teilweise zuzurechnen ist“* und begreift Satz 2 scheinbar als Konkretisierung hierzu (*„insbesondere“*). Da die Unternehmung die Einkünfte zwar erzielt (hierzu Rdnr. 87 ff.), ihr diese jedoch im Feststellungsbescheid nicht zugerechnet werden,[393] scheint eine Erklärungspflicht der Unternehmung ausgeschlossen. Dieser vordergründige Befund überzeugt bei genauerer Betrachtung indessen nicht. Vielmehr ist der einleitende Wortlaut des § 181 Abs. 2 S. 2 AO (*„insbesondere“*) verfehlt und stellt keine umfassende Konkretisierung dar.

127 Den Anknüpfungspunkt derartiger Überlegungen bildet § 181 Abs. 2 S. 2 Nr. 4 AO, welcher durch den Verweis auf § 34 AO unter anderem auch den Geschäftsführer der Unternehmung zur Abgabe einer Feststellungserklärung verpflichtet.[394] Würde man davon ausgehen wollen, dass jegliche Erklärungspflicht immer auch eine Einkünftezurechnung voraussetzt, somit das *„insbesondere“* des § 181 Abs. 2 S. 2 AO absolute Geltung beanspruchen, stände der Sinn und Zweck dieser Verweisung infrage. Die Verpflichtung zur Abgabe einer Feststellungserklärung ergäbe sich bei dieser Sichtweise neben § 181 Abs. 2 S. 1 AO bereits konkretisierend aus § 181 Abs. 2 S. 2 Nr. 1 AO und somit unabhängig von der Eigenschaft als Geschäftsführer oder Verwalter nach § 34 AO. Nimmt man zudem mit dem Wortlaut der Norm und allgemeinen Lesart an, dass sämtliche Erklärungspflichten sowohl inhaltlich identisch als auch allumfassend sind (hierzu Rdnr. 123 sowie Rdnr. 140 ff.), hätte die Verweisung des § 181 Abs. 2 S. 2 Nr. 4 AO keinen eigenen Anwendungsbereich und wäre schlichtweg obsolet. Ein Geschäftsführer könnte auch ohne deren Existenz zweckmäßigerweise in Anspruch genommen werden. Es verbliebe lediglich, § 181 Abs. 2 S. 2 Nr. 4 AO als rein deklaratorische Verweisung für Fälle aufzufassen, in denen ein Beteiligter nicht selbst handlungsfähig ist.[395] Eine solche Verweisung vom besonderen Verfahrensrecht auf das allgemeine Steuerschuldrecht wäre indessen sinnfrei. Dem Gesetzgeber sollte nicht die Schaffung einer Regelung ohne Anwendungsbereich unterstellt werden, obwohl ein solcher ersichtlich ist.

---

393 Mit Zurechnung ist nicht die Zurechnung der Einkünfteerzielung zur Unternehmung, sondern die materielle Zurechnung bereits erzielter Einkünfte an die Beteiligten gemeint; hierzu Rdnr. 326 ff.

394 Die Anwendbarkeit des § 181 Abs. 2 S. 2 Nr. 4 AO auf die gesonderte und einheitliche Feststellung ergibt sich eindeutig aus dem Wortlaut (*„in den Fällen des § 180 Absatz 1 Satz 1 Nummer 2 Buchstabe a“*) und wird, soweit ersichtlich, allseits nicht in Zweifel gezogen.

395 So *Schulze*, S. 424 ff.

Eine eigenständige Bedeutung lässt sich dem § 181 Abs. 2 S. 2 Nr. 4 AO i. V. m. **128**
§ 34 Abs. 1 AO lediglich dann beimessen, wenn man davon ausgeht, dass die dortige Pflichtenstellung unabhängig von einer Beteiligung an den Einkünften vorliegt. Auch wenn ausdrückliche Erörterungen dieser Problematik für den Normalfall einer bestehenden Gesellschaft fehlen, scheint hiervon oftmals stillschweigend ausgegangen zu werden. Hierauf lassen zumindest Formulierungen in der Literatur[396] und Ausführungen des BMF[397] schließen. Auch die Rechtsprechung zur Ablehnung von Erklärungspflichten des Insolvenzverwalters einer Personengesellschaft deutet in diese Richtung.[398] So lasse sich nach Ansicht des BFH der Verweisung des § 181 Abs. 2 S. 2 Nr. 4 AO auf § 34 Abs. 3 AO eine Erklärungspflicht des Insolvenzverwalters nicht entnehmen, da der von § 34 Abs. 3 AO („*soweit ihre Verwaltung reicht*") erfasste Bereich der Verwaltung nicht berührt wird.[399] Derartige

396 *Söhn* in Hübschmann/Hepp/Spitaler, AO FGO, § 181 AO Rn. 50, erklärungspflichtig sind „ *– neben den Feststellungsbeteiligten – auch die in § 34 bezeichneten Personen (§ 181 Abs. 2 Satz 2 Nr. 4)*"; *Brandis* in Tipke/Kruse, AO FGO, § 181 AO Rn. 13, es ist „*jeder Feststellungsbeteiligte erklärungspflichtig ..., darüber hinaus auch die in § 34 bezeichneten Geschäftsführer*"; *Frotscher* in Schwarz/Pahlke, AO FGO, § 181 AO Rn. 12, verpflichtet sind „*nicht nur die Beteiligten, sondern auch die in § 34 genannten Personen*"; *Kunz* in Gosch, AO FGO, § 181 AO Rn. 13 (ähnlich in Rn. 15), „*Außerdem sind ... die in § 34 AO genannten Personen ... erklärungspflichtig*".

397 Wird vereinbart, dass Zinsen auf eine vom Vermieter angelegte Mietkaution diese Sicherheit erhöhen sollen, sieht die Finanzverwaltung hierin eine Vorausverfügung über die Zinsen. Dies führe dazu, dass die Zinsen dem Mieter, nicht dem Vermieter, im Zeitpunkt der Gutschrift auf dem Mietkautionskonto des Vermieters zufließen und von ihm zu verteuern seien, BMF, Schreiben betreffend Ausstellung von Steuerbescheinigungen für Kapitalerträge nach § 45a Absatz 2 und 3 EStG vom 03.12.2014, BStBl. I 2014, S. 1586 (Tz. 14). Werden sodann mehrere Kautionen mehrerer Mieter auf demselben Konto angelegt, so „*ist der Vermieter als Vermögensverwalter i. S. des § 34 AO verpflichtet, ... eine Erklärung zur gesonderten und einheitlichen Feststellung der Einkünfte aus Kapitalvermögen der Mieter (§ 180 AO) abzugeben.*", BMF, Schreiben betreffend Ausstellung von Steuerbescheinigungen für Kapitalerträge nach § 45a Absatz 2 und 3 EStG vom 03.12.2014, BStBl. I 2014, S. 1586 (Tz. 17). § 181 Abs. 2 S. 2 Nr. 1 AO kommt für den Vermieter offensichtlich nicht infrage. Insoweit scheint der Anwendungsbereich des § 181 Abs. 2 S. 2 Nr. 4 AO eröffnet, auch wenn der Vermögensverwalter nicht selbst Zurechnungssubjekt ist. Wäre das BMF von einer Erklärung des Verwalters nach § 34 Abs. 3, 1 AO, somit in Vertretung der Beteiligten ausgegangen, hätte eine entsprechende Formulierung („*für die Mieter*") zumindest näher gelegen.

398 Eine kritische Auseinandersetzung mit der Argumentation des BFH aus insolvenzrechtlicher Sicht findet sich bei *Schulze*, S. 336 ff.

399 So BFH, Urteil vom 23.08.1994 – VII R 143/92, BStBl. II 1995, S. 194 (195) m.w.N., nachdem er zunächst das Feststellungsverfahren als (damals) „*konkursfreie*" Angelegenheit einstufte, was er durch § 181 Abs. 2 S. 2 Nr. 1 AO bestätigt sieht. Nach BFH, Beschluss vom 19.11.2007 – VII B 104/07, BFH/NV 2008, S. 334 (334), hat sich durch die Einführung der Insolvenzordnung an den Erklärungspflichten nichts geändert.

Ausführungen mögen einerseits konstruktiv weniger überzeugen.[400] Andererseits scheint aber auch der BFH davon auszugehen, dass eine Erklärungspflicht eine Einkünftezurechnung nicht voraussetzt. Da einem Insolvenzverwalter selbst keine Einkünfte zuzurechnen sind, würde anderenfalls eine Erklärungspflicht bereits im Rahmen der verweisenden Norm des § 181 Abs. 2 AO, somit auf erster Stufe, und nicht erst im Rahmen der in Bezug genommenen Norm, somit erst auf zweiter Stufe, scheitern. Der Streitstand hätte ohne Anstrengung speziellerer insolvenzrechtlicher Erwägungen entschieden werden können. Zudem geht auch der BFH für den Sonderfall einer in Liquidation befindlichen Gesellschaft davon aus, dass die Liquidatoren durch § 181 Abs. 2 S. 2 Nr. 4 AO i. V. m. § 34 Abs. 1 S. 1 AO verpflichtet werden.[401] Liquidatoren sind nur im Regelfall alle oder einzelne Gesellschafter, § 146 Abs. 1 HGB. Indessen besteht auch die Möglichkeit, Unbeteiligte gerichtlich zu Liquidatoren bestellen zu lassen, § 146 Abs. 2 S. 1 letzter Hs. HGB.[402] In diesem Fall setzt § 181 Abs. 2 S. 2 Nr. 4 AO somit gerade nicht voraus, dass den Erklärungspflichtigen Einkünfte zuzurechnen sind.

129 Für eine Verallgemeinerung dieser Sichtweise sprechen zudem normhistorische, auch aus der Gesetzesbegründung herleitbare Überlegungen. Obwohl der Gesetzgeber mit § 181 Abs. 2 S. 1 AO die Erklärungspflicht den Zurechnungsadressaten zuschrieb, wollte er augenscheinlich an der Erklärungspflicht in der Person des Geschäftsführers keine Änderungen vornehmen. Dass der Geschäftsführer stets Zurechnungsadressat sein müsste, lässt sich diesem Zusammenhang nicht entnehmen. Dies gilt umso mehr, als das auch der Verordnungsgeber zuvor klar zwischen Geschäftsführer und Beteiligten, somit den Zurechnungssubjekten, zu unterscheiden wusste. Nach der zuletzt geltenden Fassung des § 58 EStDV waren die *„in § 34*

---

400 § 181 Abs. 2 S. 2 Nr. 4 AO nimmt wörtlich als Pflichtenadressat lediglich *„die in § 34 bezeichneten Personen"*, somit die *„bezeichneten"* Geschäftsführer und Vermögensverwalter, ohne die in § 34 AO angelegte Pflichtenverknüpfung, etwa *„in dem dort geregelten Umfang"*, in Bezug. Sieht man die Pflichtenverknüpfung des Insolvenzverwalters aus § 34 Abs. 3 AO von der Verweisung miterfasst, müsste gleiches für die Pflichtenstellung des Geschäftsführers gelten. Dieser hat aber nach § 34 Abs. 1 S. 1 AO die steuerlichen Pflichten der Personenvereinigung (*„deren steuerliche Pflichten"*) zu erfüllen. Schließt man mit dem BFH und der tradierten Auffassung eine Erklärungspflicht dieser aus (hierzu Rdnr. 124), wäre ein Geschäftsführer somit unter keinen Umständen erklärungspflichtig. Eine, soweit ersichtlich, allseits nicht erwogene oder gar vertretene und dem § 181 Abs. 2 S. 2 Nr. 4 AO konterkarierende Auffassung.

401 BFH, Urteil vom 23.08.1994 – VII R 143/92, BStBl. II 1995, S. 194 (195). So auch die ganz herrschende Auffassung; siehe statt Vieler *Boeker* in Hübschmann/Hepp/Spitaler, AO FGO, § 34 AO Rn. 69, 75b.

402 § 146 HGB gilt neben der OHG u.a. auch für die KG, § 161 Abs. 2 HGB. Auch auf die GbR ist dieser übertragbar bzw. analog anwendbar, *K. Schmidt* in MünchKomm HGB, § 146 Rn. 2a, 28; BGH, Urteil vom 05.07.2011 – II ZR 199/10, NJW 2011, S. 3087 (3089).

der Abgabenordnung bezeichneten Personen ... verpflichtet, eine Erklärung zur gesonderten und einheitlichen Feststellung der Einkünfte der Beteiligten abzugeben.“[403] In den weiteren Vorgängerregelungen waren die Beteiligten erst gar nicht erwähnt (hierzu Rdnr. 125). Sahen sämtliche Vorgängerregelungen aber den Geschäftsführer nicht notwendig als Beteiligten an und übernimmt der Gesetzgeber dessen Verpflichtung, so kann hieraus nicht auf eine Gleichstellung geschlossen werden.

Auch war dem Gesetzgeber bei Einführung des § 181 Abs. 2 S. 2 Nr. 4 AO bewusst, **130**
dass die bis dahin bestehende Verpflichtung der Geschäftsführer und Vertreter zur Abgabe einer Feststellungserklärung den Rückschluss auf eine Verpflichtung der Gesellschaft, somit eines Nichtbeteiligten, erlaubte (hierzu bereits Rdnr. 125).[404] Dass er mit der Beibehaltung derselben Verpflichtung dieser Interpretationsmöglichkeit eindeutig die Grundlage entziehen wollte, lässt sich anhand der Gesetzesbegründung nicht nachweisen. Vielmehr sollte der Hintergrund der Regelung des § 181 Abs. 2 AO in den Blick genommen werden. Ausweislich der Gesetzesbegründung sollte mit § 181 Abs. 2 S. 1 AO festgeschrieben werden, dass *„im Grundsatz jeder Beteiligte ... erklärungspflichtig ist.*“[405] Kerngedanke des § 181 Abs. 2 S. 1 AO ist daher, dass den Beteiligten, und somit allen Beteiligten, Erklärungspflichten zukommen und keiner von diesen zunächst von der Erklärungspflicht ausgeschlossen sein soll. Soll nach der gesetzgeberischen Intention aber *„jeder Beteiligte*“ erklärungspflichtig sein, ist hiermit nicht *„ausschließlich jeder Beteiligte*“ gemeint. Dieses Verständnis wird wiederum dadurch bestärkt, dass auch der diese Norm zu verantwortende Gesetzgeber sehr wohl zwischen den Beteiligten, denen der Gegenstand der Feststellung zuzurechnen ist, und den Personen nach § 34 AO zu unterscheiden wusste. Zu § 181 Abs. 2 S. 3 AO heißt es in der Gesetzesbegründung insoweit eindeutig: *„Wenn ein Beteiligter die Erklärung zur gesonderten Feststellung abgegeben hat, sind die übrigen Beteiligten von der Erklärungspflicht befreit, soweit die abgegebene Erklärung vollständig war. Dies gilt auch bei Abgabe der Erklärung durch eine der in § 34 AO genannten Personen (z. B. durch den Geschäftsführer einer Gesellschaft).*“[406] Letztere Klarstellung wäre unverständlich, wenn der Gesetzgeber davon ausgegangen wäre, dass ein Geschäftsführer stets Zurechnungsadressat und somit Beteiligter wäre oder sein müsste. In die gleiche Richtung weist zudem der Wortlaut der § 181 Abs. 2 S. 2 Nr. 4 AO selbst, welcher *„auch*“ die Personen nach § 34 AO einbezieht. Es handelt sich im Rahmen des § 181 Abs. 2 S. 2 AO daher nicht lediglich um eine schlichte Aneinanderreihung von Erklärungspflichtigen, welche

403 § 58 EStDV in der Fassung der zweiten Verordnung zur Änderung der Einkommensteuer-Durchführungsverordnung 1975 vom 03.08.1977, BGBl. I 1977, S. 1473 (1474).

404 Gesetzesbegründung zum Steuerbereinigungsgesetz 1985, BT-Drs. 10/1636, S. 46: *„Bisher ist nicht eindeutig gesetzlich geregelt, wer bei gesonderten Feststellungen zur Abgabe der Erklärung zur gesonderten Feststellung verpflichtet ist.*“

405 Gesetzesbegründung zum Steuerbereinigungsgesetz 1985, BT-Drs. 10/1636, S. 46.

406 Gesetzesbegründung zum Steuerbereinigungsgesetz 1985, BT-Drs. 10/1636, S. 46.

deckungsgleich sind. Ein „*auch*" im Sinne von „*zusätzlich*" beinhaltet darüber hinausgehend eine inhaltliche Abgrenzung.

131 Unbeschadet dessen dürfte, wenn auch unausgesprochen, die Intention, welche hinter der Erklärungspflicht des Geschäftsführers steht, auf der Hand liegen. Eine Feststellungserklärung durch diesen erscheint durchweg zweckmäßig. Dem Geschäftsführer sind sämtliche besteuerungsrelevanten Umstände, deren Kenntnis zur Abgabe der Feststellungserklärung notwendig ist, bekannt, sofern die Unternehmung als solche und Vorgänge auf deren Ebene betroffen sind (zum Umfang der Erklärungspflicht siehe Rdnr. 140 ff.). Fehlt es im Einzelfall an positiver Kenntnis, bestehen hierauf bezogene Einsichts- und Informationsrechte. Ihm bereitet es insoweit den geringsten Aufwand, eine Feststellungserklärung abzugeben. Nicht ohne Grund wird im Rahmen eines Auswahlermessens die Inanspruchnahme des Geschäftsführers als Erklärungspflichtigen regelmäßig nicht beanstandet (hierzu noch Rdnr. 147). Nicht ohne Grund war dieser in der Gesetzeshistorie in den Regelungen zur Erklärungspflicht stets konkret angesprochen (hierzu Rdnr. 125). Diese Kenntnisse des Geschäftsführers liegen indessen unabhängig davon vor, ob ihm Einkünfte zuzurechnen sind. Insoweit überzeugt es nicht, eine entsprechende Differenzierung vorzunehmen und sich diese Kenntnisse im Rahmen des § 181 Abs. 2 S. 2 Nr. 4 AO und somit für das Steuerverfahren lediglich bei Einkünftezurechnung nutzbar zu machen.

132 Der einleitende Wortlaut des § 181 Abs. 2 S. 2 AO („*insbesondere*") ist somit schlichtweg misslungen. § 181 Abs. 2 S. 2 Nr. 4 AO ist als hierüber hinausgehende Pflichtenzuweisung zu verstehen. Diese Pflichtenzuweisung wirkt, gleich ob der Geschäftsführer bereits als Beteiligter konkretisierend von § 181 Abs. 2 S. 2 Nr. 1 AO angesprochen wird, konstitutiv für ihn in seiner Funktion als Geschäftsführer. Mit anderen Worten: Ein nach § 181 Abs. 2 S. 2 Nr. 4 AO Verpflichteter muss nicht Zurechnungsadressat der Einkünfte sein.

(2) Geschäftsführer i.S.v. § 34 AO

133 Derartige Überlegungen wären indessen wenig zielführend, wenn ein Geschäftsführer aus anderen Gründen immer auch Beteiligter sein müsste. Das gegenständliche Normverständnis des § 181 Abs. 2 AO setzt daher die rechtliche Möglichkeit voraus, dass ein an den Einkünften Unbeteiligter, somit ein Nicht-Gesellschafter, Geschäftsführer im Sinne des § 34 Abs. 1 S. 1 AO sein kann. Im Liquidationsstadium ist dies der Fall (hierzu Rdnr. 128). Außerhalb dieses rechtstechnischen Sonderfalls scheint indessen ein auflösungsbedürftiges Spannungsverhältnis zum für die Personengesellschaften geltenden Grundsatz der Selbstorganschaft zu bestehen. Dieser Grundsatz ist zum einen aber tatsächlich lediglich ein Grundsatz, gilt somit nicht absolut und undurchbrochen. Zum anderen liegt dem § 34 AO ein vom Zivilrecht abweichendes Begriffsverständnis zugrunde.

134 Unbeschadet rechtstheoretischer Streitigkeiten zur Existenz und Reichweite des Prinzips der Selbstorganschaft[407] bei Personengesellschaften ist zu konstatieren,

---

407 Allgemein zum Grundsatz *K. Schmidt*, S. 415 ff.; zu kritischen Stimmen siehe exemplarisch die Aufzählung bei *K. Schmidt* in MünchKomm HGB, § 125 Rn. 5 Fn. 16.

dass die Rechtspraxis hieran zwar festhält, indessen eine Tendenz zur Enthärtung erkennbar ist. So formuliert der BGH in der neueren Rechtsprechung hierzu wie folgt: „*Nach der höchstrichterlichen Rechtsprechung kann zwar die gesellschaftliche Geschäftsführungsbefugnis nicht ohne den Gesellschaftsanteil an einen Dritten übertragen werden. Dies schließt jedoch die Möglichkeit nicht aus, dass die Gesellschafter durch Gesellschafterbeschluss oder von vornherein im Gesellschaftsvertrag einen Dritten in weitem Umfang mit Geschäftsführungsaufgaben betrauen und ihm umfassende Vollmacht erteilen, sofern sie selber die organschaftliche Geschäftsführungs- und Vertretungsbefugnis behalten*“.[408] Dieses zivilrechtliche Verständnis zur Selbstorganschaft wird im Steuerrecht geteilt, „*wenn die Aufgabenstellung des Betreffenden im Hinblick auf die Geschäfte der Gesellschaft umfassend ist, der Betreffende mit der Rechtsmacht ausgestattet ist, diese Aufgaben wahrzunehmen, und dies auch tatsächlich tut.*“[409] Grundsätzlich kann somit ein an der Unternehmung nicht Beteiligter Fremdgeschäftsführer und somit Geschäftsführer im Sinne von § 34 AO sein.[410]

Ohnehin ist zudem der Begriff des Geschäftsführers im Sinne von § 34 Abs. 1 **135**
S. 1 AO nicht streng am zivilrechtlichen Verständnis auszurichten.[411] Maßgeblich für ein untechnisches Verständnis im Rahmen des Steuerverfahrensrechts ist hierbei die zivilrechtliche Differenzierung zwischen Geschäftsführung im Innenverhältnis und Vertretung im Außenverhältnis. Anders als die zivilrechtliche Geschäftsführung will § 34 AO gerade das Außenverhältnis zur Finanzbehörde regeln, knüpft aber an die Geschäftsführung an. Der Begriff des Geschäftsführers muss insoweit steuerrechtlich ausgelegt werden. Erfasst werden somit neben zivilrechtlichen Fremdgeschäftsführern insbesondere Vorstände und vertretungsberechtigte Mitglieder nichtrechtsfähiger Vereine und Stiftungen, zur Vertretung bestellte Mitglieder von Personengesellschaften und Erbengemeinschaften oder sonstige Personen, die aufgrund von Satzung, Gesellschaftsvertrag oder sonstiger Verfassung der Personenvereinigung berufen sind.[412] Unter Umständen genügt auch eine mit dem Betreffenden getroffene besondere Vereinbarung.[413] Allgemein werden unabhängig

---

408 BGH, Urteil vom 08.02.2011 – II ZR 263/09, NJW 2011, S. 2040 (2041, 2042) mit Verweis auf die st. Rspr.

409 BFH, Beschluss vom 07.01.2003 – VII B 141/02, BFH/NV 2003, S. 593 (594).

410 *Boeker* in Hübschmann/Hepp/Spitaler, AO FGO, § 34 AO Rn. 36; *Loose* in Tipke/Kruse, AO FGO, § 34 AO Rn. 11; *Stehr*, S. 84. Zum gleichartigen Verständnis der herrschenden Ansicht im Rahmen der Rechtsbehelfsbefugnisse siehe *Steinhauff* in Hübschmann/Hepp/Spitaler, AO FGO, § 48 FGO Rn. 72 ff.; *Siegers* in Hübschmann/Hepp/Spitaler, AO FGO, § 352 AO Rn. 64; *Brandis* in Tipke/Kruse, AO FGO, § 48 FGO Rn. 10; *Siegert*, DStZ 1995, S. 25 (26).

411 *Boeker* in Hübschmann/Hepp/Spitaler, AO FGO, § 34 AO Rn. 35; *Loose* in Tipke/Kruse, AO FGO, § 34 AO Rn. 11.

412 So die Aufzählung bei *Loose* in Tipke/Kruse, AO FGO, § 34 AO Rn. 11.

413 *Rüsken* in Klein, AO, § 34 Rn. 9.

von deren Bezeichnung *„alle Personen umfaßt, die die Geschäfte ... tatsächlich führen“*.[414] Dies gilt insbesondere auch, wenn Regelungen zur Geschäftsführung fehlen, wobei die Abgrenzung zu § 35 AO in diesen Fällen schwierig erscheint.[415] Von einem Geschäftsführer im Sinne von § 34 Abs. 1 S. 1 AO ist wohl nur dann zu sprechen, wenn das Gesetz, Vereinbarungen oder die tatsächlichen Umstände bewirken, dass nicht alle Beteiligten Geschäftsführer sind, es sich somit um einen besonderen Geschäftsführer handelt.[416] Unabhängig hiervon ist aber eine aus § 181 Abs. 2 S. 2 Nr. 4 AO hergeleitete Erklärungspflicht eines Unbeteiligten mit dem Begriffsverständnis des Geschäftsführers im Rahmen des § 34 Abs. 1 S. 1 AO vereinbar.

(3) Erklärung des Geschäftsführers für die Unternehmung

136 Die explizite Zuweisung der Pflicht zur Feststellungserklärung an den Geschäftsführer trifft indessen noch keine Aussage darüber, für wen er diese Erklärung abzugeben hat. Ist er selbst Feststellungsbeteiligter, hat er bereits eine Erklärung im eigenen Namen nach § 181 Abs. 2 S. 1, 2 Nr. 1 AO abzugeben. Eine nochmalige Verpflichtung erschiene gehaltlos. Ist er selbst nicht Feststellungsbeteiligter, kann er auch als Geschäftsführer keine Erklärung als Beteiligter abgeben. Im Rahmen des § 181 Abs. 2 S. 2 Nr. 4 AO handelt der Geschäftsführer demnach nicht als Beteiligter. In beiden Fällen fehlt es ihm zudem an der Befugnis, andere Beteiligte zu vertreten und für diese eine Erklärung abzugeben. Diese Konstellation legt insoweit den Schluss nahe, dass der Geschäftsführer die Erklärung in Vertretung der Unternehmung und somit letztendlich auch als Erklärung der verpflichteten Unternehmung abgibt.

137 Maßgeblich erscheint insoweit der Verweis auf die *„in § 34 bezeichneten Personen“* durch § 181 Abs. 2 S. 2 Nr. 4 AO. Würde autonom der *„Geschäftsführer“* bezeichnet, wäre der Interpretationsspielraum eingeschränkter, wenn auch existent, wie die Ansichten zur Rechtsbehelfsbefugnis aufzeigen (hierzu Rdnr. 254 f., im hiesigen Zusammenhang zugleich Rdnr. 138). Das Gesetz macht indessen von der Verweisungstechnik Gebrauch. Innerhalb der bezuggenommenen Norm des § 34 Abs. 1 S. 1 AO herrscht weitgehende Einigkeit, dass dem Geschäftsführer eine

---

414 So BFH, Urteil vom 15.10.1998 – III R 58/95, BStBl. II 1999, S. 237 (239); bestätigt durch BFH, Beschluss vom 07.01.2003 – VII B 141/02, BFH/NV 2003, S. 593 (594); *Boeker* in Hübschmann/Hepp/Spitaler, AO FGO, § 34 AO Rn. 35.

415 *Loose* in Tipke/Kruse, AO FGO, § 34 AO Rn. 11a.

416 Anderenfalls hätte § 34 Abs. 2 S. 1 AO nur Sinn bei Erbengemeinschaften, Gemeinschaften bürgerlichen Rechts und sonstigen Gebilden, welche nach den einschlägigen Regelungen keine Organe haben. So aber *Blesinger* in Kühn/von Wedelstädt, AO FGO, § 34 AO Rn. 8; *Koenig* in Koenig, AO, § 34 Rn. 16. Wie hier wohl *Boeker* in Hübschmann/Hepp/Spitaler, AO FGO, § 34 AO Rn. 38, 36 f.; *Loose* in Tipke/Kruse, AO FGO, § 34 AO Rn. 11 f.; *Rüsken* in Klein, AO, § 34 Rn. 8 f.

eigene Pflicht[417] auferlegt wird.[418] Vergleichbar begründet auch § 181 Abs. 2 S. 2 Nr. 4 AO eine eigene Pflicht. Unbeschadet dessen bleibt die Stellung des Vertretenen im Rahmen des § 34 AO jedoch unberührt und seine Pflicht bestehen.[419] An diese knüpft die Pflicht des Geschäftsführers gerade an.[420] Im Rahmen des § 34 AO, autonom betrachtet, setzt somit die Pflicht der dort genannten Personen eine Pflicht der Personenvereinigung voraus. Es bestehen zwei inhaltlich identische Pflichten oder keine Pflicht. Handelt der Geschäftsführer, erfüllt er somit stets zwei Pflichten, eine eigene und die der Personenvereinigung. § 181 Abs. 2 S. 2 Nr. 4 AO ordnet indessen nicht lediglich die Erklärungspflicht des Geschäftsführers an, sondern die des *„in § 34 bezeichneten"* Geschäftsführers. Aus diesem Zusammenhang lässt sich schließen, dass auch im Rahmen von § 181 Abs. 2 S. 2 Nr. 4 AO von einer Pflicht des Geschäftsführers wie auch der Unternehmung ausgegangen werden kann. Der Unterschied besteht lediglich in der Anknüpfung. Im Binnensystem des § 34 AO folgt die Pflicht des Geschäftsführers der Pflicht der Personenvereinigung. In § 181 Abs. 2 S. 2 Nr. 4 AO wird zunächst die Pflicht des Geschäftsführers geregelt. Die Bezugnahme zur Konstellation des § 34 AO legt es jedoch nahe, dass hiermit mittelbar auch eine Pflicht der Unternehmung statuiert wird. Zwar nimmt § 181 Abs. 2 S. 2 Nr. 4 AO nicht die in § 34 Abs. 1 S. 1 AO angelegte Pflichtenverknüpfung derart in Bezug, dass eine Verpflichtung der Unternehmung bereits anderweitig bestehen müsste. Anderenfalls wäre ein Geschäftsführer nie erklärungspflichtig, da eine anderweitige oder explizite Anordnung der Erklärungspflicht nicht existiert.[421] Dies schließt es indessen nicht aus, auch im Rahmen von § 181 Abs. 2 S. 2 Nr. 4 AO eine entsprechende Pflichtenkorrelation anzunehmen.

Für ein Handeln im Namen der Unternehmung zur Erfüllung einer Pflicht der Unternehmung spricht zudem ein Vergleich mit den gesetzlich ebenfalls gesondert geregelten Rechtsbehelfsbefugnissen. Gegen den Feststellungsbescheid können nach § 352 Abs. 1 Nr. 1 Alt. 1 AO und § 48 Abs. 1 Nr. 1 Alt. 1 FGO Einspruch einlegen oder Klage erheben die *„zur Vertretung berufenen Geschäftsführer"*. Dies wird 138

---

417 Nach § 79 Abs. 1 Nr. 3 AO handeln Vereinigungen und Vermögensmassen *„durch ihre gesetzlichen Vertreter oder durch besonders Beauftragte"*. Dieses rechtliche Können wird für den Geschäftsführer durch § 34 Abs. 1 S. 1 AO zu einer Pflicht erhoben. Somit wird dieser zum Steuerpflichtigen nach § 33 Abs. 1 letzte Alt. AO und es werden Zwangsmaßnahmen gegen den Geschäftsführer persönlich möglich, beispielsweise die Festsetzung eines Verspätungszuschlages, § 152 Abs. 1 S. 1 AO.

418 *Boeker* in Hübschmann/Hepp/Spitaler, AO FGO, § 34 AO Rn. 6; *Loose* in Tipke/Kruse, AO FGO, § 34 AO Rn. 1; zum Meinungsstand *Stehr*, S. 56 f.

419 *Loose* in Tipke/Kruse, AO FGO, § 34 AO Rn. 1; *Boeker* in Hübschmann/Hepp/Spitaler, AO FGO, § 34 AO Rn. 6; *Koenig* in Koenig, AO, § 34 Rn. 1.

420 Wortlaut (*„deren steuerliche Pflichten"*) wie Gesetzesbegründung zur AO 1977, BT-Drs. VI/1982, S. 110 f., *„Sie haben die Pflichten zu erfüllen, die den von ihnen Vertretenen auferlegt sind."*, sind eindeutig. In die gleiche Richtung weist der hier nicht einschlägige § 34 Abs. 1 S. 2 AO.

421 Siehe hierzu bereits Fn. 400.

von der weit überwiegenden Ansicht zutreffend dahingehend verstanden, dass die Geschäftsführer den Rechtsbehelf nicht im eigenen Namen, sondern gerade für die Unternehmung einlegen. Die Unternehmung ist somit selbst Rechtsbehelfsführer (siehe hierzu Rdnr. 255). Der Unternehmung wird somit inzident das Recht zuerkannt, Beteiligte des Rechtsbehelfsverfahrens zu sein, obwohl die Rechtsbehelfsbefugnis wörtlich ausdrücklich dem Geschäftsführer zugewiesen wird. Wenn nun aber im Rahmen der Rechtsbehelfsbefugnis der Geschäftsführer handeln kann, dessen Handlungen aber der Unternehmung zugerechnet werden, welche insoweit berechtigt wird, erklärt sich nicht, warum ein Handelnmüssen des Geschäftsführers im Rahmen der Erklärungspflicht nicht ebenfalls als Handlung der Unternehmung selbst zu werten sein soll, welche insoweit verpflichtet ist. In beiden Fällen ist die Regelungstechnik vergleichbar. In beiden Fällen ist die Abgabe von Erklärungen verfahrensrechtlicher Art betroffen. In beiden Fällen ist der Feststellungsbescheid gegenständlich, dessen Voraussetzungen zunächst geschaffen werden sollen und dessen Kontrolle sodann erwirkt werden soll. Mithin ist davon auszugehen, dass der nach § 181 Abs. 2 S. 2 Nr. 4 AO verpflichtete Geschäftsführer die Erklärung zur gesonderten und einheitlichen Feststellung gerade für die Unternehmung abgibt und somit auch eine die Unternehmung selbst treffende Pflicht erfüllt.

(4) Ergebnis

139 Festzuhalten ist somit, dass der materiellen Steuerrechtsfähigkeit der Unternehmung folgend auch im Feststellungsverfahren davon ausgegangen werden sollte, die Unternehmung[422] als solche als erklärungspflichtig anzusehen.[423] Eine entsprechende Erklärungspflicht lässt sich mit § 182 Abs. 2 AO vereinbaren.[424] Dem Erklärungspflichtigen nach § 181 Abs. 2 S. 2 Nr. 4 AO muss der Gegenstand der Feststellung nicht zuzurechnen sein. Die Pflicht der Unternehmung zur Abgabe der Erklärung folgt mittelbar aus § 181 Abs. 2 S. 2 Nr. 4 AO i. V. m. § 34 Abs. 1 S. 1 AO. Der Geschäftsführer, gleich ob Beteiligter oder Nicht-Beteiligter, hat die Feststellungserklärung nach § 181 Abs. 2 S. 2 Nr. 4 AO somit zugleich für die Unternehmung abzugeben. Sollte ein Geschäftsführer im Sinne von § 34 Abs. 1 S. 1 AO nicht vorhanden sein, haben dessen Pflicht und somit auch die Pflicht

---

422 Zum Begriff siehe Fn. 1, zur prozeduralen Beteiligtenfähigkeit zivilrechtlich nicht rechtsfähiger Unternehmungen und sich daraus etwaig ergebender Einschränkungen siehe Rdnr. 114 ff., insb. Rdnr. 118.

423 So auch *Stehr*, S. 83 f., der zudem auch auf § 149 Abs. 2 AO und § 150 Abs. 4 S. 1 AO abstellt, die insoweit aber wenig aussagekräftig erscheinen; *Schick*, StuW 1992, S. 197 (218); *Klasmeyer/Kübler*, BB 1978, S. 369 (372); *Klasmeyer*, ZIP 1980, S. 54 (55); *H.-F. Müller*, S. 111; ebenso *Herrmann*, DStZ 1998, S. 87 (90 f.), und *Ruban* in FS Döllerer, S. 515 (523), wenn auch jeweils ohne nähere Begründung; wohl auch *Reuter*, S. 99.

424 Infolge dieser Auffassung obläge auch einem Insolvenzverwalter eine Erklärungspflicht.

der Unternehmung die, ebenfalls von § 182 Abs. 2 S. 2 Nr. 4 AO erfassten, Beteiligten nach § 34 Abs. 2 S. 1 AO zu erfüllen.[425] Da § 181 Abs. 2 AO nicht zwischen den Einkunftsarten unterscheidet, ist insoweit auch keine Differenzierung geboten. Unerheblich ist folglich auch, ob Buchführungspflichten der Unternehmung bestehen oder bei vermögensverwaltenden Vereinigungen Wirtschaftsgüter über § 39 Abs. 2 Nr. 2 AO den Beteiligten zugerechnet werden.

c) Umfang der Erklärungspflichten

Aber auch wenn die Unternehmung neben den Beteiligten grundsätzlich erklärungspflichtig ist, bleibt der konkrete Inhalt der jeweiligen Erklärungspflichten klärungsbedürftig. 140

(1) Problematik unbegrenzter Erklärungspflichten

Eine umfassende, sowohl die Unternehmung als auch die einzelnen Beteiligten betreffende, Erklärungspflicht, wie sie dem Wortlaut und der nicht differenzierenden Gesetzesbegründung[426] nach nahe liegt und auch der tradierten Auffassung entspricht, begegnet indessen Bedenken.[427] Einerseits kann es den Beteiligten an Kenntnissen fehlen, welche die Unternehmung betreffen. Andererseits kann es dem Geschäftsführer, somit nach hier vertretener Auffassung auch der Unternehmung, und den Beteiligten an Kenntnissen fehlen, welche einzelne (andere) Beteiligte betreffen. 141

Beispielhaft für die erste Konstellation ist der Kommanditist einer KG. Dieser wäre umfassend erklärungspflichtig. Allerdings stehen ihm als gesellschaftsrechtlich von der Geschäftsführung Ausgeschlossenen, § 170 HGB, lediglich die Kontrollrechte gemäß § 166 Abs. 1 HGB, grundsätzlich aber nicht die Befugnis zur Unterrichtung, Einsichtnahme in Handelsbücher und Papiere der Gesellschaft nach § 118 Abs. 1 HGB, zu, § 166 Abs. 2 HGB. Die zweite Konstellation betrifft exemplarisch die Sonderbetriebseinnahmen und Sonderbetriebsausgaben der einzelnen Beteiligten. Diese sind regelmäßig lediglich dem Beteiligten bekannt, der diese bezogen oder getragen hat. Sofern man die Sonderbetriebssphäre mit der nahezu einhelligen Ansicht und der gegebenen Praxis (hierzu noch Rdnr. 393 ff.) in die gesonderte und einheitliche Feststellung miteinbezieht, wäre es den anderen 142

---

425 Diese Konstellation dürfte indessen faktisch ausgeschlossen sein, da bereits die tatsächliche Führung der Geschäfte die Geschäftsführereigenschaft begründet (hierzu Rdnr. 135). Werden die Geschäfte tatsächlich geführt, bestehen auch die zur Abgabe der Erklärung für die Unternehmung notwendigen Kenntnisse.

426 Gesetzesbegründung zum Steuerbereinigungsgesetz 1985, BT-Drs. 10/1636, S. 46.

427 Man kann dies auch drastischer formulieren. So attestiert *Knobbe-Keuk*, S. 520, zu § 181 Abs. 2 Nr. 1 AO bemerkenswert eindeutig: *„Diese Bestimmung ist schlichter Unsinn; der Gesetzgeber macht sich lächerlich.“*

Erklärungspflichtigen mangels Kenntnis aber nicht möglich, eine umfassende und zutreffende Erklärung abzugeben.

143 Aus diesen faktischen und rechtlichen Grenzen der tatsächlichen Kenntnis der einzelnen Verpflichteten wird teilweise gefolgert, dass die Anordnung der umfassenden Erklärungspflicht *„verfehlt und unwirksam"*[428] beziehungsweise *„mit elementaren aus der Verfassung abzuleitenden Grundsätzen nicht zu vereinbaren"*[429] ist. Dem ist zumindest im Grundsatz zuzugeben, dass die Auferlegung öffentlich-rechtlicher Pflichten nicht dazu führen darf, vom Verpflichteten etwas Unmögliches zu verlangen. Im Gegenzug sollte das Verdikt der Verfassungswidrigkeit nicht vorschnell verhängt werden. Im Kerngedanken vermag die Verpflichtung sowohl der Unternehmung als auch sämtlicher Beteiligter zur Abgabe der Feststellungserklärung durchaus zu überzeugen. Für die Unternehmung folgt dies aus deren verfahrenstechnisch umsetzbarer Erstzuständigkeit. Für die Beteiligten folgt dies aus dem Inhalt der Feststellungen, daher der Einkünftezurechnung. Demzufolge richten sich die Einzelfeststellungen inhaltlich, somit unbeschadet der verwaltungstechnischen Zustellung nach § 183 AO, gerade auch an diese Beteiligten. Den von der Feststellung Betroffenen aber die Pflicht aufzuerlegen, die Feststellung durch einen Beitrag zum Verfahren zu ermöglichen, erscheint daher nicht verfehlt.[430] Dies gilt erst recht, soweit dieser konzeptionell grundsätzlich überzeugenden Ausgestaltung eine durch Auslegung zu gewinnende Begrenzung zuerkannt werden kann. Unbeschadet der steuerverfahrensrechtlichen Würdigung wären hiermit auch eine Anknüpfung an und Rücksichtnahme auf die zivilrechtlichen Vorgaben verbunden, nach welchen die Sphäre der Gesellschaft von der Sphäre der Gesellschafter grundsätzlich zu trennen ist.

(2) Lösungsansätze

144 Im Kern besteht die Problematik darin, dass aus rechtlichen oder tatsächlichen Umständen begründete Informationsasymmetrien zu einer Inkongruenz zwischen einer umfassenden Erklärungspflicht und einer beschränkten Kenntnis in Bezug auf Umstände führen, welche zur Erfüllung der Erklärungspflicht notwendig sind. Macht man sich dies klar, sind zwei mögliche Lösungswege offensichtlich. Die vorliegende Inkongruenz lässt sich durch umfassende Kenntnisverschaffung oder durch Beschränkung der Erklärungspflicht beseitigen. Beide Auswege fristen bisher indessen ein Schattendasein. Weit vorherrschend ist ein Lösungsansatz, der die bestehende Divergenz nicht rechtlich einebnet, sondern deren Auswirkungen praktisch gering hält.

---

428 *Brandis* in Tipke/Kruse, AO FGO, § 181 AO Rn. 13 m.w.N.

429 *Schick*, StuW 1992, S. 197 (218) m.w.N.; ebenso zu § 18 Abs. 3 AStG *Wissenschaftlicher Beirat Ernst & Young GmbH*, IStR 2013, S. 549 (552, 553).

430 So grundsätzlich auch: *Söhn* in Hübschmann/Hepp/Spitaler, AO FGO, § 181 AO Rn. 50, der die Beteiligten als *„„geborene" Erklärungspflichtige"* bezeichnet; *Frotscher* in Schwarz/Pahlke, AO FGO, § 181 AO Rn. 9.

(a) Herleitung von gegenseitigen Rechten und Pflichten

So wird, soweit ersichtlich, bisher wenig diskutiert, ob die Verpflichtung zur Abgabe einer Feststellungserklärung gegenüber den Finanzbehörden mittelbar, aus gesellschafts- und steuerrechtlicher Sicht nicht bestehende,[431] Rechte und Pflichten zwischen den Erklärungspflichtigen begründen kann. Im Ergebnis würde diesen, auch den nach § 34 AO Verpflichteten, das Recht gegenüber den anderen Feststellungsbeteiligten zustehen, über sämtliche erklärungsrelevanten Umstände informiert zu werden sowie ergänzende, notwendige Unterlagen[432] zu erhalten. Da sich eine solche Verpflichtung nicht direkt aus der Abgabenordnung herleiten lässt, müsste der Anknüpfungspunkt den einfachgesetzlichen gesellschaftsrechtlichen Regelungen entnommen werden. So verfolgt beispielsweise die Gesellschaft bürgerlichen Rechts (zumindest) einen gemeinsamen Zweck, welcher durch Beiträge der Gesellschafter zu fördern ist, §§ 705, 706 BGB.[433] Verfolgt nun die Gesellschaft zumindest auch den Zweck der Einkünfteerzielung und knüpfen an diese Tätigkeit steuerliche Pflichten Einzelner, so könnte man es als obligatorischen Beitrag eines jeden Gesellschafters ansehen, den Mitbeteiligten deren Pflichterfüllung zu ermöglichen. Somit würde nicht Unmögliches verlangt. Eine etwaige verfassungsrechtliche Problematik entfiele. 145

Ein derartiger Erklärungsansatz setzte im Einzelfall jedoch voraus, dass, wie bei der Gesellschaft bürgerlichen Rechts, entweder interpretationsfähige gesellschaftsrechtliche Normen vorhanden sind oder gegebenenfalls entgegenstehende gesellschaftsrechtliche Normen für Zwecke des Steuerverfahrens einschränkend oder, sofern einzelne Normen den Erklärungspflichtigen schon (andere) Informationsrechte zugestehen, erweiternd ausgelegt werden könnten. So wäre es beim Kommanditisten notwendig, die dessen Rechte einschränkenden Normen der §§ 170, 166 Abs. 2 HGB[434] gegenüber der KG von § 181 Abs. 2 AO überlagert anzusehen. Es sind jedoch weder im Wortlaut des § 181 Abs. 2 AO noch aus der Gesetzgebungsgeschichte[435] Anhaltspunkte ersichtlich, dass diesem eine derartige Bedeutung beigemessen werden kann. Auch die lediglich dienende Funktion des Verfahrensrechts spricht grundsätzlich gegen die Zuerkennung eines solchen materiell-rechtlichen Regelungsgehaltes. Dies erst recht, wo, wie bei einem 146

---

431 Hierzu auch unter Rückgriff auf das Recht auf informationelle Selbstbestimmung, *Wichmann*, DStR 2012, S. 2513 (2514).

432 Die notwendigen Unterlagen zur Feststellungserklärung ergeben sich aus § 60 EStDV 2000.

433 Zum gemeinsamen Zweck siehe grundlegend *K. Schmidt*, S. 57 ff.; zu den Beiträgen und Pflichten *K. Schmidt*, S. 566 ff.

434 Ein Kommanditist kann eine Abschrift eines erstellten Jahresabschlusses verlangen und dessen Richtigkeit unter Einsicht der Bücher und Papiere prüfen, § 166 Abs. 1 HGB. Hierbei handelt es sich somit um nachträgliche Kontrollrechte.

435 Zur Gesetzesbegründung zum Steuerbereinigungsgesetz 1985 siehe BT-Drs. 10/1636, S. 46.

Komplementär, entgegenstehende ausdrückliche materiell-rechtliche Regelungen eine Modifikation erfahren müssten.[436] Ebenso wenig wie interne, daher zwischen den Beteiligten bestehende, Regelungen hinsichtlich der Erklärungspflicht einen Einfluss auf die öffentlich-rechtliche Verpflichtung zur Abgabe der Feststellungerklärung haben,[437] vermag die öffentlich-rechtliche Verpflichtung materiell-rechtliche Pflichten zwischen den Beteiligten grundsätzlich erst zu schaffen. Auch eine etwaige Ungleichbehandlung in Bezug auf verschiedene Gesellschaftsformen, beispielsweise durch Implementierung entsprechender Pflichten bei einer GbR und Ablehnung einer solchen aufgrund der expliziteren normativen Ausgestaltung bei einer KG, sollte aufgrund der nicht differenzierenden Ausgestaltung des § 181 Abs. 2 AO unterbleiben. Vor allem aber ist die Herleitung gegenseitiger Informations- und Auskunftsrechte und somit ein Eingriff in den materiellen Regelungsgehalt gesellschaftsrechtlicher Regelungen nicht erforderlich (siehe hierzu Rdnr. 150 ff.). Unbeschadet dessen würden auch Geheimhaltungsinteressen der Beteiligten tangiert (hierzu noch Rdnr. 456 ff., 510). Gegenseitige Informationsansprüche der Erklärungspflichtigen bestehen demnach grundsätzlich nicht und vermögen die Problematik daher nicht zu entschärfen.[438]

(b) Fehlerfreie Ermessensausübung

147 Zur Lösung dieser Fragestellung wird überdies auch überwiegend auf eine ermessensfehlerfreie Inanspruchnahme einzelner Beteiligter durch die Finanzverwaltung abgestellt.[439] Der Finanzbehörde stehen grundsätzlich mehrere Erklärungspflichtige gegenüber, deren unterschiedliche Kenntnislagen bei deren Auswahl im Rahmen einer Ermessensentscheidung zu berücksichtigen seien. Als grundsätzlich ermessensfehlerfrei wird hierbei angesehen, wenn die Finanzbehörde den nach § 34 AO

---

436 *Schulze*, S. 373 ff., versucht entsprechende Informationsrechte des Kommanditisten zu begründen, bezeichnet seinen Ansatz indessen selbst (zutreffend) als Rechtsfortbildung.

437 Hierzu *Koenig* in Koenig, AO, § 181 Rn. 17.

438 Eine Ausnahme sollte dann gelten, wenn der Erklärungspflichtige auch seiner nach hier vertretener Ansicht beschränkten (hierzu Rdnr. 150 ff.) Erklärungspflicht nicht nachkommen kann. So etwa, wenn man die Bilanzierungspflicht für die Sonderbetriebssphäre einschließlich der Ergänzungsbilanzen beim jeweiligen Beteiligten verortet (hierzu Rdnr. 511 ff.). Seine Ergänzungsbilanz mit den ihm bekannten Daten kann der Beteiligte nur erstellen, wenn ihm zusätzlich die Wertansätze der Gesamthandsbilanz bekannt sind.

439 *Söhn* in Hübschmann/Hepp/Spitaler, AO FGO, § 181 AO Rn. 50; *Brandis* in Tipke/Kruse, AO FGO, § 181 AO Rn. 13; *Frotscher* in Schwarz/Pahlke, AO FGO, § 181 AO Rn. 9; *Kunz* in Gosch, AO FGO, § 181 AO Rn. 13; *Koenig* in Koenig, AO, § 181 Rn. 17; *von Wedelstädt* in Kühn/von Wedelstädt, AO FGO, § 181 AO Rn. 6; *Gschwendtner*, DStZ 1998, S. 335 (341).

über § 181 Abs. 2 S. 2 Nr. 4 AO Verpflichteten in Anspruch nimmt.[440] Teilweise wird sogar angenommen, dessen Inanspruchnahme sei aufgrund einer Ermessensreduzierung auf Null zwingend.[441] Ebenso soll es grundsätzlich nicht zu beanstanden sein, wenn der in Erledigung steuerlicher Angelegenheiten oder als Empfangsbevollmächtigter nach § 183 AO gegenüber der Finanzverwaltung Hervorgetretene in Anspruch genommen wird.[442]

Nicht übersehen werden darf aber, dass auch dem Geschäftsführer einer Unterneh- **148**
mung nicht sämtliche Informationen zur Verfügung stehen. In Bezug auf Umstände, welche lediglich einen Beteiligten betreffen, fehlt es regelmäßig an umfassender Kenntnis.[443] Die Ermessensfehlerfreiheit einer Inanspruchnahme des Geschäftsführers, der keine (umfassende) Kenntnis von Umständen aus der Sphäre einzelner Beteiligter besitzt, anstelle der Inanspruchnahme einzelner Beteiligter, welche keine (umfassende) Kenntnis von Umständen aus der Sphäre der Unternehmung besitzen, erscheint daher fragwürdig. Bei Lichte betrachtet kann dem lediglich die Erwägung zugrunde liegen, dass der Geschäftsführer einerseits *„als erstes"* beziehungsweise *„zunächst"* in Anspruch genommen wird und ihm andererseits zumindest sämtliche Umstände der Unternehmung als solcher bekannt sind beziehungsweise bekannt sein müssen. Insoweit wird auf denjenigen zugegriffen, der zumindest die Unternehmungssphäre abdecken können muss und von dem man insoweit weitestgehende Kenntnisse erwarten darf. Dass trotzdem keine vollständige Erklärung abgegeben werden kann, wird jedoch vernachlässigt. Es wird lediglich eine rein praktische Milderung der Problemstellung allumfassender Erklärungspflichten erwirkt, diese aber keiner tragfähigen rechtlichen Lösung zugeführt.

Zudem scheint zumindest für die Rechtspraxis nicht abschließend geklärt, **149**
dass der Finanzbehörde tatsächlich ein Auswahlermessen zusteht. Stellte der BFH im Jahre 1987 noch auf den nicht gegebenen *„Ermessensfehlgebrauch"*[444] und ein *„Entschließungsermessen"*[445] ab, verneinte er im Jahre 1991 ein solches ausdrücklich und eindeutig,[446] um nachfolgend im Jahre 1994 lediglich mit

440 *Söhn* in Hübschmann/Hepp/Spitaler, AO FGO, § 181 AO Rn. 50; *Kunz* in Gosch, AO FGO, § 181 AO Rn. 13; BFH, Urteil vom 21.05.1987 – IV R 124/83, BFH/NV 1988, S. 760 (761). So auch BFH, Urteil vom 23.08.1994 – VII R 143/92, BStBl. II 1995, S. 194 (195), *„Geschäftsführer ... an die sich das FA ... schon aus Zweckmäßigkeitsgründen wird halten müssen"*.

441 *Söhn* in Hübschmann/Hepp/Spitaler, AO FGO, § 181 AO Rn. 50.

442 BFH, Urteil vom 21.05.1987 – IV R 134/83, BStBl. II 1987, S. 764 (765).

443 Hierauf weist zutreffend auch *Brandis* in Tipke/Kruse, AO FGO, § 181 AO Rn. 13, hin.

444 BFH, Urteil vom 21.05.1987 – IV R 134/83, BStBl. II 1987, S. 764 (765).

445 BFH, Urteil vom 21.05.1987 – IV R 124/83, BFH/NV 1988, S. 760 (761), auch *„Ermessensfehlgebrauch"*, beides hinsichtlich eines Verspätungszuschlages.

446 Nach BFH, Urteil vom 07.08.1990 – IX R 114/89, BStBl. II 1991, S. 119 (119), ist in Bezug auf den vergleichbaren, da ebenfalls Mehrere verpflichtenden, § 3 der Verordnung zu § 180 Abs. 2 AO die Vorinstanz *„rechtsfehlerhaft davon ausgegangen, bei der Aufforderung zur Abgabe von Feststellungserklärungen an eine der in § 3 VO*

„*Zweckmäßigkeitsgründen*“[447] zu argumentieren und sodann im Jahre 2013 wieder von einem „*Ermessen der Finanzbehörde*“ auszugehen[448].

(c) Einschränkung des Umfangs der Erklärungspflichten

150 Der Umstand mangelnder umfassender Kenntnis sowie der Sinn und Zweck der gesonderten und einheitlichen Feststellung sollten hingegen Anlass geben, den Umfang der Erklärungspflichten der Beteiligten an sich zu reduzieren. Während der Ermessensgebrauch das grundsätzliche Bestehen der umfassenden Erklärungspflicht unangetastet lässt, sollten diese an sich nur auf Umstände erstreckt werden, welche dem jeweils Pflichtigen bekannt sind oder bekannt sein müssen.[449] Dem Recht ist es allgemeinhin nicht fremd, Unmögliches aus einem Pflichtenkreis zu eliminieren. Die Grundsätze ultra posse nemo obligatur (über das Können hinaus wird niemand verpflichtet) oder impossibilium nulla est obligatio (Nichts ist Pflicht bei Unmöglichkeit) sind im Zivilrecht anerkannt und durch § 275 Abs. 1 BGB umgesetzt. Im Strafrecht kommt dieser Gedanke beispielsweise bei der rechtfertigenden Pflichtenkollision zum Ausdruck. Auch im öffentlichen Recht ist er anerkannt, sei es die Pflichten einer Behörde[450] betreffend, sei es die eines Bürgers[451] betreffend. Im Steuerverfahrensrecht werden diese Grundsätze gleichfalls nutzbar gemacht.[452]

---

aufgeführten Personen ... sei es erforderlich, daß die Finanzbehörde ein Auswahlermessen ausübe, sofern neben der aufgeforderten Person noch eine andere oder mehrere andere Personen zum Kreis der erklärungspflichtigen Personen gehören. Erlegt das Gesetz einer Person eine Pflicht zur Abgabe einer Steuererklärung auf, kann das FA von dieser Person die Abgabe der Steuererklärung verlangen, und zwar unabhängig davon, ob auch eine andere Person oder mehrere andere Personen aufgrund derselben oder anderer Vorschriften ebenfalls zur Abgabe der Erklärung verpflichtet sind oder sein könnten. Das Gesetz enthält nicht die Einschränkung hinsichtlich der Aufforderung zur Abgabe von Feststellungserklärungen wie sie das FG angenommen hat. Es besteht insoweit grundsätzlich keine Pflicht, ein Auswahlermessen auszuüben. Die Finanzbehörden können grundsätzlich jede der in § 3 VO genannten Personen zur Erklärungsabgabe auffordern. [...] Der Ausübung eines Auswahlermessens bedarf es insoweit nicht.“

447 BFH, Urteil vom 23.08.1994 – VII R 143/92, BStBl. II 1995, S. 194 (195).

448 BFH, Urteil vom 06.11.2012 – VIII R 19/09, BFH/NV 2013, S. 502 (503).

449 Ähnlich wohl im Ergebnis *Wichmann*, DStR 2012, S. 2513 (2516, 2517), bzgl. der Sonderbetriebssphäre.

450 Siehe hierzu beispielsweise die Argumentation des VGH München, Urteil vom 18.05.2006 – 22 BV 05.2462, NVwZ 2007, S. 233 (234), zur Gewährleistung von Immissionsgrenzwerten.

451 VG Würzburg, Urteil vom 13.11.2000 – W 8 K 00.496, W 8 K 00.497, BeckRS 2000, 27004 Rn. 18, zum Nachweis der Abstammung.

452 So beispielsweise das FG Köln, Urteil vom 13.03. 2013 – 10 K 2067/12, DStR 2014, S. 547 (548), bzgl. der Anforderungen an den Nachweis der Finalität ausländischer Verluste.

Eine explizite Beschränkung der Pflicht auf den Rahmen des rechtlichen sowie tatsächlichen Könnens beinhaltet beispielsweise auch § 35 AO.

Es fragt sich daher, warum dieser Gedanke bisher in der hier gegenständlichen Diskussion keinen Eingang gefunden hat. Dies gilt umso mehr, als dass im Umfang beschränkte Pflichten im Gesetz selbst eine, wenn auch eine andere Konstellation betreffende, Regelung gefunden hat. Gemäß § 181 Abs. 2 S. 3 AO werden die grundsätzlich Verpflichteten *„insoweit“* von der Erklärungspflicht befreit, als dass ein anderer Erklärungspflichtiger bereits eine solche abgegeben hat. Lediglich sofern ein anderer Erklärungspflichtiger eine vollständige und richtige Feststellungserklärung abgegeben hat, werden alle anderen Verpflichteten vollständig befreit.[453] Soweit aber eine solche Erklärung unvollständig oder unrichtig ist, bleibt die Verpflichtung aller anderen Beteiligten bestehen.[454] Somit kennt das Gesetz selbst neben der umfassenden auch eine partielle Erklärungspflicht. Die Existenz einer nach dem Gesetz im Umfang beschränkten Pflicht spricht zumindest nicht gegen die Anerkennung von bereits von Anfang an auf die Kenntnisse der Beteiligten beschränkte Pflichtenkreise. Freilich sind die Pflichten nicht an tatsächlichen Kenntnissen, sondern an einem Kennenmüssen zu orientieren. Ein Geschäftsführer kann nicht einwenden, Umstände der Unternehmungssphäre seien ihm nicht bekannt. Gleiches gilt für einen Beteiligten hinsichtlich seiner Gesellschafter- oder Gemeinschaftersphäre. 151

Die Annahme begrenzter Pflichtenkreise kann zudem im Vergleich zur Ansicht der ermessengebundenen Inanspruchnahme eher der Verfahrensökonomie im weiteren Sinne dienen. Zwar wird der ursprüngliche verfahrensökonomische Zweck im engeren Sinne, nicht mehrere Finanzämter mit der Angelegenheit zu befassen (siehe hierzu oben Rdnr. 39 ff.), nicht tangiert. Indessen wäre es ebenso ineffizient, wenn mehrmals gleiche Umstände geschildert würden, welche nicht zu einer materiell-rechtlich zutreffenden Festsetzung beitragen können. Hierzu müsste es nach der Ermessenskonzeption aber kommen, wenn mehrere Beteiligte jeweils keine ausreichenden Kenntnisse bezüglich der Unternehmung als solcher besitzen, jedoch durch die grundsätzliche Pflicht der umfassenden Erklärung gezwungen sind, ihre diesbezüglichen Nichtkenntnisse zu erklären.[455] Die hier 152

453 Hierzu *Frotscher* in Schwarz/Pahlke, AO FGO, § 181 AO Rn. 13; *Kunz* in Gosch, AO FGO, § 181 AO Rn. 19; *Brandis* in Tipke/Kruse, AO FGO, § 181 AO Rn. 13.

454 *Frotscher* in Schwarz/Pahlke, AO FGO, § 181 AO Rn. 13; *Söhn* in Hübschmann/Hepp/Spitaler, AO FGO, § 181 AO Rn. 55; a.A. *Koenig* in Koenig, AO, § 181 Rn. 22, welcher bei nachträglicher Kenntnis von der Fehlerhaftigkeit der Feststellungserklärung eine Berichtigungspflicht nach § 153 AO annimmt, was indessen nicht überzeugt, da die fehlerhafte oder unvollständige Feststellungserklärung nicht von dem Berichtigungsverpflichteten selbst (*„von ihm“*) oder für diesen (*„für ihn“*) abgegeben wurde.

455 Zugegebenermaßen beschränkte sich der Verwaltungsmehraufwand auf die Entgegennahme und die Prüfung inhaltlich nicht zielführender Erklärungen, somit aber zumindest auf einen Mehraufwand, welcher sich durch die Reduzierung der Pflichtenkreise vermeiden lässt.

vertretene Reduzierung der jeweiligen Pflichten deckt sich sodann im Ergebnis auch nicht vollständig mit der vorherrschenden Ermessenslösung. Auch bei der Ermessenslösung erlöschen im Ergebnis zwar Erklärungsplichten vollständig oder teilweise, wenn ein anderer die entsprechenden Umstände erklärt hat, § 181 Abs. 2 S. 3 AO. Dies gilt auch in Bezug auf unbekannte Umstände. Nachteilig und wenig nachvollziehbar ist dieses Erlöschen aber gerade von der Mitwirkung eines anderen Pflichtigen abhängig. Zudem bietet sie keine Lösung für den Verpflichteten in Unkenntnis für den Zeitraum bis zur Erfüllung entsprechender Pflichten durch einen anderen.

153 Sind mangelnde Kenntnis und mangelndes Kennenmüssen ausschlaggebend für die Beschränkung der Pflichtenreichweite, so besteht jedoch im Grundsatz auch eine Erklärungspflicht, soweit sichere Kenntnisse hinsichtlich anderer Sphären vorliegen.[456] Mangels beschränkendem Wortlaut und übergeordneten Gesichtspunkten ist die Erklärungspflicht daher nicht von vornherein generell anhand der materiellen Zuständigkeit ausgerichtet,[457] sondern lediglich in der Regel. Somit besteht auch die rein praktische Möglichkeit, im Falle ohne gegenseitiges Wissen abgegebener Erklärungen deren Inhalt vergleichend prüfen zu können. Für eine weitergehende Beschränkung müsste ein weiteres Bedürfnis beziehungsweise eine Rechtfertigung bestehen.[458] Wollte man dies anders bewerten,[459] würde zudem § 181 Abs. 2 S. 3 AO weitgehend seines Regelungsgehaltes beraubt.

(3) Ergebnis

154 Gegenseitige Rechte und Pflichten zur Aufhebung von Informationsasymmetrien sind nicht herleitbar. Die Ermessenslösung überzeugt nicht als rechtliche Lösung. Mithin sollte die im Gesetz vom Wortlaut ausgehend umfassende Pflicht zur

---

456 Für die Unternehmung somit hinsichtlich der Beteiligtensphären, für die Beteiligten hinsichtlich der Unternehmungssphäre und der Sphären anderer Beteiligter.

457 Exemplarisch: Warum sollte die mit ihrem Mann in einer Mitunternehmerschaft verbundene Frau nicht auch die Sonderbetriebsausgaben ihres Ehemannes miterklären müssen, wenn ihr aufgrund des bestehenden Näheverhältnisses sämtliche Informationen zur Verfügung stehen? Gleiches gilt freilich auch außerhalb derartiger Näheverhältnisse.

458 Eine solche weitergehende Einschränkung ergibt sich nach hier vertretener Auffassung dann, wenn man entgegen der ständigen Rechtsprechung die Buchführungspflicht für die Sonderbetriebsbereiche nicht bei der Gesellschaft, sondern zutreffend bei den jeweiligen Gesellschaftern verortet (hierzu im Zusammenhang Rdnr. 511 ff., insbesondere Rdnr. 516 Fn. 1407).

459 So wohl *Schick*, StuW 1992, S. 197 (218), wenn er ausführt: „*Soweit Verfahren und Bescheid nur einzelne der Beteiligten betreffen (etwa bei bestimmten Sonderbetriebsausgaben), sind auch nur sie verpflichtet, eine Erklärung abzugeben* ...“. Auch *Stehr*, S. 84, will die Erklärungspflichten an der materiellen Zuständigkeit ausrichten, sieht die Vorschrift des § 181 Abs. 2 AO folglich misslungen und plädiert für eine Neufassung.

Abgabe einer Feststellungserklärung als durch den Grundsatz, dass Niemand über sein Können hinaus verpflichtet werden kann, begrenzt angesehen werden. Jeder Verpflichtete ist demnach zur Abgabe einer Feststellungserklärung lediglich insoweit verpflichtet, als ihm die entsprechenden Umstände bekannt sind oder bekannt sein müssen und ein anderer diese noch nicht erklärt hat.

d) Gesamtkonzeption

Auch wenn materielle Zuordnungen nicht per se den Pflichtenumfang begrenzen, **155**
führt eine Ausrichtung am Kennen und Kennenmüssen der jeweiligen Erklärungspflichtigen in den überwiegenden Fällen dazu, dass die Erklärungspflichten entsprechend der materiellen Zuständigkeiten justiert werden. Umstände, welche die Unternehmung als solche betreffen, sind von der Erklärungspflicht der Personen nach § 181 Abs. 2 S. 2 Nr. 4 AO und somit nach hier vertretener Auffassung der Unternehmung selbst erfasst. Für Umstände, welche die einzelnen Beteiligten betreffen, sind diese jeweils nach § 181 Abs. 2 S. 2 Nr. 1 AO erklärungspflichtig. Die jeweiligen Pflichtenkreise werden bereits durch ein Kennenmüssen begründet und werden durch weitergehende Kenntnisse in Bezug auf Umstände anderer Pflichtenkreisen erweitert. Lediglich in Bezug auf die Schnittmengen so definierter Pflichtenkreise kommt § 181 Abs. 2 S. 3 AO zur Anwendung und kann ein Auswahlermessen der Finanzbehörden sinnvoll sein sowie anerkannt werden.[460] Auch nach dieser Auffassung ist im Ergebnis der Notwendigkeit nach einer umfassenden Erfassung sämtlicher Umstände stets entsprochen. Durch ein Abstellen auf das jeweilige Kennenmüssen wird jeder Umstand, gleich ob aus der Sphäre der Unternehmung oder der eines Beteiligten, von zumindest einer Erklärungspflicht erfasst.

Geht man zudem davon aus, dass § 34 Abs. 1 AO nur einen besonderen **156**
Geschäftsführer erfasst (hierzu Rdnr. 135) und die Bestimmung eines solchen die Geschäftsführung im Sinne dieser Norm für alle anderen Beteiligten ausschließt, hätten es, anders als bei einer ermessengestützten Auswahl der Erklärungspflichtigen nach der vorherrschenden Ansicht, die Beteiligten selbst in der Hand, sich von der Erklärungspflicht bezüglich der Unternehmungssphäre zu entbinden. Eine Pflichtenstellung der Unternehmung selbst bietet zudem den Vorteil, dass Verspätungszuschläge (auch) unmittelbar gegenüber der Unternehmung festgesetzt werden könnten, § 152 Abs. 1 S. 1, Abs. 7 AO. Schuldner dieser Verspätungszuschläge wäre sodann zwar auch die Unternehmung, indessen wären letztendlich die Beteiligten wirtschaftlich belastet. Dies dürfte ein gemeinsames Interesse der Beteiligten fördern, die Voraussetzungen der Abgabe der Feststellungserklärung durch die Unternehmung für deren Sphäre nachhaltig zu fördern.[461] Es erscheint

460 Das Auswahlermessen wird regelmäßig zunächst dahingehend auszuüben sein, dass der materiell-rechtlich Zuständige in Anspruch genommen wird.

461 Eine derartiges gemeinschaftliches Förderungsinteresse könnte bei der Annahme unbegrenzter Pflichtenkreise und ausschließlicher Erklärungspflicht der Beteiligten nur erreicht werden, wenn gegenüber jedem Einzelnen Verspätungszuschläge

daher insgesamt vorzugswürdig und auch begründbar, von einer Erklärungspflicht der Unternehmung selbst sowie von auf die Kenntnis und das Kennenmüssen beschränkten Pflichtenkreisen aller Erklärungspflichtigen auszugehen.

2. Örtliche Zuständigkeit

157 Die örtliche Zuständig[462] für die Entgegennahme dieser abzugebenden Feststellungserklärungen sowie zum Erlass des Feststellungsbescheides ist in § 18 AO geregelt.[463] Diesem lässt sich verallgemeinernd das Prinzip der Zuständigkeit des Finanzamtes entnehmen, in dessen Bezirk die Unternehmung ihre auf Einkünfteerzielung gerichtete Initiative überwiegend entfaltet.

a) § 18 AO

158 Die Anwendbarkeit des § 18 AO setzt die Notwendigkeit einer gesonderten Feststellung, vorliegend daher die (potentielle, hierzu Rdnr. 37) Erfüllung des Tatbestandes des § 180 Abs. 1 S. 1 Nr. 2 a) AO, voraus.[464] § 18 Abs. 1 AO gilt nach allgemeiner Auffassung auch für eine besondere gesonderte Feststellung im Hinblick auf mitunternehmerische Unterbeteiligungen und Treuhandverhältnisse nach § 179 Abs. 2 S. 3 AO.[465] Die örtliche Zuständigkeit knüpft sodann je nach Einkunftsart

---

festgesetzt würden. Auch wenn das faktische Ergebnis wohl vergleichbar wäre, so ergäbe sich doch, je nach Anzahl der Beteiligten, ein nicht unerheblicher verwaltungstechnischer Mehraufwand, der nicht der verfahrensökonomischen Zwecksetzung der gesonderten und einheitlichen Feststellung im weiteren Sinne entspricht.

462 Zur sachlichen Zuständigkeit siehe § 16 AO i. V. m. §§ 1–6, 17 FVG. Zur Frage einer etwaig existierenden verbandsmäßigen Zuständigkeit/Verbandskompetenz siehe *Sunder-Plassmann* in Hübschmann/Hepp/Spitaler, AO FGO, Vor §§ 16–29 AO Rn. 11 f.; § 16 AO Rn. 40 ff. Der BFH lehnt eine solche zumindest für die hier relevante Ertragsbesteuerung ab, BFH, Urteil vom 29.10.1970 – IV R 247/69, BStBl. II 1971, S. 151 (151, 152).

463 Diese Zuständigkeit bezieht sich auf das gesamte Feststellungsverfahren, somit beispielsweise auch auf die Anordnung von Außenprüfungen sowie die Erteilung von Zusagen, BFH, Urteil vom 25.01.1989 – X R 158/87, BStBl. II 1989, S. 483 (485); BFH, Beschluss vom 17.07.1998 – I B 12/98, BFH/NV 1999, S. 153 (153); BFH, Urteil vom 12.07.1989 – X R 32/86, BFH/NV 1990, S. 366 (368).

464 Auch sofern eine gesonderte Feststellung nach § 180 Abs. 3 AO unterbleibt, verliert § 18 AO seinen Anknüpfungspunkt und es bleibt bei den allgemeinen Regeln der §§ 19, 20 AO; *Sunder-Plassmann* in Hübschmann/Hepp/Spitaler, AO FGO, § 18 AO Rn. 12; *Drüen* in Tipke/Kruse, AO FGO, § 18 AO Rn. 3; *Wünsch* in Koenig, AO, § 18 Rn. 7. Dies belegt bereits die spezielle Anordnung § 180 Abs. 3 S. 2 AO, nach welchem bei bestimmten Einkunftsarten das Finanzamt nach § 18 Abs. 1 Nr. 4 AO die Feststellung ablehnen kann.

465 FG Hamburg, Urteil vom 15.07.1993 – I 222/90, EFG 1994, S. 150 (150); *Horn* in Schwarz/Pahlke, AO FGO, § 18 Rn. 1; *Sunder-Plassmann* in Hübschmann/Hepp/Spitaler, AO FGO, § 18 AO Rn. 12; *Wünsch* in Koenig, AO, § 18 Rn. 6.

an die Bezirke der Finanzämter an, in denen der Betrieb liegt, in denen sich die Geschäftsleitung[466] oder die (wirtschaftlich bedeutendste) Betriebstätte[467] befindet oder in denen die Tätigkeit vorwiegend ausgeübt wird, § 18 S. 1 Nr. 1–3 AO.[468] Bei den Überschusseinkünften ist das Finanzamt zuständig, von dessen Bezirk die Verwaltung der Einkünfte ausgeht oder in dessen Bezirk sich der wertvollste Teil des einkünfteerzielenden Vermögens befindet, § 18 S. 1 Nr. 4 AO. Aus Vereinfachungsgründen wird davon ausgegangen, dass bei Einkünften aus nur einem Grundstück die Verwaltung dort stattfindet, wo dieses gelegen ist, AEAO zu § 18, Nr. 4. Wird der Finanzverwaltung ein Verwalter benannt, ist grundsätzlich dessen Tätigkeitsort maßgebend.[469] In anderen Fällen sollte die Finanzbehörde die Verwaltung oder die Steuerpflichtigen anhören.[470]

Maßgeblicher Zeitpunkt zur Bestimmung der örtlichen Zuständigkeit ist der- 159
jenige der Durchführung der gesonderten und einheitlichen Feststellung.[471] Dies ergibt sich für Feststellungen bei Beteiligung Mehrerer auch aus einem Umkehrschluss zu § 180 Abs. 1 S. 1 Nr. 2 b) AO, nach welchem bei den dort genannten Einkünften und bei Auseinanderfallen von Wohnsitz- und Feststellungsfinanzamt der Schluss des Gewinnermittlungszeitraumes maßgeblich ist.[472] Die örtliche Zuständigkeit für die Feststellung von Einkünften Mehrerer gilt somit auch für Veranlagungszeiträume, in denen die örtliche Zuständigkeit noch nicht gegeben war. Zuständigkeitsvereinbarungen gemäß § 27 AO sind grundsätzlich möglich, sofern nicht über die Voraussetzungen einer gesonderten und einheitlichen Feststellung an sich disponiert wird.[473]

---

466 Geschäftsleitung ist der Mittelpunkt der geschäftlichen Oberleitung, § 10 AO, somit der Ort, an dem der für die Geschäftsleitung maßgebliche Wille gebildet wird. Nach BFH, Urteil vom 23.01.1991 – I R 22/90, BStBl. II 1991, S. 554 (555) m.w.N., dort, „*wo nach den tatsächlichen Verhältnissen des Einzelfalles dauernd die für die Geschäftsführung nötigen Maßnahmen von einiger Wichtigkeit angeordnet werden*".

467 Als Betriebstätte kommen jegliche Geschäftseinrichtungen oder Anlagen in Betracht, die der Tätigkeit des Unternehmens dienen, § 12 S. 1 AO. Zu Einzelheiten des Betriebstättenbegriffs siehe *Wünsch* in Koenig, AO, § 18 Rn. 5 ff.

468 Seit dem 01.01.2009 gilt § 18 Abs. 1 Nr. 3 AO für sämtliche selbständigen Tätigkeiten, BGBl. I 2008, S. 2850 (2856).

469 *Rätke* in Klein, AO, § 18 Rn. 22.

470 *Wünsch* in Koenig, AO, § 18 Rn. 5 ff.

471 BFH, Beschluss vom 26.02.2014 – III B 123/13, BFH/NV 2014, S. 823 (824) m.w.N.; *Werth* in Kühn/von Wedelstädt, AO FGO, § 18 AO Rn. 5, § 17 AO Rn. 3; *Wünsch* in Koenig, AO, § 18 Rn. 32.

472 Eine nach diesem Zeitpunkt eintretende Änderung der die örtliche Zuständigkeit begründenden Umstände berührt diese nach der (lediglich) für Einkünfte eines Einzelnen geltenden Sonderregelung somit nicht; hierzu auch BFH, Beschluss vom 26.02.2014 – III B 123/13, BFH/NV 2014, S. 823 (824, 825).

473 *Schmieszek* in Gosch, AO FGO, § 18 Rn. 33; *Sunder-Plassmann* in Hübschmann/Hepp/Spitaler, AO FGO, § 18 AO Rn. 5.

b) Rechtsfolgen bei Zuständigkeitsfehlern

160 Ein allein unter Verletzung der örtlichen Zuständigkeit erlassener Verwaltungsakt ist fehlerhaft, mithin rechtswidrig, allerdings nicht nichtig, § 125 Abs. 3 Nr. 1 AO. Er kann von der Finanzbehörde aufgehoben werden, § 130 Abs. 1 AO.[474] Ein Anspruch hierauf besteht allerdings nur unter der Einschränkung des § 127 AO und scheidet somit aus, wenn die örtlich zuständige Behörde in der Sache keine andere Entscheidung hätte treffen können.[475] Insoweit gilt § 127 AO grundsätzlich nicht für Ermessenentscheidungen,[476] wie beispielweise für die Prüfungsanordnung nach § 196 AO[477] oder die Beauftragung mit der Außenprüfung nach § 195 Abs. 2 AO[478], es sei denn, es wäre von einer Ermessensreduzierung auf Null auszugehen.[479] Die Verletzung der örtlichen Zuständigkeit kann nicht mit einem selbständigen Rechtsbehelf geltend gemacht werden; anzugreifen ist der Verwaltungsakt selbst.[480] Sie wird durch eine Einspruchsentscheidung der örtlich zuständigen Behörde geheilt, da dort eine nochmalige vollumfängliche Prüfung der Sache stattzufinden hat, § 367 Abs. 2 S. 1 AO.[481]

161 Nicht anwendbar, verbunden mit der Folge eines Anspruchs auf Aufhebung des Bescheides, ist § 127 AO indessen, soweit eine Entscheidung nicht *„allein"* Regelungen der örtlichen Zuständigkeit verletzt. Ob § 18 AO aufgrund seiner Verknüpfung mit § 180 AO eine die sachliche Zuständigkeit[482] betreffende Komponente zuzuschreiben ist,[483] erscheint in diesem Zusammenhang

---

474 *Drüen* in Tipke/Kruse, AO FGO, § 17 AO Rn. 7; *Schmieszek* in Gosch, AO FGO, § 17 Rn. 18; *Sunder-Plassmann* in Hübschmann/Hepp/Spitaler, AO FGO, § 17 AO Rn. 21.

475 An § 127 AO sind auch die Finanzgerichte gebunden; BFH, Urteil vom 25.11.1988 – III R 264/83, BFH/NV 1989, S. 690 (691).

476 Strittig in Bezug auf unbestimmte Rechtsbegriffe mit Beurteilungsspielraum; hierzu *Sunder-Plassmann* in Hübschmann/Hepp/Spitaler, AO FGO, § 17 AO Rn. 23 m.w.N.

477 BFH, Beschluss vom 14.01.2010 – VIII B 104/09, BFH/NV 2010, S. 605 (606).

478 BFH, Beschluss vom 27.11.2003 – I B 119/03, S 11/03, BFH/NV 2004, S. 756 (757).

479 So BFH, Beschluss vom 02.08.2012 – V B 68/11, BFH/NV 2013, S. 243 (244), hinsichtlich eines Haftungsbescheides, wenn nur ein Haftender existiert.

480 *Sunder-Plassmann* in Hübschmann/Hepp/Spitaler, AO FGO, § 17 AO Rn. 25. Zur Subsidiarität einer Feststellungsklage siehe auch BFH, Beschluss vom 04.07.2007 – IV B 43/06, BFH/NV 2007, S. 2127 (2128); BFH, Beschluss vom 19.05.2008 – V B 29/07, BFH/NV 2008, S. 1501 (1505).

481 So auch *Rätke* in Klein, AO, § 17 Rn. 3; *Schmieszek* in Gosch, AO FGO, § 17 Rn. 18; *Sunder-Plassmann* in Hübschmann/Hepp/Spitaler, AO FGO, § 17 AO Rn. 26; angedeutet aber offen gelassen von BFH, Urteil vom 25.11.1988 – III R 264/83, BFH/NV 1989, S. 690 (691).

482 Allgemein setzt die örtliche Zuständigkeit die sachliche Zuständigkeit voraus, nicht vice versa, *Drüen* in Tipke/Kruse, AO FGO, § 16 AO Rn. 3.

483 So beispielsweise BFH, Urteil vom 12.07.1989 – X R 32/86, BFH/NV 1990, S. 366 (368); *Sunder-Plassmann* in Hübschmann/Hepp/Spitaler, AO FGO, § 18 AO Rn. 5; *Schwarz* in Schwarz/Pahlke, AO FGO[Stand März 2015], § 18 Rn. 1a.

irrelevant.[484] Zutreffend ist zwar zunächst, dass eine beiderseitige Abhängigkeit dieser Normen für die Feststellung der Einkünfte eines Einzelnen gemäß § 180 Abs. 1 S. 1 Nr. 2 b) AO besteht.[485] Dort ist ein Auseinanderfallen der Zuständigkeiten somit Tatbestandsvoraussetzung.[486] Bei Verkennung der Erforderlichkeit dieser gesonderten und nicht einheitlichen Feststellung soll sodann in den sachlichen Zuständigkeits- und Kompetenzbereich einer anderen Behörde eingegriffen werden.[487] Ob hiermit aber terminologisch die sachliche Zuständigkeit betroffen ist, ist zweitrangig. Eine Verkennung der örtlichen Zuständigkeiten führt in diesen Konstellationen zu einer unzutreffenden Anwendung des § 180 Abs. 1 S. 1 Nr. 2 b) AO. Eine solche verschließt den Anwendungsbereich des § 127 AO, da nicht *„allein"* Vorschriften der örtlichen Zuständigkeit verletzt werden.

Gleiches gilt bei der hier gegenständlichen gesonderten und einheitlichen Fest- **162**
stellung nach § 180 Abs. 1 S. 1 Nr. 2 a) AO.[488] Es sind zwei Konstellationen zu unterscheiden: Wird über die Notwendigkeit einer gesonderten und einheitlichen Feststellung zutreffend von einem örtlich unzuständigem Finanzamt entschieden, so stellt dies lediglich einen Verstoß gegen die Regeln der örtlichen Zuständigkeit dar. Folglich ist die Anfechtbarkeit nach § 127 AO beschränkt.[489] Augenscheinlich

---

484 So ebenfalls *Sunder-Plassmann* in Hübschmann/Hepp/Spitaler, AO FGO, § 18 AO Rn. 5.

485 Dieser sieht eine gesonderte (nicht einheitliche) Feststellung vor, wenn das Finanzamt für Steuern vom Einkommen nicht mit dem gemäß § 18 AO für die gesonderte Feststellung der genannten Einkünfte zuständigen Finanzamt identisch ist und will somit die Sachnähe des Betriebsfinanzamtes nutzbar machen, Gesetzesbegründung zur AO 1977, BT-Drs. VI/1982, S. 156, 157; *Söhn* in Hübschmann/Hepp/Spitaler, AO FGO, § 180 AO Rn. 391. Siehe hierzu auch Rdnr. 484.

486 BFH, Beschluss vom 16.11.2006 – XI B 156/05, BFH/NV 2007, S. 401 (402); *Frotscher* in Schwarz/Pahlke, AO FGO, § 180 AO Rn. 97.

487 *Sunder-Plassmann* in Hübschmann/Hepp/Spitaler, AO FGO, § 18 AO Rn. 5; auch das FG Baden-Württemberg, Urteil vom 25.06.1997 – 12 K 158/97, EFG 1997, S. 1280 (1281), geht bei § 180 Abs. 1 S. 1 Nr. 2 b) AO von einer sachlichen Zuständigkeitsregel aus, siehe auch FG Schleswig-Holstein, Urteil vom 15.11.1983 – II 177/80 V, EFG 1984, S. 322 (323). *Frotscher* in Schwarz/Pahlke, AO FGO, § 180 AO Rn. 97, meint wohl indessen, dass bei unzutreffender Annahme der Voraussetzungen des § 180 Abs. 1 S. 1 Nr. 2 b) AO nicht in den Zuständigkeitsbereich einer anderen Behörde eingegriffen werde, weil die Feststellung unzulässig und daher keine andere Behörde zuständig ist. Dies verkennt jedoch, dass in diesem Fall der Zuständigkeitsbereich des Festsetzungsfinanzamtes nach §§ 19, 20 AO beschnitten würde.

488 Eine sachliche Komponente des § 18 AO wird insoweit teilweise damit begründet, dass der Feststellungsgegenstand zugunsten des Feststellungsfinanzamtes gesetzlich erweitert wurde, *Schwarz* in Schwarz/Pahlke, AO FGO[Stand März 2015], § 18 Rn. 1a; *Wünsch* in Koenig, AO, § 18 Rn. 5. Es mangelt in diesem Fall indessen an einer Rückkopplung des § 180 AO an den § 18 AO, wodurch eine die sachliche Zuständigkeit betreffenden Regelungsmaterie des § 18 AO ferner liegen mag.

489 BFH, Beschluss vom 21.06.2007 – IX B 5/07, BFH/NV 2007, S. 1628 (1628).

gebietet in diesen Fällen auch die besondere Sachnähe und Sachkunde des eigentlich zuständigen Finanzamtes keine andere Beurteilung, da eine zutreffende Entscheidung getroffen wurde und es somit auf die besondere Nähe offensichtlich nicht ankam. Werden hingegen die Voraussetzungen der gesonderten und einheitlichen Feststellung unzutreffend angenommen oder abgelehnt, liegt hierin ein Verstoß gegen § 180 Abs. 1 S. 1 Nr. 2 a) AO unabhängig davon, ob das örtlich zuständige oder unzuständige Finanzamt handelt. § 127 AO greift nicht ein. Gleiches gilt, wenn der Feststellungsgegenstand über § 180 Abs. 1 S. 1 Nr. 2 a) AO hinaus ausgedehnt würde.

3. Adressat und Adressierung

163 Gemäß § 119 Abs. 1 AO muss ein Verwaltungsakt, somit auch ein Feststellungsbescheid, inhaltlich hinreichend bestimmt sein. Dies gilt sowohl für den Regelungsinhalt als auch für die Frage, gegenüber wem der Feststellungsbescheid seine materiell-rechtliche Wirkung entfalten soll. Dieser Inhaltsadressat (auch Verwaltungsaktsadressat oder Destinatär) ist vom Bekanntgabeadressat (sowie vom gegebenenfalls abweichenden Empfänger) zu unterscheiden (hierzu unten Rdnr. 209 ff.).

a) Die Unternehmung als Inhaltsadressat

164 Inhaltsadressaten eines gesonderten und einheitlichen Feststellungsbescheides sind, insoweit zunächst zutreffend und allseits anerkannt, sämtliche Beteiligte. Nach nahezu einhelliger Auffassung ist die Unternehmung[490] als solche hingegen nicht Adressat.[491] Letzteres überzeugt nicht. Das Feststellungsverfahren ist ein von der Steuerfestsetzung getrenntes und zu unterscheidendes Verfahren (hierzu bereits Rdnr. 109 ff.). In dessen Rahmen werden Einkünfte, welche die Unternehmung selbst als Subjekt der Einkünfteerzielung erzielt, ermittelt und sodann den

---

490 Zum Begriff siehe Fn. 1, zur prozeduralen Beteiligtenfähigkeit zivilrechtlich nicht rechtsfähiger Unternehmungen und sich daraus etwaig ergebender Einschränkungen siehe Rdnr. 114 ff., insb. Rdnr. 118.

491 BFH, Urteil vom 02.07.2004 – II R 73/01, BFH/NV 2005, S. 214 (216); BFH, Urteil vom 31.08.1999 – VIII R 21/98, BFH/NV 2000, S. 554 (555); BFH, Urteil vom 07.04.1987 – VIII R 259/84, BStBl. II 1987, S. 766 (767); FG Hamburg, Urteil vom 31.10.1985 – I 54/82, EFG 1986, S. 364 (364); *Söhn* in Hübschmann/Hepp/Spitaler, AO FGO, § 179 AO Rn. 150; *Brandis* in Tipke/Kruse, AO FGO, § 179 AO Rn. 8; *Frotscher* in Schwarz/Pahlke, AO FGO, § 179 AO Rn. 28; *Kunz* in Gosch, AO FGO, § 179 AO Rn. 20; jeweils m.w.N. Anders noch BFH, Urteil vom 24.04.2007 – I R 33/06, BFH/NV 2007, S. 2236 (2237), bei Beteiligung an einer ausländischen Gesellschaft, indessen ausdrücklich aufgegeben von BFH, Urteil vom 24.07.2013 – I R 57/11, BStBl. II 2016, S. 633 (634 ff.); zumindest missverständlich BFH, Urteil vom 31.07.1980 – IV R 18/77, BStBl. II 1981, S. 33 (33, 34).

einzelnen Beteiligten zugerechnet. Mithin werden Feststellungen getroffen, von denen (zumindest auch) die Unternehmung als solche betroffen ist.[492] Diese Betroffenheit rechtfertigt es, den Feststellungsbescheid entsprechend der Wertung des § 122 Abs. 1 S. 1 AO („*bestimmt*") auch an die Unternehmung zu richten.[493] Somit würde die materielle Steuerrechtsfähigkeit und Verselbständigung dieser Unternehmung im Verfahrensrecht nachgezeichnet. Es erscheint inkonsequent, der Unternehmung einerseits materielle Selbständigkeit zuzuerkennen, andererseits dieser aber die verfahrensrechtliche Stellung als Beteiligte zu verwehren.[494] Diese Vereinheitlichung im Rahmen des Steuerrechtsverhältnisses wird auch an anderer Stelle bereits realisiert. So ist der Bescheid zum gesondert festzustellenden Zinsvortrag im Rahmen der Zinsschranke, § 4h Abs. 4 S. 1 EStG, (ausschließlich) an die Personengesellschaft zu adressieren.[495] Zwischenzeitlich vertrat auch der BFH die Auffassung, dass bei einer ausländischen Personengesellschaft der Bescheid gegenüber dieser zu ergehen habe.[496] Die Unternehmung ist zudem als solche buchführungspflichtig und hat Außenprüfungen zu dulden (hierzu Rdnr. 125). Nach hier vertretener Auffassung ist (auch) die Unternehmung zur Abgabe der Erklärung zur gesonderten und einheitlichen Feststellung verpflichtet (siehe hierzu Rdnr. 124 ff.).[497] Es erscheint daher nur folgerichtig, den Feststellungsbescheid auch an die Unternehmung zu adressieren. Hiergegen spricht auch weder der materiell-rechtliche Zweck der Vereinheitlichung als auch die verfahrensökonomische Zwecksetzung (im engeren und weiteren Sinne). Der Feststellungsbescheid richtet sich nur zusätzlich auch an die Unternehmung.[498]

---

492 So auch *von Groll* in Gräber, FGO[7], § 48 Rn. 12.

493 Hierdurch würde die Unternehmung zum Beteiligten nach § 78 Nr. 2 AO.

494 So auch *Stehr*, S. 141, der zudem auf S. 143 weitere systematische Zusammenhänge zur Korrektur des Feststellungsbescheides, zur Ablaufhemmung der Feststellungsfrist bei Außenprüfung und zur Prüfung der Ordnungsgemäßheit der Buchführung darstellt.

495 So insb. das BMF, Schreiben betreffend die Zinsschranke vom 04.07.2008, BStBl. I 2008, S. 718 (Tz. 49); *Schenke* in Kirchhof/Söhn/Mellinghoff, EStG, § 4h Rn. E 8; a.A. *Heuermann* in Blümich, EStG, KStG, GewStG, § 4h EStG Rn. 99.

496 So noch BFH, Urteil vom 24.04.2007 – I R 33/06, BFH/NV 2007, S. 2236 (2237). Hieran hält der BFH nicht mehr fest, BFH, Urteil vom 24.07.2013 – I R 57/11, BStBl. II 2016, S. 633 (634 ff.).

497 Dies legt eine Adressierung an sie nahe, erlaubt indessen keinen zwangsläufigen Rückschluss, wie § 181 Abs. 2 S. 2 Nr. 4 AO nach herkömmlicher Lesart belegt. Auch wenn der dort genannte Geschäftsführer eine Erklärung abzugeben hat, ist er selbst unstrittig aus diesem Grunde nicht Inhaltsadressat.

498 Eine derartige Adressierung kann mittels einfachen Zusatzes erreicht werden. Existiert kein geschäftsüblicher Name, ist der Bescheid neben den Beteiligten auch „*an die zwischen den Beteiligten bestehende Gesellschaft/Gemeinschaft*" zu richten; hierzu AEAO zu § 122, Nr. 2.4.1.3. Soweit vorhanden, ist die Nennung des geschäftsüblichen Namens ausreichend, AEAO zu § 122, Nr. 2.4.1.2.

165 Wie aber bereits im Rahmen der Erklärungspflicht (hierzu Rdnr. 126 ff.) müsste sich die Annahme einer Adressierung des Feststellungsbescheides an die Unternehmung mit den gesetzlichen Vorgaben vereinbaren lassen. Nach § 179 Abs. 2 S. 1 AO hat sich bei gesonderter Feststellung der Feststellungsbescheid gegen den Steuerpflichtigen zu richten, dem *„der Gegenstand der Feststellung bei der Besteuerung zuzurechnen ist."* Gemäß § 179 Abs. 2 S. 2 AO wird die gesonderte Feststellung *„gegenüber mehreren Beteiligten einheitlich vorgenommen, wenn dies gesetzlich bestimmt ist oder der Gegenstand der Feststellung mehreren Personen zuzurechnen ist."* Der Norminhalt des § 179 Abs. 2 AO scheint somit gegen eine Adressierung auch der Unternehmung zu sprechen.

(1) Bisherige Ansätze zur Vereinbarkeit mit § 179 Abs. 2 AO

166 Unbeschadet dessen wird die Unternehmung nicht einhellig negiert. Bisher existierenden Ansätzen zur Adressierung auch an die Unternehmung ist indessen, auch soweit sie sich um eine argumentative Begründung bemühen, im Ergebnis nicht beizupflichten.

(a) Teleologische Extension

167 So verwundert es angesichts des vermeintlich klaren Normgehaltes des § 179 Abs. 2 AO zunächst nicht, wenn teilweise der Versuch unternommen wird, eine Adressierung an die Unternehmung mit dessen teleologischer Extension zu begründen.[499] Eine solche Weiterung des § 179 Abs. 2 AO entspräche im Ergebnis der hier vertretenen Ansicht. Der sachwidrige Widerspruch zwischen materieller Rechtsfähigkeit und verfahrensrechtlicher Negation würde aufgelöst. Zudem schiene eine teleologische Extension, auch wenn bisher wenig gerechtfertigt, nicht fernliegend. Die gesetzliche Regelung des § 179 Abs. 2 AO mit ihrem Ursprung vor der Anerkennung der ertragsteuerlichen Rechtsfähigkeit der Unternehmung kann durchaus als überholt, somit als lückenhaft und ergänzungsbedürftig, angesehen werden. Indessen ist eine teleologische Extension nicht notwendig. Auch wenn bisherige Versuche, eine Adressierung der Unternehmung mit dem Wortlaut des § 179 Abs. 2 AO in Einklang zu bringen, weniger überzeugen (hierzu Rdnr. 168 ff.), ist eine Adressierung der Unternehmung mit § 179 Abs. 2 AO vereinbar. Dem Wortlaut der Norm ist ein Verständnis zuzuschreiben, welches der Adressierung der Unternehmung nicht entgegensteht (siehe hierzu den eigenen Ansatz unter Rdnr. 172 ff.).

---

499 *Steinhauff* in Hübschmann/Hepp/Spitaler, AO FGO, § 48 FGO Rn. 18 a.E.; im Ergebnis so wohl auch *von Groll* in Gräber, FGO[7], § 57 Rn. 26.

(b) Zurechnung der Einkünfteerzielung

Eine Adressierung der Unternehmung kann indessen nicht unter Anknüpfung an die im Wortlaut von § 179 Abs. 2 S. 1, 2 AO enthaltene Zurechnung begründet werden.[500] Umschreibungen, wie die „*Einkünfteerzielung fällt in den Zurechnungsbereich der Personengesellschaft*"[501] oder „*[w]ährend die Einkünfteerzielung der Personengesellschaft zuzurechnen ist, fällt (erst) die Verteilung der Einkünfte in den Bereich der Gesellschafter*",[502] wirken verklärend. Die Zurechnung wird zwar zutreffender Weise im Sinne einer materiellen Zuständigkeit verstanden, allerdings nicht im Sinne einer materiellen Letztzuständigkeit. Hierauf bezieht sich indessen § 179 Abs. 2 AO. Gänzlich klar wird dies in § 179 Abs. 2 S. 1 AO, welcher den Zweck der Zurechnung („*bei der Besteuerung*") ausdrücklich nennt und somit die Zurechnung auf Ebene des Steuerpflichtigen meint. Auch § 179 Abs. 2 S. 2 AO liegt kein abweichendes Verständnis zugrunde. Dort steht die Zurechnung zu „*mehreren Personen*" infrage. Eine abweichende Lesart der Zurechnung im Sinne von § 179 Abs. 2 S. 1, 2 AO ginge nicht mit § 18 Abs. 2 S. 1 AO konform. Gleiches gilt für § 181 Abs. 2 S. 1, 2 Nr. 1 AO, welche ebenfalls von der Zurechnung an die Steuerpflichtigen ausgehen.[503] § 179 Abs. 2 AO befasst sich ebenso wie die anderen Normen der gesonderten und einheitlichen Feststellung durch die Bezugnahme auf eine Zurechnung nicht (auch) auf die Zurechnung der Einkünfteerzielung, sondern hat die Zurechnung bereits erzielter Einkünfte (allgemeiner: von Besteuerungsgrundlagen) im Blick. Diesem Grundverständnis des § 179 Abs. 2 AO steht nicht entgegen, dass ein negativer oder positiv-negativer Feststellungsbescheid auch an denjenigen zu adressieren ist, dem die Einkünfte nicht zugerechnet werden (hierzu noch Rdnr. 198 ff.). Anders als hinsichtlich der Unternehmung selbst ist dort eine Einkünftezurechnung potentiell möglich, zumeist gerade streitig. Dies ist richtungsweisend. **168**

500 So aber *Herrmann*, DStZ 1998, S. 87 (91); siehe auch *Steinhauff* in Hübschmann/Hepp/Spitaler, AO FGO, § 48 FGO Rn. 18 a.E.

501 So *Herrmann*, DStZ 1998, S. 87 (91), wobei die Bezugnahme zu § 179 Abs. 2 S. 1 oder S. 2 AO nicht klar ist.

502 *Steinhauff* in Hübschmann/Hepp/Spitaler, AO FGO, § 48 FGO Rn. 18 a.E.

503 Würde man Zurechnung sowohl im Rahmen von § 179 Abs. 2 AO als auch im Rahmen von §181 Abs. 2 AO im Sinne der Zurechnung der Einkünfteerzielung verstehen, wäre bereits hierdurch die Erklärungspflicht der Unternehmung begründet. Diese folgte sodann bereits aus § 181 Abs. 2 S. 2 Nr. 1 AO in Konkretisierung des § 181 Abs. 2 S. 1 AO. So weit gehen die Vertreter der teleologischen Extension indessen selbst nicht; siehe beispielsweise *Herrmann*, DStZ 1998, S. 87 (91).

(c) Differenzierung: Beteiligte und mehrere Personen

169 Gleichfalls überzeugt es nicht,[504] eine Adressierung (auch) der Unternehmung aus einer differenzierenden Auslegung zwischen den von § 179 Abs. 2 S. 2 AO genannten *„mehreren Beteiligten"* und den *„mehreren Personen"*, gegenüber denen die Zurechnung erfolgt, herzuleiten.[505] Die Beteiligteneigenschaft im Sinne von § 179 Abs. 2 S. 2 AO setzt demnach eine (potentielle) Zurechnung der Einkünfte nicht voraus, auch wenn dies nahe liegen mag.[506] Herleitbar sei dies aus einem Vergleich zu § 180 Abs. 1 S. 1 Nr. 2 a) AO. Dort ist, anders als in § 179 Abs. 2 S. 2 AO, klargestellt, dass den mehreren beteiligten Personen die Einkünfte auch zuzurechnen sind (*„und die Einkünfte diesen Personen steuerlich zuzurechnen sind"*). Zudem sei eine Orientierung an § 180 Abs. 1 S. 1 Nr. 2 a) AO, an § 181 Abs. 2 S. 2 Nr. 1 AO zudem an § 183 Abs. 1 S. 1 AO nicht zwingend. Die Stellung des § 183 Abs. 1 S. 1 AO lege nahe, dass dessen Legaldefinition nicht für § 179 AO gelte. Auf diese hätte in § 179 Abs. 2 S. 2 AO verwiesen werden können, statt kompliziert zu formulieren.[507]

170 Im Rahmen einer einzelnen Norm sowie im Rahmen eines Normgefüges ein abweichendes Begriffsverständnis zu unterstellen, scheint indessen verfehlt. Die §§ 179 ff. AO gehen vielmehr von einem einheitlichen Beteiligtenbegriff aus, welcher lediglich die Zurechnungssubjekte umfasst. Dieses Verständnis ergibt sich aus einer Gesamtschau der Regelungen. So spricht § 180 Abs. 1 S. 1 Nr. 2 a) AO von Einkünften, die *„diesen Personen steuerlich zuzurechnen sind"*, § 181 Abs. 2 S. 2 Nr. 1 AO von jedem Feststellungsbeteiligten, *„dem ein Anteil an den ... Einkünften zuzurechnen ist"* und § 183 Abs. 1 S. 1 AO von den Personen, *„die an dem Gegenstand ... beteiligt sind"*. Wenn in diesem Zusammenhang auch § 179 Abs. 2 S. 2 AO von mehreren Beteiligten und mehreren Personen, denen der Gegenstand der Feststellung zuzurechnen ist, spricht, sollten aufgrund der einheitlichen Regelungsmaterie auch die entsprechenden Begrifflichkeiten deckungsgleich verstanden werden. Ein abweichendes Verständnis müsste begründet werden können, was indessen nicht der Fall ist. Allein die unterschiedlichen Regelungsgehalte der Normen, daher die Vorgabe der Einheitlichkeit in § 179 Abs. 2 AO, der Gegenstand der Feststellung in § 180 Abs. 1 AO, die Erklärungspflicht in § 181 Abs. 2 AO sowie die Bekanntgabeerleichterung in § 183 Abs. 1 AO, vermögen eine abweichende Auslegung nicht zu begründen. Es ist vielmehr selbstverständlich, dass unterschiedlichen Normen unterschiedliche Regelungsgehalte zukommen.

171 Doch selbst falls man eine abweichende Interpretation der Begrifflichkeiten des § 179 Abs. 2 S. 2 AO im Vergleich zu den §§ 180 ff. AO noch rechtfertigen wollte, stünde eine differenzierende Betrachtung im Rahmen des § 179 Abs. 2 S. 2 AO in

---

504 Zutreffend ist indessen die hierbei zunächst zugrunde gelegte Prämisse, dass § 179 Abs. 2 S. 1 AO auf die gesonderte und einheitliche Feststellung nicht anwendbar ist (hierzu noch Rdnr. 173 ff.).

505 Diesen Ansatz entwickelt *Stehr*, S. 142.

506 So selbst *Stehr*, S. 142.

507 *Stehr*, S. 142, 143.

einem nicht auflösbaren Widerspruch zu § 179 Abs. 2 S. 3 AO. Dieser nimmt mit der einleitenden Wendung *„Ist eine dieser Personen ...“* unzweifelhaft Bezug auf Satz 2. Er kann daher weder nach dem vom Wortlaut noch inhaltlich und somit anders als die §§ 180 ff. AO nicht als andere Regelungsbereiche betreffende, quasi autonome Regelung interpretiert werden. Mit *„eine dieser Personen“* verweist der Satz 3 auf die *„mehreren Personen“*, denen der Gegenstand der Feststellung nach Satz 2 zurechenbar sein muss. Sodann verbindet Satz 3 diese Zurechnungssubjekte indessen mit dem Beteiligtenbegriff, indem er eine Regelung für Fälle schafft, in denen *„eine dieser Personen an dem Gegenstand der Feststellung nur über eine andere Person beteiligt“* ist. Letztendlich belegt somit zumindest § 179 Abs. 2 S. 3 AO, dass die Beteiligten im Sinne § 179 Abs. 2 S. 2 AO mit den Zurechnungssubjekten identisch sind.

(2) Eigener Ansatz

Trotzdem ist die Adressierung des Feststellungsbescheides bei einer gesonderten und 172
einheitlichen Feststellung auch an die Unternehmung selbst zutreffend und auch begründbar. Maßgeblich ist insoweit ein Normverständnis des § 179 Abs. 2 S. 2 AO, dass dessen Wortlaut entspricht, somit einerseits diesen beachtet und der Norm somit einen Sinn zuweist, andererseits aber auch nicht über diesen hinausgeht.

(a) Unanwendbarkeit von § 179 Abs. 2 S. 1 AO

Ausgangspunkt eines solchen Normverständnisses ist die, ebenfalls von der vorge- 173
nannten Ansicht zugrunde gelegte, Prämisse, dass § 179 Abs. 2 S. 1 AO, nach welchem die Feststellung gegenüber dem Zurechnungssubjekt vorzunehmen ist, auf die gesonderte und einheitliche Feststellung nicht anwendbar ist, sondern lediglich die gesonderte (nicht einheitliche) Feststellung betrifft.[508] Diese Annahme bedarf indessen einer Begründung.[509] Auch wenn konzeptionell unterschiedliche Regelungsbereiche betroffen sind,[510] ist die gesonderte und einheitliche Feststellung eben auch eine gesonderte Feststellung. Dies belegt bereits die zusammenfassende

---

508 So *Stehr*, S. 142 (anders aber wohl auf S. 145), welcher auch (wohl unzutreffend) auf *Söhn* in Hübschmann/Hepp/Spitaler, AO FGO, § 179 AO Rn. 15 verweist. Ebenso wohl auch *von Groll* in Gräber, FGO[7], § 57 Rn. 26; a.A. *Ruban* in FS Döllerer, S. 515 (523, 525).

509 Eine solche findet sich jedoch weder bei *Stehr*, S. 142; noch bei *von Groll* in Gräber, FGO[7], § 57 Rn. 26.

510 So sind gesonderte Feststellungen unter anderem dann vorzunehmen, wenn gerade keine einheitlichen Feststellungen infrage stehen. Dies wird bereits durch den Wortlaut des § 180 Abs. 1 S. 1 Nr. 2 b) AO deutlich, der die gesonderte (nicht einheitliche) Feststellung *„in anderen als den in Buchstabe a genannten Fällen“* anordnet. Gegenständlich ist bei der gesonderten Feststellung somit die Situation, dass das für bestimmte Einkünfte zuständige Finanzamt eines Einzelnen (nicht Mehrerer) nicht auch für die Einkommensteuerveranlagung zuständig ist, § 180 Abs. 1 S. 1 Nr. 2 b)

Normierung beider Verfahren in den §§ 179 ff. AO und wird durch die Einleitung des § 180 Abs. 1 S. 1 AO verdeutlicht. Auch ist nicht strittig, dass § 181 Abs. 1 AO, welcher Regelungen ebenfalls nur für die „*gesonderte Feststellung*" trifft, für die gesonderte und einheitliche Feststellung gilt. Auch die Erklärungspflicht zur gesonderten und einheitlichen Feststellung nach § 181 Abs. 2 S. 2 Nr. 1, 4 AO knüpft an § 181 Abs. 2 S. 1 AO an, und somit an die „*Erklärung zur gesonderten Feststellung*". Es ist daher einerseits zutreffend, wenn zwischen gesonderten und gesonderten und einheitlichen Feststellungen unterschieden wird: „*Die einheitliche und gesonderte Feststellung ist ein nach Wesen, Inhalt und Wirkung anderes Verfahren als die gesonderte Feststellung*".[511] Andererseits kann hieraus nicht abgeleitet werden, dass Regelungen zur gesonderten für die gesonderte und einheitliche Feststellung per se keine Geltung beanspruchen. Ein solches Ergebnis ist im Rahmen der infrage stehenden Norm zu begründen.[512]

174 Positiv begründen lässt sich die Nichtanwendbarkeit des § 179 Abs. 2 S. 1 AO zunächst, wenn man den Wortlaut der Norm im Zusammenhang mit einer Grundvoraussetzung der gesonderten und einheitlichen Feststellung betrachtet. Gesonderte und einheitliche Feststellungen im Sinne des § 180 Abs. 1 S. 1 Nr. 2 a) AO sind dann durchzuführen, wenn an den Einkünften Mehrere beteiligt sind und die Einkünfte diesen Personen auch steuerlich zuzurechnen sind. Es sind somit immer und obligatorisch mindestens zwei Feststellungssubjekte vorhanden. §179 Abs. 2 S. 1 AO spricht aber davon, dass sich der Feststellungsbescheid an „*den Steuerpflichtigen*" (Singular) richtet, „*dem*" (ebenfalls Singular) der Gegenstand

---

AO, oder dass Einheitswerte nach Maßgabe des Bewertungsgesetzes gegenüber einer Person festzustellen sind, § 180 Abs. 1 S. 1 Nr. 1 AO.

511 BFH, Beschluss vom 21.08.2008 – IV B 150/07, BFH/NV 2009, S. 358(359).

512 Ein, wenn auch schwaches, Indiz für die Nichtanwendbarkeit des § 179 Abs. 2 S. 1 AO auf gesonderte und einheitliche Feststellungen lässt sich zumindest teilweise den Normverweisen im Rahmen der BFH Rechtsprechung entnehmen. Dieser spricht gerade in dem Beschluss, in welchem er die Differenzierung zwischen den Feststellungsverfahren hervorhebt, von der gesonderten und einheitlichen Feststellung nach „*§§ 180 Abs. 1 Nr. 2 Buchst. a, 179 Abs. 2 Satz 2 AO*", BFH, Beschluss vom 21.08.2008 – IV B 150/07, BFH/NV 2009, S. 358 (359), und nimmt somit gerade nicht Bezug auf § 179 Abs. 2 S. 1 AO. Gleiches gilt für den Beschluss des Großen Senates zur Behandlung von Zebra-Gesellschaften, BFH, Beschluss vom 11.04.2005 – GrS 2/02, BStBl. II 2005, S. 679 (681), und andere Entscheidungen, beispielsweise BFH, Urteil vom 21.10.2015 – IV R 43/12, BStBl. II 2016, S. 517 (519), „*Nach § 179 Abs. 1, Abs. 2 Satz 2 und § 180 Abs. 1 Satz 1 Nr. 2 Buchst. a AO werden gesondert und einheitlich festgestellt ...*"; BFH, Urteil vom 12.02.2015 – IV R 48/11, BFH/NV 2015, S. 1075 (1077), „*Verfahrensrechtlich sind diese gemeinschaftlichen Einkünfte nach § 179 Abs. 2 Satz 2, § 180 Abs. 1 Nr. 2 Buchst. a AO ... gesondert und einheitlich festzustellen (vgl. ...)*"; anders jedoch beispielsweise BFH, Urteil vom 24.07.2013 – I R 57/11, BStBl. II 2016, S. 633 (635); BFH, Urteil vom 02.07.2004 – II R 73/01, BFH/NV 2005, S. 214(216).

zuzurechnen ist. Insoweit besteht ganz offensichtlich ein Widerspruch zwischen dem Wortlaut des § 179 Abs. 2 S. 1 AO und einer wesentlichen Voraussetzung für die gesonderte und einheitliche Feststellung. Dieser mag für sich genommen zumindest Zweifel hinsichtlich der Anwendbarkeit des § 179 Abs. 2 S. 1 AO wecken. Freilich könnte man versucht sein dem entgegen zu halten, dass Normen, welche nach dem Wortlaut lediglich auf ein Subjekt bezogen sind, sich auch immer der Auslegung und somit Weiterung in Bezug auf mehrere Subjekte zugänglich erweisen. Aber auch wenn diese Grundannahme im Allgemeinen überzeugt, sprechen vorliegend gute Gründe gegen ein solches Verständnis. § 179 Abs. 2 S. 1 AO steht nicht isoliert, weitgehend abgeschlossen und umfassend, wodurch verschiedenen Sachverhalten ein entsprechender Zugang zu seinem Regelungsgehalt ermöglicht werden müsste. Vielmehr ist vorliegend mit § 179 Abs. 2 S. 2 AO eine explizite Regelung vorhanden, welche ausschließlich den hier relevanten Bereich der gesonderten und einheitlichen Feststellung betrifft. § 179 Abs. 2 S. 2 AO regelt die Adressierung zwar nicht ausdrücklich und positiv, setzt diese indessen voraus (hierzu noch Rdnr. 177 f.). Insofern bedarf es aber einer Anwendung des § 179 Abs. 2 S. 1 AO nicht.

Das Verständnis von § 179 Abs. 2 S. 1 und S. 2 AO als jeweils isolierte Regelung, **175** einerseits zur gesonderten Feststellung, andererseits zur gesonderten und einheitlichen Feststellung, lässt sich zudem auf die fehlende Anknüpfung des Satz 2 an den Satz 1 stützen. Eine solche war lediglich bis zur Änderung des § 179 Abs. 2 S. 2 AO durch das Steuerbereinigungsgesetz 1986[513] gegeben,[514] existiert nunmehr aber nicht mehr. Vielmehr werden die Zurechnungssubjekte ohne Verweis auf Satz 1 in Satz 2 autonom bezeichnet. § 179 Abs. 2 S. 2 AO stellt lediglich auf die *„gesonderte Feststellung“* ab, welche in § 179 Abs. 1 AO nicht aber in § 179 Abs. 2 S. 1 AO genannt wird. Durch den fehlenden Bezug zum Satz 1 des Absatzes 2 und die inhaltliche Verknüpfung zu Absatz 1 hätte es insoweit auch näher gelegen, § 179 Abs. 2 S. 2 (und S. 3) AO in einem eigenständigen Absatz 3 zu verorten. Insoweit liegt es nunmehr auch näher, diesen als einen solchen zu verstehen. Unbeschadet der Gründe für die geänderte Gesetzesfassung[515] lässt sich daher festhalten, dass eine Interpretation des Absatz 2 mit dem Ergebnis isolierter Regelungen für die gesonderte Feststellung in Satz 1 und hinsichtlich der gesonderten und einheitlichen Feststellung in Satz 2 nach dem Wortlaut möglich und

513 BGBl. I 1985, S. 2436 (2439).

514 § 179 Abs. 2 S. 2 AO i.d.F. der AO 1977, BGBl. I 1976, S. 613 (656), lautete (bei unverändertem Satz 1): *„Sind dies mehrere Personen, so wird die gesonderte Feststellung ihnen gegenüber einheitlich vorgenommen.“* Durch den Bezug zu Satz 1 (*„Sind dies“*) schien dessen Geltung für mehrere Zurechnungssubjekte klar.

515 Siehe hierzu Gesetzesbegründung zum Steuerbereinigungsgesetz 1985, BT-Drs. 10/1636, S. 45.

nach dem Gesamtzusammenhang vorzugswürdig ist. § 179 Abs. 2 S. 1 AO findet daher auf die hier gegenständliche gesonderte und einheitliche Feststellung keine Anwendung.[516]

(b) § 179 Abs. 2 S. 2 AO als zurechnungssubjektbezogene Inhalts- und Umfangskonkretisierung

176 Insoweit kommt allein § 179 Abs. 2 S. 2 AO Relevanz zu, dessen inhaltsbestimmender Wortlaut zu betrachten ist. Dieser bezieht sich auf die *„gesonderte Feststellung"* und meint damit die gesonderte Feststellung auf gesetzlicher Grundlage nach § 179 Abs. 1 AO. Eben diese gesonderte Feststellung ist im Falle mehrerer Beteiligter diesen gegenüber, somit gegenüber denjenigen Personen, welchen der Gegenstand der Feststellung zuzurechnen ist, einheitlich vorzunehmen. § 179 Abs. 2 S. 2 AO spricht jedoch, anders als der nicht anwendbare Satz 1, nicht davon, dass der Feststellungsbescheid an diese Beteiligten oder auch ausschließlich an diese Beteiligten zu richten ist. Die genauere Betrachtung des § 179 Abs. 2 S. 2 AO offenbart somit zwei Erkenntnisse:

177 Einerseits wird durch § 179 Abs. 2 S. 2 AO bestimmt, dass entsprechende Feststellungen *„einheitlich"* vorzunehmen sind. Diese Einheitlichkeit betrifft zwei Bedeutungsebenen. Zum einen sollen, dem materiell-rechtlichen Zweck der gesonderten und einheitlichen Feststellung entsprechend (hierzu Rdnr. 36 f.), keine abweichenden Entscheidungen getroffen werden (materielle Einheitlichkeit). Zum anderen ist den Zurechnungssubjekten, bei gesetzlicher Bestimmung oder wenn Mehreren ein Feststellungsgegenstand zuzurechnen ist, ein inhaltlich identischer Bescheid zu erteilen (formelle Einheitlichkeit). Dies allein ist der Regelungsgehalt des § 179 Abs. 2 S. 2 AO. Eine solche Regelung ist, soweit gewollt, einerseits notwendig, da den einzelnen Zurechnungssubjekten auch lediglich ein Bescheid über die sie jeweils betreffenden Feststellungen erteilt werden könnte. Andererseits erschöpft sich der Regelungsgehalt des § 179 Abs. 2 S. 2 AO aber auch in ihr. Eine darüber hinausgehende Aussage ist diesem nicht zu entnehmen. Insbesondere trifft somit § 179 Abs. 2 S. 2 AO keine ausdrückliche Aussage darüber, an wen der Feststellungsbescheid zu adressieren ist. Er geht allerdings, wenn auch stillschweigend so doch zutreffender Weise, davon aus, dass die Zurechnungssubjekte Adressaten der Feststellung sind. Anders ließe sich nicht erklären, warum er die Einheitlichkeit der Feststellung diesen gegenüber regelt. Einheitlichkeit, sowohl materielle als auch formelle, gegenüber den Beteiligten lässt sich nur herstellen, wenn diese auch als Adressaten angesprochen werden. Mit dieser stillschweigen Annahme, dass eine Feststellung gegenüber den Zurechnungssubjekten zu erfolgen hat, sowie mit der Regelung der Einheitlichkeit dieser Feststellung, ist indessen weder eine

516 Sähe man dies anders, bliebe nur auf die teleologische Extension (hierzu Rdnr. 167) zurückzugreifen.

positive noch eine negative Aussage darüber verbunden, ob und wer neben den Zurechnungssubjekten, somit über diese hinaus, als Adressat in Betracht kommt.

Kurzum: § 179 Abs. 2 S. 2 AO bestimmt lediglich die Einheitlichkeit der Feststellung gegenüber den als Adressaten stillschweigend vorausgesetzten Zurechnungssubjekten. Er ist somit eine zurechnungssubjektbezogene Konkretisierung des Inhalts sowie des Umfangs der an diese zu adressierenden Feststellungen. Eine Aussage, ob auch die Unternehmung selbst Adressat, obwohl kein Zurechnungssubjekt, ist, trifft § 179 Abs. 2 S. 2 AO weder ausdrücklich noch konkludent. **178**

(c) Adressierung aufgrund materieller Betroffenheit

Gleiches gilt für sämtliche Normen, welche sich mit der gesonderten und einheitlichen Feststellung befassen. Insoweit fehlt es an speziellen Normen, welchen eine ausdrückliche Aussage zur Adressierung an die Feststellungssubjekte sowie auch an die Unternehmung selbst entnommen werden könnte. Gleichsam sind somit aber auch keine Regelungen ersichtlich, welche einer Adressierung an die Unternehmung entgegenstehen. Insoweit verbleibt lediglich, auf die allgemeinen Grundsätze der Adressierung von (Steuer-)Verwaltungsakten abzustellen. Es stellt sich die Frage, für wen ein Verwaltungsakt im Sinne von § 122 Abs. 1 S. 1 AO, welcher die nachfolgende Bekanntgabe regelt, „*bestimmt*“ ist.[517] Bestimmt ist der Verwaltungsakt für denjenigen, an den sich der Verwaltungsakt seinem Regelungsgehalt nach richtet, gegenüber dem er Wirkung entfalten soll, für wen also der Inhalt des Verwaltungsaktes gedacht und bezweckt ist.[518] Inhaltsadressat ist somit (zumindest auch)[519] der materielle Adressat,[520] somit derjenige, der im Rahmen des materiellen und verfahrensrechtlichen Verwaltungsrechtsverhältnisses den Gegenpart der Behörde bilden muss. Mangelt es an einer ausdrücklichen Bestimmung des Adressatenkreises, kann dieser nur aus dem materiellen Recht hergeleitet werden. **179**

Ist aber auf das materielle Recht abzustellen, wird deutlich, dass Inhaltsadressat bei der gesonderten und einheitlichen Feststellung auch die Unternehmung selbst sein muss. Diese verwirklicht den steuerlichen Tatbestand und erzielt die Einkünfte. Sie ist Subjekt der Einkünfteerzielung und insoweit mit materieller Selbständigkeit ausgestattet. Dass die Unternehmung nicht selbst Steuerschuldner ist, ist im Rahmen des Feststellungsverfahrens irrelevant. Das Feststellungsverfahren ist gerade vom Festsetzungsverfahren zu trennen. Überspitzt könnte man formulieren, dass auch die Beteiligten im Rahmen des Feststellungsverfahrens nicht Steuerschuldner sind. Die materielle Rechtslage lässt sich vereinfacht wie **180**

---

517 Betroffen im Sinne von § 122 Abs. 1 S. 1 AO ist hingegen lediglich der Drittbetroffene, somit derjenige, für den der VA gerade nicht bestimmt ist.

518 *Fritsch* in Koenig, AO, § 119 Rn. 12; *Werth* in Kühn/von Wedelstädt, AO FGO, § 122 AO Rn. 8; *Ratschow* in Klein, AO, § 119 Rn. 12.

519 „*Zumindest auch*“, da Inhaltsadressat auch ein Drittbetroffener sein kann.

520 *Stelkens* in Stelkens/Bonk/Sachs, VwVfG, § 41 Rn. 29.

folgt umschreiben: Die Unternehmung als Steuersubjekt erzielt Einkünfte, welche sodann den an der Unternehmung Beteiligten, ebenfalls jeweils als Steuersubjekt, zugerechnet werden. Knüpft man an dieses materielle Verständnis die inhaltliche Adressierung eines Bescheides, welcher diesen Sachverhalt erfassen soll, so erscheint es selbstverständlich, dass sowohl die Unternehmung selbst als auch die einzelnen Beteiligten Inhaltsadressat des Feststellungsbescheides sein müssen. Erzielt ein Steuersubjekt Einkünfte, welche anderen Steuersubjekten zugerechnet werden, ist nicht lediglich die Zurechnung der Einkünfte Regelungsgehalt des Feststellungsbescheids, sondern auch die Einkünfteermittlung in der Sphäre des den Steuertatbestand erfüllenden Steuersubjektes. Die Unternehmung selbst ist somit Inhaltsadressat des Bescheides über die gesonderte und einheitliche Feststellung.

(3) Zusammenfassung

181 Die Unternehmung[521] selbst ist somit neben den Beteiligten Inhaltsadressat des Bescheides über die gesonderte und einheitliche Feststellung (zu negativen Feststellungsbescheiden siehe noch im Zusammenhang Rdnr. 207 f.).[522] Dies ergibt sich indessen weder aus einer teleologischen Extension des § 179 Abs. 2 AO noch aus einer Wortlautüberdehnung oder differenzierenden Wortlautauslegung. Weder in Satz 1 noch in Satz 2 des § 179 Abs. 2 AO ist die inhaltliche Adressierung des Bescheides über die gesonderte und einheitliche Feststellung ausdrücklich geregelt. Diese folgt somit aus dem materiellen Recht. Da nach der gesetzlichen Konzeption der Einheitlichkeit gegenüber den Beteiligten lediglich ein Verwaltungsakt existiert, ist dieser einheitliche, somit inhaltsidentische, Verwaltungsakt auch an die Unternehmung zu adressieren. Für den Fall der zwischenzeitlichen zivilrechtlichen Vollbeendigung der Unternehmung können beispielsweise die allgemeinen gewerbesteuerlichen Grundsätze fruchtbar gemacht werden. Dort ist anerkannt, dass trotz zivilrechtlicher Vollbeendigung eine Gesellschaft steuerlich als materiell-rechtlich fortbestehend anzusehen ist; ein Bescheid ist demnach weiterhin an diese als Adressat zu richten, allerdings den ehemaligen Gesellschaftern bekannt zu geben.[523]

---

521 Zum Begriff siehe Fn. 1, zur prozeduralen Beteiligtenfähigkeit zivilrechtlich nicht rechtsfähiger Unternehmungen und sich daraus etwaig ergebender Einschränkungen siehe Rdnr. 114 ff., insb. Rdnr. 118.

522 Auch wenn man eine Adressierung an die Unternehmung ablehnen wollte, ließe sich die Geltendmachung eigener Rechte der Unternehmung im Rahmen von Rechtsbehelfsverfahren begründen; hierzu Rdnr. 257.

523 BFH, Beschluss vom 12.04.2007 – IV B 69/05, BFH/NV 2007, S. 1923 (1923) m.w.N.; BFH, Beschluss vom 05.11.2007 – IV B 166/06, BFH/NV 2008, S. 248 (249); BFH, Urteil vom 13.10.1998 – VIII R 35/95, BFH/NV 1999, S. 445 (446) m.w.N.; hierzu auch *Gosch* in Blümich, EStG, KStG, GewStG, § 15 GewStG Rn. 95.

b) Adressierung und Adressierungsmängel

Hinsichtlich der Bezeichnung und Individualisierung der jeweiligen Inhaltsadressaten bestehen keine grundsätzlichen Besonderheiten im Vergleich zu einem einen Einzelnen betreffenden Steuerverwaltungsakt. Die Angabe des Inhaltsadressaten ist konstituierender Bestandteil. Daher muss sich die Identität der Inhaltsadressaten, als denjenigen, gegenüber denen die materielle Wirkung entfaltet werden soll, zweifelsfrei bestimmen lassen.[524] 182

(1) Bestimmtheit der Adressierung

Diesen Anforderungen wird im Hinblick auf einheitliche Feststellungsbescheide auch entsprochen, wenn sich die Inhaltsadressaten erst aus dem Inhalt und somit einer Gesamtschau des Feststellungsbescheides ergeben, diese somit nicht im Anschriftenfeld genannt und nicht als Inhaltsadressaten o.ä. bezeichnet werden.[525] Es wird daher nicht beanstandet, wenn im Anschriftenfeld zwar die Unternehmung als solche unter ihrer üblichen Sammel- oder Kurzbezeichnung benannt ist (postalische Adressierung), sich aber aus dem Feststellungsbescheid beziehungsweise aus dem für die Gewinnverteilung relevanten Bescheidteil eindeutig ergibt, wer (nach hier vertretener Auffassung neben der Unternehmung) als Beteiligter Inhaltsadressat (materiell-rechtliche Adressierung) sein soll.[526] Nach der neueren Rechtsprechung des BFH müssen die Beteiligten zudem nicht mehr zwingend aus dem Bescheid selbst oder aus diesem beigefügten Unterlagen und für einen außenstehenden Dritten erkennbar sein.[527] Vielmehr sei entscheidend, dass der Inhaltsadressat durch Auslegung anhand der den Betroffenen bekannten Umstände hinreichend sicher bestimmt werden kann, beispielsweise durch Bezugnahme auf einen den Betroffenen bekannten Betriebsprüfungsbericht.[528] Auch 183

---

524 *Pahlke* in Koenig, AO, § 119 Rn. 13.

525 *Söhn* in Hübschmann/Hepp/Spitaler, AO FGO, § 179 AO Rn. 153; *Brandis* in Tipke/Kruse, AO FGO, § 179 AO Rn. 9; *Kunz* in Gosch, AO FGO, § 179 AO Rn. 23; jeweils m.w.N.

526 Hierbei müssen die Inhaltsadressaten aber der Sammel- oder Kurzbezeichnung im Anschriftenfeld zuzuordnen sein, BFH, Urteil vom 07.04.1987 – VIII R 259/84, BStBl. II 1987, S. 766 (767). Allgemein zu dieser Adressierungsmöglichkeit siehe *Söhn* in Hübschmann/Hepp/Spitaler, AO FGO, § 179 AO Rn. 153; *Brandis* in Tipke/Kruse, AO FGO, § 179 AO Rn. 9; *Kunz* in Gosch, AO FGO, § 179 AO Rn. 23; jeweils m.w.N. auch aus der einhelligen Rechtsprechung.

527 So noch BFH, Urteil vom 28.03.1979 – I R 219/78, BStBl. II 1979, S. 718 (719); BFH, Urteil vom 22.06.1983 – I R 55/80, BStBl. II 1984, S. 63 (64); BFH, Urteil vom 27.11.1984 – VIII R 293/81, BFH/NV 1986, S. 185 (185); BFH, Urteil vom 26.03.1991 – VIII R 210/85, BFH/NV 1992, S. 73 (74).

528 So ausdrücklich BFH, Urteil vom 17.11.2005 – III R 8/03, BStBl. II 2006, S. 287 (288), unter Aufgabe der älteren Rspr. und Verweis auf BFH, Urteil vom 25.09.1990 – IX R 84/88, BStBl. II 1991, S. 120 (121); BFH, Urteil vom 16.06.1999 – II R 36/97, BFH/NV

eine Falschbezeichnung der Gesellschaft im Anschriftenfeld, beispielsweise nach Wandlung einer GbR in eine OHG, schadet im Hinblick auf die Beteiligten nicht, sofern eine Verwechslungsgefahr ausgeschlossen ist, diese daher sicher erkennbar sind.[529] Gleiches muss für die Bestimmbarkeit der Unternehmung selbst als Inhaltsadressat gelten. Unerheblich für die Individualisierung der Beteiligten ist zudem, wenn die bezeichnete Unternehmung zum Zeitpunkt des Erlasses des Bescheides nicht mehr existiert.[530]

(2) Rechtsfolgen unzutreffender Inhaltsadressierung

184 Fehlt es bei Verwaltungsakten, welche lediglich einen Inhaltsadressaten aufweisen, an dessen auch durch Auslegung zu erzielender Bestimmbarkeit, liegt ein Adressierungsmangel vor. Als Rechtsfolge ist die damit verbundene Unbestimmtheit des Bescheides und somit dessen Nichtigkeit, § 125 Abs. 1 AO, allgemein anerkannt.[531] Die unbestimmte Adressierung ist kein bloßer Mangel in der Bekanntgabe, sondern ein Fehler im Bescheid. Der Bescheid wird auch nicht dadurch wirksam, dass er dem Betroffenen bekannt wird und dieser sich trotz unklarer Bezeichnung als Adressat ansieht.[532] Durch Bekanntgabe an einen Nichtadressaten wird dieser nicht zu einem Adressaten. Gesonderte und einheitliche Feststellungsbescheide weisen indessen die Besonderheit auf, dass diese zwingend an mindestens zwei Beteiligte (sowie nach hier vertretener Auffassung an die Unternehmung selbst) zu adressieren sind. Insoweit sind daher auch teilweise Adressierungsmängel denkbar und zwei Konstellationen zu unterscheiden: Mindestens ein Beteiligter wird nicht genannt oder mindestens ein Beteiligter wird zwar genannt, ist aber nicht hinreichend bestimmbar.

2000, S. 170 (171); BFH, Urteil vom 19.08.1999 – IV R 34/98, BFH/NV 2001, S. 409 (410); BFH, Urteil vom 30.09.1999 – IX R 57/98, BFH/NV 2000, S. 678 (679).

529 BFH, Urteil vom 08.11.1995 – V R 64/94, BStBl. II 1996, S. 256 (1. Leitsatz, 257); BFH, Urteil vom 26.09.1974 – IV R 24/71, BStBl. II 1975, S. 311 (Leitsatz, 312); *Söhn* in Hübschmann/Hepp/Spitaler, AO FGO, § 179 AO Rn. 169; *Brandis* in Tipke/Kruse, AO FGO, § 179 AO Rn. 9; *Kunz* in Gosch, AO FGO, § 179 AO Rn. 23; jeweils m.w.N.

530 BFH, Urteil vom 12.08.1976 – IV R 105/75, BStBl. II 1977, S. 221 (Leitsatz, 223); BFH, Urteil vom 27.04.1978 – IV R 187/74, BStBl. II 1979, S. 89 (3. Leitsatz, 91); *Dostert*, S. 60; *Kunz* in Gosch, AO FGO, § 179 AO Rn. 30; *Söhn* in Hübschmann/Hepp/Spitaler, AO FGO, § 179 AO Rn. 176.

531 Statt Vieler: *Pahlke* in Koenig, AO, § 119 Rn. 20.

532 BFH, Urteil vom 27.11.1981 – II R 18/80, BStBl. II 1982, S. 276 (2. Leitsatz, 278 f.); *Kunz* in Gosch, AO FGO, § 179 AO Rn. 21; *Söhn* in Hübschmann/Hepp/Spitaler, AO FGO, § 179 AO Rn. 166 m.w.N.

(a) Nichtnennung mindestens eines Beteiligten

(Auch) Soweit einzelne Beteiligte nicht genannt werden, wird teilweise von einem insgesamt nichtigen Feststellungsbescheid ausgegangen.[533] Es sei weder die für zusammengefasste Einzelbescheide geltende Judikatur noch der für die Bekanntgabe geltende Grundsatz der Wirksamkeit durch Bekanntgabe (richtig adressierter Feststellungsbescheide) an lediglich einen der Beteiligten übertragbar (siehe hierzu unter Rdnr. 211 ff.).[534] Zudem stelle die nicht vollständige Benennung sämtlicher Betroffener einen inhaltlichen Mangel der notwendigerweise einheitlichen Feststellung dar.[535] Auch wenn derartige Überlegungen im Ansatz noch überzeugen und freilich von einem inhaltlichen Mangel auszugehen ist, sofern nicht sämtliche Beteiligten bezeichnet werden, geht die pauschale Annahme der Nichtigkeit zu weit. 185

Insoweit erscheint zunächst zweifelhaft, ob diese Ansicht durch die in Bezug genommene Finanzgerichtsrechtsprechung gestützt wird.[536] So enthält ein Urteil des FG Rheinland-Pfalz[537] zwar die grundsätzliche Aussage, ein Feststellungsbescheid, welcher nicht an alle Inhaltsadressaten gerichtet ist, sei insgesamt nichtig. Gegenständlich war jedoch kein Sachverhalt, bei welchem ein oder mehrere Inhaltsadressaten schlicht nicht bezeichnet wurden. Vielmehr wurde der Bescheid auch an eine verstorbene natürliche Person und nicht an deren Rechtsnachfolger gerichtet.[538] Dass ein Bescheid, welcher sich inhaltlich an eine verstorbene Person richtet, grundsätzlich[539] nichtig ist, ist indessen allgemein anerkannt.[540] Maßgeblich war somit nicht eine fehlende Adressierung, sondern die Nichtexistenz einer vom Finanzamt zutreffend bezeichneten aber unzutreffend als Beteiligte angesehenen Person. Ähnliches gilt für teilweise in Bezug genommene Urteile des FG Düsseldorf und des FG Hamburg.[541] Dort wurde eine GbR nach dem Tod 186

---

533 *Söhn* in Hübschmann/Hepp/Spitaler, AO FGO, § 179 AO Rn. 164, 173; *Frotscher* in Schwarz/Pahlke, AO FGO, § 179 AO Rn. 37, § 122 Rn. 37.

534 So *Söhn* in Hübschmann/Hepp/Spitaler, AO FGO, § 179 AO Rn. 164; zum zweiten Argument auch *Stehr*, S. 145.

535 So *Frotscher* in Schwarz/Pahlke, AO FGO, § 179 AO Rn. 37, § 122 Rn. 37.

536 Unbeschadet dessen sind die Entscheidungen teilweise durch § 182 Abs. 3 AO überholt; hierzu Rdnr. 194 ff.

537 Hierauf verweisen sowohl *Söhn* in Hübschmann/Hepp/Spitaler, AO FGO, § 179 AO Rn. 164, als auch *Frotscher* in Schwarz/Pahlke, AO FGO, § 122 AO n. 37, und *Stehr*, S. 145.

538 FG Rheinland-Pfalz, Urteil vom 09.07.1984 – 5 K 281/83, EFG 1985, S. 60 (60, 61).

539 Zu § 182 Abs. 3 AO siehe Rdnr. 194 ff.

540 Siehe hierzu: BFH, Urteil vom 23.09.1999 – IV R 59/98, BStBl. II 2000, S. 170 (172); BFH, Urteil vom 21.05.1992 – IV R 47/90, BStBl. II 1992, S. 865 (866); BFH, Urteil vom 25.01.2006 – I R 52/05, BFH/NV 2006, S. 1243 (1. Leitsatz), zu einer jur. Person; *Söhn* in Hübschmann/Hepp/Spitaler, AO FGO, § 179 AO Rn. 171; *Pahlke* in Koenig, AO, § 119 Rn. 13, 6.

541 Auf diese verweist *Frotscher* in Schwarz/Pahlke, AO FGO, § 122 AO Rn. 37.

zweier Gesellschafter mit deren Erben fortgesetzt und der Feststellungsbescheid inhaltlich an die Erbengemeinschaften der Verstorbenen gerichtet, ohne jedoch erkennen zu lassen, wer Mitglied der Erbengemeinschaft ist.[542] Oder es wurde ein Feststellungsbescheid an eine vom Gericht als Inhaltsadressat angesehene Gesellschaft adressiert, welche jedoch umgewandelt, somit vollbeendet und nicht mehr existent, war, ohne den ehemaligen Gesellschaftern bekannt gegeben zu werden.[543] Auch diese Entscheidungen betreffen somit Sachverhalte, in denen Beteiligte nicht gar nicht genannt wurden, sondern entweder nicht hinreichend individualisierbar oder nicht mehr existent waren. Hieraus lässt sich nicht eine Gesamtnichtigkeit bei schlichter Nichtnennung von Beteiligten schließen.

187 Vielmehr ist zu vergegenwärtigen, dass es sich bei der Nichtigkeit eines Feststellungsbescheides um ein Problem der Bestimmtheit handelt, nicht hingegen um ein solches der materiellen Richtigkeit. Daher sind, auch wenn dies nicht deutlich ausgesprochen scheint, Fälle der schlichten Nichtnennung mindestens eines Beteiligten von den Fällen der nicht hinreichenden Individualisierbarkeit mindestens eines adressierten Beteiligten zu unterscheiden. In den Fällen der inhaltlichen Nichtadressierung des Feststellungsbescheides an einen oder mehreren Beteiligten steht die Bestimmbarkeit der inhaltlich adressierten Personen und des Bescheidinhaltes nicht infrage. Mit anderen Worten: Aus dem Bescheid ist ohne Zweifel erkennbar, gegen wen er sich nach dem Willen der Finanzbehörde inhaltlich richten soll. Bilden drei Gesellschafter eine Mitunternehmerschaft und wird der Feststellungsbescheid lediglich an zwei Gesellschafter adressiert,[544] bestehen keine Zweifel, wer Inhaltsadressat des Bescheides sein soll. Eine solche Feststellung stünde im Widerspruch zur materiellen Rechtslage, was jedoch die Rechtmäßigkeit, nicht aber die Bestimmtheit betrifft. Der Feststellungsbescheid ist demzufolge rechtswidrig und anfechtbar, allerdings nicht nichtig. Insoweit ist die Fallgestaltung gleich zu behandeln mit derjenigen, in welcher der Feststellungsbescheid (gegebenenfalls zusätzlich) an eine oder mehrere unzutreffende Personen gerichtet ist.[545]

188 Etwas anderes gilt grundsätzlich auch dann nicht, wenn der Feststellungsbescheid lediglich zwei von drei in gleicher Höhe beteiligte Mitunternehmer adressiert und den Gewinn jeweils zu einem Drittel zuweist. Auch dies ist lediglich ein innerer, logischer Fehler des Verwaltungsaktes, dessen Inhalt materiell unzutreffend, gleichwohl bestimmt ist. Wollte man dies anders werten,[546] müsste man nahezu jede logische Inkonsistenz als zur Nichtigkeit führenden, besonders schwerwiegenden Fehler ansehen. Etwas anderes könnte man lediglich dann annehmen, wenn man der Zuweisung von lediglich zwei Drittel des Gesamtgewinnes die

---

542 FG Düsseldorf, Urteil vom 08.12.1977 – VIII 503/74 F, EFG 1987, S. 321 (321,322).

543 FG Hamburg, Urteil vom 31.10.1985 – I 54/82, EFG 1986, S. 364 (364,365).

544 Beispiel angelehnt an *Frotscher* in Schwarz/Pahlke, AO FGO, § 179 AO Rn. 37.

545 Hierzu *Frotscher* in Schwarz/Pahlke, AO FGO, § 122 AO Rn. 39 m.w.N. aus der Rechtsprechung.

546 So wohl *Frotscher* in Schwarz/Pahlke, AO FGO, § 179 Rn. 36 f.

Aussage entnehmen wollte, dass die Finanzbehörde von einem dritten Beteiligten ausgeht, womit eine Unbestimmtheit dieses Dritten und letztendlich der Unternehmung einherginge (hierzu noch Rdnr. 193). Indessen setzt ein solches Verständnis auch eine Zurechnung voraus, welche in einer schlichten Nichtnennung nicht zu erblicken ist.

Auch sprechen Sinn und Zweck der gesonderten und einheitlichen Feststellung nicht für die Annahme der Nichtigkeit. Die Vermeidung unterschiedlicher Entscheidungen ist gerade eine materiell-rechtliche Zwecksetzung (hierzu oben Rdnr. 36 f.). Nichtigkeit aber ist keine Folge verfehlter Rechtmäßigkeit, sondern fehlender Bestimmtheit.[547] Die Rechtsfolge der Rechtswidrigkeit und nicht der Nichtigkeit lässt sich zudem durch eine vergleichende Betrachtung des allgemeinen Verwaltungsrechts stützen. Auch dort werden Verwaltungsakte, die nicht an alle nach materiellem Recht verpflichteten Personen oder gegebenenfalls zusätzlich an nicht verpflichtete Personen gerichtet sind, zwar als rechtswidrig angesehen, aber in ihnen kein Fehler der inhaltlichen Bestimmtheit erkannt.[548] Feststellungsbescheide, welche nicht an sämtliche Beteiligten adressiert sind, können gegenüber den inhaltlich Adressierten daher wirksam werden, sofern diese und der Inhalt an sich hinreichend bestimmt sind.[549] 189

(b) Unbestimmtheit mindestens eines Beteiligten

Etwas anderes gilt grundsätzlich dann, wenn zumindest einer der im Feststellungsbescheid genannten Inhaltsadressaten nicht hinreichend bestimmt individualisiert werden kann.[550] Zutreffender Weise ist in diesen Fällen mit der 190

547 A.A. *Frotscher* in Schwarz/Pahlke, AO FGO, § 179 AO Rn. 36 f., der aus der notwendigen Einheitlichkeit schließt, dass die Feststellung nur einer der betroffenen Personen gegenüber unwirksam ist.

548 *Ramsauer* in Kopp/Ramsauer, VwVfG, § 37 Rn. 10.

549 So auch die Rechtsprechung des BFH, wenn auch ohne detaillierte Begründung: BFH, Urteil vom 19.11.2009 – IV R 89/06, BFH/NV 2010, S. 818 (820); BFH, Urteil vom 20.12.2000 – I R 50/00, BStBl. II 2001, S. 381 (382); BFH, Urteil vom 24.10.1996 – IV R 50/95, BStBl. BFH/NV 1997, S. 331 (333) m.w.N.; BFH, Urteil vom 16.03.1993 – XI R 42/90, BFH/NV 1994, S. 75 (76); *von Wedelstädt* in Kühn/von Wedelstädt, AO FGO, § 179 AO Rn. 10; *Kunz* in Gosch, AO FGO, § 179 AO Rn. 23. Ob terminologisch in derartigen Fällen von Teilnichtigkeit zu sprechen ist, so *von Wedelstädt* in Kühn/von Wedelstädt, AO FGO, § 179 AO Rn. 10, erscheint zweifelhaft. An die nicht Adressierten war keine inhaltliche Regelung gerichtet, welche nunmehr nichtig sein könnte.

550 Kann kein Inhaltsadressat bestimmt werden, muss der Bescheid freilich insgesamt nichtig sein; so beispielsweise in BFH, Urteil vom 24.07.2013 – I R 57/11, BStBl. II 2016, S. 633 (636).

Instanzrechtsprechung[551] und entgegen vereinzelter Literaturstimmen[552] sowie partiell dem BFH[553] von einer Gesamtnichtigkeit auszugehen.

(i) Grundsatz der Gesamtnichtigkeit

191 Allerdings geht das Steuerverfahrensrecht in § 125 Abs. 1 AO („*soweit*") und in § 125 Abs. 4 AO, anders als beispielsweise § 139 BGB, regelmäßig von der Teilnichtigkeit des Steuerverwaltungsaktes aus, es sei denn, dass „*der nichtige Teil so wesentlich ist, dass die Finanzbehörde den Verwaltungsakt ohne den nichtigen Teil nicht erlassen hätte.*" Hierbei ist, wie im allgemeinen Verwaltungsverfahrensrecht auch,[554] nicht auf den mutmaßlichen subjektiven Willen der handelnden Finanzbehörde abzustellen, sondern vielmehr eine objektivierende Betrachtung maßgeblich. Entscheidend ist, wie sich „*eine*" und nicht „*die handelnde*" Behörde vernünftiger und sachgemäßer Weise im Rahmen der rechtlichen Vorgaben bei erkannter Teilnichtigkeit verhalten hätte.[555] Da die vollziehende Gewalt an Recht und Gesetz gebunden ist, Art. 20 Abs. 3 GG, somit auch bei objektivierender Betrachtung einen teilnichtigen Bescheid in Kenntnis der Teilnichtigkeit nicht erlassen würde, liegt das Augenmerk maßgeblich auf dem Merkmal der Wesentlichkeit und der Frage der Teilbarkeit, daher ob der Bescheid ohne den nichtigen Teil hätte erlassen werden können.[556]

192 Dies zugrunde legend überzeugt es eher, die Gesamtnichtigkeit des einzelne Beteiligte nicht individualisierenden Feststellungsbescheides anzunehmen. Nicht maßgeblich ist hier wiederum die verfahrensrechtliche Ausgestaltung als einheitliche Feststellung. Als entscheidend erweist sich vielmehr der notwendige Inhalt des Bescheides als solcher. Wesentlicher Inhalt eines Feststellungsbescheides ist

---

551 FG Rheinland-Pfalz, Urteil vom 09.07.1984 – 5 K 281/83, EFG 1985, S. 60 (60, 61); FG Düsseldorf, Urteil vom 08.12.1977 – VIII 503/74 F, EFG 1987, S. 321 (321, 322); FG Hamburg, Urteil vom 31.10.1985 – I 54/82, EFG 1986, S. 364 (364,365).

552 *Hildebrandt*, DStZ 1984, S. 116 (116 f.); wohl auch *Brandis* in Tipke/Kruse, AO FGO, § 179 AO Rn. 11, „*Bezeichnungsfehler … führt nur zur Nichtigkeit „insoweit*"".

553 BFH, Urteil vom 07.04.1987 – VIII R 259/84, BStBl. II 1987, S. 766 (768); hierauf verweisend auch BFH, Urteil vom 21.05. 1992 – IV R 47/90, BStBl. II1992, S. 865 (866). Anders allerdings im nicht veröffentlichten Urteil, BFH, Urteil vom 19.11.1975 – I R 1/74, für den Fall der „*Aufnahme auch nur eines verstorbenen Feststellungsbeteiligten in den Gewinnfeststellungsbescheid*", zitiert nach BFH, Urteil vom 23.09.1999 – IV R 59/98, BStBl. II 2000, S. 170(172).

554 Zu § 44 Abs. 4 VwVfG siehe *Baumeister* in Obermayer/Funke-Kaiser, VwVfG, § 44 Rn. 62; *Ramsauer* in Kopp/Ramsauer, VwVfG, § 44 Rn. 61; *Schwarz* in Fehling/Kastner/Störmer, VerwR, § 44 VwVfG Rn. 33; *Peuker* in Knack/Henneke, VwVfG, § 44 Rn. 58.

555 *Pahlke* in Koenig, AO, § 125 Rn. 37; *Rozek* in Hübschmann/Hepp/Spitaler, AO FGO, § 125 AO Rn. 103.

556 Zur Teilbarkeit siehe *Rozek* in Hübschmann/Hepp/Spitaler, AO FGO, § 125 AO Rn. 102; *Pahlke* in Koenig, AO, § 125 Rn. 36.

zumindest einerseits die Feststellung, dass eine Unternehmung besteht und wer hinsichtlich dieser als Beteiligter anzusehen ist, und andererseits, in welcher Höhe die einzelnen Beteiligten an den Einkünften beteiligt sind.[557] Wenn aber (zumindest) ein Beteiligter nicht hinreichend individualisiert werden kann, ist nicht nur die inhaltliche Adressierung an diesen unbestimmt. Vielmehr ist mit der Zuweisung eines Gewinnanteils an einen unbestimmten Beteiligten, auch eines negativen oder Null betragenden Anteils, zugleich die Unbestimmtheit der Unternehmung als solcher verbunden. Es kann nicht hinreichend gewiss ergründet werden, mit wem die bestimmbaren Beteiligten ihre Unternehmung betreiben sollen. Die Unbestimmtheit (zumindest) eines Beteiligten schlägt somit auf die Bestimmbarkeit der Unternehmung als solche durch.[558]

Gerade dies stellt den maßgebenden Unterschied zur schlichten Nichtnennung 193 eines Beteiligten dar (hierzu obiges Beispiel unter Rdnr. 188). Wird einer von drei Beteiligten nicht adressiert, ergibt sich aus dem Bescheid, dass eine Unternehmung zwischen den anderen Beteiligten bestehen soll. Diese Feststellung ist materiellrechtlich unzutreffend, allerdings hinreichend bestimmt. Bei fehlender Individualisierbarkeit (zumindest) eines genannten Beteiligten ist jedoch die Unternehmung als solche nicht bestimmt. Diese Unbestimmtheit erstreckt sich zwangsläufig auf den gesamten Feststellungsbescheid. Den Beteiligten wäre nicht ersichtlich, unter welchen Personen nach Ansicht der Finanzbehörde eine einkünftevermittelnde Gesellschaft oder Gemeinschaft bestehen soll. Mithin ist Gesamtnichtigkeit des Feststellungsbescheides anzunehmen, sofern auch nur ein Beteiligter nicht hinreichend sicher individualisiert werden kann.[559]

(ii) Teilnichtigkeit bei Rechtsnachfolge

Auch sind inhaltlich an nicht mehr existente Personen gerichtete Verwaltungsakte 194 grundsätzlich nichtig (hierzu bereits Rdnr. 186). Sie wären an den oder die Rechtsnachfolger in dieser Eigenschaft zu richten gewesen. Für Feststellungen nach § 179 Abs. 2 S. 2, § 180 Abs. 1 S. 1 Nr. 2 a) AO hat der Gesetzgeber indessen mit § 182 Abs. 3 AO eine Sonderregelung geschaffen.[560] Ist in der Person eines Beteiligten

557 Zum Inhalt der notwendigen Feststellungen siehe *Söhn* in Hübschmann/Hepp/Spitaler, AO FGO, § 179 AO Rn. 302.

558 Anders *Hildebrandt*, DStZ 1984, S. 116 (116), der einen *„nur eine Person betreffenden Mangel“* annimmt.

559 Dies muss sodann freilich auch bei Kombination der beiden Fallgruppen, Nichtnennung (zumindest) eines Beteiligten und gleichzeitige Unbestimmtheit hinsichtlich (zumindest) eines Beteiligten, gelten.

560 BGBl. I 1985, S. 2436 (2440), mit Wirkung ab 01.01.1987. Zur jetzigen Fassung unter Ausklammerung des § 180 Abs. 1 S. 1 Nr. 2 b) AO und Erstreckung auf sämtliche Fälle der gesonderten und einheitlichen Feststellung siehe Begründung des Jahressteuergesetzes 1996, BT-Drs. 13/901, S. 160.

(Gesamt-)Rechtsnachfolge[561] eingetreten und dieser deshalb unrichtig bezeichnet worden, kann dies mit besonderem Bescheid gegenüber dem Rechtsnachfolger berichtigt werden. Dies soll der von den Finanzgerichten zuvor für derartige Fälle angenommenen Gesamtnichtigkeit, *„insbesondere bei Publikumsgesellschaften“*, *„die Grundlage ... entziehen“*.[562] Auch vor der Berichtigung der betreffenden Feststellungsbescheide ist daher kein Raum (mehr) für die Annahme einer Gesamtnichtigkeit. Vielmehr ist der Feststellungsbescheid ausschnittsweise gegenüber der nicht mehr existierenden Person ohne rechtliche Wirkung, gegenüber den hinreichend bestimmten Beteiligten aber wirksam (Teilnichtigkeit).[563] Dieser Ausnahmeregelung liegt aber kein allgemeingültiges Prinzip zugrunde.[564] Sie ist daher auch nicht analogiefähig.[565]

195 Unbeschadet dessen wird dem § 182 Abs. 3 AO im Rahmen der Beschränkung auf Fälle der Rechtsnachfolge nahezu einhellig ein breiter Anwendungsbereich zuerkannt. Sofern ein Beteiligter unrichtig bezeichnet wurde, *„weil Rechtsnachfolge eingetreten ist“*, ist ohne behördliches Ermessen, da *„kann“* sich auf die rechtliche Zulässigkeit bezieht, eine Berichtigung vorzunehmen.[566] Erfasst werden sämtliche Fälle, in denen während oder nach dem Feststellungszeitraum Rechtsnachfolge eingetreten ist.[567] Lediglich bei Rechtsnachfolge nach Bekanntgabe des

---

561 Nach dem nicht einschränkenden Wortlaut (*„Rechtsnachfolge“*) und der Gesetzesbegründung zum Steuerbereinigungsgesetz 1985, BT-Drs. 10/1636, S. 46, welche auch die *„Veräußerung von Anteilen“* nennt, ist § 182 Abs. 3 AO auch auf die Einzelrechtsnachfolge anwendbar. Bei Einzelrechtsnachfolge stellt sich indessen nicht das Problem fehlender Bestimmtheit und hieraus resultierender Unwirksamkeit, sondern lediglich die Frage der Rechtmäßigkeit. Im gegenständlichen Zusammenhang sind nachfolgende Ausführungen daher auf die Gesamtrechtsnachfolge (bspw. Erbfall, Erlöschen einer beteiligten Gesellschaft) beschränkt.

562 Gesetzesbegründung zum Steuerbereinigungsgesetz 1985, BT-Drs. 10/1636, S. 46.

563 BFH, Urteil vom 12.05.1993 – XI R 66/92, BStBl. II 1994, S. 5 (6); BFH, Urteil vom 16.03.1993 – XI R 42/90, BFH/NV 1994, S. 75 (76); BFH, Urteil vom 21.05.1992 – IV R 47/90, BStBl. II 1992, S. 865 (866); BFH, Urteil vom 07.04.1987 – VIII R 259/84, BStBl. II 1987, S. 766 (768); FG Hamburg; Urteil vom 03.01.2011 – 3 V 146/10, EFG 2011, S. 1222 (1223); *Söhn* in Hübschmann/Hepp/Spitaler, AO FGO, § 182 AO Rn. 145; *Brandis* in Tipke/Kruse, AO FGO, § 182 AO Rn. 10; *Frotscher* in Schwarz/Pahlke, AO FGO, § 182 AO Rn. 36a.

564 Grundsätzlich gilt: *„ein unwirksamer Bescheid ist einer Heilung durch Berichtigung nicht zugänglich“*, BFH, Urteil vom 21.05.1992 – IV R 47/90, BStBl. II 1992, S. 865 (866).

565 BFH, Urteil vom 16.06.1999 – II R 36/97, BFH/NV 2000, S. 170 (172); *Söhn* in Hübschmann/Hepp/Spitaler, AO FGO, § 182 AO Rn. 143.

566 *Söhn* in Hübschmann/Hepp/Spitaler, AO FGO, § 182 AO Rn. 149; *von Wedelstädt* in Kühn/von Wedelstädt, AO FGO, § 182 AO Rn. 18b.

567 BFH, Urteil vom 08.09.2011 – IV R 43/07, BFH/NV 2012, S. 222 (226); BFH, Urteil vom 04.04.2008 – IV R 91/06, BFH/NV 2008, S. 1298 (1299); BFH, Urteil vom 21.05.1992 – IV R 47/90, BStBl. II 1992, S. 865 (866); *Söhn* in Hübschmann/Hepp/Spitaler, AO FGO, § 182 AO Rn. 146; *Brandis* in Tipke/Kruse, AO FGO, § 182 AO Rn. 10; *Frotscher* in Schwarz/Pahlke, AO FGO, § 182 AO Rn. 36; jeweils m.w.N.

Feststellungsbescheides ist § 183 Abs. 3 AO nicht anwendbar, da ein derartiger Bescheid zutreffend adressiert war. Zudem ist es irrelevant, ob der Finanzbehörde die eingetretene Rechtsnachfolge bekannt war, hätte bekannt sein können oder müssen.[568] Hiergegen erhobener Kritik, nach welcher der Gesetzgeber wohl keine „„*allgemeine Heilungsmöglichkeit" installieren wollte*",[569] kann insoweit gefolgt werden, als die Gesetzesbegründung von einer oftmals gegebenen Unkenntnis der Finanzbehörde auszugehen scheint.[570] Einerseits mangelt es dem interpretationsfähigen Wortlaut („*weil*") aber an einer klar einschränkenden Formulierung. Andererseits sind auch auf Publikumsgesellschaften, welche den maßgeblichen Anlass zu der Normierung gaben, begrenzende Ansichten nicht ersichtlich. Vorzugswürdiger ist daher die Unkenntnis der Finanzbehörde als einen von mehreren Fällen zu betrachten[571] und der Norm auch für andere Konstellationen den Sinn zuzusprechen, „*die Unwirksamkeit von Feststellungsbescheiden auf die Wirkung gegenüber dem verstorbenen Beteiligten einschließlich seiner Rechtsnachfolger zu beschränken und eine Möglichkeit zur Richtigstellung zu eröffnen*".[572] Praktische Nachweisprobleme (Kenntnis und Unkenntnis) sowie Abgrenzungsschwierigkeiten (schlichte Nichtkenntnis, Kennenkönnen, Kennenmüssen) werden hierdurch abgewendet und der vom Gesetzgeber erkannten „*Gefahr, daß eine große Zahl von Feststellungsbescheiden nicht wirksam wird*",[573] am weitestgehenden begegnet. Entsprechend ist es auch zutreffend, die Berichtigungsmöglichkeit auf Änderungsbescheide zu erstrecken, in denen erstmals eine aufgrund Rechtsnachfolge unzutreffende Bezeichnung vorgenommen wird.[574]

Der Richtigstellungsbescheid ist sodann ein Bescheid eigener Art,[575] welcher sich ausschließlich auf die Berichtigung des Adressaten erstreckt. Er trifft daher keine eigenständige Regelung hinsichtlich des Feststellungsgegenstandes, sondern 196

568 BFH, Urteil vom 23.09.1999 – IV R 59/98, BStBl. II 2000, S. 170 (172); *Frotscher* in Schwarz/Pahlke, AO FGO, § 182 AO Rn. 36; *Söhn* in Hübschmann/Hepp/Spitaler, AO FGO, § 182 AO Rn. 147.

569 So *Brandis* in Tipke/Kruse, AO FGO, § 182 AO Rn. 10.

570 Gesetzesbegründung zum Steuerbereinigungsgesetz 1985, BT-Drs. 10/1636, S. 46: „*Da insbesondere bei Publikumsgesellschaften mit einer Vielzahl von Gesellschaftern Fälle der Rechtsnachfolge häufig eintreten (Veräußerung von Anteilen, Erbfolge), ohne daß dies dem Finanzamt bekannt wird, bestünde die Gefahr, daß eine große Zahl von Feststellungsbescheiden nicht wirksam wird.*"

571 So auch *Söhn* in Hübschmann/Hepp/Spitaler, AO FGO, § 182 AO Rn. 147.

572 BFH, Urteil vom 23.09.1999 – IV R 59/98, BStBl. II 2000, S. 170 (172).

573 Gesetzesbegründung zum Steuerbereinigungsgesetz 1985, BT-Drs. 10/1636, S. 46.

574 FG München, Urteil vom 04.05.2008 – 8 K 5288/02; EFG 2005, S. 1328 (1328); *Frotscher* in Schwarz/Pahlke, AO FGO, § 182 AO Rn. 36.

575 Nach der Gesetzesbegründung zum Steuerbereinigungsgesetz 1985, BT-Drs. 10/1636, S. 46, „*ähnlich wie ein Ergänzungsbescheid*". Zu Recht kritisch hierzu *Brandis* in Tipke/Kruse, AO FGO, § 182 AO Rn. 10; *Söhn* in Hübschmann/Hepp/Spitaler, AO FGO, § 182 AO Rn. 149a.

stellt lediglich die unrichtige Bezeichnung eines vom Ausgangsbescheid materiell Betroffenen richtig.[576] Zwingend zu erlassen ist der Richtigstellungsbescheid innerhalb der Festsetzungsfrist,[577] da der Feststellungsbescheid bisher nicht gegenüber dem Rechtsvorgänger und somit auch nicht gegenüber dem Rechtsnachfolger Wirkung entfaltet hat (Teilnichtigkeit, hierzu oben Rdnr. 194).[578] Insoweit ist auch die Feststellungsfrist gegenüber dem Rechtsnachfolger nicht gewahrt worden und der Feststellungsbescheid erlangt gegenüber dem berichtigten Inhaltsadressaten erst Wirkung mit der Bekanntgabe des Berichtigungsbescheides.[579] Daher kommt es bei der vorübergehenden Teilnichtigkeit, welche durch Richtigstellungsbescheid geheilt wird, anders als bei der zeitversetzten Einzelbekanntgabe an mehrere Beteiligte (hierzu noch Rdnr. 211 ff.), zu einer nicht einheitlichen Wahrung der Festsetzungsfristen. Der Richtigstellungsbescheid ist als Verwaltungsakt isoliert anfechtbar, indessen lediglich in Bezug auf seinen Inhalt, mithin die Änderung der Bezeichnung der Beteiligten.[580] Wird hingegen der Feststellungsbescheid angefochten und erlässt das Finanzamt nach Erhebung der Klage einen Richtigstellungsbescheid, wird dieser nach Ansicht des BFH *„gemäß dem insoweit zumindest entsprechend anzuwendenden“* § 68 FGO zum Gegenstand des Verfahrens.[581]

(c) Zusammenfassung

197 Bei Adressierungsmängeln ist mithin zu unterscheiden. Wird der einheitliche Feststellungsbescheid nicht an sämtliche Beteiligte (sowie nach hier vertretener Auffassung an die Unternehmung) gerichtet, ist er (lediglich) rechtswidrig. Eine Unbestimmbarkeit mindestens eines Beteiligten führt, abgesehen von den Fällen des § 182 Abs. 3 AO, indessen zur Gesamtnichtigkeit.

---

576 BFH, Beschluss vom 20.10.2009 – IV B 63/09, BFH/NV 2010, S. 178 (179); *Kunz* in Gosch, AO FGO, § 182 AO Rn. 21 f.; *Söhn* in Hübschmann/Hepp/Spitaler, AO FGO, § 182 AO Rn. 148; *Frotscher* in Schwarz/Pahlke, AO FGO, § 182 AO Rn. 36a.

577 BFH, Beschluss vom 20.10.2009 – IV B 63/09, BFH/NV 2010, S. 178 (178); BFH, Urteil vom 23.09.1999 – IV R 59/98, BStBl. II 2000, S. 170 (172); *Söhn* in Hübschmann/Hepp/Spitaler, AO FGO, § 182 AO Rn. 148; *Frotscher* in Schwarz/Pahlke, AO FGO, § 182 AO Rn. 36a.

578 Daher wird der Ablauf der Festsetzungsfrist auch nicht gehemmt, wenn der Feststellungsbescheid von einer in diesem nicht als Inhaltsadressat aufgeführten Person angefochten wird, BFH, Beschluss vom 20.10.2009 – IV B 63/09, BFH/NV 2010, S. 178 (178); BFH, Urteil vom 23.09.1999 – IV R 59/98, BStBl. II 2000, S. 170 (172); *Söhn* in Hübschmann/Hepp/Spitaler, AO FGO, § 182 AO Rn. 150.

579 *Brandis* in Tipke/Kruse, AO FGO, § 182 AO Rn. 10; *von Wedelstädt* in Kühn/von Wedelstädt, AO FGO, § 182 AO Rn. 19.

580 BFH, Beschluss vom 20.10.2009 – IV B 63/09, BFH/NV 2010, S. 178 (179); BFH, Urteil vom 02.04.2008 – I R 38/07, BFH/NV 2009, S. 881 (882).

581 BFH, Beschluss vom 20.10.2009 – IV B 63/09, BFH/NV 2010, S. 178 (179); siehe auch BFH, Urteil vom 02.04.2008 – I R 38/07, BFH/NV 2009, S. 881 (882).

4. Negative Feststellungsbescheide

Liegen die Voraussetzungen einer gesonderten und einheitlichen Feststellung nach § 180 Abs. 1 S. 1 Nr. 2 a) AO vor und erlässt die Finanzbehörde einen entsprechenden Feststellungsbescheid, handelt es sich grundsätzlich um einen positiven Feststellungsbescheid. In diesem wird einerseits festgestellt, dass eine mehreren Beteiligten zuzurechnende Einkünfteerzielung vorlag und andererseits, in welcher Höhe die Einkünfte auf die Beteiligten entfallen. Indessen ist die Durchführung eines verselbständigten Feststellungsverfahren bereits dann für die Finanzbehörde obligatorisch, wenn das Bestehen einer solchen Einkünfteerzielung lediglich behauptet wird oder aufgrund eines, auch streitigen, Sachverhaltes möglich, wenn auch zweifelhaft, erscheint.[582] **198**

a) Umfassende Negativbescheide

Für den Fall, dass nach entsprechender Prüfung eine gesonderte und einheitliche Feststellung nicht durchzuführen ist, lehnt die Finanzbehörde den Erlass des beantragten positiven Feststellungsbescheides mit negativem Feststellungsbescheid (Negativbescheid) ab.[583] Die möglichen Gründe einer Ablehnung der gesonderten Feststellung sind vielfältig, für die Bindungswirkung des Feststellungsbescheides (hierzu allgemein Rdnr. 29 ff.) gemäß § 182 Abs. 1 S. 1 AO indessen von entscheidender Bedeutung. Aufgrund dieser Bindungswirkung, welche auch die negativen Feststellungen umfasst,[584] ist jeder Ansatz von Besteuerungsgrundlagen im Folgebescheid unvereinbar, welcher dem Inhalt des Grundlagenbescheides widerspricht.[585] Daher ist der Grund der **199**

---

582 BFH, Urteil vom 09.07.2003 – I R 5/03, BFH/NV 2004, S. 1 (2); BFH, Urteil vom 10.08.1994 – X R 45/91, BFH/NV 1995, S. 387 (387); BFH, Beschluss vom 31.10.1991 – X B 69/91, BFH/NV 1992, S. 289 (290); BFH, Urteil vom 18.07.1990 – I R 39/89, BFH/NV 1991, S. 498 (499); BFH, Urteil vom 12.11.1985 – IX R 85/82, BStBl. II 1986, S. 239 (240); siehe auch bereits RFH, Urteil vom 13.03.1929 – VI a 24, 25/29, RStBl. 1929, S. 369 (369); *Segebrecht*, S. 35; *Söhn* in Hübschmann/Hepp/Spitaler, AO FGO, § 179 AO Rn. 26; *Brandis* in Tipke/Kruse, AO FGO, § 180 AO Rn. 12; *Kunz* in Gosch, AO FGO, § 180 AO Rn. 19; *Frotscher* in Schwarz/Pahlke, AO FGO, § 180 AO Rn. 23; jeweils m.w.N.

583 Auch eine positive Feststellung aufhebender Bescheid stellt einen negativen Feststellungsbescheid dar, BFH, Urteil vom 28.11.2001 – X R 23/97, BFH/NV 2002, S. 614 (615, 616).

584 BFH, Urteil vom 21.06.1989 – X R 14/88, BStBl. II 1989, S. 881 (883); BFH, Urteil vom 07.04.1993 – II R 107/89, BFH/NV 1994, S. 453 (454); *Brandis* in Tipke/Kruse, AO FGO, § 182 AO Rn. 3; *Kunz* in Gosch, AO FGO, § 182 AO Rn. 12.

585 BFH, Urteil vom 29.08.2007 – XI R 5/07, BFH/NV 2008, S. 12 (13); BFH, Urteil vom 10.06.1999 – IV R 25/98, BStBl. II 1999, S. 545 (547); BFH, Urteil vom 13.12.2000 – X R 42/96, BStBl. II 2001, S. 471 (474).

Ablehnung notfalls mittels Auslegung dem Inhalt und der Bescheidbegründung zu entnehmen.[586]

200 § 180 Abs. 1 S. 1 Nr. 2 a) AO setzt die Erzielung von *„einkommensteuerpflichtigen und körperschaftsteuerpflichtigen Einkünften"* voraus und verlangt, dass *„an den Einkünften mehrere Personen beteiligt sind und die Einkünfte diesen Personen steuerlich zuzurechnen sind"*. Dies verdeutlicht, dass das Vorliegen einer steuerrelevanten Erwerbssphäre keine vorgelagerte Frage darstellt, die außerhalb des Feststellungsverfahrens zu beantworten wäre. Insoweit ist zutreffender Weise hinsichtlich der Bindungswirkung zu unterscheiden, ob der Negativbescheid auf der Ablehnung einer einkünfteerzielenden Unternehmung, beispielsweise einer Mitunternehmerschaft, oder aber auf der fehlenden steuerlichen Relevanz der Tätigkeit beruht.[587] Werden eine gemeinsame Einkünfteerzielung oder ein Beteiligungsverhältnis an sich verneint, ist damit lediglich entschieden, dass keine Einkünfte vorliegen, an welchen Mehrere beteiligt sind. Nicht festgestellt wird somit, dass keine steuerbaren Einkünfte vorlägen. Daher gehen Ermittlungs- und Entscheidungsbefugnis hinsichtlich der Erzielung dann nicht gemeinschaftlicher Einkünfte wieder auf das Festsetzungsfinanzamt über.[588] Anders gelagert sind die Fälle, in denen eine auf Einkünfteerzielung gerichtete Tätigkeit bejaht, sodann aber die steuerliche Relevanz dieser Betätigung verneint wird, beispielsweise bei Vorliegen von Liebhaberei. In derartigen Fällen wird für das Festsetzungsfinanzamt verbindlich festgestellt, dass *„die fragliche Betätigung ... keinen Besteuerungstatbestand erfüllt und keine Besteuerungsgrundlage für die Einkommensteuer abgibt"*[589]. An diese Ablehnung einer steuerrelevanten Betätigung ist das Festsetzungsfinanzamt gebunden.[590]

---

586 Gleiches gilt freilich bereits für die Frage des Vorliegens eines negativen Feststellungsbescheides, beispielsweise im Fall sog. *„Null-Bescheide"*; hierzu: BFH, Urteil vom 18.11.1997 – VIII R 65/95, BFH/NV 1998, S. 573 (574); BFH, Urteil vom 07.10.1986 – IX R 16/86, BFH/NV 1987, S. 141 (141, 142); BFH, Urteil vom 28.11.1985 – IV R 178/83, BStBl. II 1986, S. 293 (294).

587 *von Wedelstädt*, BuW 2000, S. 627 (633 f.); *Söhn* in Hübschmann/Hepp/Spitaler, AO FGO, § 179 AO Rn. 118; *Kunz* in Gosch, AO FGO, § 179 AO Rn. 56.

588 Derartige Fälle lagen den Entscheidungen BFH, Urteil vom 11.05.1993 – IX R 27/92, BStBl. II 1993, S. 820 (822); BFH, Beschluss vom 09.03.1995 – X B 242/94, BFH/NV 1995, S. 858 (858); BFH, Urteil vom 28.11.1995 – IX R 16/93, BStBl. II 1996, S. 142 (143), zugrunde. *von Wedelstädt*, BuW 2000, S. 627 (633 f.); *Söhn* in Hübschmann/Hepp/Spitaler, AO FGO, § 179 AO Rn. 118; *Kunz* in Gosch, AO FGO, § 179 AO Rn. 56 m.w.N.

589 BFH, Urteil vom 28.11.1985 – IV R 178/83, BStBl. II 1986, S. 293 (294). BFH, Vorlagebeschluss vom 17.01.1985 – IV B 65/84, BStBl. II 1985, S. 299 (301); *von Wedelstädt*, BuW 2000, S. 627 (633 f.); *Söhn* in Hübschmann/Hepp/Spitaler, AO FGO, § 179 AO Rn. 118; *Kunz* in Gosch, AO FGO, § 179 AO Rn. 56 m.w.N.

590 Die Unterscheidung der Ablehnungsgründe (*„mehrere Personen beteiligt"* und *„einkommensteuerpflichtigen und körperschaftsteuerpflichtigen Einkünfte"*) ist nachvollziehbar und hinsichtlich der Bindungswirkung folgerichtig. Lediglich soweit der Unterscheidung die Begrifflichkeiten der *„formellen"* und *„materiellen"* Gründe zugeordnet werden, so *von Wedelstädt*, BuW 2000, S. 627 (634), scheint dies

b) Positiv-negative Feststellungsbescheide

Neben umfassend negativen Feststellungsbescheiden sind auch kombiniert positiv-negative Feststellungsbescheide denkbar. Dies insbesondere in Fällen, in denen die festgestellten Einkünfte bestimmten Beteiligten zugerechnet werden, anderen Beteiligten gegenüber indessen nicht, beispielsweise weil deren Beteiligung, etwa deren Mitunternehmerstellung, verneint wird.[591] Darüber hinaus kann bei kombiniert positiv-negativen Feststellungsbescheiden die Ermittlung des Bescheidinhaltes Problemen unterworfen sein, welche sich durch eine nicht ausdrückliche Fassung des negativen Bescheidteils ergeben. Ganz allgemein stellt sich bei jedem Feststellungsbescheid, welcher zumindest eine positive Feststellung enthält, die Frage, ob mit der positiven Feststellung zugleich eine negative Feststellung verbunden ist. Der Inhalt des Bescheids ist hierbei, wie stets, notfalls durch Auslegung zu ermitteln. Diesbezüglich lassen sich Rechtsprechung und Literatur folgende Grundtendenzen entnehmen: 201

Sofern die Finanzbehörde keine Feststellung zu Umständen trifft, die zwar in die gesonderte und einheitliche Feststellung miteinbezogen werden können, nicht aber müssen, da diese auch (lediglich) gesondert, nicht gesondert und einheitlich, festgestellt werden könnten, ist zumindest dann, wenn der Beteiligte keinen Antrag auf entsprechende Feststellung gestellt hat, nicht davon auszugehen, dass die Finanzbehörde diesbezüglich eine teilweise negative Feststellung treffen wollte.[592] Allgemein kann mit einer positiven Feststellung jedoch sogleich eine negative Feststellung verbunden sein.[593] Gleichwohl besteht Einigkeit darüber, dass nicht mit jeder positiven Feststellung zugleich eine negative Feststellung verbunden ist. Zumindest sind die Grenzen der Bestimmbarkeit des Feststellungsbescheides zur Vermeidung einer hieraus folgenden Unwirksamkeit, § 125 Abs. 1 AO, nicht zu 202

„missverständlich bzw. wenig aussagekräftig“, *Söhn* in Hübschmann/Hepp/Spitaler, AO FGO, § 179 AO Rn. 118. Will man begrifflich differenzieren, bietet sich eine Unterscheidung zwischen die Feststellung *„begründen“* und *„ausfüllenden“* Ablehnungsgründen an.

591 Beispielsweise BFH, Urteil vom 23.09.1999 – IV R 59/98, BStBl. II 2000, S. 170 (172); BFH, Urteil vom 21.05.1992 – IV R 47/90, BStBl. II 1992, S. 865 (865); BFH, Urteil vom 07.04.1987 – VIII R 259/84, BStBl. II 1987, S. 766 (767).

592 So beispielsweise der BFH zu gesondert verrechenbaren Verlusten nach § 15a Abs. 4 S. 1 EStG, BFH, Urteil vom 11.07.2006 – VIII R 10/05, BStBl. 2007, S. 96 (98 ff.).

593 So wird bei einer Zurechnungsfortschreibung gemäß § 22 Abs. 2 BewG mit der positiven Zurechnung eines Grundstücks an einen neuen Eigentümer zugleich negativ ausgedrückt, dass dieses nicht mehr dem vormaligen Eigentümer zuzurechnen ist, BFH, Beschluss vom 10.12.2003, BFH/NV 2004, S. 528 (529). Der positiven Feststellung eines Verlustvortrages ist zugleich die negative Aussage zu entnehmen, dass keine weiteren negativen Einkünfte bei der Ermittlung des Gesamtbetrages der Einkünfte unausgeglichen geblieben sind, FG München, Urteil vom 09.11.2007 – 8 K 765/06, EFG 2008, S. 358 (358); bestätigt durch BFH, Urteil vom 17.12.2008 – IX R 94/07, BStBl. II 2009, S. 444 (444).

überschreiten.[594] Im Zweifel ist zudem ein dem Betroffenen weniger belastendes Auslegungsergebnis vorzuziehen, da der *„Empfänger einer auslegungsbedürftigen Willenserklärung der Verwaltung durch etwaige Unklarheiten aus deren Sphäre nicht benachteiligt werden darf"*.[595] Daher muss sich eine negative Regelung klar und eindeutig aus dem Bescheid ergeben.[596] Indessen erscheint die Forderung nach einer stets ausdrücklichen negativen Feststellung überzogen.[597]

203 Insbesondere in Bezug auf eine negative Feststellung zur Beteiligtenstellung, als für den Betreffenden wohl negativste Entscheidung, wird jedoch eine zurückhaltende Auslegung als geboten angesehen. Demnach wird beispielsweise mit der Feststellung, dass zwischen bestimmten Personen eine gemeinsame Einkünfteerzielung vorliegt, und der entsprechenden Einkünftezurechnung nicht negativ entschieden, dass jede andere Person nicht Beteiligte ist.[598] Dies gilt selbst dann, wenn die Summe der Beteiligungen 100 v.H. ergibt und eine weitere Beteiligung daher logisch ausgeschlossen ist, da sich der Feststellungsbescheid gegen die in ihm nicht genannten Personen nicht richten soll.[599] Wird jedoch einem Inhaltsadressaten kein Anteil an den erzielten Einkünften zugewiesen, ist von einem insoweit negativen Feststellungsbescheid auszugehen.[600] Die Annahme einer negativen Feststellung ist daher lediglich gegenüber einem Inhaltsadressaten möglich.[601] Hierfür ist eine ausdrückliche Nennung des negativ zu verbescheidenden Beteiligten nicht erforderlich.[602]

---

594 Ähnlich *Frotscher* in Schwarz/Pahlke, AO FGO, § 179 AO Rn. 46; *Söhn* in Hübschmann/Hepp/Spitaler, AO FGO, § 179 AO Rn. 121.

595 BFH, Urteil vom 11.07.2006 – VIII R 10/05, BStBl. 2007, S. 96 (99) m.w.N.

596 *Söhn* in Hübschmann/Hepp/Spitaler, AO FGO, § 179 AO Rn. 121; der jedoch in § 179 AO Rn. 156 ebenfalls eine *„ausdrückliche"* Ablehnung fordert.

597 So aber *Frotscher* in Schwarz/Pahlke, AO FGO, § 179 AO Rn. 46.

598 *Frotscher* in Schwarz/Pahlke, AO FGO, § 179 AO Rn. 48; *Söhn* in Hübschmann/Hepp/Spitaler, AO FGO, § 179 AO Rn. 156.

599 *Söhn* in Hübschmann/Hepp/Spitaler, AO FGO, § 179 AO Rn. 156.

600 So auch in den Fällen BFH, Urteil vom 07.04.1987 – VIII R 259/84, BStBl. II 1987, S. 766 (767); BFH, Urteil vom 02.02.1989 – I R 69/88, BFH/NV 1990, S. 343 (344).

601 Diesem ist die Entscheidung auch bekannt zu geben, allgemein hierzu Rdnr. 209 ff. Die durch teilweisen Negativbescheid abgelehnte Beteiligung (materielle Beteiligung) ist nicht zu verwechseln mit der Beteiligung am Verfahren (formelle Beteiligung).

602 Sofern der Feststellungsbescheid inhaltlich bestimmt ist, sei es durch Heranziehung des einkünftezurechnenden Bescheidteils, sei es durch Bezugnahme auf einen Prüfungsbericht, ist dem sich daraus ergebenden Inhaltsadressaten auch ersichtlich, dass er negativ verbeschieden werden sollte, sofern er bei der Einkünfteverteilung unberücksichtigt geblieben ist.

c) Keine separaten Negativbescheide

Besondere Probleme ergeben sich indessen daraus, dass die Finanzverwaltung keinen kombiniert positiv-negativen Feststellungsbescheid erlassen müsse. Es stehe vielmehr in ihrem Ermessen, die Beteiligtenstellung in einem separaten Negativbescheid[603] gegenüber allen Feststellungsbeteiligten abzulehnen.[604] Wird ein kombinierter Feststellungsbescheid angegriffen, wird seine formelle Bestandskraft gegenüber allen Beteiligten aufgeschoben, was eine umfassende Änderung ermöglicht (hierzu noch Rdnr. 212). Wird indessen der separate Negativbescheid angegriffen, ändert die Finanzbehörde diesen und erkennt die Beteiligteneigenschaft zu, kommt es zu einem inhaltlichen Widerspruch zu dem bereits vorliegenden separaten positiven Feststellungsbescheid. Dieser Widerspruch kann nach bisherigem Verständnis mangels Bindungswirkung und bestandskraftdurchbrechender Vorschrift nicht aufgelöst werden (siehe aber zum hier vertretenen Alternativmodell, welches fruchtbar gemacht werden könnte, im Zusammenhang Rdnr. 501 ff.).[605] 204

Dem wird teilweise versucht, durch die Annahme der Nichtigkeit des positiven Feststellungsbescheides aufgrund nicht ordnungsgemäßer Adressierung auch an den negativ Verbeschiedenen entgegenzuwirken.[606] Allerdings führt lediglich die nicht hinreichend bestimmte Bezeichnung (zumindest) eines Beteiligten zur Nichtigkeit. Die lediglich unvollständige Benennung aller Beteiligten lässt den Feststellungsbescheid gegenüber den zutreffend Adressierten wirksam werden (hierzu Rdnr. 185 ff.). Auch ist § 179 Abs. 3 AO in einer derartigen Konstellation nicht anwendbar, so dass eine Änderung des positiven Feststellungsbescheides 205

---

603 Ob es sich hierbei um einen Ergänzungsbescheid gemäß § 179 Abs. 3 AO handelt, so FG Hamburg, Urteil vom 20.03.2001 – V 299/97, EFG 2001, S. 1010 (1011); *Söhn* in Hübschmann/Hepp/Spitaler, AO FGO, § 179 AO Rn. 120; *Brandis* in Tipke/Kruse, AO FGO, § 179 AO Rn. 6, wird teilweise bezweifelt, da es sich bei der negativen Feststellung sodann um eine „*notwendige Feststellung*" des positiven Bescheides handeln müsste, so *Frotscher* in Schwarz/Pahlke, AO FGO, § 179 AO Rn. 53. Versteht man die Notwendigkeit jedoch dahingehend, dass die Feststellung nicht im Festsetzungsverfahren, sondern bereits im Feststellungsverfahren zu treffen ist, so BFH, Urteil vom 13.04.1978 – IV R 91/74, BStBl. II 1978, S. 479 (480); *von Wedelstädt* in Kühn/von Wedelstädt, AO FGO, § 179 AO Rn. 21; *Söhn* in Hübschmann/Hepp/Spitaler, AO FGO, § 179 AO Rn. 302; *Kunz* in Gosch, AO FGO, § 179 AO Rn. 59, kann der negative Feststellungsbescheid auch als Ergänzungsbescheid ergehen.

604 BFH, Urteil vom 26.06.2008 – IV R 89/05, BFH/NV 2008, S. 1984 (1987); *Söhn* in Hübschmann/Hepp/Spitaler, AO FGO, § 179 AO Rn. 120; *Brandis* in Tipke/Kruse, AO FGO, Vor § 179 AO Rn. 6; *Frotscher* in Schwarz/Pahlke, AO FGO, § 179 AO Rn. 54; jeweils m.w.N. Auch die vollumfängliche Ablehnung einer gesonderten und einheitlichen Feststellung kann durch mehrere, gleichlautende Bescheide ergehen, BFH, Urteil vom 04.04.1989 – IX R 139/85, BFH/NV 1989, S. 765 (765).

605 Zur dargestellten Problematik, welche wenig behandelt scheint, siehe *Frotscher* in Schwarz/Pahlke, AO FGO, § 179 AO Rn. 57.

606 So *Frotscher* in Schwarz/Pahlke, AO FGO, § 179 AO Rn. 57.

durch Ergänzungsbescheid nicht erwogen werden kann.[607] Es bestünde lediglich die Möglichkeit, eine inhaltliche Kongruenz durch Anfechtung beider Bescheide herzustellen.[608] Allerdings wird man ein Vorgehen gegen den negativen Feststellungsbescheid trotz Kostenfreiheit des Einspruchs nicht zugleich als Angriff des positiven Feststellungsbescheides verstehen können. Da dem Begehren des Rechtsschutzsuchenden bereits durch Änderung des negativen Bescheides abgeholfen wird, kann ihm ein zusätzliches Interesse an der Aufhebung des positiven Bescheides nicht ohne Weiteres unterstellt werden. Der Einspruch gegen den positiven Feststellungsbescheid müsste daher ausdrücklich erfolgen.

206 Allerdings lässt sich die Einheitlichkeit der Feststellung verfahrensmäßig umfassend absichern. Das verfahrensmäßige Ziel der materiellen Einheitlichkeit kann bei nachträglich divergierenden Entscheidungen (scheinbar, hierzu noch Rdnr. 501 ff. im Rahmen des Alternativmodells) nicht gelöst werden; besser gesagt: nicht mehr gelöst werden. Insoweit scheint es sachgerecht, die grundsätzliche Möglichkeit des Erlasses separater negativer Feststellungsbescheide im Ansatz zu hinterfragen. Warum soll sich der Grundsatz materieller Einheitlichkeit nicht bereits auf den Erlass des Feststellungsbescheides auswirken? Ziel und Zwecksetzung der einheitlichen Feststellung sollten verfahrensleitend sein. Will man überhaupt ein Ermessen der Finanzbehörde anerkennen, sollte zugleich, von Fällen des eindeutigen Rechtsmissbrauchs abgesehen,[609] von einer Ermessensreduzierung auf Null zugunsten des gemischt positiv-negativen Feststellungsbescheides ausgegangen werden. Weitergehender sollte indessen ein Ermessen grundsätzlich abgelehnt werden. Können mit dessen, auch ermessensfehlerfreier, Ausübung letztendlich unzutreffende Rechtsfolgen in Form sich widersprechender Entscheidungen

---

607 Ein Ergänzungsbescheid kommt lediglich in Betracht, wenn der positive Feststellungsbescheid lückenhaft wäre, was in Bezug auf die, wenn auch unzutreffende, Feststellung indessen nicht der Fall ist. Zudem dürfen Ergänzungsbescheide den materiellen Gehalt des zu ergänzenden Bescheides nicht ändern; mithin sind Ergänzungsbescheide nicht zur Korrektur fehlerhafter Feststellungsbescheide fähig. Zu beiden Prämissen siehe: BFH, Urteil vom 11.05. 1999 – IX R 72/96, BFH/NV 1999, S. 1446 (1447); BFH, Urteil vom 04.08.1988 – IV R 78/86, BFH/NV 1989, S. 281 (283); BFH, Urteil vom 14.10.1987 – I R 381/83, NFH/NV 1989, S. 141 (142); *Kunz* in Gosch, AO FGO, § 179 AO Rn. 58; *von Wedelstädt* in Kühn/von Wedelstädt, AO FGO, § 179 AO Rn. 21, 22; jeweils. m.w.N.

608 Bezüglich des positiven Feststellungsbescheides, welcher den negativ Verbeschiedenen nicht nennt, ergibt sich die Einspruchsbefugnis auch ohne Adressierung und Bekanntgabe aus § 352 Abs. 1 Nr. 4 AO, die Klagebefugnis aus § 48 Abs. 1 Nr. 4 FGO (siehe hierzu unten Rdnr. 280, 298 ff.).

609 Beispielsweise wenn objektiv ausgeschlossen ist, dass ein Dritter unter keinem Gesichtspunkt Beteiligter sein kann, indessen geltend macht, an der Unternehmung beteiligt zu sein, etwa um über das Feststellungsverfahren Informationen in Bezug auf eine Mitunternehmerschaft zu erlangen. Wann aber ist etwas objektiv und somit eine Bescheidänderung mit Sicherheit ausgeschlossen?

verbunden sein, welchen man mit dem zur Verfügung stehenden verfahrensrechtlichen Instrumentarium nicht hinreichend begegnen kann, fehlt jegliche Legitimation. Dies gilt erst recht, wenn das Gesetz ausdrücklich Einheitlichkeit verlangt. Es soll auch letztendlich eine einheitliche Entscheidung erfolgen, nicht lediglich zunächst. Der zugrundeliegende Sachverhalt ist entsprechend in einem einzigen Bescheid zu erfassen und abzuhandeln. Die Finanzbehörde ist daher zum Erlass eines gemischt positiv-negativen Feststellungsbescheides verpflichtet.

d) Unternehmung als Inhaltsadressat negativer Feststellungsbescheide

Nach hier vertretener Auffassung ist (auch) die Unternehmung[610] selbst Adressat des Bescheides zur gesonderten und einheitlichen Feststellung (siehe hierzu Rdnr. 164 ff.). Insoweit muss die Unternehmung sowohl bei positiven als auch bei gemischt positiv-negativen Feststellungsbescheiden Inhaltsadressat sein. Gleiches gilt grundsätzlich bei negativen Feststellungsbescheiden. Ein solcher negativer Feststellungsbescheid kann beispielsweise ergehen, wenn die Gesellschaft oder Gemeinschaft eine Tätigkeit entfaltet, welche einen Einkünftetatbestand erfüllen kann, jedoch nicht von einer Einkünfteerzielungsabsicht getragen ist (Liebhaberei). In diesem Fall ist auch die Gesellschaft und Gemeinschaft Inhaltsadressat des negativen Bescheides, welcher einkommensteuerpflichtige oder körperschaftsteuerpflichtige Einkünfte (hierzu noch Rdnr. 307) verneint. Denkbar ist auch, dass zwar eine Gesellschaft oder Gemeinschaft existiert, sich letztendlich aber herausstellt, dass nicht diese, sondern die Beteiligten jeweils einzeln und unabhängig voneinander die Einkünfte erzielen. Es fehlt insoweit an einer Beteiligung Mehrerer an den nicht gemeinschaftlich, durch die Unternehmung erzielten Einkünften. Auch hier ist der negative Feststellungsbescheid an die Unternehmung selbst zu adressieren. Dem steht keine fehlende Beteiligungsfähigkeit entgegen. Es gilt allgemein der Grundsatz, dass Gebilde stets beteiligungsfähig sind, wenn deren Beteiligtenfähigkeit gerade in Streit steht.[611] Knüpft aber die Beteiligtenfähigkeit an die Tatbestandsverwirklichung durch das Gebilde an (hierzu Rdnr. 87 ff.), ist diese Tatbestandsverwirklichung aber gerade strittig oder zweifelhaft, muss auch das Gebilde im Steuerverwaltungsverfahren und im finanzgerichtlichen Verfahren beteiligtenfähig sein. 207

Problematischer erscheint indessen lediglich der Fall, dass die Unternehmung an sich nicht existiert, daher dass weder ein Gesellschafts- noch ein Gemeinschaftsverhältnis im weitesten Sinne im Rahmen der Prüfung ersichtlich wird. Im Zusammenhang mit der gesonderten und einheitlichen Feststellung dürfte eine 208

610 Zum Begriff siehe Fn. 1, zur prozeduralen Beteiligtenfähigkeit zivilrechtlich nicht rechtsfähiger Unternehmungen und sich daraus etwaig ergebender Einschränkungen siehe Rdnr. 114 ff., insb. Rdnr. 118.

611 Hierzu *Drüen* in Tipke/Kruse, AO FGO, § 78 AO Rn. 28 m.w.N.

solche Konstellation aber de facto stets ausscheiden.[612] Eine Gesellschaft bürgerlichen Rechts erfordert lediglich einen (auch konkludenten) Zusammenschluss und einen gemeinsamen Zweck. Auch fehlerhafte Gesellschaftsverhältnisse und bloße Gemeinschaften begründen eine gemeinsame Einkünfteerzielung (hierzu Rdnr. 319). Aber auch die Konstellation des Ausschlusses jeglichen Personenzusammenschlusses durch das Feststellungsfinanzamt kann aufgelöst werden. Folgt man dem Richtsatz, dass Verwaltungsakte, welche sich an ein nicht existentes Subjekt richten, allgemein hin als wirkungslos und nichtig angesehen werden,[613] scheidet eine Adressierung der vermeintlichen Unternehmung aus. Diese kann gegen den Feststellungsbescheid jedoch als Drittbetroffene vorgehen und wäre in diesem Verfahren, nach oben genannten Grundsatz (Rdnr. 207), beteiligtenfähig (zur Rechtsbehelfsbefugnis der Unternehmung siehe noch Rdnr. 256 ff.). Sieht man in der Situation indessen von vornherein einen Streit über die Beteiligungsfähigkeit, da die Existenz der Unternehmung Voraussetzung für deren Tatbestandserfüllung ist, welche ihre Steuersubjektivität und somit auch Beteiligtenstellung vermittelt, und sieht man den Grund der Nichtigkeit von Bescheiden an nicht existente Personen maßgeblich in der darin zu erblickenden Unbestimmtheit, welche vorliegend indessen nicht vorliegt, da die vermeintliche Unternehmung hinreichend bestimmt ist, erscheint es ebenfalls möglich, den Feststellungsbescheid zugleich an *„die vermeintlich zwischen den genannten Personen bestehende Unternehmung“* zu richten. Letztendlich kann somit auch diese rein theoretische Konstellation bewältigt werden.

5. Bekanntgabe des Feststellungsbescheides

209 Zu unterscheiden von der inhaltlichen Adressierung ist die Bekanntgabe eines Feststellungsbescheides. Feststellungsbescheide sind als Verwaltungsakte demjenigen bekannt zu geben, für den sie (zumindest auch) bestimmt sind oder der von ihnen (zumindest auch) betroffen ist, § 122 Abs. 1 S. 1 AO. Erst mit Bekanntgabe entfaltet der Feststellungsbescheid seine Wirkung, und zwar lediglich demjenigen gegenüber, dem er bekannt gegeben worden ist, § 124 Abs. 1 S. 1 AO. Gesonderte und einheitliche Feststellungsbescheide, welche lediglich positive Feststellungen zur

---

612 Es müsste zunächst zu einer vollkommenden Verkennung der Umstände seitens der vermeintlich Beteiligten kommen. Beispiel: Person A verpachtet ihr Grundstück an Person X. Unabhängig davon verpachtet auch Person B ihr danebengelegenes Grundstück an Person X. Person A und B erlangen gegenseitige Kenntnis dieser Vorgänge, gehen davon aus, dass somit Einkünfte in Gemeinschaft erzielt würden, und geben Feststellungserklärungen ab.

613 BFH, Urteil vom 10.04.1987 – III R 202/83, BStBl. II 1988, S. 165 (166), für von vornherein nicht existente GbR; BFH, Urteil vom 13.12.2007 – IV R 91/05, BFH/NV 2008, S. 1289 (1290); BFH, Urteil vom 15.04.2010 – IV R 67/07; BFH/NV 2010, S. 1606 (1607), jeweils für vollbeendete GbR; *Ratschow* in Klein, AO, § 122 Rn. 31; *Seer* in Tipke/Kruse, AO FGO, § 122 AO Rn. 25.

Beteiligteneigenschaft treffen, sind diesen Beteiligten bekannt zu geben. Insoweit negative Bescheide sind den negativ Verbeschiedenen, kombiniert positiv-negative Bescheide sowohl den positiv Beteiligten als auch den negativ Verbeschiedenen bekannt zu geben. Da nach hier vertretener Auffassung auch die Unternehmung selbst Inhaltsadressat des Feststellungsbescheides ist, ist in allen Konstellationen der Bescheid auch der Unternehmung als solcher bekannt zu geben (hierzu gesondert und im Zusammenhang unter Rdnr. 239 ff.).[614]

a) Bekanntgabe an die Beteiligten

Für gesonderte und einheitliche Feststellungen, die sich notwendiger Weise an **210** mehrere Adressaten richten, ist somit zumindest eine Einzelbekanntgabe des inhaltsgleichen Feststellungsbescheides an diese zwingend. Macht die Finanzbehörde nicht von § 183 AO Gebrauch (hierzu unter Rdnr. 214 ff.), kann diese lediglich vereinfacht werden, sofern und soweit ein gemeinsamer Bevollmächtigter im Sinne des § 80 Abs. 1 S. 1 AO vorhanden ist, § 122 Abs. 1 S. 3 AO.

(1) Einzelbekanntgabe

Mit einer Einzelbekanntgabe verbunden sind in der Regel jedoch unterschiedliche **211** Bekanntgabezeitpunkte und somit unterschiedliche Rechtsbehelfsfristen, da der Bescheid erst und jeweils mit Bekanntgabe wirksam wird. Die Einheitlichkeit der Feststellungen nach § 179 Abs. 2 S. 2 AO betrifft somit lediglich den Entscheidungsinhalt und nicht die Bekanntgabe.[615] Auch sofern ein Feststellungsbescheid nicht allen (inhaltlich zutreffend adressierten) bekannt gegeben wurde, ist er trotzdem als Verwaltungsakt existent und entfaltet gegenüber demjenigen, dem er bekannt gegeben wurde, seine Wirkung.[616] Der inhaltliche Gleichlauf der Feststellungen gegenüber allen Beteiligten wird hierbei über ein herausgebildetes Gesamtkonzept der Rechtsanwendung gesichert.

So werde, argumentativ gestützt auf die Einheitlichkeit des Feststellungsbe- **212** scheides und einer zweckentsprechenden Auslegung der Verjährungsvorschriften,

---

614 Anderes gilt nur, wenn eine Gesellschaft oder Gemeinschaft nicht existiert und man aus diesem Grund eine Adressierung ausschließt; hierzu Rdnr. 207 f.

615 BFH, Beschluss vom 08.10.2008 – IV B 61/08, BFH/NV 2009, S. 353 (353); BFH, Urteil vom 27.04.1993 – VIII R 27/92, BStBl. II 1994, S. 3 (5); BFH, Urteil vom 25.11.1987 – II R 227/84, BStBl. II 1988, S. 410 (411); *Söhn* in Hübschmann/Hepp/Spitaler, AO FGO, § 179 AO Rn. 212; *Brandis* in Tipke/Kruse, AO FGO, § 183 AO Rn. 29; *Frotscher* in Schwarz/Pahlke, AO FGO, § 179 AO Rn. 38; jeweils m.w.N.

616 BFH, Urteil vom 26.04.1988 – VIII R 292/82, BStBl. II 1988, S. 855 (857); BFH, Urteil vom 07.08.1990 – VIII R 257/84, BFH/NV 1991, S. 507 (508); BFH, Beschluss vom 08.10.2008 – IV B 61/08, BFH/NV 2009, S. 353 (353); *Söhn* in Hübschmann/Hepp/Spitaler, AO FGO, § 179 AO Rn. 212; *Brandis* in Tipke/Kruse, AO FGO, § 183 AO Rn. 29; *Frotscher* in Schwarz/Pahlke, AO FGO, § 179 AO Rn. 38; jeweils m.w.N.

bereits durch die Bekanntgabe des Feststellungsbescheides an einen der Beteiligten die Feststellungsfrist gegenüber allen Beteiligten gewahrt.[617] Allerdings tritt eine Bindungswirkung für die Finanzverwaltung ein. Gegenüber denjenigen, denen der Bescheid bislang nicht bekannt gegeben wurde, ist die Bekanntgabe einer Ausfertigung, somit mit identischem Inhalt, nachzuholen, selbst wenn sich dieser zwischenzeitlich als unzutreffend herausgestellt haben sollte.[618] Die spätere Bekanntgabe an einen weiteren Feststellungsbeteiligten erfordert weder den Erlass eines neuen Feststellungsbescheides,[619] noch ist die nachzuholende Bekanntgabe an eine Frist gebunden.[620] Bis zu der Bekanntgabe an diejenigen, denen der Feststellungsbescheid bisher nicht bekannt gegeben wurde, ist er diesen gegenüber auch nicht wirksam. Trotzdem sind diese nach § 352 AO einspruchsbefugt und nach § 48 FGO klagebefugt, da die Zulässigkeit eines Rechtsbehelfes nicht die Bekanntgabe des Bescheides an den Rechtsbehelfsführer voraussetzt.[621] Die Anfechtung des Feststellungsbescheides ist für diese Beteiligten mangels Bekanntgabe nicht an eine Frist, sondern lediglich an die Grenze der Verwirkung gebunden.[622] Diese Möglichkeit der Anfechtung soll einer Klage auf Bekanntgabe durch denjenigen

---

617 BFH, Beschluss vom 12.02.1998 – III B 82/97, BFH/NV 1998, S. 937 (939); BFH, Urteil vom 23.09.1999 – IV R 59/98, BStBl. II 2000, S. 170 (172, 173); BFH, Urteil vom 13.09.1994 – IX R 89/90, BStBl. II 1995, S. 39 (40); BFH, Urteil vom 27.04.1993 – VIII R 27/92, BStBl. II 1994, S. 3 (4); *Söhn* in Hübschmann/Hepp/Spitaler, AO FGO, § 179 AO Rn. 217; *von Wedelstädt* in Kühn/von Wedelstädt, AO FGO, § 179 AO Rn. 11; *Brandis* in Tipke/Kruse, AO FGO, § 181 AO Rn. 6; kritisch hierzu *Frotscher* in Schwarz/Pahlke, AO FGO, § 179 AO Rn. 41.

618 BFH, Urteil vom 27.04.1993 – VIII R 27/92, BStBl. II 1994, S. 3 (4); BFH, Urteil vom 25.11.1987 – II R 227/84, BStBl. II 1988, S. 410 (411); *Brandis* in Tipke/Kruse, AO FGO, § 179 AO Rn. 13; *Söhn* in Hübschmann/Hepp/Spitaler, AO FGO, § 179 AO Rn. 213; *von Wedelstädt* in Kühn/von Wedelstädt, AO FGO, § 179 AO Rn. 11; *Kruse*, DStR 1974, S. 395 (398 f.).

619 FG Düsseldorf, Urteil vom 11.12.1996 – 18 K 2021/93 F, EFG 1998, S. 2 (3); FG München, Urteil vom 16.10.2002 – 1 K 2247/01, EFG 2003, S. 212 (213); *Frotscher* in Schwarz/Pahlke, AO FGO, § 179 AO Rn. 38; *Söhn* in Hübschmann/Hepp/Spitaler, AO FGO, § 179 AO Rn. 213.

620 *Frotscher* in Schwarz/Pahlke, AO FGO, § 179 AO Rn. 38; *Söhn* in Hübschmann/Hepp/Spitaler, AO FGO, § 179 AO Rn. 214; *von Wedelstädt*, BuW 2000, S. 627 (629). Zur Bekanntgabe durch fehlerfreie Bekanntgabe einer Einspruchsentscheidung siehe BFH, Urteil vom 18.12.1991 – XI R 42, 43/88, BStBl. II 1992, S. 585 (586).

621 BFH, Urteil vom 26.04.1988 – VIII R 292/82, BStBl. II 1988, S. 855 (857); BFH, Urteil vom 21.10.1997 – VIII R 20/96, BFH/NV 1998, S. 1073 (1075); BFH, Urteil vom 13.09.1994 – IX R 89/90, BStBl. II 1995, S. 39 (40); *Söhn* in Hübschmann/Hepp/Spitaler, AO FGO, § 179 AO Rn. 216; *Brandis* in Tipke/Kruse, AO FGO, § 179 AO Rn. 13.

622 BFH, Urteil vom 13.09.1994 – IX R 89/90, BStBl. II 1995, S. 39 (40); BFH, Urteil vom 21.10.1997 – VIII R 20/96, BFH/NV 1998, S. 1073 (1075); *Brandis* in Tipke/Kruse, AO FGO, § 179 AO Rn. 13; *Frotscher* in Schwarz/Pahlke, AO FGO, § 179 AO Rn. 38; *Söhn* in Hübschmann/Hepp/Spitaler, AO FGO, § 179 AO Rn. 212.

Beteiligten, welchem der Feststellungsbescheid bisher nicht formgerecht bekannt gegeben wurde, das Rechtsschutzbedürfnis entziehen.[623] Die inhaltliche Identität des Feststellungsbescheides gegenüber den anderen Beteiligten wird sodann durch die notwendige Hinzuziehung, § 360 Abs. 3 S. 1 AO, sowie die notwendige Beiladung, § 60 Abs. 3 S. 1 FGO, derjenigen gesichert, die den Bescheid nicht selbständig anfechten, wodurch er auch diesen gegenüber geändert werden kann.[624] Eine bereits gegenüber den nicht Anfechtenden eingetretene Bestandskraft des Feststellungsbescheides steht dem nicht entgegen.[625] *„Sowohl das Rechtsinstitut der Verjährung ... als auch dasjenige der Bestandskraft ... dienen der Rechtssicherheit. Die Notwendigkeit materiell einheitlicher Entscheidungen erfordert jedoch, beide Rechtsinstitute sachgerecht zu modifizieren.“*[626]

Die mit einer Einzelbekanntgabe verbundenen Probleme scheinen daher einer **213**
praktikablen Lösung zugeführt. Diese, mit dem BFH, indessen als geringfügige Modifikation anmuten zu lassen, verstellt den Blick für das Wesentliche. Zumindest ist zu vergegenwärtigen, dass dieses Gesamtsystem der Rechtsanwendung allein, bestenfalls ganz überwiegend, die inhaltliche Einheitlichkeit des Feststellungsbescheides im Blick hat. Rechtssicherheit als Element des Rechtsstaatsprinzips ist hiermit weniger verbunden. Die Bestandskraft eines Feststellungsbescheides allen Beteiligten gegenüber wird so lange eingeschränkt beziehungsweise tritt nicht ein, wie auch nur ein Beteiligter diesen noch zulässig angreifen kann. Für den Normalfall zeitlich nicht weit auseinander liegender Bekanntgabezeitpunkte wirkt dies weniger gravierend. In Fällen keiner oder nicht ordnungsgemäßer Bekanntgabe an mindestens einen Beteiligten ergeben sich indessen, freilich begründbar, recht lange Fristen (keine Frist zur Nachholung der Bekanntgabe; Anfechtung durch Beteiligte, denen der Bescheid bisher nicht bekannt gegeben wurde, bis zur Grenze der Verwirkung). Auch ein nicht nach §§ 164, 165 AO offen gehaltener Feststellungsbescheid kann somit noch nach mehreren Jahren einer Änderung

623 BFH, Urteil vom 13.03.19863 – IV R 304/84, BStBl. II 1986, S. 509 (511); *Söhn* in Hübschmann/Hepp/Spitaler, AO FGO, § 179 AO Rn. 216; kritisch wohl *Brandis* in Tipke/Kruse, AO FGO, § 179 AO Rn. 13.

624 BFH, Beschluss vom 08.10.2008 – IV B 61/08, BFH/NV 2009, S. 353 (353); BFH, Urteil vom 25.11.1987 – II R 227/84, BStBl. II 1988, S. 410 (412); BFH, Urteil vom 27.04.1993 – VIII R 27/92, BStBl. II 1994, S. 3 (4); *Söhn* in Hübschmann/Hepp/Spitaler, AO FGO, § 179 AO Rn. 219.

625 Sollte der Feststellungsbescheid noch nicht allen Beteiligten bekanntgegeben worden sein, ist dies nachzuholen und ein gegen diesen geführtes Klageverfahren in analoger Anwendung des § 74 FGO bis dahin auszusetzen, BFH, Urteil vom 07.08.1990 – VIII R 257/84, BFH/NV 1991, S. 507 (508); BFH, Urteil vom 25.06.1976 – IV R 86/90, BFH/NV 1993, S. 457 (457); *Söhn* in Hübschmann/Hepp/Spitaler, AO FGO, § 179 AO Rn. 215.

626 BFH, Urteil vom 27.04.1993 – VIII R 27/92, BStBl. II 1994, S. 3 (5); *Siegers* in Hübschmann/Hepp/Spitaler, AO FGO, § 352 AO Rn. 317; *Frotscher* in Schwarz/Pahlke, AO FGO, § 179 AO Rn. 39.

unterliegen. Für eine von dieser Gesamtkonzeption abweichende Handhabung fehlt indessen das verfahrensrechtliche Instrumentarium.[627]

(2) § 183 AO als Bekanntgabeerleichterung

214 Unbeschadet dessen bleibt eine Einzelbekanntgabe regelmäßig und nachteilig mit dem Lauf unterschiedlicher Rechtsbehelfsfristen verbunden, auch wenn der Bescheid sämtlichen Beteiligten bekanntgegeben wurde. Bereits die RAO enthielt daher mit § 210g RAO[628] eine, anderen Verfahrensordnungen fremde, Regelung zur Bekanntgabeerleichterung, welche nunmehr im § 183 AO verankert ist. Dieser räumt der Finanzverwaltung unter gewissen Voraussetzungen die Möglichkeit der Bekanntgabe des Feststellungsbescheides an einen gemeinsamen Empfangsbevollmächtigen mit Wirkung für und gegen alle Beteiligten ein. Hierbei steht es grundsätzlich im Ermessen der Finanzbehörde, ob diese von der Einzelbekanntgabe nach § 122 Abs. 1 S. 1 AO abweicht und von der Bekanntgabeerleichterung Gebrauch macht.[629]

(a) Sachliche Voraussetzungen und Reichweite

215 Der Anwendungsbereich der Bekanntgabeerleichterung erstreckt sich auf Feststellungsbescheide[630], welche sich gegen mehrere Personen als Gesellschafter oder Gemeinschafter richten, wenn diese am Gegenstand der Feststellung beteiligt sind, § 183 Abs. 1 S. 1 AO.[631] Bescheide, welche ausschließlich die Gesellschaft oder Gemeinschaft als solche betreffen, werden somit nicht erfasst.[632] Klar ist somit, dass die Anwendung des § 183 AO erst ab dem Zeitpunkt möglich ist, ab welchem eine gemeinsame Einkünfteerzielung existiert, da zuvor nicht Mehrere *„beteiligt sind"*. Hiermit unmittelbar verbunden sind jedoch die Fragen, ob zum einen von der Bekanntgabeerleichterung Gebrauch gemacht werden kann, wenn zweifelhaft ist oder kontrovers beurteilt wird, ob eine Gesellschaft oder Gemeinschaft vorliegt,

---

627 Es handelt sich bei dem Feststellungsbescheid um einen einzigen und zudem einheitlichen Bescheid; Rdnr. 28.

628 Eingefügt durch die Verordnung zur Sicherung von Wirtschaft und Finanzen vom 01.12.1930, RGBl. I 1930, S. 517 (558); zur weitergehenden Entstehungsgeschichte siehe *Söhn* in Hübschmann/Hepp/Spitaler, AO FGO, § 183 AO Rn. 1.

629 *Brandis* in Tipke/Kruse, AO FGO, § 183 AO Rn. 4; *Frotscher* in Schwarz/Pahlke, AO FGO, § 183 AO Rn. 6; *Kunz* in Gosch, AO FGO, § 183 AO Rn. 5; *Söhn* in Hübschmann/Hepp/Spitaler, AO FGO, § 183 AO Rn. 7a, 41.

630 Sowie auf *„Verwaltungsakte und Mitteilungen ..., die mit dem Feststellungsverfahren und dem anschließenden Verfahren über einen Einspruch zusammenhängen."*

631 Allein eine Mitunternehmerstellung ohne Gesellschafter- oder Gemeinschafterstellung genügt nach dem Wortlaut der Norm somit nicht; *Söhn* in Hübschmann/Hepp/Spitaler, AO FGO, § 183 AO Rn. 32; BFH, Urteil vom 02.02.1989 – IV R 69/88, BFH/NV 1993, S. 343 (344).

632 Statt Vieler *Söhn* in Hübschmann/Hepp/Spitaler, AO FGO, § 183 AO Rn. 8, 33 ff.

und zum anderen, ob bereits die erstmalige Feststellung einer solchen vereinfacht bekanntgegeben werden kann.

§ 183 AO dient einerseits der Vereinfachung des Feststellungsverfahrens, indem eine Ausfertigung des Feststellungsbescheides Wirkung gegen alle Beteiligten entfaltet, §183 Abs. 1 S. 4 AO, wodurch einheitliche Bekanntgabezeitpunkte, mithin auch einheitliche Rechtsbehelfsfristen, bewirkt werden.[633] Andererseits darf diese Vereinfachung aber nicht zu einer Verkürzung der Verfahrensrechte der Beteiligten führen.[634] Gerade eine den Verfahrensrechten sämtlicher Beteiligter Beachtung schenkende Auslegung war insoweit auch stets maßgeblich, um verfassungsrechtliche Bedenken gegen die Bekanntgabeerleichterung zurückzuweisen.[635] Insoweit setzt § 183 AO stillschweigend voraus, dass eine interne Information aller Feststellungsbeteiligten, für und gegen die eine Feststellung wirken soll, seitens des Empfangsbevollmächtigten stattfindet.[636] Auch die Gesetzesbegründung zur Abgabenordnung 1977 ging davon aus, dass der Empfangsbevollmächtigte im Sinne des § 183 Abs. 1 S. 2 AO *„das Vertrauen der Beteiligten auch insoweit genießt, als es um die Belange der einzelnen Beteiligten in ihrer Eigenschaft als Gesellschafter oder Gemeinschafter geht.“*[637] In die gleiche Richtung zielen die in § 183 Abs. 2 S. 1 AO genannten Ausschlussgründe (hierzu noch Rdnr. 231 ff.), insbesondere der letzte Halbsatz. Immer wenn die interne Informationsbereitstellung gefährdet scheint, hat daher eine Anwendung der Bekanntgabeerleichterung im Wege einer rechtsschutzbewahrenden Auslegung zu unterbleiben. **216**

Somit kann in Fällen, in denen das Bestehen einer Gesellschaft oder Gemeinschaft zweifelhaft ist oder gar zwischen den Beteiligten kontrovers beurteilt wird, nicht von der Bekanntgabeerleichterung Gebrauch gemacht werden. Vielmehr **217**

---

633 Einhellig, siehe beispielsweise: BFH, Urteil vom 12.12.2007 – XI R 11/07, HFR 2008, S. 665 (666); BFH, Urteil vom 18.01.2007 – IV R 53/05, BStBl. II 2007, S. 369 (371); *Söhn* in Hübschmann/Hepp/Spitaler, AO FGO, § 183 AO Rn. 7; *Kunz* in Gosch, AO FGO, § 183 AO Rn. 4.1; *Brandis* in Tipke/Kruse, AO FGO, § 183 AO Rn. 1. In der Gesetzesbegründung zur AO 1977, BT-Drs. VI/1982, S. 158, heißt es hierzu: *„Müßte sich die Finanzbehörde bei einheitlichen Feststellungen mit möglicherweise zahlreichen Beteiligten an alle Beteiligten wenden, so würde dadurch eine außerordentliche Komplizierung des Verfahrens eintreten. Diese Komplizierung wird seit Jahrzehnten durch § 219 Abs. 1 AO [Anm: die Vorgängerregelung] vermieden. Diese Regelung hat sich in der Praxis bewährt.“*

634 *Brandis* in Tipke/Kruse, AO FGO, § 183 AO Rn. 4; *Söhn* in Hübschmann/Hepp/Spitaler, AO FGO, § 183 AO Rn. 27; *Frotscher* in Schwarz/Pahlke, AO FGO, § 183 AO Rn. 6.

635 So BVerfG, Beschluss vom 07.07.1969 – 2 BvR 216/69, HFR 1969, S. 514, zur Vorgängernorm des § 219 RAO; siehe auch BFH, Urteil vom 27.11.1968 – III 244/64, BStBl. II 1969, S. 250 (251).

636 BFH, Urteil vom 06.12.1995 – I R 131/94, BFH/NV 1996, S. 592 (593); *Söhn* in Hübschmann/Hepp/Spitaler, AO FGO, § 183 AO Rn. 27; *Brandis* in Tipke/Kruse, AO FGO, § 183 AO Rn. 6.

637 Gesetzesbegründung zur AO 1977, BT-Drs. VI/1982, S. 158.

ist zunächst zu klären, dass eine Gesellschaft oder Gemeinschaft überhaupt vorliegen.[638] Erst nachfolgend setzt das finanzbehördliche Ermessen zur Normanwendung ein.[639] Für den Fall der erstmaligen Feststellung des Bestehens einer Gesellschaft oder Gemeinschaft kann zumindest dann von der Bekanntgabeerleichterung Gebrauch gemacht werden, wenn die Beteiligten mit ihren Anträgen auf gesonderte Feststellung übereinstimmend ein Gesellschafts- oder Gemeinschaftsverhältnis zugrunde legen und einen Empfangsbevollmächtigten bestellen.[640] Die Bestellung eines gemeinsamen Empfangsbevollmächtigten scheint indessen verzichtbar.[641] Legen die Beteiligten übereinstimmend ein Gesellschafts- oder Gemeinschaftsverhältnis zugrunde, würde lediglich das Verfahrensrechtrecht angewendet, namentlich § 183 Abs. 1 S. 2 AO (zur Bestimmung des Empfangsbevollmächtigten sogleich Rdnr. 219 ff.), dessen Anwendung die Beteiligten voraussetzen.

218 Daneben reicht nach dem klaren und materiell-rechtlich zu verstehenden Wortlaut[642] des § 183 Abs. 1 S. 1 AO die Bekanntgabeerleichterung lediglich soweit, wie sich der Bescheid gegen mehrere Personen richtet, *„die an dem Gegenstand der Feststellung ... beteiligt sind“*. Lediglich für die positiv zu verbescheidenden Beteiligten kann insoweit von der Bekanntgabeerleichterung Gebrauch gemacht werden. Zwingende Einzelbekanntgabe ist daher gegenüber sämtlichen Personen vorzunehmen, deren Beteiligung im Rahmen eines positiv-negativen Feststellungsbescheides verneint wird.[643] Gleiches gilt konsequenterweise für rein negative Feststellungsbescheide.[644]

(b) Bestimmung des Empfangsbevollmächtigten

219 Zur Bestimmung des Empfangsbevollmächtigten sieht § 183 Abs. 1 AO ein dreistufiges Verfahren vor, welches in der normierten Reihenfolge zwingend ist.[645] Zuvörderst sollen die Beteiligten einen gemeinsamen Empfangsbevollmächtigten bestellen, § 183 Abs. 1 S. 1 AO (*„bestellter Empfangsbevollmächtigter“*). Ist ein solcher nicht vorhanden, gilt ein zur Vertretung der Gesellschaft oder der

638 BFH, Urteil vom 06.12.1995 – I R 131/94, BFH/NV S. 592 (593).
639 *Söhn* in Hübschmann/Hepp/Spitaler, AO FGO, § 183 AO Rn. 27.
640 So auch AEAO zu § 122, Nr. 2.5.5 Abs. 1 S. 2 f.); *Brandis* in Tipke/Kruse, AO FGO, § 183 AO Rn. 4; *Frotscher* in Schwarz/Pahlke, AO FGO, § 183 AO Rn. 6; *Söhn* in Hübschmann/Hepp/Spitaler, AO FGO, § 183 AO Rn. 23, 25.
641 So wohl auch *Frotscher* in Schwarz/Pahlke, AO FGO, § 183 AO Rn. 6.
642 BFH, Urteil vom 26.03.1991 – VIII R 20/91 – BFH/NV 1991, S. 793 (794).
643 BFH, Urteil vom 11.11.2014 – VIII R 37/11, juris Rn. 48; BFH, Urteil vom 26.03.1991 – VIII R 20/91 – BFH/NV 1991, S. 793 (794); BFH, Urteil vom 26.06.2008 – IV R 89/05, BFH/NV 2008, S. 1984 (1987); *Söhn* in Hübschmann/Hepp/Spitaler, AO FGO, § 183 AO Rn. 37; *Brandis* in Tipke/Kruse, AO FGO, § 183 AO Rn. 2.
644 BFH, Urteil vom 11.11.2014 – VIII R 37/11, juris Rn. 48; *Brandis* in Tipke/Kruse, AO FGO, § 183 AO Rn. 2.
645 *Söhn* in Hübschmann/Hepp/Spitaler, AO FGO, § 183 AO Rn. 46.

Feststellungsbeteiligten Berechtigter als Empfangsbevollmächtigter, § 183 Abs. 1 S. 2 AO („*Empfangsbevollmächtigter kraft Fiktion*"). Existiert auch ein solcher nicht, kann die Finanzbehörde die Feststellungsbeteiligten auffordern, einen gemeinsamen Empfangsbevollmächtigten zu bestellen, wobei ein solcher von Seiten der Finanzbehörde vorzuschlagen ist. Dieser gilt sodann im Falle der Nichtbestellung eines Empfangsbevollmächtigten als ein solcher, § 183 Abs. 1 S. 3, 4 AO („*Empfangsbevollmächtigter kraft behördlicher Bestimmung*").

(i) Bestellung eines gemeinsamen Empfangsbevollmächtigten

§ 183 Abs. 1 S. 1 AO statuiert zunächst, somit auf erster Stufe, die Obliegenheit[646], **220**
einen gemeinsamen Empfangsbevollmächtigten zu bestellen.[647] Der Wortlaut der Norm ist eindeutig. Die Beteiligten „*sollen*" „*einen*", und zwar „*gemeinsamen*", Empfangsbevollmächtigten bestellen. Unbeschadet dessen werden sowohl das Bestehen der Obliegenheit in Fällen weniger Feststellungsbeteiligter als auch die Möglichkeiten der Bestellung mehrerer Empfangsbevollmächtigter sowie die Bestellung durch einige (nicht alle) Beteiligte diskutiert.

α Obliegenheitsbegrenzung

So wird teilweise aus dem Sinn und Zweck der Verfahrenserleichterung abglei- **221**
tet, dass die Obliegenheit zur Bestellung eines Empfangsbevollmächtigten nicht bestehen soll, wenn das Verwaltungsverfahren auch ohne diesen nicht erschwert würde.[648] So greife bei einer Beteiligung von „*etwa bis zu drei Personen*" die Zwecksetzung nicht, da eine Einzelbekanntgabe an alle Beteiligten „*keine wesentliche Störung des Verwaltungsablaufs darstellt*".[649] Zuzugeben ist dieser Ansicht, dass es tatsächlich keine unüberwindbare Problematik darstellen darf, einen Bescheid in dreifacher Ausfertigung zu erstellen und dreifach bekannt zu geben. Indessen ist Sinn und Zweck nicht lediglich die Vereinfachung der tatsächlichen, quasi papiertechnischen Umsetzung, sondern vielmehr auch der mit einer einheitlichen Bekanntgabe einhergehende Gleichlauf der Rechtsbehelfsfristen. Da dieser bereits bei zwei Feststellungsbeteiligten nicht sichergestellt ist, erscheint eine Einschränkung auch bei wenigen Beteiligten nach dem Sinn und Zweck gerade verfehlt. Dies gilt umso mehr, als auch die Grenzziehung bei drei Beteiligten angesichts des

---

646 *Kunz* in Gosch, AO FGO, § 183 AO Rn. 7; *Brandis* in Tipke/Kruse, AO FGO, § 183 AO Rn. 9; *Söhn* in Hübschmann/Hepp/Spitaler, AO FGO, § 183 AO Rn. 50.

647 Mangels gesetzlicher Vorgaben herrscht Einigkeit darüber, dass dieser nicht selbst Feststellungsbeteiligter sein muss, so dass in der Praxis insbesondere die Bestellung des Steuerberaters oder eines Rechtsanwaltes in Betracht gezogen wird, *Dißars/Dißars*, BB 1996, S. 773 (776); *Söhn* in Hübschmann/Hepp/Spitaler, AO FGO, § 183 AO Rn. 46; *Brandis* in Tipke/Kruse, AO FGO, § 183 AO Rn. 10.

648 *Frotscher* in Schwarz/Pahlke, AO FGO, § 183 AO Rn. 8a.

649 *Frotscher* in Schwarz/Pahlke, AO FGO, § 183 AO Rn. 8a.

nicht einschränkenden Wortlautes und in Ermangelung von Maßstäben, welche fruchtbar gemacht werden könnten, willkürlich anmutet.[650] Eine Obliegenheitsbegrenzung wäre zudem ohne rechtliche Konsequenz, da der Finanzverwaltung der Rückgriff auf die Sätze 2 bis 4 des § 183 Abs. 1 AO (siehe hierzu noch unter Rdnr. 225 ff.) bliebe. Der Wortlaut des § 183 Abs. 1 S. 2 AO („*Ist ein gemeinsamer Empfangsbevollmächtigter nicht vorhanden …*") würde auch den Fall einer abgelehnten Obliegenheit erfassen.[651] Auch § 183 Abs. 1 S. 2 bis 4 AO werden, soweit ersichtlich, insoweit nicht einschränkend entgegen dem Wortlaut ausgelegt. Eine obliegenheitsbeschränkende Auslegung scheint daher insgesamt verfehlt.[652]

β Mehrere Empfangsbevollmächtigte

222 Ebenfalls unter Verweis auf den Sinn und Zweck der Verwaltungsvereinfachung wird teilweise befürwortet, dass mehrere Empfangsbevollmächtigte, indessen „*nicht mehr als etwa drei Personen*", bestellt werden können.[653] Auch hier gilt, dass auch bei der Bestellung mehrerer Empfangsbevollmächtigter zum einen eine gewisse Verfahrenserleichterung eintritt und zum anderen die Bekanntgabe an diese keine wesentliche Störung des Verfahrensablaufes mit sich bringt. Indessen sind wiederum der Widerspruch zum Wortlaut („*einen*") offenkundig als auch die Festlegung der Anzahl der Empfangsbevollmächtigten willkürlich, selbst wenn man den Extremfall der Bestellung jeweils eines Empfangsbevollmächtigten für jeden Beteiligten ausschließt.[654] Zudem würde das Problem unterschiedlicher Bekanntgabezeitpunkte und somit Bestandskraftfristen entgegen der gesetzlichen Intention nur unzureichend gelöst. Daher ist ein (Singular) Empfangsbevollmächtigter zu bestellen.[655]

---

650 Ebenso *Kunz* in Gosch, AO FGO, § 183 AO Rn. 7. Ggf. ist die Grenzziehung angelehnt an die Vorgängerregelung des § 210g Abs. 1 S. 2 RAO 1930, RGBl. I 1930, S. 517: „*Die Gesellschafter solcher Gesellschaften, die aus mehr als drei Gesellschaftern bestehen, haben dem Finanzamt einen im Inland wohnenden Vertreter zu benennen …*". Angesichts des heute nicht mehr einschränkenden Wortlautes spricht indessen auch die Gesetzgebungshistorie gegen eine derartige Grenzziehung.

651 Anders wohl *Frotscher* in Schwarz/Pahlke, AO FGO, § 183 AO Rn. 8a, wenn er, ohne eingehende Begründung, formuliert: „*Ob die Obliegenheit besteht … und daher bei ihrer Nichterfüllung die Folgerungen des Abs. 1 S. 2, 3 eintreten …*".

652 Ebenso *Brandis* in Tipke/Kruse, AO FGO, § 183 AO Rn. 9; *Söhn* in Hübschmann/Hepp/Spitaler, AO FGO, § 183 AO Rn. 51; *Kunz* in Gosch, AO FGO, § 183 AO Rn. 7.

653 *Frotscher* in Schwarz/Pahlke, AO FGO, § 183 AO Rn. 8a; anders in Rn. 7.

654 Ebenfalls ablehnend *Koenig* in Koenig, AO, § 183 Rn. 9; *Söhn* in Hübschmann/Hepp/Spitaler, AO FGO, § 183 AO Rn. 48; selbst *Frotscher* in Schwarz/Pahlke, AO FGO, § 183 AO Rn. 7.

655 So auch *Koenig* in Koenig, AO, § 183 Rn. 9; *Kunz* in Gosch, AO FGO, § 183 AO Rn. 7; *Söhn* in Hübschmann/Hepp/Spitaler, AO FGO, § 183 AO Rn. 48.

χ Bestellung durch alle Beteiligten

Zutreffender Weise ist der Empfangsbevollmächtigte zudem durch alle Beteiligten zu bestellen.[656] Bei Widerruf der Bevollmächtigung durch lediglich einen Beteiligten existiert daher kein „*gemeinsamer*" Empfangsbevollmächtigter (mehr).[657] Während das Ausscheiden eines Gesellschafters oder Gemeinschafters die Existenz eines gemeinsamen Empfangsbevollmächtigten aller anderen Beteiligten nicht beeinflusst, hat ein neuer Beteiligter den bisherigen Bevollmächtigten ebenfalls zu bestellen beziehungsweise dessen Bestellung zuzustimmen und somit zu bestätigen.[658] **223**

Allerdings wird es überwiegend zugelassen, wenn ein Empfangsbevollmächtigter nicht von sämtlichen Beteiligten bestellt wird.[659] Von der Bekanntgabeerleichterung könne sodann hinsichtlich derjenigen Beteiligten, welche den Empfangsbevollmächtigten bestellt haben, Gebrauch gemacht werden; in Bezug auf die anderen Beteiligten habe eine Einzelbekanntgabe zu erfolgen.[660] Auch in dieser Konstellation stellt sich jedoch die Frage, ob man eine teilweise Erreichung des Sinn und Zwecks der Norm als ausreichend erachten sollte. Zumindest auf den Wortlaut der Norm kann sich eine solche Verfahrensweise nicht stützen. Zwar liegt hinsichtlich der bestellenden Beteiligten ein „*gemeinsamer*" Empfangsbevollmächtigter vor. Allerdings macht § 183 Abs. 1 S. 1 AO deutlich, dass bei Beteiligung „*mehrere[r] Personen*" auch „*sie*", und somit diese Beteiligten und daher alle Beteiligten, den Empfangsbevollmächtigten zu bestellen haben.[661] Wenig überzeugend ist zudem, gegen diesen Wortlaut das Ermessen der Finanzbehörde zur Anwendung der Norm fruchtbar machen zu wollen.[662] Generell scheint bereits fraglich, ob das anzuerkennende Ermessen hinsichtlich der Anwendung einer Norm, deren Voraussetzungen erfüllt sind, ein Ermessen hinsichtlich der partiellen Anwendung **224**

---

656 In der übereinstimmenden Benennung eines neuen Empfangsbevollmächtigten liegt der Widerruf der bisherigen Empfangsbevollmächtigung, BFH, Urteil vom 18.01.2007 – IV R 53/05, BStBl. II 2007, S. 369 (371); *Kunz* in Gosch, AO FGO, § 183 AO Rn. 7; *Söhn* in Hübschmann/Hepp/Spitaler, AO FGO, § 183 AO Rn. 58; *Frotscher* in Schwarz/Pahlke, AO FGO, § 183 AO Rn. 8.

657 *Brandis* in Tipke/Kruse, AO FGO, § 183 AO Rn. 8; *Kunz* in Gosch, AO FGO, § 183 AO Rn. 7; *Söhn* in Hübschmann/Hepp/Spitaler, AO FGO, § 183 AO Rn. 47.

658 *Koenig* in Koenig, AO, § 183 Rn. 9; *Brandis* in Tipke/Kruse, AO FGO, § 183 AO Rn. 8; *Frotscher* in Schwarz/Pahlke, AO FGO, § 183 AO Rn. 7a; *Söhn* in Hübschmann/Hepp/Spitaler, AO FGO, § 183 AO Rn. 49.

659 Auch die Finanzverwaltung stimmt dieser Vorgehensweise zu, AEAO zu § 122, Nr. 2.5.2 Abs. 1 S. 2.

660 *Brandis* in Tipke/Kruse, AO FGO, § 183 AO Rn. 8; *Koenig* in Koenig, AO, § 183 Rn. 9; *von Wedelstädt* in Kühn/von Wedelstädt, AO FGO, § 183 AO Rn. 3; *Frotscher* in Schwarz/Pahlke, AO FGO, § 183 AO Rn. 7a.

661 Ähnlich auch *Söhn* in Hübschmann/Hepp/Spitaler, AO FGO, § 183 AO Rn. 48.

662 So aber *Brandis* in Tipke/Kruse, AO FGO, § 183 AO Rn. 8; *von Wedelstädt* in Kühn/von Wedelstädt, AO FGO, § 183 AO Rn. 3.

beinhaltet, „*soweit*“ deren Voraussetzungen erfüllt sind. Konkret existieren zudem mit § 183 Abs. 1 S. 2 bis 4 AO Regelungen, die ersatzweise eingreifen und mittels derer der Sinn und Zweck des Bekanntgabegleichlaufes weitgehender, mithin vollständig, verwirklicht werden kann. Es besteht demnach kein Bedürfnis für die Anerkennung eines nicht durch alle Beteiligten bestellten Empfangsbevollmächtigten. Fehlt ein gemeinsamer Empfangsbevollmächtigter aller Beteiligten, sollte schlichtweg das gesetzliche Instrumentarium ausgeschöpft werden.[663]

(ii) Empfangsbevollmächtigter kraft Fiktion

225 Dieses Instrumentarium führt auf zweiter Stufe zu einer fingierten Bestimmung eines Empfangsbevollmächtigten, § 183 Abs. 1 S. 2 AO. Als empfangsbevollmächtigt „*gilt*“ ein zur Vertretung der Gesellschaft (nicht Gemeinschaft) oder der Feststellungsbeteiligten Berechtigter, wenn ein bestellter Empfangsbevollmächtigter nicht vorhanden ist. Maßgeblich für diese Fiktion ist die Vorstellung des Gesetzgebers, dass der Vertretungsbefugte „*das Vertrauen der Beteiligten auch insoweit genießt, als es um die Belange der einzelnen Beteiligten in ihrer Eigenschaft als Gesellschafter oder Gemeinschafter geht*“[664] und somit ein adäquater Informationsfluss unterstellt werden kann.[665] Folgerichtig kommen Vertreter, welche nicht das Vertrauen der Beteiligten genießen, nicht als fingierte Empfangsbevollmächtigte in Betracht.[666] Aufgrund fehlenden Vertrauens ist es dem fingierten Empfangsbevollmächtigten auch verwehrt, eine Empfangsuntervollmacht zu erteilen.[667]

226 Sind mehrere Personen vertretungsberechtigt, kann sowohl Einzelvertretungsbefugnis als auch gemeinsame Gesamtvertretungsbefugnis vorliegen. Sollten mehrere Personen für sich allein vertretungsberechtigt sein, ist die ermessensfehlerfreie Bekanntgabe des Feststellungsbescheides an einen Vertretungsberechtigten mit Wirkung für und gegen Alle ausreichend.[668] Besteht indessen

---

663 So i.E. auch *Söhn* in Hübschmann/Hepp/Spitaler, AO FGO, § 183 AO Rn. 48.

664 Gesetzesbegründung zur AO 1977, BT-Drs. VI/1982, S. 158.

665 BFH, Urteil vom 06.12.1995 – I R 131/94, BFH/NV 1996, S. 592 (593); BFH, Beschluss vom 25.03.1986 – III B 6/85, BStBl. II 1986, S. 477 (478).

666 Beispielsweise nach der Löschung der Komplementär-GmbH bestellte Nachtragsliquidatoren, BFH, Beschluss vom 25.03.1986 – III B 6/85, BStBl. II 1986, S. 477 (478). Gleiches gilt, falls ein Steuerpflichtiger substantiiert behauptet, dass er nicht Beteiligter sei, und erstmals über das Bestehen der Beteiligung zu entscheiden ist, BFH, Urteil vom 06.12.1995 – I R 131/94, BFH/NV 1996, S. 592 (593); *Söhn* in Hübschmann/Hepp/Spitaler, AO FGO, § 183 AO Rn. 73; *Frotscher* in Schwarz/Pahlke, AO FGO, § 183 AO Rn. 12.

667 FG Berlin, Urteil vom 29.08.1988 – VIII 237/86, EFG 1989, S. 269 (Leitsatz 2, 270); *Dißars/Dißars*, BB 1996, S. 773 (776); *Ratschow* in Klein, AO, § 183 Rn. 8; *Brandis* in Tipke/Kruse, AO FGO, § 183 AO Rn. 13; *Söhn* in Hübschmann/Hepp/Spitaler, AO FGO, § 183 AO Rn. 74.

668 *Dißars/Dißars*, BB 1996, S. 773 (776); *Söhn* in Hübschmann/Hepp/Spitaler, AO FGO, § 183 AO Rn. 76; *Brandis* in Tipke/Kruse, AO FGO, § 183 AO Rn. 13; *Kunz* in Gosch,

Gesamtvertretungsbefugnis, beispielsweise nach der gesetzlichen Ausgestaltung der GbR, §§ 709, 714 BGB, wird die Anwendbarkeit des § 183 Abs. 1 S. 2 AO teilweise abgelehnt.[669] Der Wortlaut stützt diese Ablehnung hingegen nicht. Das „*ein*" in der Wendung „*ein zur Vertretung ... Berechtigter*" stellt kein Numerale dar.[670] Heranziehbar wäre lediglich der Gedanke, dass es an einem Berechtigten fehlt, welcher umfassend und unbeschränkt vertretungsbefugt ist. Überzeugender erschiene indessen die Annahme eines allgemeinen Rechtsprinzips[671], nach welchem bei Gesamtvertretung durch mehrere Vertreter die Bekanntgabe an einen der Vertreter genügt.[672] Bei der Entgegennahme von behördlichen Handlungen steht keine aktive Vertretung der Beteiligten infrage.[673] Insoweit kommt es auf den genauen Umfang der Vertretungsmacht nicht an.[674] Auch im, freilich anders gelagerten, Fall des § 34 Abs. 2 S. 1, 2 AO kann sich die Finanzbehörde an einzelne Beteiligte halten.[675] Überdies sprechen Praktikabilitätserwägungen[676] sowie eine vergleichende Betrachtung hinsichtlich der Zustellung eines für einen Minderjährigen bestimmten Steuerbescheides an einen der gesamtvertretungsberechtigten Elternteile[677] gegen ein beschränkendes Verständnis.

Zumindest in Fällen, in denen die Vertretungsmacht nicht ausschließlich aus **227**
dem Gesetz folgt, sollte zudem nicht die gesetzgeberische Annahme bei Schaffung des § 183 Abs. 1 S. 2 AO außer Acht gelassen werden. Der Gesetzgeber ging

---

AO FGO, § 183 AO Rn. 9; *Frotscher* in Schwarz/Pahlke, AO FGO, § 183 AO Rn. 13; *Koenig* in Koenig, AO, § 183 Rn. 12.

669 FG Rheinland-Pfalz, Urteil vom 25.07.1984 – 6 K 5/83, EFG 1985, S. 160 (160); *Brandis* in Tipke/Kruse, AO FGO, § 183 AO Rn. 13; *Kunz* in Gosch, AO FGO, § 183 AO Rn. 10; *von Wedelstädt* in Kühn/von Wedelstädt, AO FGO, § 183 AO Rn. 7.

670 Anders wohl FG Rheinland-Pfalz, Urteil vom 25.07.1984 – 6 K 5/83, EFG 1985, S. 160 (160); wie hier: *Frotscher* in Schwarz/Pahlke, AO FGO, § 183 AO Rn. 13.

671 Abzuleiten aus einer Vielzahl spezialgesetzlicher Regelungen, beispielsweise in § 28 Abs. 2 S. 2 BGB, § 125 Abs. 2 S. 3 HGB, § 78 Abs. 2 S. 2 AktG, § 35 Abs. 2 S. 2 GmbHG, § 25 Abs. 2 S. 2 GenG, aber auch in § 6 Abs. 3 VwZG und § 170 Abs. 3 ZPO, im Wege einer Gesamtanalogie. Hierzu *Schubert* in MünchKomm BGB, § 164 Rn. 202 m.w.N. Siehe auch *Ellenberger* in Palandt, § 167 BGB Rn. 14.

672 Wohl h.M.: BFH, Urteil vom 23.06.1988 – IV R 33/86, BStBl. II 1988, S. 979 (979 f.); BFH, Urteil vom 08.11.1995 – V R 64/94, BStBl. II 1996, S. 256 (258); FG Baden-Württemberg, Urteil vom 01.12.1999 – 9 K 360/99, EFG 2000, S. 1084 (1086); *Söhn* in Hübschmann/Hepp/Spitaler, AO FGO, § 183 AO Rn. 77; *Frotscher* in Schwarz/Pahlke, AO FGO, § 183 AO Rn. 13; *Koenig* in Koenig, AO, § 183 Rn. 1; *Ratschow* in Klein, AO, § 183 Rn. 9. Siehe auch AEAO zu § 122, Nr. 2.5.2 Abs. 3 S. 6, Nr. 2.7.2 S. 4.

673 Der Empfangsbevollmächtigte besitzt beispielsweise keine Vollmacht, für die Beteiligten Einspruch einzulegen, BFH, Urteil vom 12.12.2007 – XI R 11/07, HFR 2008, S. 665 (2. Leitsatz).

674 *Ratschow* in Klein, AO, § 183 Rn. 9.

675 Hierzu BFH, Urteil vom 08.11.1995 – V R 64/94, BStBl. II 1996, S. 256 (258).

676 So ergänzend *Söhn* in Hübschmann/Hepp/Spitaler, AO FGO, § 183 AO Rn. 77.

677 So der BFH, Urteil vom 23.06.1988 – IV R 33/86, BStBl. II 1988, S. 979 (979 f.).

von einem Vertrauen der Beteiligten in die Vertreter als Voraussetzung für einen umfassenden Informationsfluss aus. Nimmt man dies ernst, erscheint es nicht nachvollziehbar, zwischen Einzelvertretung und Gesamtvertretung zu unterscheiden. Anderenfalls müsste angenommen und begründet werden, dass die Beteiligten bezüglich des Informationsflusses, nicht hinsichtlich der aktiven Vertretung, einem lediglich mit Gesamtvertretungsmacht ausgestatteten Vertreter weniger Vertrauen entgegenbringen. Fehlte es an einem solchen Vertrauen, sollte eine, wie auch immer geartete, Vertreterstellung indessen schon von vornherein nicht statuiert werden. Eine Gesamtvertretung wird daher, sofern nicht gesetzlich normiert, eher andere Gründe, beispielsweise die Nutzung der Expertise aller Vertreter durch entsprechende Abstimmung untereinander, haben, nicht jedoch fehlendes Vertrauen. Nimmt man ein Vertrauen der Beteiligten auch in jeden einzelnen Gesamtvertreter an, muss auch eine Bekanntgabe des Feststellungsbescheides an einen der Gesamtvertreter möglich sein.

(iii) Empfangsbevollmächtigung kraft behördlicher Bestimmung

228 Sollte weder ein gemeinsamer Empfangsbevollmächtigter bestellt noch ein fingierter Empfangsbevollmächtigter vorhanden sein, kann die Finanzbehörde die Beteiligten auffordern, einen solchen innerhalb einer angemessenen Frist zu bestellen, § 183 Abs. 1 S. 3 AO. Zugleich („*Hierbei*“) ist ein Empfangsbevollmächtigter vorzuschlagen und darauf hinzuweisen, dass an diesen eine Bekanntgabe mit Wirkung für und gegen alle Feststellungsbeteiligten erfolgt, sollte kein anderer Empfangsbevollmächtigter benannt werden, § 183 Abs. 1 S. 4 AO. Die Aufforderung zur Bestellung eines Empfangsbevollmächtigten muss allen Beteiligten separat bekannt gegeben werden.[678] Der seitens der Finanzbehörde Vorgeschlagene muss zwingend „*ein Beteiligter*“ sein, anderenfalls entfaltet die Aufforderung keine Rechtswirkung.[679] Freilich bleibt es den Beteiligten unbenommen, einen anderen als den Vorgeschlagenen und auch einen Unbeteiligten zu benennen, da die abweichende Benennung letztlich eine Bestellung nach § 183 Abs. 1 S. 1 AO darstellt.[680] Auch nach Fristablauf, durch welchen der ordnungsgemäß Vorgeschlagene Empfangsbevollmächtigter wird, können die Beteiligten einen Empfangsbevollmächtigten nach § 183 Abs. 1 S. 1 AO mit der Folge bestellen, dass die Finanzbehörde lediglich diesem gegenüber Bekanntgaben bewirken kann.[681] Eine rechtsgeschäftliche

---

678 § 183 Abs. 1 S. 1, 2 AO können noch nicht anwendbar sein, *Söhn* in Hübschmann/Hepp/Spitaler, AO FGO, § 183 AO Rn. 82; *Brandis* in Tipke/Kruse, AO FGO, § 183 AO Rn. 15; *Frotscher* in Schwarz/Pahlke, AO FGO, § 183 AO Rn. 15.

679 *Söhn* in Hübschmann/Hepp/Spitaler, AO FGO, § 183 AO Rn. 85; *Frotscher* in Schwarz/Pahlke, AO FGO, § 183 AO Rn. 15; *Brandis* in Tipke/Kruse, AO FGO, § 183 AO Rn. 15.

680 *Söhn* in Hübschmann/Hepp/Spitaler, AO FGO, § 183 AO Rn. 85; *Frotscher* in Schwarz/Pahlke, AO FGO, § 183 AO Rn. 16; *Brandis* in Tipke/Kruse, AO FGO, § 183 AO Rn. 15.

681 *Söhn* in Hübschmann/Hepp/Spitaler, AO FGO, § 183 AO Rn. 88; *Frotscher* in Schwarz/Pahlke, AO FGO, § 183 AO Rn. 18; *Brandis* in Tipke/Kruse, AO FGO, § 183 AO Rn. 16.

Bestellung eines Empfangsbevollmächtigten genießt insoweit Vorrang und wird durch das Vorschlagsverfahren seitens der Finanzbehörde nicht ausgeschlossen.

(c) Hinweis auf Wirkung der Empfangsbevollmächtigung

Bei der Bekanntgabe des Feststellungsbescheides an einen Empfangsbevollmächtigten ist auf die Wirkung für und gegen Alle hinzuweisen, § 183 Abs. 1 S. 5 AO. 229
Der obligatorische Hinweis auf die Rechtsfolge ist nicht lediglich Rechtmäßigkeits- sondern vielmehr Wirksamkeitsvoraussetzung.[682] Ein Hinweis, dass der Bescheid[683], somit nicht explizit *„die Bekanntgabe"*, für und gegen Alle Wirkung entfalten soll, genügt.[684] Nicht einheitlich wird jedoch beurteilt, ob dieser Hinweis auch bei bestellten Empfangsbevollmächtigten zu erfolgen hat.[685] Wollte man dies ablehnen,[686] würde indessen die der Hinweispflicht zugeschriebene Zwecksetzung nicht hinreichend berücksichtigt. Dem Empfangsbevollmächtigten soll deutlich werden, dass die Finanzbehörde von der Bekanntgabeerleichterung Gebrauch macht, somit eine (zusätzliche) Einzelbekanntgabe nicht erfolgt und der Empfangsbevollmächtigte die Beteiligten entsprechend informieren soll.[687] Diese

---

682 BFH, Urteil vom 12.11.1965 – III 286/63 U, BStBl. III 1966, S. 104 (104); FG München, Urteil vom 26.09.1994 – 10 V 45/94, EFG 1995, S. 458 (458); FG Baden-Württemberg, Urteil vom 05.06.1984 – I 280/81, EFG 1985, S. 9 (9); *Lux*, DStR 2006, S. 1968 (1969); *Kunz* in Gosch, AO FGO, § 183 AO Rn. 13; *Söhn* in Hübschmann/Hepp/Spitaler, AO FGO, § 183 AO Rn. 67; *Frotscher* in Schwarz/Pahlke, AO FGO, § 183 AO Rn. 20; *Brandis* in Tipke/Kruse, AO FGO, § 183 AO Rn. 19.

683 So auch der Wortlaut des vormaligen § 219 Abs. 1 S. 3 RAO 1931: *„... Feststellungsbescheide ... zugehen zu lassen mit Wirkung für und gegen alle Gesellschafter; auf diese Wirkung ist ... hinzuweisen."*

684 BFH, Urteil vom 23.07.1985 – VIII R 315/82, BStBl. II 1986 S. 123 (124); BFH, Urteil vom 26.08.1982 – IV R 31/82, BStBl. II 1983, S. 23 (24); *Kunz* in Gosch, AO FGO, § 183 AO Rn. 12; *Frotscher* in Schwarz/Pahlke, AO FGO, § 183 AO Rn. 19; *Söhn* in Hübschmann/Hepp/Spitaler, AO FGO, § 183 AO Rn. 68; a.A. FG Baden-Württemberg, Urteil vom 05.06.1984 – I 280/81, EFG 1985, S. 9(9).

685 Für die Empfangsbevollmächtigung nach § 183 Abs. 1 S. 2 und 3 AO ist dies, soweit ersichtlich, unstreitig.

686 So FG Saarland, Urteil vom 20.04.1988 – 1 K 187/86, EFG 1988, S. 543 (544); *Frotscher* in Schwarz/Pahlke, AO FGO, § 183 AO Rn. 10, 19. Der BFH konnte in der Revision zum FG Saarland die Frage offenlassen, da er von einer Bevollmächtigung nach § 122 Abs. 1 S. 3 AO ausgegangen ist; BFH, Urteil vom 25.09.1990 – IX R 84/88, BStBl. II 1991, S. 120(124).

687 BFH, Urteil vom 28.01.1986 – VIII R 290/81, BFH/NV 1988, S. 749 (749, 750); BFH, Urteil vom 23.07.1985 – VIII R 315/82, BStBl. II 1986, S. 123 (124); BFH, Urteil vom 26.08.1982 – IV R 31/82, BStBl. II 1983, S. 23 (24); *Lux*, DStR 2006, S. 1968 (1969); *Söhn* in Hübschmann/Hepp/Spitaler, AO FGO, § 183 AO Rn. 68; *Brandis* in Tipke/Kruse, AO FGO, § 183 AO Rn. 18; *Frotscher* in Schwarz/Pahlke, AO FGO, § 183 AO Rn. 19; *Kunz* in Gosch, AO FGO, § 183 AO Rn. 12.

Verdeutlichungsfunktion besitzt bei bestellten die gleiche Berechtigung wie bei fingierten und behördlich bestimmten Empfangsbevollmächtigten. Der Wortlaut der Norm differenziert nicht. Die systematische Stellung des Satz 5 ist allenfalls indifferent. Zutreffender Weise ist daher auch bei bestellten Empfangsbevollmächtigten von einer Hinweispflicht auszugehen.[688] Diese entfällt lediglich dann, wenn der Empfangsbevollmächtigte nach § 80 AO umfassend bevollmächtigt oder nach Rechtsscheingrundsätzen als umfassend bevollmächtigt anzusehen ist (Anscheinsvollmacht, Duldungsvollmacht), § 122 Abs. 1 S. 3 AO.[689]

230 Entfaltet der Bescheid ohne obligatorischen Hinweis keine Wirkung (Rdnr. 229), muss er mit entsprechendem Hinweis wiederholt bekannt gegeben werden. Da Wirkung für und gegen Alle erst mit Behebung des Mangels eintritt, darf die Feststellungsfrist zu diesem Zeitpunkt noch nicht abgelaufen sein.[690] Ganz überwiegend wird auch der Erlass eines Ergänzungsbescheids nach § 179 Abs. 3 AO als ausreichend angesehen.[691] Ein solcher ist indessen zu erlassen, *„[s]oweit in einem Feststellungsbescheid eine notwendige Feststellung unterblieben ist*". Der Hinweis ist weder eine Feststellung, noch ist er außerhalb des § 183 AO notwendig.[692] Ein fehlender oder ungenügender Hinweis kann aber nach überzeugender Ansicht dadurch geheilt werden, dass alle Beteiligten den Bescheid unverzüglich erhalten haben.[693] Argumentativ wird dies mit dem Rechtsgedanken des § 7 VwZG

---

688 I.E. ebenso: FG Niedersachen, Urteil vom 14.03.1980 – V 309/78, EFG 1980, S. 371 (372); AEAO zu § 122, Nr. 2.5.2. Abs. 5; *Söhn* in Hübschmann/Hepp/Spitaler, AO FGO, § 183 AO Rn. 66; *Brandis* in Tipke/Kruse, AO FGO, § 183 AO Rn. 18; *Kunz* in Gosch, AO FGO, § 183 AO Rn. 12.

689 BFH, Urteil vom 25.09.1990 – IX R 84/88, BStBl. II 1991, S. 120 (124); BFH, Urteil vom 18.08.1992 – VIII R 22/91, BFH/NV 1993, S. 225 (225); BFH, Urteil vom 01.03.1994 – VIII R 35/92, BStBl. II 1995, S. 241 (242, 243); BFH, Urteil vom 13.12.2000 – X R 42/96, BStBl. II 2001, S. 471 (476); BFH, Urteil vom 16.03.1993 – XI R 42/90, BFH/NV 1994, S. 75 (76); *von Wedelstädt* in Kühn/von Wedelstädt, AO FGO, § 183 AO Rn. 10; *Söhn* in Hübschmann/Hepp/Spitaler, AO FGO, § 183 AO Rn. 66, 69.

690 BFH, Urteil vom 13.07.1994 – XI R 21/93, BStBl. II 1994, S. 885 (886); *Söhn* in Hübschmann/Hepp/Spitaler, AO FGO, § 183 AO Rn. 67; *Brandis* in Tipke/Kruse, AO FGO, § 183 AO Rn. 19; *Frotscher* in Schwarz/Pahlke, AO FGO, § 183 AO Rn. 20; *Kunz* in Gosch, AO FGO, § 183 AO Rn. 13.

691 BFH, Urteil vom 13.07.1994 – XI R 21/93, BStBl. II 1994, S. 885 (886); *Söhn* in Hübschmann/Hepp/Spitaler, AO FGO, § 183 AO Rn. 67; *Brandis* in Tipke/Kruse, AO FGO, § 183 AO Rn. 18; *Kunz* in Gosch, AO FGO, § 183 AO Rn. 13; wohl auch *Frotscher* in Schwarz/Pahlke, AO FGO, § 183 AO Rn. 20.

692 Ablehnend auch *Ratschow* in Klein, AO, § 183 Rn. 13, falls der Empfangsbevollmächtigte nicht zugleich Beteiligter ist.

693 Wohl h.M.: BFH, Urteil vom 13.12.2000 – X R 42/96, BStBl. II 2001, S. 471 (476); BFH, Urteil vom 14.12.1989 – III R 49/89, BFH/NV 1991, S. 288 (289); BFH, Urteil vom 16.03.1993 – XI R 42/90, BFH/NV 1994, S. 75 (76); BFH, Urteil vom 31.08.1999 – VIII R 21/98, BFH/NV 2000, S. 554 (556); BFH, Urteil vom 08.12.1988 – IV R 24/87, BStBl. II 1989, S. 346 (347); BFH, Urteil vom 05.04.2005 – VIII B 185/04, BFH/NV 2005, S. 1492

(§ 9 VwZG a.F.) und der dazu ergangenen Rechtsprechung begründet.[694] Vergegenwärtigt man sich den Sinn und Zweck der Hinweispflicht, ist ein Rückgriff hierauf indessen nicht notwendig. Dem Empfangsbevollmächtigten soll durch den Hinweis deutlich werden, dass er die Beteiligten entsprechend benachrichtigen und informieren soll (siehe bereits Rdnr. 229). Wenn dieser Informationsfluss, von welchem der Gesetzgeber allgemein im Rahmen des § 183 Abs. 1 AO ausgeht, tatsächlich stattgefunden hat, ist nicht ersichtlich, warum eine Bekanntgabe an einem fehlenden Hinweis auf die erwartete Informationsbereitstellung scheitern sollte. Mit anderen Worten: Wird der Sinn und Zweck des Hinweises auch ohne den Hinweis tatsächlich erreicht, ist von einer Bekanntgabe für und gegen alle Beteiligten auszugehen. Anderenfalls bleibt es bei dem Grundsatz, dass ohne den grundsätzlich obligatorischen Hinweis der Bescheid keine Wirkung entfaltet.[695]

(d) Ausschluss der Bekanntgabeerleichterung

Entsprechend der Grundannahme des Gesetzgebers, dass zu den Empfangs- **231**
bevollmächtigten ein Vertrauensverhältnis besteht und somit ein adäquater Informationsfluss unterstellt werden kann, kann die Finanzbehörde von der Bekanntgabeerleichterung keinen Gebrauch machen, wenn (erstens) dieses Vertrauen ausräumende Umstände vorliegen und ihr dies (zweitens) bekannt ist.

(i) Ausschlusstatbestände

Vertrauensausräumende Umstände werden gesetzlich normiert darin erblickt, dass **232**
die Gesellschaft oder Gemeinschaft nicht mehr besteht, ein Beteiligter aus diesen ausgeschieden ist oder zwischen den Beteiligten ernstliche Meinungsverschiedenheiten bestehen, § 183 Abs. 2 S. 1 AO.[696] Eine Ausnahme gilt lediglich für den bestellten Empfangsbevollmächtigten, welcher so lange als bevollmächtigt anzusehen ist, bis die Empfangsvollmacht gegenüber der Finanzbehörde widerrufen wurde, § 183 Abs. 3 S. 1, 2 AO. Hiervon abgesehen bedingen die Ausschlusstatbestände jedoch

---

(1494); *Frotscher* in Schwarz/Pahlke, AO FGO, § 183 AO Rn. 20; *Kunz* in Gosch, AO FGO, § 183 AO Rn. 13. A.A., wenn auch jeweils ohne eingehende Begründung, *Söhn* in Hübschmann/Hepp/Spitaler, AO FGO, § 183 AO Rn. 67; *Brandis* in Tipke/Kruse, AO FGO, § 183 AO Rn. 19.

694 BFH, Urteil vom 08.12.1988 – IV R 24/87, BStBl. II 1989, S. 346 (347) m.w.N.

695 Zur Verortung des Hinweises nach § 183 Abs. 1 S. 5 AO im Bescheid und etwaigen Anforderungen an dessen Hervorhebung siehe: *Söhn* in Hübschmann/Hepp/Spitaler, AO FGO, § 183 AO Rn. 68; *Brandis* in Tipke/Kruse, AO FGO, § 183 AO Rn. 18; *Frotscher* in Schwarz/Pahlke, AO FGO, § 183 AO Rn. 19.

696 Die gesetzliche Aufzählung ist nicht abschließend; hierzu: *Söhn* in Hübschmann/Hepp/Spitaler, AO FGO, § 183 AO Rn. 112, 147; *Brandis* in Tipke/Kruse, AO FGO, § 183 AO Rn. 21; *Frotscher* in Schwarz/Pahlke, AO FGO, § 183 AO Rn. 27; *Koenig* in Koenig, AO, § 183 Rn. 23.

zwingend eine, gegebenenfalls partielle („*insoweit*“, hierzu noch Rdnr. 234 ff.), Einzelbekanntgabe.

233 Die Kenntnis der Finanzbehörde muss positiv sein; Kennenmüssen genügt nicht.[697] Nach überwiegender Ansicht wird diese positive Kenntnis von Eintragungen im Handelsregister ersetzt.[698] Eine Amtsermittlungspflicht seitens der Finanzbehörde besteht grundsätzlich nicht, so dass die Informationslast bei dem Beteiligten liegt, welcher eine Empfangsbevollmächtigung nicht mehr gegen sich gelten lassen will.[699] Lediglich falls die für den Erlass des konkreten Bescheides zuständige Stelle gewichtige Zweifel hat, etwa weil Anzeichen ernsthafter Meinungsverschiedenheiten vorliegen oder klärungsbedürftig erscheint, ob gerade „*ernstliche*“ Meinungsverschiedenheiten vorliegen, sind eigene Ermittlungen in tragbarem Umfang zuzumuten.[700] Die Kenntnis der Finanzbehörde von vertrauensausräumenden Tatbeständen und diese Umstände selbst müssen zu dem Zeitpunkt vorliegen, in welchem die Behörde den Bekanntgabeakt noch beeinflussen kann, daher wenn der Bescheid den Herrschaftsbereich der Behörde verlässt.[701] Irrelevant ist somit, wenn zwischenzeitlich aufgetretene Meinungsverschiedenheiten wieder ausgeräumt sind. Freilich schließt eine zu diesem Zeitpunkt bekannte vertrauensausräumende Tatsache eine Bekanntgabe auch für Veranlagungszeiträume aus, in welchen diese Umstände noch nicht vorgelegen haben.[702]

---

697 BFH, Urteil vom 26.02.1997 – X R 111/95, BFH/NV 1997, S. 734 (735); BFH, Urteil vom 07.10.2003 – IX R 79/03, BFH/NV 2004, S. 11 (11); BFH, Beschluss vom 05.04.2005 – VIII B 185/04, BFH/NV 2005, S. 1492 (1494); *Söhn* in Hübschmann/Hepp/Spitaler, AO FGO, § 183 AO Rn. 115; *Frotscher* in Schwarz/Pahlke, AO FGO, § 183 AO Rn. 28; *Kunz* in Gosch, AO FGO, § 183 AO Rn. 14.

698 BFH, Urteil vom 22.07.2002 – V R 55/00, BFH/NV 2002, S. 1601 (1602); BFH, Urteil vom 03.11.1959 – I 2/59 U, BStBl. III 1960, S. 96 (96); BFH, Urteil vom 14.12.1978 – IV R 221/75, BStBl. II 1979, S. 503 (503); *Dißars/Dißars*, BB 1996, S. 773 (776); *Koenig* in Koenig, AO, § 180 Rn. 27; *von Wedelstädt* in Kühn/von Wedelstädt, AO FGO, § 183 AO Rn. 11; *Frotscher* in Schwarz/Pahlke, AO FGO, § 183 AO Rn. 28; *Söhn* in Hübschmann/Hepp/Spitaler, AO FGO, § 183 AO Rn. 118. Kritisch *Lux*, DStR 2006, S. 1968 (1669 ff.); ihm folgend *Brandis* in Tipke/Kruse, AO FGO, § 183 AO Rn. 22.

699 *Dißars/Dißars*, BB 1996, S. 773 (776); *Söhn* in Hübschmann/Hepp/Spitaler, AO FGO, § 183 AO Rn. 121; *Frotscher* in Schwarz/Pahlke, AO FGO, § 183 AO Rn. 28; *Brandis* in Tipke/Kruse, AO FGO, § 183 AO Rn. 22.

700 *Söhn* in Hübschmann/Hepp/Spitaler, AO FGO, § 183 AO Rn. 121; *Frotscher* in Schwarz/Pahlke, AO FGO, § 183 AO Rn. 28.

701 BFH, Urteil vom 14.12.1978 – IV R 221/75, BStBl. II 1979, S. 503 (Leitsatz); *Söhn* in Hübschmann/Hepp/Spitaler, AO FGO, § 183 AO Rn. 115; *Frotscher* in Schwarz/Pahlke, AO FGO, § 183 AO Rn. 28.

702 *Brandis* in Tipke/Kruse, AO FGO, § 183 AO Rn. 24; *Kunz* in Gosch, AO FGO, § 183 AO Rn. 17.

(ii) Rechtsfolgen

Rechtsfolge der nicht abschließenden vertrauensausräumenden Umstände ist die Einzelbekanntgabe hinsichtlich der Beteiligten, auf welche diese Umstände zutreffen, § 183 Abs. 2 S. 1 AO („*insoweit*"). Diese partielle Einzelbekanntgabe, beispielsweise bei Ausscheiden eines Gesellschafters, ist indessen nicht identisch mit der Einzelbekanntgabe bei Nichtanwendung der Bekanntgabeerleichterung. In letzterem Fall ist der Feststellungsbescheid allen Beteiligten in gleichem Umfang und somit umfassend bekannt zu geben.[703] Dies folgt bereits aus dem Umstand, dass es sich bei dem Feststellungsbescheid nach § 179 Abs. 2 S. 2, § 180 Abs. 1 Nr. 2 a) AO nicht um mehrere, zusammengefasste Bescheide handelt, sondern vielmehr um einen einzigen, einheitlichen Bescheid (Rdnr. 28). Anderenfalls hätte auch § 179 Abs. 3 AO insoweit keinen Anwendungsbereich. Für den Fall partieller Einzelbekanntgabe nach § 183 Abs. 2 S. 1 AO wird der Inhalt des einzeln bekannt zu gebenden Feststellungsbescheides hingegen abweichend geregelt. Dem betroffenen Beteiligten ist lediglich „*der Gegenstand der Feststellung, die alle betreffenden Besteuerungsgrundlagen, sein Anteil, die Zahl der Beteiligten und die ihn persönlich betreffenden Besteuerungsgrundlagen bekannt zu geben*", § 183 Abs. 2 S. 2 AO (sogenannter verkürzter Feststellungsbescheid). Der gesamte Inhalt wird nur mitgeteilt, wenn ein berechtigtes Interesse hieran besteht, § 183 Abs. 2 S. 3 AO.[704] 234

Diese Regelung verfolgt mehrere Ziele. Bereits der Vorgängerregelung, welche auf Gesellschaften und Gemeinschaften mit mehr als 100 Beteiligten begrenzt, darüber hinaus aber inhaltlich identisch war, lag die Vorstellung zugrunde, dass eine „*Bekanntgabe des vollständigen Feststellungsbescheids an alle Beteiligten bzw. an die betroffenen Beteiligten zu einem sehr hohen Verwaltungs- und Kostenaufwand*" führe.[705] Eine umfassende Bekanntgabe sei zudem „*aus Gründen des Rechtsschutzes nicht zwingend erforderlich und vielfach nicht im Sinne des einzelnen Beteiligten, da er zur Prüfung von Feststellungen veranlaßt wird, die für ihn nicht von Interesse und zum Verständnis des Feststellungsbescheids nicht unbedingt erforderlich sind.*"[706] Erscheint die Begründung fehlender Erforderlichkeit noch plausibel,[707] rechtfertigen verwaltungsökonomische Erwägungen die Regelung indessen nicht. Die Bekanntgabe verkürzter Bescheide gestaltet sich aufgrund des damit verbundenen 235

703 *Söhn* in Hübschmann/Hepp/Spitaler, AO FGO, § 183 AO Rn. 6, 160; *Brandis* in Tipke/Kruse, AO FGO, § 183 AO Rn. 27; mittelbar auch *Frotscher* in Schwarz/Pahlke, AO FGO, § 183 AO Rn. 30.

704 Zur Frage, ob die Mitteilung des gesamten Inhaltes ein VA ist, siehe *Söhn* in Hübschmann/Hepp/Spitaler, AO FGO, § 183 AO Rn. 165; *Brandis* in Tipke/Kruse, AO FGO, § 183 AO Rn. 27; *von Wedelstädt* in Kühn/von Wedelstädt, AO FGO, § 183 AO Rn. 18.

705 Gesetzesbegründung zum Steuerbereinigungsgesetz 1985, BT-Drs. 10/1636, S. 47.

706 Gesetzesbegründung zum Steuerbereinigungsgesetz 1985, BT-Drs. 10/1636, S. 47.

707 Berechtigtes Interesse, beispielsweise im Rechtsbehelfsverfahren, Gesetzesbegründung zum Steuerbereinigungsgesetz 1985, BT-Drs. 10/1636, S. 47, ermöglicht eine vollständige Kenntnisnahme.

Aufwandes unterschiedlicher inhaltlicher Abfassung weder einfacher noch günstiger als die Einzelbekanntgabe ein und desselben Bescheides. Der Mehraufwand ist indessen gering.

236 Seine jetzige Form erhielt § 183 Abs. 2 S. 2 AO durch das Mißbrauchsbekämpfungs- und Steuerbereinigungsgesetz 1993.[708] Bemerkenswert, und auch für die Bewertung anderer Fragestellungen von Relevanz (hierzu unter Rdnr. 456 ff., 470), ist die Gesetzesbegründung. Die Sonderregelung für Publikumsgesellschaften wurde nicht aus Gründen abgeschafft, die in der Publikumsgesellschaft als solcher liegen. Vielmehr soll *„[a]us datenschutzrechtlichen Gründen ... grundsätzlich die Einschränkung des ... bekanntzugebenden Inhalts ... nicht nur bei notwendiger Einzelbekanntgabe bei mehr als 100 Beteiligten, wie bisher, sondern in allen Fällen der erforderlichen Einzelbekanntgabe gelten.*"[709] Andere, als die allein Interessen der Beteiligten im Blick habenden datenschutzrechtlichen, Gründe sind aus dem Gesetzgebungsverfahren nicht ersichtlich.[710] Ob diese Erwägung die Norm nunmehr allein[711] rechtfertigt oder neben[712] die bisherigen Überlegungen, welche auf die Publikumsgesellschaften zugeschnitten waren, tritt, erscheint weniger bedeutsam. Maßgeblich ist, dass der Gesetzgeber im Rahmen der gesonderten und einheitlichen Feststellung (zumindest) auch datenschutzrechtliche Erwägungen anstellt.

237 Es fragt sich jedoch, warum die, wenn auch nicht konkretisierten, datenschutzrechtlichen Überlegungen nicht konsequent umgesetzt wurden. Einem ehemaligen Gesellschafter werden lediglich die ihn betreffenden Besteuerungsgrundlagen bekannt gegeben, nicht indessen jene, welche ausschließlich die anderen Beteiligten persönlich betreffen.[713] Diesen wird hingegen der Feststellungsbescheid in seinem kompletten Umfang und Inhalt bekannt gegeben, somit inklusive sämtlicher den ausgeschiedenen Beteiligten allein betreffender Besteuerungsgrundlagen, beispielsweise dessen Sonderbetriebsausgaben. Datenschutzrechtliche Erwägungen (und Geheimhaltungsinteressen) gelten aber beidseits. Gleiches gilt für Annahmen zur Erforderlichkeit. Der eingeschlagene Weg ist daher ohne Grund eine Einbahnstraße. Diese ist zudem überaus löchrig. Der Rückgriff auf die Bekanntgabeerleichterung steht ganz grundsätzlich im Ermessen der Finanzbehörde. Es bleibt der Finanzbehörde jederzeit unbenommen, eine Einzelbekanntgabe an die jeweiligen Beteiligten mit dem vollständigen Bescheidinhalt zu bewirken. Auch im Falle eines

---

708 BGBl. I 1993, S. 2310 (2347).

709 Gesetzesbegründung zum Mißbrauchsbekämpfungs- und Steuerbereinigungsgesetz 1993, BR-Drs. 612/93, S. 102.

710 *„[D]ie alle Beteiligten betreffenden Besteuerungsgrundlagen*", somit sämtliche Umstände der Gesellschafts- oder Gemeinschaftssphäre, sind nach § 183 Abs. 2 S. 2 AO auch Gegenstand des verkürzten Bescheides.

711 So wohl *Frotscher* in Schwarz/Pahlke, AO FGO, § 183 AO Rn. 29.

712 So ausdrücklich *Söhn* in Hübschmann/Hepp/Spitaler, AO FGO, § 183 AO Rn. 160; wohl auch *Brandis* in Tipke/Kruse, AO FGO, § 183 AO Rn. 27.

713 *Kunz* in Gosch, AO FGO, § 183 AO Rn. 23.

bestellten Empfangsbevollmächtigten kann der gesamte Feststellungsbescheid trotz Vorliegens vertrauensausräumender Umstände diesem bekannt gegeben werden. Zudem verwässert die teilweise Betrachtung des festgelegten verkürzten Inhaltes als Mindestinhalt, der Weiterungen zugänglich ist,[714] den intendierten Datenschutz.[715] Dessen Reichweite ist zudem davon abhängig, ob man für eine Mitteilung des gesamten Inhaltes jedes wirtschaftliche Interesse,[716] jedes behauptete, möglicherweise bestehende rechtliche Interesse[717] oder zutreffender Weise ein steuerliches Interesse dergestalt verlangt, dass ohne entsprechende Kenntnisverschaffung Rechte im Besteuerungsverfahren, insbesondere in Rechtsbehelfsverfahren, nicht angemessen wahrgenommen werden könnten.[718]

Letztendlich überzeugt die gesetzliche Ausgestaltung somit nicht. Sie ist inkon- **238**
sequent und einseitig, ohne dass Differenzierungsgründe ersichtlich wären. Alle Beteiligten sind unabhängig von einem Ausscheiden gleichermaßen schutzwürdig. Es drängt sich viel allgemeiner die Frage auf, warum überhaupt lediglich bei vertrauensausräumenden Umständen die Möglichkeit besteht, einen verkürzten Bescheid zu erlassen. Auch während bestehender Beteiligungen bestehen Geheimhaltungsinteressen. Warum sollte einem Beteiligten im Rahmen des Feststellungsverfahrens mehr bekannt gegeben werden, als für seine Steuerfestsetzung und eine Rechtsdurchsetzung erforderlich ist? Hierauf wird noch zurückzukommen sein (siehe hierzu Rdnr. 393 ff.).

b) Bekanntgabe an die Unternehmung

Neben den Beteiligten ist der Bescheid nach hier vertretener Auffassung auch der **239**
Unternehmung[719] bekannt zu geben. Eine solche Bekanntgabe ist jedoch ohne Weiteres möglich. Maßgeblich ist insoweit, dass die Entgegennahme des Bescheides eine passive Verfahrenshandlung darstellt, somit Handlungsfähigkeit voraussetzt. Diese Handlungsfähigkeit wird Vereinigungen durch ihre gesetzlichen Vertreter oder besonders Beauftragte vermittelt, § 79 Abs. 1 Nr. 3 AO.[720] Diesen ist somit

---

714 So *Söhn* in Hübschmann/Hepp/Spitaler, AO FGO, § 183 AO Rn. 163.

715 Gegen die Deutung des Inhalts als Mindestinhalt aus diesem Grunde auch *Brandis* in Tipke/Kruse, AO FGO, § 183 AO Rn. 27. Siehe auch *Frotscher* in Schwarz/Pahlke, AO FGO, § 183 AO Rn. 30.

716 So *Koenig* in Koenig, AO, § 183 Rn. 30; wohl auch *von Wedelstädt* in Kühn/von Wedelstädt, AO FGO, § 183 AO Rn. 18, *„nicht notwendig ein steuerliches"* Interesse.

717 So *Söhn* in Hübschmann/Hepp/Spitaler, AO FGO, § 183 AO Rn. 164.

718 So auch *Frotscher* in Schwarz/Pahlke, AO FGO, § 183 AO Rn. 30, mit Verweis auf das sonst tangierte Steuergeheimnis, § 30 AO.

719 Zum Begriff siehe Fn. 1, zur prozeduralen Beteiligtenfähigkeit zivilrechtlich nicht rechtsfähiger Unternehmungen und sich daraus etwaig ergebender Einschränkungen siehe Rdnr. 114 ff., insb. Rdnr. 118.

720 Nach Ansicht des BFH sind Vorstände oder Geschäftsführer einer juristischen Person gesetzliche Vertreter im Sinne von § 79 Abs. 1 Nr. 3 AO, Geschäftsführer nicht

der Bescheid für die Unternehmung bekannt zu geben. Gegenüber der Unternehmung werden die Bescheide daher mit Bekanntgabe an deren Geschäftsführer oder an ein vertretungsberechtigtes Mitglied der Personenvereinigung wirksam.[721] Bei mehreren Vertretungsberechtigten genügt die Bekanntgabe an einen von diesen.[722]

240 Bei einer Einzelbekanntgabe ist somit lediglich erforderlich, dass der Feststellungsbescheid einem Geschäftsführer oder einem vertretungsberechtigten Beteiligten auch für die Unternehmung bekannt gegeben wird. Bei einer solchen Verfahrensweise wird der Bescheid gegenüber der Unternehmung zeitgleich mit (zeitlich erstem) Zugang bei einem Vertretungsberechtigten bewirkt. Außer im Fall einer Fremdgeschäftsführung kann hierdurch kein zusätzlicher Bekanntgabezeitpunkt entstehen. Ein solcher ist ohnehin zu akzeptieren. Die Ausgestaltung des § 183 AO als eine in das Ermessen gestellte Handhabung gerade neben der Einzelbekanntgabe belegt, dass auch der Gesetzgeber unterschiedliche Bekanntgabezeitpunkte duldet.

241 Im Rahmen der Bekanntgabeerleichterung wirkt die dort geregelte Empfangsvollmacht entsprechend dem Wortlaut („*Gesellschafter oder Gemeinschafter ... bestellen, ... für sie ... in Empfang zu nehmen*", § 183 Abs. 1 S. 1 AO) nicht gegenüber der Unternehmung. Auf Basis dieser Empfangsbevollmächtigten wird der Bescheid daher nicht unmittelbar der Unternehmung bekanntgegeben. Auch lässt sich kaum annehmen, dass mit einer solchen Empfangsvollmacht konkludent eine allgemeine Vollmacht nach § 80 Abs. 1 S. 1 AO zur Entgegennahme von Bescheiden für die Unternehmung verbunden ist. Ohnehin könnte man dies lediglich bei einem bestellten Empfangsbevollmächtigten erwägen, nicht indessen bei einer Empfangsvollmacht kraft Fiktion oder behördlicher Bestimmung. Auch eine Rechtsscheinvollmacht liegt fern.

242 Bei dem Feststellungsbescheid handelt es sich indessen um einen einzigen Verwaltungsakt (hierzu Rdnr. 28). In diesem einen Verwaltungsakt ist der jeweilige Beteiligte als Adressat zu bezeichnen. Ebenfalls ist dieser Beteiligte, sofern vertretungsberechtigt, als Bekanntgabeadressat gerade für die Unternehmung zu bezeichnen. Füllt ein Geschäftsführer, gleich ob Eigen- oder Fremdgeschäftsführer, oder ein vertretungsberechtigter Beteiligter die Funktion des Empfangsbevollmächtigten aus, kann der Bescheid diesem gegenüber sogleich auch für die Unternehmung bekannt gegeben werden.[723] Lediglich sofern ein nichtbeteiligter Dritter oder ein Beteiligter, welche nicht zur Vertretung der Unternehmung befugt

---

rechtsfähiger Personenvereinigungen jedoch besonders Beauftragte, BFH, Urteil vom 08.08.2013 – V R 3/11, BStBl. II 2016, S. 46 (48).

721 AEAO zu § 122, Nr. 2.4.1.3.

722 AEAO zu § 122, Nr. 2.4.1.3., mit Verweis auf BFH, Urteil vom 11.02.1987 – II R 103/84, BStBl. II 1987, S. 325; BFH, Urteil vom 27.04.1993 – VIII R 27/92, BStBl. II 1994, S. 3; BFH, Urteil vom 08.11.1995 – V R 64/94, BStBl. II 1996, S. 256.

723 So auch *Brandis* in Tipke/Kruse, AO FGO, § 183 AO Rn. 2, allgemein für Bescheide, die an die Beteiligten und die Personengemeinschaft zu richten sind.

sind, empfangsbevollmächtigt sein sollten, bedarf es einer weiteren Überlegung. Durch die Bekanntgabe an diese Bevollmächtigten würde der Bescheid zugleich den vertretungsberechtigten Beteiligten und für diese als Inhaltsadressat bestimmt bekannt gegeben. Hierin ist, bei entsprechender Bezeichnung, zugleich aber eine Bekanntgabe an die Beteiligten als Bekanntgabeadressat für die Unternehmung zu erblicken. Da lediglich ein Verwaltungsakt existiert, ist es nicht denkbar, dass einem vertretungsberechtigten Beteiligten der Bescheid lediglich in seiner Eigenschaft als Inhaltsadressat und nicht zugleich als Bekanntgabeadressat für die Unternehmung bekanntgegeben wird. Im Rahmen der Bekanntgabeerleichterung des § 183 Abs. 1 AO wirkt die durch Empfangsvollmacht vermittelte Bekanntgabe an einen vertretungsberechtigten Beteiligten somit zwar nicht direkt gegenüber der Unternehmung, jedoch mittelbar durch Bekanntgabe an den entsprechend bezeichneten Beteiligten.[724] Ein weiterer Bekanntgabezeitpunkt wäre hiermit nicht verbunden.[725] Unerheblich ist, ob es sich um einen positiven, positiv-negativen oder Negativbescheid handelt.

6. Rechtsbehelfsverfahren

Das Rechtsbehelfssystem gegen gesonderte und einheitliche Feststellungsbe- 243
scheide folgt zunächst den allgemeinen Grundsätzen. Abweichungen hiervon und somit zu den einen einzelnen betreffenden Steuerbescheiden erklären sich zwanglos aus den Eigenschaften des Feststellungsbescheides, mithin aus seinem Wesen als gesonderter Bescheid mit ausgelagertem Inhalt und der Einheitlichkeit gegenüber mehreren Adressaten. Ganz erheblich von den allgemeinen Grundsätzen wird indessen durch die gesetzliche Ausgestaltung der Rechtsbehelfsbefugnisse abgewichen. Erforderlich ist diese Besonderheit nicht. Soweit hierzu konstatiert wird, *„[m]an kann nicht sagen, dass das Gesetz ... den Rechtsbereich übersichtlich (und ... sachangemessen) geregelt hat“*,[726] ist dem beizupflichten. Wenn hinsichtlich § 352 AO, gleiches gilt jedoch auch für den inhaltsgleichen § 48 FGO, bereits festgestellt wird: *„Die Vorschrift ist mißglückt. Sie schafft mehr Probleme als Lösungen.“*,[727] ist dem nichts hinzuzufügen. Die Eigenheit der abweichend geregelten Rechtsbehelfsbefugnisse hat es indessen mit sich gebracht, dass beteiligungsfähige

724 Im Ergebnis würde lediglich im Fall einer Fremdgeschäftsführung, eines nicht vertretungsberechtigten Beteiligten oder Dritten als Empfangsbevollmächtigten und des Ausschlusses jedweder Vertretungsmacht aller Beteiligten keine Bekanntgabe an die Unternehmung bewirkt. Dieser Fall ist indessen rechtlich ausgeschlossen.

725 Wollte man die dargestellte Bekanntgabesystematik ablehnen, müsste eine ohne Weiteres mögliche Einzelbekanntgabe gegenüber der Unternehmung erfolgen und ein etwaig weiterer Bekanntgabezeitpunkt akzeptiert werden.

726 *Brandis* in Tipke/Kruse, AO FGO, § 48 FGO Rn. 3.

727 *Birkenfeld* in Hübschmann/Hepp/Spitaler, AO FGO$^{\text{Stand Mai 2015}}$, § 352 AO Rn. 2.

Unternehmungen[728] im Rechtsbehelfsverfahren eine entscheidende Rolle spielen. Nach ganz überwiegender Lesart stehen sie gar regelmäßig im Mittelpunkt, auch wenn sie keine eigenen Beschwerungen geltend machen. Letzteres ist freilich zu hinterfragen. Allerdings wird die Unternehmung im Rechtsbehelfsverfahren, anders als nach ganz vorherrschender Lesart bei Erklärungspflicht, Adressierung und Bekanntgabe, zumindest nicht ignoriert. Dies vereinfacht es, Anknüpfungspunkte für die Implementierung ihrer steuerlichen Selbständigkeit auch im Verfahrensrecht herzuleiten.

a) Allgemeine Grundlagen

244 Gesonderte und einheitliche Feststellungsbescheide sind einerseits als Grundlagenbescheide isoliert anfechtbar, § 347 Abs. 1 S. 1, Abs. 2 AO i. V. m. § 157 Abs. 2 Hs. 2 AO. Soweit Entscheidungen in einem Grundlagenbescheid getroffen wurden, können diese Entscheidungen andererseits auch nur durch eine Anfechtung dieses Grundlagenbescheides angegriffen werden, § 351 Abs. 2 AO. In einem Verfahren gegen den Folgebescheid kann somit, aufgrund der Bindungswirkung (hierzu Rdnr. 29 ff.) konsequent, nicht geltend gemacht werden, dass der Grundlagenbescheid unzutreffende Feststellungen enthalte.[729] Jedoch lässt sich in einem Verfahren gegen den Folgebescheid die Unwirksamkeit des Grundlagenbescheides rügen.[730] Mit der Berufung auf die Unwirksamkeit wird geltend gemacht, dass eine Rechtsgrundlage für den Erlass oder die Änderung des Folgebescheides fehle.[731] Auch ist die Wirksamkeit der Bekanntgabe des Grundlagenbescheides nicht Gegenstand der Entscheidung dieses Grundlagenbescheides.[732]

245 Hinsichtlich der statthaften Klageart ist zu unterschieden: Hat die Finanzbehörde den Erlass eines Feststellungsbescheides unterlassen oder die Durchführung eines Feststellungsverfahren durch negativen Feststellungsbescheid abgelehnt, wird die Verpflichtungsklage als statthaft angesehen, § 40 Abs. 1 Alt. 2 FGO.[733]

---

728 Zum Begriff siehe Fn. 1, zur prozeduralen Beteiligtenfähigkeit zivilrechtlich nicht rechtsfähiger Unternehmungen siehe Rdnr. 114 ff., insb. Rdnr. 118.

729 Regelmäßig ist der Rechtstreit über die Rechtmäßigkeit eines Folgebescheides aber nach § 74 AO auszusetzen, um den Ausgang eines laufenden oder herbeizuführenden Verfahrens gegen den Grundlagenbescheid abzuwarten. Hierzu BFH, Urteil vom 22.01.2009 – IV R 12/06, BFH/NV 2009, S. 933 (934); BFH, Urteil vom 11.12.2003 – IV R 42/02, BStBl. II 2004, S. 353 (354, 355); *Söhn* in Hübschmann/Hepp/Spitaler, AO FGO, § 179 AO Rn. 351; *Brandis* in Tipke/Kruse, AO FGO, Vor § 179 AO Rn. 7.

730 BFH, Urteil vom 20.12.2000 – I R 50/00, BStBl. II 2001, S. 381 (381); BFH, Urteil vom 06.12.1995 – I R 131/94, BFH/NV 1995, S. 592 (592, 593); *Söhn* in Hübschmann/Hepp/Spitaler, AO FGO, § 179 AO Rn. 352; *Kunz* in Gosch, AO FGO, § 179 AO Rn. 64; jeweils m.w.N.

731 BFH, Urteil vom 20.12.2000 – I R 50/00, BStBl. II 2001, S. 381 (381).

732 BFH, Urteil vom 06.12.1995 – I R 131/94, BFH/NV 1995, S. 592 (593).

733 BFH, Urteil vom 27.01.1977 – IV R 173/75, BStBl. II 1977, S. 510 (511); BFH, Beschluss vom 17.10.1979 – I S 9/78 – BStBl. II 1980, S. 212 (213); *Söhn* in Hübschmann/Hepp/

Wird hingegen die Änderung eines positiven Feststellungsbescheides begehrt, beispielsweise Feststellung eines niedrigen Gewinnes oder eines höheren Verlustes, so sei Anfechtungsklage in Form der Änderungsklage zu erheben, § 40 Abs. 1 Alt. 1 FGO.[734] Konsequenterweise sollte bei kombiniert positiv-negativen Feststellungsbescheiden entsprechendes gelten. Der positiv Verbeschiedene ist auf die Anfechtungsklage, der negativ Verbeschiedene auf die Verpflichtungsklage zu verweisen.[735]

Eine mit der abweichend geregelten Rechtsbehelfsbefugnis im Zusammenhang stehende Besonderheit existiert indessen hinsichtlich Hinzuziehung und Beiladung. Dritte, gegenüber denen die Entscheidung nur einheitlich ergehen kann, wie vorliegend die Beteiligten am Feststellungsverfahren und nach hier vertretener Auffassung die Unternehmung selbst, beispielsweise in Bezug auf die Höhe der Einkünfte auf Unternehmungsebene, sind zwingend hinzuzuziehen beziehungsweise beizuladen, § 360 Abs. 3 S. 1 AO und § 60 Abs. 3 S. 1 FGO. Dies sichert die Einheitlichkeit der Feststellung, da Entscheidungen auch gegenüber den Hinzugezogenen und Beigeladenen wirken, auch wenn insoweit bereits Bestandskraft der Bescheide eingetreten sein sollte (hierzu bereits Rdnr. 212). Sowohl Hinzuziehung als auch Beiladung setzen indessen eine Rechtsbehelfsbefugnis voraus, § 360 Abs. 3 S. 2 AO, § 60 Abs. 3 S. 2 FGO.[736] Ist diese für die Beteiligten ausgeschlossen, weil ein Geschäftsführer, welcher die Unternehmung vertritt, oder ein Rechtsbehelfsbevollmächtigter vorhanden sind (Rdnr. 270), werden diese als Verfahrensstandschafter für die Beteiligten hinzugezogen beziehungsweise beigeladen, wodurch die Einheitlichkeit auch gegenüber allen Beteiligten gewahrt wird. 246

Grundsätzlich setzt die Erhebung einer Klage gegen den Feststellungsbescheid ein durchgeführtes, indessen erfolglos gebliebenes Vorverfahren, somit einen 247

Spitaler, AO FGO, § 179 AO Rn. 359; *Kunz* in Gosch, AO FGO, § 179 AO Rn. 68; jeweils m.w.N.

734 BFH, Beschluss vom 10.07.1979 – VIII B 84/78, BStBl. II S. 567 (567); BFH, Beschluss vom 22.10.1980 – I S 1/80, BStBl. II 1981, S. 99 (100); *Söhn* in Hübschmann/Hepp/Spitaler, AO FGO, § 179 AO Rn. 360; *Kunz* in Gosch, AO FGO, § 179 AO Rn. 66; jeweils m.w.N. Auch gegen einen negativen Feststellungsbescheid, der einen positiven Feststellungsbescheid aufhebt, ist die Anfechtungsklage statthaft, BFH, Urteil vom 22.11.1994 – VIII R 63/93, BStBl. II 1996, S. 93 (93).

735 A.A. *Söhn* in Hübschmann/Hepp/Spitaler, AO FGO, § 179 AO Rn. 361, der auch dem negativ Verbeschiedenen die Anfechtungsklage eröffnet. Auch wenn die Finanzverwaltung durch schlichte Kassation zu einer zutreffenden Neuverbescheidung veranlasst würde, sollte die auch von *Söhn* angeführte Prämisse eines übersichtlichen Rechtsschutzes aber dafür sprechen, die Anfechtungsklage gegen positive Feststellungen und die Verpflichtungsklage negative Feststellungen, gleich ob positiver oder negativer Feststellungsbescheid oder kombiniert positiv-negativer Feststellungsbescheid, als statthaft anzusehen.

736 Zu Einzelheiten siehe *Steinhauff* in Hübschmann/Hepp/Spitaler, AO FGO, § 48 FGO Rn. 270 ff.; *Rätke* in Klein, AO, § 360 Rn. 18 f.

Einspruch nach §§ 347 AO ff., voraus, § 44 Abs. 1 FGO. Nach neuerer Rechtsprechung ist jedoch auch die Klage eines Beteiligten oder der Unternehmung möglich, die nicht selbst Einspruch eingelegt haben, im zulässigen Einspruchsverfahren eines anderen hinzugezogen werden hätten müssen, § 360 Abs. 3 AO, indessen nicht hinzugezogen wurden, sofern ihnen ein eigenes Klagerecht zusteht, auch wenn die Einspruchsentscheidung dem Klagenden nicht bekannt gegeben wurde.[737] Maßgeblich sei, dass der Mangel der Hinzuziehung im Klageverfahren desjenigen, der Einspruch erhoben hat, durch Beiladung, § 60 Abs. 3 FGO, geheilt werden könnte und somit erst recht eine Klage des nicht Hinzugezogenen möglich sein muss.[738]

b) Rechtsbehelfsbefugnis

248 Die Rechtsbehelfsbefugnis für gesonderte und einheitliche Feststellungsbescheide unterliegt den inhaltsgleichen Sonderreglungen des § 352 AO (Einspruchsbefugnis) und des § 48 FGO (Klagebefugnis).[739] Nach den allgemeineren § 350 AO und § 40 Abs. 2 FGO setzte die Möglichkeit, einen Rechtsbehelf einlegen zu können, lediglich die Geltendmachung einer persönlichen Beschwer voraus. Neben diese obligatorische Beschwer treten § 352 AO sowie § 48 FGO.[740] Durch diese werden zunächst der Kreis der rechtsbehelfsbefugten Personen umschrieben und somit die Rechtsbehelfsbefugnis in personeller Hinsicht begrenzt. Zudem wird der Umfang der jeweiligen Rechtsbehelfsbefugnis ausdrücklich oder konkludent, durch Auslegung zu ermitteln, beschränkt. Nicht sämtliche Feststellungsbeteiligte sind daher stets und umfassend rechtsbehelfsbefugt. Die Rechtsbehelfsbefugnis ist keine Verfahrenshandlungsvoraussetzung, vielmehr Sachentscheidungsvoraussetzung.[741]

---

737 BFH, Beschluss vom 23.03.2000 – IV B 91/99, BFH/NV 2000, S. 1217 (1217); BFH, Urteil vom 27.05.2004 – IV R 48/02, BStBl. II 2004, S. 964 (966); BFH, Beschluss vom 29.01.2007 – IX B 181/05, BFH/NV 2007, S. 1511 (1513); BFH, Urteil vom 31.07.1980 – IV R 18/77, BStBl. II 1981, S. 33 (35); hierzu auch *Steinhauff* in Hübschmann/Hepp/Spitaler, AO FGO, § 48 FGO Rn. 41 m.w.N. Anders noch beispielsweise BFH, Beschluss vom 10.06.1997 – IV B 124/96, BFH/NV 1998, S. 14 (14); BFH, Urteil vom 30.03.1999 – VIII R 16/99, BFH/NV 1999, S. 1469 (1469).

738 BFH, Beschluss vom 23.03.2000 – IV B 91/99, BFH/NV 2000, S. 1217 (1217).

739 Diese werden auch im einstweiligen Rechtsschutz, im Billigkeitsverfahren und bei Anträgen auf schlichte Änderung angewandt; hierzu ausführlich *Steinhauff* in Hübschmann/Hepp/Spitaler, AO FGO, § 48 FGO Rn. 33 ff. m.w.N.

740 BFH, Beschluss vom 16.01.1996 – VIII B 128/95, BStBl. II 1996, S. 426 (427); *Keß* in Schwarz/Pahlke, AO FGO, § 352 AO Rn. 7a; *Werth* in Gosch, AO FGO, § 352 AO Rn. 6; *Siegers* in Hübschmann/Hepp/Spitaler, AO FGO, § 352 AO Rn. 19.

741 BFH, Beschluss vom 29.01.2007 – IX B 181/05, BFH/NV 2007, S. 1511 (1512); BFH, Urteil vom 28.03.2000 – VIII R 6/99, BFH/NV 2000, S. 1074 (1075); BFH, Urteil vom 18.12.1990 – VIII R 134/86, BStBl. II 1991, S. 882 (884); *Keß* in Schwarz/Pahlke, AO FGO, § 352 AO Rn. 7; *Brandis* in Tipke/Kruse, AO FGO, § 48 FGO Rn. 4; *Siegers* in Hübschmann/Hepp/Spitaler, AO FGO, § 352 AO Rn. 19.

Sie muss daher zum Entscheidungszeitpunkt, der Bekanntgabe der Einspruchsentscheidung beziehungsweise dem Schluss der mündlichen Verhandlung, vorliegen.[742] Ohne Rechtsbehelfsbefugnis vorgenommene Handlungen können bis zu diesen Zeitpunkten durch den Rechtsbehelfsbefugten nachträglich und rückwirkend genehmigt werden.[743] Sachanträge, denen keine Rechtsbehelfsbefugnis zugrunde liegt, sind als unzulässig abzuweisen.

(1) Normhistorie und Zweck

Historisch geht die Einschränkung der Rechtsbehelfsbefugnisse auf § 66 EStG 1925[744] zurück. Dort waren bei Feststellungsbescheiden gewerbliche Einkünfte betreffend *„zur Einlegung von Rechtsmitteln außer dem Vorsteher des Finanzamts ... nur die zur Geschäftsführung befugten Gesellschafter berechtigt. Andere Personen sind auch nicht befugt, dem Rechtsmittel beizutreten."*[745] Hiermit wollte der Gesetzgeber zivilrechtlichen Grundlagen folgen. Daher *„mußte auch die Befugnis zur Einlegung von Rechtsmittel beschränkt werden. [...] Diese Einschränkung ist mit Rücksicht auf die Beziehung der einzelnen Gesellschafter untereinander geboten. Es muss vermieden werden, daß Gesellschafter, die zur Geschäftsführung nicht befugt sind, gelegentlich eines Rechtsmittels Kenntnis vom Inhalt der Geschäftsbücher, der Bilanzen, der Geschäfts- und Betriebsgeheimnisse und des übrigen Materials erhalten, daß die Geschäftsführer dem Finanzamt bei der Veranlagung vorgelegt haben ... Diese Personen haben nach den Vorschriften des Privatrechts nicht ausnahmslos das Recht, Einblick in das Material zu erhalten. Es würde daher im sachlichen Ergebnis zu einer Beseitigung wohlerwogener Grundsätze des Privatrechts führen, wollte man den zur Geschäftsführung nicht befugten Gesellschaftern das Recht auf prozessuale Beteiligung ... gewähren."*[746] Ähnlich wie bei den Erwägungen zur Bekanntgabe eines grundsätzlich verkürzten Feststellungsbescheides bei Ausschluss der Bekanntgabeerleichterung (hierzu Rdnr. 236) waren somit auch bei der Einschränkung der Rechtsbehelfsbefugnis Geheimhaltungsinteressen ausschlaggebend.[747] **249**

---

742 *Brandis* in Tipke/Kruse, AO FGO, § 48 FGO Rn. 4; *Siegers* in Hübschmann/Hepp/Spitaler, AO FGO, § 352 AO Rn. 20.

743 BFH, Urteil vom 16.09.1992 – X R 171/90, BFH/NV 1993, S. 453 (453), *„auch noch nach Ablauf der Einspruchsfrist"*; BFH, Urteil vom 18.10.1988 – VII R 123/85, BStBl. II 1989, S. 76 (79); *Siegers* in Hübschmann/Hepp/Spitaler, AO FGO, § 352 AO Rn. 20.

744 RGBl. I 1925, S. 189.

745 RGBl. I 1925, S. 189 (202).

746 Vgl. Begründung des Entwurfs zum EStG 1925, Verhandlungen des Reichstages, III. Wahlperiode 1924, Band 400, Nr. 795, S. 70 (auch abgedruckt bei *Strutz*, EStG 1925, § 66 Rn. 1).

747 Diese sind aber vermeintlich anders gelagert. Sollen bei der Bekanntgabe eines verkürzten Bescheides direkt persönliche Geheimhaltungsinteressen verbleibender Beteiligter geschützt werden, rückt für die Beschränkung der Rechtsbehelfsbefugnis die Wahrung von betrieblichen Interna in den Vordergrund. Allerdings werden

Die Umsetzung des gesetzgeberischen Zieles schießt jedoch über das für notwendig Erachtete hinaus. Die Einschränkung der Rechtsbehelfsbefugnis gilt auch für Gesellschaftsformen, bei welchen sämtliche Gesellschafter umfassende zivilrechtliche Einsichtsrechte besitzen. Dem liegt wohl das Bemühen zugrunde, die Prüfung der Rechtsbehelfsbefugnis durch Finanzbehörden und Gerichte möglichst zu vereinfachen. Obwohl die Wahrung von Geheimhaltungsinteressen durch die Rechte auf Mitteilung der Besteuerungsgrundlagen, § 364 AO, und auf Akteneinsicht, § 78 FGO, nicht mehr vollständig gewährleistet ist, sei diese Zielsetzung weiterhin wichtige Grundlage des Normverständnisses.[748]

250 Nachfolgende Gesetzesänderungen führten dazu, dass Rechtsbehelfsbefugnisse einzelner Beteiligter nicht mehr kategorisch ausgeschlossen und die Einschränkung auf gewerbliche Einkünfte aufgehoben wurden.[749] Die heutigen Fassungen der §§ 352 AO, 48 FGO wurden unter anderem wie folgt begründet: „*Die Einspruchsbefugnis bei einheitlichen Feststellungsbescheiden wird neu geregelt. Nach Absatz 1 der bisherigen Vorschrift können in Angelegenheiten, die einen einheitlichen Feststellungsbescheid über Einkünfte aus Gewerbebetrieb ... betreffen, grundsätzlich (soweit nicht die Fälle des § 352 Abs. 1 Nr. 1 oder 2 AO vorliegen) nur die zur Geschäftsführung berufenen Gesellschafter oder Gemeinschafter Einspruch einlegen. Der Bundesfinanzhof hat den Anwendungsbereich der Parallelvorschrift des § 48 Abs. 1 FGO erweiternd ... ausgedehnt. Auch die Finanzverwaltung legt § 352 AO zum Teil erweiternd aus ... Die bisherige Grenzziehung in § 352 AO ist überholt. Aufgrund der rechtlichen und wirtschaftlichen Entwicklung existieren heutzutage zahlreiche Personenzusammenschlüsse, die keine Einkünfte aus Gewerbebetrieb, sondern solche anderer Einkunftsarten erzielen und bei denen Geschäftsführern im Sinne des § 352 AO vergleichbare Personen nicht vorhanden sind, bei denen aber eine Anfechtungsbeschränkung ebenfalls sinnvoll ist (z. B. Bauherrengemeinschaften, Immobilienfonds in der Rechtsform einer BGB-Gesellschaft). Der Entwurf sieht daher vor, die Anfechtungsbefugnis gegen Feststellungsbescheide unabhängig von der Einkunfts- oder Vermögensart zu regeln. Dies wird zur Eindämmung von Rechtsbehelfen, darüber hinaus aber auch zu einer besseren Koordination der Einspruchsverfahren, zur Einheitlichkeit von Entscheidungen und zu Verfahrenserleichterungen ... führen.*“[750] Die Eingrenzung der Rechtsbehelfsbefugnisse verfolgt somit (auch) verfahrensökonomische Zwecke.[751]

---

somit auch mittelbar die Geheimhaltungsinteressen der hinter der Gesellschaft stehenden Gesellschafter geschützt.

748 So *Birkenfeld* in Hübschmann/Hepp/Spitaler, AO FGO$^{\text{Stand Mai 2015}}$, § 352 AO Rn. 14.

749 Eine ausführlichere Darstellung der Gesetzeshistorie findet sich u.a. bei *Birkenfeld* in Hübschmann/Hepp/Spitaler, AO FGO$^{\text{Stand Mai 2015}}$, § 352 AO Rn. 3 ff.; *Siegers* in Hübschmann/Hepp/Spitaler, AO FGO, § 352 AO Rn. 5 ff.

750 Gesetzesbegründung zum Grenzpendlergesetz 1994, BT-Drs. 12/7427, S. 35, 36.

751 *Brandis* in Tipke/Kruse, AO FGO, § 48 FGO Rn. 2; *Siegers* in Hübschmann/Hepp/Spitaler, AO FGO, § 352 AO Rn. 10.

(2) Persönliche Rechtsbehelfsbefugnis und Rechtsbehelfsführer

In concreto sind die Rechtsbehelfsbefugnisse in § 352 Abs. 1 AO (Einspruchsbefugnis) sowie in § 48 Abs. 1 FGO (Klagebefugnis) mehrstufig und in einem teilweisen Rangverhältnis geregelt.[752] Es ist jedoch zwischen Rechtsbehelfsbefugnis und dem Rechtsbehelfsführer zu unterscheiden. Das Gesetz trifft lediglich eine Aussage darüber, wer den Rechtsbehelf einlegen kann, somit wer rechtsbehelfsbefugt ist. Ob der Rechtsbehelf im eigenen oder fremden Namen eingelegt wird, wer somit Rechtsbehelfsführer ist, wird nicht explizit geregelt. Gleiches gilt für die Frage, wessen Rechte wahrgenommen werden, somit wessen Beschwer geltend gemacht werden soll. **251**

(a) Geschäftsführer (Unternehmung) und Rechtsbehelfsbevollmächtigter

Zunächst rechtsbehelfsbefugt ist gemäß § 352 Abs. 1 Nr. 1 Alt. 1 AO, § 48 Abs. 1 Nr. 1 Alt. 1 FGO (im Folgenden lediglich „*Nr. 1 Alt. 1*") der „*zur Vertretung berufene Geschäftsführer*". Ist ein solcher nicht vorhanden, ist der Rechtsbehelfsbevollmächtigte nach § 352 Abs. 2 AO rechtsbehelfsbefugt, § 352 Abs. 1 Nr. 1 Alt. 2 AO, § 48 Abs. 1 Nr. 1 Alt. 2 FGO (im Folgenden lediglich „*Nr. 1 Alt. 2*"). **252**

(i) Der zur Vertretung berufene Geschäftsführer (Unternehmung)

Auch wenn mehrere Geschäftsführer[753] lediglich gemeinsam vertretungsbefugt sind (Gesamtvertretung), ist Nr. 1 Alt. 1 anwendbar. Der Rechtsbehelf ist sodann von allen Geschäftsführern einzulegen.[754] Anders als bei der zulässigen Bekanntgabe eines Feststellungsbescheides an einen von mehreren gemeinsam Vertretungsberechtigten (hierzu oben unter Rdnr. 226 f.), steht bei der Einlegung eines **253**

---

752 Weder § 352 AO noch § 48 FGO schließen freilich aus, dass für einen Rechtsbehelfsbefugten der Rechtsbehelf in rechtsgeschäftlicher Vertretung eingelegt werden kann; hierzu *Siegers* in Hübschmann/Hepp/Spitaler, AO FGO, § 352 AO Rn. 180 ff.

753 Als „*zur Vertretung berufene Geschäftsführer*" kommen nach mittlerweile vorherrschender und zutreffender Ansicht auch Fremdgeschäftsführer in Betracht (siehe bereits Rdnr. 133 ff.); hierzu statt Vieler *Siegers* in Hübschmann/Hepp/Spitaler, AO FGO, § 352 AO Rn. 64; *Steinhauff* in Hübschmann/Hepp/Spitaler, AO FGO, § 48 FGO Rn. 72 ff.; auch *Siegert*, DStZ 1995, S. 25 (26).

754 BFH, Urteil vom 19.04.2007 – IV R 28/05, BStBl. II 2007, S. 704 (706), wo der zweite Gesellschafter „*im Übrigen auf entsprechende Nachfrage der Klage- und Revisionseinlegung zugestimmt*" hat; BFH, Urteil vom 29.06.2004 – IX R 39/03, BFH/NV 2004, S. 1371 (1372); BFH, Beschluss vom 27.12.2006 – V B 165/05, BFH/NV 2007, S. 747 (748); *Dißars/Dißars*, BB 1996, S. 773 (774); *Keß* in Schwarz/Pahlke, AO FGO, § 352 AO Rn. 10a; *Werth* in Gosch, AO FGO, § 352 AO Rn. 9; *Brandis* in Tipke/Kruse, AO FGO, § 48 FGO Rn. 12; *Siegers* in Hübschmann/Hepp/Spitaler, AO FGO, § 352 AO Rn. 67; jeweils m.w.N.; a.A. wohl *Levedag* in Gräber, FGO, § 48 Rn. 29.

Rechtsbehelfs eine aktive Vertretung und nicht lediglich eine passive Entgegennahme behördlicher Handlungen im Raum. Eine Eingrenzung des Anwendungsbereiches auf Einzelvertretungsbefugnisse, wodurch die Rechtsbehelfsbefugnis bei Gesamtvertretung dem Rechtsbehelfsbevollmächtigten oder nachrangig den Beteiligten zufallen würde, Nr. 1 Alt. 2 und § 352 Abs. 1 Nr. 2 AO, § 48 Abs. 1 Nr. 2 FGO (im Folgenden jeweils lediglich „*Nr. 2*"),[755] verkennt, dass Geschäftsführer nicht „*nicht vorhanden sind*", sondern lediglich gemeinsam handeln müssen. Eine teleologische Reduktion wird lediglich dann angenommen, wenn es sich um Publikumsgesellschaften handelt. Sind diese von vornherein darauf angelegt, eine Vielzahl neuer Gesellschafter aufzunehmen, stehen Geschäftsführung und Vertretung allen Gesellschaftern gemeinschaftliche zu, sind aber keine Personen vorhanden, die ein von den übrigen Gesellschaftern abgeleitetes umfassendes auch zur Vertretung bei Rechtsbehelfen berechtigendes Geschäftsführungs- und Vertretungsrecht besitzen, ist niemand in der Lage, entsprechend dem Leitbild eines Geschäftsführers kurzfristig für die Gesellschaft zu handeln.[756]

α Verfahrensstandschaften der tradierten Auffassungen

254 Obwohl Nr. 1 Alt. 1 dem Geschäftsführer die Rechtsbehelfsbefugnis zuteilt, wird, soweit ersichtlich einhellig, davon ausgegangen, dass dieser (im Rahmen dieser Rechtsbehelfsbefugnis) keine eigenen Rechte geltend machen kann.[757] Dieses wohl historisch gewachsene Ergebnis erscheint so offensichtlich, dass es vermeintlich keiner Begründung mehr bedarf. Basierend auf der tradierten Ansicht zum Umfang der Rechtsbehelfsbefugnisse und des Rangverhältnisses zwischen Nr. 1 und Nr. 2

---

755 So *Siegert*, DStZ 1995, S. 25 (27); *von Groll* in Gräber, FGO^7, § 48 Rn. 28.

756 BFH, Urteil vom 06.10.2004 – IX R 68/01, BStBl. II 2005, S. 324 (325); BFH, Urteil vom 29.06.2004 – IX R 39/03, BFH/NV 2007, S. 1371 (1371); BFH, Beschluss vom 15.01.1998 – IX B 25/97, BFH/NV 1998, S. 994 (996); *Werth* in Gosch, AO FGO, § 352 AO Rn. 9; *Brandis* in Tipke/Kruse, AO FGO, § 48 FGO Rn. 12; *Steinhauff* in Hübschmann/Hepp/Spitaler, AO FGO, § 48 FGO Rn. 71.

757 BFH, Urteil vom 25.04.2006 – VIII R 52/04, BStBl. II 2006, S. 847 (848); BFH, Beschluss vom 24.03.2011 – IV B 115/09, BFH/NV 2011, S. 1167 (1168); BFH, Beschluss vom 19.05.2000 – VIII B 98/99, BFH/NV 2000, S. 1444 (1445); BFH, Urteil vom 27.05.2004 – IV R 48/02, BStBl. II 2004, S. 964 (966); *Dißars/Dißars*, BB 1996, S. 773 (774); *Werth* in Gosch, AO FGO, § 352 AO Rn. 7; *Keß* in Schwarz/Pahlke, AO FGO, § 352 AO Rn. 9; *Brandis* in Tipke/Kruse, AO FGO, § 48 FGO Rn. 7; *Siegers* in Hübschmann/Hepp/Spitaler, AO FGO, § 352 AO Rn. 33; *Meßmer*, FR 1990, S. 205 (211); *von Beckerath* in Gosch, AO FGO, § 48 FGO Rn. 95; *Stadie*, Rn. 760 Fn. 2; *Heißenberg*, KÖSDI 1990, S. 8037 (8039); *Hardtke* in Kühn/von Wedelstädt, AO FGO, § 352 AO Rn. 7; *Pinkernell*, S. 70 f. Dies schließt freilich nicht aus, dass er nach anderen Nummern der §§ 352 Abs. 1 AO, 48 Abs. 1 FGO als Beteiligter rechtsbehelfsbefugt sein könnte. Dass er einen Rechtsbehelf nicht nur für die Gesellschaft, sondern auch für sich selbst einlegen wollte, sollte indessen nicht vorschnell angenommen werden; hierzu *Woerner*, BB 1975, S. 355 (355), mit (zutreffender) Argumentation bzgl. der Kostenfolgen.

(hierzu Rdnr. 285 und Rdnr. 270) würde die Geltendmachung eigener Rechte indessen die Binnenstruktur der §§ 352 Abs. 1 AO, 48 Abs. 1 FGO konterkarieren. Der Geschäftsführer wäre bei Geltendmachung einer eigenen Gesellschafterbeschwer gegenüber anderen Beteiligten ohne sachlichen Grund privilegiert. Zudem sind auch bei Personenvereinigungen Fremdgeschäftsführer denkbar (hierzu Rdnr. 133 ff.), aber nicht in der Lage, eine eigene Beschwer geltend zu machen.

Basierend auf den zivilrechtlichen Anknüpfungspunkten der Vertretungsbefugnis im Außenverhältnis und der Geschäftsführungsbefugnis geht die weit überwiegende Ansicht sodann davon aus, dass der Geschäftsführer nicht im eigenen Namen handelt, sondern aufgrund organschaftlicher Stellung[758] sowie im Ausnahmefall der Fremdgeschäftsführung (hierzu Rdnr. 133 ff.) aufgrund rechtsgeschäftlicher Vertretungsmacht für die Gesellschaft beziehungsweise Gemeinschaft. Rechtsbehelfsführer ist somit die Gesellschaft beziehungsweise Gemeinschaft, welche den Rechtsbehelf in Verfahrensstandschaft für die in ihr verbundenen Gesellschafter beziehungsweise Gemeinschafter einlegt.[759] Die Unternehmung nimmt nach dieser Auffassung somit nicht eigene Rechte, sondern die Rechte der an ihr Beteiligten wahr.[760] Es handelt sich mithin um einen *„Rechtsbehelf der Gesellschaft, vertreten durch ..., erhoben durch den zur Vertretung berufenen Geschäftsführer“*.[761] Die Gegenauffassung will eine Verfahrensstandschaft des Geschäftsführers als 255

758 Die Vertretertheorie, zurückgehend auf *Savigny*, nach welcher die Gesellschaft im Außenverhältnis durch ihre Organe vertreten wird, hat sich gegenüber der Organtheorie, zurückgehend auf *Gierke* und *H.-J. Wolff*, nach welcher die Gesellschaft selbst durch ihre Organe handelt, nicht durchsetzen können; hierzu *K. Schmidt*, S. 258 ff. Unbeschadet dessen lässt sich sprachlich gefälliger von einer *„Vertretung“* der Gesellschaft durch den Geschäftsführer sprechen.

759 Siehe lediglich zum aktuellen § 352 AO in der Fassung des Grenzpendlergesetzes 1994: BFH, Urteil vom 25.04.2006 – VIII R 52/04, BStBl. II 2006, S. 847 (848); BFH, Beschluss vom 24.03.2011 – IV B 115/09, BFH/NV 2011, S. 1167 (1168); BFH, Beschluss vom 19.05.2000 – VIII B 98/99, BFH/NV 2000, S. 1444 (1445); BFH, Urteil vom 27.05.2004 – IV R 48/02, BStBl. II 2004, S. 964 (966); *Dißars/Dißars*, BB 1996, S. 773 (774); *Werth* in Gosch, AO FGO, § 352 AO Rn. 7; *Keß* in Schwarz/Pahlke, AO FGO, § 352 AO Rn. 9; *Brandis* in Tipke/Kruse, AO FGO, § 48 FGO Rn. 7; *Siegers* in Hübschmann/Hepp/Spitaler, AO FGO, § 352 AO Rn. 33.

760 Gemessen an der Gesetzgebungshistorie und Gesetzesbegründung (hierzu Rdnr. 249 f.) erscheint dies, sofern man mit der tradierten Auffassung nicht von der Betroffenheit der Unternehmung als solcher ausgeht, zwingend. Den Beteiligten wurde das Recht genommen, eigene Rechte in Erstzuständigkeit geltend zu machen. Stattdessen wurden Befugnisse für Dritte geschaffen, welche keine eigenen Rechte wahrnehmen sollen (und teilweise nicht können). Der Rückschluss auf das Konstrukt der Verfahrensstandschaft, durch das sodann doch Rechte der Beteiligten geltend gemacht werden, liegt daher sehr nahe. Dies vermag jedoch nicht darüber hinwegtäuschen, dass das Gesamtgefüge dieser Normierung unbefangen betrachtet zumindest recht sonderbar anmutet.

761 Ähnliche Formulierung bei *Brandis* in Tipke/Kruse, AO FGO, § 48 FGO Rn. 7.

Rechtsbehelfsführer unmittelbar für die Gesellschafter beziehungsweise Gemeinschafter annehmen,[762] somit einen *„Rechtsbehelf des [Geschäftsführername], als zur Vertretung berufener Geschäftsführer“*.[763] Dies lässt indessen einerseits den Normalfall organschaftlicher Stellung des Geschäftsführers außer Betracht, welche ein Handeln für die Unternehmung nahe legt. Andererseits wäre klärungsbedürftig, warum nicht jeder, sondern lediglich zur Vertretung berufene Geschäftsführer rechtsbehelfsbefugt sein sollen.[764] Einer solchen Vertretungsbefugnis gerade für die Unternehmung bedürfte eine Verfahrensstandschaft unmittelbar für die Beteiligten gerade nicht.[765]

β Unternehmung als Rechtsbehelfsführer auch in eigener Sache

256 Beiden tradierten Auffassungen ist somit gemein, dass im Rahmen des vom Geschäftsführer für die Unternehmung eingelegten Rechtsbehelfs nicht die Rechte und Beschwerungen der Unternehmung als solcher geltend gemacht werden. Dies überzeugt nicht. Nach hier vertretener Auffassung ist zwingend auch die Unternehmung selbst in eigener Sache als Rechtsbehelfsführer anzusehen. Sie ist selbst erklärungspflichtig (siehe hierzu Rdnr. 124 ff.) und sodann vor allem Adressat des Bescheides zur gesonderten und einheitlichen Feststellung (siehe hierzu Rdnr. 164 ff.). Demzufolge ist ihr der Bescheid auch bekannt zu geben (siehe hierzu Rdnr. 239 ff.). Wer jedoch selbst Adressat eines Verwaltungsaktes ist, muss sich grundsätzlich auch gegen diesen zur Wehr setzen können, Art. 19 Abs. 4 GG.[766] Eine Beschwer muss geltend gemacht werden können. Verfahrensökonomische Aspekte stehen dem einerseits nicht entgegen, könnten andererseits aber auch zwingende Rechtsschutzmöglichkeiten nicht suspendieren.

257 Zudem ist die Unternehmung auch materiell betroffen. Sie ist es, die nach zutreffender Ansicht den jeweiligen Steuertatbestand erfüllt. Sie ist damit Einkünfteerzielungs- und Einkünfteermittlungssubjekt. Es sind die Einkünfte der

---

762 *Meßmer*, FR 1990, S. 205 (211); *von Beckerath* in Gosch, AO FGO, § 48 FGO Rn. 95; *Stadie*, Rn. 760 Fn. 2; *Heißenberg*, KÖSDI 1990, S. 8037 (8039); *Hardtke* in Kühn/von Wedelstädt, AO FGO, § 352 AO Rn. 7; *Pinkernell*, S. 70 f.; *Haarmann* in Haarmann/Schmieszek, Fach 31307 Rn. 70.

763 Ähnliche Formulierung bei *Brandis* in Tipke/Kruse, AO FGO, § 48 FGO Rn. 7.

764 Nicht jede Geschäftsführungsbefugnis (grds. Innenverhältnis) bringt eine (umfassende) Vertretungsbefugnis (Außenverhältnis) mit sich, nicht mit jeder Vertretungsbefugnis ist zwingend eine Geschäftsführungsbefugnis verbunden. Hierzu *Siegers* in Hübschmann/Hepp/Spitaler, AO FGO, § 352 AO Rn. 31, 61 ff.

765 Dass sich die Vertretungsbefugnis auf die Unternehmung bezieht, ist, soweit ersichtlich, allseits unstreitig. Anderenfalls müsste eine solche auch stets von den Beteiligten eingeräumt werden und es bedürfte im Rahmen der abweichenden Ansicht auch des Konstruktes der Verfahrensstandschaft nicht.

766 Ebenso *Stehr*, S. 200; siehe auch *Ruban* in FS Döllerer, S. 515 (518) m.w.N. für den Fall, dass die Unternehmung Subjekt der Besteuerung ist.

Unternehmung, welche im Rahmen der gesonderten und einheitlichen Feststellung ermittelt und zugerechnet werden (siehe hierzu Rdnr. 80 ff.). Insoweit stellt eine Rechtsbehelfsbefugnis der Unternehmung in eigener Sache lediglich eine folgerichtige Ausgestaltung der verfahrensmäßigen Befugnisse anhand der materiellen Rechtslage dar. Das Verfahrensrecht darf nicht ohne Rücksicht auf die Entwicklung des materiellen Rechts ausgelegt werden, da es trotz seiner besonderen Regelungen und Funktionen mit diesem existentiell verknüpft ist. Insoweit dürfen Wechselwirkungen und die Anerkennung der steuerrechtlichen Rechtsfähigkeit der Unternehmung nicht unbeachtet bleiben.[767] Diese materielle Betroffenheit ist unabhängig davon, ob man (wie nach hier vertretener Auffassung, hierzu Rdnr. 164 ff.) den Feststellungsbescheid auch an die Unternehmung als solche adressiert wissen will. Nimmt man an, dass eine Adressierung an die Unternehmung ausscheidet, so wäre diese aufgrund der materiellen Betroffenheit zumindest Drittbetroffene des Feststellungsbescheides.[768] Dass auch ein Nichtadressat eines Verwaltungsaktes im Rahmen einer Drittbetroffenheit beschwert sein kann, ist allgemein anerkannt.[769] Die Voraussetzung, dass neben dem Steuerpflichtigen auch die steuerliche Rechtssphäre der Unternehmung berührt wird, ist nach hiesiger Auffassung jedenfalls gegeben.[770] Mit der Unternehmung selbst und mindestens zwei Beteiligten existieren zumindest drei Steuersubjekte, welche im Feststellungsverfahren zu betrachten sind. Die verfahrensmäßige Erfassung lediglich der Beteiligten wird dem nicht gerecht.

Der Rechtsbehelfsbefugnis der Unternehmung kann nach hier vertretener Auffassung somit nicht entgegengehalten werden, dass die Unternehmung selbst nicht Adressat des Bescheides oder Drittbetroffener ist.[771] Ausgesprochen ist hiermit jedoch noch nicht, welche Rechte der Unternehmung betroffen sein können, mithin worin die verfahrensmäßig abzuwendende Beschwer zu erblicken ist. Auch wenn der Feststellungsbescheid gegenüber der Unternehmung durch Bekanntgabe wirksam wird und somit formal wirkt, scheinen mit ihm keine materiellen Wirkungen gegenüber der Unternehmung einherzugehen. Das Feststellungsverfahren dient im Zusammenhang mit den Festsetzungsverfahren betrachtet der Steuerfestsetzung gegenüber den Steuerpflichtigen. Im Ergebnis sind daher die **258**

767 So auch *Leyh* in FS FH Nordkirchen, S. 151 (157).

768 Die Drittbetroffenheit ergibt sich aus originär einkommensteuerlichen Erwägungen hinsichtlich einkommensteuerrelevanter Einkünfte. Mittelbare Auswirkungen auf die Gewerbesteuerlast der Unternehmung begründen diese mangels Bindungswirkung (siehe hierzu noch Rdnr. 413) nicht.

769 Exemplarisch *Cöster* in Koenig, AO, § 350 Rn. 21 f.; *Rätke* in Klein, AO, § 350 Rn. 48 ff.; *Hardtke* in Kühn/von Wedelstädt, AO FGO, § 350 AO Rn. 5; *Seer* in Tipke/Kruse, AO FGO, § 350 AO Rn. 17; *Bartone* in Gosch, AO FGO, § 350 AO Rn. 16; *Keß* in Schwarz/Pahlke, AO FGO, § 350 Rn. 29; *Siegers* in Hübschmann/Hepp/Spitaler, AO FGO, § 350 AO Rn. 67 ff.; AEAO zu § 350 Nr. 5

770 Ebenso *von Groll* in Gräber, FGO^7, § 48 Rn. 12.

771 So aber *Ruban* in FS Döllerer, S. 515 (525); hierauf eingehend auch *Stehr*, S. 200.

Feststellungen für die Unternehmung nicht im Sinne einer weitergehenden, an das Feststellungsverfahren anknüpfenden Rechtsfolge relevant. Würde man daher an steuerliche Auswirkungen als mögliche Grundlage einer Beschwer anknüpfen, müsste eine Beschwer der Unternehmung abgelehnt werden. Eine solche Anknüpfung ist indessen verfehlt. Einerseits würde hierdurch der Eigenart der verfahrenstechnischen Ausgestaltung widersprochen, andererseits die Anforderungen hinsichtlich der Betroffenheit im Vergleich zu den Beteiligten strikter gehandhabt und überzogen.

259 Durch die Auslagerung von Inhalten aus den Steuerfestsetzungen in das Feststellungsverfahren wird ein eigenständiges und somit isoliert zu betrachtendes Verfahren geschaffen (hierzu bereits ausführlicher Rdnr. 109 ff.). Verfahrensrechtliche Fragen, wie vorliegend eine mögliche Beschwer der Unternehmung, welche sich auf das gesonderte Verfahren beziehen, sind daher auch ausschließlich innerhalb dieses Verfahrens zu beantworten. Diese verfahrensrechtliche Sonderung der Verfahren ist für die Beteiligten bereits realisiert und bestätigt. Für deren Beschwer hinsichtlich des Feststellungsbescheides kommt es gerade nicht auf etwaige steuerliche Auswirkungen in einem Folgebescheid an. Insoweit ist von den Beteiligten bei Anfechtung des Feststellungsbescheides auch keine Darlegung der Auswirkungen auf die Festsetzung der Steuer zu verlangen. Entsprechend unterliegen etwaige Auswirkungen im Festsetzungsverfahren auch nicht der Prüfung durch die Gerichte. Eine solche kann nicht gefordert werden, denn sie *„durchbricht das System der Verselbständigung der Ermittlung von Besteuerungsgrundlagen, wie sie in zahlreichen verfahrensrechtlichen Bestimmungen zum Ausdruck kommt (vgl. §§ 157 Abs. 2, 179 Abs. 1, 182 Abs. 1, 351 Abs. 2 AO 1977; ferner §§ 175 Abs. 1 Nr. 1, 181 Abs. 1 Satz 2, Abs. 5 AO 1977).“*[772]

260 Nun könnte man versucht sein, derartige Ausführungen lediglich auf die Darlegungslast hinsichtlich einer Beschwer zu beziehen. Der Gedankengang ginge dahin, dass bei den Beteiligten zumindest die Möglichkeit bestehe, dass im Festsetzungsverfahren eine Beschwer eintreten könnte. Eine solche potentielle Beschwer im Festsetzungsverfahren ist für die Unternehmung indessen nicht existent. Einer derartigen Betrachtung erteilt der BFH indessen in ständiger Rechtsprechung eine Absage. Wiederholt führt er in Bezug auf das Feststellungsverfahren aus: *„Die Beschwer liegt darin, dass eine vom Steuerpflichtigen behauptete Rechtsposition ... allgemein mit steuerrechtlich verbindlicher Wirkung festgestellt oder geleugnet wird.“*[773]

772 BFH, Urteil vom 14.06.1994 – VIII R 20/93, BFH/NV 1995, S. 318(319).

773 BFH, Urteil vom 10.11.2004 – XI R 32/01, BStBl. II 2005, S. 431 (432). BFH, Urteil vom 14.06.1994 – VIII R 20/93, BFH/NV 1995, S. 318 (319), auch unter Verweis auf BFH, Urteil vom 11.03.1976 – IV R 133/75, nicht veröffentlicht; BFH, Urteil vom 24.02.1977 – VIII R 178/74, BStBl. II 1978, S. 510 (511); BFH, Urteile vom 26.03.1971 – VI R 131–135/68, BStBl. II 1970, S. 478 (479). Ebenso *Müller*, EFG 2003, S. 751 (751); *von Groll* in Gräber, FGO[7], § 40 Rn. 92; *Steinhauff* in Hübschmann/Hepp/Spitaler, AO FGO, § 48 FGO Rn. 235; *Siegers* in Hübschmann/Hepp/Spitaler, AO FGO, § 352 AO

Konsequenterweise gilt demnach: „*Ob und in welchem Umfang die Feststellungen sich bei den Steuerveranlagungen der einzelnen beteiligten Gesellschafter jeweils auswirken, ist insoweit unerheblich* ...".[774] Dem folgt auch die Finanzverwaltung.[775] Auch soweit Einzelne geltend machen, dass der Bescheid auch gegen sie hätte ergehen müssen, § 352 Abs. 1 Nr. 2 AO, § 48 Abs. 1 Nr. 2 FGO, liegt die Beschwer nicht in steuerlichen Auswirkungen begründet, sondern darin, dass materiell zutreffende Feststellungen, namentlich über die Beteiligung an sich und die Höhe des Gewinn- oder Verlustanteils, unterlassen wurden.[776] Auch sind die Beteiligten in einem Verfahren gegen einen Feststellungsbescheid bereits dann beschwert, wenn eine unzutreffende Einkunftsart festgestellt wurde, ohne dass es darauf ankäme, ob hiermit Wirkungen bei der Steuerfestsetzung einhergehen.[777]

Im Ergebnis ist eine Beschwer im gesondert zu beurteilenden Feststellungsverfahren somit unabhängig von weiteren Auswirkungen, insbesondere isoliert vom Festsetzungsverfahren, zu beurteilen. Dies erscheint zunächst in Bezug auf die Beteiligten auch folgerichtig, da auch diese im Rahmen des Feststellungsverfahrens zunächst nicht Subjekt der Steuerschuld, sondern Subjekt der Zurechnung sind. Die Steuerschuldnerschaft ist im Feststellungsverfahren insoweit nicht relevant.[778] Auch bei denjenigen Steuersubjekten, welche eine materielle Betroffenheit im Sinne einer nachfolgenden steuerlichen Auswirkung geltend machen könnten, wird eine solche zur Einlegung eines Rechtsbehelfes gegen den Feststellungsbescheid und somit zur Begründung einer Beschwer zutreffender Weise gerade nicht verlangt. Gleiches muss sodann aber auch für die Unternehmung an sich gelten. Es sind insoweit keine sachlichen Gründe ersichtlich, welche eine strengere Handhabung bei der Unternehmung oder eine anderweitige Differenzierung gebieten würden. Wenn eine materiell-rechtlich unzutreffende Feststellung von Besteuerungsgrundlagen oder die Behauptung einer solchen die Rechtsbehelfe der Beteiligten zu tragen vermag, dann stellt eine (vermeintlich) unzutreffende Feststellung 261

Rn. 45. Siehe auch BFH, Beschluss vom 26.06.2008 – IV R 89/05, BFH/NV 2008, S. 1984 (1986); BFH, Urteil vom 22.11.1994 – VIII R 63/93, BStBl. II 1996, S. 93 (93).

774 BFH, Urteil vom 10.11.2004 – XI R 32/01, BStBl. II 2005, S. 431 (432).

775 AEAO zu § 350 Nr. 4: „*Wird durch Einspruch die Änderung eines Grundlagenbescheids begehrt, kommt es für die schlüssige Geltendmachung der Beschwer nicht auf die Auswirkungen in den Folgebescheiden an.*"

776 *Birkenfeld* in Hübschmann/Hepp/Spitaler, AO FGO[Stand Mai 2015], § 352 AO Rn. 198.

777 BFH, Urteil vom 24.01.1985 – IV R 249/82, BStBl. II 1985, S. 676 (677); BFH, Urteil vom 24.01.1991 – X R 84/88, BStBl. II 1991, S. 713 (714); hierzu auch *Müller*, EFG 2003, S. 751 (751). Gleiches galt für die Feststellung einer unzutreffenden Vermögensart nach § 180 Abs. 1 Nr. 3 AO; hierzu BFH, Urteil vom 17.02.1993 – II R 25/90, BStBl. II 1993, S. 584 (585).

778 Die Steuerschuldnerschaft spielt lediglich insoweit eine Rolle, als dass die Steuerschuldnerschaft Mehrerer obligatorisch für die Durchführung eines Feststellungsverfahrens ist. Die Feststellungen müssen eine Relevanz für die Besteuerung aufweisen (hierzu Rdnr. 307 f.), anderenfalls haben sie zu unterbleiben.

auch die Beschwer der Unternehmung dar. Diese Begründung der Beschwer muss nicht lediglich *„auch“* bei der Unternehmung selbst möglich sein, sondern vielmehr *„erst recht“*, da es nach hier vertretener Ansicht (siehe hierzu Rdnr. 87 ff.) ihre Einkünfte sind, welche festzustellen und zu qualifizieren sind. Die geltend zu machende Beschwer ist somit bei der Unternehmung, wie bei den einzelnen Beteiligten auch, (schlichtweg) darin zu erblicken, dass Feststellungen getroffen werden, welche nicht der materiellen Rechtslage entsprechen. Die Unternehmung hat, wie die Beteiligten auch, ein Recht auf der materiellen Rechtslage entsprechende Feststellung, welches durch unzutreffende Feststellungen verletzt ist.

262 Entgegen der ganz überwiegenden Auffassung ist somit die Unternehmung selbst in eigener Sache Rechtsbehelfsführer.[779] Das geltende verfahrensrechtliche Normgefüge steht dem nicht entgegen. Nimmt man mit der hier vertretenen Auffassung an, dass der Geschäftsführer im Rahmen von § 181 Abs. 2 S. 2 Nr. 4 AO die Erklärung zur gesonderten und einheitlichen Feststellung im Namen der Unternehmung abgibt (hierzu Rdnr. 124 ff.), so liegt es nahe, dass er auch im Rahmen von Nr. 1 Alt. 1 für die Unternehmung handelt. Ohnehin wird Unternehmung von der ganz vorherrschenden Ansicht als Rechtsbehelfsführer angesehen (siehe hierzu oben Rdnr. 255). Im Unterschied zu dieser Auffassung wird die Unternehmung nur nicht ausschließlich in Verfahrensstandschaft für ihre Gesellschafter oder Gemeinschafter tätig, sondern kann auch eine eigene Beschwer geltend machen. Bei entsprechender Auslegung der Nr. 2 können zudem Rechtsschutzlücken ausgeschlossen werden (siehe hierzu noch Rdnr. 274 ff.).

263 Freilich muss die Unternehmung im Rahmen der Nr. 1 Alt. 1 AO weiterhin zusätzlich oder isoliert Beschwerungen ihrer Gesellschafter oder Gemeinschafter in Verfahrensstandschaft geltend machen können.[780] Dies verbürgt die Verknüpfung der Rechtsbehelfsbefugnis des Geschäftsführers mit der Rechtsbehelfsbefugnis des Rechtsbehelfsbevollmächtigten, Nr. 1 Alt. 2. Letzterer kann einen Rechtsbehelf nur dann einlegen, wenn ein Geschäftsführer nicht vorhanden ist. Eine solche verknüpfende Ersatzzuständigkeit macht nur dann Sinn, wenn die geltend zu machenden Beschwerungen bei Geschäftsführer und Rechtsbehelfsbevollmächtigten zumindest teilweise identisch sind. Der Rechtsbehelfsbevollmächtigte kann jedoch keine Rechtsbehelfe für die Unternehmung einlegen und deren Beschwerungen geltend machen, sondern nur Beschwerungen der Beteiligten (hierzu zugleich Rdnr. 264).

---

779 Wie hier *Stehr*, S. 200 f.; *von Groll* in Gräber, FGO[7], § 48 Rn. 12; *Haarmann* in Haarmann/Schmieszek, Fach 31307 Rn. 66, 67, für gesellschaftsbezogene Feststellungen, worunter er beispielsweise die Ordnungsgemäßheit der Buchführung, nicht aber die Feststellung des Gewinns, versteht.

780 Ob die Unternehmung eigene oder fremde Rechte geltend macht, ist im Zweifelsfall, wie sonst auch, durch Auslegung zu ermitteln.

(ii) Der gemeinsame Rechtsbehelfsbevollmächtigte

Ist ein Geschäftsführer nicht vorhanden, fällt die Rechtsbehelfsbefugnis zunächst 264 dem Rechtsbehelfsbevollmächtigten zu, Nr. 1 Alt. 2. Nach tradierter Auffassung betrifft dies Personenzusammenschlüsse, welche keine organschaftliche Verfasstheit für das Außenverhältnis aufweisen, somit insbesondere Gemeinschaften und Innengesellschaften.[781] Rechtsbehelfsbevollmächtigter ist der bestellte, fingierte oder bestimmte Empfangsbevollmächtigte (hierzu oben Rdnr. 219 ff.), § 352 Abs. 2 S. 1, 2 AO, § 48 Abs. 2 S. 1, 2 FGO.[782] Lediglich die Rechtsbehelfsbefugnis eines Geschäftsführers kann indessen die Unternehmung als Rechtsbehelfsführer qualifizieren. Der Rechtsbehelfsbevollmächtigte muss nach dem Wortlaut nicht *„zur Vertretung"* der Unternehmung berufen sein. Er ist es regelmäßig auch nicht. Seine Befugnis basiert auf gesetzlicher Grundlage.[783] Mangels nicht vorausgesetzter organschaftlicher Stellung oder rechtsgeschäftlicher Vertretungsmacht kommen weder ein Handeln für die Unternehmung noch eine Vertretung der Beteiligten in Betracht. Da er nicht selbst Beteiligter sein muss und anderenfalls privilegiert wäre, nimmt er, wie auch ein Geschäftsführer (hierzu Rdnr. 254 f.), keine eigenen Rechte wahr. Er tritt somit im eigenen Namen auf, ist somit selbst Rechtsbehelfsführer. Im Ergebnis ist daher wiederum von einer gesetzlichen Verfahrensstandschaft auszugehen, allerdings nicht wie nach herrschender Auffassung zu Nr. 1 Alt. 1 der Unternehmung für die Beteiligten (hierzu Rdnr. 255), sondern des Rechtsbehelfsbevollmächtigten für die Beteiligten.[784]

Diese Rechtsbehelfsbefugnis besteht indessen lediglich, wenn die Beteilig- 265 ten hierüber belehrt wurden, § 352 Abs. 2 S. 3 AO, § 48 Abs. 2 S. 3 FGO,[785] und soweit ihr bei fingierter oder bestimmter Empfangsvollmacht nicht gegenüber der

781 Hierzu *Steinhauff* in Hübschmann/Hepp/Spitaler, AO FGO, § 48 FGO Rn. 147; *Brandis* in Tipke/Kruse, AO FGO, § 48 FGO Rn. 19; *Siegers* in Hübschmann/Hepp/Spitaler, AO FGO, § 352 AO Rn. 191. Zur Bruchteilsgemeinschaft siehe indessen Rdnr. 115; allgemein zur Beteiligtenfähigkeit zivilrechtlich nicht rechtsfähiger Gebilde Rdnr. 114 ff.

782 Es ist unerheblich, ob die Finanzbehörde von der Bekanntgabeerleichterung im konkreten Fall Gebrauch gemacht hat; hierzu *Brandis* in Tipke/Kruse, AO FGO, § 48 FGO Rn. 25; *Steinhauff* in Hübschmann/Hepp/Spitaler, AO FGO, § 48 FGO Rn. 215.

783 *Siegers* in Hübschmann/Hepp/Spitaler, AO FGO, § 352 AO Rn. 116.

784 FG Düsseldorf, Urteil vom 22.01.2009 – 16 K 1267/07 F, BeckRS 2009, 26027013 unter II. = juris Rn. 15 ff.; *Siegers* in Hübschmann/Hepp/Spitaler, AO FGO, § 352 AO Rn. 35, 120 f.; *Keß* in Schwarz/Pahlke, AO FGO, § 352 AO Rn. 17a; *Brandis* in Tipke/Kruse, AO FGO, § 48 FGO Rn. 19.

785 Der Wortlaut des § 352 Abs. 2 S. 3 AO (u.a. *„in der Feststellungserklärung … belehrt worden sind"*) ist unpräzise. Gemein ist der zur Verfügung gestellte amtliche Vordruck.

Finanzbehörde für den Einzelfall[786] widersprochen wurde, § 352 Abs. 2 S. 2 letzter Hs. AO, § 48 Abs. 2 S. 2 letzter Hs. FGO (zum bestellten Empfangsbevollmächtigten siehe noch Rdnr. 266 ff.). Die zugrunde liegende fingierte oder bestimmte Empfangsvollmacht wird von einem Widerspruch nicht berührt.[787] Ein Widerspruch zur Klagebefugnis setzt einen Widerspruch zur Einspruchsbefugnis nicht voraus.[788] In einem Widerspruch zur Einspruchsbefugnis sollte indessen zugleich (erst recht) ein Widerruf zur Klagebefugnis gesehen werden.[789] In einem Einspruch eines Beteiligten nach § 352 Abs. 1 Nr. 2 AO liegt zudem ein konkludenter Widerspruch zur Rechtsbehelfsbefugnis eines Bevollmächtigten.[790] Gleiches wird man für eine Klage nicht annehmen können, da auch dort der Widerspruch, sinnwidrig, so doch gesetzlich angeordnet, § 48 Abs. 2 S. 2 letzter Hs. FGO, gegenüber der Finanzbehörde erfolgen muss.[791] Da es sich bei der Rechtsbehelfsbefugnis um eine Sachentscheidungsvoraussetzung handelt (siehe hierzu Rdnr. 248), ist ein Widerspruch bis zum jeweiligen Entscheidungszeitpunkt zuzulassen, somit insbesondere auch noch nach Einlegung des Rechtsbehelfs.[792] Ein Hinweis auf die Möglichkeit des Widerspruches ist hingegen (bedauerlicher Weise) weder in § 352 AO noch in § 48 FGO vorgesehen.

---

786 *Werth* in Gosch, AO FGO, § 352 AO Rn. 22; *Cöster* in Koenig, AO, § 352 Rn. 39; *Steinhauff* in Hübschmann/Hepp/Spitaler, AO FGO, § 48 FGO Rn. 186; *Siegers* in Hübschmann/Hepp/Spitaler, AO FGO, § 352 AO Rn. 162.

787 *Steinhauff* in Hübschmann/Hepp/Spitaler, AO FGO, § 48 FGO Rn. 185.

788 *Brandis* in Tipke/Kruse, AO FGO, § 48 FGO Rn. 23; *Steinhauff* in Hübschmann/Hepp/Spitaler, AO FGO, § 48 FGO Rn. 186; *Bartone* in Kühn/von Wedelstädt, AO FGO, § 48 FGO Rn. 3.

789 Dem steht nicht entgegen, dass der Widerruf jeweils nicht vorsorglich für alle Fälle, sondern nur im Einzelfall erklärt werden kann und eine Klage gegen den Feststellungsbescheid in der Gestalt erfolgt, die dieser durch das Einspruchsverfahren gefunden hat. Der Widersprechende bringt hinreichend zum Ausdruck, dass er einer Befassung eines Bevollmächtigten entgegentritt, gleich welches Verfahrensstadium betroffen ist und welche Gestalt der ihm bereits bekannt gegebene Bescheid annimmt.

790 *Heinke*, DStZ 1997, S. 558 (562); *Cöster* in Koenig, AO, § 352 Rn. 39.

791 Ebenso *Brandis* in Tipke/Kruse, AO FGO, § 48 AO Rn. 23; a.A. *Steinhauff* in Hübschmann/Hepp/Spitaler, AO FGO, § 48 FGO Rn. 186.

792 Ebenso und jeweils auch zu den Folgen bezüglich Hinzuziehung und Beiladung *Brandis* in Tipke/Kruse, AO FGO, § 48 FGO Rn. 23; *Siegers* in Hübschmann/Hepp/Spitaler, AO FGO, § 352 AO Rn. 166; *Steinhauff* in Hübschmann/Hepp/Spitaler, AO FGO, § 48 FGO Rn. 187, 216; *von Beckerath* in Gosch, AO FGO, § 48 FGO Rn. 144. A.A. *Szymczak*, DB 1994, S. 2254 (2257); *Hardtke* in Kühn/von Wedelstädt, AO FGO, § 352 AO Rn. 10, bis zum Ablauf der Rechtsbehelfsfrist; ebenso *Werth* in Gosch, AO FGO, § 352 AO Rn. 22; AEAO zu § 352 Nr. 3 f.).

α Rechtsbehelfsbevollmächtigung für alle Beteiligten

Wie auch im Rahmen der Bekanntgabeerleichterung des § 183 AO (hierzu Rdnr. 223 f.) wird für Nr. 1 Alt. 2 nicht einheitlich beurteilt, ob der bestellte Rechtsbehelfsbevollmächtigte von allen Beteiligten gemeinsam bevollmächtigt sein muss. Ist dies nicht der Fall, wird eine Rechtsbehelfsbefugnis oftmals abgelehnt,[793] da sowohl § 352 AO als auch § 48 FGO zumindest auch der Verfahrensökonomie dienen. Allerdings würde diese Zwecksetzung, wie auch bei der Schaffung einheitlicher Bekanntgabezeitpunkte, zumindest teilweise erreicht. Wie auch dort spricht aber das von der Norm selbst bereitgestellte Instrumentarium dafür, bei fehlender umfassender gemeinsamer Rechtsbehelfsbevollmächtigung auf die explizit dafür vorgesehenen Regelungen zurückzugreifen. Sind *„Personen nach Nummer 1 nicht vorhanden ...“*, wodurch auch fingierte und bestimmte Bevollmächtigte noch in Betracht kommen, soll gerade Nr. 2 greifen. Es überzeugt daher nicht, in Zweifelsfällen den Anwendungsbereich von Nr. 1 Alt. 2 auszudehnen. Dies legt auch ein Umkehrschluss zu § 352 Abs. 2 S. 2 letzter Hs. AO, § 48 Abs. 2 S. 2 letzter Hs. FGO nahe. Eine fingierte oder bestimmte Empfangsvollmacht *„gilt nicht für Feststellungsbeteiligte, die ... widersprechen.“* Dort wird eine partielle Rechtsbehelfsbefugnis somit ausdrücklich angeordnet,[794] nicht aber allgemein im Rahmen von Nr. 1 Alt. 2. Zudem hat auch die Belehrung nach § 352 Abs. 2 S. 3 AO, § 48 Abs. 2 S. 3 FGO allen Beteiligten gegenüber zu erfolgen, um Wirkung zu entfalten.[795] 266

β Rechtsbehelfsbefugnis bei vertrauensausräumenden Umständen

Die ganz vorherrschende Ansicht schließt zudem bei Vorliegen vertrauensausräu- 267
mender Umstände, § 183 Abs. 2 S. 1 AO, eine Rechtsbehelfsbefugnis des Empfangsbevollmächtigten aus.[796] Selbstverständlich scheint dies nicht. Die Wortlaute des § 352 Abs. 2 AO und des § 48 Abs. 2 FGO verweisen lediglich auf die verschiedenen Möglichkeiten der Empfangsvollmacht in § 183 Abs. 1 AO, nicht auf § 183

793 So *Heinke*, DStZ 1997, S. 558 (559, 560); *Szymczak*, DB 1994, S. 2254 (2256); *Werth* in Gosch, AO FGO, § 352 AO Rn. 18; *Brandis* in Tipke/Kruse, AO FGO, § 48 FGO Rn. 22; auch *Siegers* in Hübschmann/Hepp/Spitaler, AO FGO, § 352 AO Rn. 131, 133, die bei Widerruf indessen rechtsgeschäftliche Vollmachten der nicht Widersprechenden erwägt. A.A. *Hardtke* in Kühn/von Wedelstädt, AO FGO, § 352 AO Rn. 11; *Rätke* in Klein, AO, § 352 Rn. 16; *Cöster* in Koenig, AO, § 352 Rn. 34; jeweils m.w.N.

794 A.A., entgegen dem Wortlaut, *Werth* in Gosch, AO FGO, § 352 AO Rn. 22.

795 *Brandis* in Tipke/Kruse, AO FGO, § 48 FGO Rn. 21; *Steinhauff* in Hübschmann/Hepp/Spitaler, AO FGO, § 48 FGO Rn. 171.

796 *Dißars/Dißars*, BB 1996, S. 773 (776); *Siegers* in Hübschmann/Hepp/Spitaler, AO FGO, § 352 AO Rn. 138; *Brandis* in Tipke/Kruse, AO FGO, § 48 FGO Rn. 25; *Werth* in Gosch, AO FGO, § 352 AO Rn. 19; *Hardtke* in Kühn/von Wedelstädt, AO FGO, § 352 AO Rn. 14; *Brockmeyer* in Klein, AO[12], § 352 Rn. 11; *Cöster* in Koenig, AO, § 352 Rn. 36; siehe auch die Nachweise bei *Steinhauff* in Hübschmann/Hepp/Spitaler, AO FGO, § 48 FGO Rn. 215.

Abs. 2 AO.[797] In der positiven Bezugnahme auf § 183 Abs. 1 AO zugleich eine solche auf das Nichtvorliegen der negativen Voraussetzungen des § 183 Abs. 2 S. 1 AO zu erkennen, überzeugt kaum.[798] Dieser lautet: „*Absatz 1 ist insoweit nicht anzuwenden …*".[799] Dem Empfangsbevollmächtigten wird folglich nicht generell die Eigenschaft als Empfangsbevollmächtigter genommen. Wortlaut und Regelungstechnik sprechen eher dafür, auch bei bestehenden Meinungsverschiedenheiten eine Empfangsvollmacht und eine daran anknüpfende Rechtsbehelfsbefugnis anzunehmen, jedoch (lediglich) von der Empfangsvollmacht keinen Gebrauch zu machen.[800] Wenig plausibel erscheint überdies, warum die Klagebefugnis nach § 48 FGO von der Kenntnis einer, zudem beklagten, Behörde von den Meinungsverschiedenheiten abhängen sollte.[801] Auch entfällt die Rechtsbehelfsbefugnis des Rechtsbehelfsbevollmächtigten nach Nr. 1 Alt. 2 bereits, wenn sich die Gesellschaft in Liquidation befindet,[802] während die des Geschäftsführers nach Nr. 1 Alt. 1 erst mit Vollbeendigung[803] entfällt.[804] Dies kann an sich hingenommen werden, da es sich um unterschiedliche Rechtsbehelfsbefugnisse handelt. Deren Ausschluss indessen einerseits auf rein objektive Umstände (Vollbeendigung bei Nr. 1 Alt. 1) zu stützen, andererseits zwingend subjektive Kenntnisse vorauszusetzen (Liquidation bei Nr. 1 Alt. 2), vermag nicht recht zu überzeugen.

268 Dessen ungeachtet ist der ganz vorherrschenden Ansicht in ihrer vergleichenden Betrachtung zunächst beizupflichten. Bereits die passive Empfangsbevollmächtigung setzt zutreffender Weise ein intaktes Gesellschafts- oder Gemeinschaftsverhältnis und somit einen adäquaten Informationsfluss voraus (hierzu Rdnr. 216). Daher scheint es erst recht geboten, die aktive Wahrnehmung von Interessen in Form der Rechtsbehelfseinlegung ebenfalls von einem solchen intakten Verhältnis

797 *Steinhauff* in Hübschmann/Hepp/Spitaler, AO FGO, § 48 FGO Rn. 216; *von Beckerath* in Gosch, AO FGO, § 48 FGO Rn. 160. Auch *Brandis* in Tipke/Kruse, AO FGO, § 48 FGO Rn. 25 führt aus, ein „*unmittelbarer Kontakt zur Regelung des § 183 II 1 AO … besteht nicht*".

798 So aber *Siegers* in Hübschmann/Hepp/Spitaler, AO FGO, § 352 AO Rn. 136; *Cöster* in Koenig, AO, § 352 Rn. 36.

799 § 183 Abs. 2 AO lautet nicht „*Eine Empfangsvollmacht nach Abs. 1 entfällt, wenn …*" oder „*Kein Empfangsbevollmächtigter ist gegeben, wenn …*".

800 So auch *von Beckerath* in Gosch, AO FGO, § 48 FGO Rn. 160.

801 *Steinhauff* in Hübschmann/Hepp/Spitaler, AO FGO, § 48 FGO Rn. 216; *von Beckerath* in Gosch, AO FGO, § 48 FGO Rn. 160.

802 Im Rahmen des § 183 Abs. 2 AO wird bereits zu diesem Zeitpunkt von einer nicht mehr bestehenden Gesellschaft ausgegangen. Der Feststellungsbescheid kann den Liquidatoren als gesetzlichen Vertretern nach § 183 Abs. 1 S. 2 AO bekannt gegeben werden. Hierzu: *Söhn* in Hübschmann/Hepp/Spitaler, AO FGO, § 183 AO Rn. 130; *Brandis* in Tipke/Kruse, AO FGO, § 183 AO Rn. 23.

803 Hierzu: *Siegers* in Hübschmann/Hepp/Spitaler, AO FGO, § 352 AO Rn. 99; *Brandis* in Tipke/Kruse, AO FGO, § 48 FGO Rn. 14.

804 *Von Beckerath* in Gosch, AO FGO, § 48 FGO Rn. 160.

abhängig zu machen.[805] Dies gilt umso mehr, als mit der Rechtsbehelfsbefugnis des Rechtsbehelfsbevollmächtigten ein Ausschluss der persönlichen Rechtsbehelfsbefugnisse der Beteiligten verbunden ist (hierzu noch Rdnr. 270).[806] Allerdings sollte nicht verkannt werden, dass mit einer, auch entsprechenden oder den Rechtsgedanken beachtenden, Anwendung des § 183 Abs. 2 AO eine erhebliche Rechtsunsicherheit einhergeht. § 183 AO einerseits und §§ 352 AO, 48 FGO andererseits betreffen unterschiedliche Regelungsmaterien. § 183 AO regelt lediglich eine mögliche Bekanntgabeerleichterung. Sollte sich nachträglich herausstellen, dass die Finanzbehörde trotz positiver Kenntnis vertrauensausräumender Umstände von dieser Gebrauch gemacht hat, kann eine Einzelbekanntgabe noch problemlos erfolgen. Im Rahmen des § 352 AO und des § 48 FGO stehen indessen die Rechtsbehelfsbefugnis und somit eine mögliche Beteiligtenstellung im Rahmen befristeter Rechtsbehelfe infrage, hinsichtlich derer so weit wie möglich Klarheit bestehen sollte.[807] Stellen sich Meinungsverschiedenheiten nachträglich als ernstlich heraus oder wird positive Kenntnis der Finanzbehörde nachgewiesen, kann der Rechtsbehelf für den Einzelnen bereits verfristet sein. Sodann den Weg des Wiedereinsetzungsverfahren, § 110 AO, § 56 FGO, zu beschreiten, erscheint sowohl unnötig als auch mühevoll. Rechtsunsicherheiten sind zu vermeiden.

Sie lassen sich auch vermeiden. Das Gesetz selbst bietet eine Lösung, welche **269**
allen wesentlichen Überlegungen gerecht wird, namentlich die Selbstverantwortung. Eine Anwendung des § 183 Abs. 2 AO sollte aufgrund der fehlenden Verweisung ausgeschlossen werden. Nach zutreffender Ansicht existiert indessen kein bestellter gemeinsamer Empfangsbevollmächtigter, wenn ein Beteiligter an dessen Bestellung nicht mitwirkt oder diese widerruft (hierzu oben unter Rdnr. 223 f.). Existiert kein gemeinsamer Empfangsbevollmächtigter, fehlt es auch an einem Anknüpfungspunkt für den Rechtsbehelfsbevollmächtigten nach Nr. 1 Alt. 2 i. V. m. § 352 Abs. 2 S. 1 AO, § 48 Abs. 2 S. 1 FGO (hierzu Rdnr. 264). Auch einem fingierten oder bestimmten Empfangsbevollmächtigten kann jeder Beteiligte für seine Person die Rechtsbehelfsbefugnis entziehen, § 352 Abs. 2 S. 2 letzter Hs. AO,

---

805 *Brockmeyer* in Klein, AO^{12}, § 352 Rn. 11, bezeichnet eine Rechtsbehelfsbefugnis trotz mangelnder Empfangsbevollmächtigung als *„widersinnig"*; nach *Brandis* in Tipke/Kruse, AO FGO, § 48 FGO Rn. 25, wird man aus Meinungsverschiedenheiten wohl *„darauf schließen können, dass ein zur Vertretung berufener Geschäftsführer [Anm.: gemeint dürfte wohl der Empfangsbevollmächtigte sein] die Interessen der Gesellschafter/Gemeinschafter nicht mehr wahrnimmt"*. Siehe auch *Dißars/Dißars*, BB 1996, S. 773 (776); *Siegers* in Hübschmann/Hepp/Spitaler, AO FGO, § 352 AO Rn. 135 ff.; *Werth* in Gosch, AO FGO, § 352 AO Rn. 19; *Hardtke* in Kühn/von Wedelstädt, AO FGO, § 352 AO Rn. 14; *Cöster* in Koenig, AO, § 352 Rn. 36.

806 Diesen Aspekt ebenfalls anführend, wenn auch i.E. a.A., *von Beckerath* in Gosch, AO FGO, § 48 FGO Rn. 160.

807 So auch *Steinhauff* in Hübschmann/Hepp/Spitaler, AO FGO, § 48 FGO Rn. 216.

§ 48 Abs. 2 S. 2 letzter Hs. FGO.[808] Im Widerruf eines bestellten Empfangsbevollmächtigten sollte insoweit auch der Widerspruch gegen die Rechtsbehelfsbefugnis eines fingierten oder bestimmten Rechtsbehelfsbevollmächtigten gesehen werden. Unabhängig von einer Kenntnis der Finanzbehörde und dem Vorliegen vertrauensausräumender Umstände hat es jeder Beteiligte somit selbst in der Hand, jedem Rechtsbehelfsbevollmächtigten nach Nr. 1 Alt. 2 dessen Rechtsbehelfsbefugnis abzusprechen. Im Ergebnis wird Rechtssicherheit erzeugt.[809] Auch der ins Feld geführte Widerspruch zwischen passiver Empfangsbevollmächtigung und aktiver Rechtsbehelfsbefugnis wird beseitigt, sofern der jeweilige Beteiligte dies für notwendig erachtet. Naturgemäß steht dem Plus an Rechtssicherheit eine Mitwirkungsobliegenheit der Beteiligten als vermeintliches Minus gegenüber. Letzteres ist angesichts der Regelungen in § 352 Abs. 2 S. 2 letzter Hs. AO, § 48 Abs. 2 S. 2 letzter Hs. FGO, entsprechend der Wertung des § 183 Abs. 3 S. 1 AO und dem Rechtsgedanken der allgemeinen Mitwirkungspflicht im Besteuerungsverfahren, § 90 AO, indessen zu vernachlässigen.

(b) Beteiligte, § 352 Abs. 1 Nr. 2 AO, § 48 Abs. 1 Nr. 2 FGO

270 Ist ein vertretungsberechtigter Geschäftsführer und ein Rechtsbehelfsbevollmächtigter nicht vorhanden, ist jeder Gesellschafter, Gemeinschafter oder Mitberechtigte, gegen den der Feststellungsbescheid ergangen ist oder hätte ergehen müssen, rechtsbehelfsbefugt, Nr. 2. Der rechtsbehelfsbefugte Beteiligte ist selbst Rechtsbehelfsführer.[810] Der Rechtsbehelfsbefugnis der Beteiligten im Rahmen der Nr. 2 wird grundsätzlich aufgrund des eindeutigen Wortlautes Ersatzfunktion zugeschrieben.[811] Diese Ersatzzuständigkeit lässt sich auch hinsichtlich der Rechtsbehelfsbefugnis der Unternehmung in eigener Sache begründen.

(i) Anerkannter Anwendungsbereich

271 An einem Geschäftsführer fehlt es insbesondere, wenn eine Personengesellschaft vollbeendet ist.[812] Während im Stadium der Liquidation die Liquidatoren (gegebenenfalls gemeinschaftlich) geschäftsführungs- und vertretungsbefugt sind, Nr. 1

---

808 Argumentativ auch auf § 48 Abs. 2 S. 2 FGO abstellend *von Beckerath* in Gosch, AO FGO, § 48 FGO Rn. 160.

809 Im Falle des Widerrufs des bestellten Empfangsbevollmächtigten sollte die Finanzbehörde die übrigen Beteiligten indessen unverzüglich informieren, falls kein fingierter oder bestimmter Rechtsbehelfsbevollmächtigter vorhanden ist. Regelmäßig wird Wiedereinsetzung zu gewähren sein, soweit durch den Widerruf Rechtsbehelfsfristen anderer Beteiligter nicht gewahrt werden konnten.

810 *Siegers* in Hübschmann/Hepp/Spitaler, AO FGO, § 352 AO Rn. 192.

811 *Brandis* in Tipke/Kruse, AO FGO, § 48 FGO Rn. 24; *Steinhauff* in Hübschmann/Hepp/Spitaler, AO FGO, § 48 FGO Rn. 201.

812 *Keß* in Schwarz/Pahlke, AO FGO, § 352 AO Rn. 13; *Siegers* in Hübschmann/Hepp/Spitaler, AO FGO, § 352 AO Rn. 191, 95 ff.; jeweils m.w.N.

Alt. 1, erlischt mit der Vollbeendigung die Möglichkeit, vertreten zu werden. Die Rechtsbehelfsbefugnis geht uneingeschränkt auf die bisherigen Beteiligten über.[813] Auch wenn bei Publikumsgesellschaften niemand in der Lage ist, entsprechend dem Leitbild eines Geschäftsführers kurzfristig für die Gesellschaft zu handeln, fehlt es an einem Geschäftsführer (Rdnr. 253). An einem Rechtsbehelfsbevollmächtigten fehlt es beispielsweise, wenn eine Belehrung gemäß § 352 Abs. 2 S. 3 AO, § 48 Abs. 2 S. 3 FGO nicht (ordnungsgemäß) erteilt wurde.[814] Nr. 2 kann somit für sämtliche Beteiligte eine Rechtsbehelfsbefugnis begründen, beispielsweise wenn ein zur Vertretung berufener Geschäftsführer und (nicht oder) ein gemeinsamer Empfangsbevollmächtigter als Rechtsbehelfsbefugter fehlt. Eine einzelne Rechtsbehelfsbefugnis ergibt sich beispielsweise dann, wenn ein zur Vertretung berufener Geschäftsführer fehlt, ein Empfangsbevollmächtigter nicht bestellt ist und (nicht oder) der Einzelne einem fingierten oder bestimmten Rechtsbehelfsbevollmächtigten widerspricht.

Nr. 2 Alt. 2 („*Feststellungsbescheid … zu ergehen hätte*") erkennt zudem ausdrücklich den Beteiligten, gegen die ein Feststellungsescheid auch hätte ergehen müssen, aber nicht ergangen ist (zur Abgrenzung gegenüber Nr. 4 siehe dort Rdnr. 281), eine Rechtsbehelfsbefugnis zu.[815] Mit Bekanntgabe des Bescheides an lediglich einen Beteiligten ist dieser als Verwaltungsakt existent und entfaltet gegenüber denjenigen, denen er bekannt gegeben wurde, seine Wirkung, auch wenn er nicht mehr frei änderbar ist (siehe hierzu oben Rdnr. 211 ff.). Gegen einen solchen Feststellungsbescheid muss die Anfechtungsmöglichkeit der übergangenen Beteiligten möglich sein, im Rahmen derer auch spätestens die Bekanntgabe an diese nachzuholen ist.[816] Die Rechtsbehelfsbefugnis stützt sich hierbei auf die Beschwer, dass materiell-rechtlich zutreffende Feststellungen unterlassen wurden, nicht jedoch auf die nicht gewährte Möglichkeit der Kenntnisnahme.[817] 272

Da jeder Beteiligte rechtsbehelfsbefugt ist, ohne dass es auf die Vertretungsbefugnis gegenüber der Unternehmung oder der anderen Beteiligten ankäme, kommt deren Vertretung nicht in Betracht. Nach tradierter Auffassung, welche eine Rechtsbehelfsbefugnis der Unternehmung in eigener Sache nicht kennt, macht der 273

---

813 Ständige Rspr, BFH, Beschluss vom 27.09.2007 – XI B 194/06, BFH/NV 2008, S. 87 (88); *Keß* in Schwarz/Pahlke, AO FGO, § 352 AO Rn. 13; *Siegers* in Hübschmann/Hepp/Spitaler, AO FGO, § 352 AO Rn. 100; jeweils m.w.N.

814 Eine Rechtsbehelfsbefugnis Einzelner aufgrund fehlender Belehrung nach § 352 Abs. 2 S. 3 AO und § 48 Abs. 2 S. 3 FGO kommt wohl nur in Betracht, wenn diesen der Bescheid nicht bekannt gegeben wurde, so auch *Brandis* in Tipke/Kruse, AO FGO, § 48 FGO Rn. 24.

815 *Birkenfeld* in Hübschmann/Hepp/Spitaler, AO FGO^Stand Mai 2015^, § 352 AO Rn. 196, spricht insoweit vom Schließen einer Rechtsschutzlücke. Allerdings sind selbst drittbetroffene Nicht-Adressaten bei entsprechender Beschwerung nach allgemeinen Grundsätzen rechtsbehelfsbefugt.

816 BFH, Urteil vom 27.04.1993 – VIII R 27/92, BStBl. II 1994, S. 3 (4).

817 *Birkenfeld* in Hübschmann/Hepp/Spitaler, AO FGO^Stand Mai 2015^, § 352 AO Rn. 198.

Beteiligte somit ausschließlich eigene Rechte geltend und agiert nicht als Verfahrensstandschafter weder der Gesellschaft noch der anderen Beteiligten.[818]

(ii) Verfahrensstandschaft für die Unternehmung

274 Dieses Verständnis sollte indessen vor dem Hintergrund einer möglichen Beschwerung der Unternehmung teilweise revidiert werden. Ausgangspunkt der Überlegung ist, dass die Unternehmung, zutreffender Weise bereits aufgrund deren Adressierung (hierzu Rdnr. 164 ff. und Rdnr. 207 f.), selbst beschwert sein kann. Diese Beschwer muss geltend gemacht werden können. Der von einem Verwaltungsakt Betroffene muss sich gegen diesen auch erwehren können. Nach hier vertretener Auffassung wird der Rechtsbehelf für die Unternehmung durch die zur Vertretung berufenen Geschäftsführer nach Nr. 1 Alt. 1 eingelegt (hierzu Rdnr. 256 ff.). Hierbei muss es aber nicht sein Bewenden haben. Vielmehr scheint auch eine die Beschwer der Unternehmung umfassend berücksichtigende verfahrensrechtliche Umsetzung möglich, wenn kein Geschäftsführer existiert.

275 Dies stellt freilich einen rechtstechnischen Ausnahmefall dar. Aufgrund des zivilrechtlichen Grundsatzes der Selbstorganschaft ist ein Geschäftsführer zumeist selbst dann vorhanden, wenn vorübergehend kein Fremdgeschäftsführer im Amt sein sollte. Zudem kommt als Geschäftsführer jeder infrage, der die Geschäfte der Unternehmung tatsächlich führt (hierzu bereits Rdnr. 135). Gegenständlich können daher nur Sonderkonstellationen sein. So etwa, wenn die Unternehmung zwischenzeitlich ihre zivilrechtliche Vollbeendigung gefunden hat, somit kein Geschäftsführer mehr existiert, man diese aber entsprechend gewerbesteuerlicher Grundsätze weiterhin als existent ansieht (hierzu Rdnr. 181). Zudem fehlt es auch an einem Geschäftsführer, wenn es sich um eine Publikumsgesellschaft handelt und niemand in der Lage ist, entsprechend dem Leitbild eines Geschäftsführers kurzfristig für die Gesellschaft zu handeln (hierzu bereits Rdnr. 253).[819] Versteht man diese teleologische Reduktion exemplarisch, so kommen auch weitere Fälle in Betracht. Übergreifender Leitgedanke wäre, dass eine Willensbildung (abgesehen von Streitigkeiten unter den Beteiligten) für die Gesellschaft zumindest vorübergehend nicht adäquat erfolgen kann. Freilich ist es den Beteiligten stets möglich, eine ordnungsgemäße Geschäftsführung herzustellen. Dies stößt indessen auch an faktische, zeitliche Grenzen hinsichtlich der Rechtsbehelfsfristen und wurde vom BFH auch bei Publikumsgesellschaften nicht verlangt.[820] Insoweit scheinen

---

818 So die wohl einhellige Ansicht; siehe statt Vieler *Siegers* in Hübschmann/Hepp/Spitaler, AO FGO, § 352 AO Rn. 42, 193; *Steinhauff* in Hübschmann/Hepp/Spitaler, AO FGO, § 48 FGO Rn. 201 f.; jeweils m.w.N.

819 In der grundlegenden Entscheidung, BFH, Beschluss vom 15.01.1998 – IX B 25/97, BFH/NV 1998, S. 994, nahm der BFH dies bei 85 Beteiligten an.

820 Auch ein Rückgriff auf die jeweiligen Grundsätze der Notgeschäftsführung wäre nicht erforderlich. Die genannten Konstellationen lassen sich mit dem steuerverfahrensrechtlichen Instrumentarium auflösen.

beispielsweise Konstellationen vergleichbar, in denen lediglich ein Beteiligter gesellschaftsvertraglich mit Geschäftsführungsbefugnis ausgestattet ist, aus rechtlichen oder faktischen Gründen die Geschäfte aber nicht führen kann. Abgesehen von natürlichen Personen als Geschäftsführer wäre somit auch die Konstellation einer führungslosen GmbH als alleinige Komplementärin angesprochen.[821]

Zur Auflösung derartiger Konstellationen stellt Nr. 2 einen geeigneten Anknüpfungspunkt dar. Die Beteiligten können nicht in Vertretung der Unternehmung handeln. Dies schließt indessen nicht aus, den Beteiligten in Sonderlagen die Befugnis zuzugestehen, Rechte der Unternehmung geltend zu machen. In Betracht kommt eine Verfahrensstandschaft der Beteiligten für die Unternehmung. Dieses Institut stellt im Rahmen des § 352 AO und des § 48 FGO ohnehin keinen Fremdkörper dar, wie die Auslegung der tradierten Auffassungen zu Nr. 1 mit den Annahmen zur Verfahrensstandschaft der Unternehmung oder des Geschäftsführers für die Beteiligten und des Empfangsbevollmächtigten für die Beteiligten belegen (siehe hierzu Rdnr. 254, 264). Wenn jedoch nach herrschender Sichtweise die Unternehmung in Verfahrensstandschaft für ihre Beteiligten handeln kann, so liegt auch die Geltendmachung von Beschwerungen der Unternehmung durch die Beteiligten nicht fern, wenn die Unternehmung hieran gehindert ist. Generell wird der Unternehmung durch Nr. 1 Alt. 1 eine gewisse Erstzuständigkeit zugeschrieben, welche durch die Ersatzzuständigkeit nach Nr. 2 ergänzt wird. Auch der Rechtsgedanke des § 34 Abs. 2 S. 1 AO spricht dafür, Rechte der Unternehmung hilfsweise durch die Beteiligten wahrnehmen zu lassen. 276

Die hierdurch eröffnete Möglichkeit, eine Beschwer der Unternehmung umfassend geltend zu machen, setzt zudem eine den jeweiligen Gegenstand der Rechtsbehelfsbefugnisse berücksichtigende Auslegung des Rangverhältnisses zwischen Nr. 1 und Nr. 2 voraus. Der Rechtsbehelfsbevollmächtigte kann keinen Rechtsbehelf für die Unternehmung einlegen.[822] Allerdings greift die Rechtsbehelfsbefugnis der Beteiligten erst, *„wenn Personen nach Nummer 1 nicht vorhanden sind“* und bezieht somit den Rechtsbehelfsbevollmächtigten ein. Es ist jedoch nicht beim Wortlaut stehen zu bleiben, sondern die geltend zu machende Beschwer in die Betrachtung miteinzubeziehen. Wollen die Beteiligten eine eigene Beschwer geltend machen, so ist, wie bisher auch, erforderlich, dass weder Geschäftsführer 277

821 Exkurs: Mit der hier vertretenen Auffassung ließen sich auch Beschwerungen zivilrechtlich nicht rechtsfähiger Gebilde geltend machen, welche mangels Regelungen für ein Außenverhältnis keinen vertretungsberechtigten Geschäftsführer kennen, wenn man diesen steuerverfahrensrechtliche Beteiligungs- und Außenrechtsfähigkeit zuerkennen wollte (hierzu Rdnr. 114 ff.). Allgemein siehe *Steinhauff* in Hübschmann/Hepp/Spitaler, AO FGO, § 48 FGO Rn. 201, zur Bruchteils- und Erbengemeinschaft; § 48 FGO Rn. 93 ff., zur atypisch stillen Gesellschaft.

822 Eine Verfahrensstandschaft für die Unternehmung scheidet ebenfalls aus, da ein Rechtsbehelfsbevollmächtigter nicht existieren muss und die Verfahrensstandschaft gerade der umfassenden Berücksichtigung einer Beschwerung der Unternehmung dient.

noch ein Rechtsbehelfsbevollmächtigter vorhanden sind, da beide Beschwerungen der Beteiligten geltend machen können. Wollen die Beteiligten indessen in Verfahrensstandschaft für die Unternehmung auftreten, so genügt es, wenn ein vertretungsberechtigter Geschäftsführer nicht existiert. Bereits dann sind *„Personen nach Nummer 1 nicht vorhanden"*, welche eine Beschwer der Unternehmung angreifen können. *„Personen nach Nummer 1"* sind ausschließlich solche, welche die betreffende Beschwer geltend machen können.

(c) Beteiligte, § 352 Abs. 1 Nr. 3 AO, § 48 Abs. 1 Nr. 3 FGO

278 Auch ausgeschiedenen Beteiligten steht eine Rechtsbehelfsbefugnis zu, wenn gegen sie der Feststellungsbescheid ergangen ist oder, wie auch bei Nr. 2, zu ergehen hätte, § 352 Abs. 1 Nr. 3 AO und § 48 Abs. 1 Nr. 3 FGO (im Folgenden lediglich *„Nr. 3"*). Dies gilt ausdrücklich auch für den Fall, dass *„Personen nach Nummer 1 vorhanden"* sind. Es handelt sich folgerichtig nicht um subsidiäre Befugnisse. Mit dem Ausscheiden eines Beteiligten fehlt der Gesellschaft, vertreten durch ihren Geschäftsführer, sowie einem etwaigen Rechtsbehelfsbefugten eine Legitimation, Rechte des Ausgeschiedenen geltend zu machen.[823] Da der Ausgeschiedene somit nicht mehr *„vertreten"* wird, erscheint seine Rechtsbehelfsbefugnis als notwendige Konkretisierung der in Art. 19 Abs. 4 GG, § 350 AO, § 40 Abs. 2 FGO garantierten Grundregel individueller Rechtsschutzgewährleistung.[824] Die Rechtsbehelfsbefugnis nach Nr. 3 steht somit eigenständig (auch) neben den Befugnissen der Nr. 1, 2 sowie der Nr. 4 und 5.[825]

279 Der Wendung *„auch wenn Personen nach Nummer 1 vorhanden sind"*, welche den Geschäftsführer miteinbezieht, sowie der Rechtsbehelfsbefugnis nach Nr. 2, welche auch den Fall der Beendigung der Unternehmung betrifft (Rdnr. 271), sollte man entnehmen können, dass Nr. 3 die Konstellation einer weiterhin bestehenden Unternehmung betrifft.[826] Überwiegend wird indessen, wenn auch ohne Auseinandersetzung mit Nr. 2, davon ausgegangen, dass eine Vollbeendigung der Unternehmung dem Ausscheiden eines Beteiligten gleich steht (Vollbeendigung als qualifizierte Form des Ausscheidens sämtlicher Beteiligter).[827] Ob und wie

---

823 Zur entsprechenden Argumentation des BFH zur Rechtfertigung des § 48 Abs. 1 Nr. 3 FGO a.F. siehe *Siegers* in Hübschmann/Hepp/Spitaler, AO FGO, § 352 AO Rn. 203.

824 BFH, Beschluss vom 29.10.2009 – IV B 5/09, BFH/NV 2009, S. 445 (446); *Steinhauff* in Hübschmann/Hepp/Spitaler, AO FGO, § 48 FGO Rn. 231.

825 *Brandis* in Tipke/Kruse, AO FGO, § 48 FGO Rn. 26.

826 So auch *Cöster* in Koenig, AO, § 352 Rn. 55; *Siegers* in Hübschmann/Hepp/Spitaler, AO FGO, § 352 AO Rn. 204 f.; wohl auch *Hardtke* in Kühn/von Wedelstädt, AO FGO, § 352 AO Rn. 14.

827 BFH, Beschluss vom 05.01.2010 – IV R 43/07, BFH/NV 2010, S. 1104 (1105); BFH, Beschluss vom 31.01.2008 – IV B 147/06, BFH/NV 2008, S. 1101 (1102); *Brandis* in Tipke/Kruse, AO FGO, § 48 FGO Rn. 27; *Steinhauff* in Hübschmann/Hepp/Spitaler,

nach dieser Auffassung eine Abgrenzung zu Nr. 2 erfolgen soll, bleibt indessen unklar.[828] Für das Entstehen der persönlichen Rechtsbehelfsbefugnis ist irrelevant, ob ein Ausscheiden vor Bekanntgabe des Feststellungsbescheides,[829] während des außergerichtlichen Rechtsbehelfsverfahrens, während des finanzgerichtlichen Verfahrens oder erst im Laufe eines Rechtsmittelverfahrens[830] gegeben ist.[831] Rechtsbehelfsführer ist der ausgeschiedene Beteiligte selbst, der den Rechtsbehelf im eigenen Namen einlegt.[832]

(d) Beteiligte, § 352 Abs. 1 Nr. 4 AO, § 48 Abs. 1 Nr. 4 FGO

Gleiches gilt für die Rechtsbehelfsbefugnis eines Beteiligten,[833] soweit es sich darum handelt, wer an dem festgestellten Betrag beteiligt ist oder, nicht wie der Wortlaut ausdrückt „*und*",[834] wie sich dieser auf die einzelnen Beteiligten verteilt, § 352 Abs. 1 Nr. 4 AO und § 48 Abs. 1 Nr. 4 FGO (im Folgenden lediglich „*Nr. 4*"). Nr. 4 tritt neben etwaige Rechtsbehelfsbefugnisse nach Nr. 1 bis 3 und Nr. 5. Über den Wortlaut („*am festgestellten Betrag beteiligt*") hinaus, teleologisch indessen sinnvoll, wird auch eine Rechtsbehelfsbefugnis vermittelt, wenn das Finanzamt einen rein negativen Feststellungsbescheid erlässt und somit keinen Betrag feststellt.[835] 280

AO FGO, § 48 FGO Rn. 204; *Werth* in Gosch, AO FGO[Stand April 2015], § 352 AO Rn. 27, a.A. noch in der Vorauflage.

828 Exemplarisch begründet *Werth* in Gosch, AO FGO, § 352 AO Rn. 33, die persönliche Einspruchsbefugnis nach Vollbeendigung als Folge „*aus § 352 Abs. 1 Nr. 2 und Abs. 1 Nr. 3 AO*".

829 BFH, Beschluss vom 23.03.2000 – IV B 91/99, BFH/NV 2000, S. 1217 (1217); BFH, Urteil vom 30.03.1993 – VIII R 8/91, BStBl. II 1993, S. 864 (865).

830 BFH, Beschluss vom 01.10.2010 – IV R 32/07, BFH/NV 2011, S. 271 (273); a.A. noch BFH, Urteil vom 18.12.1990 – VIII R 134/86, BStBl. II 1991, S. 882 (884), zur Beiladung im Revisionsverfahren, allerdings noch zu § 123 FGO a.F., dessen Abs. 1 keinen S. 2 enthielt.

831 BFH, Urteil vom 26.10.1994 – II R 99/93, BFH/NV 1995, S. 613 (614); BFH, Urteil vom 08.10.1991 – VIII R 52/90, BFH/NV 1992, S. 323 (324); BFH, Beschluss vom 19.06.1990 – VIII B 3/89, BStBl. II 1990, S. 1068 (1069); *Steinhauff* in Hübschmann/Hepp/Spitaler, AO FGO, § 48 FGO Rn. 233; *Siegers* in Hübschmann/Hepp/Spitaler, AO FGO, § 352 AO Rn. 206; *Brandis* in Tipke/Kruse, AO FGO, § 48 FGO Rn. 26; *Keß* in Schwarz/Pahlke, AO FGO, § 352 AO Rn. 33.

832 *Siegers* in Hübschmann/Hepp/Spitaler, AO FGO, § 352 AO Rn. 214.

833 *Siegers* in Hübschmann/Hepp/Spitaler, AO FGO, § 352 AO Rn. 36.

834 *Brandis* in Tipke/Kruse, AO FGO, § 48 FGO Rn. 28; *Steinhauff* in Hübschmann/Hepp/Spitaler, AO FGO, § 48 FGO Rn. 242.

835 BFH, Urteil vom 24.05.1977 – IV R 47/76, BStBl. II 1977, S. 737 (739); BFH, Urteil vom 21.05.1992 – IV R 47/90, BStBl. II 1992, S. 865 (865, 866), für einen kombiniert positiv-negativen Feststellungsbescheid; BFH, Urteil vom 06.12.1994 – IX R 56/92, BFH/NV 1995, S. 982 (982); *Brandis* in Tipke/Kruse, AO FGO, § 48 FGO Rn. 28; *von Beckerath* in Gosch, AO FGO, § 48 FGO, Rn. 231; *Steinhauff* in Hübschmann/Hepp/Spitaler, AO FGO, § 48 FGO Rn. 218, 247.

281 Da auch Nr. 2 die Frage der Beteiligung erfasst, stellt sich jedoch zwangsläufig die Frage der Abgrenzung zu Nr. 4. Diese kann, auch wenn selten behandelt, nicht offengelassen werden, da Nr. 2 lediglich eingeschränkt („*wenn Personen nach Nummer 1 nicht vorhanden sind*"), Nr. 4 jedoch einschränkungslos („*jeder, der ... berührt wird*") eine Rechtsbehelfsbefugnis schafft. Der Wortlaut spricht insoweit eher dafür, zwischen formeller und materieller Beteiligung zu unterscheiden. Nr. 2 („*zu ergehen hätte*") hat die Situation im Blick, dass einem Inhaltsadressat der Bescheid nicht bekannt gegeben wurde (formeller Beteiligtenbegriff). Nr. 4 („*wer ... beteiligt ist*") betrifft hingegen die materiell-rechtlich unzutreffende Bewertung der Beteiligtenstellung, hiermit verbunden auch die Einkünfteverteilung (materieller Beteiligtenbegriff).[836] Treffen beide Konstellationen aufeinander, sollte zur Gewährung weitestgehender Anfechtungsmöglichkeiten Nr. 4 Anwendung finden.

(e) Beteiligte, § 352 Abs. 1 Nr. 5 AO, § 48 Abs. 1 Nr. 5 FGO

282 Auch soweit es sich um Angelegenheiten handelt, die einen Beteiligten persönlich angehen, ist jeder Beteiligte rechtsbehelfsbefugt, der durch die entsprechenden Feststellungen hierzu berührt wird, § 352 Abs. 1 Nr. 5 AO und § 48 Abs. 1 Nr. 5 FGO (im Folgenden lediglich „*Nr. 5*"). Auch hier legt der Beteiligte als Rechtsbehelfsführer den Rechtsbehelf im eigenen Namen ein.[837] Mit „*Fragen*"[838], die einen Beteiligten „*persönlich*" angehen, sind die nach § 180 Abs. 1 S. 1 Nr. 2 a) AO mit den Einkünften im Zusammenhang stehenden anderen Besteuerungsgrundlagen gemeint, die sich nicht auf die Einkünfte der Unternehmung auswirken oder auf ein Wirtschaftsgut der Gesamthand beziehen.[839] Gegenständlich sind exemplarisch Sonderbetriebsausgaben/Sonderwerbungskosten und Sonderbetriebseinnahmen, das Sonderbetriebsvermögen (insbesondere Zugehörigkeit von Wirtschaftsgütern zum Sonderbetriebsvermögen; Sonderbetriebsgewinne, beispielsweise Veräußerungs- oder Entnahmegewinne, sowie etwaige Tarifbegünstigungen dieser Gewinne) sowie die Ergänzungsbilanzen eines Gesellschafters oder sein Kapitalkonto.[840]

---

836 So wohl auch *Brandis* in Tipke/Kruse, AO FGO, § 48 FGO Rn. 24.

837 *Siegers* in Hübschmann/Hepp/Spitaler, AO FGO, § 352 AO Rn. 36.

838 Die „*laienhafte Wortfassung*" kritisierend *Siegers* in Hübschmann/Hepp/Spitaler, AO FGO, § 352 AO Rn. 230.

839 *Siegers* in Hübschmann/Hepp/Spitaler, AO FGO, § 352 AO Rn. 234.

840 Siehe zu den Einzelheiten jeweils mit umfassenden Nachweisen aus der Rechtsprechung: *Steinhauff* in Hübschmann/Hepp/Spitaler, AO FGO, § 48 FGO Rn. 257; *Keß* in Schwarz/Pahlke, AO FGO, § 352 AO Rn. 37; *Brandis* in Tipke/Kruse, AO FGO, § 48 FGO Rn. 32; *Birkenfeld* in Hübschmann/Hepp/Spitaler, AO FGO[Stand Mai 2015], § 352 AO Rn. 235 ff.; *Werth* in Gosch, AO FGO, § 352 AO Rn. 31.

(3) *Umfang der jeweiligen Rechtsbehelfsbefugnis*

Neben den Einschränkungen der Rechtsbehelfsbefugnis in personeller Hinsicht enthalten § 352 Abs. 1 AO und § 48 Abs. 1 FGO teilweise Begrenzungen des jeweils zulässigen Streitstoffs. Immer vorausgesetzt bleibt indessen die Geltendmachung einer Beschwer. Was in Zusammenschau von Streitgegenstand und Beschwer im Einzelfall geltend gemacht werden kann, lässt sich oftmals lediglich durch Auslegung ermitteln. Die Ausgestaltung, welche § 352 Abs. 1 AO und § 48 Abs. 1 FGO durch die vorherrschende Interpretation gefunden haben, erscheint zum Teil wenig überzeugend. **283**

(a) Geschäftsführer (Unternehmung) und Rechtsbehelfsbevollmächtigter

Dies betrifft zunächst den zur Vertretung berufenen Geschäftsführer, Nr. 1 Alt. 1, sowie den Rechtsbehelfsbevollmächtigten, Nr. 1 Alt. 2. **284**

(i) Tradierte Auffassung: umfassende Rechtsbehelfsbefugnis

Geschäftsführern und Rechtsbehelfsbevollmächtigten wird nach tradierter Auffassung nahezu einhellig eine hinsichtlich des Umfangs unbeschränkte Rechtsbehelfsbefugnis zugestanden. Soweit Rechte der Beteiligten in Verfahrensstandschaft geltend gemacht werden, beim Geschäftsführer nach zutreffender Ansicht durch die vertretene Gesellschaft, sollen sämtliche Beschwerungen aller oder einzelner Beteiligter geltend gemacht werden können.[841] Die Rechtsbehelfsbefugnisse einzelner Beteiligter nach Nr. 4 und Nr. 5 treten somit lediglich neben die der Nr. 1, verdrängen diese aber nicht und führen lediglich zu einer obligatorischen Hinzuziehung, § 360 Abs. 3 AO, beziehungsweise Beiladung, § 60 Abs. 3 FGO.[842] Zurückführen lässt sich diese Ansicht auf Entscheidungen des BFH zu den entsprechenden Vorgängerregelungen in den 60er und 70er Jahren.[843] Argumentativ wurde hierbei **285**

---

841 Statt Vieler *Siegers* in Hübschmann/Hepp/Spitaler, AO FGO, § 352 AO Rn. 41, 43; *Brandis* in Tipke/Kruse, AO FGO, § 48 FGO Rn. 17; *Werth* in Gosch, AO FGO, § 352 AO Rn. 7.

842 BFH, Urteil vom 27.04.2006 – IX B 190/05, BFH/NV 2006, S. 1503 (1503); BFH, Urteil vom 19.12.2012 – IV R 41/09, BStBl. II 2013, S. 313 (314); BFH, Urteil vom 31.05.2012 – IV R 14/09, BStBl. II 2013, S. 673 (675); BFH, Urteil vom 22.06.2006 – IV R 31, 32/05, BStBl. II 2007, S. 687 (688); BFH, Urteil vom 10.11.2005 – IV R 13/04, BStBl. II 2006, S. 618 (619); BFH, Urteil vom 07.12.1999 – VIII R 26/94, BStBl. II 2000, S. 300 (301); *Siegers* in Hübschmann/Hepp/Spitaler, AO FGO, § 352 AO Rn. 41, 43; *Brandis* in Tipke/Kruse, AO FGO, § 48 FGO Rn. 17; *Werth* in Gosch, AO FGO, § 352 AO Rn. 7, 13.

843 Zum damaligen Streitstand bezüglich der Vorgängerregelungen, welche die Rechtsbehelfsbefugnis der Gesellschaft in den jeweiligen Nr. 3 der Normen „*im Übrigen*" vorsah, siehe ausführlich *von Beckerath* in Gosch, AO FGO, § 48 FGO, Rn. 242, 243; *Steinhauff* in Hübschmann/Hepp/Spitaler, AO FGO, § 48 FGO Rn. 81 ff.; jeweils mit zahlreichen Nachweisen.

darauf abgestellt, dass einerseits die Beurteilung, wer an der Gesellschaft beteiligt ist, wie hoch die einzelnen Gewinnanteile sind oder welche Betriebsausgaben von den Gesellschaftern geltend gemacht werden können, in der Regel auch den Gesamtgewinn beeinflusst.[844] Andererseits gehe die gesetzliche Regelung davon aus, dass die Beteiligten die Geschäftsführer mit der Wahrung ihrer Interessen betraut hätten.[845]

(ii) Eigene Ansicht: beschränkte Rechtsbehelfsbefugnis

286 Zumindest das erste Argument innerhalb der tradierten Auffassung erscheint im Ansatz plausibel. Die Rechtsbehelfsbefugnis der Geschäftsführer oder Rechtsbehelfsbevollmächtigten sollte im Umfang so weit verstanden werden, wie die Unternehmung von den Auswirkungen der in Streit stehenden Frage betroffen ist.[846] Allerdings nicht weiter. Für die Unternehmung relevant ist beispielsweise die Frage nach der Beteiligung eines Einzelnen. Gleiches gilt freilich für die Einkünfteermittlung auf Unternehmungsebene. Auch Sonderbetriebsausgaben und Sonderbetriebseinnahmen können für die Unternehmung von Bedeutung sein, soweit die Unternehmung der Gewerbesteuer unterliegt und man mit der vorherrschenden Ansicht die Sonderbetriebssphären für gewerbesteuerrelevant erachtet (hierzu noch Rdnr. 412 ff.). Die Unternehmung hat entsprechende Rückstellungen[847] zu bilden.[848] Die Beteiligten sind, auch ohne grundsätzlich Steuerschuldner zu sein, § 5 Abs. 1 S. 1 GewStG, wirtschaftlich belastet.

287 Die Annahme der Betrauung der Geschäftsführer mit der Wahrnehmung von Interessen, wenn ausschließlich persönliche Angelegenheiten klärungsbedürftig sind, somit keine Auswirkungen auf die Unternehmung auftreten können, erscheint indessen sehr zweifelhaft. Dies gilt erst recht für den Rechtsbehelfsbevollmächtigten. In der Konsequenz dieses Ansatzes wäre allgemein die Rechtsbehelfsbefugnis der Beteiligten infrage zu stellen, was verfassungsrechtlich mehr als bedenklich wäre.[849] Zudem erzeugt das Argument ein Begründungsdefizit. Auch wenn eine

844 BFH, Urteil vom 04.05.1972 – IV 251/64, BStBl. II 1972, S. 672 (675).

845 BFH, Urteil vom 15.11.1967 – IV R 281/66, BStBl. II 1968, S. 122 (123); BFH, Urteil vom 30.04.1965 – III 25/65 U, BStBl. II 1965, S. 464 (466).

846 So wohl auch *Brandis* in Tipke/Kruse, AO FGO, § 48 FGO Rn. 17.

847 Die Gewerbesteuer ist zwar keine Betriebsausgabe mehr, § 4 Abs. 5b EStG, genauer: unterliegt einem Betriebsausgabenabzugsverbot, ist aber als ungewisse Verbindlichkeit handelsrechtlich zu bilanzieren, § 249 Abs. 1 HGB, entsprechend dem Maßgeblichkeitsgrundsatz, § 5 Abs. 1 S. 1 EStG, in die Steuerbilanz zu übernehmen und erst außerbilanziell wieder zu korrigieren.

848 Allgemein hierzu *Steinhauff* in Hübschmann/Hepp/Spitaler, AO FGO, § 48 FGO Rn. 82 m.w.N.

849 Zur Verfassungsmäßigkeit der Regelungen siehe *Steinhauff* in Hübschmann/Hepp/Spitaler, AO FGO, § 48 FGO Rn. 27 ff.; *Keß* in Schwarz/Pahlke, AO FGO, § 352 AO Rn. 4; jeweils m.w.N.

gesetzliche Verfahrensstandschaft vorliegt, wird diese mit einem wesentlichen Element der gewillkürten Verfahrensstandschaft, namentlich der Zustimmung der Sachberechtigten, legitimiert. Warum sodann aber auf ein weiteres nach zutreffender Auffassung[850] zu forderndes obligatorisches Element, namentlich das eigene schutzwürdige Interesse des Verfahrensstandschafters, vollkommen zu verzichten sei, erklärt sich nicht. Auch wäre es bei einer gewillkürten Verfahrensstandschaft möglich, dem Sachberechtigten diese wieder zu entziehen. Dies steht vorliegend indessen gegenüber dem Geschäftsführer keinem Beteiligten zu.

Zudem bedarf es eines Handelns in Verfahrensstandschaft nicht, wenn einzelne **288** Beteiligte rechtsbehelfsbefugt sind.[851] Auch ist zu bedenken, dass lediglich einen Beteiligten persönlich betreffende Angelegenheiten nur in das Feststellungsverfahren miteinbezogen werden (hierzu kritisch noch Rdnr. 393 ff.), dieses aber nicht begründen. Maßgeblich für das Feststellungsverfahren ist die Einheitlichkeit der Einkünfte auf Unternehmungsebene. Sodann auch hinsichtlich anderer Feststellungsgegenstände die Rechtsbehelfsbefugnis zu verlagern, wenn Einheitlichkeit sowie die Unternehmung und somit andere Beteiligte nicht betroffen sind, überzeugt nicht.[852] Letztlich ist hierfür auch kein Grund ersichtlich. Warum sollte sich die Gesellschaft beispielsweise mit der Höhe von Sonderbetriebsausgaben befassen, wenn sie nicht der Gewerbesteuer unterliegt. Diese haben sodann keinen Einfluss auf die Gewinnhöhe der anderen Gesellschafter.[853]

Für eine umfassende Rechtsbehelfsbefugnis der Geschäftsführer oder des **289** Rechtsbehelfsbevollmächtigten streitet auch nicht der Sinn und Zweck von § 352 AO, § 48 FGO. Das Ziel der Beschränkung der Rechtsbehelfsbefugnis lag zunächst darin, Gesellschaftern im Rahmen von Verfahren nicht Einblicke in Gesellschaftsinterna zu gewähren, welche sie nach zivilrechtlichen Grundsätzen nicht erhalten könnten (siehe hierzu oben unter Rdnr. 249). Eine Erwägung, die bei der Erstreckung des Umfangs der Befugnisse auf lediglich beteiligtenbezogene Umstände nicht zum Tragen kommen kann. Gleiches gilt, soweit anschließend

---

850 Ganz h.M., siehe exemplarisch: *Lindacher* in MünchKomm ZPO, Vorb. zu § 50 ZPO Rn. 55.

851 *Von Beckerath* in Gosch, AO FGO, § 48 FGO Rn. 244, wirft zudem die Frage auf, welche Interessen der Verfahrensstandschafter vertreten soll, wenn es zu einem Streit *„unter"* den Beteiligten kommen würde, ohne jedoch mögliche Konfliktpotentiale aufzuzeigen. Zu denken wäre beispielsweise an einen Streit über die Zuordnung von Wirtschaftsgütern des Sonderbetriebsvermögens nach Veräußerung eines Beteiligten an den anderen Beteiligten, wenn der Zeitpunkt des Übergangs streitig ist.

852 Ähnlich *von Beckerath* in Gosch, AO FGO, § 48 FGO Rn. 244, mit Bezug zu § 183 AO; diesbezüglich a.A. aufgrund eigenständiger Regelungswerke, die unterschiedlichen Zwecken dienen, *Steinhauff* in Hübschmann/Hepp/Spitaler, AO FGO, § 48 FGO Rn. 84.

853 Derartige Konstellationen, in denen dann auch eine Beiladung der anderen Gesellschafter zu unterbleiben hat, benennt beispielsweise BFH, Beschluss vom 04.05.1999 – VIII B 94/98, BFH/NV 1999, S. 1483 (1483, 1484) m.w.N.

auch eine verfahrensökonomische Zwecksetzung in Form der „*Eindämmung von Rechtsbehelfen*“, „*besseren Koordination der Einspruchsverfahren*“ und „*zur Einheitlichkeit von Entscheidungen*“ verfolgt wurde.[854] Es würde je nach Zuordnung zu Nr. 1 oder zu Nr. 4, 5 nur ein Verfahren angestrengt werden können. Somit fehlt sowohl ein Eindämmungserfordernis als auch ein Koordinationsbedürfnis. Stehen lediglich Verfahrensgegenstände infrage, welche ausschließlich einen Gesellschafter betreffen, kann es auch nicht zu abweichenden Entscheidungen kommen. Lediglich soweit der Geschäftsführer oder der Rechtsbehelfsbevollmächtigte ohnehin einen anderen Verfahrensgegenstand verfolgt, könnte man es für verfahrensökonomischer erachten, wenn sie gleichsam auch die Rechtsbehelfsbefugnis hinsichtlich ausschließlich persönlicher Angelegenheiten eines Beteiligten wahrnehmen würden. In formeller Hinsicht wären lediglich ein statt zwei Verfahren anhängig. Allerdings erscheinen verfahrensökonomische Synergieeffekte höchst zweifelhaft, denn es würde sich um vollkommen unterschiedliche Verfahrensgegenstände handeln. Vielmehr stände zu befürchten, dass eine langwierigere Befassung mit einem Verfahrensgegenstand eine bereits mögliche Entscheidung des jeweils anderen verzögert.

290 Die Rechtsbehelfsbefugnisse der Geschäftsführer und Rechtsbehelfsbevollmächtigten sind ersichtlich darauf zugeschnitten, dass nicht mehrere Beteiligte Rechtsbehelfe hinsichtlich desselben Streitgegenstandes erheben. Dies ist aber ausgeschlossen, sofern nur ein Beteiligter betroffen ist. Dann sollte auch die Rechtsbehelfsbefugnis der Nr. 1 ausgeschlossen sein. Sofern daher ein Verfahrensgegenstand die Gesellschaft oder Gemeinschaft und somit andere Beteiligte nicht direkt oder mittelbar betrifft, erscheint die Annahme einer verdrängenden Wirkung der Nr. 4 und Nr. 5 gegenüber der Nr. 1 verzugswürdiger.[855] Dies gilt umso mehr, als dass die Einbeziehung der mit den gemeinsamen Einkünften „*im Zusammenhang stehende[n] andere[n] Besteuerungsgrundlagen*“ in die gesonderte und einheitliche Feststellung ohnehin kritikwürdig erscheint (siehe hierzu unten ausführlich Rdnr. 393 ff.). Wenn der einzelne Beteiligte, wie noch zu betrachten sein wird, bereits kein Interesse daran hat, dass lediglich ihn betreffende Umstände nicht der Unternehmung und den anderen Beteiligten bekannt werden, wird auch keine Rechtsverfolgung durch diese gewünscht.

291 Die so verstandene Einschränkung des Umfangs der Rechtsbehelfsbefugnis des Geschäftsführers und des Rechtsbehelfsbevollmächtigten nach Nr. 1 gilt auch, wenn man, wie vorliegend, die Unternehmung selbst in das bestehende System der Rechtsbehelfsregelungen des § 352 AO und des § 48 FGO integriert. Soweit die

---

854 Gesetzesbegründung zum Grenzpendlergesetz 1994, BT-Drs. 12/7427, S. 35,36.

855 Ebenso *Dumke* in Schwarz/Pahlke, AO FGO^Stand März 2015^, § 352 AO Rn. 31, mit der Begründung, der h.M. „*ist im Hinblick auf den Zweck dieser Vorschrift nicht zu folgen*“; *von Beckerath* in Gosch, AO FGO, § 48 FGO, Rn. 244; i.E. so wohl auch *von Groll* in Gräber, FGO[7], § 48 Rn. 12, wenn er eine Rechtsbeeinträchtigung der Gesellschaft verlangt.

Unternehmung im Rahmen der Nr. 1 das eigene Recht an einer materiell zutreffenden Feststellung geltend macht, macht diese auch eine eigene Beschwer geltend, § 350 AO, § 40 Abs. 2 FGO. Dieses Erfordernis der eigenen Beschwer schließt insoweit Rechtsbehelfe aus, welche sich lediglich auf gesellschafterbezogene Umstände beziehen, welche keine Auswirkungen auf die Unternehmung haben. Es sind daher sämtliche unternehmungsbezogenen und beteiligtenbezogenen Feststellungen angreifbar, soweit die Unternehmung hierdurch beschwert ist.

(b) Beteiligte, § 352 Abs. 1 Nr. 2 AO und § 48 Abs. 1 Nr. 2 FGO

Der Rechtsbehelfsbefugnis der Beteiligten im Rahmen der Nr. 2 wird allgemeinhin **292** eine Ersatzfunktion zugeschrieben. An dieser hat sich daher auch der Umfang der Rechtsbehelfsbefugnisse zu orientieren.

(i) Tradierte Auffassung: eigene Beschwer

Somit kann der Beteiligte nach herkömmlicher Lesart (lediglich) eine ihn selbst **293** betreffende Beschwer geltend machen.[856] Richtigerweise sind somit von der Rechtsbehelfsbefugnis auch Angelegenheiten umfasst, welche sich auf eine gesellschafts-/gemeinschaftsbezogene Angelegenheit beziehen, soweit der jeweilige Beteiligte hiervon persönlich betroffen ist.[857] Soweit im Schrifttum teilweise die Ansicht vertreten wird, der BFH habe in zwei Entscheidungen die Rechtsbehelfsbefugnis der Nr. 2 auf gesellschafterbezogene Angelegenheiten begrenzen wollen,[858] kann dem nicht beigepflichtet werden. In kurzen Ausführungen stellte der BFH dar, dass im Rahmen der Nr. 2 der Beteiligte *„nur die ihn selbst betreffenden Feststellungen angreifen"*[859] kann, oder anders gewendet *„die Feststellungen angreifen kann, die ihn selbst betreffen"*.[860] Hiermit ist indessen nicht gesagt, dass dies ausschließlich gesellschafterbezogene Angelegenheiten als ausschließlich den Beteiligten allein betreffende Angelegenheiten sein können, da beispielsweise auch die Feststellung der Einkunftshöhe auf Unternehmungsebene, als eine unternehmungsbezogene,

---

856 BFH, Beschluss vom 03.03.1998 – VIII B 62/97, BStBl. II 1998, S. 401 (402); BFH, Urteil vom 19.03.2009 – IV R 20/08, BStBl. II 2010, S. 528 (529); BFH, Urteil vom 27.06.2006 – VIII R 31/04, BStBl. II 2006, S. 874 (875, 876); BFH, Beschluss vom 17.10.2013 – IV R 25/10, BFH/NV 2014, S. 170 (173); *Steinhauff* in Hübschmann/Hepp/Spitaler, AO FGO, § 48 FGO Rn. 201 ff.; *Brandis* in Tipke/Kruse, AO FGO, § 48 FGO Rn. 24; *Siegers* in Hübschmann/Hepp/Spitaler, AO FGO, § 352 AO Rn. 193; *Werth* in Gosch, AO FGO, § 352 AO Rn. 23.

857 *Brandis* in Tipke/Kruse, AO FGO, § 48 FGO Rn. 24; *Steinhauff* in Hübschmann/Hepp/Spitaler, AO FGO, § 48 FGO Rn. 202; *Werth* in Gosch, AO FGO, § 352 AO Rn. 23; *Siegers* in Hübschmann/Hepp/Spitaler, AO FGO, § 352 AO Rn. 193.

858 So wohl *Brandis* in Tipke/Kruse, AO FGO, § 48 FGO Rn. 24.

859 BFH, Beschluss vom 03.03.1998 – VIII B 62/97, BStBl. II 1998, S. 401 (402).

860 BFH, Urteil vom 19.03.2009 – IV R 20/08, BStBl. II 2010, S. 528 (529).

mithin alle Beteiligten betreffende Angelegenheit, den jeweiligen Beteiligten zumindest auch selbst betrifft.[861]

294 Nach Nr. 2 geltend gemacht werden können somit gesellschaftsbezogene Angelegenheiten, welche den jeweiligen Beteiligten beschweren, als auch Angelegenheiten anderer Beteiligter, wenn auch diesbezüglich eine eigene Beschwer existiert. Letzteres stellt indessen einen Ausnahmefall dar. Im Ergebnis entspricht somit der Umfang der Rechtsbehelfsbefugnis nach Nr. 2 der Rechtsbehelfsbefugnis nach Nr. 1, soweit eine eigene Beschwer geltend gemacht werden kann. Ob bei Fehlen eines Rechtsbehelfsbefugten nach Nr. 1 ausschließlich eigene beteiligtenbezogene Angelegenheiten die Rechtsbehelfsbefugnis ebenfalls aus Nr. 2 begründen[862] oder nach Nr. 4 und Nr. 5 geltend zu machen sind,[863] erscheint auf den ersten Blick weniger relevant.[864] Zur Schaffung weitestgehender Konsistenz sollte jedoch, wenn Nr. 4 und Nr. 5, wie hier vertreten, die Nr. 1 teilweise verdrängen können (hierzu Rdnr. 286 ff.) und Nr. 2 gerade eine Ersatzfunktion für Nr. 1 beizumessen ist (hierzu Rdnr. 270), auch die Rechtsbehelfsbefugnis ausschließlich eigene gesellschafterbezogene Angelegenheiten betreffend aus Nr. 4 und Nr. 5 hergeleitet werden, soweit die dort genannten Regelungsbereiche betroffen sind.

(ii) Eigene Ansicht: auch Beschwer der Unternehmung

295 Nach hier vertretener Auffassung kann die Unternehmung im Rahmen Nr. 1 eine eigene Beschwer geltend machen. Wenn sodann Nr. 2 die Rechtsbehelfsbefugnis den Beteiligten zuweist, wenn ein Geschäftsführer nicht vorhanden ist, können die Beteiligten auch in Verfahrensstandschaft für die Unternehmung auftreten (siehe hierzu Rdnr. 274 ff.). In diesem Fall muss die geltend zu machende Beschwer folglich diejenige der Unternehmung sein. Der Umfang der Rechtsbehelfsbefugnis in Verfahrensstandschaft entspricht somit dem Umfang der Rechtsbehelfsbefugnis der Unternehmung (hierzu Rdnr. 256 ff., 291). Soweit die Beteiligten nicht in Verfahrensstandschaft für die Unternehmung auftreten, machen sie eine eigene Beschwer geltend. Diese entspricht im Umfang der Beschwer, welche sie im Rahmen der tradierten Auffassung geltend machen könnten (siehe hierzu Rdnr. 293 f.).

---

861 So dürfte auch der BFH zu verstehen sein, wenn er ausführt: *„Der Einspruchsführer wird insoweit nicht in Prozeßstandschaft für die übrigen Gesellschafter tätig, sondern nur aus eigenem Recht. Er kann deshalb nur die ihn selbst betreffenden Feststellungen angreifen.“*, BFH, Beschluss vom 03.03.1998 – VIII B 62/97, BStBl. II 1998, S. 401 (402). Hierauf verweist der BFH in dem zweiten vorgenannten Zitat.

862 So die vorherrschende Ansicht: *Brandis* in Tipke/Kruse, AO FGO, § 48 FGO Rn. 24; *Werth* in Gosch, AO FGO, § 352 AO Rn. 23; *Siegers* in Hübschmann/Hepp/Spitaler, AO FGO, § 352 AO Rn. 193.

863 So *Steinhauff* in Hübschmann/Hepp/Spitaler, AO FGO, § 48 FGO Rn. 202.

864 Exemplarisch leitet der BFH, Beschluss vom 03.03.1998 – VIII B 62/97, BStBl. II 1998, S. 401 (402), die Einspruchsbefugnis ohne Weiteres *„aus § 352 Abs. 1 Nr. 2 und Nr. 4 AO“* her.

(c) Beteiligte, § 352 Abs. 1 Nr. 3 AO und § 48 Abs. 1 Nr. 3 FGO

Entfällt die Legitimation für die Übertragung der Rechtsbehelfsbefugnisse auf den Geschäftsführer oder den Rechtsbehelfsbefugten bei Ausscheiden eines Beteiligten, sind Rechtsbeeinträchtigungen wieder von diesem selbst geltend zu machen, Nr. 3. Diese Befugnis muss daher dem Umfang entsprechen, der ohne die Befugnisverlagerung durch die jeweilige Nr. 1 vorhanden wäre. Sie ist im Umfang daher unbeschränkt, soweit eine persönliche Beschwer geltend gemacht werden kann.[865] Erfasst sind somit beteiligtenbezogene Angelegenheiten des Ausgeschiedenen als auch unternehmungsbezogene Angelegenheiten, sofern der Ausgeschiedene von diesen zumindest mittelbar betroffen ist. Persönlich beschwert sein kann der Ausgeschiedene zudem lediglich von Feststellungen, welche die Zeit bis zu seinem Ausscheiden betreffen.[866] Die erforderliche Beschwer setzt lediglich voraus, dass der angefochtene Bescheid durch Bekanntgabe an andere Feststellungsbeteiligte entstanden und nicht mehr frei änderbar ist.[867] 296

Der Ausgeschiedene kann somit insbesondere die Feststellungen des aus der Handelsbilanz abgeleiteten Steuerbilanzgewinns der Gesellschaft, sofern eine Änderung auch zu einer Änderung der Gewinnzuweisung beim Ausgeschiedenen führen würde, oder andere die Gesellschaft betreffende Fragen, beispielsweise die der ordnungsgemäßen Buchführung,[868] angreifen.[869] Nicht geltend gemacht werden können hingegen Angelegenheiten, die lediglich einen anderen Beteiligten betreffen und keine Auswirkungen auf den Ausgeschiedenen haben, exemplarisch die Anerkennung von Sonderbetriebsausgaben eines anderen Beteiligten.[870] Diese 297

---

865 BFH, Beschluss vom 05.01.2010 – IV R 43/07, BFH/NV 2010, S. 1104 (1105); BFH, Urteil vom 19.03.2009 – IV R 20/08, BStBl. II 2010, S. 528 (529); BFH, Urteil vom 26.06.2007 – IV R 75/05, DStRE 2008, S. 341 (343); *Steinhauff* in Hübschmann/Hepp/Spitaler, AO FGO, § 48 FGO Rn. 235; *Siegers* in Hübschmann/Hepp/Spitaler, AO FGO, § 352 AO Rn. 209; kritisch wohl *Brandis* in Tipke/Kruse, AO FGO, § 48 FGO Rn. 26.

866 Gesetzesbegründung zum Grenzpendlergesetz 1994, BT-Drs. 12/7427, S. 36; BFH, Urteil vom 05.11.1985 – VIII R 333/83, BFH/NV 1986, S. 474 (474); BFH, Urteil vom 05.02.1985 – VIII R 272/81, BFH/NV 1985, S. 89 (89); *Steinhauff* in Hübschmann/Hepp/Spitaler, AO FGO, § 48 FGO Rn. 235.

867 BFH, Urteil vom 26.04.1988 – VIII R 292/82, BStBl. II 1988, S. 855 (857); *Steinhauff* in Hübschmann/Hepp/Spitaler, AO FGO, § 48 FGO Rn. 237; *Siegers* in Hübschmann/Hepp/Spitaler, AO FGO, § 352 AO Rn. 213; *Werth* in Gosch, AO FGO, § 352 AO Rn. 28; *von Beckerath* in Gosch, AO FGO, § 48 FGO Rn. 225. Enger, die Bekanntgabe an den Ausgeschiedenen voraussetzend, hingegen *Keß* in Schwarz/Pahlke, AO FGO, § 352 AO Rn. 33, mit unzutreffender Bezugnahme auf BFH, Urteil vom 31.07.1980 – IV R 18/77, BStBl. II 1981, S. 33.

868 BFH, Beschluss vom 15.03.2007 – IV R 52/04, BFH/NV 2007, S. 1332 (1332).

869 *Steinhauff* in Hübschmann/Hepp/Spitaler, AO FGO, § 48 FGO Rn. 235; *Siegers* in Hübschmann/Hepp/Spitaler, AO FGO, § 352 AO Rn. 210; *Werth* in Gosch, AO FGO, § 352 AO Rn. 25; *Cöster* in Koenig, AO, § 353 Rn. 57 f.

870 BFH, Beschluss vom 23.08.1985 – IV B 53/85, BFH/NV 1987, S. 584 (584); BFH, Urteil vom 19.03.2009 – IV R 20/08, BStBl. II 2010, S. 528 (529), bzgl. Veräußerungsgewinne;

wirken sich nicht auf die Höhe des Gewinnanteils des Ausgeschiedenen aus. Hierbei wird, soweit ersichtlich, einhellig davon ausgegangen, dass mittelbare Auswirkungen auf den Ausgeschiedenen über die Höhe der Gewerbesteuerbelastung als Einflussgröße auf den Steuerbilanzgewinn der Unternehmung keine persönliche Beschwer vermitteln.[871]

(d) Beteiligte, § 352 Abs. 1 Nr. 4 AO und § 48 Abs. 1 Nr. 4 FGO

298 Die Rechtsbehelfsbefugnis der Nr. 4 betrifft die Frage, ob eine Person zutreffend als Feststellungsbeteiligter erfasst wurde oder zu erfassen gewesen wäre.[872] Rechtsbehelfsbefugt ist daher sowohl derjenige, der vom Bescheid erfasst worden ist, nach seiner Meinung aber kein Feststellungsbeteiligter ist,[873] als auch derjenige, der vom Feststellungsbescheid nicht erfasst worden ist, aber geltend macht, Feststellungsbeteiligter zu sein.[874] Darüber hinaus kann jeder Beteiligte Einwendungen gegen die Verteilung des festgestellten Betrages geltend machen. Eine Beschwer ist auch gegeben, wenn die Zuweisung zu hoher Verluste oder zu niedriger Gewinne geltend gemacht werden.[875] Sie liegt bereits darin, dass eine behauptete Rechtsposition allgemein mit steuerlich verbindlicher Wirkung festgestellt oder geleugnet wird (hierzu bereits oben Rdnr. 259 f.). Die Rechtsbehelfsbefugnis erschöpft sich indessen auch hierin und ist folglich sachlich beschränkt. Sachanträge, welche über die Beteiligung am festgestellten Betrag oder dessen Verteilung hinausgehen, sind mangels Rechtsbehelfsbefugnis als unzulässig abzuweisen.[876] Insbesondere kann im Rahmen von Nr. 4 nicht geltend gemacht werden, dass die Einkünfte zu

---

Steinhauff in Hübschmann/Hepp/Spitaler, AO FGO, § 48 FGO Rn. 236; *Brandis* in Tipke/Kruse, AO FGO, § 48 FGO Rn. 26, *Werth* in Gosch, AO FGO, § 352 AO Rn. 25.

871 BFH, Beschluss vom 23.08.1985 – IV B 53/85, BFH/NV 1987, S. 584 (584); *Steinhauff* in Hübschmann/Hepp/Spitaler, AO FGO, § 48 FGO Rn. 236; *Siegers* in Hübschmann/Hepp/Spitaler, AO FGO, § 352 AO Rn. 211. Dies erscheint indessen fragwürdig. Folgt man der herrschenden Ansicht zur Relevanz der Sonderbetriebssphären für die Gewerbesteuer (hierzu noch Rdnr. 412 ff.) und ist auch eine Personengesellschaft selbst Steuerschuldner, § 5 Abs. 1 S. 3 GewStG, wird der Beteiligte doch zumindest wirtschaftlich belastet. Handelt es sich um einen Personenzusammenschluss ohne Gesamthandsvermögen, ist dieser nach ganz vorherrschender Ansicht (hierzu *Gosch* in Blümich, EStG, KStG, GewStG, § 5 GewStG Rn. 43 ff.) nicht Gewerbesteuerschuldner, sondern die Mitunternehmer, so dass diese auch direkt betroffen sind.

872 *Steinhauff* in Hübschmann/Hepp/Spitaler, AO FGO, § 48 FGO Rn. 242.

873 BFH, Beschluss vom 06.05.1998 – IV B 141/96, BFH/NV 1999, S. 45 (45).

874 BFH, Urteil vom 21.05.1992 – IV R 47/90, BStBl. II 1992, S. 865 (865, 866).

875 A.A. noch *Birkenfeld* in Hübschmann/Hepp/Spitaler, AO FGO[Stand Mai 2015], § 352 AO Rn. 222, mit Verweis auf RFH, Urteil vom 16.12.1936 – VI A 860/36, RFHE 40, S. 281.

876 BFH, Beschluss vom 03.03.1998 – VIII B 62/97, BStBl. II 1998, S. 401 (402), bzgl. der Aussetzung der Vollziehung; *Brandis* in Tipke/Kruse, AO FGO, § 48 FGO Rn. 28; *Steinhauff* in Hübschmann/Hepp/Spitaler, AO FGO, § 48 FGO Rn. 242.

hoch oder zu niedrig festgestellt wurden.[877] Gegenständlich ist allein die Beteiligung an diesen.

299 Zudem muss der Rechtsbehelfsführer von den entsprechenden Feststellungen betroffen oder, wie es Nr. 4 ausdrückt, ohne über die allgemeine Beschwer hinauszugehen, *„berührt"* sein. Steht die Beteiligung des Rechtsbehelfsführers infrage, ist bereits in der steuerlich verbindlichen Feststellung die Beschwer zu erblicken.[878] Allerdings ist die Rechtsbehelfsbefugnis nach dem Wortlaut (*„jeder"*) nicht auf denjenigen beschränkt, dessen Beteiligung zweifelhaft erscheint. Wann insoweit aber von einer Beschwer auszugehen ist, wird nicht einheitlich beurteilt. Die Rechtsprechung geht, in Abweichung zu allgemeinen, selbst statuierten Grundsätzen (hierzu Rdnr. 259 f.), nach heutiger Auffassung[879] davon aus, dass einzelne Feststellungsbeteiligte lediglich dann hinsichtlich der als unzutreffend erachteten Beteiligung oder Nichtbeteiligung anderer rechtsbehelfsbefugt sind, wenn sich ihr eigener Anteil am festzustellenden Betrag (Höhe des festzustellenden Betrages oder dessen Verteilung) durch eine abhelfende Entscheidung ändern würde.[880] Beispielhaft wären die Beteiligten A und B gegen eine festgestellte Beteiligung von Person C rechtsbehelfsbefugt, wenn bei Ausschluss des C dessen Gewinnanteil an A und B fallen würde, nicht jedoch aber in einem Streit, ob statt dem C der X in gleicher Höhe beteiligt sei.[881]

300 Diese Rechtsprechung erfährt berechtigte Kritik. Unabhängig von etwaigen Auswirkungen auf den eigenen Anteil am festzustellenden Betrag ist eine Beschwer auch mit der Beeinträchtigung des Interesses verbunden, Dritte aus dem von § 30 AO geschützten Bereich fern zu halten, in dessen Rahmen es darum geht,

---

877 BFH, Beschluss vom 03.03.1998 – VIII B 62/97, BStBl. II 1998, S. 401 (402); *Brandis* in Tipke/Kruse, AO FGO, § 48 FGO Rn. 28; *Steinhauff* in Hübschmann/Hepp/Spitaler, AO FGO, § 48 FGO Rn. 242.

878 BFH, Beschluss vom 26.06.2008 – IV R 89/05, BFH/NV 2008, S. 1984 (1986); BFH, Urteil vom 22.11.1994 – VIII R 63/93, BStBl. II 1996, S. 93 (93); BFH, Urteil vom 14.06.1994 – VIII R 20/93, BFH/NV 1995, S. 318 (319); BFH, Urteil vom 24.02.1977 – VIII R 178/74, BStBl. II 1978, S. 510 (511); BFH, Urteile vom 26.03.1971 – VI R 131–135/68, BStBl. II 1970, S. 478 (479); *Müller*, EFG 2003, S. 751 (751); *von Groll* in Gräber, FGO[7], § 40 Rn. 92; *Steinhauff* in Hübschmann/Hepp/Spitaler, AO FGO, § 48 FGO Rn. 252; *Siegers* in Hübschmann/Hepp/Spitaler, AO FGO, § 352 AO Rn. 45.

879 Zur Entwicklung der Rechtsprechung, insbesondere zwischen dem VIII. und IV. Senat des BFH, siehe *Steinhauff* in Hübschmann/Hepp/Spitaler, AO FGO, § 48 FGO Rn. 247; *von Beckerath* in Gosch, AO FGO, § 48 FGO Rn. 233; jeweils m.w.N.

880 BFH, Urteil vom 16.12.2008 – VIII R 83/05, BFH/NV 2009, S. 1118 (1119); BFH, Urteil vom 26.06.2008 – IV R 89/05, BFH/NV 2008, S. 1984 (1986); BFH, Beschluss vom 27.04.1989 – VIII B 25/85, BFH/NV 1990, S. 299 (300); BFH, Urteil vom 21.05.1987 – IV R 283/84, BStBl. II 1987, S. 601 (602); zustimmend *Steinhauff* in Hübschmann/Hepp/Spitaler, AO FGO, § 48 FGO Rn. 247.

881 Beispiel nach *Brandis* in Tipke/Kruse, AO FGO, § 48 FGO Rn. 28.

„*wer mit wem das Steuergeheimnis teilt*".[882] Zustimmung wird der Rechtsprechung zuteil, da es nicht möglich sein soll, anderen einen Prozess aufzuzwingen, ohne selbst ein „*steuerliches Interesse*" zu besitzen, da insbesondere bei Publikumsgesellschaften erhebliche verfahrensmäßige Schwierigkeiten aufgrund der dann notwendigen Hinzuziehung und Beiladung, § 360 Abs. 3 S. 1 AO, § 60 Abs. 3 S. 1 FGO, aller nach Nr. 4 Rechtsbehelfsbefugten entstünden und da die Belange der unstreitig Beteiligten gerade durch die Gesellschaft wahrgenommen würden.[883]

301 Selbst wenn § 352 AO sowie § 48 FGO zumindest auch der Verfahrenserleichterung dienen (hierzu Rdnr. 249 f.), sollten Praktikabilitätserwägungen keine Einschränkung der möglichen Beschwer rechtfertigen. Diesen kann lediglich das Gewicht beigemessen werden, welches sie durch die gesetzliche Ausgestaltung von § 360 Abs. 5 S. 1 AO und § 60a S. 1 FGO erfahren haben. Bei notwendiger Hinzuziehung oder Beteiligung von bis zu 50 Personen geht der Gesetzgeber davon aus, dass eine adäquate verfahrenstechnische Bewältigung möglich ist. Bei mehr als 50 Personen stellt er lediglich einen in das Ermessen gestellten Sonderweg zur Verfügung, so dass auch insoweit kein zwingendes Bedürfnis nach abweichender Handhabung erkannt werden kann.[884] Richtig ist zudem, dass grundsätzlich die Unternehmung Belange der Beteiligten wahrnimmt. Indessen ist Nr. 4 gerade nicht subsidiär ausgestaltet und Überschneidungen der Rechtsbehelfsbefugnisse sind den Nr. 1 bis 5 nicht fremd. Daher wird nicht ersichtlich, dass andere Rechtsbehelfsbefugte vorrangig zur Geltendmachung berufen wären. Anders als bei der hier vertretenen einschränkenden Sichtweise zu Nr. 1 für Angelegenheiten, die ausschließlich einen Beteiligten persönlich betreffen, handelt es sich vorliegend gerade um eine solche Angelegenheit, welche den Rechtsbehelfsbefugten berührt. Ihm wird es nachvollziehbarer Weise nicht gleich sein, mit wem er nach Ansicht der Finanzverwaltung in gesellschaftlicher oder gemeinschaftlicher Verbundenheit stehen soll. Ist ein Beteiligter nicht individualisierbar, ist der Feststellungsbescheid gar nichtig (hierzu Rdnr. 190 ff.).

302 Unbeschadet dessen gerät eine einschränkende Sichtweise mit dem Wortlaut in Konflikt. Entsprechend der Gesetzesformulierung ist zwischen zulässigem Streitgegenstand und der Beschwer zu unterscheiden. Die Formulierung „*soweit es sich darum handelt, wer an dem festgestellten Betrag beteiligt ist und wie dieser sich auf die einzelnen Beteiligten verteilt*" bezeichnet den zulässigen Gegenstand des Rechtsbehelfs. Daran anknüpfend wird die Rechtsbehelfsbefugnis, unnötiger Weise, bezogen auf denjenigen, „*der durch die Feststellungen hierzu berührt wird*". Die von der Rechtsprechung statuierte Kreuzung des zulässigen Streitgegenstandes („*wer ... beteiligt ist*") mit der Gewinnverteilung („*wie dieser sich auf die*

882 So *von Groll* in Gräber, FGO[7], § 48 Rn. 9; ihm zustimmend auch *Brandis* in Tipke/Kruse, AO FGO, § 48 FGO Rn. 28; *von Beckerath* in Gosch, AO FGO, § 48 FGO Rn. 233.

883 *Steinhauff* in Hübschmann/Hepp/Spitaler, AO FGO, § 48 FGO Rn. 247.

884 Darüber hinaus gilt, dass Publikumsgesellschaften Teil der Rechtspraxis und die hieraus resultierenden Herausforderungen schlichtweg zu meistern sind.

einzelnen Beteiligten verteilt") als Beschwer, obwohl eigentlich den Streitgegenstand beschreibend, kommt nicht zum Ausdruck.

Zudem ließe sich eine Begrenzung aus systematischen Überlegungen nicht stimmig in das Gesamtgefüge integrieren. Es bestehen allseits keine Zweifel, dass im Rahmen der Nr. 1 eine unzutreffende Einbeziehung eines Dritten oder die unzutreffende Nichtfeststellung einer Beteiligung angegriffen werden kann. Eine Auswirkung auf die Gewinnverteilung wird nicht vorausgesetzt. Allein die unzutreffende (Nicht-)Feststellung mit verbindlicher Wirkung stellt zutreffender Weise die Beschwer dar. Handeln Unternehmung und Rechtsbehelfsbevollmächtigte aber als Verfahrensstandschafter, nehmen sie Rechte der Beteiligten wahr und machen eine diese betreffende Beschwer geltend. Wenn die unzutreffende (Nicht-) Feststellung einer Beteiligung im Rahmen der Nr. 1 ohne weitere Voraussetzungen eine Beschwer der quasi vertretenen Beteiligten darstellt, erscheint es nicht nachvollziehbar, im Rahmen der Nr. 4 eine Beschwer an weitere Voraussetzungen zu knüpfen. Der Unterschied besteht nicht darin, dass eine Beschwer besteht oder nicht, sondern lediglich in der Person des Rechtsbehelfsführers und ob dieser für andere oder im eigenen Namen handelt. **303**

(e) Beteiligte, § 352 Abs. 1 Nr. 5 AO und § 48 Abs. 1 Nr. 5 FGO

Soweit zudem Umstände betroffen sind, die einen Beteiligten „*persönlich*" berühren, ist er stets rechtsbehelfsbefugt, Nr. 5. Auch dies erfordert eine persönliche Betroffenheit im Sinne einer individuellen Beschwer.[885] Diese liegt bei eigenen beteiligtenbezogenen Fragestellungen stets vor. Ebenso wie bei Nr. 4 ist die Rechtsbehelfsbefugnis aber nicht auf denjenigen Beteiligten beschränkt, den die festgestellten Fragen persönlich angehen, sondern erstreckt sich auch auf andere Beteiligte (Wortlaut: „*jeder*"), sofern diese individuell berührt werden. Letzteres dürfte allerdings lediglich in Ausnahmefällen anzunehmen sein.[886] **304**

(4) Gesamtkonzeption

Die Gesamtkonzeption der Rechtsbehelfsbefugnisse im Rahmen von § 352 Abs. 1 AO und von § 48 Abs. 1 FGO lässt sich nach hier vertretener Auffassung daher wie folgt zusammenfassen: Die Unternehmung[887] ist selbst von den Feststellungen betroffen und kann daher den Feststellungsbescheid auch angreifen, Nr. 1 Alt. 1. Macht sie eigene Rechte geltend, ist ihre Rechtsbehelfsbefugnis indessen zwangsläufig durch das Erfordernis einer eigenen Beschwer begrenzt. Zudem kann sie in Verfahrensstandschaft für die Beteiligten auftreten, ebenfalls Nr. 1 **305**

---

885 *Steinhauff* in Hübschmann/Hepp/Spitaler, AO FGO, § 48 FGO Rn. 260.

886 *Von Beckerath* in Gosch, AO FGO, § 48 FGO Rn. 260.

887 Zum Begriff siehe Fn. 1, zur prozeduralen Beteiligtenfähigkeit zivilrechtlich nicht rechtsfähiger Unternehmungen und sich daraus etwaig ergebender Einschränkungen siehe Rdnr. 114 ff., insb. Rdnr. 118.

Alt. 1. Auch in dieser Konstellation steht ihr jedoch keine unbeschränkte Rechtsbehelfsbefugnis zu. Diese erstreckt sich lediglich auf Angelegenheiten, welche Auswirkungen auf die Unternehmung haben können. Sollte kein Geschäftsführer vorhanden sein, werden die Rechte der Beteiligten durch einen Rechtsbehelfsbevollmächtigten wahrgenommen, Nr. 1 Alt. 2. Ihn treffen die gleichen Einschränkungen der Rechtsbehelfsbefugnis, wie sie auch für die in Verfahrensstandschaft auftretende Unternehmung gelten. Die Beschwerung der Unternehmung können in diesem Fall die Beteiligten in Verfahrensstandschaft für diese geltend machen, Nr. 2. Sofern und soweit weder ein Geschäftsführer noch ein Rechtsbehelfsbevollmächtigter existieren, nehmen die Beteiligten ihre Rechte selbst wahr, Nr. 2. Neben diesen Rechtsbehelfsbefugnissen treten die der Beteiligten nach den Nr. 3 bis 5.

D. Gegenstand und Anwendungsbereich, Einkünfteermittlung und Umfang

Neben dem Verfahrensgang der gesonderten und einheitlichen Feststellung lohnt sich eine Befassung mit deren inhaltlichen Umfang. Angesprochen ist somit zunächst der originäre Gegenstand der Feststellungen. Darüber hinaus ist der grundsätzliche Anwendungsbereich in Randbereichen nach wie vor klärungsbedürftig. Gleiches scheint für verschiedene Fragen der im Feststellungsverfahren vorzunehmenden Einkünfteermittlung zu gelten. Betrachtet man den Umfang der einheitlichen Feststellungen, gleich ob auf Basis tradierter Auffassung und beziehungsweise oder des erneuerten Gesetzeswortlautes, gelangt man zu der Erkenntnis, dass dieser weit überwiegend zu großzügig gefasst wird. Es lässt sich indessen ein gesetzeskonformes und interessengerechtes Alternativmodell entwickeln. 306

I. Originärer Gegenstand: Steuerrelevante Einkünfte

Den originären Gegenstand der gesonderten und einheitlichen Feststellung nach § 180 Abs. 1 S. 1 Nr. 2 a) AO bildeten und bilden Einkünfte, an denen mehrere Personen beteiligt sind (zu den hiermit im Zusammenhang stehenden anderen Besteuerungsgrundlagen ausführlich Rdnr. 393 ff.). Angesprochen sind daher grundsätzlich alle sieben Einkunftsarten des § 2 Abs. 1 Nr. 1–7 EStG,[888] gleich ob es sich um positive oder negative Einkünfte handelt. Ob und in welchem Umfang derartige Einkünfte vorliegen, ist dem materiellen Recht zu entnehmen. Verfahrensrechtlich von Bedeutung ist indessen, dass lediglich die *„einkommensteuerpflichtigen und körperschaftsteuerpflichtigen Einkünfte"* erfasst werden. Gesonderte und einheitliche Feststellungen dürfen daher nur getroffen werden, wenn und soweit diese für die inländische Besteuerung relevant sind oder sein können.[889] 307

---

888 Dies im Unterschied zu § 215 Abs. 2 RAO 1931, der die Einkünfte aus Land- und Forstwirtschaft, aus Gewerbebetrieb, aus sonstiger selbständiger Tätigkeit und aus Vermietung und Verpachtung unbeweglichen Vermögens benannt hatte. Eine gemeinsame Einkünfteerzielung bei Einkünften aus nichtselbständiger Arbeit dürfte jedoch kaum vorkommen; so auch *Frotscher* in Schwarz/Pahlke, AO FGO, § 180 AO Rn. 20. Auch dürfte der Bereich der § 22 Nr. 1a, 4, 5 EStG in aller Regel ausgeschlossen sein, *Brandis* in Tipke/Kruse, AO FGO, § 180 AO Rn. 16.

889 *Söhn* in Hübschmann/Hepp/Spitaler, AO FGO, § 180 AO Rn. 156, 161; *Brandis* in Tipke/Kruse, AO FGO, § 180 AO Rn. 13. Nach FG Bremen, Urteil vom 22.01.2004 – 1 K 131/03, EFG 2004, S. 470 (471), sollen steuerpflichtige Sonderbetriebseinnahmen genügen, auch wenn im Übrigen lediglich nach einem DBA steuerfreie Einkünfte vorliegen.

308 Diese inländische Steuerrelevanz ist auch bei einer ausländischen Gesellschaft gegeben, wenn und soweit deren Einkünfte mehreren unbeschränkt Steuerpflichtigen zuzurechnen und somit im Inland steuerpflichtig sind (Welteinkommensprinzip, § 1 Abs. 1, 2 EStG).[890] In DBA-Fällen ist daher grundsätzlich zu unterscheiden: Sieht das DBA für die fraglichen Einkünfte die Anrechnungsmethode vor und sind mehrere inländische Steuerpflichtige beteiligt, erfolgt eine gesonderte Feststellung.[891] Nimmt das DBA die Einkünfte von der inländischen Besteuerung nach der Freistellungsmethode aus, hat eine solche zu unterbleiben.[892] Selbst aber wenn Einkünfte nicht der inländischen Besteuerung unterliegen, können sie von steuerlicher Bedeutung sein, beispielsweise im Rahmen des Progressionsvorbehaltes, § 32b EStG.[893] Für diese Fälle sieht § 180 Abs. 5 Nr. 1 AO eine Feststellung vor. Dieser Feststellungsbescheid ist von dem Feststellungsbescheid nach § 180 Abs. 1 S. 1 Nr. 2 a) AO zu unterscheiden, kann jedoch mit diesem verbunden werden, wodurch ein kombinierter Feststellungsbescheid mit rechtlich selbständigen Regelungen erginge.[894]

309 Nicht zu verwechseln ist die steuerliche Relevanz der Feststellungen mit den Fällen von geringer Bedeutung nach § 180 Abs. 3 S. 1 Nr. 2 AO. Im letzteren Fall sind Feststellungen ausnahmsweise nicht gesondert und einheitlich, aber dennoch vom Festsetzungsfinanzamt zu treffen. Bei fehlender steuerlicher Relevanz scheidet eine Feststellung hingegen von vornherein zwingend aus.[895] Feststellungen ohne steuerliche Relevanz dürfen nicht getroffen werden.[896]

---

890 BFH, Urteil vom 24.04.2007 – I R 33/06, BFH/NV 2007, S. 2236 (2237).

891 *Frotscher* in Schwarz/Pahlke, AO FGO, § 180 AO Rn. 22. An der Auffassung, dass der Bescheid in diesem Fall gegenüber der ausländischen Personengesellschaft zu ergehen habe, so noch BFH, Urteil vom 24.04.2007 – I R 33/06, BFH/NV 2007, S. 2236 (2237), hält der BFH nicht mehr fest, BFH, Urteil vom 24.07.2013 – I R 57/11, BStBl. II 2016, S. 633 (634 ff.).

892 BFH, Urteil vom 24.02.1988 – I R 95/84, BStBl. II 1988, S. 663 (664); *Frotscher* in Schwarz/Pahlke, AO FGO, § 180 AO Rn. 22.

893 BFH, Urteil vom 18.12.2002 – I R 92/01, BFH/NV 2003, S. 964 (965); BFH, Beschluss vom 18.12.1989 – IV B 37/89, BFH/NV 1990, S. 570 (570); *Brandis* in Tipke/Kruse, AO FGO, § 180 AO Rn. 102; *Frotscher* in Schwarz/Pahlke, AO FGO, § 180 AO Rn. 22; *Söhn* in Hübschmann/Hepp/Spitaler, AO FGO, § 180 AO Rn. 686 ff.; jeweils auch zu weiteren Anwendungsbereichen.

894 BFH, Beschluss vom 04.04.2007 – I R 110/05, BStBl. II 2007, S. 521 (522); BFH, Beschluss vom 26.04.2005 – I B 159/04, BFH/NV 2005, S. 1560 (1562); BFH, Urteil vom 18.12.2002 – I R 92/01, BFH/NV 200, S. 964 (966); *Brandis* in Tipke/Kruse, AO FGO, § 180 AO Rn. 102; *Söhn* in Hübschmann/Hepp/Spitaler, AO FGO, § 180 AO Rn. 689a.

895 *Söhn* in Hübschmann/Hepp/Spitaler, AO FGO, § 180 AO Rn. 159.

896 BFH, Urteil vom 31.10.1969 – III R 73/69, BStBl. II 1970, S. 173 (174); BFH, Urteil vom 12.07.1974 – III R 88/73, BStBl. II 1974, S. 666 (666); jeweils für die Feststellung eines Einheitswertes; *Söhn* in Hübschmann/Hepp/Spitaler, AO FGO, § 180 AO Rn. 14, 462; *Brandis* in Tipke/Kruse, AO FGO, § 180 AO Rn. 13.

II. Anwendungsbereich

§ 180 Abs. 1 S. 1 Nr. 2 a) AO umschreibt seinen Anwendungsbereich,[897] indem er die Beteiligung mehrerer Personen an den Einkünften verlangt, denen diese Einkünfte steuerlich zuzurechnen sind. Er scheint insoweit aber lediglich vergleichsweise eindeutig, wie der Streitstand zur gesonderten und einheitlichen Feststellung bei einer Kommanditgesellschaft auf Aktien belegt. Zudem wäre eine legislative Grundlage für den Erlass eines gesonderten Feststellungsbescheides für Vorauszahlungszwecke wünschenswert. 310

1. Beteiligung Mehrerer

Die steuerliche Relevanz im Rahmen der gesonderten und einheitlichen Feststellung nach § 180 Abs. 1 S. 1 Nr. 2 a) AO muss sich auf mehrere im Inland steuerpflichtige Beteiligte beziehen. Der Anwendungsbereich wird auf mehrere Beteiligte begrenzt, da der Sinn und Zweck des verselbständigten Feststellungsverfahrens (hierzu Rdnr. 34 ff.) ein solches bei nur einem Beteiligten nicht erfordert und ein Bedürfnis zur gesonderten Feststellung somit nicht besteht.[898] Die entsprechenden Feststellungen bleiben in diesem Fall dem Wohnsitzfinanzamt im Rahmen der Steuerfestsetzung überlassen. Die Beteiligung Mehrerer muss nicht zweifelsfrei feststehen. Ein gesondertes Feststellungsverfahren ist bereits dann durchzuführen, wenn eine Beteiligung Mehrerer möglich erscheint oder strittig ist (Rdnr. 198). 311

a) Gesellschaft oder Gemeinschaft

Festzustellen ist in dem Verfahren der gesonderten und einheitlichen Feststellung sodann, ob Mehrere und falls ja, wer an den Einkünften *„beteiligt“* ist. Mehrere Personen sind nach üblicher Umschreibung an den Einkünften beteiligt, wenn die Einkünfte aus einer gemeinsamen Einkunftsquelle stammen, die Beteiligten den Tatbestand der Einkünfteerzielung daher in einer Gesellschaft oder Gemeinschaft erfüllen.[899] Die Tatbestandsverwirklichung ergebe sich aus dem zusammengefassten Handeln der Beteiligten, welche gemeinsam am Marktgeschehen teilnehmen. Voraussetzung ist somit eine gemeinschaftliche Tätigkeit, in deren Rahmen und soweit die Beteiligung reicht die Beteiligten ihre Selbständigkeit zugunsten der gemeinsamen Tätigkeit aufgeben, wodurch sich eine unterscheidbare Einkunftsquelle verfestigt.[900] So liegt exemplarisch keine gemeinsame Einkunftsquelle vor, 312

---

897 Zu Einzelfällen siehe beispielsweise *Koenig* in Koenig, AO, § 180 Rn. 18.

898 *Brandis* in Tipke/Kruse, AO FGO, § 180 AO Rn. 48; *Söhn* in Hübschmann/Hepp/Spitaler, AO FGO, § 180 AO Rn. 352.

899 *Brandis* in Tipke/Kruse, AO FGO, § 180 AO Rn. 15; *Frotscher* in Schwarz/Pahlke, AO FGO, § 180 AO Rn. 26; *Söhn* in Hübschmann/Hepp/Spitaler, AO FGO, § 180 AO Rn. 169; *von Wedelstädt* in Kühn/von Wedelstädt, AO FGO, § 180 AO Rn. 8.

900 BFH, Urteil vom 19.04.2005 – VIII R 6/04, BFH/NV 2005, S. 1737 (1738); BFH, Urteil vom 19.04.1989 – X R 3/86, BStBl. II 1989, S. 596 (598), *„ ...wenn die beteiligten*

wenn Mehreren Mit- oder Gesamthandseigentum an einem Gebäude zusteht und jeder dieses lediglich entsprechend seines Eigentumsanteils nutzt.[901] Folgt man der auch hier vertretenen Auffassung, nach welcher die Unternehmung selbst den Einkünftetatbestand verwirklicht, sind Mehrere an den Einkünften beteiligt, wenn ihnen das Ergebnis dieser Tatbestandsverwirklichung durch ein und dieselbe Unternehmung zuzurechnen ist. Es handelt sich insoweit lediglich um eine verfahrensrechtliche, terminologisch abweichende Umschreibung.

313 Gemeinschaftliche Einkünfteerzielung setzt somit die tatsächliche[902] Einkünfteerzielung im Rahmen einer, oder nach hier vertretener Auffassung gerade durch die, Gesellschaft (insbesondere im Rahmen einer GbR, OHG, KG oder PartG) oder Gemeinschaft voraus.[903] Wer nicht Gesellschafter oder Gemeinschafter ist, ist an den Einkünften nicht beteiligt. Dies betrifft exemplarisch Personen, denen durch Dritte erzielte Einkünfte zugewendet werden,[904] Personen, die als stille Gesellschafter Einkünfte aus Kapitalvermögen erzielen, § 20 Abs. 1 Nr. 4 EStG,[905] oder einen Nießbraucher, der aufgrund eines Vermächtnisses am Ertrag einer Kommanditbeteiligung partizipieren soll, ohne Gesellschafter zu sein.[906] Auch wenn ein Wirtschaftsgut Mehreren zusteht und lediglich einer von diesen hiermit Einkünfte erzielt, liegen keine gemeinschaftlichen Einkünfte vor.[907]

314 Eine Gesellschaft setzt regelmäßig voraus, dass sich die Beteiligten (auch konkludent) dazu verpflichten, einen gemeinsamen Zweck zu fördern.[908] Es ist aber weder eine gemeinsame Haftung noch ein gemeinsames Gesellschaftsvermögen

---

Personen in bezug auf das Erzielen von Einkünften gemeinschafts- oder gesellschaftsrechtlich verbunden und die festzustellenden Besteuerungsgrundlagen Sachverhaltsmerkmale ein und derselben – gemeinsamen – Einkunftsquelle sind."; *Stache*, S. 27 f.; *Frotscher* in Schwarz/Pahlke, AO FGO, § 180 AO Rn. 26 f.

901 BFH, Urteil vom 18.05.2004 – IX R 83/00, BStBl. II 2004, S. 898 (900); *Frotscher* in Schwarz/Pahlke, AO FGO, § 180 AO Rn. 26b.

902 Ein Rechtsschein gemeinschaftlicher Einkünfteerzielung genügt nicht; *Söhn* in Hübschmann/Hepp/Spitaler, AO FGO, § 180 AO Rn. 167; *Frotscher* in Schwarz/Pahlke, AO FGO, § 180 AO Rn. 28; a.A. FG Nürnberg, Urteil vom 29.06.1977 – V 202/76, EFG 1977, S. 567 (567).

903 Zur tradierten Auffassung siehe BFH, Urteil vom 19.04.2005 – VIII R 6/04, BFH/NV 2005, S. 1737 (1738); BFH, Urteil vom 19.04.1989 – X R 3/86, BStBl. II 1989, S. 596 (598); *Brandis* in Tipke/Kruse, AO FGO, § 180 AO Rn. 15; *Frotscher* in Schwarz/Pahlke, AO FGO, § 180 AO Rn. 26; *Söhn* in Hübschmann/Hepp/Spitaler, AO FGO, § 180 AO Rn. 169; *von Wedelstädt* in Kühn/von Wedelstädt, AO FGO, § 180 AO Rn. 8.

904 FG Nürnberg, Urteil vom 21.07.1982 – V 396/80 – EFG 1983, S. 129 (130), Prostituierte und Zuhälter.

905 FG Düsseldorf, Urteil vom 08.10.2004 – 18 K 3558/02, EFG 2005, S. 6 (6).

906 FG Köln, Urteil vom 15.11.2002 – 5 K 4243/93, EFG 2003, S. 587 (588).

907 FG Münster, Urteil vom 07.02.1996 – 11 K 2465/94 F, EFG 1996, S. 861 (862).

908 BFH, Urteil vom 01.07.2003 – VIII R 61/02, BFH/NV 2004, S. 27 (28); BFH, Urteil vom 19.02.1981 – IV R 152/76, BStBl. II 1981, S. 602 (603); *Söhn* in Hübschmann/Hepp/Spitaler, AO FGO, § 180 AO Rn. 171.

erforderlich.[909] Auch eine durch schlüssiges Handeln zustande gekommene Innengesellschaft genügt.[910] Wie auch das Vorliegen der Mitunternehmerschaft an sich ist auch das Vorliegen einer Gesellschaft durch eine umfassende Gesamtwürdigung zu bestimmen. Insbesondere kann im Einzelfall eine Gesellschaft auch dann anzunehmen sein, wenn die Beteiligten sich hierüber nicht im Klaren waren und ihre Rechtsbeziehungen anders, beispielsweise als Dienst-, Darlehens- oder Miet-/Pachtvertrag, bezeichnet haben.[911] Anders als eine Gesellschaft, bei welcher jeder Gesellschafter grundsätzlich von den anderen Gesellschaftern die Förderung des gemeinsamen Zweckes verlangen kann, ist die Gemeinschaft typischerweise bloße Interessengemeinschaft, ohne Zweckgemeinschaft zu sein. In der schlichten Rechtsgemeinschaft, eine Bruchteilsgemeinschaft nach §§ 741 ff. BGB, laufen Interessen der am selben Gegenstand Berechtigten bis zu einem bestimmten Grade gleich, während ihre Ziele und Zwecke unterschiedlich sein können.[912] Exemplarisch hierfür steht die Erbengemeinschaft in der Zeit zwischen Erbfall und Erbauseinandersetzung.[913] Eine trennscharfe Grenzziehung zwischen Gesellschaft und Gemeinschaft erscheint kaum möglich,[914] ist im Rahmen des § 180 Abs. 1 S. 1 Nr. 2 a) AO indessen auch nicht erforderlich.[915]

b) Mitunternehmerschaft

Stets gegeben ist die gemeinschaftliche Einkünfteerzielung, wenn eine Mitunternehmerschaft nach § 15 Abs. 1 S. 1 Nr. 2 S. 1 EStG vorliegt.[916] Die Mitunternehmerschaft ist das *„primäre Beispiel"*[917] für Einkünfte Mehrerer.[918] Zwingend ist sie für **315**

909 BFH, Urteil vom 19.02.1981 – IV R 152/76, BStBl. II 1981, S. 602 (603).

910 BFH, Urteil vom 19.02.1981 – IV R 152/76, BStBl. II 1981, S. 602 (603); BFH, Beschluss vom 11.12.1980 – IV R 91/76, BStBl. II 1981, S. 310 (312, 313); so wohl auch bei BFH, Urteil 07.04.1987 – VIII R 259/84, BStBl. II 1987, S. 766 (768).

911 Hierzu *Söhn* in Hübschmann/Hepp/Spitaler, AO FGO, § 180 AO Rn. 204 m.w.N. aus der Rspr.

912 Hierzu *K. Schmidt* in MünchKomm BGB, § 741 BGB Rn. 4, 8; *Sprau* in Palandt, § 741 BGB Rn. 1.

913 Bspw. BFH, Beschluss vom 21.06.2007 – IX B 5/07, BFH/NV 2007, S. 1628. Allgemein zur Erbengemeinschaft siehe auch *Söhn* in Hübschmann/Hepp/Spitaler, AO FGO, § 180 AO Rn. 171, 266 ff.

914 *Brandis* in Tipke/Kruse, AO FGO, § 180 AO Rn. 15, *„Grenze ist fließend"*.

915 *Söhn* in Hübschmann/Hepp/Spitaler, AO FGO, § 180 AO Rn. 172; *Brandis* in Tipke/Kruse, AO FGO, § 180 AO Rn. 15.

916 Entsprechend anwendbar bei Einkünften aus Land- und Forstwirtschaft, § 13 Abs. 7 EStG, und aus selbständiger Tätigkeit, § 18 Abs. 4 S. 2 EStG.

917 *Söhn* in Hübschmann/Hepp/Spitaler, AO FGO, § 180 AO Rn. 198.

918 *Brandis* in Tipke/Kruse, AO FGO, § 180 AO Rn. 19a, *„insb. ... bei Mitunternehmerschaft"*; *Frotscher* in Schwarz/Pahlke, AO FGO, § 180 AO Rn. 29, *„alle Formen der Mitunternehmerschaft"*.

eine gesonderte und einheitliche Feststellung indessen nicht.[919] Die den Mitunternehmer nennende Bestimmung des § 15 Abs. 1 S. 1 Nr. 2 S. 1 EStG spricht von dem *„Gesellschafter einer Offenen Handelsgesellschaft, einer Kommanditgesellschaft und einer anderen Gesellschaft, bei der der Gesellschafter als Unternehmer (Mitunternehmer) des Betriebs anzusehen ist“*. Bei rein grammatikalischer, wortlautgetreuer Deutung ist der den Mitunternehmer nennende Relativsatz lediglich mit dem *„Gesellschafter ... einer anderen Gesellschaft“* verknüpft.[920] Die ganz herrschende Ansicht geht jedoch davon aus, dass auch Gesellschaftern einer OHG oder KG nur dann gewerbliche Einkünfte[921] zugewiesen werden, wenn diese nicht nur Gesellschafter sondern auch Mitunternehmer sind.[922] Somit ist die Mitunternehmerstellung ohne Differenzierung zwischen den verschiedenen Gesellschaftsformen zentrales Merkmal für die Zurechnung und Qualifikation dieser Einkünfte, auch wenn grundsätzlich die Eigenschaft als Gesellschafter *„oder – in Ausnahmefällen – eine diesem wirtschaftlich vergleichbare Stellung“*[923] vorausgesetzt wird.

316 Die Begrifflichkeiten Mitunternehmerschaft und Mitunternehmer sind sodann originäre und endogene steuerrechtliche Begriffe. Sie sind regelmäßig aber nicht stets deckungsgleich mit einer Gesellschaft beziehungsweise der Stellung als Gesellschafter (oder wirtschaftlich vergleichbarer Zusammenschlüsse, hierzu noch Rdnr. 319).[924] Systematisch lässt sich neben § 15 Abs. 1 S. 1 Nr. 2 S. 1 EStG auch der Wendung des § 16 Abs. 1 S. 1 Nr. 2 EStG (*„des gesamten Anteils eines Gesellschafters, der als Unternehmer (Mitunternehmer) des Betriebes anzusehen ist“*) entnehmen, dass auch eine Gesellschafterstellung ohne Mitunternehmerstellung möglich sein muss. Am Zweck orientiert überzeugt es weniger, den förmlichen Gesellschafter einer Personengesellschaft als Mitunternehmer zu qualifizieren, wenn dessen Stellung aufgrund vertraglicher Abreden der eines stillen Gesellschafters oder Darlehensgebers entspricht, welcher Einkünfte aus Kapitalvermögen, § 20 Abs. 1 Nr. 4 S. 1 oder Nr. 7 EStG, generiert.[925]

---

919 BFH, Urteil vom 19.02.1981 – IV R 152/76, BStBl. II 1981, S. 602 (604); BFH, Urteil vom 12.01.1978 – IV R 5/75, BStBl. II 1978, S. 333 (334); *Söhn* in Hübschmann/Hepp/Spitaler, AO FGO, § 180 AO Rn. 172.

920 Hierzu beispielsweise *Florstedt*, S. 41; *Knobbe-Keuk*, S. 381.

921 Oder über die Verweisung in § 13 Abs. 7 EStG und § 18 Abs. 4 S. 2 EStG Einkünfte aus Land- und Forstwirtschaft und Einkünfte aus selbständiger Tätigkeit.

922 Siehe statt Vieler BFH, Beschluss vom 25.06.1984 – GrS 4/82, BStBl. II 1984, S. 751 (769); *Haep* in Herrmann/Heuer/Raupach, EStG KStG, § 15 EStG Rn. 300 m.w.N.

923 Grundlegend: BFH, Beschluss vom 25.06.1984 – GrS 4/82, BStBl. II 1984, S. 751 (768); hieran festhaltend BFH, Beschluss vom 25.02.1991 – GrS 7/89, BStBl. II 1991, S. 691 (699); BFH, Urteil vom 13.07.1993 – VIII R 50/92, BStBl. II 1994, S. 282 (284); *Bode* in Blümich, EStG, KStG, GewStG, § 15 EStG Rn. 222.

924 Statt Vieler *Bode* in Blümich, EStG, KStG, GewStG, § 15 EStG Rn. 222 m.w.N.; eine eingehende Kritik hieran findet sich bei *Florstedt*, S. 41 ff.

925 Zu diesen Argumenten siehe BFH, Beschluss vom 25.06.1984 – GrS 4/82, BStBl. II 1984, S. 751 (769).

Hiervon ausgehend wird der Begriff des Mitunternehmers als sogenannter Typusbegriff verstanden.[926] Kennzeichnend sind Mitunternehmerinitiative und Mitunternehmerrisiko.[927] Auch wenn beide Merkmale vorliegen müssen, können diese mehr oder weniger ausgeprägt sein. Ein mehr an Initiative kann ein weniger an Risiko ausgleichen und vice versa. Es ist nicht formalrechtlich abzugrenzen, sondern alle rechtlich und wirtschaftlich maßgeblichen Umstände sind zu betrachten.[928] Mitunternehmerinitiative ist anzunehmen, wenn dem Beteiligten eine Teilhabe an den unternehmerischen Entscheidungen möglich ist. Hohe Anforderungen sind hiermit indessen nicht verbunden. Die Möglichkeit der Ausübung von Stimm-, Kontroll- und Widerspruchsrechten, die denen eines Kommanditisten nach dem HGB oder den gesellschaftsrechtlichen Kontrollrechten nach § 716 Abs. 1 BGB entsprechen, genügt.[929] Unter Mitunternehmerrisiko ist die gesellschaftsrechtliche oder wirtschaftlich vergleichbare Teilhabe am Erfolg oder Misserfolg der Unternehmung zu verstehen.[930] Es ist regelmäßig dann anzunehmen, wenn eine Beteiligung am Gewinn oder Verlust sowie an den stillen Reserven des Anlagevermögens einschließlich des Geschäftswertes existiert.[931] Wie auch bei der Mitunternehmerinitiative wird auch hier der Kommanditist als Leitbild verstanden.[932] Der Gesellschafter muss daher „*nach dem Gesellschaftsvertrag und der tatsächlichen Durchführung zumindest eine Stellung haben, die nicht wesentlich hinter derjenigen zurückbleibt, die handelsrechtlich das Bild des Kommanditisten bestimmt*“.[933] 317

926 *Söhn* in Hübschmann/Hepp/Spitaler, AO FGO, § 180 AO Rn. 199.

927 Statt Vieler: *Söhn* in Hübschmann/Hepp/Spitaler, AO FGO, § 180 AO Rn. 200 ff.; *Bode* in Blümich, EStG, KStG, GewStG, § 15 EStG Rn. 222; jeweils m.w.N. aus der einhelligen Rspr.

928 BFH, Beschluss vom 25.06.1984 – GrS 4/82, BStBl. II 1984, S. 751 (769); BFH, Urteil vom 16.12.2003 – VIII R 6/93, BFH/NV 2004, S. 1080 (1082 f.); BFH, Urteil vom 25.04.2006 – VIII R 74/03, BStBl. II 2006, S. 595 (597); BFH, Urteil vom 01.07.2010 – IV R 100/06, BFH/NV 2010, S. 2056 (2059); *Söhn* in Hübschmann/Hepp/Spitaler, AO FGO, § 180 AO Rn. 201.

929 BFH, Beschluss vom 25.06.1984 – GrS 4/82, BStBl. II 1984, S. 751 (769); BFH, Urteil vom 16.12.2003 – VIII R 6/93, BFH/NV 2004, S. 1080 (1082); BFH, Urteil vom 21.07.2010 – IV R 63/07, BFH/NV 2011, S. 214 (215); *Söhn* in Hübschmann/Hepp/Spitaler, AO FGO, § 180 AO Rn. 201.

930 *Söhn* in Hübschmann/Hepp/Spitaler, AO FGO, § 180 AO Rn. 202.

931 BFH, Urteil vom 16.12.2003 – VIII R 6/93, BFH/NV 2004, S. 1080 (1082); BFH, Beschluss vom 04.04.2007 – IV B 143/05, BFH/NV 2007, S. 1848 (1850); BFH, Urteil vom 28.10.2008 – VII R 32/07, BFH/NV 2009, S. 355 (356); *Söhn* in Hübschmann/Hepp/Spitaler, AO FGO, § 180 AO Rn. 202.

932 Dieser ist am laufenden Gewinn, im Falle des Ausscheidens auch an den stillen Reserven, §§ 168, 161 Abs. 2, 138, 155 HGB, §§ 738 ff. BGB, sowie nach Maßgabe des § 167 Abs. 3 HGB am Verlust beteiligt.

933 BFH, Beschluss vom 25.06.1984 – GrS 4/82, BStBl. II 1984, S. 751 (769). Auch die Wendung, dass diesem Leitbild die Beteiligung „*weitgehend*“, BFH, Urteil vom 21.02.1974 – IV B 28/73, BStBl. II 1974, S. 404 (406), oder „*annähernd*“, BFH, Urteil

318 Insoweit kann eine Mitunternehmerstellung trotz Gesellschaftereigenschaft auszuschließen sein, beispielsweise, wenn ein Kommanditist trotz Mitunternehmerinitiative am Anfang seiner Beteiligung ein so stark eingeschränktes Risiko zu tragen hat, dass ihm lediglich die Stellung eines Kreditgebers zukommt und er in die Mitunternehmerstellung erst durch die Entwicklung der Unternehmung und dem damit sich stetig erhöhenden Risiko hineinwächst.[934] Eine Mitunternehmerstellung ist zudem dann nicht gegeben, wenn der Kommanditist *„nach dem Inhalt und nach der tatsächlichen Durchführung des Gesellschaftsvertrags rechtlich oder tatsächlich nicht in der Lage ist, während seiner Zugehörigkeit zur Gesellschaft an einer Betriebsvermögensmehrung des gewerblichen Unternehmens teilzunehmen, sei es in Gestalt eines Anteils am entnahmefähigen laufenden Gewinn, sei es durch eine seine Einlage übersteigende Abfindung beim Ausscheiden aus der Gesellschaft oder durch einen Gewinn aus der Veräußerung seines Gesellschaftsanteils.“*[935]

319 Auch bei atypisch stillen Gesellschaften sind Mitunternehmerschaften anzunehmen.[936] Eine *„in Ausnahmefällen ... wirtschaftlich vergleichbare Stellung“*,[937] welche auch ohne Gesellschafterstellung unter erweiternder Auslegung der *„anderen Gesellschaft“* eine Mitunternehmerschaft begründen kann, kommt unter anderem bei Gesamthandsgemeinschaften in Form von Erben- und Gütergemeinschaften und Bruchteilsgemeinschaften (insbesondere bei Betriebsaufspaltung) in Betracht.[938] Auch kann eine fehlerhafte Gesellschaft eine Mitunternehmerschaft begründen.[939] Gleiches kann für atypisch stille Unterbeteiligungen gelten, wenn der Unterbeteiligte als leitender Angestellter bedeutenden Einfluss auf die Geschäftspolitik und Dispositionsspielraum besitzt.[940] Rein tatsächliche Umstände begründen indessen keine faktische Mitunternehmerschaft.[941]

---

vom 08.02.1979 – IV R 163/76, BStBl. II 1979, S. 405 (408), entsprechen muss, wird vom BFH verwendet.

934 So BFH, Beschluss vom 25.06.1984 – GrS 4/82, BStBl. II 1984, S. 751 (769), mit Verweis auf BFH, Urteil vom 21.02.1980 – I R 193/77, nicht veröffentlich.

935 BFH, Beschluss vom 25.06.1984 – GrS 4/82, BStBl. II 1984, S. 751 (770).

936 Hierzu *Jakob*, BB 1986, S. 1615 (1617 ff.); *Bode* in Blümich, EStG, KStG, GewStG, § 15 EStG Rn. 315 ff. m.w.N.

937 Eine Übersicht über wirtschaftlich vergleichbare Gemeinschaftsverhältnisse findet sich u.a. *Bode* in Blümich, EStG, KStG, GewStG, § 15 EStG Rn. 338.

938 BFH, Beschluss vom 25.06.1984 – GrS 4/82, BStBl. II 1984, S. 751 (768) m.w.N. aus der Rspr.; *Bode* in Blümich, EStG, KStG, GewStG, § 15 EStG Rn. 338; *Söhn* in Hübschmann/Hepp/Spitaler, AO FGO, § 180 AO Rn. 203.

939 BFH, Urteil vom 22.01.1985 – VIII R 303/81, BStBl. II 1985, S. 363 (364); *Bode* in Blümich, EStG, KStG, GewStG, § 15 EStG Rn. 338; *Söhn* in Hübschmann/Hepp/Spitaler, AO FGO, § 180 AO Rn. 202.

940 BFH, Urteil vom 23.01.1974 – I R 206/69, BStBl. II 1974, S. 480 (481); BFH, Urteil vom 22.01.1985 – VIII R 303/81, BStBl. II 1985, S. 363 (364); *Söhn* in Hübschmann/Hepp/Spitaler, AO FGO, § 180 AO Rn. 203.

941 BFH, Beschluss vom 02.09.1985 – IV B 51/85, BStBl. II 1986, S. 10 (11); BFH, Urteil vom 07.04.1987 – VIII R 259/84, BStBl. II 1987, S. 766 (768); *Söhn* in Hübschmann/

c) *Beteiligungsidentische Unternehmungen*

Für jede Unternehmung ist zudem ein eigenständiges Feststellungsverfahren durchzuführen.[942] Dies sollte nicht lediglich als Grundsatz verstanden werden, sondern erscheint zwingend. 320

(1) *Schwesterpersonengesellschaften*

So sind mehrere parallele Feststellungsverfahren durchzuführen, auch wenn an mehreren Gesellschaften die jeweils gleichen Personen mit identischen Beteiligungsverhältnissen beteiligt sind (beteiligungsidentische Schwesterpersonengesellschaften).[943] Als maßgeblich wird hierbei einerseits angesehen, dass die Personengesellschaft eine gewisse Verselbständigung erfahren hat, in deren Rahmen ihr ertragsteuerliche Selbständigkeit zuerkannt wird, zumindest soweit Einkünfteermittlung und Einkunftsart betroffen sind.[944] Zum anderen stellt der BFH darauf ab, dass eine Zusammenveranlagung erhebliche verfahrensrechtliche Ungereimtheiten aufwerfen würde. So kann sich die gesetzliche angeordnete Verfahrensstandschaft der Gesellschaft nach § 352 Abs. 1 Nr. 1 AO, § 48 Abs. 1 Nr. 1 FGO lediglich auf die eigenen Gesellschafter und die Rechtsbehelfsbefugnis somit auf die eigene Gesellschaft beziehen. Nach Vollbeendigung einer Gesellschaft steht hingegen die Rechtsbehelfsbefugnis wieder den Gesellschaftern zu und die *„Anwendung dieser Regelungen würde erhebliche Probleme aufwerfen, wenn die Besteuerungsgrundlagen für verschiedene Personengesellschaften mit unterschiedlicher Dauer einheitlich und gesondert festzustellen wären.“*[945] 321

Unbeschadet etwaig bestehender verfahrensrechtlicher Ungereimtheiten, welche gegebenenfalls auch im Wege interessengerechter Auslegung beseitigt werden könnten, sollte das zutreffende Ergebnis der getrennten Feststellungsverfahren unter Berufung auf die Rechtssubjektivität der Unternehmungen gewonnen werden. Es ist die Unternehmung selbst, welche den Tatbestand verwirklicht und somit die Einkünfte selbst erzielt, welche sodann den Beteiligten zuzurechnen 322

Hepp/Spitaler, AO FGO, § 180 AO Rn. 203; *Bode* in Blümich, EStG, KStG, GewStG, § 15 EStG Rn. 235.

942 Allgemein ebenso BFH, Urteil vom 19.04.2005 – VIII R 6/04, BFH/NV 2005, S. 1737 (1738); BFH, Beschluss vom 29.09.2005 – VIII B 301/04, BFH/NV 2006, S. 14 (14 f.); *Brandis* in Tipke/Kruse, AO FGO, § 180 AO Rn. 18; *Kunz* in Gosch, AO FGO, § 180 AO Rn. 20.

943 BFH, Urteil vom 17.07.2014 – IV R 32/13, BFH/NV 2015, S. 37 (39); BFH, Urteil vom 19.04.2005 – VIII R 6/04, BFH/NV 2005, S. 1737 (1738); BFH, Beschluss vom 29.09.2005 – VIII B 301/04, BFH/NV 2006, S. 14 (14 f.); *Frotscher* in Schwarz/Pahlke, AO FGO, § 180 AO Rn. 30a; *Söhn* in Hübschmann/Hepp/Spitaler, AO FGO, § 179 AO Rn. 276, § 180 AO Rn. 170; *Brandis* in Tipke/Kruse, AO FGO, § 180 AO Rn. 18.

944 BFH, Urteil vom 19.04.2005 – VIII R 6/04, BFH/NV 2005, S. 1737 (1738).

945 So BFH, Urteil vom 19.04.2005 – VIII R 6/04, BFH/NV 2005, S. 1737 (1738), nach welchem auch der verfolgte Zweck der Vereinfachung in sein Gegenteil verkehrt würde.

sind (hierzu Rdnr. 86 ff.). In das eine Unternehmung betreffende Feststellungsverfahren hinsichtlich deren Einkünfte sind andere Unternehmungen und deren Einkünfte bereits vom materiell-rechtlichen Ansatz nicht einzubeziehen. Auch nach subjektivitätsverneinender Ansicht liegt nicht eine Einkunftsquelle vor. Zudem sind nach hier vertretener Auffassung beteiligungsfähige Unternehmungen auch am Verfahren beteiligt. Sie haben eine Feststellungserklärung abzugeben (Rdnr. 124 ff.), sind Inhaltsadressat des Feststellungsbescheides (Rdnr. 164 ff.) und können gegen eigene Beschwerungen vorgehen (Rdnr. 256 ff.). Dies verbietet eine Zusammenfassung mehrerer Feststellungsverfahren. Für Erklärungen zu anderen Unternehmungen kann es an Kenntnissen fehlen. Maßgeblich für die Adressierung an die Unternehmung ist deren Betroffenheit (hierzu Rdnr. 179 f.), welche in Bezug auf Einkünfte einer anderen Unternehmung nicht abgeleitet werden kann. Insoweit können auch zwei Feststellungsbescheide für unterschiedliche Unternehmungen nicht äußerlich zusammengefasst werden. Eine solche Verbindung setzt einen identischen Adressatenkreis voraus. Auch machte es keinen Sinn, an eine Unternehmung einen Bescheid inhaltlich zu adressieren, gegen den diese mangels Beschwer teilweise nicht vorgehen könnte. Es sind somit so viele gesonderte und einheitliche Feststellungsverfahren durchzuführen, wie unterschiedliche Gesellschaften oder Gemeinschaften existieren.

(2) Personenidentische vermögensverwaltende Personenmehrheiten

323 Eine Ausnahme vom Grundsatz der getrennten Feststellungsverfahren für verschiedene Personenmehrheiten soll aber nach zwei Entscheidung des IV. Senates des BFH bestehen, wenn diese personenidentisch und vermögensverwaltend sind.[946] Dies überzeugt nicht. Der eigentliche Kernpunkt der grundlegenden Entscheidung ist auch anders gelagert. Gegenständlich waren mehrere den Beteiligten zuzurechnende Grundstücksgeschäfte, welche teilweise in einer GbR und teilweise in Bruchteilsgemeinschaft realisiert wurden. Die Entscheidung aus dem Jahre 1996 ist zu einer Zeit entstanden, in der sowohl zwischen den Senaten des BFH als auch im Schrifttum höchst umstritten war, wie und vor allem wo unterschiedliche Einkünfte im Rahmen sogenannter Zebra-Gesellschaften zu erfassen sind.[947]

---

946 Grundlegend BFH, Urteil vom 07.03.1996 – IV R 2/92, BStBl. II 1996, S. 369; obiter dicta bestätigt durch BFH, Beschluss vom 10.06.2008 – IV B 52/07, BFH/NV 2008, S. 1443 (1444).

947 Im Wesentlichen ist hierbei fraglich, ob außerhalb der Gesellschaftssphäre liegende Umstände, beispielsweise die weitere Veräußerung von Grundstücken seitens eines Gesellschafters, bereits im Feststellungsverfahren für die Gesellschaft zu berücksichtigen sind. Eine ausführlichere Darstellung der Entwicklung des Meinungsstandes in Rechtsprechung und Literatur findet sich mit zahlreichen Nachweisen bei *Söhn* in Hübschmann/Hepp/Spitaler, AO FGO, § 180 AO Rn. 183 ff. Für die Praxis nunmehr geklärt durch den Großen Senat des BFH, Beschluss vom 11.04.2005 – GrS 2/02, BStBl. II 2005, S. 679; siehe hierzu unter Rdnr. 362 ff.

Der IV. Senat vertrat durchweg die Ansicht, dass eine entsprechende Berücksichtigung bereits im Feststellungsverfahren zu erfolgen hätte.[948] In dem hier maßgeblichen Urteil folgte er dem Beschluss des Großen Senates aus dem Jahre 1995, wonach Grundstücksgeschäfte einer vermögensverwaltenden Personenmehrheit in die steuerrechtliche Gesamtbeurteilung der Tätigkeit der einzelnen Beteiligten miteinzubeziehen sind und somit die Gewerblichkeit mitbegründen können.[949] Er präferierte erwartungsgemäß weiterhin eine Umqualifizierung der Einkünfte bereits im Feststellungsverfahren.[950] Hierbei sei nicht maßgeblich, ob die in die Gesamtschau einzubeziehenden Einkünfte teilweise zu Bruchteilen und in einer GbR erzielt werden.

Für den vorliegenden Kontext von Relevanz ist jedoch vielmehr, dass der IV. Senat **324**
offengelassen hat, ob zwischen beteiligungsidentischer Bruchteilsgemeinschaft und GbR eine Innengesellschaft bestanden hat. Sollte eine solche Innengesellschaft nicht bestanden haben, so beträfe der *„angefochtene Sammelbescheid [Anm.: angegriffen wurde ein Sammel-Änderungsbescheid für mehrere Veranlagungszeiträume] – verfahrensrechtlich unbedenklich – die … in Bruchteilsgemeinschaft sowie die … in GbR erzielten Einkünfte“* und *„so wären doch die Aktivitäten der verschiedenen Grundstücksgemeinschaften und der GbR zusammenzurechnen“*.[951] Hiermit wird nicht lediglich der zutreffende Bezugsrahmen einer etwaigen Umqualifizierung der Einkünfte abgesteckt. Vielmehr führte der IV. Senat aus, dass die Rechtsprechung, wonach gesellschafteridentische Personengesellschaften nicht zu einem Steuersubjekt zusammengefasst werden dürfen, diesen Überlegungen nicht entgegenstehe. Diese Rechtsprechung stütze sich zwar auf die Anknüpfung an die gesellschaftsrechtlich vorgegebenen Rechtsformen. Er beschließt diese Überlegungen aber mit dem bemerkenswerten Satz: *„Demgegenüber gibt es bei vermögensverwaltenden Gesellschaften oder Gemeinschaften keine gesellschaftsrechtliche Organisationsform, die das Steuerrecht zu respektieren hätte.“*[952] Insoweit kann der Entscheidung daher die Aussage entnommen werden, dass der IV. Senat bei personenidentischen vermögensverwaltenden Gesellschaften oder Gemeinschaften auch ohne Innengesellschaft zwischen diesen lediglich eine gesonderte und einheitliche Feststellung vornehmen will.[953] Dieses Verständnis wird durch einen Beschluss eben des IV. Senates selbst aus dem Jahre 2008 bestärkt. In diesem geht er auf die partielle

---

948 Siehe exemplarisch BFH, Urteil vom 11.07.1996 – IV R 103/94, BStBl. II 1997, S. 39 (40 f.); BFH, Urteil vom 21.09.2000 – IV R 77/99, BFH/NV 2001, S. 254 (255), ausdrücklich entgegen Schreiben des BMF vom 27.12.1996 (Nichtanwendungserlass bzgl. Urteil vom 11.07.1996 – IV R 103/94), BStBl. I 1996, S. 1521 (1521); jeweils m.w.N.

949 BFH, Beschluss vom 03.07.1995 – GrS 1/93, BStBl. II 1995, S. 617 (620).

950 BFH, Urteil vom 07.03.1996 – IV R 2/92, BStBl. II 1996, S. 369 (371), unter Verweis auf den Sinn und Zweck der gesonderten Feststellung.

951 BFH, Urteil vom 07.03.1996 – IV R 2/92, BStBl. II 1996, S. 369 (370, 371).

952 BFH, Urteil vom 07.03.1996 – IV R 2/92, BStBl. II 1996, S. 369 (371).

953 Ebenso FG München, Urteil vom 07.04.2004 – 13 K 3511/99, EFG 2004, S. 1343 (1344); wohl auch *Brandis* in Tipke/Kruse, AO FGO, § 180 AO Rn. 18.

Steuerrechtssubjektivität der gewerblichen Personengesellschaften ein, welche bedingt, dass auch gesellschafteridentische Personengesellschaften nicht zu einem Steuersubjekt zusammengefasst werden dürfen. Unter Verweis auf den Beschluss aus dem Jahre 1996 fügt er indessen an: „*Eine Zusammenschau auf der Ebene der Gewinnfeststellung kommt nur unter der Voraussetzung in Betracht, dass die in die Gesamtschau einzubeziehenden Personenmehrheiten sowohl nur vermögensverwaltend tätig als auch personenidentisch sind (...).*“[954]

325 Wollte man dem BFH in seinem Beschluss aus dem Jahre 1996 noch zugutehalten, dass er sich vordergründig mit der Frage der Umqualifizierung befasst habe, erscheint der Verweis auf diesen Beschluss im Jahre 2008 zumindest unnötig. Der Große Senat hatte bereits im Jahre 1984 im Geprägebeschluss sowie im Jahre 1991 zur doppelstöckigen Personengesellschaft die Verselbständigung der Unternehmung hervorgehoben. Auch wenn er diese Subjektivierung zwischenzeitlich relativierte, hat er wohl im Grundsatz wieder zur Sichtweise des Geprägebeschlusses zurückgefunden (siehe hierzu Rdnr. 68). Während der Beschluss des IV. Senates aus dem Jahre 1996 somit unter dem Eindruck der Subjektivitätsmäßigung entstand, wischt der Senat mit seiner Entscheidung aus dem Jahre 2008 jegliche Subjektivierung beiseite. Angesichts der weiteren Rechtsprechung des IV. Senates (hierzu Rdnr. 69 ff.) überrascht dies weniger. Weder der Umstand, dass die Steuerrechtssubjektivität zumindest in Bezug auf die Ermittlung und Qualifikation der Einkünfte unabhängig von der letztendlich vorliegenden Einkunftsart, somit auch bei Vermögensverwaltung und Einkünften aus Vermietung und Verpachtung, geklärt ist,[955] noch dass auch im Rahmen von Bruchteilsgemeinschaften gemeinschaftliche Einkünfte erzielt werden[956] und insoweit auch die Grundsätze der Rechtssubjektivität gelten (Rdnr. 95 ff., insbesondere Rdnr. 99), noch dass auch die Bruchteilsgemeinschaft bereits als rechtsbehelfsbefugt angesehen wurde (hierzu Rdnr. 115), erscheint dem IV. Senat erwähnenswert. Selbst wenn man lediglich eine gewisse Subjektivierung annehmen wollte, welche auch vom IV. Senat nicht in Abrede gestellt wird, überzeugen Verweise auf eine Rechtsprechung, nach welcher gesellschaftsrechtliche Organisationsformen existieren, die das Steuerrecht nicht zu respektieren hätte, nicht. Abgesehen von den vorgenannten Entscheidungen des IV. Senates ist auch anerkannt, dass für mehrere Unternehmungen mehrere Feststellungsverfahren durchzuführen und mehrere Feststellungsbescheide zu erlassen sind (siehe Rdnr. 320). Dies gilt erst recht, wenn man die Subjektivierung der

---

954 BFH, Beschluss vom 10.06.2008 – IV B 52/07, BFH/NV 2008, S. 1443 (1444).

955 BFH, Beschluss vom 25.06.1984 – GrS 4/82, BStBl. II 1984, S. 751 (762): „*Dies gilt gleichermaßen für alle in § 2 III Nrn. 1 bis 7 EStG aufgeführten und nach §§ 13 bis 24 EStG zu bestimmenden Einkunftsarten mit Gewinn- oder Überschußeinkünften, soweit sie bei der Tätigkeit oder der Vermögensnutzung einer Personengesellschaft anfallen können.*“

956 So der IV. Senat selbst: BFH, Urteil vom 11.11.1982 – IV R 117/80, BStBl. II 1983, S. 299 (299 f.), zur Bruchteilsgemeinschaft als Besitzunternehmen bei Betriebsaufspaltung.

Gesellschaft wahrnimmt (hierzu Rdnr. 322). Es sind somit auch bei personenidentischen vermögensverwaltenden Unternehmungen so viele gesonderte und einheitliche Feststellungsverfahren durchzuführen, wie Unternehmungen existieren.

2. Die Zurechnung der Einkünfte

Neben der Beteiligung mehrerer Personen fordert § 180 Abs. 1 S. 1 Nr. 2 a) AO, dass *„die Einkünfte diesen Personen steuerlich zuzurechnen sind“*.[957] Hiermit ist nicht die verfahrensmäßige Zuweisung der Einkünfte im Feststellungsbescheid an die einzelnen Beteiligten gemeint. 326

a) Steuerliche Zurechnung

Vielmehr will das Erfordernis der steuerlichen Zurechnung Fälle einer gesonderten und einheitlichen Feststellung entziehen, in denen lediglich und letztendlich eine zivilrechtliche, anteilige Berechtigung besteht,[958] die nicht zugleich zu einer unmittelbaren steuerlichen Zurechnung führt.[959] In diesem Zusammenhang verweist die Gesetzesbegründung beispielhaft auf eine mittelbare Beteiligung über eine GmbH.[960] Eine gesonderte und einheitliche Feststellung mit dem Gesellschafter der GmbH scheidet aus, da diese selbst Steuerschuldner ist.[961] Durch den Zusammenschluss der Beteiligten darf somit kein neues Subjekt der Steuerschuld entstehen, dem die Einkünfte insgesamt zuzurechnen sind.[962] Der Gesellschafter generierte in diesem Fall eigene Einkünfte erst durch Ausschüttungen. Allgemein ist an das Merkmal der Zurechnung ein steuerrechtlicher und nicht zivilrechtlicher Maßstab anzulegen.[963] Hat eine Personengesellschaft zwar zwei Gesellschafter, hält indessen ein Gesellschafter seine Beteiligung lediglich treuhänderisch für 327

957 § 215 Abs. 2 RAO 1931 enthielt diesen Zusatz noch nicht; RGBl. I 1931, S. 161 (191). Notwendig allgemeiner von der Zurechnung des Gegenstandes der Feststellungen spricht § 179 Abs. 2 S. 2 AO.

958 Zur Behandlung von typisch und atypisch stillen Unterbeteiligungen siehe im Zusammenhang unten Rdnr. 471.

959 BFH, Beschluss vom 28.03.1979 – I B 78/78, BStBl. II 1979, S. 607 (608); *Söhn* in Hübschmann/Hepp/Spitaler, AO FGO, § 180 AO Rn. 177.

960 Gesetzesbegründung zur AO 1977, BT-Drs. VI/1982, S. 156.

961 BFH, Urteil vom 23.06.1992 – IX R 182/87, BStBl. II 1992, S. 972 (975), für eine AG nach Liechtensteinischen Recht; *Brandis* in Tipke/Kruse, AO FGO, Vor § 179 AO Rn. 17.

962 *von Wedelstädt* in Kühn/von Wedelstädt, AO FGO, § 180 AO Rn. 7; *Söhn* in Hübschmann/Hepp/Spitaler, AO FGO, § 180 AO Rn. 176; *Brandis* in Tipke/Kruse, AO FGO, Vor § 179 AO Rn. 17; Gesetzesbegründung zur AO 1977, BT-Drs. VI/1982, S. 156.

963 *Söhn* in Hübschmann/Hepp/Spitaler, AO FGO, § 180 AO Rn. 177.

den anderen,[964] unterbleibt eine gesonderte und einheitliche Feststellung.[965] Auch eine besondere gesonderte Feststellung nach § 179 Abs. 2 S. 3 AO ist in diesem Fall nicht vorzunehmen.[966]

b) Unmittelbarkeit der Zurechnung

328 Zudem bedingt die Zurechnung der Einkünfte im Rahmen des § 180 Abs. 1 S. 1 Nr. 2 a) AO eine Unmittelbarkeit. Für jede Gesellschaft oder Gemeinschaft ist ein eigenständiges Feststellungsverfahren durchzuführen (hierzu bereits Rdnr. 320).

(1) Doppelstöckige Gesellschaften

329 Dies gilt auch, wenn es sich um doppelstöckige Personengesellschaften handelt.[967] Lediglich die Obergesellschaft als solche ist Gesellschafter der Untergesellschaft, nicht jedoch die Gesellschafter der Obergesellschaft, so dass die im Feststellungsverfahren für die Untergesellschaft festgestellten Besteuerungsgrundlagen der Obergesellschaft – nicht aber unmittelbar deren Gesellschaftern – zuzurechnen sind.[968] Im Ergebnis sind somit zwei Feststellungsverfahren durchzuführen: In einem Feststellungsverfahren (erste Stufe) werden die Einkünfte der Untergesellschaft ermittelt und den Beteiligten der Untergesellschaft zugerechnet. Einer dieser Beteiligten ist die Obergesellschaft. In einem weiteren Feststellungsverfahren (zweite Stufe) wird der der Obergesellschaft zugerechnete Gewinn oder Verlust aus der Untergesellschaft sowie derjenige aus der eigenen Tätigkeit ermittelt und den Beteiligten der Obergesellschaft zugerechnet. Der Feststellungsbescheid erster Stufe ist somit bindender Grundlagenbescheid für den Feststellungsbescheid

---

964 Zum mehrstufigen Feststellungsverfahren bei Beteiligung von mehr als zwei Personen in Verbindung mit Treuhandverhältnissen siehe *Söhn* in Hübschmann/Hepp/Spitaler, AO FGO, § 180 AO Rn. 277 ff., sowie unter Rdnr. 471.

965 BFH, Urteil vom 01.10.1992 – IV R 130/90, BStBl. II 1993, S. 574 (576); *Brandis* in Tipke/Kruse, AO FGO, § 180 AO Rn. 16; *Frotscher* in Schwarz/Pahlke, AO FGO, § 179 Rn. 71, § 180 AO Rn. 30; *Söhn* in Hübschmann/Hepp/Spitaler, AO FGO, § 179 AO Rn. 276, § 180 AO Rn. 177.

966 Dessen satzeinleitender Passus *„Ist eine dieser Personen …"* bezieht sich auf die Zurechnung des Feststellungsgegenstandes zu *„mehreren Personen"* im Sinne des § 179 Abs. 2 S. 2 AO und setzt somit eine gemeinschaftliche Einkünfteerzielung voraus; hierzu *Brandis* in Tipke/Kruse, AO FGO, § 179 AO Rn. 14; kritisch *Brüggmann*, DStZ 1994, S. 141 (141).

967 *von Wedelstädt* in Kühn/von Wedelstädt, AO FGO, § 181 AO Rn. 9a; *Kunz* in Gosch, AO FGO, § 180 AO Rn. 25.1.

968 BFH, Urteil vom 09.08.2006 – II R 24/05, BStBl. II 2007, S. 87 (89) m.w.N. aus der st. Rspr. Zu Zielrichtung und auf Tätigkeits- bzw. Nutzungsvergütungen sowie Sonderbetriebsvermögen begrenzenden Auslegung des § 15 Abs. 1 S. 1 Nr. 2 S. 2 EStG in diesem Zusammenhang siehe *Bode* in Blümich, EStG, KStG, GewStG, § 15 EStG Rn. 538 m.w.N., sowie Rdnr. 89.

zweiter Stufe, § 182 Abs. 1 S. 1 AO (auch *„für andere Feststellungsbescheide“*). Der Feststellungsbescheid zweiter Stufe ist sowohl Folgebescheid des Feststellungsbescheides erster Stufe als auch bindender Grundlagenbescheid für Einkommensbesteuerung der Gesellschafter der Obergesellschaft.[969] Dieses Verfahren gilt für mehrgliedrige doppelstöckige Personengesellschaften, daher wenn die Obergesellschaft an mehreren Untergesellschaften beteiligt ist, entsprechend.[970]

(2) Objektgesellschaften

Der Richtsatz, dass für mehrere Gesellschaften oder Gemeinschaften jeweils ein Feststellungsverfahren durchzuführen ist, soll jedoch eine *„Ausnahme“*[971] erfahren. Wenn beteiligungsidentische Objektgesellschaften (jede Personengesellschaft hält ein Grundstück als Objekt) über einen gemeinsamen Zweck gesellschaftsrechtlich verbunden sind, sollen entsprechend eines BFH-Beschlusses die Einkünfte nur bei der gemeinsamen Untergesellschaft (*„Grundstückshandels-GbR“*) festzustellen sein.[972] Bei Lichte betrachtet stellt diese Rechtsprechung zunächst indessen keine Ausnahme vom Grundsatz getrennter Feststellungen dar. Wenn ein gemeinsamer Zweck vorhanden ist, besteht zwischen den Objektgesellschaften eine gesellschaftsrechtliche Verbindung zumindest in Gestalt einer Innengesellschaft. Eine solche genügt den Voraussetzungen der gesonderten und einheitlichen Feststellung (siehe hierzu auch oben Rdnr. 314). Insoweit entspricht eine gesonderte und einheitliche Feststellung auf Ebene der Untergesellschaft (*„Grundstückshandels-GbR“*) gerade der Regel getrennter Feststellungsverfahren für jede Gesellschaft, welche auch für Ober- und Untergesellschaften gilt (hierzu Rdnr. 329). Nach Feststellung der Einkünfte auf Ebene der Untergesellschaft (*„Grundstückshandels-GbR“*) durch Feststellungsbescheid erster Stufe ist sodann jedoch bei den jeweiligen Objektgesellschaften jeweils ein Feststellungsverfahren zweiter Stufe durchzuführen. Irritierend erscheint in diesem Zusammenhang, dass der BFH gerade dies in seinem Beschluss nicht ausdrücklich klargestellt hat. Dies mag der Grund sein, warum sein Beschluss teilweise als Ausnahme zur Regel interpretiert wird. **330**

Allerdings lässt sich diese Aussage dem Beschluss zumindest mittelbar entnehmen. Der BFH bezeichnet die einzelnen Grundstücke als Sonderbetriebsvermögen der einzelnen Gesellschaften (nicht der Gesellschafter) und geht von einer gesellschaftsrechtlichen Zweckverbindung der einzelnen Gesellschaften (nicht **331**

---

969 BFH, Urteil vom 10.08.1989 – III R 5/87, BStBl. II 1990, S. 38 (39); *Kunz* in Gosch, AO FGO, § 180 AO Rn. 25.1; *Brandis* in Tipke/Kruse, AO FGO, Vor § 179 AO Rn. 5.

970 *Kunz* in Gosch, AO FGO, § 180 AO Rn. 25.1; *von Wedelstädt* in Kühn/von Wedelstädt, AO FGO, § 181 AO Rn. 9a.

971 So *Brandis* in Tipke/Kruse, AO FGO, § 180 AO Rn. 18; *Söhn* in Hübschmann/Hepp/Spitaler, AO FGO, § 180 AO Rn. 170.

972 BFH, Beschluss vom 29.09.2005 – VIII B 301/04, BFH/NV 2006, S. 14 (15). Als gemeinsamer Zweck wurden vom BFH die Tätigkeiten der Objektgesellschaften betrachtet, die einheitlich betrachtet einen gewerblichen Grundstückshandel darstellten.

der Gesellschafter) in der Untergesellschaft aus. Zudem bezieht er sich auch ausdrücklich auf seine sonst (bis auf eine Ausnahme, hierzu oben Rdnr. 323 ff.) einhellige Rechtsprechung, nach welcher für verschiedene Gesellschaften jeweils ein Feststellungsverfahren durchzuführen ist, ohne diese infrage zu stellen. Da somit weder die Gesellschafter der Objektgesellschaften als Mitunternehmer der Untergesellschaft genannt werden und folglich auch nicht in das Feststellungsverfahren für die Untergesellschaft einzubeziehen sind, diesen aber für die Einkommensbesteuerung die Einkünfte letztendlich zugerechnet werden müssen, ist ein Feststellungsverfahren zweiter Stufe schlichtweg notwendig.[973] Anders gewendet: Die Notwendigkeit mehrerer gesonderter und einheitlicher Feststellungen auf Ebene der Objektgesellschaften wird nicht dadurch beseitigt, dass ein durch einen gemeinsamen Zweck dieser Gesellschaften bedingtes, vorgelagertes Feststellungsverfahren auf Ebene einer Untergesellschaft durchzuführen ist.[974]

3. Einbeziehung der Kommanditgesellschaft auf Aktien

332 Seit jeher ist umstritten, ob eine gesonderte und einheitliche Feststellung bei einer Kommanditgesellschaft auf Aktien (KGaA) durchzuführen ist. Die neu entflammte Aktualität dieser Frage, insbesondere für die Praxis, gibt Anlass, sich eingehender mit der Thematik zu befassen. Eine gesonderte und einheitliche Feststellung lässt sich jedoch durch einen Vergleich mit den hier zugrunde gelegten Prämissen der Subjektivierung von Personenmehrheiten herleiten. Zudem sollte der Sinn und Zweck der gesonderten und einheitlichen Feststellung, gerade wenn der bisherige Streitstand festgefahren erscheint, näher in den Fokus der Betrachtung rücken.

a) Ausgangslage und Streitstand

333 Das bereits vorhandene Meinungsspektrum ist breiter gefächert und deckt sämtliche möglichen Konstellationen ab. Eine gesonderte und einheitliche Feststellung

---

973 A.A. gegebenenfalls *Brandis* in Tipke/Kruse, AO FGO, § 180 AO Rn. 18, *„Für jede Gesellschaft/Gemeinschaft ist ein eigenständiges Feststellungsverfahren durchzuführen (BFH v. 19.4.2005 – VIII R 6/04, BFH/NV 2005, 1737; BFH v. 29.9.2005 – VIII B 301/04, BFH/NV 2006, 14 [Ausn.: es besteht ein übergeordneter gemeinsamer Zweck]*“, und *Söhn* in Hübschmann/Hepp/Spitaler, AO FGO, § 180 AO Rn. 170, deren Darstellung man aber ebenfalls keine explizite Aussage zum Feststellungsverfahren der zweiten Stufe entnehmen kann.

974 Der Interpretationsspielraum, den der Beschluss des BFH vom 29.09.2005 – VIII B 301/04, BFH/NV 2006, S. 14, hinterlässt, ist maßgeblich der Kürze des Beschlusses und der Nichtveröffentlichung der zugrunde liegenden Entscheidung des FG Münster, Urteil vom 30.09.2004 – 3 K 2355/02 F, geschuldet. Gerade aber die Kürze des Beschlusses sollte als Indiz dafür gelten, dass keine von der sonst einhelligen Rechtsprechung abweichende Behandlung intendiert war.

wird abgelehnt,[975] sei zwischen Komplementären und Kommanditaktionären durchzuführen[976] oder wird nur bei einer Mehrzahl von Komplementären zwischen diesen befürwortet.[977] Insbesondere wenn lediglich ein Komplementär vorhanden ist, kann nicht offen gelassen werden, ob die KGaA als solche mit in eine etwaige Feststellung einzubeziehen ist.[978] Der BFH hat die Frage der gesonderten und einheitlichen Feststellung bisher offen gelassen[979]. In der Praxis hat sich aufgrund weit überwiegend entgegenstehender Entscheidungen der Finanzgerichte[980] die gesonderte und einheitliche Feststellung für die KGaA bisher nicht durchgesetzt.[981] Ein BMF-Schreiben oder Verfügungen auf Länderebene sind nicht ergangen.[982] Es scheint sich aktuell indessen eine sich ändernde Auffassung in der Rechtsprechung abzuzeichnen. So hat das FG Hamburg in einem Beschluss aus dem Jahre 2015 die Notwendigkeit einer gesonderten und einheitlichen Feststellung bejaht.[983]

---

975 RFH, Urteil vom 04.12.1929 – VI A 1843/29, RStBl. 1930, S. 345; FG Hamburg, Urteil vom 14.11.2002 – V 231/99, EFG 2003, S. 711; FG München, Urteil vom 16.01.2003 – 7 K 5340/01, EFG 2003, S. 670; FG Düsseldorf, Urteil vom 07.12.2010 – 13 K 1214/06 E, EFG 2011, S. 878; FG Schleswig-Holstein, Urteil vom 12.04.2011 – 5 K 136/07, DStR 2011, S. 1547; *Kauffmann/Seppelt* in Frotscher/Geurts, EStG, § 15 Rn. 498 f.

976 *Söhn* in Hübschmann/Hepp/Spitaler, AO FGO, § 180 AO Rn. 176 m.w.N; *Kunz* in Gosch, AO FGO, § 180 AO Rn. 32; *von Wedelstädt* in Kühn/von Wedelstädt, AO FGO, § 180 AO Rn. 9.

977 *Frotscher* in Schwarz/Pahlke, AO FGO, § 180 AO Rn. 32; *Koenig* in Koenig, AO, § 180 Rn. 16.

978 So bspw. *Kusterer*, DStR 2008, S. 484 (488); *Falter* in FS Spiegelberger, S. 113 (116 ff.); nicht ganz eindeutig *Brandis* in Tipke/Kruse, AO FGO, § 180 AO Rn. 17, der die KGaA *„als Rechtsperson für die Gesamtheit der Kommanditaktionäre“* begreift.

979 BFH, Urteil vom 07.12.2011 – I R 5/11, BFH/NV 2012, S. 556 (557); BFH, Urteil vom 21.06.1989 – X R 14/88, BStBl. II 1989, S. 881 (883). *Mathiak*, seines Zeichens Berichterstatter in diesem Verfahren, bejaht in seiner Urteilsbesprechung jedoch eine gesonderte und einheitliche Feststellung, DStR 1989, S. 661 (668). Im nicht veröffentlichten Urteil des BFH, Urteil vom 21.07.1967 – VI 270/65, hat der BFH lediglich entschieden, dass über das Vorliegen einer Entschädigung i.S.v. § 24 EStG in der bereits durchgeführten und auch von den Parteien nicht angegriffenen gesonderten und einheitlichen Feststellung zu entscheiden ist. Mit der Frage, ob eine solche überhaupt durchzuführen war, hat sich das Gericht indessen nicht argumentativ auseinandergesetzt; so auch zutreffend FG Schleswig-Holstein, Urteil vom 12.04.2011 – 5 K 136/07, DStR 2011, S. 1547 (1549); *Hageböke* in Rödder/Herlinghaus/Neumann, KStG, § 9 Rn. 171.

980 Siehe hierzu Fn. 990.

981 Hierzu *Drüen/van Heek*, DStR 2012, S. 541 (547) m.w.N. Ein ursprünglich gefasster Beschluss der AO-Referenten von Bund und Länder aus der Sitzung III/2002 TOP 19 (hierzu *Mahlow*, DB 2003, S. 1540 (1541 Fn. 8)), welcher eine gesonderte und einheitliche Feststellung zuließ, wurde im Hinblick auf zwischenzeitlich ergangene Urteile wieder aufgehoben (hierzu *Falter* in FS Spiegelberger, S. 113 (115)).

982 *Falter* in FS Spiegelberger, S. 113 (115).

983 FG Hamburg, Beschluss vom 09.07.2015 – 3 K 308/14, EFG 2015, S. 1682 (1682).

Das FG München hat in einem Beschluss aus dem Jahre 2016 die Rechtslage als nicht eindeutig geklärt angesehen, selbst die Durchführung der Feststellung als herrschende Ansicht bezeichnet, was zumindest sehr zweifelhaft erscheint, und hieraus, insoweit konsequent, gefolgert, dass das Betriebstättenfinanzamt über die Durchführung eines gesonderten Feststellungsverfahrens zu entscheiden hätte.[984] Der BFH hat der gegen diesen Beschluss erhobenen Beschwerde nicht abgeholfen und ist der Argumentation des FG München gefolgt, dass immer dann, wenn eine gesonderte Feststellung zumindest möglich erscheint, was er annimmt, ein Feststellungsverfahren nach allgemeinen Grundsätzen durchzuführen ist (hierzu Rdnr. 198), um diese Frage zu klären.[985]

334 Ausgangspunkt dieser *„nicht abschließend geklärten Rechtslage“*[986] ist freilich die hybride Ausgestaltung der KGaA, sowohl aus gesellschaftsrechtlicher als auch aus steuerrechtlicher Perspektive. Gesellschaftsrechtlich ist die KGaA nach § 278 Abs. 1 AktG eine Gesellschaft mit eigener Rechtspersönlichkeit und somit juristische Person, für welche mangels abweichender Regelungen grundsätzlich das Recht der Aktiengesellschaft anzuwenden ist, § 278 Abs. 3 AktG. In Bezug auf die persönlich haftenden Komplementäre wird indessen für deren Verhältnis untereinander, gegenüber den Kommanditaktionären sowie gegenüber Dritten auf die Regelungen der KG verwiesen, § 278 Abs. 2 AktG. Damit ist die KGaA eine Mischform zwischen AG und KG, indem der persönliche Kredit und die Selbstorganschaft der Komplementäre mit der Kapitalausstattung der AG verbunden werden.[987] Steuerrechtlich wird die KGaA von § 1 Abs. 1 Nr. 1 KStG als Ertragsteuersubjekt erfasst. Der Gewinnanteil der Komplementäre, soweit nicht auf das Grundkapital entfallend, sowie Tätigkeitsvergütungen stellen bei der KGaA betrieblichen Aufwand, § 9 Abs. 1 Nr. 1 KStG, und bei den Komplementären, ähnlich den Mitunternehmern nach § 15 Abs. 1 S. 1 Nr. 2 EStG, Einkünfte aus Gewerbebetrieb dar, § 15 Abs. 1 S. 1 Nr. 3 EStG. Durch dieses Zusammenspiel werden die entsprechenden Gewinnanteile der Komplementäre der Einkommensbesteuerung beim Komplementär unterworfen und der Körperschaftsteuer entzogen, wodurch eine Doppelbelastung vermieden wird. Hinsichtlich der Gewinnanteile, welche nicht auf Anteile am

984 FG München, Beschluss vom 28.01.2016 – 13 K 2396/13, EFG 2016, S. 869 (869 f.). Folgerichtig setzte das FG die Klage gegen den Einkommensteuerbescheid aus, um dem Betriebstättenfinanzamt Gelegenheit zu geben, über die Durchführung der bisher unterbliebenen Feststellung zu entscheiden.

985 BFH, Beschluss vom 29.06.2016 – I B 32/16, BFH/NV 2016, S. 1679 (1679). Da die Rechtsprechung den Betriebstättenfinanzämtern nunmehr ausdrücklich die Entscheidung dieser Problematik auferlegt, ist zu erwarten und zu hoffen, dass gegen entsprechende Bescheide (gleich ob bejahend oder ablehnend) eingelegte Rechtsbehelfe den Weg zum BFH finden und eine weitestgehende Klärung bevorsteht.

986 *Kunz* in Gosch, AO FGO, § 180 AO Rn. 32.

987 *K. Schmidt*, S. 971, 972.

Grundkapital entfallen,[988] sowie Sondervergütungen wird die KGaA daher wie eine Mitunternehmerschaft als transparent betrachtet. Hiervon abgesehen folgt sie dem Trennungsprinzip. Im Kern lässt sich die Fragestellung nach der Durchführung einer gesonderten und einheitlichen Feststellung somit darauf zurückführen, welcher Betrachtungsweise man für die verfahrensrechtliche Umsetzung den Vorrang einräumt. Auch wenn dies nicht immer klar benannt wird, ist eine entsprechende Anknüpfung in den Argumentationsstrukturen zumeist unverkennbar.[989]

Mit dem sogenannten „*intransparenten*" oder „*kapitalistischen*" Besteuerungs- 335
konzept wird gegen eine etwaige gesonderte und einheitliche Feststellung überwiegend ins Feld geführt, dass § 180 Abs. 1 S. 1 Nr. 2 a) AO bereits nach dem Wortlaut die Beteiligung Mehrerer an den Einkünften voraussetzt, bei der KGaA der Gewinn aber nur von dieser erwirtschaftet werde, somit allein dieser zuzurechnen und von ihr zu versteuern sei.[990] Auf Ebene der KGaA existiere demnach nur eine Einkunftsquelle, die der KGaA als solcher, an der die Gesellschafter gerade nicht beteiligt sind. Nachfolgend komme es zwar zu Ausschüttungen. Diese stellten jedoch keine gemeinsame Einkunftsquelle aller Gesellschafter, sondern wiederum jeweilige Einkunftsquellen der einzelnen Gesellschafter dar.[991] Hierfür spreche bereits die Existenz des § 9 Abs. 1 Nr. 1 KStG, nach welchem der Gewinnanteil des Komplementärs als betrieblicher Aufwand zu behandeln ist. Mit der Vorstellung gemeinschaftlicher bezogener Einkünfte, welche den Beteiligten anteilig zugerechnet werden, lasse sich dies nicht in Einklang bringen.[992] Bildlich gesprochen sei die Einkommensbesteuerung der Komplementäre bereits an der Wurzel von der Körperschaftsbesteuerung der KGaA abgespalten (sogenannte Wurzeltheorie).[993]

988 Diese führen auch beim Komplementär zu Einkünften aus Kapitalvermögen, § 20 Abs. 1 S. 1 EStG, und sind für KGaA nicht als Betriebsausgaben abziehbar.

989 Zur transparenten und intransparenten Betrachtung beziehungsweise dem dualistischen oder monistischen Rechnungslegungskonzept siehe im Überblick *Drüen* in Herrmann/Heuer/Raupach, EStG KStG, § 9 KStG Rn. 23 ff.; *Märtens* in Gosch, KStG, § 9 Rn. 11; *Krämer* in Dötsch/Pung/Möhlenbrock, KStG, § 9 Rn. 54; *Mai* in Frotscher/Drüen, KStG GewStG UmwStG, § 9 KStG Rn. 11. Die Unterscheide auch anhand von Beispielrechnungen verdeutlichend: *Krebbers-van Heek* in Mössner/Seeger, KStG, § 9 Rn. 70 ff.; *Krebbers-van Heek*, S. 81 ff., 118 ff.; *Wassermeyer* in FS Streck, S. 259 (263 ff.).

990 FG Schleswig-Holstein, Urteil vom 12.04.2011 – 5 K 136/07, DStR 2011, S. 1547 (1548); FG Hamburg, Urteil vom 14.11.2002 – V 231/99, EFG 2003, S. 711 (711); FG München, Urteil vom 16.01.2003 – 7 K 5340/01, EFG 2003, S. 670 (670); *Frotscher* in Schwarz/Pahlke, AO FGO, § 180 AO Rn. 32.

991 FG Schleswig-Holstein, Urteil vom 12.04.2011 – 5 K 136/07, DStR 2011, S. 1547 (1549); FG Hamburg, Urteil vom 14.11.2002 – V 231/99, EFG 2003, S. 711 (711).

992 FG Schleswig-Holstein, Urteil vom 12.04.2011 – 5 K 136/07, DStR 2011, S. 1547 (1548, 1549).

993 BFH, Urteil vom 21.06.1989 – X R 14/88, BStBl. II 1989, S. 881 (884), zurückgehend auf *Becker*, StuW I 1936, Sp. 79 (97), der jedoch lediglich von der „*Spaltung in der*

336 Das sogenannte *„transparente“* oder *„mitunternehmerische“* Besteuerungskonzept, welches die gesonderte und einheitliche Feststellung befürwortet, stützt sich im Wesentlichen auf § 278 Abs. 2 AktG und § 15 Abs. 1 S. 1 Nr. 3 EStG. Aus der Anordnung des HGB-Regelungsregimes für die Komplementäre durch § 278 Abs. 2 AktG folge, dass die Komplementäre einer KGaA auch hinsichtlich der Besteuerung wie ein Komplementär einer KG behandelt werden müssten.[994] Dem lässt sich freilich entgegenhalten, dass der Verweis des § 278 Abs. 2 AktG lediglich die gesellschaftsrechtliche Ausgestaltung, insbesondere die Befugnis der Komplementäre zur Geschäftsführung und zur Vertretung der Gesellschaft, im Auge hat. Eine Aussage zur steuerlichen Behandlung kann hieraus schwerlich abgeleitet werden, insbesondere da der Gesetzgeber die juristische Person der KGaA, anders als die KG, im Ertragsteuerrecht als Subjekt der Besteuerung ansieht, § 1 Abs. 1 KStG. Unabhängig hiervon wird aber auch auf die Formulierung des § 15 Abs. 1 S. 1 Nr. 3 EStG, insbesondere hinsichtlich der besonderen Vergütungen, verwiesen. Da diese identisch mit der Regelung des § 15 Abs. 1 S. 1 Nr. 2 EStG ist, würde ersichtlich, dass eine Behandlung wie bei einem Mitunternehmer zu erfolgen hätte.[995] Dieser Vergleich scheint nachvollziehbar.

b) Begründung der gesonderten und einheitlichen Feststellung

337 Dass der vorliegende, seit Jahrzehnten bestehende Meinungsstreit ohne gesetzgeberisches Tätigwerden[996] mittels eines für alle Seiten überzeugenden, nicht widerlegbaren Argumentes entschieden werden kann, ist nicht zu erwarten. Man sollte sich insoweit aber Folgendes vergegenwärtigen: Anders als in § 15 Abs. 1 S. 1 Nr. 2 EStG werden Komplementäre einer KGaA gerade nicht als Mitunternehmer bezeichnet.[997] Sie sind daher keine Mitunternehmer.[998] Unmittelbare

---

Besteuerung des oder der einzelnen persönlich haftenden Gesellschafter ... und der Gesamtheit der Kommanditisten“ spricht.

994 Hierzu: *Drüen* in Herrmann/Heuer/Raupach, EStG KStG, § 9 KStG Rn. 35. Auch der BFH entwickelt die Wurzeltheorie aufbauend auf der Feststellung, dass der persönlich haftende Gesellschafter einer KGaA materiell-rechtlich dem KG-Komplementär nähersteht als einem Aktionär; BFH, Urteil vom 21.06.1989 – X R 14/88, BStBl. II 1989, S. 881 (884).

995 *Schaumburg/Schulte*, Rn. 135 f.; *Kusterer*, DStR 2008, S. 484 (487).

996 Zu Reformbedarf und Überlegungen auch in materieller Hinsicht siehe *Bielinis*, DStR 2014, S. 769 ff., und *Wissenschaftlicher Beirat Steuern der Ernst & Young GmbH*, DB 2014, S. 147 ff.

997 FG München, Urteil vom 16.01.2003 – 7 K 5340/01, EFG 2003, S. 670 (670).

998 Wären Komplementäre einer KGaA Mitunternehmer, wäre § 15 Abs. 1 S. 1 Nr. 3 EStG zudem entbehrlich. Sie könnten unter § 15 Abs. 1 S. 1 Nr. 2 EStG (*„anderen Gesellschaft, bei der der Gesellschafter als Unternehmer (Mitunternehmer) des Betriebs anzusehen ist“*) gefasst werden. Insoweit dürfte man dann der Subjektivierung der KGaA als Steuerschuldner keine Bedeutung beimessen.

Rechtsfolge des § 15 Abs. 1 S. 1 Nr. 3 EStG ist demnach zunächst lediglich die Annahme gewerblicher Einkünfte.[999] Aber auch wenn nach der gesetzlichen Ausgestaltung Komplementäre einer KGaA keine Mitunternehmer sind,[1000] so werden diese hinsichtlich der nicht auf das Grundkapital anfallenden Gewinne und der Vergütungen *„wie"* Mitunternehmer behandelt.[1001] Betrachtet man den Maßstab des Mitunternehmerbegriffs, welcher sich an dem Kommanditisten einer KG ausrichtet (hierzu Rdnr. 317), steht außer Frage, dass Komplementäre einer KGaA diesen zweifelsfrei (über-)erfüllen würden, sofern die Steuerschuldnerschaft der KGaA außer Acht gelassen würde. Insoweit liegt dann aber auch in konzeptioneller Hinsicht für den Komplementär einer KGaA die transparente Betrachtung näher.[1002] Verfahrenstechnisch stellt § 180 Abs. 1 S. 1 Nr. 2 a) AO auch nicht auf eine Mitunternehmerschaft (hierzu Rdnr. 315), sondern auf eine gemeinschaftliche Einkünfteerzielung (*„mehrere Personen beteiligt"*) ab.

(1) Keine Einbeziehung der Kommanditaktionäre

Nimmt man diese steuerrechtliche Ausgestaltung in Bezug auf die Komplementäre der KGaA als Ausgangspunkt, wird klar, dass die Kommanditaktionäre mangels entsprechender Regelungen nicht in ein gesondertes und einheitliches Feststellungsverfahren einzubeziehen sind. Das Recht der Kommanditaktionäre folgt, da nicht von der Verweisung in § 278 Abs. 2 AktG erfasst, bereits zivilrechtlich dem Recht der Aktionäre einer Aktiengesellschaft, § 278 Abs. 3 AktG. § 278 Abs. 2 AktG regelt zwar das Verhältnis der Komplementäre zur Gesamtheit der Kommanditaktionäre, indessen nicht das Verhältnis der Kommanditaktionäre untereinander. Für schlichte Gesellschafter einer Kapitalgesellschaft ist indessen unstrittig, dass keine gemeinsamen Einkünfte vorliegen. Es gilt uneingeschränkt **338**

---

999 Der BFH, Urteil vom 21.06.1989 – X R 14/88, BStBl. II 1989, S. 881 (884), geht insoweit von originär gewerblichen Einkünften aus; zum Betriebsvermögensvergleich siehe auch BFH, Beschluss vom 04.12.2012 – I R 42/11, BFH/NV 2013, S. 589 (590). Das FG München, Urteil vom 16.01.2003 – 7 K 5340/01, EFG 2003, S. 670 (670), sieht § 15 Abs. 1 S. 1 Nr. 3 EStG indessen als Umqualifizierungsnorm an.

1000 Der BFH, Urteil vom 28.07.2007 – X R 6/05, DStRE 2008, S. 339 (341), spricht insoweit auch von *„essenziellen Unterschieden"* zwischen einer Mitunternehmerschaft und einer KGaA. Allerdings spricht der Vergleich mit dem atypisch stillen Gesellschafter eher für eine mitunternehmerähnliche Behandlung der Komplementäre; bspw. *Drüen/van Heek*, DStR 2012, S. 541 (547); *Drüen* in Herrmann/Heuer/Raupach, EStG KStG, § 9 KStG Rn. 35; *Bielinis*, S. 363.

1001 BFH, Urteil vom 21.06.1989 – X R 14/88, BStBl. II 1989, S. 881 (884, 885); BFH, Urteil vom 23.11.1985 – I R 235/81, BStBl. II 1986, S. 72 (73); *Engel* in Bürgers/Fett, § 9 Rn. 99 m.w.N.

1002 Nach *Kusterer*, DStR 2008, S. 484 (488), wäre eine gesonderte und einheitliche Feststellung zumindest das *„pragmatische Spiegelbild des Transparenzprinzips"*, auch wenn eine solche nicht zwingend sein sollte.

das Trennungsprinzip.[1003] Insoweit ist auch kein Sinn und Zweck ersichtlich, welcher deren Einbeziehung in die gesonderte und einheitliche Feststellung gebieten würde. Sie erzielen im Grundsatz Einkünfte aus Kapitalvermögen, § 20 Abs. 1 Nr. 1 EStG. Die Einkunftsquellen der KGaA und der Kommanditaktionäre sind daher zu trennen, eine einheitliche Feststellung mit oder unter den Kommanditaktionären ist daher nicht geboten.[1004]

339 Insoweit wird teilweise aber davon ausgegangen, dass zwar nicht die Kommanditaktionäre als solche, sondern deren Gesamtheit als ein Feststellungsbeteiligter in das Verfahren einzubeziehen sei.[1005] Eine solche Einbeziehung scheitert indessen bereits an der fehlenden Subjektivierung und somit Beteiligtenfähigkeit der Gesamtheit der Kommanditaktionäre.[1006] Diese sind zwar organisatorisch in der Hauptversammlung zur Wahrnehmung ihrer aktienrechtlichen und kommanditrechtlichen Befugnisse zusammengefasst. Rechte und Pflichten der Kommanditaktionäre bestehen insoweit aber lediglich gegenüber der Gesellschaft. Sie sind jedoch nicht in ihrer Eigenschaft als Aktionäre untereinander verbunden.[1007] Es besteht zudem, gemessen am Sinn und Zweck der gesonderten und einheitlichen Feststellung, auch hier kein Bedürfnis, das für die Kommanditaktionäre bestehende körperschaftliche Strukturverständnis durch die Anerkennung eines parteifähigen Verbandsverhältnisses zu überlagern. Auch die Gesamtheit der Kommanditaktionäre steht daher nicht für eine gesonderte Feststellung zur Verfügung.[1008]

1003 Dies kam bereits in der Gesetzesbegründung zur AO 1977, BT-Drs. VI/1982, S. 156, exemplarisch und folgerichtig zum Ausdruck: „*Eine mittelbare Beteiligung, etwa als Gesellschafter einer GmbH reicht nicht aus [gemeint: für die Durchführung der verselbständigten Feststellung], da die von der GmbH erzielten Einkünfte auch von dieser zu versteuern sind.*"

1004 So auch *Falter* in FS Spiegelberger, S. 113 (116 ff.); *Jünger*, DB 1988, S. 1969 (1973); *Mahlow*, DB 2003, S. 1540 (1541). A.A. *Söhn* in Hübschmann/Hepp/Spitaler, AO FGO, § 180 Rn. 176 mit der Begründung, dass die Einkünfte den Gesellschaftern „*nicht aber der Gesellschaft als steuerrechtsfähigem Subjekt*" zugerechnet werden müssten und für die Kommanditaktionäre nach § 278 Abs. 2 AktG die Vorschriften über die KG gelten würden. Beides überzeugt, wie dargelegt, nicht.

1005 *Mathiak*, DStR 1989, S. 661 (668); ggf. auch *Brandis* in Tipke/Kruse, AO FGO, 180 AO Rn. 17, „*KGaA (als Rechtsperson für die Gesamtheit der Kommanditaktionäre)*"; dies auch erwägend: *Kusterer*, DStR 2008, S. 484 (488).

1006 *Falter* in FS Spiegelberger, S. 113 (116).

1007 *Perlitt* in MünchKomm AktG, § 278 Rn. 83.

1008 So im Ergebnis auch *Kusterer*, DStR 2008, S. 484 (488); *Falter* in FS Spiegelberger, S. 113 (116). A.A. *Witt* in Herrmann/Heuer/Raupach, EStG KStG[April 2015], § 15 EStG Rn. 115, der das Problem der fehlenden Beteiligtenfähigkeit dadurch lösen will, dass die verfahrensrechtliche Stellung der Gesamtheit der Kommanditaktionäre von der KGaA übernommen wird. Warum nicht die KGaA unmittelbar Feststellungsbeteiligte sein soll, erschließt sich jedoch nicht.

(2) *Subjektivitätsbezogene Überlegungen zur Frage der Feststellungsbeteiligten*

Die gesonderte und einheitliche Feststellung hat indessen zwischen einem oder mehreren Komplementären einerseits und der KGaA andererseits zu erfolgen. Maßgeblich ist eine subjektivitätsbezogene und vergleichende Betrachtung. **340**

(a) Komplementäre der KGaA

Ohnehin wird, sofern eine gesonderte und einheitliche Feststellung befürwortet wird, überwiegend davon ausgegangen, dass sie (teilweise lediglich) zwischen mehreren Komplementären durchzuführen sei.[1009] Die auf der Wurzeltheorie beruhenden Bedenken hiergegen greifen nicht. Sie beruhen auf einer Überinterpretation der Steuerschuldnerschaft der KGaA. Diese würde bei gesonderter und einheitlicher Feststellung negiert und soll bedingen, dass keine gemeinschaftlichen Einkünfte zwischen den Komplementären vorliegen (hierzu bereits Rdnr. 335). Ein Vergleich mit der unter anderem auch hier vertretenen Ansicht zur Subjektivität einer Unternehmung zeigt indessen, dass derartige Vorstellungen fehl gehen. So ist auch bei einer Gesellschaft oder Gemeinschaft von einem Steuersubjekt auszugehen. Diese Subjektivität erstreckt sich zwar nicht auf die Steuerschuldnerschaft, ist indessen anzuerkennen. Sie beruht, soweit möglich, auf der Anknüpfung an zivilrechtliche Vorstellungen sowie vor allem auf der Annahme der Tatbestandsverwirklichung durch die Unternehmung selbst. Diese erzielt eigene Einkünfte, welche den Beteiligten für die Besteuerung zuzurechnen sind. Zurechnungsgrundlage ist die Statuierung der Steuerschuldnerschaft der Beteiligten (hierzu Rdnr. 93 f.). Die Beteiligten erzielen auch unter Geltung dieser Prämissen unzweifelhaft gemeinschaftliche Einkünfte im Sinne des § 180 Abs. 1 S. 1 Nr. 2 a) AO. **341**

Nichts anderes gilt aber im Besteuerungskonzept der KGaA. Sie ist das Subjekt, welches zivilrechtlich am Markt tätig wird, somit auch steuerrechtlich den Tatbestand verwirklicht und daher die Einkünfte erzielt. Sodann werden, wie auch bei einer Mitunternehmerschaft, diese Einkünfte der KGaA zum Zweck der Besteuerung entzogen und den Komplementären zugewiesen.[1010] Der konzeptionelle Unterschied besteht allein darin, dass bei einer Mitunternehmerschaft sämtliche Einkünfte den Beteiligten zugerechnet werden, bei der KGaA indessen zumeist lediglich ein Teil dieser (zu den Auswirkungen siehe sodann Rdnr. 345 ff.). **342**

1009 So auch *Söhn* in Hübschmann/Hepp/Spitaler, AO FGO, § 180 AO Rn. 176, *„jedenfalls"* zwischen diesen; *Brandis* in Tipke/Kruse, AO FGO, § 180 AO Rn. 17, *„insb. bei mehreren Komplementären"*; *Frotscher* in Schwarz/Pahlke, AO FGO, § 180 AO Rn. 32; *Kunz* in Gosch, AO FGO, § 180 AO Rn. 32; *Koenig* in Koenig, AO, § 180 Rn. 16; *Hölz*, S. 115 f.

1010 Zivilrechtlich entsteht der Gewinnanteil des Komplementärs zeitgleich mit dem Gewinn der KGaA, da er Teil dieses Gewinnes ist; hierzu *Hageböke* in Rödder/Herlinghaus/Neumann, KStG, § 9 Rn. 189.

Im Wesen entsprechen sich daher die Besteuerungskonzepte. Wenn jedoch im Rahmen einer Mitunternehmerschaft die Mitunternehmer gemeinschaftliche Einkünfte durch Zurechnung fremder Einkünfte erzielen, dann ist dies auch für die Komplementäre einer KGaA anzunehmen, welchen ebenfalls fremde Einkünfte zugerechnet werden.

343 Der Umstand, dass gegebenenfalls ein Teil der Einkünfte bei der KGaA verbleibt und somit von dieser zu verteuern ist, ändert hieran nichts. Auch sollte nicht rein formaljuristisch auf § 9 Abs. 1 Nr. 1 KStG abgestellt werden. Betrachtet man das Gesamtgefüge, bewirkt dieser lediglich eine den Mitunternehmerschaften entsprechende Behandlung. Auch bei den Mitunternehmern werden Gesellschaftervergütungen als Aufwand bei der Unternehmung erfasst, dort nur durch entsprechenden Ansatz als Einnahme bei den Mitunternehmern für das Gesamtergebnis neutralisiert. Die Behandlung aufseiten der Gesellschaft ist indessen identisch. Insoweit ist diese Norm als Gewinnverteilungsnorm anzusehen, welche aus rein pragmatischen Gründen, der Steuerschuldnerschaft der KGaA, als Aufwendungsabzug ausgestaltet ist.[1011] Dieser Abzug stellt nur eine mögliche Technik dar, um die hybride Besteuerung zu realisieren.[1012] Gleichfalls könnte der Gewinnanteil eines Komplementärs, welcher nicht auf das Stammkapital entfällt, als nicht steuerbares Einkommen der KGaA betrachtet werden. Eine derartige Regelung enthielt noch § 6 Nr. 7 KStG 1920.[1013] Die Absicht zu konzeptionellen Änderungen lässt sich aus den Materialien nachfolgender Gesetzesänderungen nicht ableiten.[1014] § 9 Abs. 1 Nr. 1 KStG bildet somit den notwendigen Gegenpart zu § 15 Abs. 1 S. 1 Nr. 3 EStG zur Vermeidung einer Doppelbesteuerung.[1015] Wenn daher im Rahmen der Diskussion um die gesonderte und einheitliche Feststellung auf die Subjektivität der KGaA abgestellt wird, auch unter Verweis auf § 9 Abs. 1 Nr. 1 KStG, dann in dem Sinne, dass ein Vergleich zur Mitunternehmerschaft gerade für eine Gleichbehandlung spricht.

344 Für eine Gleichbehandlung der Komplementäre mit Mitunternehmern spricht letztendlich auch ein Vergleich mit einem atypisch stillen Gesellschafter. Auch wenn dieser *„nicht zusammen mit anderen ein Gewerbe betreibt, sondern lediglich am Gewerbebetrieb eines Dritten beteiligt ist“* und *„nur schuldrechtliche Ansprüche gegen den Inhaber des Handelsgeschäfts“* hat, *„steht [er] jedoch wegen seiner (schuldrechtlichen) Beteiligung an den stillen Reserven des Betriebsvermögens und am Geschäftswert den Gesellschaftern einer Personenhandelsgesellschaft wirtschaftlich*

1011 So auch *Rohrer/Orth*, BB 2007, S. 1594 (1995); *Brandl* in Blümich, EStG, KStG, GewStG, § 9 KStG Rn. 30; *Drüen* in Herrmann/Heuer/Raupach, EStG KStG, § 9 KStG Rn. 20.

1012 *Witt* in Herrmann/Heuer/Raupach, EStG KStG^April 2015^, § 15 EStG Rn. 115.

1013 RGBl. I 1920, S. 393.

1014 Ausführlicher hierzu *Bielinis*, S. 362 f., 98 ff.

1015 *Wassermeyer* in FS Streck, S. 259 (261), beschreibt beide Normen im Zusammenhang als *„Ausgliederungs- und Zurechnungsnormen“*.

weitgehend gleich. Das rechtfertigt es, auch bei der atypischen stillen Gesellschaft von einer Beteiligung mehrerer Personen am Gegenstand der Feststellung (§ 179 Abs. 2 AO 1977) zu sprechen (herrschende Meinung ...)."[1016] Diese Erwägungen gelten gleichermaßen für den Komplementär einer KGaA.[1017]

(b) Die KGaA

Über die Feststellung zwischen den Komplementären hinausgehend wird, zutreffender Weise, teilweise eine Feststellung zwischen der KGaA einerseits und dem oder den Komplementär(en) andererseits befürwortet.[1018] Auch hierzu wird auf die Wurzeltheorie zurückgegriffen. Sie wird jedoch, insoweit abweichend zu ihrer die verselbständigte Feststellung ablehnenden Interpretation, dahingehend gedeutet, dass Einkünfte vorlägen, welche von der KGaA als solcher und dem oder den Komplementär(en) gemeinschaftlich erzielt werden, mithin von vornherein in einen KGaA- und einen Komplementärsanteil enthalten. KGaA und der einzelne Komplementär erzielten somit Einkünfte, an denen Mehrere beteiligt sind.[1019] Eine derartige Deutung der Wurzeltheorie ist möglich, wenngleich nicht zwingend. Sie scheint regellos interpretierbar. So formuliert beispielsweise der BFH gegensätzlich, dass „*die Einkommensbesteuerung des persönlich haftenden Gesellschafters ... „an der Wurzel" von der Körperschaftsbesteuerung der KGaA abgespalten*" wird.[1020] Würde er nicht von originären Einkünften allein der KGaA ausgehen, spräche er wohl eher von „*aufteilen*" bzw. „*auf*"spalten.[1021] Für originäre Einkünfte der KGaA spricht formaljuristisch auch § 9 Abs. 1 Nr. 1 KStG. Einer solchen Vorschrift bedürfte es nicht, wenn der Gewinnanteil eines Komplementärs von der KGaA nicht als Einnahme zu erfassen wäre. Es liegt daher näher, von Einkünften der KGaA auszugehen,[1022] wodurch erst in einem zweiten Schritt die Zurechnung dieser Einkünfte erfolgt.[1023] 345

1016 BFH, Urteil vom 12.11.1985 – VIII R 364/83, BStBl. II 1986, S. 311 (315).

1017 *Drüen/van Heek*, DStR 2012, S. 541 (547); *Drüen* in Herrmann/Heuer/Raupach, EStG KStG, § 9 KStG Rn. 35; *Bielinis*, S. 363.

1018 *Falter* in FS Spiegelberger, S. 113 (116); *Kusterer*, DStR 2008, S. 484 (488); *Drüen/van Heek*, DStR 2012, S. 541 (547); *Drüen* in Herrmann/Heuer/Raupach, EStG KStG, § 9 KStG Rn. 25.

1019 *Falter* in FS Spiegelberger, S. 113 (116), 117; *Drüen/van Heek*, DStR 2012, S. 541 (547); *Kusterer*, DStR 2008, S. 484 (488).

1020 BFH, Urteil vom 21.06.1989 – X R 14/88, BStBl. II 1989, S. 881 (884).

1021 Auch FG Schleswig-Holstein, Urteil vom 12.04.2011 – 5 K 136/07, DStR 2011, S. 1547 (1549), und FG Hamburg, Urteil vom 14.11.2002 – V 231/99, EFG 2003, S. 711 (711), gehen davon aus, dass durch die Wurzeltheorie von vornherein eine Trennung der Einkünfte herbeigeführt wird, gleichwohl aber keine gemeinsamen Einkünfte vorliegen.

1022 So auch *Kollruss*, BB 2012, S. 3178 (3179, 3180).

1023 Eine derartige Argumentation hätte auch in einem das Schachtelprivileg nach Art. 20 DBA-Frankreich a.F. betreffenden Urteil des BFH erfolgen können. Dort

346 Die Bezugnahme auf eine unklare und in den Grundannahmen kaum belegte Wurzel-„*Theorie*" erscheint indessen weder notwendig noch aufgrund der scheinbar beliebigen Ergebnisse zielführend. Ein terminologisches Abstellen auf ein „*auf-*" oder „*ab-*"spalten verklärt lediglich den Blick für das Wesentliche. Es sollte wiederum die Gesamtkonzeption der Besteuerung der KGaA betrachtet werden. Diese erzielt originär die Einkünfte. Nachfolgend werden diese aufgrund der Steuerschuldnerschaft der Komplementäre diesen (teilweise) zugerechnet. Verbleibt, wie regelmäßig, nach dieser Zurechnung ein Gewinn bei der KGaA, so ist diese insoweit Steuerschuldner. Auch insoweit kommt es also zu einer Zurechnung des verbleibenden Gewinns. Mit anderen Worten: Auch bei der KGaA stellt die Statuierung ihrer Steuerschuldnerschaft eine inzidente Zurechnungsregelung dar (hierzu Rdnr. 94). Zwar sind es bereits originär die Einkünfte der KGaA, welche der Besteuerung zu unterwerfen sind. Dies hindert jedoch nicht, auch in der Anordnung der Besteuerung dieser Einkünfte (teilweise) durch die KGaA eine Zurechnung zu erblicken.[1024] Wie bereits im Rahmen der Betrachtung der Subjektivität von Personengesellschaften und Gemeinschaften gezeigt, müssen originäre Einkünfteerzielung und die Steuerschuldnerschaft in Bezug auf diese Einkünfte nicht parallel laufen. Erkennt man dieses an, wird jedoch auch offensichtlich, dass jede Anordnung einer Steuerschuldnerschaft eine inzidente Zurechnung der Einkünfte beinhaltet. Dies gilt auch für den Fall, dass eigene Einkünfte zu versteuern sind.

347 Entsprechend dieser Überlegungen gilt somit, dass die originären Einkünfte der KGaA sowohl den Komplementären als auch der KGaA selbst zur Besteuerung zugerechnet werden. Wenn aber die Zurechnung von fremden Einkünften im Rahmen einer Mitunternehmerschaft unzweifelhaft zu gemeinschaftlichen Einkünften und somit zu einer gesonderten und einheitlichen Feststellung führt, sollte auch die Zurechnung an die Komplementäre und die KGaA die Annahme gemeinschaftlicher Einkünfte sowohl zwischen den Komplementären als auch der KGaA als solcher tragen. Folglich ist auch eine gesonderte und einheitliche Feststellung zwischen den Komplementären und der KGaA durchzuführen. Die Steuerschuldnerschaft der KGaA steht dem nicht entgegen, wirkt vielmehr zurechnungsbegründend und ist somit zwingende Voraussetzung der Annahme gemeinschaftlicher Einkünfte. Eine so verstandene Ausgestaltung der gesonderten und

---

war strittig, ob der KGaA als Kapitalgesellschaft das Schachtelprivileg, mithin die steuerliche Freistellung hinsichtlich von einer ausländischen Tochterkapitalgesellschaft gezahlten Dividenden, auch dann in voller Höhe zu Gute kommt, wenn der Komplementär keine juristische Person ist. Der BFH bejahte dies, begründete dies allerdings allein damit, dass das DBA sich über die materielle Zurechnung abkommensspezifisch hinwegsetze und die KGaA begünstige, ohne dass es auf innerstaatliche Zurechnungen ankäme; BFH, Urteil vom 19.05.2010 – I R 62/09, DStR 2010, S. 1712 (1714).

1024 Dieser Zurechnungsgedanke liegt (neben Zweckerwägungen) auch den Ausführungen von *Reiß* in Kirchhof, EStG, § 15 Rn. 404, zugrunde.

einheitlichen Feststellung bezieht gerade die Gesellschaftsteile in die Feststellung mit ein, deren Verhältnis sich entsprechend § 278 Abs. 2 AktG nach dem Recht der KG richtet. Die KGaA und die Komplementäre sind somit die mehreren Personen im Sinne von § 180 Abs. 1 S. 1 Nr. 2 a) AO, denen die Einkünfte zuzurechnen sind und die daher an diesen beteiligt sind.[1025]

(3) Zweckorientierte Überlegungen

Eine solche zwischen der KGaA und den Komplementären durchzuführende gesonderte und einheitliche Feststellung vermag einen Verfahrensgleichlauf auch dann zu gewährleisten, wenn lediglich ein Komplementär existiert.[1026] Allein dies kann die verselbständigte Feststellung aber nicht rechtfertigen. Sie hat auch bei Personengesellschaften und Gemeinschaften zu unterbleiben, wenn nur ein steuerlich relevant Beteiligter vorhanden ist (hierzu Rdnr. 327). Allerdings stützt die materiell-rechtliche Zwecksetzung der verselbständigten Feststellung auch die Einbeziehung der KGaA. 348

Die Befassung des sachnäheren oder sachkundigeren Finanzamtes ist hingegen gerade kein Zweck der gesonderten und einheitlichen Feststellung an sich, sondern allenfalls ein außerhalb der Norm stehendes Auslegungskriterium (siehe hierzu Rdnr. 42 ff.). Unbeschadet dessen herrschte bisher, soweit ersichtlich, Einigkeit, dass der Komplementär einer KGaA zwar Einkünfte aus Gewerbebetrieb bezieht, nicht aber er sondern die KGaA den Gewerbebetrieb unterhält.[1027] Hiernach findet § 180 Abs. 1 Nr. 2 b) AO i. V. m. § 18 Abs. 1 Nr. 2 AO keine Anwendung. Insoweit würde durch eine verselbständigte Feststellung tatsächlich das vermeintlich sachnähere Finanzamt mit den Belangen der Komplementäre betraut.[1028] In einer neueren Entscheidung aus dem Jahre 2016 bezeichnete das FG München (siehe hierzu bereits Rdnr. 333) es indessen als *„nicht von vornherein ausgeschlossen, dass durch die Qualifizierung der Einkünfte des persönlich haftenden Gesellschafters einer KGaA als gewerbliche (§ 15 Abs. 1 Satz 1 Nr. 3 EStG) auch ein gewerblicher Betrieb i.S.d. § 18 Abs. 1 Nr. 2 AO entsteht, der am Sitz der Geschäftsleitung der KGaA anzusiedeln ist.“*[1029] Folgte man dieser Auffassung, würde dem Argument der Sachnähe 349

1025 Ähnlich auch *Bielinis*, S. 364, nach dem die KGaA sowie die Komplementäre an den Einkünften der KGaA *„unmittelbar partizipieren“*. Eine analoge Anwendung des § 180 Abs. 1 S. 1 Nr. 2 a) AO ist daher nicht notwendig; dies aber erwägend *Desens/Blischke* in Kirchhof/Söhn/Mellinghoff, EStG, § 15 Rdnr. D 17.

1026 Hierzu *Falter* in FS Spiegelberger, S. 113 (117).

1027 *Wassermeyer* in FS Streck, S. 259 (261, 263); *Hageböke* in Rödder/Herlinghaus/Neumann, KStG, § 9 Rn. 187.

1028 Zuständig für die Komplementäre wäre das Betriebsfinanzamt der KGaA, § 18 Abs. 1 Nr. 2 AO, nicht aber das Wohnsitzfinanzamt, § 19 Abs. 1 S. 1 AO; *Nagel/Wittkowski*, Rn. 328; *Falter* in FS Spiegelberger, S. 113 (115, 117, 118); *Bielinis*, S. 365.

1029 FG München, Beschluss vom 28.01.2016 – 13 K 2396/13, EFG 2016, S. 869 (870).

jegliche Grundlage entzogen.[1030] Es ist jedoch bereits bei Personengesellschaften und Gemeinschaften davon auszugehen, dass diese die Einkünfte selbst erzielen (siehe hierzu Rdnr. 86 ff.). Folglich führt auch und erst recht die KGaA als juristische Person den Gewerbebetrieb selbst. Selbst aber wenn sich demnach die örtlichen Zuständigkeiten mit Durchführung einer verselbständigten Feststellung ändern, können Erwägungen zur Sachnähe allein eine solche nicht rechtfertigen. Anderenfalls müsste, überspitzt formuliert, Gleiches für Gesellschafter einer Aktiengesellschaft oder GmbH gelten. Das Argument der Sachnähe mag daher teilweise (hierzu noch Rdnr. 447 ff.) in Bezug auf den Umfang einer zweifellos durchzuführenden verselbständigten Feststellung herangezogen werden, nicht aber zur Begründung einer solchen.

350 Hauptsächlich wird, soweit die Zwecksetzung der gesonderten und einheitlichen Feststellung argumentativ in die Diskussion eingebracht wird, sodann auch auf den materiell-rechtlichen Zweck der Vermeidung sich widersprechender Entscheidungen abgestellt.[1031] Diese Überlegung wird teilweise darauf gestützt, dass die Feststellungen hinsichtlich der einzelnen Komplementäre, somit untereinander, in materieller Hinsicht nicht unterschiedlich ausfallen dürfen. Mit anderen Worten: Ein Sachverhalt, der bei einem Komplementär zu einer bestimmten Rechtsfolge führt, soll auch für einen anderen oder die anderen Komplementäre zu der gleichen zumindest aber zu einer gleichartigen Rechtsfolge führen.[1032] Dies greift jedoch zu kurz. Allein diese Argumentation vermag nicht zu begründen, warum sodann auch eine Feststellung erfolgen soll, wenn nur ein Komplementär existiert.[1033] Auch erscheint diese Argumentation zur materiell-rechtlichen

---

1030 Bei Durchführung einer gesonderten und einheitlichen Feststellung nach § 180 Abs. 1 S. 1 Nr. 2 a) AO ist gemäß § 18 Abs. 1 Nr. 2 AO das Finanzamt des Bezirks der Geschäftsleitung der KGaA zuständig (Betriebsfinanzamt). Gleiches würde aber gelten, wenn man von Gewerbebetrieben der Komplementäre ausgehen wollte und diese am Sitz der KGaA verortet. Dann wäre für den einzelnen Komplementär das Wohnsitzfinanzamt, § 19 Abs. 1 S. 1 AO, lediglich zuständig, wenn dies zugleich das Betriebsfinanzamt wäre, § 180 Abs. 1 Nr. 2 b) AO. Bei Auseinanderfallen von Betriebsfinanzamt und Wohnsitzfinanzamt wäre eine gesonderte (nicht einheitliche) Feststellung der gewerblichen Einkünfte eines jeden Komplementärs gemäß § 180 Abs. 1 Nr. 2 b) AO durchzuführen. Für diese wäre wiederum das Betriebsfinanzamt nach § 18 Abs. 1 Nr. 2 AO zuständig, welches selbst auch für die KGaA zuständig ist, § 20 Abs. 1 AO.

1031 So beispielsweise: *Witt* in Herrmann/Heuer/Raupach, EStG KStG$^{\text{April 2015}}$, § 15 EStG Rn. 115; *Reiß* in Kirchhof, EStG, § 15 Rn. 404; *Falter* in FS Spiegelberger, S. 113 (117, 118); *Bielinis*, S. 365; wohl auch *Drüen/van Heek*, DStR 2012, S. 541 (547), „*dient u.E. nicht nur der Gleichmäßigkeit der Besteuerung*".

1032 *Falter* in FS Spiegelberger, S. 113 (118), meint insoweit, dass es nicht „*aufgrund individueller Steuererklärungen bei gleichem Sachverhalt zu unterschiedlichen Steuerfestsetzungen kommen*" dürfe.

1033 Zudem bedingte eine solche Sichtweise in rein tatsächlicher Hinsicht nahezu identische Sachverhalte, welche kaum je gegeben sein werden.

Zwecksetzung gekünstelt, soweit die Einheitlichkeit der Feststellungen zwischen den Komplementären als Begründung herangezogen wird, eine Feststellung allein zwischen diesen aber abgelehnt wird.[1034]

Festzuhalten ist in diesem Zusammenhang auch, dass die Intention des Gesetzgebers bei der verselbständigten Feststellung ursprünglich allein dahin ging, unterschiedliche Feststellungen bezüglich der Höhe der Einkünfte der Gesellschaft bei den einzelnen Gesellschaftern zu vermeiden.[1035] Eine darüberhinausgehende Gleichbehandlung der Gesellschafter untereinander lässt sich den Gesetzesmaterialien nicht entnehmen (hierzu noch ausführlich Rdnr. 438 f.). Nach hier vertretener Auffassung liegen hingegen nicht nur zwischen den Komplementären gemeinschaftliche Einkünfte vor, sondern auch im Verhältnis zur KGaA als solcher (hierzu Rdnr. 345 ff.). Der Rahmen der Einheitlichkeit ist insoweit weiter zu ziehen. Neben der Einheitlichkeit von Feststellungen zwischen den Komplementären rückt in der vorliegenden Sonderkonstellation der hybriden Besteuerung die Einheitlichkeit der Feststellungen im Verhältnis zur KGaA in den Vordergrund. Diesbezüglich wird auch sodann vereinzelt auf die *„Vorteile“* hinsichtlich der Änderungsmöglichkeiten der Steuerbescheide der Komplementäre bei Durchführung einer verselbständigten Feststellung abgestellt.[1036] Lediglich bei Durchführung einer gesonderten und einheitlichen Feststellung existiert ein Grundlagenbescheid für die Veranlagung des Komplementärs, wodurch letztere an Änderungen, beispielsweise durch Betriebsprüfungen bei der KGaA, angepasst werden kann, § 175 Abs. 1 S. 1 Nr. 1 AO. Eine solche Änderungsmöglichkeit besteht ohne verselbständigte Feststellung indessen lediglich, solange die Veranlagung des Komplementärs nicht bestandskräftig geworden ist. Da Betriebsprüfungen in der Praxis oft mehrere Jahre zurückgreifen und die Möglichkeit, die Veranlagung der Komplementäre unter den Vorbehalt der Nachprüfung zustellen, § 164 AO, diese mithin *„offen zu halten“*, nicht beziehungsweise zumindest nicht durchgängig genutzt wird[1037], kann es somit letztendlich zu abweichenden Feststellungen kommen. 351

Durch die Bezeichnung dieser Änderungsmöglichkeit bei Durchführung einer verselbständigten Feststellung als *„Vorteil“* mutet diese Argumentation auf den ersten Blick rechtsfolgenorientiert an. Im Kern stellt indessen die nach § 175 Abs. 1 S. 1 AO obligatorische Änderung des Folgebescheides (*„ist … zu ändern“*) die den materiell-rechtlichen Sinn und Zweck der verselbständigten Festsetzung 352

1034 So *Falter* in FS Spiegelberger, S. 113 (118).

1035 Vgl. Begründung des Entwurfs zum EStG 1925, Verhandlungen des Reichstages, III. Wahlperiode 1924, Band 400, Nr. 795, S. 70 (auch abgedruckt bei *Strutz*, EStG 1925, § 65 Rn. 1).

1036 *Kusterer*, DStR 2008, S. 484 (488), *„Vorteil“*; *Drüen* in Herrmann/Heuer/Raupach, EStG KStG, § 9 KStG Rn. 35, *„Vorteile“*; *Falter* in FS Spiegelberger, S. 113 (118), spricht von *„Änderungsproblematik“*.

1037 Nach *Falter* in FS Spiegelberger, S. 113 (118), wird vom Vorbehalt der Nachprüfung *„grundsätzlich nicht“* Gebrauch gemacht.

verfahrensmäßig absichernde Gestaltung dar. Da die Komplementäre und die KGaA gemeinschaftliche Einkünfte erzielen, ist es nicht lediglich die auch am Wortlaut ausgerichtete Rechtsfolge des § 180 Abs. 1 S. 1 Nr. 2 a) AO, eine gesonderte und einheitliche Feststellung durchzuführen, sondern entspricht darüber hinaus gerade der materiell-rechtlichen Zwecksetzung.[1038] Diese könnte zwar ebenfalls durch eine Steuerfestsetzung unter dem Vorbehalt der Nachprüfung erreicht werden, § 164 AO, indessen nicht rechtlich zwingend und somit gleichsam effektiv.

(4) Ergebnis

353 Es bleibt festzuhalten, dass bereits die Frage nach der gesonderten und einheitlichen Feststellung den gesetzgeberischen Klarstellungsbedarf hinsichtlich der steuerlichen Behandlung der KGaA illustriert.[1039] Deren Durchführung lässt sich jedoch bereits aus vergleichenden subjektivitätsbezogen Überlegungen und Zurechnungsüberlegungen herleiten. Nach diesen ist von gemeinschaftlich erzielten Einkünften des Komplementärs beziehungsweise der einzelnen Komplementäre untereinander einerseits und der KGaA als solcher andererseits auszugehen. Diese gemeinschaftlichen Einkünfte bedingen sodann auch entsprechend der materiell-rechtlichen Zwecksetzung der gesonderten und einheitlichen Feststellung eine verselbständigte Feststellung.

4. Feststellung für Vorauszahlungszwecke, § 37 Abs. 3 S. 3 EStG

354 Allgemeiner, somit für Beteiligte sämtlicher Unternehmungen geltend, wird auch teilweise die Eröffnung des Anwendungsbereiches der gesonderten und einheitlichen Feststellung für Vorauszahlungszwecke[1040] für sinnvoll und möglich erachtet.[1041] Maßgeblich erscheint insoweit, dass es zumindest ineffizient erscheint, wenn verschiedene Wohnsitzfinanzämter sich zu diesem Zweck mit den Verhältnissen auf Unternehmungsebene zu befassen haben. Der Prämisse der Verhinderung abweichender Entscheidungen ist hingegen aufgrund der Vorläufigkeit ein geringeres Gewicht beizumessen.[1042] Allerdings schreibt § 37 Abs. 3 S. 1, 3 EStG

1038 Diese Zwecksetzung ist nicht zu verwechseln mit dem vom FG Schleswig-Holstein, Urteil vom 12.04.2011 – 5 K 136/07, DStR 2011, S. 1547 (1549), und vom FG Hamburg, Urteil vom 14.11.2002 – V 231/99, EFG 2003, S. 711 (712), abgelehnten reinen Verfahrenszweck, *„die steuerliche Erfassung von Einkünften sicher zu stellen, die bei einem anderen Steuerpflichtigen abgesetzt worden sind"*.

1039 So auch *Drüen* in Herrmann/Heuer/Raupach, EStG KStG, § 9 KStG Rn. 35.

1040 Ein Steuerpflichtiger hat grundsätzlich Vorauszahlungen auf die Einkommensteuer zu entrichten, die er für den laufenden Veranlagungszeitraum schulden wird, § 37 Abs. 1 S. 1 EStG. Diese werden durch Vorauszahlungsbescheid festgesetzt und gegebenenfalls angepasst, § 37 Abs. 3 S. 1, 3 EStG.

1041 *Westerfelhaus*, DB 1987, S. 907 (908); *Brandis* in Tipke/Kruse, AO FGO, § 180 AO Rn. 14.

1042 So zumindest auch *Brandis* in Tipke/Kruse, AO FGO, § 180 AO Rn. 14.

die Festsetzung für Vorauszahlungszwecke dem Finanzamt, somit dem Wohnsitzfinanzamt, § 19 AO, zu.[1043] Eine hiervon abweichende Zuständigkeit eines anderen Finanzamtes im Rahmen einer verselbständigten Feststellung kann sich jedoch nur aufgrund einer (eindeutigen) gesetzlichen Normierung ergeben, § 179 Abs. 1 AO. Da sich dem § 180 Abs. 1 S. 1 Nr. 2 a) AO eine gesonderte Feststellung für Vorauszahlungszwecke weder ausdrücklich noch inzident entnehmen lässt, scheidet eine solche daher aus,[1044] auch wenn eine solche zweckmäßig erscheinen würde.[1045]

III. Einkünfteermittlung

Auch wenn eine Gesellschaft oder Gemeinschaft nicht selbst Subjekt der Einkommensbesteuerung ist, so ist ihr doch ertragsteuerliche Selbständigkeit zuzuerkennen. **355** Sie ist zumindest Subjekt der Einkünfteermittlung und Einkünftequalifikation, nach hier vertretener Auffassung auch der Einkünfteerzielung (siehe hierzu Rdnr. 86 ff.). Hiermit geht einher, dass für die Frage ob und wenn ja welche Einkünfte erzielt wurden, zunächst die Gesellschafts- beziehungsweise Gemeinschaftsebene zu betrachten ist. Bereits hinsichtlich dieser Einkünfte der Unternehmung ist zu klären, wie weit der Umfang der Einkünfteermittlung innerhalb einer gesonderten und einheitlichen Feststellung zu ziehen ist. Die Frage, in welchem Verfahren sich sodann beteiligtenbezogene Umstände, welche außerhalb der Unternehmungs- und der eigentlichen Beteiligtensphäre liegen, zu berücksichtigen sind, daher die Behandlung sogenannter Zebra-Gesellschaften, darf einstweilen als Klassiker bezeichnet werden. Inwieweit die Beteiligtensphären an sich überhaupt in eine einheitliche Feststellung miteinzubeziehen sind, soll indessen noch gesondert behandelt werden (hierzu ausführlich Rdnr. 393 ff.). Vorab lässt sich hingegen allgemein festhalten, dass unterschiedliche Einkünfteermittlungsmethoden hinsichtlich der mit einer Unternehmung im Zusammenhang stehenden Einkünfte nicht zur Anwendung kommen können.

1. Verschiedene Einkunftsarten auf Ebene der Gesellschaft/ Gemeinschaft

Zunächst ist aber bereits auf Ebene der Gesellschaft oder Gemeinschaft denkbar, **356** dass die gemeinschaftlichen Einkünfte mehreren Einkunftsarten entstammen.[1046]

1043 Statt Vieler: *Ettlich* in Blümich, EStG, KStG, GewStG, § 37 EStG Rn. 86.

1044 BFH, Beschluss vom 26.02.1975 – I B 96/74, BStBl. II 1975, S. 449 (450 f.); BFH, Beschluss vom 26.10.1978 – I B 3/78, BStBl. II 1979, S. 46 (47); *Söhn* in Hübschmann/Hepp/Spitaler, AO FGO, § 180 AO Rn. 196; *Kunz* in Gosch, AO FGO, § 180 AO Rn. 57.

1045 So auch *Söhn* in Hübschmann/Hepp/Spitaler, AO FGO, § 180 AO Rn. 196; *Brandis* in Tipke/Kruse, AO FGO, § 180 AO Rn. 14.

1046 Erzielt werden können beispielsweise auch Einkünfte aus Gewerbebetrieb neben Einkünften aus Vermietung und Verpachtung. Die im Rahmen einer

Insoweit stellt sich die Frage, ob für diese unterschiedlichen Einkünfte eine gesonderte und einheitliche Feststellung oder ob für jede Einkunftsart eine separate Feststellung vorzunehmen ist.[1047] § 180 Abs. 1 S. 1 Nr. 2 a) AO regelt dies nicht, jedenfalls nicht ausdrücklich. Trotzdem muss diese Norm Ausgangspunkt der Betrachtung sein. Sie setzt voraus, dass *„an den Einkünften mehrere Personen beteiligt“* sind. Hiermit wird lediglich die Einkünfteerzielung im Rahmen einer Gesellschaft oder Gemeinschaft beziehungsweise durch diese vorausgesetzt (siehe hierzu oben Rdnr. 312 ff.), nicht jedoch, dass es sich stets um dieselbe Einkunftsart handelt.[1048] Diese Einkünfte stellen den Gegenstand der Feststellung nach § 179 Abs. 2 S. 2 Alt. 2 AO dar. Zudem erfordern weder Sinn noch Zweck der gesonderten und einheitlichen Feststellung, dass verschiedene Einkunftsarten separat festgestellt würden.[1049] Insoweit ist im Grundsatz anerkannt, dass eine verselbständigte Feststellung sämtliche Einkünfte einer identischen Personenmehrheit umfassen kann.[1050]

357 Dieser Grundsatz erfährt zwei Ausnahmen. Zum einen sind mehrere gesonderte und einheitliche Feststellungen für verschiedene Einkunftsarten innerhalb einer Personenmehrheit durchzuführen, wenn und soweit für die jeweiligen

---

Mitunternehmerschaft existierende Abfärbewirkung gewerblicher Einkünfte auf Einkünfte anderer Art nach § 15 Abs. 3 Nr. 1 EStG setzt das Überschreiten einer gewissen Bagatellschwelle voraus; BFH, Urteil vom 11.08.1999 – XI R 12/98, BStBl. II 2000, S. 229 (230); siehe hierzu *Bode* in Blümich, EStG, KStG, GewStG, § 15 EStG Rn. 228 m.w.N.

1047 Abzugrenzen ist diese Konstellation von der verfahrensrechtlichen Behandlung mehrerer beteiligungsidentischer Unternehmungen (hierzu oben Rdnr. 320 ff.). Dies gelingt nicht immer trennscharf, wie beispielsweise die Befassung in diesem Zusammenhang von *Söhn* in Hübschmann/Hepp/Spitaler, AO FGO, § 180 AO Rn. 179, *„kontrovers“*, mit *Baum* in Koch/Scholtz, AO, § 180 Rn. 10, und *Kunz* in Gosch, AO FGO, § 180 AO Rn. 20, belegt. Letztere fordern ein Feststellungsverfahren für *„jede Einkunftsquelle“*, verstehen hierunter jedoch unter Bezugnahme auf BFH, Urteil vom 10.01.1964 – VI 29/63, BStBl. III 1964, S. 144, die Unternehmung und nicht die Einkunftsart. Dies sind vollkommen anders gelagerte Fragestellungen.

1048 So auch *Söhn* in Hübschmann/Hepp/Spitaler, AO FGO, § 180 AO Rn. 180.

1049 *Söhn* in Hübschmann/Hepp/Spitaler, AO FGO, § 180 AO Rn. 180. Auch *Brandis* in Tipke/Kruse, AO FGO, § 180 AO Rn. 18, schließt eine ganzheitliche Feststellung unter dem Aspekt der Sachnähe nur aus, wenn verschiedene Finanzämter zuständig sind (hierzu unter Rdnr. 357).

1050 BFH, Urteil vom 17.01.1985 – IV R 106/81, BStBl. II 1985, S. 291 (292); BFH, Urteil vom 07.04.1987 – IX R 103/85, BStBl. II 1987, S. 707 (708); jeweils zur damals vertretenen Umqualifizierung von Einkünften im Feststellungsverfahren; BFH, Urteil vom 31.07.1990 – I R 3/90, BFH/NV 1991, S. 285 (286); *Ruban*, DStR 1991, S. 65 (66, 67); *Brandis* in Tipke/Kruse, AO FGO, § 180 AO Rn. 18; *von Wedelstädt* in Kühn/von Wedelstädt, AO FGO, § 181 AO Rn. 10; *Söhn* in Hübschmann/Hepp/Spitaler, AO FGO, § 180 AO Rn. 180.

Feststellungen unterschiedliche Finanzämter nach § 18 AO[1051] (siehe hierzu oben Rdnr. 157 ff.) zuständig sind.[1052] Zum anderen setzt § 180 Abs. 1 S. 1 Nr. 2 a) AO gerade voraus, dass Mehrere *„an den Einkünften"* beteiligt sind. Diese Beteiligung hat sich daher auf die gemeinschaftlichen Einkünfte in ihrer Gesamtheit zu erstrecken. Daher sind getrennte Feststellungsverfahren durchzuführen, soweit nicht alle Beteiligten an den unterschiedlichen Einkünften beteiligt sind, somit keine Beteiligungsidentität gegeben ist.[1053] Nicht erforderlich ist indessen, dass hinsichtlich der unterschiedlichen Einkunftsarten auch eine identische Beteiligungshöhe der einzelnen Beteiligten vorliegt.[1054] § 180 Abs. 1 S. 1 Nr. 2 a) AO stellt auf die Beteiligung Mehrerer und nicht auf die identische Beteiligung Mehrerer ab.[1055] Zu prüfen und im Einzelfall zu entschieden bleibt freilich, ob eine unterschiedliche Beteiligungshöhe nicht auf eine personenidentische, gegebenenfalls auch konkludent geschlossene, andere und somit getrennt zu erfassende Gesellschaft oder Gemeinschaft schließen lässt.[1056]

Unbeschadet dieser Ausnahmen ist eine (einzige) und mehrere Einkunftsar- **358**
ten umfassende gesonderte und einheitliche Feststellung aber möglich. Hiermit ist allerdings noch nicht gesagt, dass eine solche auch zwingend zu erfolgen hat. Die insoweit maßgeblichen Gesichtspunkte sind gleichgelagert mit den Aspekten, die auch für eine zwingende Feststellung mehrerer Objekte im Rahmen einer Einkunftsart sprechen (hierzu sogleich Rdnr. 359 ff.).

1051 Exemplarisch: für gewerbliche Einkünfte ist der Ort der Geschäftsleitung, § 18 Abs. 1 Nr. 2 AO, für Einkünfte aus selbständiger Arbeit ist der Ort der Tätigkeit, § 18 Abs. 1 Nr. 3 AO, maßgeblich. Unberührt bleibt freilich die Möglichkeit einer Zuständigkeitsvereinbarung nach § 27 AO.

1052 BFH, Urteil vom 23.08.1968 – VI R 1/67, BStBl. II 1968, S. 831 (832); *Baum* in Koch/Scholtz, AO, § 180 Rn. 10; *Kunz* in Gosch, AO FGO, § 180 AO Rn. 20; *Brandis* in Tipke/Kruse, AO FGO, § 180 AO Rn. 18; *von Wedelstädt* in Kühn/von Wedelstädt, AO FGO, § 181 AO Rn. 10; *Söhn* in Hübschmann/Hepp/Spitaler, AO FGO, § 180 AO Rn. 179; jeweils m.w.N.

1053 *von Wedelstädt* in Kühn/von Wedelstädt, AO FGO, § 181 AO Rn. 10; *Brandis* in Tipke/Kruse, AO FGO, § 180 AO Rn. 18; *Söhn* in Hübschmann/Hepp/Spitaler, AO FGO, § 180 AO Rn. 179, 180.

1054 So aber *Frotscher* in Schwarz/Pahlke, AO FGO, § 180 AO Rn. 84; *Kunz* in Gosch, AO FGO, § 180 AO Rn. 20; wohl auch *Dostert*, S. 74, *„nur dann sinnvoll, wenn die Beteiligungsverhältnisse ... gleich sind"*.

1055 Wie hier auch *von Wedelstädt* in Kühn/von Wedelstädt, AO FGO, § 181 AO Rn. 10; *Brandis* in Tipke/Kruse, AO FGO, § 180 AO Rn. 18; *Söhn* in Hübschmann/Hepp/Spitaler, AO FGO, § 180 AO Rn. 179, 180.

1056 So auch *Brandis* in Tipke/Kruse, AO FGO, § 180 AO Rn. 18. Den Schluss von unterschiedlichen Beteiligungsquoten auf getrennt zu erfassende Unternehmungen zieht wohl *Baum* in Koch/Scholtz, AO, § 180 Rn. 10, per se: *„Dies [Unterscheidung zwischen mehreren Gesellschaften und Gemeinschaften] gilt insbesondere, wenn die Beteiligungsquoten der Gesellschafter bei den einzelnen Einkunftsarten unterschiedlich sind."*

2. Mehrere Objekte innerhalb einer Einkunftsart auf Ebene der Gesellschaft/Gemeinschaft

359 Auch der Fall, dass gemeinschaftliche Einkünfte innerhalb einer Einkunftsart aus mehreren Objekten erzielt werden, wird von § 180 Abs. 1 S. 1 Nr. 2 a) AO nicht ausdrücklich geregelt. Auch hier hat jedoch eine gemeinsame gesonderte und einheitliche Feststellung zu erfolgen, wenn nicht verschiedene Finanzämter für einzelne Feststellungen zuständig sind und Beteiligungsidentität, nicht Beteiligungsquotenidentität, besteht.[1057] Überwiegend wird der Finanzverwaltung indessen ein Wahlrecht zwischen einer alle Objekte umfassenden Feststellung und jeweiligen Einzelfeststellungsverfahren zugestanden.[1058] Dies überzeugt nicht.

360 Allerdings ist der Annahme finanzbehördlichen Ermessens schwerlich die Ausgestaltung des § 180 Abs. 1 S. 1 Nr. 2 a) AO als Mussvorschrift entgegen zu halten.[1059] Die obligatorische Anordnung des Feststellungsverfahrens bezieht sich auf die Durchführung des Feststellungsverfahrens an sich, nicht auf die Frage, ob eine oder mehrere Verfahren durchzuführen sind.[1060] Maßgeblicher erscheint, dass § 180 Abs. 1 S. 1 Nr. 2 a) AO von der Feststellung steuerrelevanter Einkünfte spricht, nicht von Objekten oder Teilen von Einkünften. Für eine alle Objekte umfassende Feststellung spricht auch ein Vergleich mit § 179 Abs. 2 S. 2 Alt. 2 AO. Die gesonderte Feststellung ist gegenüber mehreren Beteiligten einheitlich vorzunehmen, wenn *„der Gegenstand der Feststellung mehreren Personen zuzurechnen ist.“*[1061] Isoliert betrachtet ließe sich dies noch als Hinweis auf eine objektbezogene Feststellung verstehen, auch wenn ein anderes Verständnis näher liegt. § 180

1057 Offen gelassen von BFH, Urteil vom 19.04.2005 – VIII R 6/04, BFH/NV 2005, S. 1737 (1738). Wie hier *Söhn* in Hübschmann/Hepp/Spitaler, AO FGO, § 180 AO Rn. 181, *„Durchführung nur eines Feststellungsverfahrens geboten“*.

1058 BFH, Urteil vom 23.08.1968 – VI R 1/67, BStBl. II 1968, S. 831 (832), *„zweckmäßig“*; BFH, Urteil vom 18.11.1980 – VIII R 194/78, BStBl. II 1981, S. 510 (512), *„zusammenfassende Feststellung aus Zweckmäßigkeitsgründen zulässig“*; BFH, Urteil vom 17.10.1991 – IV R 97/89, BStBl. II 1992, S. 392 (393), *„aus Zweckmäßigkeitsgründen mindestens zulässig“*; *von Wedelstädt* in Kühn/von Wedelstädt, AO FGO, § 181 AO Rn. 10, *„können“*; *Frotscher* in Schwarz/Pahlke, AO FGO, § 180 AO Rn. 84, *„kann sowohl ... als auch“*; *Kunz* in Gosch, AO FGO, § 180 AO Rn. 20, *„kann dann zweckmäßig sein, nur ein Feststellungsverfahren durchzuführen“*; wohl auch *Brandis* in Tipke/Kruse, AO FGO, § 180 AO Rn. 18, *„zulässigen „zusammengefassten Feststellungsbescheid““*.

1059 So aber *Söhn* in Hübschmann/Hepp/Spitaler, AO FGO, § 180 AO Rn. 181.

1060 So auch *Frotscher* in Schwarz/Pahlke, AO FGO, § 180 AO Rn. 84, gegen die gegen ihn gerichtete Kritik.

1061 Die in § 179 Abs. 2 S. 2 Alt. 1 AO genannte gesetzliche Bestimmung bezieht sich unter anderem auf § 180 Abs. 2 AO i. V. m. der entsprechenden Rechtsverordnung, *Söhn* in Hübschmann/Hepp/Spitaler, AO FGO, § 179 AO Rn. 16 ff.

Abs. 1 S. 1 Nr. 2 a) AO spricht im Zusammenhang konkretisierend indessen von den Einkünften.

Zudem besteht der Sinn und Zweck der gesonderten und einheitlichen Feststellung unter anderem in der verfahrensökonomischen Ausgestaltung im weiteren Sinne und der damit einhergehenden Erleichterung des Besteuerungsverfahrens (siehe hierzu oben Rdnr. 38 ff.). Warum dann mehrere Feststellungsverfahren für mehrere Objekte durchgeführt werden sollten, wenn eine umfassende Feststellung nach der örtlichen Zuständigkeit ebenfalls und mit weniger Aufwand möglich ist, erklärt sich nicht.[1062] Vielmehr sollte erwartet werden, dass das gesetzgeberisch vorgesehene Feststellungsverfahren immer so umfassend genutzt wird, dass der Sinn und Zweck so weitgehend wie möglich erfüllt wird, soweit hier nicht ersichtliche, übergeordnete Gesichtspunkte keine abweichende Behandlung rechtfertigen. Hiermit ist nicht vereinbar, eine mehrere Objekte zusammenfassende Feststellung als fakultativ anzusehen. Es hat vielmehr eine (Numerale) gesonderte und einheitliche Feststellung zu erfolgen, wenn nicht verschiedene Finanzämter zuständig sind und Beteiligungsidentität, nicht Beteiligungsquotenidentität, besteht.[1063] Eine wirtschaftliche Verbindung zwischen den Objekten ist hierfür nicht vorauszusetzen.[1064] 361

3. Zebra-Gesellschaften

Lange Zeit war zwischen den Senaten des BFH als auch im Schrifttum höchst umstritten, wie und vor allem wo unterschiedliche Einkünfte im Rahmen sogenannter Zebra-Gesellschaften zu erfassen sind.[1065] Nachdem der Große Senat des BFH im Jahr 1984 seine Gepräge-Rechtsprechung aufgab, war zunächst geklärt, dass gewerbliche Einkünfte eines Beteiligten nicht dazu führen, dass die Tätigkeit einer Gesellschaft oder Gemeinschaft insgesamt als gewerblich anzusehen wäre und somit für jeden Beteiligten gewerbliche Einkünfte vermittelt.[1066] 362

1062 Ebenso *Brandis* in Tipke/Kruse, AO FGO, § 180 AO Rn. 18.

1063 Eine nicht alle Objekte umfassende Feststellung kann somit durch Ergänzungsbescheid, § 179 Abs. 3 AO, vervollständigt werden. *Brandis* in Tipke/Kruse, AO FGO, § 180 AO Rn. 18; *Söhn* in Hübschmann/Hepp/Spitaler, AO FGO, § 180 AO Rn. 181; *Frotscher* in Schwarz/Pahlke, AO FGO, § 180 AO Rn. 84.

1064 A.A. noch BFH, Urteil vom 18.11.1980 – VIII R 194/78, BStBl. II 1981, S. 510 (512); *Frotscher* in Schwarz/Pahlke, AO FGO, § 180 AO Rn. 84. Wie hier *Brandis* in Tipke/Kruse, AO FGO, § 180 AO Rn. 18; *Söhn* in Hübschmann/Hepp/Spitaler, AO FGO, § 180 AO Rn. 181.

1065 Nach früherer Rechtsprechung sollte für unterschiedliche Einkünfte der Beteiligten eine gesonderte und einheitliche Feststellung unzulässig sein; so noch BFH, Urteil vom 18.02.1976 – I R 116/75, BStBl. II 1976, S. 480 (482); siehe hierzu auch *Krüger*, S. 148 f.; *Söhn* in Hübschmann/Hepp/Spitaler, AO FGO, § 180 AO Rn. 183.

1066 BFH, Beschluss vom 25.06.1984 – GrS 4/82, BStBl. II 1984, S. 751 (760, 761). Die Entscheidung erging konkret zur GmbH & Co KG, ist allerdings verallgemeinerungsfähig.

Verallgemeinernd ist daher festzuhalten, dass die Art der Einkünfte eines Beteiligten nicht auf die Art der Einkünfte der Personenmehrheit abfärbt.[1067] Letztere bestimmen sich allein aufgrund von Umständen der Unternehmungssphäre.[1068] Die Unternehmung unterliegt indessen nicht der Einkommensbesteuerung. Für die Besteuerung der Beteiligten ist hingegen maßgeblich, welche Einkunftsart bei diesen anzunehmen ist. Diese Qualifikation kann von der Einkünftequalifikation auf Gesellschafts- oder Gemeinschaftsebene abweichen. Angesprochen sind Konstellationen, in denen die Unternehmung Einkünfte einer Einkunftsart erzielt, welche sodann jedoch aufgrund in der Sphäre eines Beteiligten liegender Umstände letztendlich in eine andere Einkunftsart für diesen umzuqualifizieren sind.[1069]

a) *Umqualifizierung der Einkünfte auf Ebene der Beteiligten*

363 Zumindest für die Praxis ist die Frage nach der verfahrensmäßigen Umsetzung einer solchen Umqualifizierung seit dem Beschluss des Großen Senates des BFH aus dem Jahre 2005 geklärt.[1070] Die Entscheidung über die bei einem Beteiligten letztendlich vorliegende Einkunftsart ist erst im Festsetzungsverfahren durch das hierfür zuständige Finanzamt zu treffen. Im Rahmen eines zweistufigen Qualifizierungsverfahren werden somit auf erster Stufe der verselbständigten Feststellung bei vermögensverwaltender Personenmehrheit die Einkünfte als Überschuss der

---

1067 Von diesem Grundsatz bildet § 15 Abs. 3 Nr. 2 EStG eine normierte Ausnahme, mit welcher die Gepräge-Rechtsprechung gesetzlich wieder verankert wurde. Sie gilt aber lediglich für Personengesellschaften, bei der ausschließlich eine oder mehrere Kapitalgesellschaften persönlich haftende Gesellschafter sind und nur diese oder Personen, die nicht Gesellschafter sind, zur Geschäftsführung befugt sind.

1068 BFH, Beschluss vom 25.06.1984 – GrS 4/82, BStBl. II 1984, S. 751 (761).

1069 Als Musterbeispiel galt und gilt die vermögensverwaltende Tätigkeit einer Unternehmung, welche Einkünfte aus Vermietung und Verpachtung, § 21 Abs. 1 Nr. 1 EStG, vermittelt. Veräußert diese ein Objekt, so sind die daraus erwachsenen Einkünfte entweder solche aus privaten Veräußerungsgeschäften, § 23 Abs. 1 S. 1 Nr. 1 S. 1 EStG, oder bei Beachtung der Haltefristen steuerfrei. Betätigt sich aber ein Beteiligter neben der Unternehmung als gewerblicher Grundstückshändler und generiert selbst gewerbliche Einkünfte, so sind auch die aus der Unternehmung stammenden Einkünfte in gewerbliche umzuqualifizieren. Gleiches gilt, wenn die Grenze zur Gewerblichkeit erst durch Zusammenschau der Einkünfte aus der Unternehmung und der weiteren Einkünfte des Beteiligten überschritten wird; zur Drei-Objekte-Grenze siehe beispielsweise *Bode* in Blümich, EStG, KStG, GewStG, § 15 EStG Rn. 174 ff. Eine Umqualifizierung findet auch statt, wenn die Beteiligung an einer vermögensverwaltenden Unternehmung im Betriebsvermögen gehalten wird.

1070 BFH, Beschluss vom 11.04.2005 – GrS 2/02, BStBl. II 2005, S. 679. Zum bis dahin bestehenden Meinungsstand siehe exemplarisch *Frotscher* in Schwarz/Pahlke, AO FGO, § 180 AO Rn. 37 ff.; *Söhn* in Hübschmann/Hepp/Spitaler, AO FGO, § 180 AO Rn. 183 ff.

Einnahmen über die Werbungskosten festgestellt und den Beteiligten zugerechnet. Lediglich diese Zurechnung, nicht aber die im Rahmen der Einkünfteermittlung vorgenommene Qualifikation der Einkünfte, entfaltet Bindungswirkung (eingeschränkte Bindungswirkung).[1071] Auf zweiter Stufe des Festsetzungsverfahrens können dem Beteiligten zugerechnete Einkünfte entsprechend der in seiner Sphäre liegenden Umstände umzuqualifizieren sein. Eine verbindliche Entscheidung über Art und Höhe[1072] der Einkünfte des jeweiligen Beteiligten[1073] trifft sodann das Festsetzungsfinanzamt.[1074] Die verselbständigte Feststellung bezieht sich *„nur auf die gemeinschaftlich verwirklichten Tatbestandsmerkmale ..., nicht aber auf solche außerhalb der Beteiligung im Bereich der persönlichen Einkünfteerzielung. Diese Tatbestandsmerkmale treten vielmehr zu den verbindlich festgestellten Besteuerungsgrundlagen im Bereich der persönlichen Tatbestandsverwirklichung des Gesellschafters hinzu. Sie gehören nicht in den Regelungsbereich des Grundlagenbescheids, sondern in jenen des Folgebescheids. Die bei Beteiligung an einer sog. Zebragesellschaft erforderliche Umqualifizierung im Einkommensteuerbescheid des Gesellschafters berührt also nicht die Grundlagenentscheidung. „Diese wird weiterhin als richtig anerkannt, erscheint nur auf der Ebene des Gesellschafters im Zusammenhang mit den genannten, außerhalb des Regelungsbereichs des Grundlagenbescheids liegenden Umständen in einem ‚anderen Licht' [...]"*.[1075]

b) Kritische Würdigung

Auch wenn diese vom Großen Senat vorgegebene Handhabung auf den ersten **364**
Blick schlüssig erscheint, sieht sie sich doch einer gewissen, teilweise berechtigten, zum Teil jedoch unberechtigten, Kritik ausgesetzt.

1071 BFH, Beschluss vom 11.04.2005 – GrS 2/02, BStBl. II 2005, S. 679 (681 ff.); *Söhn* in Hübschmann/Hepp/Spitaler, AO FGO, § 180 AO Rn. 191a; *Brandis* in Tipke/Kruse, AO FGO, § 180 AO Rn. 57.

1072 BFH, Beschluss vom 11.04.2005 – GrS 2/02, BStBl. II 2005, S. 679 (682); BFH, Urteil vom 17.08.2005 – X R 58/01, BFH/NV 2006, S. 230 (231 f.). Eine zum Grundlagenbescheid unterschiedliche Höhe der Einkünfte kann sich aus einem Wechsel der Gewinnermittlungsart (Betriebsvermögensvergleich statt Einnahmen-Überschuss-Rechnung) ergeben, beispielsweise durch die generelle Berücksichtigung von Veräußerungsgewinnen bei gewerblicher Qualifizierung.

1073 Die Feststellung der Höhe der Einkünfte der Unternehmung wie auch die personelle Zurechnung zu den einzelnen Beteiligten im Feststellungsbescheid sind für das Festsetzungsfinanzamt bindend; *Frotscher* in Schwarz/Pahlke, AO FGO, § 180 AO Rn. 42.

1074 BFH, Beschluss vom 11.04.2005 – GrS 2/02, BStBl. II 2005, S. 679 (683).

1075 BFH, Beschluss vom 11.04.2005 – GrS 2/02, BStBl. II 2005, S. 679 (682). Aus den gleichen Gründen und folgerichtig lässt der BFH auch eine Umqualifizierung eines im Feststellungsbescheid als Veräußerungsgewinn festgestellten Gewinns in einen laufenden Gewinn aus gewerblichem Grundstückshandel zu; hierzu BFH, Urteil vom 18.04.2012 – X R 34/10, BStBl. II 2012, S. 647 (649 ff.).

(1) Einheitlichkeit der Steuerfestsetzungen

365 Dies gilt zunächst für den oftmals angeführten Einwand, dass durch diese Verfahrensweise abweichende Entscheidungen einzelner Festsetzungsfinanzämter zu Art und Höhe der Einkünfteanteile nicht zuverlässig vermieden werden.[1076] Ob der materiell-rechtlichen Zwecksetzung des Feststellungsverfahrens (hierzu Rdnr. 36 f.) nur ungenügend Rechnung getragen wird, sollte indessen differenzierter betrachtet werden.

(a) Abweichende Umqualifizierungsentscheidungen

366 Dies setzt jedoch auch ein zutreffendes Verständnis des Umfangs der beschränkten Bindungswirkung voraus. Allgemein gilt, dass abweichende Entscheidungen zur Umqualifizierung bei mehreren Beteiligten zwar möglich sind, indessen weniger wahrscheinlich.[1077] Zudem ist die materiell-rechtliche Zweckrichtung nach der gesetzgeberischen Intention gerade darin zu erblicken, dass die Einkünfte der Unternehmung durch die einzelnen Wohnsitzfinanzämter nicht in unterschiedlicher Höhe festgestellt werden (siehe hierzu Rdnr. 24, 36 f. sowie noch Rdnr. 438 ff.).[1078] Da sämtliche mit der Unternehmung im Zusammenhang stehenden Umstände bereits im Feststellungsverfahren gewürdigt werden, stellt sich die Frage einer Umqualifizierung der Einkünfte auch nur dann, wenn außerhalb dieser Sphäre liegende, beteiligtenbezogene Umstände hinzutreten. Versteht man die beschränkte Bindungswirkung des Feststellungsbescheides daher auch zutreffend dahingehend, dass außerhalb der Unternehmungssphäre liegende beteiligtenbezogene Umstände, welche nicht im Feststellungsverfahren berücksichtigt werden

---

1076 *Dürrschmidt/Friedrich-Vache*, DStR 2005, S. 1515 (1519 f.); *Kempermann*, FR 2005, S. 1030 (1030); *Marchal*, DStZ 2005, S. 861 (864); *Zähle*, S. 137; *Mönkemöller*, S. 331, *Brandis* in Tipke/Kruse, AO FGO, § 180 AO Rn. 57; *Frotscher* in Schwarz/Pahlke, AO FGO, § 180 AO Rn. 41; *Söhn* in Hübschmann/Hepp/Spitaler, AO FGO, § 180 AO Rn. 191g; genereller kritisiert *Wassermeyer*, JbFSt 2006/2007, S. 376 (376), dass *„etwas festgestellt wird, was keiner erzielt."*

1077 Da sich die Umqualifizierung durch die Folgefinanzämter auch auf Daten des Feststellungsfinanzamtes stützen muss, existiert insoweit zumindest ein identisches Entscheidungsfundament. Auch der IX Senat, BFH, Vorlagebeschluss vom 30.10.2002 – IX R 80/98, BStBl. II 2003, S. 167 (173), sieht insoweit *„allenfalls eine theoretische „Gefahr"*"; *Frotscher* in Schwarz/Pahlke, AO FGO, § 180 AO Rn. 41, spricht von einer *„mehr theoretische[n] Natur"*. Freilich vermag eine derart statistische Betrachtung grundsätzliche rechtliche Bedenken nicht auszuräumen. Kritisch von einer nicht zum klassischen Auslegungskanon gehöhrenden *„statische[n] Auslegung"* sprechen, wenn auch im Zusammenhang mit mehreren gesetzlichen Richtern, *Dürrschmidt/Friedrich-Vache*, DStR 2005, S. 1515 (1519).

1078 Vgl. Begründung des Entwurfs zum EStG 1925, Verhandlungen des Reichstages, III. Wahlperiode 1924, Band 400, Nr. 795, S. 70 (auch abgedruckt bei *Strutz*, EStG 1925, § 65 Rn. 1).

konnten, hinzutreten müssen, stellt sich mangels hinzutretender Umstände das Problem der Einheitlichkeit hinsichtlich Einkunftsart und -höhe der Unternehmung nicht. Dem Festsetzungsfinanzamt ist in diesem Fall die Befugnis abzusprechen, zugerechnete Einkünfte umzuqualifizieren.

Ergehen abweichende Umqualifizierungsentscheidungen, die auch auf individuell verwirklichten Sachverhalten außerhalb der Unternehmungssphäre beruhen, welche aber im Zusammenhang mit dieser zu betrachten sind, ist dies nicht anders zu bewerten, als sonstige unterschiedliche Entscheidungen zu gleichgelagerten Sach- und Rechtsfragen.[1079] Exemplarisch: Nach der Drei-Objekte-Grenze indiziert die Veräußerung von mehr als drei Objekten innerhalb eines Zeitraumes von fünf Jahren eine von Anfang an bestehende, zumindest bedingte Veräußerungsabsicht und somit einen gewerblichen Grundstückshandel.[1080] Dieser Zeitraum stellt indessen keine starre Grenze dar. Auch Objekte, die nach mehr als fünf Jahren, aber nicht später als zehn Jahre nach Erwerb oder Errichtung, veräußert werden, bleiben nicht generell außer Betracht. Allerdings verringert sich mit zunehmendem Zeitablauf die Indizwirkung.[1081] Veräußern zwei in Gesellschaft verbundene Beteiligte jeweils für sich je drei Objekte innerhalb des Fünf-Jahres-Zeitraums, sind gewerbliche Einkünfte mangels entgegenstehender Indizien abzulehnen. Werden jedoch zusätzlich zwei Grundstücke aus der Gesellschaftssphäre nach fünfeinhalb Jahren veräußert, kann es vorkommen, dass das Festsetzungsfinanzamt eines Gesellschafters die Indizwirkung für die Gewerblichkeit bejaht und das Festsetzungsfinanzamt des anderen Gesellschafters diese ablehnt. Im Ergebnis lägen unterschiedliche Entscheidungen für unterstellt identische Sachverhalte vor. Die Verhinderung solcher Entscheidungen auf Ebene der Steuerfestsetzung kann jedoch nicht Aufgabe der gesonderten und einheitlichen Feststellung sein. Derartige Abweichungen sind nicht anders einzuschätzen, als wenn zwei Steuerpflichtige ohne Verbindung zueinander jeweils vier Grundstücke innerhalb von fünfeinhalb Jahren veräußern und unterschiedliche Finanzämter dies unterschiedlich würdigen. Der Umstand, dass ein Teil der Einkünfte in personaler Verbundenheit erzielt wird, ändert hieran nichts. Solche Divergenzen in der Rechtsanwendung sind misslich, rechtlich aber nicht missbilligt.[1082] 367

(b) Notwendige Einheitlichkeit nach materiellem Recht

Lediglich vereinzelt wird zudem darauf verwiesen, dass das materielle Recht teilweise eine einheitliche Behandlung zwischen den Beteiligten ausdrücklich 368

1079 Für Fragen der Gesellschaftersphäre ebenso *Frotscher* in Schwarz/Pahlke, AO FGO, § 180 AO Rn. 41.

1080 Statt Vieler *Bode* in Blümich, EStG, KStG, GewStG, § 15 EStG Rn. 174 ff.

1081 So beispielsweise BFH, Urteil vom 19.09.2002 – X R 160/97, BFH/NV 2003, S. 890 (891) m.w.N.

1082 Es verbleibt, die einheitliche Rechtsanwendung in Rechtsbehelfsverfahren durchzusetzen.

einfordert. So sind beispielsweise nach § 7a Abs. 7 S. 2 EStG[1083] erhöhte Absetzungen oder Sonderabschreibungen von den Beteiligten, denen ein Wirtschaftsgut zuzurechnen ist und bei denen die Voraussetzungen dafür jeweils erfüllt sind, nur einheitlich vorzunehmen.[1084] Wie diese Einheitlichkeit jedoch von abweichenden Umqualifizierungen betroffen sein kann, erschließt sich erst auf den zweiten Blick, da sich der Anwendungsbereich des § 7a EStG auf sämtliche Einkunftsarten erstreckt.[1085] Der Befassung mit § 7a Abs. 7 S. 2 EStG in diesem Zusammenhang liegt indessen die Erwägung zugrunde, dass bei Begünstigungsnormen, welche zwingend Betriebsvermögen voraussetzen,[1086] die einheitliche Behandlung zwischen den Beteiligten nicht sichergestellt sei, wenn erst die Festsetzungsfinanzämter über die Qualifikation von Gewinneinkünften auch die Betriebsvermögenseigenschaft, welches den Beteiligten in diesem Fall nach § 39 Abs. 2 Nr. 2 AO zuzurechnen ist,[1087] festlegen. In der Folge könnten dann unterschiedliche Entscheidungen ergehen.

1083 Explizit auf diese Norm verweist *Marchal*, DStZ 2005, S. 861 (864); auch *Kempermann*, FR 2005, S. 1030 (1030), hat diese wohl im Blick. Gleiches soll für die Übertragung stiller Reserven auf Ersatzwirtschaftsgüter nach § 6b EStG gelten, *„entsprechend § 7a Abs. 7 EStG"*; BFH, Urteil vom 11.07.1996 – IV R 103/94, BStBl. II 1997, S. 39 (41).

1084 Der Anwendungsbereich der Norm soll sich hierbei auch auf das Gesamthandsvermögen einer Personengesellschaft erstrecken; *Pfirrmann* in Kirchhof, EStG, § 7a Rn. 22; *Anzinger/Siebenhüter* in Herrmann/Heuer/Raupach, EStG KStG, § 7a EStG Rn. 61; *Brandis* in Blümich, EStG, KStG, GewStG, § 7a EStG Rn. 55.

1085 Siehe hierzu exemplarisch: *Anzinger/Siebenhüter* in Herrmann/Heuer/Raupach, EStG KStG, § 7a EStG Rn. 4, insb. zur planwidrigen Regelungslücke in § 9 Abs. 1 S. 3 Nr. 7 S. 1 EStG in Bezug auf Sonderabschreibungen; *Kulosa* in Schmidt, EStG, § 7a Rn. 1; *Pfirrmann* in Kirchhof, EStG, § 7a Rn. 1. Ausgenommen von der umfassenden Geltung sind lediglich die Abs. 6 und 8, welche auf die Gewinneinkünfte zugeschnitten sind.

1086 So beispielsweise die praktisch relevanten Sonderabschreibungen nach § 7g Abs. 5, 6 EStG (*„Bei abnutzbaren beweglichen Wirtschaftsgütern des Anlagevermögens ..."*). § 7a Abs. 7 EStG ist indessen auf diese nicht anwendbar, da dort die Begünstigungen durch ausdrückliche gesetzliche Anordnung, § 7g Abs. 7 EStG als lex specialis, auf die Personengesellschaft als solche bezogen wird; hierzu *Anzinger/Siebenhüter* in Herrmann/Heuer/Raupach, EStG KStG, § 7a EStG Rn. 61; *Kulosa* in Schmidt, EStG, § 7a Rn. 14; siehe insoweit auch BFH, Urteil vom 17.07.2007 – IX R 5/07, BFH/NV 2007, S. 2097 (2098), zum vergleichbaren § 1 Abs. 1 S. 2 FördG. Dieser Gesamtbezug schließt die Anwendbarkeit des § 7g EStG auf Zebra-Gesellschaften aus; *Meyer* in Herrmann/Heuer/Raupach, EStG KStG, § 7g EStG Rn. 100; *Bugge* in Kirchhof/Söhn/Mellinghoff, EStG, § 7g Rn. G 2.

1087 Siehe beispielsweise BFH, Urteil vom 26.04.2012 – IV R 44/09, BStBl. II 2013, S. 142 (144 f.) m.w.N.; BFH, Beschluss vom 11.04.2005 – GrS 2/02, BStBl. II 2005, S. 679 (681); *Wacker* in Schmidt, EStG, § 15 Rn. 201. Zu Recht kritisch gegenüber einer allgemeinen Anwendung von §39 Abs. 2 Nr. 2 AO im Bereich der Vermögensverwaltung hingegen *Engel*, Vermögensverwaltende Personengesellschaft und

Die materiell-rechtliche Anordnung des § 7a Abs. 7 S. 2 EStG stellt somit den durchgreifenden Unterschied zu der vorgenannten Drei-Objekte-Grenze dar. Eine einheitliche Behandlung ließe sich im Festsetzungsverfahren lediglich im Wege einer nicht vorgesehenen Abstimmung der betroffenen Festsetzungsfinanzämter untereinander erreichen. Im Rechtsbehelfsverfahren kann hingegen auf Beiladung und Hinzuziehung zurückgegriffen werden.[1088] Diese sind notwendig, wenn an dem streitigen Rechtsverhältnis Dritte derart beteiligt sind, dass die Entscheidung auch ihnen gegenüber nur einheitlich ergehen kann, § 60 Abs. 3 S. 1 FGO, § 360 Abs. 3 S. 1 AO. Die nach diesen Regelungen relevante Einheitlichkeit kann ihren Grund nicht nur im Verfahrensrecht, sondern auch im materiellen Recht haben.[1089] Der jeweilige Ausschluss von Beiladung oder Hinzuziehung nach § 60 Abs. 3 S. 2 FGO, § 360 Abs. 3 S. 2 AO greift nicht, da es sich auf Beteiligtenebene nicht um eine gesonderte und einheitliche Feststellung handelt. Einheitlichkeit durch ein Rechtsbehelfsverfahren setzt indessen voraus, dass ein solches angestrengt wird. Insoweit kann diese tatsächlich betroffen sein. 369

Allerdings ist nicht zu verkennen, dass gerade die materiell-rechtliche Einheitlichkeit auch für die Lösung des Großen Senates spricht. Dies wird deutlich, wenn man nicht auf das Verhältnis mehrerer Beteiligter zueinander abstellt, sondern den jeweiligen Beteiligten betrachtet. Dieser kann an mehreren vermögensverwaltenden Personenmehrheiten beteiligt sein. Überlässt man die endgültige Entscheidung über die Einkunftsart des Beteiligten bereits den Feststellungsfinanzämtern, könnten unterschiedliche Entscheidungen inhaltlicher Art ergehen.[1090] Exemplarisch könnten innerhalb eines Zeitraumes von fünfeinhalb Jahren je eine dem Beteiligten voll zuzurechnende Veräußerung von vier vermögensverwaltenden Personenmehrheiten vorgenommen werden. Die vier zuständigen Feststellungsfinanzämter könnten jeweils von einer Vermögensverwaltung als auch von einer Gewerblichkeit ausgehen. Auch wenn den jeweiligen Finanzämtern nur die Entscheidungskompetenz für die innerhalb der örtlichen Zuständigkeit erzielten Einkünfte zusteht, so setzte eine entsprechende Qualifikation doch voraus, dass sämtliche Einkünfte in einer Gesamtschau vom jeweiligen Finanzamt in der einen oder anderen Weise bewertet würden. Dies widerspräche nicht nur der verfahrensökonomischen Zwecksetzung im engeren Sinne (hierzu Rdnr. 41). Es wäre auch auflösungsbedürftig, an welche sich inhaltlich sachlogisch widersprechende 370

ertragsteuerliche Selbständigkeit, S. 84 ff.; *Engel*, Vermögensverwaltende Personengesellschaften, Rn. 41 ff. Auch *Krüger*, FR 2016, S. 1031 (1035), weist zutreffend darauf hin, dass nach dem Wortlaut („*soweit*") eine Bruchteilsbetrachtung nicht generell in Betracht kommt.

1088 Ähnlich der BFH, Vorlagebeschluss vom 30.10.2002 – IX R 80/98, BStBl. II 2003, S. 167 (173), für eine unterschiedliche gerichtliche Zuständigkeit.

1089 BFH, Beschluss vom 11.01.1994 – VII B 100/93, BStBl. II 1994, S. 405 (406); *Cöster* in Koenig, AO, § 360 Rn. 28.

1090 So auch *Kunz* in Gosch, AO FGO, § 180 AO Rn. 47.

Feststellung das Festsetzungsfinanzamt gebunden sein sollte. Wollte man eine weitere Umqualifizierung vom Festsetzungsfinanzamt zulassen, wäre eine Vor-Qualifikation durch die Feststellungsfinanzämter schlichtweg nicht erforderlich. Materiell-rechtlich sich widersprechende Entscheidungen sind zwischen mehreren Beteiligten eher hinnehmbar als hinsichtlich eines Beteiligten.

(c) Einheitlichkeit hinsichtlich der Höhe der Einkünfte

371 Der Kritik zur fehlenden Einheitlichkeit wäre zudem zuzustimmen, wenn tatsächlich die Höhe der Einkünfte auf Unternehmungsebene betroffen wäre. Für vermögensverwaltende Unternehmungen werden deren Einkünfte durch Einnahmen-Überschuss-Rechnung ermittelt. Die Feststellung der Höhe dieser Einkünfte wie auch deren Zurechnung zu den einzelnen Beteiligten im Feststellungsbescheid ist für das Festsetzungsfinanzamt bindend.[1091] Nachfolgend steht diesem eine Änderungsbefugnis hinsichtlich sämtlicher Umstände zu, welche mit einer Umqualifizierung einhergehen, somit letztendlich auch hinsichtlich der Höhe der Einkünfte des Beteiligten.[1092] Somit scheint die Einheitlichkeit der Feststellung berührt, sofern abweichende Entscheidungen im Vergleich mehrerer Beteiligter ergehen. Exemplarisch: Zwei Beteiligten wird im Feststellungsverfahren jeweils ein Überschuss von 100 GE zugewiesen. Im Rahmen der jeweiligen Umqualifizierung stellen die zuständigen Finanzämter aufgrund unterschiedlicher Auslegung materieller Normen jedoch (bei sonst identischen Sachverhalten) einen Gewinnanteil von 105 GE und 110 GE fest.

372 Vergegenwärtigt man sich jedoch, was gesondert und einheitlich festzustellen ist, wird deutlich, dass auch hier kein Verstoß gegen das Einheitlichkeitspostulat anzunehmen ist. Anders gewendet: Maßgeblich ist, was man zutreffend als Bezugspunkt der Einheitlichkeit ansieht. Gesondert und einheitlich festgestellt werden die Einkünfte, wenn an ihnen mehrere Personen beteiligt sind. Da die bei den einzelnen Beteiligten vorliegende Einkunftsart nicht auf die Einkünftequalifikation für die Personenmehrheit durchschlägt, sind bei vermögensverwaltender Tätigkeit der Unternehmung Überschusseinkünfte gesondert und einheitlich festzustellen. Die Feststellung hat sich grundsätzlich (nur) auf Gegebenheiten zu

---

1091 *Frotscher* in Schwarz/Pahlke, AO FGO, § 180 AO Rn. 42.

1092 Hält ein Beteiligter die Anteile an einer vermögensverwaltenden Personenmehrheit im Betriebsvermögen, so hat er nach BMF, Schreiben betreffend Einkunftsermittlung bei im Betriebsvermögen gehaltenen Beteiligungen an vermögensverwaltenden Personengesellschaften vom 29.04.1994, BStBl. I 1994, S. 282 (Tz. 5, 7), grundsätzlich *„alle Wirtschaftsgüter der Personengesellschaft anteilig im Rahmen seines eigenen Buchführungswerks zu erfassen und den Gewinnanteil, der sich für ihn aus den einzelnen Geschäftsvorfällen der Personengesellschaft ergibt, nach den Grundsätzen der Gewinnermittlung zu berechnen und anzusetzen."* Bei Beteiligungen unter 10 v.H. kann aus Vereinfachungsgründen eine Gewinnermittlung durch den Beteiligten unterbleiben und der Gewinnanteil geschätzt werden.

beziehen, welche durch diese gemeinschaftliche Verbundenheit verwirklicht werden. Dies ist aber gerade die Betätigung im Rahmen einer Überschusseinkunftsart. Gewinneinkünfte sind nicht allen Beteiligten zuzurechnen. Soweit sich daher die Feststellung auf die Ermittlung der *„nämlichen Einkünfte“*[1093] erstreckt, ist sie auch einheitlich. Hieran mag eine anschließende Umqualifizierung für Zwecke der Steuerfestsetzung nichts ändern, auch wenn hierdurch die festgestellten Anteile der Höhe nach eine Änderung erfahren. Die erforderliche Einheitlichkeit ist nur auf das zu beziehen, was allen Beteiligten gemein ist. Dieser kleinste gemeinsame Nenner ist bei vermögensverwaltenden Personenmehrheiten die Einkünfteermittlung im Rahmen der Überschussrechnung. Soweit einzelne Beteiligte weitere Besteuerungsmerkmale erfüllen und über die Vermögensverwaltung hinausgehen, erscheint die Forderung nach einer diesbezüglichen Einheitlichkeit der verselbständigten Feststellung wesensfremd und überzogen.

(2) Verfahrensökonomie

Die Verfahrensökonomie streitet für die Lösung des Großen Senates. Wollte man 373
die endgültige Festlegung der Einkunftsart im Rahmen des Feststellungverfahrens befürworten, lässt sich zwar auch auf die dann dort vorzunehmende umfassende, einmalige Sachverhaltsermittlung abstellen.[1094] Indifferent bleibt diese Betrachtung indessen nicht. Auch wenn der Umfang des Aufwandes theoretisch gleich wäre, darf nicht verkannt werden, dass das Festsetzungsfinanzamt ohnehin bereits mit den nicht der Unternehmung zuzuordnenden Umständen betraut ist. Insoweit erfolgte eine teilweise Doppelbefassung entgegen der Verfahrensökonomie im engeren Sinne (hierzu Rdnr. 41). Zudem müsste das Feststellungsfinanzamt bei einer Vielzahl von Beteiligten langwierig unterschiedlichste Sachverhalte bezüglich dieser ermitteln und würdigen.[1095] Auch bei unterstellt gleichem Aufwand dürften mehrere Finanzämter diesen leichter bewältigen können. Insbesondere scheint eine Abfrage von Informationen seitens des Festsetzungsfinanzamtes vom Feststellungsfinanzamt einfacher, als Ermittlungen des Feststellungsfinanzamtes, ob einer von vielen hundert Beteiligten gewerblich beteiligt ist oder die Schwelle zur Gewerblichkeit durch weitere Tätigkeiten überschreitet.[1096] Abfragen der Festsetzungsfinanzämter bilden zudem eine generelle Ausnahme, da ihnen, anders als den Feststellungsfinanzämtern, Informationen (durch Feststellungsbescheid) zufließen.

Für die Lösung des Großen Senates sprechen auch sämtliche Konstellationen, in 374
denen ein Beteiligter an mehreren vermögensverwaltenden Personenmehrheiten

---

1093 So die Bezeichnung des Großen Senates, BFH, Beschluss vom 11.04.2005 – GrS 2/02, BStBl. II 2005, S. 679 (681).

1094 Dies anmerkend *Marchal*, DStZ 2005, S. 861 (864).

1095 So *Marchal*, DStZ 2005, S. 861 (864).

1096 Dies ebenfalls zugestehend, wenn auch i.E. a.A., *Dürrschmidt/Friedrich-Vache*, DStR 2005, S. 1515 (1520).

beteiligt ist. Wollte man hier die endgültige Entscheidung über die Einkunftsart von den Feststellungsfinanzämtern treffen lassen, müssten mehrere Finanzämter einen identischen Sachverhalt ermitteln.[1097] Dies lässt sich mit der Verfahrensökonomie im engeren Sinne, auch wenn im Ursprung anders gelagert, nicht vereinbaren. Verortet man die endgültige Entscheidung über die Einkunftsart des Beteiligten jedoch bei dem Festsetzungsfinanzamt, fallen Entscheidungskompetenz und weitestgehende Kenntnis automatisch zusammen, da bei diesem alle Feststellungsbescheide verarbeitet werden.

375 Dass die vom Großen Senat befürwortete Verfahrensweise zu einer Erschwerung der Rechtsbehelfsverfahren beitragen kann, da dort ermittelt werden muss, wer zur Wahrung einer materiell-rechtlich erforderlichen Einheitlichkeit hinzuzuziehen oder beizuladen (hierzu Rdnr. 369) ist, ist hinzunehmen. Diesen notwendigen Ermittlungen stünden ebensolche des Feststellungsfinanzamtes, gegebenenfalls auch der Feststellungsfinanzämter, gegenüber,[1098] wenn dieses über die endgültige Qualifikation der Einkünfte und die einheitliche Wahrnehmung von Begünstigungen entscheiden dürfte. Es ist daher nicht mehr oder weniger Aufwand zu bewältigen, sondern lediglich festzulegen, wem dieser Aufwand zugeordnet wird.

(3) Faktische Einschränkung des Rechtsschutzes

376 Gegen die vom Großen Senat implementierte Verfahrensweise wird zudem teilweise angeführt, dass eine Gefahr der faktischen Einschränkung des Rechtsschutzes bestehe.[1099] Da Feststellungen im Feststellungsbescheid (siehe hierzu oben Rdnr. 243 ff.) als auch im Festsetzungsbescheid vom jeweiligen Beteiligten angegriffen werden können, erscheint dies erläuterungsbedürftig. Der Große Senat begründet seine Auffassung unter anderem damit, dass *„es dem Wohnsitz-Finanzamt in der Regel keine größeren Schwierigkeiten [bereitet], sich notwendige Informationen bei dem Gesellschafts-FA zu beschaffen.“*[1100] Mit diesen Informationen sind Umstände angesprochen, die über die notwendigen im Feststellungsbescheid enthaltenen Feststellungen hinausgehen. Diese werden dem Festsetzungsfinanzamt quasi *„auf Zuruf“*[1101] übermittelt. Gegenständlich können beispielsweise Disagien sein, die bei Einkünften aus Gewerbebetrieb zu aktivieren sind, der steuerliche Veräußerungsgewinn oder im Bereich des gewerblichen Grundstückhandels nicht

---

1097 Ebenso *Kunz* in Gosch, AO FGO, § 180 AO Rn. 47.

1098 *Kunz* in Gosch, AO FGO, § 180 AO Rn. 47, sieht beispielsweise bei Ermittlungen zur Gewerblichkeit des Grundstückshandels im Feststellungsverfahren dieses *„überfrachtet“*.

1099 *Lüdicke*, DB 2005, S. 1813 (1814); *Marchal*, DStZ 2005, S. 861 (865); *Engel*, Vermögensverwaltende Personengesellschaften, Rn. 1238; *Brandis* in Tipke/Kruse, AO FGO, § 180 AO Rn. 57; *Söhn* in Hübschmann/Hepp/Spitaler, AO FGO, § 180 AO Rn. 191g.

1100 BFH, Beschluss vom 11.04.2005 – GrS 2/02, BStBl. II 2005, S. 679 (682).

1101 *Lüdicke*, DB 2005, S. 1813 (1815).

zu gewährende AfA.[1102] Da es sich bei der Übermittlung derartiger Informationen um verwaltungsinterne Benachrichtigungen handelt, stellen sie keinen anfechtbaren Verwaltungsakt dar. Angesichts des Umstandes, dass der vom jeweiligen Steuerpflichtigen angreifbare Festsetzungsbescheid diese Informationen in seinem feststellenden Teil enthalten muss, erscheint dies auch unproblematisch.

Problematisch sei vielmehr, dass der jeweilige Beteiligte nicht beurteilen kann, 377 ob die vom Feststellungsfinanzamt übermittelten und vom Festsetzungsfinanzamt übernommenen Informationen, somit die eingesetzten Zahlen, zutreffend sind.[1103] Dieses Wissens- und Informationsdefizit besteht in den Konstellationen, in denen dem einzelnen Beteiligten kein Auskunftsrecht gegenüber der Personenmehrheit zusteht.[1104] Ausgehend von der Annahme, dass entsprechende Auskunftsrechte generell nicht bestehen,[1105] wäre die Rechtsschutzmöglichkeit sodann faktisch eingeschränkt, da Rechtsbehelfe nicht hinreichend begründet eingelegt werden könnten.[1106] Dies spreche für eine endgültige Einkünftequalifikation im Festsetzungsverfahren, da dort auch die umfassende Kenntnis besitzenden Geschäftsführer für die Gesellschaft Rechtsbehelfe einlegen könnten (siehe hierzu oben Rdnr. 255).[1107]

Lässt man die hier vertretene Ansicht zum Umfang der jeweiligen Rechtsbe- 378 helfsbefugnisse außen vor, wonach die Unternehmung im Ergebnis lediglich eigene Beschwerungen geltend machen kann (hierzu Rdnr. 286 ff.), ist die Argumentation zur faktischen Einschränkung des Rechtsschutzes ihrem Gehalt nach abhängig von der Annahme oder Ablehnung entsprechender Informationsrechte des einzelnen Beteiligten gegenüber der Unternehmung. Auch wenn eine umfassende Würdigung möglicher Informationsrechte hinsichtlich sämtlicher in Betracht kommender Personenmehrheiten an dieser Stelle nicht darstellbar ist, sprechen übergreifende und grundlegende Überlegungen jedoch gerade für entsprechende Informationsrechte einzelner Beteiligter.

Wenn die gesetzliche oder die vertragliche Ausgestaltung der Personenmehrheit 379 Informationsrechte nicht vorsehen, kann man entsprechende Regelungen als überlagert ansehen. Dies kann durch das Interesse des jeweiligen Beteiligten an effektiven Rechtsschutz gerechtfertigt werden. Hierbei ist zunächst auch in die Abwägung einzustellen, dass eine Anerkennung von Informationsrechten nicht allumfassend

---

1102 So die beispielhafte Aufzählung bei *Lüdicke*, DB 2005, S. 1813 (1815).

1103 *Marchal*, DStZ 2005, S. 861 (865).

1104 Aufgrund mangelnder Kenntnis der tatsächlichen Umstände bringt auch die Mitteilung von Besteuerungsgrundlagen nach § 364 AO und das Recht auf Akteneinsicht im finanzgerichtlichen Verfahren nach § 78 FGO keine Abhilfe. Im Rahmen dieser Mitteilung/Akteneinsicht erlangt der Beteiligte Kenntnis von den erklärten und der Festsetzung zugrunde gelegten Umständen, nicht jedoch von der Tatsachenlage.

1105 So *Lüdicke*, DB 2005, S. 1813 (1815); wohl auch *Marchal*, DStZ 2005, S. 861 (865).

1106 *Lüdicke*, DB 2005, S. 1813 (1815); *Marchal*, DStZ 2005, S. 861 (865).

1107 *Lüdicke*, DB 2005, S. 1813 (1815), der § 352 AO insoweit als Instrument der „*Waffengleichheit*" bezeichnet; *Marchal*, DStZ 2005, S. 861 (865).

bezüglich der gesamten Interna der Personenmehrheit zu erfolgen hätte, sondern einzelfallbezogen und in dem den jeweiligen Beteiligten betreffenden Umfang und somit gegenständlich begrenzt. Insoweit liegt in einem Zugeständnis von beschränkten Informationsrechten kein gewichtiger Eingriff in die bestehenden Ausgestaltungen. Zudem ist anzunehmen, dass entsprechende Informationsrechte eingeräumt würden, wenn bei Zusammenschluss der Personenmehrheit die hier fragliche Konstellation bedacht würde. Diese Informationsrechte könnten sodann auch das Rechtsbehelfsverfahren hinsichtlich des gesonderten und einheitlichen Feststellungsbescheides an sich ergänzen. Auch dort bestehen, was im Rahmen der gegenständlichen Kritik am Großen Senat nicht hinreichend gewürdigt wird,[1108] Informationsdefizite. Gegen Feststellungsbescheide sind auch die Beteiligten nach den Vorgaben von § 352 Abs. 1 Nr. 2–5 AO, § 48 Abs. 1 Nr. 2–5 FGO (siehe hierzu oben Rdnr. 270 ff.) rechtsbehelfsbefugt, insbesondere wenn kein Geschäftsführer und gemeinsamer Empfangsbevollmächtigter vorhanden ist. Auch in diesen Fällen setzt ein wirksamer Rechtsschutz bei Lichte betrachtet voraus, dass keine Informationsasymmetrien vorliegen. Wollte man daher entsprechende Informationsrechte der Beteiligten verneinen und dieses Defizit argumentativ gegen die Lösung des Großen Senates anführen, müsste gleichsam die grundsätzliche Ausgestaltung der Rechtsbehelfsbefugnisse kritisch hinterfragt werden.[1109] Dies gilt auch, wenn man die verbindliche Entscheidungskompetenz bezüglich der Einkunftsart bei den Feststellungsfinanzämtern verorten wollte. Eine Anerkennung von begrenzten Informationsrechten würde somit den Rechtsschutz insgesamt und unabhängig von der Stufe der Einkünftequalifizierung effektiver ausgestalten.

380 Auch bestünde kein Widerspruch zwischen der Anerkennung von begrenzten Informationsrechten im Rahmen der Einlegung von Rechtsbehelfen und der grundsätzlichen Ablehnung von gegenseitigen Informations- und Auskunftsrechten im Rahmen der Steuererklärungspflicht (siehe hierzu Rdnr. 145 f.). Zum einen würde sich ein beschränktes Informationsrecht im Rahmen der Wahrnehmung von Rechtsschutz ausschließlich gegen die Personenmehrheit als solche richten, nicht jedoch zwischen sämtlichen Beteiligten bestehen. Zum anderen sind im Rahmen der Steuererklärungspflicht für die gesonderten und einheitlichen Feststellungen auch andere Wege der Ausgestaltung der den jeweiligen Beteiligten treffenden Pflichten denkbar. An einer solchen alternativen Möglichkeit fehlt es vorliegend jedoch.[1110] Während im Rahmen der Steuererklärungspflicht von einer beschränkten Pflicht jedes Einzelnen ausgegangen werden sollte und somit ein Bedürfnis gegenseitiger umfassender Information schlichtweg nicht besteht, ist in

1108 Siehe beispielsweise *Lüdicke*, DB 2005, S. 1813 (1815); *Marchal*, DStZ 2005, S. 861 (865), die mit der umfassenden Kenntnis der Geschäftsführer argumentieren.

1109 Hierfür gibt es bei den Kritikern der BFH-Lösung, soweit ersichtlich, jedoch keine Anhaltspunkte.

1110 Dies gilt, wie gezeigt, auch, falls man die verbindliche Entscheidung über die Einkunftsart eines Beteiligten bereits im Feststellungsverfahren ansiedelt.

der hier vorliegenden Konstellation das Informationsinteresse nicht anderweitig zu bedienen.

Besteht aber insoweit ein Bedürfnis für ein eingeschränktes Informationsrecht, 381
lässt sich dessen Anerkennung für das Rechtsbehelfsverfahren einerseits und dessen Ablehnung in anderen Konstellationen begründen, ist es auch Rechtsbehelfsverfahren gegen den Feststellungsbescheid zuträglich und stellt seine Anerkennung keinen erheblichen Eingriff in die bestehenden Ausgestaltungen dar, so liegt dessen Anerkennung eher näher als fern. Dies gilt umso mehr, als dass Informationsrechte *„mitgliedschaftliche Grundrechte“* darstellen und insoweit auch eine notwendige erweiternde Auslegung gesetzlicher Beschränkungen, wie beispielsweise des § 166 HGB, begrenzt durch das Informationsbedürfnis des Gesellschafters, befürwortet wird.[1111] Zudem ist allgemein anerkannt, wenn naturgemäß auch in den Einzelheiten (äußerst) umstritten, dass auch ohne allgemeinen Informationsanspruch ein solcher als Nebenpflicht, § 241 Abs. 1 BGB, Schutzpflicht, § 241 Abs. 2 BGB, oder aus geschuldeter Treue, § 242 BGB, bestehen kann, wenn eine Sonderverbindung besteht, die einen Grund zur Information beinhaltet, zu dessen Erreichung die Information geeignet, erforderlich und angemessen ist und kein Ausschluss der Informationspflicht besteht.[1112] Der Ausschluss der Informationspflicht liegt hierbei nicht schon (automatisch) im Verstoß gegen eine Norm, da dieser Verstoß gerechtfertigt sein kann.[1113] Lehnt man indessen einen beschränkten Auskunfts- und Informationsanspruch ab, so ist eine faktische Einschränkung des Rechtsschutzes nicht auszuschließen. Diese Gefahr ist indessen nicht größer, als in Rechtsbehelfsverfahren eines Beteiligten gegen den Feststellungsbescheid an sich.[1114]

(4) Steuererklärungspflichten des Beteiligten

Bereits vorgelagert besteht aber schon eine gleichgerichtete Problematik. Der ein- 382
zelne Beteiligte, dessen Einkünfte aus der Personenmehrheit umzuqualifizieren sind, beispielsweise weil er seine Anteile im Betriebsvermögen hält, hat seiner Steuererklärungspflicht für das Festsetzungsverfahren nachzukommen. In diesem Rahmen hat er *„grundsätzlich alle Wirtschaftsgüter der Personengesellschaft anteilig im Rahmen seines eigenen Buchführungswerks zu erfassen und den Gewinnanteil, der sich für ihn aus den einzelnen Geschäftsvorfällen der Personengesellschaft ergibt, nach den Grundsätzen der Gewinnermittlung zu berechnen und anzusetzen.“*[1115] Auch

---

1111 Vgl. statt Vieler *K. Schmidt*, S. 625 ff., 1540.

1112 Vgl. hierzu *Kähler* in BeckOGK Zivilrecht, § 242 BGB Rn. 565 ff.

1113 *Kähler* in BeckOGK Zivilrecht, § 242 BGB Rn. 634.

1114 Wie viele Rechtsbehelfsverfahren gegen Feststellungsbescheide und Festsetzungsbescheide mangels umfassender Kenntnis des Beteiligten nicht angestrengt werden, ist empirisch freilich nicht belegt.

1115 BMF, Schreiben betreffend Einkunftsermittlung bei im Betriebsvermögen gehaltenen Beteiligungen an vermögensverwaltenden Personengesellschaften vom 29.04.1994, BStBl. I 1994, S. 282 (Tz. 5).

dieser Erklärungspflicht bezüglich einer *„Als-Ob-Bilanz“* wird er nicht nachkommen können, wenn ihm entsprechende Kenntnisse bezüglich Unternehmungssphäre fehlen und entsprechende Informationsansprüche nicht bestehen.[1116] Auch hier ist die Werthaltigkeit der kritischen Argumentation somit abhängig von der Annahme oder Ablehnung entsprechender Informationsrechte. Die obigen Ausführungen gelten entsprechend.

383 Auch insoweit wird versucht, durch Verortung der verbindlichen Einkünftequalifikation im Feststellungsverfahren Informationsasymmetrien auszugleichen, da die Feststellungserklärung sämtliche von der Buchführungspflicht der Gesellschaft[1117] umfassten Umstände erfasst und von den Geschäftsführern abzugeben sei.[1118] Dies bleibt aber eine praktische Milderung der Problemstellung. Nimmt man, entgegen der hier vertretenen Auffassung (hierzu Rdnr. 150 ff.), keine Einschränkung des Umfangs der Erklärungspflichten an, wird wiederum, wie auch bei der faktischen Beschränkung der Rechtsschutzmöglichkeit, nicht hinreichend gewürdigt, dass die vermeintlich umfassende Erklärungspflicht zur gesonderten Feststellung auch die einzelnen Beteiligten, § 181 Abs. 2 S. 2 Nr. 1 AO (*„jeder Feststellungsbeteiligte“*), trifft. Die rechtliche Problemstellung wird lediglich verlagert, indessen nicht beseitigt.[1119]

c) Alternativen

384 Die Kritik an der Lösung des Großen Senates ist somit zu relativieren. Soweit sie überhaupt berechtigt ist, würden andere Verfahrensweisen gleiche oder zumindest ähnlich gelagerte Problemfelder eröffnen. Zudem ist die verbindliche Feststellung der Einkunftsart auf Ebene der Steuerfestsetzung zu befürworten, da nach der Ausgestaltung der gesonderten und einheitlichen Feststellung keine andere den gesetzlichen Vorgaben entsprechende Verfahrensweise ersichtlich ist.

1116 *Lüdicke*, DB 2005, S. 1813 (1814); *Marchal*, DStZ 2005, S. 861 (865); *Engel*, Vermögensverwaltende Personengesellschaften, Rn. 1237.

1117 Nach st. Rspr. ist die Gesellschaft sowohl für das Gesamthandsvermögen als auch für das Sonderbetriebsvermögen der einzelnen Beteiligten buchführungspflichtig; BFH, Urteil vom 30.10.1990 – VIII R 142/85, BStBl. II 1991, S. 401 (403 f.); BFH, Urteil vom 11.03.1992 – XI R 38/89, BStBl. II 1992, S. 797 (798); BFH, Urteil vom 27.06.2006 – VIII R 31/04, BStBl. II 2006, S. 874 (878). In der Literatur stößt die Bilanzierungspflicht in Bezug auf das Sonderbetriebsvermögen weitestgehend auf Ablehnung; siehe statt Vieler *Stehr*, S. 61 ff.; *Görke* in Hübschmann/Hepp/Spitaler, AO FGO, § 141 AO Rn. 19, 20; *Drüen* in Tipke/Kruse, AO FGO, § 141 AO Rn. 3a; jeweils m.w.N. und grundlegender Argumentation. Siehe im Einzelnen auch noch Rdnr. 511 ff.

1118 *Lüdicke*, DB 2005, S. 1813 (1814); *Marchal*, DStZ 2005, S. 861 (865).

1119 Auch hier fehlen freilich empirische Befunde zur Häufigkeit der Problemstellung.

(1) Ping-Pong-Lösung

Dies gilt zunächst für die von einigen Senaten des BFH vormals präferierte sogenannte „*Ping-Pong-Lösung*".[1120] Hiernach sollte auf erster Stufe eine vorläufige Feststellung der Art und Höhe der Einkünfte im Feststellungsverfahren stattfinden. Das Festsetzungsfinanzamt sollte auf zweiter Stufe über eine Umqualifizierung der Einkünfte entscheiden. Diese Entscheidung über das „*ob*" sollte sodann als Grundlagenbescheid verbindlich für die Feststellung der Höhe der umzuqualifizierenden Einkünfte aus der Sphäre der Personenmehrheit durch das Feststellungsfinanzamt auf dritter Stufe sein. Dessen Entscheidung über das „*wie*" käme Bindungswirkung für die Steuerfestsetzung durch das Festsetzungsfinanzamt auf vierter Stufe zu.[1121] **385**

Selbst wenn man diesem Verfahrensgang die Wahrung der Einheitlichkeit und die Ausrichtung an der Sachnähe des Feststellungsfinanzamtes zu Gute halten wollte,[1122] so lässt er sich nicht in das System der Abgabenordnung einfügen. Besteuerungsgrundlagen sind lediglich dann gesondert festzustellen, wenn dies gesetzlich bestimmt ist, § 179 Abs. 1 AO. An dieser obligatorischen Rechtsgrundlage fehlt es aber zumindest für die angenommene Bindungswirkung der Entscheidung auf zweiter Stufe.[1123] § 180 Abs. 1 S. 1 Nr. 2 a) AO sieht einerseits eine gesonderte Feststellung von Einkünften und nicht eine gesonderte Feststellung der Zuordnung der von dem Steuerpflichtigen erzielten Einkünfte zu einer bestimmten Einkunftsart vor.[1124] Die Einkünftequalifikation ist der Einkünfteermittlung logisch vorgeschaltet und kann somit nicht unter die anderen Besteuerungsgrundlagen gefasst werden. Aber selbst wenn man dies zulassen wollte, wäre hierfür andererseits das Feststellungsfinanzamt zuständig. Die „Ping-*Pong-Lösung*" gerät somit in Konflikt mit dem Grundsatz der Gesetzmäßigkeit der Verwaltung, Art. 20 Abs. 3 GG. Sie bedürfte einer gesetzlichen und Rechtsschutzmöglichkeiten gegen die Bescheide auf erster und zweiter Stufe einräumenden Grundlage. **386**

1120 Diese vertrat der III. Senat, BFH, Urteil vom 11.12.1997 – III R 14/96, BStBl. II 1999, S. 401 (403 f.); BFH, Urteil vom 10.12.1998 – III R 61/97, BStBl. II 1999, S. 390 (398); BFH, Beschluss vom 13.12.1999 – III B 15/99, BFH/NV 2000, S. 827 (830). Der X. und XI. Senat hatten sich dieser Rechtsprechung angeschlossen, BFH, Urteil vom 18.09.2002 – X R 4/02, BFH/NV 2003, S. 457 (459); BFH, Beschluss vom 04.11.1999 – XI B 25/99, BFH/NV 2000, S. 306 (307).

1121 Zu dem Verfahrensgang siehe beispielsweise *Frotscher* in Schwarz/Pahlke, AO FGO, § 180 AO Rn. 39; kritisch hierzu auch *Zähle*, S. 138 ff.

1122 Auch der Große Senat geht davon aus, dass die Verfahrensziele „*möglicherweise besser durch wechselbezügliche verbindliche Feststellungen zu erreichen*" wären; BFH, Beschluss vom 11.04.2005 – GrS 2/02, BStBl. II 2005, S. 679 (682); ebenso beispielsweise *Kuhn*, S. 200.

1123 BFH, Beschluss vom 11.04.2005 – GrS 2/02, BStBl. II 2005, S. 679 (683); *Söhn* in Hübschmann/Hepp/Spitaler, AO FGO, § 180 AO Rn. 191, 191b m.w.N.; *Frotscher* in Schwarz/Pahlke, AO FGO, § 180 AO Rn. 39.

1124 So auch der III. Senat, BFH, Urteil vom 11.12.1997 – III R 14/96, BStBl. II 1999, S. 401 (403), der jedoch dann eine ergänzende Auslegung vornehmen will.

(2) Verbindliche Feststellung im Feststellungsbescheid

387 Insofern bliebe nur, mit der vom IV. Senat des BFH favorisierten Lösung die verbindliche Feststellung der Einkunftsart bereits im Feststellungsbescheid vorzunehmen.[1125] Die gesonderte und einheitliche Feststellung umfasst als originären Gegenstand der Feststellung indessen die Einkünfte, an denen mehrere Personen beteiligt sind (hierzu Rdnr. 307 ff.). Ihr kommt daher lediglich begrenzte verfahrensrechtliche Reichweite zu. Festgestellt werden insoweit die von der Unternehmung verwirklichten Tatbestandsmerkmale, nicht aber solche aus dem Bereich der persönlichen Einkünfteerzielung außerhalb der Beteiligung. Somit berührt eine mögliche Umqualifizierung nicht den Anwendungs- und Regelungsbereich eines Grundlagenbescheides. Soweit die Entscheidung über Art und Höhe von außerhalb der Personenmehrheit verwirklichten Tatbestandsmerkmalen abhängig ist, muss die Entscheidung darüber auch außerhalb des Feststellungsverfahrens erfolgen.[1126]

388 Zudem ist festzuhalten, dass die Gründe, welche bisweilen gegen die Sichtweise des Großen Senates angeführt werden, in ähnlicher Weise auch gegen eine verbindliche Feststellung der Einkunftsart bereits im Feststellungsverfahren sprechen (siehe hierzu oben Rdnr. 373 ff.). Ferner streiten die dem Steuergeheimnis zugrundeliegenden Wertungen gegen eine Einbeziehung von außerhalb der Sphäre der Personenmehrheit liegenden Umständen. Zwar lässt § 180 Abs. 1 S. 1 Nr. 2 a) AO die Erfassung von mit den Einkünften *„im Zusammenhang stehende[n] andere[n] Besteuerungsgrundlagen"* zu (hierzu noch ausführlich unter Rdnr. 393 ff.). Für persönliche Verhältnisse, die zur anteiligen Umqualifizierung der Einkünfte führen können, fehlt es hingegen sowohl an diesem Zusammenhang als auch an einem Konnex zur Beteiligung.[1127] Diese gewichtig gegen die endgültige Feststellung der Einkunftsart bereits im Feststellungsverfahren sprechenden Gründe können auch nicht durch eine abzulehnende, somit lediglich vermeintliche besondere Sachnähe oder Sachkunde des Feststellungsfinanzamtes, ohnehin nur ein Auslegungskriterium und keine normimmanente Zwecksetzung (siehe hierzu Rdnr. 42 ff.), überlagert werden.

1125 BFH, Urteil vom 17.01.1985 – IV R 106/81, BStBl. II 1985, S. 291 (292); BFH, Urteil vom 11.07.1996 – IV R 103/94, BStBl. II 1997, S. 39 (40 f.); BFH, Urteil vom 21.09.2001 – IV R 77/99, BFH/NV 2001, S. 254 (255). So auch zunächst der I. Senat, BFH, Urteil vom 31.07.1990 – I R 3/90, BFH/NV 1991, S. 285 (286); anders dann aber BFH, Beschluss vom 04.10.2001 – I B 53/01, BFH/NV 2002, S. 308 (308).

1126 BFH, Beschluss vom 11.04.2005 – GrS 2/02, BStBl. II 2005, S. 679 (682).

1127 BFH, Beschluss vom 11.04.2005 – GrS 2/02, BStBl. II 2005, S. 679 (682); *Kohlhaas*, DStR 1997, S. 93 (96); *Kohlhaas*, DStR 1998, S. 1458 (1460). *Söhn* in Hübschmann/Hepp/Spitaler, AO FGO, § 180 AO Rn. 191g, hält hingegen eine weite verfahrenszweckkonforme Auslegung zumindest für möglich.

d) *Resümee*

Der Auffassung des Großen Senates können somit, selbst wenn die Kritik hieran berechtigt wäre, keine gesetzeskonformen Alternativen entgegengestellt werden. Da legislative Initiativen weder ersichtlich waren noch sind, wird die Praxis mit seiner Lösung leben müssen.[1128] Der Umstand, dass, soweit ersichtlich, eine Befassung der (Instanz-)Gerichte mit den vorgebrachten Kritikpunkten nicht erfolgte, mag als Indiz dafür zu interpretieren sein, dass dies auch möglich ist. **389**

4. Keine unterschiedlichen Ermittlungsmethoden innerhalb einer Einkunftsart

Von der Problemstellung, wie eine Umqualifizierung der zugerechneten Einkünfte bei einzelnen Beteiligten verfahrenstechnisch umzusetzen ist, ist die Frage zu unterscheiden, ob innerhalb einer Einkunftsart bereits unterschiedliche Gewinnermittlungsmethoden auf Unternehmungs- und Beteiligtenebene, auch zwischen den Beteiligten, Anwendung finden können.[1129] Den Befürwortern[1130] ist zuzugestehen, dass die gesonderte und einheitliche Feststellung die Beteiligung Mehrerer an den Einkünften, nicht aber zugleich identische Ermittlungsmethoden voraussetzt. Insoweit lassen sich keine verfahrensrechtlichen Vorgaben erkennen. **390**

Indessen folgt die Notwendigkeit einer einheitlichen Ermittlungsmethode aus dem vorherrschenden materiell-rechtlichen Verständnis der Mitunternehmerschaft unter Einbeziehung des Sonderbetriebsvermögens der Mitunternehmer im Rahmen einer additiven Gewinnermittlung mit korrespondierender Bilanzierung.[1131] So verfolgt zumindest die Umqualifizierung von Sondervergütungen nach § 15 Abs. 1 S. 1 Nr. 2 letzter Hs. EStG (im gewerbesteuerlichen Interesse[1132]) das Ziel, den Mitunternehmer in der Behandlung einem Einzelunternehmer gleichzustellen beziehungsweise zumindest anzunähern (sogenannte Gleichstellungsthese).[1133] **391**

1128 Ebenso *Söhn* in Hübschmann/Hepp/Spitaler, AO FGO, § 180 AO Rn. 191h; *Brandis* in Tipke/Kruse, AO FGO, § 180 AO Rn. 57.

1129 Möglich wäre dies insbesondere im Bereich der freiberuflichen Mitunternehmerschaft, da dort im Rahmen der Gewinnermittlung ein Wahlrecht zwischen Betriebsvermögensvergleich und Überschussrechnung existiert, § 4 Abs. 3 S. 1 EStG i. V. m. §§ 140, 141 AO.

1130 Beispielsweise *Söhn* in Hübschmann/Hepp/Spitaler, AO FGO, § 180 AO Rn. 193, unter Verweis auf BFH, Urteil vom 05.12.1978 – VIII R 29/76, BStBl. II 1979, S. 476 (478), in Bezug auf die Einfamilienhausverordnung; *Hallerbach*, S. 209 m.w.N.

1131 Hierzu sowie zu weiteren denkbaren Bilanzierungsmodellen siehe *Raupach*, DStZ 1992, S. 692 (693 ff.); *Wacker* in Schmidt, EStG, § 15 Rn. 403 ff.; *Hennrichs* in Tipke/Lang, § 10 Rn. 108; *Hallerbach*, S. 226 ff.

1132 Amtliche Begründung zu § 15 EStG 1934, RStBl. 1934, S. 33 (42); hierzu auch *Meßmer*, StbJb 1972/1973, S. 127 (136 f.); *Kruse*, DStJG 2 (1979), S. 37 (48 ff.).

1133 Insgesamt ist die Gleichstellungsthese, welche auch oft zur Begründung des Sonderbetriebsvermögens dient (hierzu *Raupach*, DStZ 1992, S. 692 (696) m.w.N.), reichlich

Unterschiedliche Ermittlungsmethoden könnten indessen zu Zusammenballungs- oder Minderungseffekten hinsichtlich der in § 15 Abs. 1 S. 1 Nr. 2 S. 1 letzter Hs. EStG zusammenfassend geregelten Einkünfte führen, welche dem Sinn und Zweck dieser Regelung nicht entsprechen,[1134] wie auch zu einer verzerrten Wertekorrespondenz zwischen Gesamthands- und Sonderbetriebsvermögen.[1135]

392 Daher hat sich weit überwiegend die Ansicht durchgesetzt, in Bezug auf die Beteiligten die gleiche Gewinnermittlungsmethode anzuwenden, welcher sich auf Unternehmungsebene bedient wurde.[1136] Die Maßgeblichkeit der Unternehmungsebene, nicht vice versa, lässt sich am ehesten damit erklären, dass zunächst und auch primär die Einkünfteermittlung der Unternehmung im Vordergrund steht (1. Stufe der Gewinnermittlung) und die Befassung mit den Sonderbereichen der Beteiligten (2. Stufe der Gewinnermittlung) vielmehr die Konsequenz zur Vervollständigung der Gewinnermittlung darstellt. Zum anderen ist es den Beteiligten im Rahmen ihrer Mitwirkungsrechte zumindest grundsätzlich möglich, auf die Gewinnermittlungsmethode Einfluss zu nehmen. Die Identität der Ermittlungsmethoden ist für die Praxis auch als geklärt anzusehen. Der BFH nimmt entsprechende Einwände nicht mehr zur Entscheidung an und formuliert deutlich: *„Eine*

---

umstritten. Zumindest aber für den Bereich der Umqualifizierung der Sondervergütungen lässt sie sich heranziehen; so auch *Schneider*, S. 183 ff., 201 f. Heute ist vielfach eine relativierende Sichtweise vertreten. So formuliert der BFH, Beschluss vom 25.02.1991 – GrS 7/89, BStBl. II 1991, S. 691 (698), beispielsweise: *„Die Hinzurechnung der Sondervergütungen in § 15 Abs. 1 Nr. 2 EStG verfolgt den Zweck, die Mitunternehmer einer Personengesellschaft dem Einzelunternehmer anzunähern, weil dieser keine Verträge mit sich selbst schließen kann. Damit stimmt überein, daß die Vorschrift nur auf Mitunternehmer angewendet werden kann (BFH-Beschluß in BFHE 141, 405, 438, BStBl II 1984, 751). Der früher vertretene Satz, Zweck der Vorschrift sei es, den Mitunternehmer dem Einzelunternehmer „nach Möglichkeit" gleichzustellen (BFH-Beschluß vom 19.Oktober 1970 GrS 1/70, BFHE 101, 62, BStBl II 1971, 177; BFH-Urteil vom 25.Januar 1980 IV R 159/78, BFHE 129, 502, BStBl II 1980, 275), ist in dieser Allgemeinheit nicht aufrechtzuerhalten. Wie zunehmend erkannt wird, gilt vielmehr --auch nach Auffassung des vorlegenden IV. Senats-- dieser Satz nur noch, soweit das Gesetz eine solche Gleichstellung zuläßt (Urteil in BFHE 153, 555, BStBl II 1988, 883, mit weiteren Nachweisen)."*

1134 Hierzu *Raupach*, DStZ 1992, S. 692 (697); *Hennrichs* in Tipke/Lang, § 10 Rn. 115.

1135 Hierzu *Niehus/Wilke*, S. 77; *Kahle*, DStZ 2012, S. 61 (64).

1136 BFH, Urteil vom 25.06.2014 – I R 24/13, BStBl. II 2015, S. 141 (142); *Hennrichs* in Tipke/Lang, § 10 Rn. 101, 115; *Raupach*, DStZ 1992, S. 692 (697), selbst wenn eine Sonderbetriebsvermögensbilanz nicht notwendig ist, so sind doch die Gewinnermittlungsgrundsätze der §§ 4, 5 EStG anzuwenden; *Kahle*, DStZ 2012, S. 61 (64); *Niehus/Wilke*, S. 96 ff.; *Wacker* in Schmidt, EStG, § 15 Rn. 475; jeweils auch m.w.N. aus der Rspr.; *Loschelder* in Schmidt, EStG, § 4 Rn. 8. Bei Bilanzierung auf Gesellschaftsebene herrscht freilich keine Maßgeblichkeit eines konkreten Handelsbilanzansatzes auf Gesellschafterebene, da eine handelsbilanzielle Gewinnermittlung für diesen Bereich nicht existiert.

Rechtsfrage hat keine grundsätzliche Bedeutung, wenn sie nicht klärungsbedürftig ist, weil sich die Antwort aus dem klaren Wortlaut und Sinngehalt des Gesetzes ergibt oder die Rechtsfrage offensichtlich so zu beantworten ist, wie es das Finanzgericht getan hat, die Rechtslage also eindeutig ist (vgl. nur Gräber/Ruban, Finanzgerichtsordnung, 6. Aufl., § 115 Rz 28, m.w.N.). So liegt es im Streitfall. Die vom Kläger aufgeworfene Frage, ob bei einer freiberuflich tätigen Personengesellschaft der Gewinn im Gesellschaftsbereich nach § 4 Abs. 3 des Einkommensteuergesetzes (EStG) und im Sonderbereich nach § 4 Abs. 1 EStG ermittelt werden kann, ist eindeutig zu verneinen. [...] Das gilt nicht nur, wenn für das Gesamthandsvermögen eine Buchführungspflicht besteht [...] Für die Gewinnermittlung nach § 4 Abs. 3 EStG kann nichts anderes gelten. Besteht --wie im Streitfall-- für die Gesellschaft keine Buchführungspflicht und führt sie auch nicht freiwillig Bücher, so ist nach allgemeiner Meinung der Gewinn in allen Bereichen einheitlich nach § 4 Abs. 3 EStG zu ermitteln ...".[1137] Auch wenn die Gewinnermittlungsmethoden zutreffender Weise auf Unternehmungs- sowie auf Beteiligtenebene identisch sein müssen, ist hiermit jedoch noch keine Aussage darüber getroffen, wer die Gewinnermittlung auf Beteiligtenebene durchzuführen hat, insbesondere wer somit hinsichtlich der Sonderbetriebsbereiche buchführungspflichtig ist (hierzu noch Rdnr. 511 ff.).

IV. Keine Einbeziehung der Sonderbetriebssphären in das einheitliche Feststellungsverfahren

Der mit den zurechenbaren Einkünften originäre Gegenstand der gesonderten 393
und einheitlichen Feststellung und deren Anwendungsbereich lassen sich somit relativ klar umreißen. Auch einzelne Fragestellungen hinsichtlich der Einkünfteermittlung können überwiegend akzeptierten Lösungen zugeführt werden. In

1137 BFH, Beschluss vom 24.08.2010 – VIII B 28/10, BFH/NV 2010, S. 2272 (2272). Siehe beispielsweise auch BFH, Urteil vom 11.12.1986 – IV R 222/84, BStBl. II 1987, S. 553 (556): „*Im Einzelfall können sich jedoch deshalb Korrekturen ergeben, weil die Vergütung, wie bereits hervorgehoben, in den Gesamtgewinn der Mitunternehmerschaft eingeht (BFH-Beschluß vom 10.November 1980 GrS 1/79, BFHE 132, 244, 251, BStBl II 1981, 164; BFH-Urteil vom 14.November 1985 IV R 63/83, BFHE 144, 572, BStBl II 1986, 58) und nach dem Zweck des § 15 Abs. 1 Nr. 2, 2.Halbsatz EStG damit dasselbe Ergebnis erreicht werden soll, als hätte der Gesellschafter seine Leistung nicht im Rahmen eines entgeltlichen Geschäfts, sondern als gesellschaftsrechtlichen Beitrag erbracht und anstelle des Leistungsentgelts einen entsprechenden Anteil an dem durch den Fortfall des Entgelts erhöhten Gewinn erhalten (vgl. BFH-Urteil vom 24.Januar 1980 IV R 156–157/78, BFHE 129, 490, BStBl II 1980, 271). Dies verlangt nicht nur, daß die Gesellschaftervergütung in derselben Gewinnermittlungsart berechnet wird wie das Ergebnis der Gesellschaft, sondern auch, daß die Ergebnisse der Gesellschaft und des Gesellschafters in der Weise aufeinander abgestimmt werden, daß die Vergütung beim Gesellschafter in dem Wirtschaftsjahr gewinnmäßig erfaßt wird, in dem sie bei der Gesellschaft als Aufwand in Erscheinung tritt (BFHE 128, 505, 511, BStBl II 1979, 763).*“

diesen Bereichen sind zumindest keine übergeordneten Gesichtspunkte erkennbar, welche zu einer generellen Kritik Anlass geben. Anders stellt sich dies jedoch für einzelne Inhalte, welche über den originären Gegenstand der verselbständigten Feststellung hinausgehen, und den Umfang der Feststellungen dar. Widmet man sich diesen Problemfeldern eingehender, wird deutlich, dass oftmals anzutreffende Erwägungen zum Sinn und Zweck der gesonderten und einheitlichen Feststellung fehlgeleitet erscheinen, zumindest aber überwiegend unreflektiert und zu pauschal als richtungsweisend verstanden werden. Die Interessen der Beteiligten werden hingegen oftmals übergangen, wenn sie überhaupt erkannt und in die Überlegungen eingestellt werden.

394 Als maßgebliche Triebfeder wirkt in diesem Bereich die höchstinstanzliche Rechtsprechung. Der gesonderten und einheitlichen Feststellung ist in ihrer Eigenschaft als verfahrensrechtliche Materie für die Besteuerungspraxis eine gewichtige Rolle beizumessen. Lassen sich zu materiell-rechtlichen Fragestellungen folgenlos abweichende Standpunkte vertreten, so ist es für die Beteiligten doch von einiger Relevanz, welchen Umfang ein Verfahren haben soll. Dies gilt erst recht, wenn Beteiligte Gefahr laufen, durch abweichende Annahmen materieller Positionen verlustig zu gehen. Es verwundert daher kaum, wenn sich die Praxis in verfahrensrechtlichen Angelegenheiten nahezu ausschließlich an den Vorgaben der Rechtsprechung orientiert. Auch unzutreffende Vorgaben schleifen sich daher schnell ein. Dass sich diese sodann als vermeintlich herrschende Ansichten in der Literatur wiederfinden, lässt sich als ärgerliches Phänomen umschreiben, welches sich als Reflex schlichter und in mancher Hinsicht zu unkritischer Wiedergabe von Rechtsprechungsansichten zeigt. Aber selbst wenn zudem der Gesetzgeber im Einzelfall der Rechtsprechung willfährig zur Seite springt, sollte keine Tendenz zur Resignation einkehren.

395 Die kritische Würdigung einzelner Feststellungsinhalte sowie des unzutreffend justierten Umfangs des gesonderten und einheitlichen Feststellungsverfahrens ist notwendig. Sie kann und sollte einen Beitrag dazu leisten, dieses Verfahren wieder auf seine Intention zurückzuführen. Es verfolgt keinen Selbstzweck. Da eine ausführlichere Befassung mit sämtlichen Problemfeldern den Rahmen dieser Arbeit sprengen muss, soll auf einige lediglich am Rande eingegangen werden. Als wesentlich erscheinender Kritikpunkt stellt sich jedoch die Einbeziehung von Sonderbetriebseinnahmen und Sonderbetriebsausgaben[1138], auch der Sonderwerbungskosten[1139], allgemeiner der Sonderbetriebssphären beziehungsweise

---

1138 Allgemein sind Sonderbetriebseinnahmen und Sonderbetriebsausgaben sämtliche Bezüge und Aufwendungen, die ihre Veranlassung in der Beteiligung an der Unternehmung haben; statt Vieler *Hennrichs* in Tipke/Lang, § 10 Rn. 138 m.w.N.

1139 Für Sonderwerbungskosten bestehen verfahrenstechnisch keine Unterschiede zu Sonderbetriebsausgaben, beide werden identisch behandelt. Siehe hierzu exemplarisch BFH, Urteil vom 23.04.1991 – IX R 303/87, BFH/NV 1991, S. 653 (653 f.) m.w.N. Auf eine differenzierende Darstellung wird folglich verzichtet.

der Beteiligtensphären, in das einheitliche Feststellungsverfahren dar, welcher erschöpfender zu betrachten ist. Die Gründe, welche insoweit für eine Verlagerung in das einheitliche Feststellungsverfahren angeführt werden, überzeugen kaum. Lediglich vereinzelt lassen sich aber abweichende oder einschränkende Ansichten nachweisen. Diesen ist gemein, dass sie die Sonderbetriebseinnahmen und Sonderbetriebsausgaben, teilweise unter gewissen Voraussetzungen, dem Festsetzungsverfahren zuordnen. Der bisherige Argumentationsstand, welcher zunächst nachgezeichnet sowie ergänzt und auf welchen sodann aufgebaut werden soll, erschöpft sich daher in der Zuordnung der Sonderbetriebssphären zum einheitlichen Feststellungsverfahren oder zum Festsetzungsverfahren. Auch eine Erfassung der Sonderbetriebseinnahmen und Sonderbetriebsausgaben im Festsetzungsverfahren überzeugt indessen nicht. Vielmehr sind diese gesondert, regelmäßig aber nicht einheitlich festzustellen. Es lässt sich ein Modell entwickeln, hier als Alternativmodell bezeichnet, welches eine zutreffende verfahrenstechnische Erfassung der Sonderbetriebssphären sicherstellt und in sich in den Verfahrensgang einbetten lässt.

1. Sonderbetriebseinnahmen und Sonderbetriebsausgaben als Gegenstand des einheitlichen Feststellungsverfahrens oder des Festsetzungsverfahrens

Im Ausgangspunkt der Betrachtung besteht ein Widerstreit, ob Sonderbetriebseinnahmen und Sonderbetriebsausgaben im einheitlichen Feststellungsverfahren oder im Festsetzungsverfahren zu erfassen sind. Sonderbetriebseinnahmen und Sonderbetriebsausgaben bilden einen (Teil-)Bereich der steuerlich relevanten Erwerbssphäre. Sie sind daher von Relevanz für die Steuerfestsetzung und als Besteuerungsgrundlage festzustellen. Diese Feststellung bildet grundsätzlich einen mit Rechtsbehelfen nicht selbständig anfechtbaren Teil des Steuerbescheids, sofern die Besteuerungsgrundlagen nicht gesondert festgestellt werden, § 157 Abs. 2 AO. 396

a) Historische Einordnung

Gesondert festzustellen ist indessen nicht nur der originäre Feststellungsgegenstand, daher die Einkünfte, an denen Mehrere beteiligt sind, somit die nach hier vertretener Ansicht (hierzu Rdnr. 86 ff.) von der Unternehmung erzielten und den Beteiligten zuzurechnenden Einkünfte. Vielmehr erstreckt sich die gesonderte Feststellung auch auf die mit diesen Einkünften *„im Zusammenhang stehende[n] Besteuerungsgrundlagen"*, § 180 Abs. 1 S. 1 Nr. 2 a) AO. Diese Ergänzung wurde mit dem Gesetz zur Bekämpfung des Mißbrauchs und zur Bereinigung des Steuerrechts (Mißbrauchsbekämpfungs- und Steuerbereinigungsgesetz – StMBG 1993)[1140] eingeführt. Erfasst werden sollen hierdurch Besteuerungsgrundlagen, 397

1140 BGBl. I 1993, S. 2310 = BStBl. I, 1994, S. 50.

„die in einem rechtlichen, wirtschaftlichen oder tatsächlichen Zusammenhang mit den gemeinschaftlich erzielten Einkünften stehen, aber bei Ermittlung der gemeinschaftlich erzielten Einkünfte nicht zu berücksichtigen sind", AEAO zu § 180, Nr. 1 Abs. 2 S. 1. Diese Wendung betrifft aus heutiger Sicht und nach nahezu einhelliger Auffassung (hierzu noch eingehender Rdnr. 478 f.) auch Sonderbetriebseinnahmen sowie Sonderbetriebsausgaben.[1141]

398 Bei unbefangener Betrachtung würde daher der Schluss nahe liegen, dass vor der Gesetzesänderung weder Sonderbetriebseinnahmen noch Sonderbetriebsausgaben Gegenstand einheitlicher Feststellung waren. Gegenteiliges war indessen der Fall. Die ständige Rechtsprechung bezog diese bereits weit vorher in die gesonderte und einheitliche Feststellung ein.[1142] Dass diese Praxis offensichtlich nicht mit dem § 180 AO a.F. vereinbar war, war sodann auch dem Gesetzgeber bewusst. Dieser bezweckte eine Anpassung der Gesetzeslage an die bisherige Praxis, welche, wie er selbst hervorhob, *„über den Wortlaut des § 180 Abs. 1 Nr. 2a AO hinaus"* Besteuerungsgrundlagen, beispielsweise außerordentliche Einkünfte im Sinne des § 34 Abs. 2 EStG, die Beteiligung am Freibetrag nach § 16 Abs. 4 EStG, Sonderbetriebsausgaben und Sonderbetriebseinnahmen einheitlich feststellte.[1143] Eindeutiger kann der Gesetzgeber einen Rechtsverstoß nicht attestieren.

399 Die Schaffung eines rechtlichen Fundamentes für die Einbeziehung der Sonderbetriebseinnahmen und Sonderbetriebsausgaben lässt hingegen vermuten, dass sich der Gesetzgeber mit den Argumenten der Rechtsprechung zunächst genauer auseinandergesetzt und diese zudem als zutreffend erachtet hat. Beides lässt sich

---

1141 Auch diejenigen, die den Einbezug von Sonderbetriebseinnahmen und Sonderbetriebsausgaben in das Feststellungsverfahren letztendlich ablehnen, ihm kritisch oder zumindest einschränkend gegenüberstehen, gehen grundsätzlich davon aus, dass die mit den Einkünften *„im Zusammenhang stehende[n] Besteuerungsgrundlagen"* diese grundsätzlich erfassen sollen.

1142 Exemplarisch: bereits RFH, Urteil vom 02.03.1927 – VI A 89/27, RFHE 21, 8 (9), urteilte, dass Vergütungen für Mühewaltungen im Interesse der Gesellschaft, die heutigen Sondervergütungen als Sonderbetriebseinnahmen, in das Verfahren miteinzubeziehen sind; BFH, Urteil vom 25.08.1961 – VI 202/60 U, BStBl. III 1961, S. 491 (491 f.), zu Sonderbetriebsausgaben, wobei der BFH jedoch noch anmerkte, er habe *„keine Bedenken, wenn die Aufwendungen ausnahmsweise unmittelbar im Einkommensteuer-Veranlagungsverfahren berücksichtigt werden."*; diese Einschränkung findet sich in nachfolgenden Urteilen nicht mehr: BFH, Urteil vom 30.06.1966 – VI 273/65, BStBl. III 1966, S. 582 (582 f.); BFH, Urteil vom 04.04.1968 – IV R 5/67, BStBl. II 1968, S. 669 (670); siehe zudem die umfangreichen Nachweise bei *Söhn* in Hübschmann/Hepp/Spitaler, AO FGO, § 180 AO Rn. 244. Keine gesonderte Feststellung ist indessen nach Aufgabe des Betriebes für den Sonderfall der nachträglichen Sonderbetriebseinnahmen und Sonderbetriebsausgaben durchzuführen, da keine (weitere) gemeinschaftliche Einkünfteerzielung mehr vorliegt, BFH, Urteil vom 22.01.2003 – X R 60/99, BFH/NV 2003, S. 900 (902), für Sonderbetriebsausgaben.

1143 Gesetzesbegründung zum Mißbrauchsbekämpfungs- und Steuerbereinigungsgesetz 1993, BR-Drs. 612/93, S. 102.

jedoch nicht nachweisen. Vielmehr lässt die Gesetzesbegründung eher darauf schließen, dass die Sonderbetriebseinnahmen und Sonderbetriebsausgaben lediglich bei Gelegenheit mitgeregelt wurden.[1144] Im Vordergrund stand wohl vielmehr die erstmalige Erfassung von Sonderausgaben, welche bei der Gesellschaft keine Betriebsausgaben darstellen, zu Entnahmen führen und deren Berücksichtigung bisher nicht möglich war.[1145] Allerdings lässt sich der Gesetzesbegründung auch entnehmen, dass *„die bisherige Praxis auf eine gesetzliche Grundlage"* gestellt werden sollte, nachdem die Einbeziehung von Sonderbetriebseinnahmen und Sonderbetriebsausgaben in die gesonderte Feststellung zwei Absätze zuvor als eben diese Praxis beschrieben wurde. Insoweit ist dem Gesetzgeber ein Wille zur Festschreibung der gängigen Praxis nicht abzusprechen. Hierbei hat es aber auch sein Bewenden. Eigene substantielle Überlegungen sind nicht nachweisbar. Mehr, als dass der Gesetzgeber den Ergebnissen der Praxis somit zustimmend gegenübersteht, ist hiermit nicht gewonnen.

1144 Ebenso *Reuter*, S. 40; wohl auch *von Wedelstädt*, DB 1994, S. 9 (12).

1145 Die hier relevante Gesetzesbegründung lautet insgesamt wie folgt: *„In jahrelanger Praxis hat die Rechtsprechung für eine Vielzahl von Besteuerungsgrundlagen die Einbeziehung in die gesonderte Feststellung über den Wortlaut des §180 Abs. 1 Nr. 2a AO hinaus anerkannt. Mit Rücksicht auf den Zweck, unterschiedliche Entscheidungen der Wohnsitzfinanzämter zu vermeiden, ist z. B. auch festzustellen, ob in den Einkünften außerordentliche Einkünfte im Sinne des § 34 Abs. 2 EStG enthalten sind oder in welchem Umfang die Feststellungsbeteiligten am Freibetrag nach § 16 Abs. 4 EStG beteiligt sind. In die gesonderte Feststellung einbezogen werden auch Sondervergütungen im Sinne des § 15 abs. 1 Nr. 2 EStG sowie Sonderbetriebseinnahmen und Sonderbetriebsausgaben einzelner Gesellschafter. Soweit eine Personengesellschaft aus Mitteln der Gesellschaft Sonderausgaben, z. B. Spenden oder Bausparbeträge, zugunsten ihrer Gesellschafter aufwendet, handelt es sich nicht um Betriebsausgaben der Gesellschaft, sondern um Entnahmen ihrer Gesellschafter. Im Feststellungsbescheid können diese Besteuerungsgrundlagen bisher nur nachrichtlich den Wohnsitzfinanzämtern mitgeteilt werden. Die endgültige Entscheidung über die steuerliche Behandlung dieser Aufwendungen obliegt daher bisher den Wohnsitzfinanzämtern, eine unterschiedliche Behandlung der Feststellungsbeteiligten ist damit grundsätzlich nicht ausgeschlossen. Die Änderung im Buchstabe a soll die bisherige Praxis auf eine gesetzliche Grundlage stellen und es insbesondere ermöglichen, daß auch Besteuerungsgrundlagen, die bei der Ermittlung der gemeinschaftlich erzielten Einkünfte nicht berücksichtigt werden, mit Bindungswirkung für die Folgebescheide aller Beteiligten festgestellt werden, wenn sie im Zusammenhang mit den gemeinschaftlich erzielten Einkünften stehen. Unterschiedliche Entscheidungen bei den einzelnen Feststellungsbescheiden sowie aufwendige Rückfragen seitens der Wohnsitzfinanzämter bei den Feststellungsfinanzämtern werden damit vermieden."*, Gesetzesbegründung zum Mißbrauchsbekämpfungs- und Steuerbereinigungsgesetz 1993, BR-Drs. 612/93, S. 102.

b) Begründung der Einbeziehung

400 Unbeschadet dessen stellt sich die Frage, warum die Einbeziehung von Sonderbetriebseinahmen und Sonderbetriebsausgaben in die einheitliche Feststellung befürwortet werden sollte. Insoweit hat sich ein gewisser Argumentationskanon herausgebildet, welcher sich, teilweise recht formelhaft, in den entsprechenden Befassungen wiederfindet. Einige wesentliche Argumente waren bereits in einem Urteil des BFH aus dem Jahre 1966 enthalten. Wenn auch kursorisch, so doch in aller Deutlichkeit führte dieser in Bezug auf Sonderbetriebsausgaben, gegenständlich waren Zinsen für ein Darlehen zur Finanzierung der Beteiligung, aus, dass (1) die Einbeziehung in die gesonderte und einheitliche Feststellung sich bereits aus dem Wesen der Bilanzbündeltheorie ergäbe, (2) das Wohnsitzfinanzamt nicht in der Lage sei, die Verhältnisse der Personengesellschaft zu beurteilen, (3) es dem Wohnsitzfinanzamt insbesondere nicht möglich wäre festzustellen, ob ein Sonderbetriebsausgabenabzug bereits im Feststellungsverfahren durchgeführt wurde und (4) Geheimhaltungsinteressen oder dass *„es einem Gesellschafter unter Umständen nicht angenehm ist, wenn seine persönlichen Betriebsausgaben durch die Berücksichtigung bei der einheitlichen Gewinnfeststellung seinen Mitgesellschaftern bekannt werden“*, nicht entgegen stünden, denn dies gehöre zu dem *„Risiko“*, das der Gesellschafter mit seiner Beteiligung eingehe.[1146]

401 Zusätzlich wurde in anderen Entscheidungen auch maßgeblich darauf abgestellt, dass allein durch die Einbeziehung von Sonderbetriebsausgaben und Sonderbetriebseinnahmen in die verselbständigte Feststellung die Einheitlichkeit gewahrt und unterschiedliche Entscheidungen vermieden würden.[1147] Zusammenfassend formuliert der BFH im Jahre 1991: *„Gegenstand der einheitlichen und gesonderten Feststellung sind auch Sonderbetriebsausgaben bzw. Sonderbetriebsaufwand (ständige Rechtsprechung; vgl. Urteil des Reichsfinanzhofs --RFH-- vom 26.Oktober 1938 VI 652/38, RStBl 1939, 169; BFH-Urteile vom 25.August 1961 VI 202/60 U, BFHE 73, 619, BStBl III 1961, 491; vom 30.Juni 1966 VI 273/65, BFHE 86, 576, BStBl III 1966, 582; in BFHE 110, 315, BStBl II 1974, 62; vom 24.Januar 1985 IV R 123/82, BFH/NV 1986, 15; vom 9.November 1988 I R 191/84, BFHE 155, 454, BStBl II 1989, 343; vom 27.Oktober 1989 III R 38/88, BFH/NV 1990, 369). Sie sind Teile der Einkünfte (des Gewinns), an denen mehrere Personen beteiligt sind. Das Gesetz schreibt die gesonderte Feststellung der Einkünfte aus der Beteiligung vor und nicht nur die Feststellung des gemeinschaftlich erzielten Ergebnisses. Diese Auslegung deckt sich mit dem Zweck des Gesetzes, alle im Zusammenhang mit der Beteiligung stehenden Einkünfte einheitlich und*

1146 BFH, Urteil vom 30.06.1966 – VI 273/65, BStBl. III 1966, S. 582 (582 f.).

1147 So beispielsweise BFH, Urteil vom 04.04.1968 – IV R 5/67, BStBl. II 1968, S. 669 (670), hinsichtlich der Einbeziehung von Unterbeteiligungen. Zur aktuellen Rechtslage noch Rdnr. 471 sowie BFH, Urteil vom 11.09.1991 – XI R 35/90, BStBl. II 1992, S. 4 (4 f.); BFH, Urteil vom 23.04.1991 – IX R 303/87, BFH/NV 1991, S. 653 (654); zuvor bereits RFH, Urteil vom 02.03.1927 – VI A 89/27, RFHE 21, S. 8 (9).

mit bindender Wirkung zu ermitteln, um Widersprüche bei den einzelnen Veranlagungen zu vermeiden. Die einheitliche und gesonderte Feststellung von Einkünften dient der Richtigkeit, der Rechtssicherheit und der Gleichbehandlung, indem durch ein FA für alle Beteiligten die in tatsächlicher und rechtlicher Hinsicht erforderlichen Beurteilungen getroffen werden. Gegenüber diesen Gesichtspunkten hat das Interesse des einzelnen Beteiligten, seine Verhältnisse vor den Mitbeteiligten geheim zu halten, prinzipiell zurückzutreten, zumal er sich freiwillig mit den anderen Mitbeteiligten zur gemeinsamen Einkünfteerzielung verbunden hat. Darüber hinaus sind die Schwierigkeiten zu berücksichtigen, die sich bei Aussonderung von Sonderbetriebseinnahmen und -ausgaben aus dem Feststellungsverfahren ergeben, wenn diese zugleich mehrere Beteiligte betreffen."[1148]

Neben der Einheitlichkeit soll eine besondere Sachnähe beziehungsweise Sachkunde des Feststellungsfinanzamtes entscheidend sein. „*Die Sonderbetriebsausgaben gehören zu den Besteuerungsgrundlagen, deren verbindliche Feststellung nach dem Gesetz ... einheitlich und gesondert zu erfolgen hat. [...] Der Grund für die Einbeziehung solcher Feststellungen in das einheitliche und gesonderte Feststellungsverfahren liegt vor allem darin, daß die hiermit zusammenhängenden Fragen am besten von dem mit den Verhältnissen des Betriebs vertrauten Betriebs-FA entschieden werden können und es zweckmäßig ist, diese Entscheidung mit den übrigen vom Gesetz geforderten Feststellungen zu verbinden (BFH-Urteil vom 11.Juli 1985 IV R 61/83, BFHE 144, 151, BStBl II 1985, 577).*"[1149] Ähnliche Formulierungen verwendet der BFH in Bezug auf Veräußerungsgewinne, somit in Bezug auf Sonderbetriebseinnahmen. Es müssten im Feststellungsverfahren „*in einer für die Veranlagung zur Einkommensteuer bindenden Weise auch noch andere Entscheidungen getroffen werden. Das gilt zB für die Feststellung, ob in den Einkünften ... Veräußerungsgewinne iS des § 16 EStG enthalten sind [...] Der Grund dafür, daß diese Feststellungen im Rahmen der einheitlichen und gesonderten Gewinnfeststellung mit verbindlicher* 402

1148 BFH, Urteil vom 11.09.1991 – XI R 35/90, BStBl. II 1992, S. 4 (4 f.). Soweit der BFH in dieser Entscheidung zusätzlich darauf abstellt, dass die Einbeziehung „*auch (eher) den Absichten des Gesetzgebers*" entspreche, verfängt dies nicht. Er stellt hierbei auf § 120 Abs. 3 AO in der Form des Entwurfes BT-Drs. 7/1470 ab, nach welchem Werbungskosten bei Einkünften einer Vielzahl von Beteiligten aus Vermietung und Verpachtung sowie aus Kapitalvermögen im Veranlagungsverfahren geltend zu machen sind, sofern diese nur einzelnen Beteiligten entstanden sind. Hieraus schließt der BFH, dass im Umkehrschluss bei Gewinneinkünften Sonderbetriebsausgaben im Feststellungsverfahren zu erfassen sind. Dass der BFH seiner eigenen Argumentation nicht traut, belegt schon seine Wortwahl „*(eher)*". Dass er sich zudem auf ein Gesetzesvorhaben stützt, das in der AO 1977, welche sodann auf dem Entwurf BT-Drs. VI/1982 basiert, ganz offensichtlich und auch zum damaligen Zeitpunkt erkennbar nicht umgesetzt wurde, entkräftet die Bezugnahme vollends. Siehe hierzu auch *Reuter*, S. 55 ff.

1149 BFH, Urteil vom 27.10.1989 – III R 38/88, BFH/NV 1990, S. 369 (370). Ähnlich in BFH, Urteil vom 23.04.1991 – IX R 303/87, BFH/NV 1991, S. 653 (654).

Wirkung für das Veranlagungsverfahren getroffen werden, liegt – abgesehen von der Notwendigkeit einer einheitlichen Feststellung gegenüber allen an den Einkünften Beteiligten (vgl § 215 Abs 2 AO) – vor allem darin, daß über die genannten Frage am besten das mit den Verhältnissen des Betriebs vertraute Betriebs-FA entscheiden kann und es zweckmäßig ist, diese Entscheidung mit den übrigen vom Gesetz geforderten Feststellungen zu verbinden.“[1150]

403 Auch nimmt der BFH an, dass nur unter Einbeziehung von Sonderbetriebseinnahmen und Sonderbetriebsausgaben überhaupt der Gesamtgewinn der Mitunternehmerschaft ermittelt werden kann. Die „*Einbeziehung in die gesonderte und einheitliche Feststellung rechtfertigt sich aus ihrer betrieblichen Veranlassung: Sie dienen unmittelbar (im Fall des Sonderbetriebsvermögens I) oder mittelbar (über die unmittelbare Unterstützung der Beteiligung beim Sonderbetriebsvermögen II) dem Betrieb der Gesellschaft (vgl. u.a. BFH-Urteile vom 11.Dezember 1990 VIII R 122/86, BFHE 163, 346, Höchstrichterliche Finanzrechtsprechung --HFR-- 1991, 402; vom 23.Mai 1991 IV R 94/90, BFHE 164, 540, BStBl II 1991, 800; vom 18.Dezember 1991 XI R 42, 43/88, BFHE 167, 347, BStBl II 1992, 585, und vom 7.April 1992 VIII R 86/87, BFHE 168, 572, BStBl II 1993, 21; speziell zu Sonderbetriebsausgaben: BFH-Urteil vom 11.September 1991 XI R 35/90, BFHE 165, 336, BStBl II 1992, 4) und auf diese Weise auch der Ermittlung des Gewinns der Mitunternehmerschaft (vgl. BFH-Urteile vom 2.Dezember 1982 IV R 72/79, BFHE 137, 323, BStBl II 1983, 215, und vom 23.Oktober 1990 VIII R 142/85, BFHE 162, 99, BStBl II 1991, 401; Beschluß des Bundesverfassungsgerichts --BVerfG-- vom 22.Dezember 1992 1 BvR 1333/89, HFR 1993, 327, 328; Schmidt, Einkommensteuergesetz, 12. Aufl. 1993, § 15 Anm.65 m.w.N.).*“[1151] Die Gewinnanteile sowie die Sondervergütungen bilden „*den Gesamtgewinn der Mitunternehmerschaft*“.[1152]

404 Zudem werden gewerbesteuerliche Implikationen als Begründung für die Einbeziehung von Sonderbetriebseinnahmen und Sonderbetriebsausgaben geltend gemacht. Da diese Besteuerungsgrundlagen ohnehin bei der Gewerbesteuer in die Betrachtung miteinbezogen werden müssten und der Gewerbesteuerbescheid der Gesellschaft bekannt zu geben ist, bestehe insoweit kein Geheimhaltungsinteresse.[1153] Letztendlich würde somit die gewerbesteuerliche Behandlung der Unternehmung auf die gesonderte und einheitliche Feststellung durchschlagen.

405 Die Begründungsansätze der Rechtsprechung lassen sich daher mit folgenden Schlagworten kursorisch umschreiben: Bilanzbündeltheorie, Sachnähe, fehlende Prüfungsmöglichkeit etwaiger bereits erfolgter Berücksichtigung durch das Wohnsitzfinanzamt, fehlendes Geheimhaltungsinteresse, Einheitlichkeit der Feststellung, Gesamtergebnisermittlung, gewerbesteuerliche Implikationen. Diese

---

1150 BFH, Urteil vom 09.11.1978 – IV R 185/74, BStBl. II 1979, S. 330 (331) m.w.N.
1151 BFH, Urteil vom 13.10.1993 – X R 49/92, BStBl. II 1994, S. 86 (87 f.).
1152 BFH, Beschluss vom 10.11.1980 – GrS 1/79, BStBl. II 1981, S. 164 (167).
1153 BFH, Urteil vom 11.09.1991 – XI R 35/90, BStBl. II 1992, S. 4 (5).

Argumentationsstrukturen finden sich auch, unabhängig davon, ob ihnen letztendlich gefolgt wird, in der zumeist zustimmenden Literatur.[1154]

c) Kritische Würdigung der Einbeziehungsgründe

Betrachtet man aber diese Argumente genauer, welche für die Einbeziehung von **406**
Sonderbetriebseinnahmen und Sonderbetriebsausgaben sprechen sollen, stellt man fest, dass sie weniger durchgreifend sind als oftmals angenommen. Es scheint vielmehr eine kritischere Zurückhaltung angezeigt.

(1) Bilanzbündeltheorie

So scheidet zunächst eine Anknüpfung an die Bilanzbündeltheorie aus heutiger **407**
Sicht aus. Diese darf allgemeinhin als überwunden angesehen werden (siehe hierzu oben Rdnr. 19 ff.). Die hierauf abstellende Entscheidung des BFH stammt aus dem Jahre 1966 und lässt sich nicht mehr mit seiner eigenen Ansicht zur Rechtssubjektivität, welche sich zumindest auf die Einkünfteermittlung und Einkünftequalifikation, nach hier vertretener Auffassung auch auf die Einkünfteerzielung, erstreckt (hierzu Rdnr. 63 ff.), vereinbaren. Aktuellere Entscheidungen mit entsprechenden Bezügen sind daher auch nicht ersichtlich. Gewiss werden auch noch heute teilweise Auffassungen vertreten, welche jegliche Subjektivität der Unternehmung bestreiten (hierzu Rdnr. 73). Aber auch diese denken die Existenz der Gesellschaft nicht im Sinne der Bilanzbündeltheorie hinweg. Sie verstehen die Gesellschaft zumindest als beachtliche Determinante wirtschaftlicher Leistungsfähigkeit und weisen ihr eine *„interimistische"* Rolle im Rahmen der gesamthänderischen Bindung der Gesellschafter zu.[1155] Sind somit aber die Sphären der Unternehmung einerseits und der Beteiligten andererseits zu unterscheiden, ist die Frage der verfahrenstechnischen Erfassung der Sonderbetriebseinnahmen und Sonderbetriebsausgaben nicht zugunsten des Feststellungsverfahrens vorbestimmt.[1156]

1154 Siehe exemplarisch *Reuter*, S. 27 ff.; *Söhn* in Hübschmann/Hepp/Spitaler, AO FGO, § 180 AO Rn. 155, 163, 244 ff.; *Brandis* in Tipke/Kruse, AO FGO, § 180 AO Rn. 60 ff.; *Frotscher* in Schwarz/Pahlke, AO FGO, § 180 AO Rn. 56 f.; *Kunz* in Gosch, AO FGO, § 180 AO Rn. 49.

1155 So beispielsweise *Pinkernell*, S. 191, 207; *Mönkemöller*, S. 127, *„mediatisierte Handlungsebene"*, 374. Insgesamt hierzu *Hennrichs* in Tipke/Lang, § 10 Rn. 13.

1156 So kritisiert beispielsweise auch *Reuter*, S. 32 ff., dass die verfahrensrechtliche Behandlung der Sonderbetriebssphäre (entgegen der jeweiligen Gesetzesfassungen seit dem EStG 1925) ursprünglich auf Gedanken der Bilanzbündeltheorie fußte und auch nach deren Aufgabe im Rahmen der Einheitstheorie fortgeführt wurde, ohne jedoch den Zusammenhang kritisch zu hinterfragen.

(2) *Fehlende Prüfungsmöglichkeit des Festsetzungsfinanzamtes*

408 Auch die vom BFH angeführte fehlende Prüfmöglichkeit des Festsetzungsfinanzamtes (Rdnr. 400) führt nicht zu einer abweichenden Beurteilung. Dieses soll nicht erkennen können, ob Sonderbetriebsausgaben nicht bereits im Feststellungsverfahren berücksichtigt wurden. Bereits die Grundannahme fehlender Erkenntnismöglichkeit überzeugt nicht. Hiervon scheint selbst der BFH mittlerweile auszugehen, zumindest wenn man seine späteren Ausführungen in diesem Zusammenhang ernst nehmen darf.

409 So ist zunächst die Zuordnung der Sonderbetriebseinnahmen und Sonderbetriebsausgaben zum einheitlichen Feststellungsverfahren nach Ansicht des BFH[1157] grundsätzlich definitiv. Er verneint prinzipiell die Möglichkeit der Geltendmachung im Festsetzungsverfahren,[1158] worin gerade die Brisanz der Rechtsprechung zu erblicken ist (siehe hierzu noch Rdnr. 456 ff.). Ein, auch eingeschränktes, Wahlrecht besteht daher nicht. Ob überhaupt ganz besondere Konstellationen denkbar sind, in denen dieser Grundsatz durchbrochen wird, erscheint höchst zweifelhaft. Ließ der BFH anfangs noch offen, ob Sonderbetriebsausgaben *„unter Umständen aus Gründen der Prozeßökonomie bei der Veranlagung eines einzelnen Gesellschafters außerhalb der einheitlichen Gewinnfeststellung"* geltend gemacht werden könnten,[1159] ging er anschließend lediglich davon aus, dass *„ausnahmsweise"* eine Berücksichtigung im Festsetzungsverfahren erwogen werden könnte.[1160] Die Frage, wann ein solcher Ausnahmefall gegeben sein könnte, blieb jedoch allseits unbeantwortet. Mittlerweile will der BFH die Geltendmachung im Festsetzungsverfahren nicht mehr ausnahmsweise zulassen, sondern hat ausdrücklich offen gelassen, ob dies in *„ganz besonders gelagerten Ausnahmefällen"* im Billigkeitswege

---

1157 Zur kurios anmutenden Rspr. des RFH, welcher entweder Rechtsbehelfe gegen den Festsetzungsbescheid zugleich als Rechtsbehelf gegen den Feststellungsbescheid wertete und dort dann hinsichtlich einer Fristversäumung Nachsicht gewähren oder die Geltendmachung von Werbungskosten nicht im Feststellungsverfahren sondern als außergewöhnliche Belastung im Festsetzungsverfahren zulassen wollte, siehe *Keuk*, StuW 1974, S. 1 (40). Es ist bezeichnend, wenn bereits *Becker*, StuW 1932 I, Sp. 249 (272), hierzu ausführte: *„Wo gehobelt wird, fallen Späne: wenn die Rechtsprechung zu einigermaßen befriedigenden Ergebnissen kommen will, geht es nicht ohne ein gewisses Maß an Gewaltsamkeit."*

1158 Siehe nur BFH, Urteil vom 23.04.1991 – IX R 303/87, BFH/NV 1991, S. 653 (654), *„stets nur in diesem Verfahren [gemeint: Feststellungsverfahren] zu berücksichtigen"*; BFH, Urteil vom 29.08.1973 – I R 26/71, BStBl. II 1974, S. 62 (63), wonach *„Betriebsausgaben im Zusammenhang mit der Mitunternehmerstellung des Klägers ... nur im Rahmen der einheitlichen Gewinnfeststellung berücksichtigt werden können"*. Die ausnahmsweise Geltendmachung im Festsetzungsverfahren wird in neueren Entscheidungen daher nicht mehr erwähnt; siehe beispielsweise BFH, Urteil vom 04.03.2009 – I R 58/07, BFH/NV 2009, S. 1953 (1956).

1159 BFH, Urteil vom 12.07.1954 – IV 241/54; zitiert nach *Keuk*, StuW 1974, S. 1 (40).

1160 BFH, Urteil vom 25.08.1961 – VI 202/60 U, BStBl. III 1961, S. 491 (492).

über § 227 AO möglich wäre, präzisierend wenn und *„weil Sonderbetriebsausgaben nicht im Feststellungsverfahren geltend gemacht werden konnten"*.[1161] Es dürfte aber kaum ein Fall denkbar sein, in welchem die vom BFH angesprochene Konstellation je einschlägig sein könnte. Eine Quasi-Unmöglichkeit, Sonderbetriebsausgaben und Sonderbetriebseinnahmen im Feststellungsverfahren geltend zu machen, besteht grundsätzlich nicht. Zum anderen, und dies ist gerade vorliegend relevant, macht die Präzisierung deutlich, dass wohl doch Erkenntnismöglichkeiten des Festsetzungsfinanzamtes bestehen. Wenn eine Geltendmachung im Festsetzungsverfahren möglich sein könnte, wenn Sonderbetriebseinnahmen und Sonderbetriebsausgaben im Feststellungsverfahren nicht eingebracht werden konnten, geht der BFH wohl selbst davon aus, dass die bisherige Nichtberücksichtigung nachprüfbar ist. Mit der Präzisierung einer ganz besonderen Ausnahme entzieht er seiner Argumentation zur fehlenden Nachprüfbarkeit die Legitimation.

Dies erscheint auch sachgerecht. Eine Problematik fehlender Erkenntnismöglichkeit besteht nicht. Das Festsetzungsfinanzamt wäre in der Lage, umfassend, anlassbezogen oder stichprobenartig Angaben durch Rückfrage beim Feststellungsfinanzamt zu klären. Eine Doppelberücksichtigung lässt sich somit ausschließen. Zudem wirkt sich die doppelte Angabe und sodann Berücksichtigung von Sonderbetriebseinnahmen im Feststellungs- und im Festsetzungsverfahren hinsichtlich der Steuerlast nachteilig für den Steuerpflichtigen aus. Dieser wird einer Doppelberücksichtigung daher nachhaltig begegnen. Sie ist daher faktisch ausgeschlossen. Eine vorsätzliche oder leichtfertige mehrfache Geltendmachung von Sonderbetriebsausgaben würde den Tatbestand der Steuerhinterziehung oder der Steuerverkürzung erfüllen, §§ 370 Abs. 1, 378 Abs. 1 AO. Insoweit ist die Sachlage vergleichbar mit Fallgestaltungen, in denen beispielsweise eine Aufwendung jeweils in voller Höhe bei verschiedenen Einkunftsarten geltend gemacht würde. Dies zu verhindern ist aber originäre Aufgabe der Straf- und Bußgeldvorschriften, §§ 369 ff. AO, nicht des Verfahrensrechts. Das Instrumentarium des Achten Teils der Abgabenordnung ist hierzu ausreichend beziehungsweise wird auch in anderen Steuerverfahren offensichtlich für ausreichend erachtet. Eine von den sonstigen Steuerverfahren abweichende Beurteilung ist für die gesonderte und einheitliche Feststellung nicht angezeigt. Dies gilt erst recht, als dass sich die Selbstverständlichkeit der Strafbewährung doppelter Geltendmachung durch das Erfordernis einer ausdrücklichen Erklärung, der Steuerpflichtige habe die Sonderbetriebsausgaben im Feststellungsverfahren noch nicht geltend gemacht, untermauern ließe. 410

Insoweit könnte man lediglich erwägen, verfahrensökonomische Aspekte im weiteren Sinne gegen eine Rückfragemöglichkeit anzuführen.[1162] Auch die Gesetzesbegründung zur Aufnahme der mit den Einkünften im Zusammenhang stehenden Besteuerungsgrundlagen in den § 180 Abs. 1 S. 1 Nr. 2 a) AO ging davon 411

1161 BFH, Urteil vom 11.09.1991 – XI R 35/90, BStBl. II 1992, S. 4(5).

1162 Zu Überlegungen hinsichtlich des Sinn und Zwecks der gesonderten und einheitlichen Feststellung siehe noch Rdnr. 437 ff.

aus, dass hiermit *„aufwendige Rückfragen seitens der Wohnsitzfinanzämter bei den Feststellungsfinanzämtern ... vermieden“* werden sollten.[1163] Der allgemeine Aufwand von Rückfragen könnte indessen bereits dadurch vermieden werden, dass das Feststellungsfinanzamt dem Festsetzungsfinanzamt berücksichtigte Sonderbetriebseinnahmen und Sonderbetriebsausgaben automatisiert mitteilt. Die entsprechenden Daten wurden vom Feststellungsfinanzamt ohnehin aufbereitet. Eine Weiterleitung oder Zurverfügungstellung unterlägen insbesondere bei Nutzung elektronischer Kommunikationswege keines nennenswerten Aufwandes. Insoweit wäre sodann bei Bedarf lediglich ein nahezu aufwandsloser Abgleich durch das Festsetzungsfinanzamt durchzuführen.

(3) Gewerbesteuerliche Implikation

412 Zudem sollen gewerbesteuerliche Implikationen die Erfassung von Sonderbetriebseinnahmen und Sonderbetriebsausgaben im Feststellungsverfahren begründen (Rdnr. 404). Da die Sonderbetriebssphären dort von Relevanz seien und insoweit auch kein Geheimhaltungsinteresse der Beteiligten bestehen könne, wären sie auch bereits im Feststellungsverfahren zu erfassen. Insoweit ist zunächst festzuhalten, dass der Anwendungsbereich der gesonderten und einheitlichen Feststellung nicht lediglich gewerbesteuerpflichtige Einkünfte umfasst. Im Rahmen von sechs der sieben Einkunftsarten vermögen gewerbesteuerliche Erwägungen, selbst wenn sie zutreffend wären, die Einbeziehung von Sonderbetriebseinnahmen und Sonderbetriebsausgaben daher nicht zu tragen.[1164]

413 Unbeschadet dessen ist fraglich, warum gewerbesteuerliche Wertungen in die verfahrensmäßige Erfassung einkommen- oder körperschaftsteuerlicher Einkünfte eingebunden werden sollten. Das Gewerbesteuerrecht knüpft in § 7 Abs. 1 S. 1 GewStG zwar an die Gewinnermittlung nach dem Einkommen- und Körperschaftsteuergesetz an. Indessen besteht insoweit und anerkanntermaßen aber keine Bindungswirkung; es gelten lediglich dieselben Ermittlungsgrundsätze, der für die Gewerbesteuer maßgebliche Gewinn ist aber eigenständig zu ermitteln.[1165] Insbesondere sind weder der Bescheid zur gesonderten und einheitlichen Feststellung noch ein Einkommensteuerbescheid Grundlagenbescheide für den Gewerbesteuermessbescheid.[1166] Es handelt sich vielmehr um unabhängige

1163 Gesetzesbegründung zum Mißbrauchsbekämpfungs- und Steuerbereinigungsgesetz 1993, BR-Drs. 612/93, S. 102.

1164 Ebenso *Brandis* in Tipke/Kruse, AO FGO, § 180 AO Rn. 61.

1165 Siehe lediglich BFH, Urteil vom 18.04.2012 – X R 34/10, BStBl. II 2012, S. 647 (651); BFH, Urteil vom 08.04.2008 – VIII R 73/05, BStBl. II 2008, S. 681 (684); BFH, Urteil vom 20.04.2006 – III R 1/05, BStBl. II 2007, S. 375 (387); *Güroff* in Glanegger/Güroff, GewStG, § 1 Rn. 28; *Selder* in Glanegger/Güroff, GewStG, § 7 Rn. 1, 2; *Drüen* in Blümich, EStG, KStG, GewStG, § 7 GewStG Rn. 37; jeweils m.w.N.

1166 BFH, Urteil vom 18.04.2012 – X R 34/10, BStBl. II 2012, S. 647 (651); BFH, Urteil vom 08.04.2008 – VIII R 73/05, BStBl. II 2008, S. 681 (684); BFH, Urteil vom 20.04.2006 – III R 1/05, BStBl. II 2007, S. 375 (378); *Güroff* in Glanegger/Güroff, GewStG, § 1 Rn. 28;

Verfahren. Insoweit bleibt es dann aber auch zweifelhaft, warum eine Offenbarung von Besteuerungsgrundlagen in einem Verfahren, sofern dort überhaupt angezeigt (hierzu zugleich Rdnr. 414 ff.), automatisch zur Offenbarung in anderen Verfahren zwingen soll. Selbst wenn das Geheimhaltungsinteresse insoweit geringer zu gewichten oder nicht vorhanden sein sollte, spräche diese lediglich nicht gegen die Einbeziehung in den gesonderten und einheitlichen Feststellungsbescheid. Ein positives Argument für die Einbeziehung ist damit noch nicht gewonnen.

Zudem ist zu vergegenwärtigen, dass das Gewerbesteuergesetz an die Wertun- **414**
gen des Einkommensteuergesetzes angebunden ist, nicht umgekehrt. Wollte man daher Wertungen transferieren, sollten die Wertungen des Einkommensteuergesetzes in das Gewerbesteuerrecht übertragen werden, nicht umgekehrt. So knüpft beispielsweise § 2 Abs. 1 S. 1 GewStG an den Begriff des Gewerbebetriebes des Einkommensteuergesetzes an. Sieht man im Einkommensteuerrecht, wie vorliegend (hierzu Rdnr. 80 ff.), die Unternehmung selbst als die den Einkünftetatbestand erfüllende Einheit und somit als Träger des Gewerbebetriebes, so erscheint die Einbeziehung der Sonderbetriebssphären zur Ermittlung des Gewerbeertrages alles andere als selbstverständlich.[1167]

Auch ohne Bezugnahme auf die einkommensteuerliche Subjektivierung werden **415**
indessen sowohl die Unternehmereigenschaft als auch der Umfang des Gewerbebetriebes bei Mitunternehmerschaften gewerbesteuerlich seit jeher uneinheitlich beurteilt. Die vorherrschende Ansicht sieht hierbei im Mitunternehmer den Unternehmer[1168] und will sämtliche Sonderbetriebsvorgänge im Gewerbeertrag berücksichtigt wissen.[1169] Da § 5 Abs. 1 S. 3 GewStG der Personengesellschaft die Steuerschuldnerschaft zuschreibt, mag dies auf den ersten Blick verwundern. Argumentativ wird die Brücke geschlagen, indem dieser Norm konstitutive Bedeutung beigemessen wird. Wäre die Personengesellschaft selbst Unternehmer und somit bereits nach § 5 Abs. 1 S. 1 GewStG Steuerschuldner, wäre § 5 Abs. 1

Selder in Glanegger/Güroff, GewStG, § 7 Rn. 1, 2; *Drüen* in Blümich, EStG, KStG, GewStG, § 7 GewStG Rn. 37; jeweils m.w.N.

1167 Dies gilt allerdings bereits unabhängig von subjektivitätsbezogenen Überlegungen. Da die Gewerbesteueranrechnung auf den Gewinnverteilungsschlüssel abstellt, § 35 Abs. 2 S. 2 EStG, kann es bei Einbeziehung der Sonderbetriebssphären und entsprechenden Sonderbetriebsergebnissen zu asymmetrischen Be- und Entlastungen kommen; hierzu *Rohrlack* in Blümich, EStG, KStG, GewStG, § 35 EStG Rn. 58 f.

1168 BFH, Urteil vom 03.02.2010 – IV R 26/07, BStBl. II 2010, S. 751 (755 ff.); BFH, Urteil vom 03.04.2008 – IV R 54/04, BStBl. II 2008, S. 742 (744 ff.); BFH, Beschluss vom 03.05.1993 – GrS 3/92, BStBl. II 1993, S. 616 (621 ff.); *Gosch* in Blümich, EStG, KStG, GewStG, § 5 GewStG Rn. 39; *Selder* in Glanegger/Güroff, GewStG, § 5 Rn. 1, 5; jeweils m.w.N.

1169 BFH, Urteil vom 28.02.2013 – IV R 33/09, BFH/NV 2013, S. 1122 (1123); BFH, Urteil vom 03.04.2008 – IV R 54/04, BStBl. II 2008, S. 742 (744 ff.); *Gosch* in Blümich, EStG, KStG, GewStG, § 5 GewStG Rn. 42; *Selder* in Glanegger/Güroff, GewStG, § 7 Rn. 9, 190; jeweils m.w.N.

S. 3 GewStG unnötig.[1170] Dies erscheint zunächst plausibel. Allerdings lässt sich aus der Gesetzeshistorie auch ein gegenteiliges Verständnis ableiten.[1171]

416 Insoweit ist zugleich die nur unzureichend geklärte Frage nach dem derzeitigen Charakter der Gewerbesteuer aufgeworfen. Unzweifelhaft war diese zunächst als Objektsteuer konzipiert.[1172] Nach einer Vielzahl von Gesetzesänderungen[1173] ist diese Einordnung nunmehr aber zweifelhaft. Zunächst ist hierbei schon nicht klar, was eigentlich unter einer Objektsteuer zu verstehen ist.[1174] Neben dem teilweise weiterhin befürworteten Objektsteuercharakter[1175] werden sodann in unterschiedlicher Akzentuierung Umschreibungen wie das *„Objektsteuerprinzip"*[1176] oder die einer *„ertragsorientierten Objektsteuer"*[1177] bemüht oder auch eine Metamorphose hin zu einer *„objektivierten Ertragsteuer"*[1178] oder *„reinen Ertragsteuer"*[1179] angenommen. Für den hier maßgeblichen Kontext gewinnt diese Klassifizierung in folgender Hinsicht an Relevanz:

417 Man kann mit dem BVerfG von einem noch grundsätzlich vorhandenen Objektsteuercharakter in dem Sinne ausgehen, dass die Gewerbesteuer zumindest noch *„vornehmlich auf den Ertrag des Gewerbebetriebs gerichtete Objektsteuer"* ist,[1180] der Gesetzgeber durch die Einbeziehung ertragsteuerlicher Komponenten lediglich den ihm zustehenden Gestaltungsspielraum nutzt und die Gewerbesteuer in dieser

---

1170 BFH, Urteil vom 03.02.2010 – IV R 26/07, BStBl. II 2010, S. 751 (755 ff.); BFH, Urteil vom 03.04.2008 – IV R 54/04, BStBl. II 2008, S. 742 (745); BFH, Beschluss vom 03.05.1993 – GrS 3/92, BStBl. II 1993, S. 616 (624).

1171 Hierzu *Hallerbach*, S. 133 f.; auch *Sarrazin* in Lenski/Steinberg, GewStG, § 5 Rn. 73, misst § 5 Abs. 1 S. 3 GewSt *„eher klarstellende Bedeutung"* zu.

1172 Vgl. Begründung zum Gewerbesteuergesetz 1936, RStBl. II 1937, S. 693 (694 ff.).

1173 Siehe zu den wichtigsten beispielsweise *Roser*, DStJG 35 (2012), S. 189 (190 f.).

1174 *Hartmann*, BB 2008, S. 2490 (2492 f.); *Zitzelsberger*, S. 106 ff.; *Hidien* in Hidien/Pohl/Schnitter, S. 80 ff.

1175 *Scheffler*, BB 2007, 874 (874, 878); *Erm*, S. 133; *Kuck*, S. 211; *Zähle*, S. 144; *Regniet*, S. 100.

1176 BFH, Urteil vom 08.12.2016 – IV R 55/10, BStBl. II 2017, S. 722 (724); BFH, Urteil vom 25.01.2006 – I R 104/04, BStBl. II 2006, S. 844 (845).

1177 So zuletzt BVerfG, Beschluss vom 15.01.2008 – 1 BvL 2/04, BVerfGE 120, S. 1 (28); beiläufig anders in BVerfG, Beschluss vom 18.01.2006 – 2 BvR 2194, BVerfGE 115, S. 97 (109), *„Vermögensteuer als „Soll-Ertragsteuer" ... in Konkurrenz zu Ertragsteuern wie der Einkommen- oder Gewerbesteuer"*.

1178 *Zitzelsberger*, S. 326; *Montag* in Tipke/Lang, § 12 Rn. 1.

1179 *Hartmann*, BB 2008, S. 2490 (2496); *Jachmann*, DStJG 25 (2002), S. 195 (207); *Hey*, DStJG 24 (2001), S. 155 (184); *Güroff* in Glanegger/Güroff, GewStG, § 1 Rn. 14; *Bodden*, S. 170; hiergegen BFH, Beschluss vom 16.10.2012 – I B 128/12, BStBl. II 2013, S. 30 (31).

1180 BVerfG, Beschluss vom 15.01.2008 – 1 BvL 2/04, BVerfGE 120, S. 1 (27).

Ausgestaltung auch als verfassungskonform ansehen.[1181] Dann ist es indessen systemkonform und somit vorzugswürdig, die Personengesellschaft als Unternehmer und Träger des Gewerbebetriebes anzusehen und den Gewerbeertrag ohne die Sonderbetriebssphären zu ermitteln.[1182] Es wäre wenig verständlich, warum Vorgänge in den Sonderbetriebssphären, beispielsweise die Veräußerung eines Wirtschaftsgutes oder Fahrtkosten eines Gesellschafters, die Ertragskraft des Unternehmens der Personengesellschaft beeinflussen sollten.[1183] Diese Vorgänge betreffen lediglich die Leistungsfähigkeit der Gesellschafter, nicht die Ertragskraft des Unternehmens der Personengesellschaft.[1184] Daher sollten *„Sachverhalte, die sich allein auf Gesellschafterebene abspielen, keinen Einfluss auf die Gewerbesteuer“*[1185] haben. Leider wird diese Trennung vom Gewerbesteuergesetz selbst nicht durchgängig beachtet, so dass es bei einem Grundsatz verbleiben muss.[1186]

1181 Zu den verschiedenen, *„überzeugenden“* bisherigen Richtervorlagen und den diese ablehnenden Argumentationsstrukturen des BVerfG siehe *Montag* in Tipke/Lang, § 12 Rn. 2; *Drüen* in Blümich, EStG, KStG, GewStG, § 1 GewStG Rn. 16 ff.

1182 Ebenso *Knobbe-Keuk*, StuW 1985, S. 382 (386 ff.); *Knobbe-Keuk*, S. 756 ff.; *Hüttemann* in GS Knobbe-Keuk, S. 39 (64); *Reuter*, S. 51 ff.; *Hey* in Kernfragen Unternehmenssteuerrecht, S. 1 (20 f.); *Kraus*, S. 131 ff.; *Zitzelsberger*, S. 265 ff.; *Rau*, S. 248; *Kruse*, DStJG 2 (1979), S. 37 (51 f.); *Wichmann*, DStR 2019, S. 2214 (2219); in Bezug auf die Unternehmereigenschaft der Gesellschaft zudem *Hallerbach*, S. 133 f.; *Sarrazin* in Lenski/Steinberg, GewStG, § 5 Rn. 73, der § 5 Abs. 1 S. 3 GewSt *„eher klarstellende Bedeutung“* beimisst.

1183 Abgesehen von *Kruse*, DStJG 2 (1979), S. 37 (51 f.), besteht wohl indessen Einigkeit, dass (allerdings eng auszulegende) Tätigkeitsvergütungen entsprechend dem Zweck des § 15 Abs. 1 S. 1 Nr. 2 S. 1 Hs. 1 EStG beziehungsweise aufgrund des Freibetrages nach § 11 Abs. 1 S. 3 Nr. 1 GewStG, welcher die Nichtberücksichtigung des Unternehmerlohns bei Personengesellschaften im Gegensatz zu den Kapitalgesellschaften ausgleichen soll, so *Knobbe-Keuk*, S. 761, und *Zitzelsberger*, S. 274 f., die Bemessungsgrundlage der Gewerbesteuer nicht mindern sollen. Andere Sondervergütungen sind sodann nach § 8 GewStG hinzuzurechnen, sofern von diesem erfasst.

1184 Ob neben (nicht statt) der Personengesellschaft als Unternehmer noch Platz für die Annahme einzelner Gewerbebetriebe der Gesellschafter verbleiben kann oder muss, kann hier dahingestellt bleiben.

1185 *Hey* in Kernfragen Unternehmenssteuerrecht, S. 1 (21).

1186 So betrifft § 7 S. 2 GewStG einen Vorgang auf Gesellschafterebene, hat aber Auswirkungen auf die Gesellschaftsebene. Auch hier schuldet nach h.M., hierzu *Hey* in Kernfragen Unternehmenssteuerrecht, S. 1 (21); *Selder* in Glanegger/Güroff, GewStG, § 7 Rn. 128, die Gesellschaft die Gewerbesteuer, obwohl der ausscheidende Mitunternehmer den Gewinn realisiert. In § 10a S. 4, 5 GewStG wurde die bis dahin judizierte, aber umstrittene Auffassung hinsichtlich der Unternehmeridentität kodifiziert. Kritisch zu derartigen Systemwidrigkeiten auch *Roser*, DStJG 35 (2012), S. 189 (201 f., 210); *Kraus*, S. 172, 179, 201, bezeichnet die gesellschafterbezogene Verlustbetrachtung zutreffend als *„Verstoß gegen die Systematik der gewerbesteuerlichen Normen in ihrer Gesamtheit“* und als *„systematischen Bruch“*.

418 Sieht man hingegen die ertragsteuerliche Komponente der Gewerbesteuer als maßgebliche Akzentuierung an, wird das ohnehin schon seit längerem bestehende Problem der verfassungsrechtlichen Rechtfertigung weiterhin verstärkt.[1187] Mit dem Verständnis der Gewerbesteuer als Zusatz-Ertragsteuer, insbesondere aufgrund des Wegfalls der Lohnsummen-[1188] und Gewerbekapitalsteuer[1189], ist angesichts der im Gewerbesteuerrecht anzutreffenden Objektivierungen, insbesondere den Kürzungen und Hinzurechnungen nach §§ 8, 9 GewStG, unmittelbar ein Konflikt mit dem Grundsatz der Besteuerung nach der individuellen, subjektiven Leistungsfähigkeit sowie im Vergleich zu den anderen Einkunftsarten zum allgemeinen Gleichsatz verbunden.[1190] Die Steuerermäßigung nach § 35 EStG (Gewerbesteueranrechnung) kann dies nicht durchweg kompensieren.[1191] Nicht wenige halten die Gewerbesteuer daher zu Recht für verfassungswidrig.[1192]

1187 Bereits deren Rechtfertigung als Objektsteuer erscheint mehr als problematisch. Die oftmals angeführte Fundustheorie überzeugt bereits in ihren Grundannahmen nicht. Warum sollten gewerbliche Einkünfte fundierter, daher sicherer und ertragreicher, sein als andere? Auch das oft erwähnte Äquivalenzprinzip vermag, insbesondere nach der (bzgl. der gemeindlichen Finanzhoheit ebenfalls kritischen) Einführung der Gewerbesteuererhebungspflicht, nicht überzeugen. Es handelt sich vielmehr um nicht auf dem Boden von Rechtssätzen stehende, sachfremde Typisierungen; allgemein hierzu *Drüen* in Blümich, EStG, KStG, GewStG, § 7 GewStG Rn. 13; eine kursorische Zusammenfassung der wesentlichen Argumente findet sich bei *Hidien* in Hidien/Pohl/Schnitter, S. 47 ff.; ausführlich zu beiden Rechtfertigungsansätzen *Zitzelsberger*, S. 146 ff.

1188 Durch Steueränderungsgesetz 1979, BGBl. I 1978, S. 1849 (1855 ff.).

1189 Durch Gesetz zur Fortsetzung der Unternehmensteuerreform, BGBl. I 1997, S. 2590 (2592 f.).

1190 Zu diesen Problembereichen siehe *Jachmann*, DStJG 23 (2000), S. 9 (42 ff.); *Jachmann*, DStJG 25 (2002), S. 195 (203 ff.); *Hidien* in Hidien/Pohl/Schnitter, S. 49; *Zitzelsberger*, S. 159 ff.; *Güroff* in Glanegger/Güroff, GewStG, § 1 Rn. 19a; *Drüen* in Blümich, EStG, KStG, GewStG, § 1 GewStG Rn. 16 ff.; *Sarrazin* in Lenski/Steinberg, GewStG, § 1 Rn. 121 ff.

1191 Die Ermäßigung der Einkommensteuer setzt die Entstehung einer entsprechend hohen Einkommensteuerschuld voraus. Soweit dies nicht der Fall ist, geht die Steuerermäßigung ins Leere. Die typisierende Entlastung um das 3,8-fache des Gewerbesteuermessbetrages führt zu einer definiten Belastung, wenn der Hebesatz der Gemeinde 380 v.H. bzw. inkl. Solidaritätszuschlag 400,9 v.H. übersteigt.

1192 So insbesondere die Richtervorlagen des Niedersächsischen FG: Vorlagebeschluss vom 23.07.1997 – IV 317/91, EFG 1997, S. 1456; Vorlagebeschluss vom 24.06.1998 – IV 317/91, FR 1998, S. 1041; Vorlagebeschluss vom 21.04.2004 – 4 K 317/91, EFG 2004, S. 907; Vorlagebeschluss vom 14.04.2005 – 4 K 317/91, EFG 2005, S. 1417. Aus der Literatur exemplarisch: *Gosch*, DStZ 1998, S. 327 (328 ff.); *Seer*, FR 1998, S. 1022 (1022 ff.); *Keß*, FR 2000, 695 (698 ff.); *Montag* in Tipke/Lang, § 12 Rn. 2; *Bodden*, S. 179; *Jachmann*, DStJG 25 (2002), S. 195 (207, 231); *Jachmann*, DStJG 23 (2000), S. 9 (42 f.); *Zitzelsberger*, S. 329, sofern reine Gewinnsteuer; *Güroff* in Glanegger/Güroff, GewStG, § 1 Rn. 19a, siehe zudem die Nachweise in Rn. 18.

Insoweit lässt sich für den vorliegenden Fragenkomplex festhalten, dass die Annahme gewerbesteuerlicher Implikationen für den Bereich der Sonderbetriebseinnahmen und Sonderbetriebsausgaben so nicht überzeugt. Geht man von einer objektbezogenen Gewerbesteuer aus, haben die Sonderbetriebssphären im Rahmen einer Systemkonformität grundsätzlich außer Betracht zu bleiben. Geht man von einem ertragsteuerlichen Charakter aus, so überwiegen die verfassungsrechtlichen Bedenken. Geht von der Rechtstatsache einer bestehenden Gewerbesteuer unter Lesart der vorherrschenden Ansicht zum Unternehmensträger und Umfang des Gewerbeertrages unter Einbeziehung der Sonderbetriebssphären aus, so steht ein geringeres oder fehlendes Geheimhaltungsinteresse deren Einbeziehung in den einheitlichen Feststellungsbescheid, allerdings lediglich bei gewerblichen Einkünften, nicht entgegen. Positiv begründet ist diese indessen somit noch nicht. 419

(4) *Grundsatz: Fehlende ertragsteuerliche Notwendigkeit der Gesamteinkünfteermittlung*

Im Rahmen ertragsteuerlicher Vorgaben argumentiert der BFH auch mit dem Gesamtgewinn der Unternehmung. Zu dessen zutreffender Ermittlung sei die Einbeziehung der Sonderbetriebseinnahmen und Sonderbetriebsausgaben notwendig (siehe hierzu Rdnr. 403). Ausgangspunkt dieser Überlegung ist unabhängig von Subjektivitätserwägungen die zweistufige Einkünfteermittlung. Nach dieser ist auf erster Stufe die Unternehmungssphäre zu betrachten und unter Beachtung etwaiger Ergänzungsbilanzen das Ergebnis der Unternehmung darzustellen und zu verteilen. Auf zweiter Stufe finden sodann die Sonderbetriebssphären Berücksichtigung. Lediglich wenn man die Unternehmungssphäre sowie sämtliche Sonderbetriebssphären vollständig erfasst und sodann zusätzlich die ermittelten Ergebnisse zusammenfasst, ergibt sich ein zutreffendes Gesamtergebnis. Dieser Gedankengang erscheint auf den ersten Blick durchaus nachvollziehbar. Er verliert jedoch an Überzeugungskraft, wenn man sich klar macht, dass aus ertragsteuerlicher Perspektive eine Gesamteinkünfteermittlung grundsätzlich nicht erforderlich ist.[1193] Ist eine solche aber nicht erforderlich, bedarf es aus diesem Grunde auch keiner Einbeziehung von Sonderbetriebseinnahmen und Sonderbetriebsausgaben in das Feststellungsverfahren. 420

(a) § 15 Abs. 1 S. 1 Nr. 2 EStG

Betrachtet man die Zentralnorm der Mitunternehmerschaften, den § 15 Abs. 1 S. 1 Nr. 2 EStG, wird deutlich, dass diese keine Gesamteinkünfteermittlung vorschreibt. 421

1193 Zur gewerbesteuerlichen Sichtweise siehe Rdnr. 412 ff. Selbst wenn man dort die Sonderbetriebssphären berücksichtigen wollte, müsste, aufgrund der Unabhängigkeit der Besteuerungsverfahren, in der gesonderten und einheitlichen Festsetzung keine Vorarbeit hierzu geleistet werden.

Es werden Gewinnanteile der Gesellschafter sowie deren Sondervergütungen als Einkünfte aus Gewerbebetrieb qualifiziert. Aus dem Wort „*und*" in Bezug auf die Sondervergütungen kann man freilich ein Argument für die vorherrschende Ansicht zur additiven Gewinnermittlung ableiten, auch wenn die Norm wohl lediglich im gewerbesteuerlichen Interesse eine Gleichbehandlung von Einzel- und Mitunternehmer hinsichtlich der Sondervergütungen anstrebt (siehe hierzu Rdnr. 391). Mehr ist der Norm indessen nicht zu entnehmen. Die Verknüpfung „*und*" sowie der den einzelnen Mitunternehmer in Bezug nehmenden Halbsatz (Vergütungen, die „*der*" Gesellschafter bezogen hat) sprechen vielmehr gegen eine Gesamteinkünfteermittlung. Anderenfalls sollte die Norm davon ausgehen, dass die Gewinnanteile die Vergütungen bereits enthalten und auf sämtliche Mitunternehmer abstellen (beispielsweise: „*Gewinnanteile ..., einschließlich der Vergütungen für ..., welche die Gesellschafter ...*").[1194] § 15 Abs. 1 S. 1 Nr. 2 EStG fordert eine Gesamteinkünfteermittlung daher nicht.[1195] Abgesehen vom Wortlaut ist zu vergegenwärtigen, dass § 15 Abs. 1 S. 1 Nr. 2 EStG einen Einkünftetatbestand darstellt. Somit sind lediglich die konkret der Besteuerung zu unterwerfenden Einkünfte zu ermitteln. Hierzu bedarf es grundsätzlich keiner Gesamteinkünfteermittlung.

(b) Einkünfteermittlungsmethodik

422 Auch aus der Einkünfteermittlungsmethodik ergibt sich keine abweichende Betrachtung. So sieht die additive Gewinnermittlung mit korrespondierender Bilanzierung lediglich die Addition der Rechnungskreise der auf den einzelnen Beteiligten entfallenden Unternehmungssphäre mit seiner Sonderbetriebssphäre vor, nicht jedoch eine daran anschließende nochmalige Addition der auf diese Weise ermittelten Ergebnisse aller Beteiligten.[1196] Allerdings entspricht es dem Wesen der korrespondierenden Bilanzierung, dass in Bilanzierungsposten der Unternehmung enthaltene Geschäftsvorfälle, welche auch einzelne Beteiligte betreffen, sich auch in deren Sonderbilanz wiederfinden müssen.[1197] Auch hierzu bedarf es indessen nicht der Zusammenfassung dieser beiden Rechnungskreise in einem Verfahrensgang. Gleiches gilt bei Einnahmen-Überschuss-Rechnung.

1194 Der so verstandene Gewinnanteil könnte nur ermittelt werden, wenn zuvor die Gesamteinkünfte aus den Einkünften der Unternehmung und denen der Beteiligten gebildet würden; vgl. *Raupach*, DStZ 1992, S. 692 (695).

1195 Ebenso *Reuter*, S. 46 ff.

1196 Ebenso *Knobbe-Keuk*, S. 480; *Kruse*, DStJG 2 (1979), S. 37 (47 ff.); *Groh*, JbFSt 1983/1984, S. 255 (265 ff.); *Groh*, StuW 1995, S. 383 (389); *Thiel*, StuW 1984, S. 104 (108 ff.); *Sieker*, S. 81 ff.; *Regniet*, S. 97, 105 ff.; *Lehmann*, S. 163; *Reuter*, S. 46, 52.

1197 Dies bedingt beispielsweise, dass von der Gesellschaft gezahlte Geschäftsführervergütungen, welche bei dieser zunächst als Betriebsausgaben abzuziehen sind, bei dem betreffenden Gesellschafter als Sonderbetriebseinnahme anzusetzen sind.

(c) Teilweise Notwendigkeit der Gesamteinkünfteermittlung bei Gewinneinkünften

Bis vor einigen Jahren war der Befund fehlender Notwendigkeit der Gesamteinkünfteermittlung definitiv. Es war keine Norm im Ertragsteuerrecht ersichtlich, welche die Ermittlung der Gesamteinkünfte voraussetzte.[1198] An diese wurden, abgesehen von gegebenenfalls bestehenden gewerbesteuerlichen Anknüpfungen (hierzu bereits Rdnr. 412 ff.), keine Rechtsfolgen geknüpft. Dies hat sich jedoch spätestens durch das Unternehmensteuerreformgesetz 2008[1199] geändert. 423

(i) Zinsschranke, § 4h EStG

Mit diesem hat der Gesetzgeber unter anderem die Zinsschranke des § 4h EStG[1200] geschaffen, welche nach ganz vorherrschender Lesart eine Gesamteinkünfteermittlung bedingt.[1201] Ob die vorliegende Problematik eine definitive Ausrichtung an diesem *„steuerökonomischen Monstrum“*[1202] erfahren muss, sollte indessen aus mehreren Gründen zumindest hinterfragt werden. 424

So erscheint bereits die Anwendung der Zinsschranke auf Personengesellschaften wenig durchdacht.[1203] Es besteht eine Reihe von Fragestellungen im Spannungsfeld zwischen vorherrschend angenommener Betriebsbezogenheit (Gesamtbetrachtung) und dem Transparenzprinzip. Diese werden vornehmlich dann offensichtlich, wenn Zinsaufwendungen sowohl in der Gesamthandssphäre als auch in der Sonderbetriebssphäre getätigt werden. Aber auch die Konstellation, in welcher Zinsen in mehreren Sonderbetriebssphären aufgewendet wurden, ist auflösungsbedürftig. Die maßgebliche Problematik besteht in der Festlegung, wer und in welcher Höhe Zinsaufwendungen geltend machen können soll, wenn das Zinsabzugsvolumen, unbeschadet dessen Bezugspunkt und somit Berechnung, insgesamt überschritten wurde.[1204] Gilt ein Vorrang von Aufwendungen im Gesamthandsbereich oder im Sonderbetriebsbereich? Werden abzugsfähige Zinsaufwendungen den Gesellschaftern nach dem Gewinnverteilungsschlüssel oder nach Verursachung der Aufwendungen zugeteilt? Sollte die Verursachung maßgeblich sein: Geht es allein um die Quotelung der absoluten Zinsaufwendungen oder erfolgt (auch oder ausschließlich) eine Gewichtung anhand des Anteils des 425

1198 *Reuter*, S. 52.

1199 BGBl. I 2007, S. 1912.

1200 BGBl. I 2007, S. 1912 (1913).

1201 Statt Vieler *Heuermann* in Blümich, EStG, KStG, GewStG, § 4h EStG Rn. 28 f.; 41 f.; *Loschelder* in Schmidt, EStG, § 4h Rn. 9; *Hick* in Herrmann/Heuer/Raupach, Unternehmensteuerreform, § 4h Rn. 25; *Hoffmann* in Littmann/Bitz/Putz, EStG, § 4h Rn. 300; *Frotscher* in Frotscher/Geurts, EStG, § 4h Rn. 27, 51 ff.

1202 *Hoffmann*, GmbHR 2008, S. 927 (927).

1203 Ebenso *Blumenberg/Lechner* in Blumenberg/Benz, S. 128.

1204 Zu den folgenden Problemfeldern siehe eingehender *Bohn*, S. 247 ff. m.w.N.

jeweiligen Gesellschafters an dem steuerlichen EBITDA? Eine Antwort bleibt das Gesetz schuldig.

426 Es wird jedoch deutlich: Stellt man für die Ermittlung der maßgeblichen Parameter für die Abzugsbeschränkung (Zinsaufwand, Zinsertrag, steuerliches EBITDA) auf die Gesamteinkünfte (Zinserträge und -aufwendungen sowie allgemein Vermögensmehrungen und -minderungen sowohl im Gesamthands- als auch in sämtlichen Sonderbetriebsbereichen) ab, so wird die Abzugsfähigkeit von Zinsaufwendungen eines Gesellschafters von Finanzierungsgestaltungen anderer Steuersubjekte sowie von deren Ertragslagen abhängig gemacht.[1205] Man könnte versucht sein, Auswirkungen des Gesamthandsbereiches auf die Sonderbetriebssphären noch damit zu rechtfertigen, dass der Gesellschafter auf diesen, entsprechend der jeweiligen Gesellschaftsform und den vertraglichen Gestaltungen, somit wenn überhaupt, einwirken kann. Für die Beeinflussung des Zinsabzuges eines Gesellschafters durch Finanzierungsentscheidungen anderer Gesellschafter oder deren Sonderbetriebssphären fehlt jedoch jegliche Rechtfertigung. Ein solcher Einfluss bestände aber bei einer Gesamtbetrachtung.[1206] Als überaus befremdlich stellt sich die Situation dann dar, wenn man mit der Finanzverwaltung (auch) die in einer einzigen Sonderbetriebssphäre entstandenen nicht abziehbaren Nettozinsaufwendungen nach dem Gewinnverteilungsschlüssel aufteilt. Dies führt dazu, dass sich der (zu versteuernde) Gewinn der anderen Gesellschafter erhöht.[1207] Daher: Verursacht ein Gesellschafter teilweise nicht abziehbaren Zinsaufwand, zahlen die anderen Gesellschafter mehr Steuern.[1208] Die ohnehin bestehende verfassungsrechtliche

---

1205 Selbst eine Aufteilung nach dem Gewinnverteilungsschlüssel, welche nach dem Anteil des Gesellschafters am Nettozinsaufwand einerseits und dem Anteil am steuerlichen EBITDA andererseits modifiziert wird, wie beispielsweise vorgeschlagen von *Kußmaul/Ruiner/Schappe*, DStR 2008, S. 904 (906), vermag diese Problematik lediglich zu mindern, nicht jedoch zu beseitigen.

1206 Wären hiernach insgesamt 300 GE Nettozinsaufwendungen abziehbar und Gesellschafter 1 hätte als einziger Gesellschafter Nettozinsaufwendungen in Höhe von 200 GE, wären diese voll abziehbar. Würden bei Gesellschafter 2 indessen ebenfalls Nettozinsaufwendungen in Höhe von 200 GE anfallen, könnte bei einer Gesamtbetrachtung Gesellschafter 1 seine Zinsaufwendungen, unbeschadet der Berechnungsmethode, nicht voll abziehen (gleiches gilt freilich für Gesellschafter 2). Dies überzeugt nicht.

1207 Siehe hierzu das Beispiel in BMF, Schreiben betreffend die Zinsschranke vom 04.07.2008, BStBl. I 2008, S. 718 (Tz. 51 f.); kritisch ebenfalls *Hoffmann*, GmbHR 2008, S. 927 (928).

1208 Zumindest in diesem Veranlagungszeitraum. *Hoffmann*, Rn. 884; *Hoffmann*, GmbHR 2008, S. 113 (115), bezeichnet den sodann möglichen Zinsvortrag nach § 4h Abs. 1 S. 5 EStG, der eine temporäre Mehrbelastung nebst Zinseffekt nicht ausschließt, mutatis mutandis als eine stille Reserve gegenüber dem Fiskus, die dem betroffenen Gesellschafter nicht ganz einleuchten werde. *„Er mag sich allenfalls mit der Perspektive des späteren Ausscheidens aus der Gesellschaft trösten, weil dann nach*

Problematik der Zinsschrankenregelung (hierzu noch in Rdnr. 430) wird hierdurch freilich noch verstärkt. Ebenso überzeugt es nicht, die Abziehbarkeit von Zinsaufwendungen eines Gesellschafters von den Sonderbetriebsergebnissen anderer Gesellschafter abhängig zu machen.[1209] In die Beurteilung einer persönlichen (!) Steuerlast fließen auf diese Weise individuelle Gegebenheiten anderer mit ein. Diese kann der Steuerpflichtige weder beeinflussen, noch weist er einen Bezug zu diesen auf. Die an einer Unternehmung Beteiligten sind lediglich hinsichtlich der Gesamthandssphäre untereinander verbunden, nicht hinsichtlich ihrer Sonderbetriebssphären. Trotzdem entsprechen die vorgenannten Interdependenzen der nahezu einhelligen Auffassung.

Dieser Problematik, bedingt durch die ganzheitliche Ermittlung der nicht abziehbaren Zinsaufwendungen und des EBITDA, lässt sich durch eine getrennte Betrachtung der nicht abziehbaren Zinsaufwendungen begegnen.[1210] Möglich erscheint sowohl eine (vorzugswürdigere) zweistufige als auch eine parallele Ermittlungsmethode. Bei der zweistufigen Ermittlungsmethode[1211] wird die Höhe der nicht abzugsfähigen Zinsaufwendungen zunächst isoliert für den Gesamthandsbereich und nachfolgend für die jeweiligen Sonderbetriebsbereiche bestimmt; mithin getrennt in zwei Stufen. Im Gesamthandsbereich werden lediglich die Zinsaufwendungen und Zinserträge der Unternehmung berücksichtigt, nicht solche in den Sonderbetriebssphären. Sonderbetriebsbilanzen bleiben außer Betracht. Anschließend erfolgt die Ermittlung individuell gesellschafterbezogener EBITDA durch Zurechnung des steuerlichen Gesamthandsergebnisses (nach Abzug der Zinsaufwendungen unter Berücksichtigung der Zinsschranke) gemäß dem Gewinnverteilungsschlüssel (unter Berücksichtigung etwaiger Sondervergütungen) sowie Berücksichtigung der jeweiligen Sonderbetriebssphäre. Auf Gesellschafterebene kommt sodann ebenfalls die 30 v.H.-Grenze der Zinsschranke zur Anwendung, allerdings lediglich im Verhältnis der eigenen Nettozinsaufwendungen zum eigenen, gesellschafterbezogenen steuerlichen EBITDA. Dieses Modell bietet insbesondere den Vorteil, dass die Berücksichtigungsfähigkeit von Zinsaufwendungen sowohl in der Gesamthandssphäre als auch in den Sonderbetriebssphären von Finanzierungsentscheidungen und Erträgen in (anderen) Sonderbetriebssphären abgekoppelt wird. Die so verstandene Regelung entspräche 427

---

§ 4h Abs. 5 S. 2 EStG sein ihm so oder so zugerechneter Zinsvortrag ohnehin verloren geht."

1209 Erzielen die anderen Gesellschafter höhere/niedrigere Sonderbetriebsergebnisse, wären, da diese Ergebnisse bei einer Gesamtbetrachtung in das steuerliche EBITDA miteinfließen, bei dem einen Gesellschafter mehr/weniger Zinsaufwendungen abziehbar.

1210 Hierfür auch *Neumann*, EStB 2007, S. 292 (293); wohl auch *Stangl/Hageböke* in Schaumburg/Rödder, S. 466, welche diese Möglichkeit in Fn. 131 zumindest zuerst darstellen.

1211 Siehe hierzu *Blumenberg/Lechner* in Blumenberg/Benz, S. 127.

auch der generellen Systematik der zweistufigen Gewinnermittlung, nach welcher die Abzugsfähigkeit von Sonderbetriebsausgaben im eigenen Sonderbetriebsvermögensbereich zu würdigen ist. Zuordnungsfragen werden ebenfalls vermieden. Allerdings führt eine solche Entkopplung im Gewinnfalle zu Kaskadeneffekten[1212] und im Verlustfalle zu einer für den einzelnen Steuerpflichtigen nachteiligen Minderung seines steuerlichen EBITDA.

428 Ein vergleichbares Modell bildet die parallele (nicht zweistufige) Ermittlung der nicht abziehbaren Zinsaufwendungen.[1213] Nach diesem wird zunächst, wie auch bei dem zweistufigen Modell, die Abzugsfähigkeit von Nettozinsaufwendungen im Gesamthandsvermögen auf 30 v.H. des steuerlichen EBITDA der Gesamthand beschränkt. Zinsaufwand im Sonderbetriebsbereich wird ebenso wenig berücksichtigt wie die Sonderbetriebsbilanzen an sich. Parallel und somit unabhängig hierzu kommt die Zinsschranke in den jeweiligen Sonderbetriebssphären zur Anwendung. Für die Ermittlung des hierzu notwenigen steuerlichen EBITDA des einzelnen Gesellschafters bleibt indessen die anteilige Zurechnung des Ergebnisses der Gesamthand außer Betracht. Maßgeblich für den zweiten Rechnungskreis ist lediglich das Sonderbetriebsergebnis des jeweiligen Gesellschafters. Der Vorteil dieser Auffassung im Vergleich zum zweistufigen Modell liegt in der Vermeidung von Kaskadeneffekten.[1214] Auch hier werden Einflüsse aus anderen Sonderbetriebssphären eliminiert. Die Unternehmung wird auf diese Weise nicht mehr wie ein einheitlicher Betrieb beurteilt, sondern in einen Betrieb der Gesamthand und mehrere Betriebe der Gesellschafter aufgespalten.

429 Setzt man als zutreffend voraus, dass Sonderbetriebssphären auf die Abzugsfähigkeit von Zinsaufwendungen der Gesamthand sowie in anderen Sonderbetriebssphären keinen Einfluss haben sollen, hat man die Wahl zwischen der vollkommenden Aufgabe der Gesamtbetrachtung im Rahmen der parallelen Gewinnermittlung oder deren Relativierung im Rahmen des zweistufigen Modells. Angesichts der nur sehr dürftigen gesetzlichen Ausgestaltung der Zinsschranke in Bezug auf deren Handhabung bei Personengesellschaften erscheint zumindest die teilweise Inkonsistenz hinsichtlich des vorherrschenden, betriebsbezogenen Systemgedankens im Rahmen des Zwei-Stufen-Modells eher tragbar, als die Abhängigkeit von Finanzierungsentscheidungen und Ertragslagen in anderen Sonderbetriebssphären. Insoweit käme man zu einer eher gesellschafterbezogenen Betrachtung, welche auch der ähnlich gelagerten Problematik und nunmehrigen

---

1212 Da die 30 v.H.-Grenze sowohl auf Gesamthandsebene als auch auf Sonderbetriebsebene angewendet wird und der (um die Zinsaufwendungen verminderte) Gewinn der Unternehmung in dem steuerlichen EBITDA der Gesellschafter enthalten ist.

1213 Hierzu *Hoffmann* in Littmann/Bitz/Putz, EStG, § 4h Rn. 324; *Hoffmann*, Rn. 901 f.; *Hoffmann*, GmbHR 2008, S. 113 (115 f.).

1214 Aus diesem Grund auch für die parallele Betrachtung *Schenke* in Kirchhof/Söhn/Mellinghoff, EStG, § 4h Rn. D 184.

Behandlung von Überentnahmen im Rahmen des § 4 Abs. 4a EStG entspricht.[1215] Beide Modelle kristallisieren zudem durch die Nichtberücksichtigung der Sonderbetriebssphären bei Betrachtung der Zinsabzugsbeschränkung auf Ebene der Unternehmung deren Subjektivierung im Bereich der Einkünfteermittlung mehr heraus. Beiden Modellen ist gemein, dass es einer Gesamteinkünfteermittlung im Rahmen des Feststellungsverfahrens (außerhalb der „*Escape-Klausel*")[1216] nicht bedarf und die Zinsschranke somit nach zutreffender Lesart eine solche grundsätzlich nicht bedingt.

Selbst wenn man dies anders beurteilen wollte, sollte die Zinsschranke nicht **430**
als Leitbild der gegenständlichen Betrachtung dienen. Es darf nachdrücklich bezweifelt werden, dass sie verfassungsrechtlich Bestand haben wird. Die gegen

---

1215 Die Überentnahmen sind nach jetziger Rechtsprechung, entgegen der früheren Auffassung der Finanzverwaltung, siehe noch BMF vom 17.11.2005 – IV B 2 – S 2144 – 50/05, BStBl. I 2005, S. 1019 (Tz. 30 ff. mit Beispiel sowie Tz. 25), und ohne dass dies gegen die (relative) Rechtsfähigkeit der Personengesellschaft spricht, gesellschafterbezogen zu ermitteln; BFH, Urteil vom 29.03.2007 – IV R 72/02, BStBl. II 2008, S. 420 (422 ff.).

1216 Lediglich im Rahmen der Escape-Klausel, § 4h Abs. 2 S. 1 c) EStG, wäre nach der gesetzlichen Anordnung der gesamte Konzernverbund zu betrachten, somit einschließlich aller konzerninternen Mitunternehmer(-schaften). Sämtliche steuerrelevanten Daten wären allumfassend offenzulegen. Die Regelung wird allgemeinhin dahingehend verstanden, dass der Steuerpflichtige, der sich auf die Escape-Klausel beruft, ähnlich wie für den regelmäßig leichter zu führenden Nachweis der fehlenden Konzernzugehörigkeit, die Beweislast bzw. Nachweispflicht für die maßgeblichen Parameter des Eigenkapitalquotenvergleichs trägt; hierzu *Schenke* in Kirchhof/Söhn/Mellinghoff, EStG, § 4h Rn. C 149; *Hick* in Herrmann/Heuer/Raupach, Unternehmensteuerreform, § 4h Rn. 49; *Blumenberg/Lechner* in Blumenberg/Benz, S. 153. Der Gesetzgeber scheint insoweit davon auszugehen, dass entweder bereits umfassende Kenntnisse/Informationsrechte in Bezug auf den Konzernverbund bestehen oder aufgrund der Escape-Klausel umfassende gegenseitige Informationsrechte entstehen. Anderenfalls würde er Unmögliches verlangen. Zur ähnlich gelagerten Problematik im Rahmen der Rechtsbehelfsbefugnis bei Zebra-Gesellschaften siehe Rdnr. 376 ff., in Abgrenzung zu Informationsrechten im Rahmen der Erklärungspflicht in Rdnr. 145 f. Das Abstellen auf einen Eigenkapitalquotenvergleich als Befreiung von der Abzugsbeschränkung bei symmetrischer Fremdfinanzierung innerhalb des Konzerns scheint gemessen an der Zielrichtung der Zinsschranke noch vergleichsweise nachvollziehbar. Allerdings ist die Umsetzung dieser Regelung erheblichen rechtlichen und praktischen Schwierigkeiten unterworfen. Aufgrund des erheblichen administrativen Aufwandes wird in der Praxis vielfach auf die Erhebung der notwendigen Daten verzichtet, die Vorschrift droht anlässlich von Betriebsprüfungen zum Spielball tatsächlicher und rechtlicher Verständigungen zu werden; so *Schenke* in Kirchhof/Söhn/Mellinghoff, EStG, § 4h Rn. C 83, A 234 (zu einzelnen Problemfeldern u.a. in Rn. C 63, C 79 ff., C 214).

sie zu erhebenden Bedenken sind vielfältig.[1217] Zumindest wird man ihr durch den Ausschluss des periodengerechten Abzugs von Zinsaufwendungen eine Durchbrechung des objektiven Nettoprinzips, nach herrschender Ansicht verfassungsrechtlich abgesichert aus dem Art. 3 Abs. 1 GG zu entnehmenden Leistungsfähigkeitsprinzip,[1218] vorwerfen müssen. Ob dieser durch Missbrauchsbekämpfung, Stärkung der Eigenkapitalausstattung, Anreize für Direktinvestitionen, längerfristige Sicherung des deutschen Steuersubstrats oder fiskalische Zwecke der Gegenfinanzierung der Unternehmenssteuerreform 2008 gerechtfertigt werden kann, erscheint äußerst zweifelhaft. Auch sollten der allgemeine Gleichheitssatz (aufgrund rechtsformabhängiger Differenzierungen, § 15 S. 1 Nr. 3 KStG), der Bestimmtheitsgrundsatz sowie die Verweisungen auf Rechnungslegungsstandards anderer EU-Mitgliedstaaten und auf die US-GAAP auf dem Prüfstand stehen. Nicht ohne Grund geht der BFH von der Verfassungswidrigkeit der Zinsschranke aus.[1219] Das konkrete Normenkontrollverfahren vor dem BVerfG ist noch anhängig.[1220]

431 Zumindest aber ist der Zinsschranke bereits rechtstheoretisch nicht eine Relevanz zuzuschreiben, welche umfassend die Einbeziehung von Sonderbetriebseinnahmen und Sonderbetriebsausgaben in das Feststellungsverfahren rechtfertigen könnte. Sie findet lediglich auf Gewinneinkünfte Anwendung. Auf Zebra-Gesellschaften ist sie nicht anwendbar.[1221] Zudem existieren, angelehnt an die Ausnahmetatbestände der Zinsschranke, vielfältige Gestaltungsmöglichkeiten, diese vollumfänglich zu umgehen.[1222] Sie greift erst ab Nettozinsaufwendungen in Höhe von 3 Mio. Euro, § 4h Abs. 2 S. 1 a) EStG, wobei Zinszahlungen der Unternehmung an die Mitunternehmer als Sondervergütungen folgerichtig und nach einhelliger Auffassung außer Betracht bleiben, da diese den Gewinn nicht mindern.[1223] Unterstellt man einen Zinssatz von 5 v.H. so müsste das Nettokreditvolumen, daher das Volumen aufgenommener Kredite abzüglich selbst ausgegebener Darlehen, mehr als 60 Mio. Euro betragen. Bei geringen Rechnungszinssätzen, beispielsweise in Niedrigzinsphasen, erhöht sich dieses noch. Vergegenwärtigt man sich, dass Personengesellschaften überwiegend als Klein- bis mittelständische Unternehmungen betrieben werden, liegt schon bei überblicksartiger Betrachtung die Vermutung

---

1217 Siehe im Überblick statt Vieler *Schenke* in Kirchhof/Söhn/Mellinghoff, EStG, § 4h Rn. A 161 ff. m.w.N.

1218 Hierzu *Rau*, S. 86 ff.

1219 Vorlagebeschluss des BFH, Beschluss vom 14.10.2015 – I R 20/15, BFH/NV 2016, S. 475.

1220 Az.: 2 BvL 1/16.

1221 *Engel*, Vermögensverwaltende Personengesellschaften, Rn. 1257.

1222 Zu den verschiedenen Gestaltungsmöglichkeiten siehe statt Vieler *Schenke* in Kirchhof/Söhn/Mellinghoff, EStG, § 4h Rdnr. A 271 ff.; *Frotscher* in Frotscher/Geurts, EStG, § 4h Rn. 21; jeweils m.w.N.

1223 Siehe statt Vieler *Schenke* in Kirchhof/Söhn/Mellinghoff, EStG, § 4h Rdnr. D 174; *Heuermann* in Blümich, EStG, KStG, GewStG, § 4h EStG Rn. 31; BMF, Schreiben betreffend die Zinsschranke vom 04.07.2008, BStBl. I 2008, S. 718 (Tz. 19).

nahe, dass der Anwendungsbereich nicht sehr groß sein dürfte. Zudem ist, selbst wenn die Nettozinsaufwendungen die Schädlichkeitsgrenze überschreiten, die Zinsschranke nur dann anwendbar, wenn die Unternehmung zu einem Konzern gehört, somit mit mindestens einem anderen Betrieb konsolidiert wird, konsolidiert werden könnte oder die Geschäftspolitik einheitliche bestimmt werden kann, § 4h Abs. 2 S. 1 b), Abs. 3 S. 5, 6 EStG (sogenannte *„Stand-alone-Klausel“*).[1224] Hierbei macht bereits der Gesetzeswortlaut (*„nicht oder nur anteilsmäßig“*) klar, dass die Zinsschranke lediglich im Falle einer möglichen Vollkonsolidierung greift.[1225] Allerdings können aufgrund von § 4h Abs. 3 S. 6 EStG auch natürliche Personen die Konzernspitze bilden. In allen Fällen ist stark vereinfacht ausgedrückt notwendig, dass das Unternehmen beherrscht werden kann, somit dass eine Verfügungsgewalt besteht, kraft derer zustehende, schwankende Renditen aus der Beteiligung durch Einflussnahme auf wesentliche Tätigkeiten des Unternehmens beeinflusst werden können (vgl. bspw. IFRS 10.5–18). Wenn die Mitunternehmerschaft nach diesen Kriterien zu einem Konzern gehört, verbleibt noch die sogenannte Escape-Klausel des § 4h Abs. 2 S. 1 c) EStG, wenn die Eigenkapitalquote des Betriebes die des Gesamtkonzerns um nicht mehr als zwei Prozentpunkte unterschreitet.[1226]

Ist schon rechtstheoretisch die Relevanz der Zinsschranke zweifelhaft, so wird **432**
dies durch empirische Studien auch für die Praxis belegt. Nach anfänglichen Schätzungen sollten zwischen 300 und 1100 Unternehmen (ohne Personenunternehmen mit persönlicher Haftung) tatsächlich betroffen sein.[1227] Mittlerweile liegen auch belastbare Daten für Personengesellschaften vor. Von 2.194 anhand der veröffentlichten Jahresabschlüsse untersuchten Personenunternehmen waren in den Jahren 2008 bis 2012 (jahresabhängig) zwischen 64 und 73 Personenunternehmen potentiell von der Zinsschranke betroffen.[1228] Es darf indessen nicht außer Acht gelassen werden, dass überhaupt nur Personenunternehmen mit zwei von drei Größenmerkmalen nach § 1 Abs. 1 PublG (Bilanzsummen über 65 Mio. Euro, Jahresumsatz über 130 Mio. Euro, mehr als 5.000 Arbeitnehmer) und Personenhandelsgesellschaften ohne natürliche Person als haftenden Gesellschafter nach § 264a HGB publizitätspflichtig sind. Lediglich gut 21 v.H. der Personenunternehmen erzielen Umsätze über 1 Mio. Euro (in den Jahren 2011 und 2012).[1229] Solche mit weniger

---

1224 Eine Ausnahme besteht für Fälle schädlicher Gesellschafterfremdfinanzierung; siehe hierzu § 8a Abs. 2 KStG, anwendbar über § 4h Abs. 2 S. 2 EStG.

1225 Zu den entsprechenden Rechnungslegungsstandards siehe im Überblick *Heuermann* in Blümich, EStG, KStG, GewStG, § 4h EStG Rn. 60 ff.

1226 Zur Rückausnahme aufgrund schädlicher Gesellschafterfremdfinanzierung siehe § 8a Abs. 3 KStG, anwendbar über § 4h Abs. 2 S. 2 EStG.

1227 Hierzu *Bach/Buslei*, S. 2, 32; *Schenke* in Kirchhof/Söhn/Mellinghoff, EStG, § 4h Rn. A 260. Siehe auch *Alberternst/Schwar*, S. 38, nach welchen von ca. 22.000 untersuchten Kapitalgesellschaften in den Jahren 2008 bis 2012 (jahresabhängig) 299 bis 339 potentiell betroffen sind.

1228 *Alberternst*, S. 32.

1229 *Alberternst*, S. 5.

Umsätzen werden kaum mit der Zinsschranke in Berührung kommen. Macht man sich diese Zusammenhänge klar, wird deutlich, dass die Zinsschranke nicht 2,9 bis 3,3 v.H. der Personenunternehmen betrifft,[1230] sondern dass die potentielle Betroffenheit allenfalls im Promillebereich angesiedelt ist.

433 Insgesamt fällt es daher schwer, in der Zinsschranke eine generelle Rechtfertigung für die allumfassende Einbeziehung von Sonderbetriebseinnahmen und Sonderbetriebsausgaben in allen Feststellungsverfahren für sämtliche Mitunternehmerschaften zu erblicken. Insoweit könnte man auch erwägen, will man der vorherrschenden Auffassung zur gesamtbetriebsbezogenen Interpretation der Zinsschranke folgen, die Sonderbetriebssphären im einheitlichen Feststellungsverfahren lediglich dann zu erfassen, wenn die Zinsschranke greift. Allerdings ist die sodann notwendige Ausgestaltung eines besonderen, die zutreffende Anwendung der Zinsschranke sicherstellenden Verfahrensganges[1231] den gesetzlichen Vorgaben nicht zu entnehmen. Auch verfahrensökonomisch, weder im engeren noch im weiteren Sinne, wäre ein solcher nicht. Das Gesetz weist auch in eine andere Richtung (hierzu noch Rdnr. 475 ff.).

(ii) Investitionsabzugsbeträge und Sonderabschreibungen, § 7g EStG

434 Eine der Zinsschranke ähnliche Problematik stellt sich im Rahmen des ebenfalls durch das Unternehmensteuerreformgesetz 2008 grundlegend neugefassten § 7g EStG.[1232] Dieser betrifft die Inanspruchnahme von Investitionsabzugsbeträgen und Sonderabschreibungen, wiederum aber lediglich im Rahmen der Gewinneinkünfte.[1233] Er macht die Möglichkeiten der Inanspruchnahme der Begünstigungen

---

1230 So die Relation nach den genannten Zahlen, welche indessen lediglich die publizitätspflichtigen Personengesellschaften erfassen, welche in der DAFNE-Datenbank gelistet sind.

1231 Man könnte erwägen, die Sonderbetriebssphären grundsätzlich zur Erfassung den Wohnsitzfinanzämtern zuzuordnen, welche das Betriebstättenfinanzamt lediglich über die maßgeblichen Umstände informiert. Sollte sich bei diesem in einer Gesamtschau (und nach erst dann vorzunehmenden eigenen Ermittlungen, wodurch Probleme fehlender Bindungswirkung wie bei der Ping-Pong-Lösung bei Zebra-Gesellschaften ausgeschlossen wären) ergeben, dass die Zinsschrankenregelung Anwendung finden muss, könnte der Feststellungsbescheid entsprechend unter Berücksichtigung sämtlicher Sonderbetriebssphären geändert werden, § 173 Abs. 1 Nr. 1 AO. Lediglich in diesen Fällen erhielten die Beteiligten somit auch Kenntnisse von den Besteuerungsgrundlagen anderer Beteiligter. Sollte die Gesamtschau jedoch ergeben, dass die Zinsschranke nicht anwendbar ist, verbliebe es beim ursprünglichen Feststellungsbescheid ohne Kenntnisverschaffung zwischen den Beteiligten. Mangels Beschwer wären in diesem Fall auch Rechtsbehelfe unzulässig und Akteneinsichtsrechte nach § 364 AO, § 78 FGO ausgeschlossen.

1232 BGBl. I 2007, S. 1912 (1914 f.).

1233 *Bugge* in Kirchhof/Söhn/Mellinghoff, EStG, § 7g Rn. B 1; *Kulosa* in Schmidt, EStG, § 7g Rn. 1; *Meyer* in Herrmann/Heuer/Raupach, EStG KStG, § 7g EStG Rn. 4.

von Größenmerkmalen des Betriebes abhängig, § 7g Abs. 1 S. 2, Abs. 6 Nr. 1 EStG. § 7g Abs. 7 EStG stellt hierbei klar, dass auf den Gesamtbetrieb, somit unter Berücksichtigung von Ergänzungs- und Sonderbilanzen, daher unter Einbezug der Sonderbetriebssphären, abzustellen ist.[1234] Gleiches gilt für den der Höhe nach beschränkten Gesamtinvestitionsabzugsbetrag, § 7g Abs. 1 S. 4 EStG.[1235] Durch das Abstellen auf den Gesamtbetrieb sollen Investitionsabzugsbeträge, welche ursprünglich im Hinblick auf Investitionen in der Unternehmungssphäre in Anspruch genommen wurden, auch für Investitionen in den Beteiligtensphären genutzt werden können, und vice versa.[1236] Folgerichtig müsste entsprechendes dann auch zwischen den Beteiligtensphären gelten.[1237]

Nimmt man an, dass jeder Beteiligte selbst für seine Sphäre über die Inan- **435**
spruchnahme des Investitionsabzugsbetrages, § 7g Abs. 1 S. 1 EStG, die gewinnerhöhende Hinzurechnung, § 7g Abs. 2 S. 1 EStG, oder die gewinnmindernde Herabsetzung der Anschaffungs- oder Herstellungskosten, § 7g Abs. 2 S. 2 EStG, entscheiden kann,[1238] bestehen mit der Aufteilung berücksichtigungsfähiger

---

1234 BFH, Urteil vom 02.08.2012 – IV R 41/11, BFH/NV 2012, S. 2053 (2059); *Kulosa* in Schmidt, EStG, § 7g Rn. 13; *Meyer* in Herrmann/Heuer/Raupach, EStG KStG, § 7g EStG Rn. 27, 100; *Brandis* in Blümich, EStG, KStG, GewStG, § 7g EStG Rn. 57; *Bugge* in Kirchhof/Söhn/Mellinghoff, EStG, § 7g Rn. G 5 f.; BMF, Schreiben betreffend Zweifelsfragen zum Investitionsabzugsbetrag nach § 7g Absatz 1 bis 4 und 7 EStG vom 08.05.2009, BStBl. I 2009, S. 633 (Tz. 2,15).

1235 *Bugge* in Kirchhof/Söhn/Mellinghoff, EStG, § 7g Rn. G 7; *Meyer* in Herrmann/Heuer/Raupach, EStG KStG, § 7g EStG Rn. 27, 100; *Brandis* in Blümich, EStG, KStG, GewStG, § 7g EStG Rn. 62; *Kulosa* in Schmidt, EStG, § 7g Rn. 24.

1236 So die vorherrschende Ansicht: BFH, Beschluss vom 15.11.2017 – VI R 44/16, BStBl. II 2019, S. 466; *Bugge* in Kirchhof/Söhn/Mellinghoff, EStG, § 7g Rn. G 10; *Meyer* in Herrmann/Heuer/Raupach, EStG KStG, § 7g EStG Rn. 38, 100; *Kulosa* in Schmidt, EStG, § 7g Rn. 26; *Brandis* in Blümich, EStG, KStG, GewStG, § 7g EStG a.F. Rn. 95; *Meyer/Ball*, INF 2001, S. 71 (73); diese noch einen zumindest quotalen Abzug fordernd in *Meyer/Ball*, FR 2009, S. 641 (643); hierfür auch *Handzik* in Littmann/Bitz/Putz, EStG, § 7g Rn. 22. Freilich wirkt die Hinzurechnung nach Abs. 2 S. 1 oder die Rückgängigmachung von nicht genutzten Investitionsabzugsbeträgen nach Abs. 3 S. 1 trotzdem dort, wo diese abgezogen wurden; *Meyer* in Herrmann/Heuer/Raupach, EStG KStG, § 7g EStG Rn. 65, 100. Insgesamt wird man, auch wenn dies nicht thematisiert wird, wohl annehmen müssen, dass die Übertragung von Investitionsabzugsbeträgen die Einwilligung desjenigen erfordert, der diese in Anspruch genommen hat.

1237 *Meyer* in Herrmann/Heuer/Raupach, EStG KStG, § 7g EStG Rn. 38; nunmehr auch BMF, Schreiben vom 26.08.2019, IV C 6 -S 2139-b/07/10002-02, Rn. 5.

1238 *Brandis* in Blümich, EStG, KStG, GewStG, § 7g EStG Rn. 23, in Bezug auf Abs. 1; BMF, Schreiben betreffend steuerliche Gewinnermittlung; Zweifelsfragen zu den Investitionsabzugsbeträgen nach § 7 g Abs. 1 bis 4 und 7 EStG in der Fassung des Steueränderungsgesetzes 2015 vom 2. November 2015 vom 20.03.201, BStBl. I 2017, S. 1834 (Tz. 4), „*Beabsichtigt ein Mitunternehmer Anschaffungen oder Herstellungen, die zum Sonderbetriebsvermögen gehören, kann er ihm zuzurechnende*

Zinsaufwendungen im Rahmen der Zinsschranke (hierzu Rdnr. 425 f.) vergleichbare Probleme.[1239] Geht man aufgrund der Gesamtbetriebsbezogenheit hingegen davon aus, dass die Unternehmung, welche zudem nach der ausdrücklichen Anordnung des § 7g Abs. 7 EStG gerade an die Stelle des Steuerpflichtigen tritt, sämtliche Wahlrechte, somit auch in Bezug auf die Sonderbetriebssphären, wahrnimmt,[1240] werden zumindest auflösungsbedürftige Konstellation in der Rechtsanwendung, insbesondere für die Finanzämter, vermieden.[1241] Unbeschadet der Zuordnung der Entscheidungsbefugnis bleibt die mögliche Nutzung der Investitionsabzugsbeträge und Sonderabschreibungen jedoch von Größenmerkmalen des Gesamtbetriebes abhängig. Dies macht es, wie auch nach vorherrschender Lesart der Zinsschranke und insbesondere im Rahmen der dortigen Escape-Klausel (hierzu Rdnr. 424 ff., insbesondere 429), erforderlich, die Sonderbetriebssphären der Mitunternehmer zu berücksichtigen. Wie auch bei der Zinsschranke ist kein besonderer Verfahrensgang aus den gesetzlichen Vorgaben abzuleiten, welche es erlauben würde, die Sonderbetriebssphären grundsätzlich den Festsetzungsfinanzämtern zuzuweisen und lediglich bei Inanspruchnahme einer Begünstigung ein einheitliches Feststellungsverfahren durchzuführen.

(d) Zwischenergebnis

436 Festzuhalten ist somit, dass das Ertragsteuerrecht grundsätzlich keine Ermittlung der Gesamteinkünfte der Unternehmung verlangt. Eine argumentative Anknüpfung hieran mit dem Ziel der generellen Einbeziehung von Sonderbetriebseinnahmen und Sonderbetriebsausgaben ist verfehlt. Auch die materielle Ausgestaltung der Einkünfteermittlung spricht aus ertragsteuerlicher Perspektive nicht für den Einbezug der Gesellschaftssphäre in das Feststellungsverfahren. Einschränkend ist jedoch zu berücksichtigen, dass, wenn auch lediglich im Rahmen der Gewinneinkünfte, eine Gesamteinkünfteermittlung zumindest teilweise notwendig werden kann.

Investitionsabzugsbeträge als „Sonderbetriebsabzugsbetrag" geltend machen"; *Bugge* in Kirchhof/Söhn/Mellinghoff, EStG, § 7g Rn. G 13, in Bezug auf die Wahlrechte der Abs. 2 und 5, was hinsichtlich Abs. 2 zumindest dann nicht überzeugen mag, wenn der Investitionsabzugsbetrag zuvor im Gesamthandsbereich gebildet wurde.

1239 Eine eingehende Auseinandersetzung hiermit ist jedoch, anders als bei der Zinsschranke, bisher weder in der Rechtsprechung noch in der Literatur ersichtlich.

1240 *Kulosa* in Schmidt, EStG, § 7g Rn. 13; *Meyer* in Herrmann/Heuer/Raupach, EStG KStG, § 7g EStG Rn. 100, *„persönliche Abzugsberechtigung der PersGes. bzw. Gemeinschaft"*; wohl auch *Pfirrmann* in Kirchhof, EStG, § 7g Rn. 51.

1241 Sämtliche Probleme, insbesondere die mögliche Überschreitung des Gesamtinvestitionsabzugsbetrages durch eine nicht abgestimmte Geltendmachung einzelner Abzugsbeträge durch die Mitunternehmer oder die Nutzung und somit Aufteilung dieser für angeschaffte begünstigte Wirtschaftsgüter, würden der Gesellschaftssphäre und somit einer internen, notwendigen Abstimmung überlassen.

(5) Sinn und Zweck der gesonderten und einheitlichen Feststellung

437 Die Einbeziehung von Sonderbetriebseinnahmen und Sonderbetriebsausgaben ist nach dem bisher Gesagten grundsätzlich nicht erforderlich. Es ist jedoch zu hinterfragen, ob der Sinn und Zweck der gesonderten und einheitlichen Feststellung eine solche gebieten kann. Rückt man von pauschalisierenden Betrachtungen und Textbausteinen ab, wie diese oftmals in der Rechtsprechung hierzu anzufinden sind, wird deutlich, dass sich ein eher indifferentes Bild zeichnet.

(a) Einheitlichkeit der Feststellungen

438 So dient das Verfahren der gesonderten und einheitlichen Feststellung dem materiell-rechtlichen Zweck der Einheitlichkeit (allgemein zu diesem Rdnr. 24, 36 f.), welcher die Einbeziehung von Sonderbetriebseinnahmen und Sonderbetriebsausgaben in das Feststellungsverfahren gebieten soll (hierzu Rdnr. 401). Dies überzeugt indessen nicht, da der Bezugspunkt der Einheitlichkeit unzutreffend verortet wird. Das Verfahren der gesonderten und einheitlichen Feststellung wurde geschaffen, um unterschiedliche Entscheidungen einzelner Wohnsitzfinanzämter in Bezug auf die Höhe der Einkünfte der Unternehmung zu vermeiden.[1242] Hiermit waren lediglich die gemeinschaftlich erzielten Einkünfte gemeint. Diese konnten auch lediglich gemeint sein, da die Einheitstheorie, welche einen weiteren Bezugspunkt der Einheitlichkeit rechtfertigen könnte, erst nach Einführung der gesonderten und einheitlichen Feststellung entwickelt wurde (hierzu Rdnr. 12 ff.). Gegenständlich waren somit die, nach hier vertretener Ansicht von der Unternehmung selbst erzielten (hierzu Rdnr. 86 ff.), Einkünfte auf Ebene der Unternehmung. Sonderbetriebseinnahmen und Sonderbetriebsausgaben sind auch nicht *„Teile der Einkünfte (des Gewinns), an denen mehrere beteiligt sind“*[1243], sondern treten zu diesen (diesem) hinzu.

439 Auch die Weiterung des § 180 Abs. 1 S. 1 Nr. 2 a) AO um die mit den Einkünften im Zusammenhang stehenden Besteuerungsgrundlagen deutet in keine andere Richtung. In der Gesetzesbegründung zum Mißbrauchsbekämpfungs- und Steuerbereinigungsgesetz 1993 stellt der Gesetzgeber, zumindest bei genauerer Betrachtung, gerade nicht auf eine Einheitlichkeit der Feststellung bezüglich Sonderbetriebseinnahmen und Sonderbetriebsausgaben ab. Er führt in Bezug auf die ständige Rechtsprechung aus: *„Mit Rücksicht auf den Zweck, unterschiedliche Entscheidungen der Wohnsitzfinanzämter zu vermeiden, ist z. B. auch festzustellen, ob in den Einkünften außerordentliche Einkünfte im Sinne des § 34 Abs. 2 EStG enthalten sind oder in welchem Umfang die Feststellungsbeteiligten am Freibetrag nach § 16*

1242 Vgl. Begründung des Entwurfs zum EStG 1925, Verhandlungen des Reichstages, III. Wahlperiode 1924, Band 400, Nr. 795, S. 70 (auch abgedruckt bei *Strutz*, EStG 1925, § 65 Rn. 1).

1243 So aber noch BFH, Urteil vom 11.09.1991 – XI R 35/90, BStBl. II 1992, S. 4 (4); BFH, Urteil vom 03.07.1997 – IV R 31/96, BStBl. II 1997, S. 690 (690), für das Streitjahr 1988. Siehe hierzu noch Rdnr. 478 f.

Abs. 4 EStG beteiligt sind. In die gesonderte Feststellung einbezogen werden auch Sondervergütungen im Sinne des § 15 abs. 1 Nr. 2 EStG sowie Sonderbetriebseinnahmen und Sonderbetriebsausgaben einzelner Gesellschafter. [...] Die Änderung im Buchstabe a soll die bisherige Praxis auf eine gesetzliche Grundlage stellen und es insbesondere ermöglichen, daß auch Besteuerungsgrundlagen, die bei der Ermittlung der gemeinschaftlich erzielten Einkünfte nicht berücksichtigt werden, mit Bindungswirkung für die Folgebescheide aller Beteiligten festgestellt werden, wenn sie im Zusammenhang mit den gemeinschaftlich erzielten Einkünften stehen. Unterschiedliche Entscheidungen bei den einzelnen Feststellungsbescheiden sowie aufwendige Rückfragen seitens der Wohnsitzfinanzämter bei den Feststellungsfinanzämtern werden damit vermieden."[1244] Der Gesetzgeber erkennt daher, dass die Einbeziehung außerordentlicher Einkünfte und des Freibetrag nach § 16 Abs. 4 EStG mit dem Zweck der Einheitlichkeit begründet wurde. Hieran schließt sich der Satz an, dass „*auch*" Sonderbetriebseinnahmen und Sonderbetriebsausgaben miteinbezogen wurden. Dass dies nach seiner Ansicht maßgeblich mit der Einheitlichkeit der Feststellung zu begründen wäre, lässt sich dem nicht entnehmen. Letztendlich will der Gesetzgeber sodann die bisherige Praxis verstetigen. Hierbei will er „*insbesondere ermöglichen, daß auch Besteuerungsgrundlagen, die bei der Ermittlung der gemeinschaftlich erzielten Einkünfte nicht berücksichtigt werden*", einheitlich festgestellt werden können. Die Sonderbetriebseinnahmen und Sonderbetriebsausgaben wurden bis dato aber bereits bei der Ermittlung der Einkünfte berücksichtigt (hierzu Rdnr. 398). Die anschließenden Ausführungen zur Einheitlichkeit sind also nicht auf diese bezogen. Dies erscheint auch zutreffend. Einheitlichkeit kann lediglich dann und auch lediglich insoweit hergestellt werden, als die betreffende Feststellung gerade Mehrere betrifft. Dies ist bei Sonderbetriebseinnahmen und Sonderbetriebsausgaben indessen gerade nicht der Fall. Diese beeinflussen grundsätzlich nicht die Einkünfte der Unternehmung und sind ausschließlich für den einzelnen Beteiligten relevant.[1245]

440 Indessen geht der BFH davon aus, dass auch gleichartige Sachverhalte, beispielsweise Fahrt- oder Fortbildungskosten, einer identischen Behandlung zu unterwerfen sind.[1246] Diese Sichtweise erinnert im Grundsatz an den Vorwurf mangelnder Einheitlichkeit bei Umqualifizierungsentscheidungen zu Einkünften aus Zebra-Gesellschaften (siehe hierzu Rdnr. 365 ff.). Wie auch dort geht die Betrachtung fehl. Die Gegenargumente gelten sinnentsprechend. Die gesonderte und einheitliche Feststellung verfolgt nicht das Ziel, die Gleichbehandlung gleichartiger Sachverhalte zu gewährleisten. Anderenfalls müsste man eine solche Feststellung (de lege ferenda) auch fordern, wenn nicht Fahrt- oder Ausbildungskosten von Gesellschaftern, sondern von Arbeitnehmern der Unternehmung infrage stehen.[1247] Generell

---

1244 Gesetzesbegründung zum Mißbrauchsbekämpfungs- und Steuerbereinigungsgesetz 1993, BR-Drs. 612/93, S. 102.

1245 Ebenso *Schulze zur Wiesche*, DB 1988, S. 1466 (1468); *Reuter*, S. 61.

1246 BFH, Urteil vom 23.04.1991 – IX R 303/87, BFH/NV 1991, S. 653 (654).

1247 So auch *Reuter*, S. 62.

kann es bei gleichgelagerten Sach- und Rechtsfragen zu einer unterschiedlichen Behandlung durch Finanzverwaltung sowie Gerichte kommen. Einheitlichkeit ist generell durch eine einheitliche Rechtsanwendung, notfalls unter Ausschöpfung der Rechtswege, zu erreichen. Nähme man mit dem BFH eine notwendige Einheitlichkeit in Bezug auf gleichgelagerte Sachverhalte an,[1248] so führt dies ohnehin lediglich zu einer Gleichbehandlung hinsichtlich einer Unternehmung. Schon gleichartige Einnahmen und Ausgaben in Sonderbetriebssphären beteiligungsidentischer Unternehmungen wären nicht mehr erfasst. Unbeschadet dessen offenbart der Einheitlichkeitsgedanke ein gewisses Begründungsdefizit. Er vermag zum einen dann nicht zu greifen, wenn Sonderbetriebseinnahmen und Sonderbetriebsausgaben lediglich in einer Sonderbetriebssphäre anfallen.[1249] Zum anderen geht der Gedanke zumeist schon fehl, weil entsprechende Geschäftsvorfälle in unterschiedlichen Sonderbetriebssphären weit überwiegend nicht vergleichbar sein dürften.[1250] Insoweit fehlt es dann aber bereits an vergleichbaren Sachverhalten, welche materiell-rechtlich gleichbehandelt werden müssten.

Auch hinsichtlich Sondervergütungen gelangt man letztendlich zu keiner **441**
abweichenden Beurteilung.[1251] Diese sind bei der Unternehmung als Betriebsausgaben abzuziehen und erhöhen beim betreffenden Beteiligten den Sonderbetriebsgewinn. Auswirkungen auf Ebene der Unternehmung und somit auf die übrigen Beteiligten hat, außerhalb der Gewerbesteuer (hierzu bereits Rdnr. 412 ff.), indessen lediglich die Qualifikation als Betriebsausgabe. Lediglich diese ist daher auch für mehrere Beteiligte sowie die Unternehmung relevant. Insoweit steht aber eine einheitliche Behandlung nicht infrage. Die Qualifizierung ist tatbestandlich unabhängig davon, ob beim jeweiligen Gesellschafter sodann von einer Sondervergütung auszugehen ist, vgl. § 4 Abs. 4 EStG.[1252] Allerdings vermag die Erfassung von Sondervergütungen im Feststellungsverfahren inkongruenter Behandlung Vorschub zu leisten. Materiell-rechtlich ist mit jeder Sondervergütung eine Betriebsausgabe der Unternehmung verbunden. Würde die Sondervergütung im Festsetzungsverfahren bejaht und die Betriebsausgabe im Feststellungsverfahren verneint, würde ein und derselbe Sachverhalt (nicht lediglich ein gleichgelagerter) in der Gesamtheit materiell-rechtlich unzutreffend behandelt. Zum anderen würde die Erfassung von Sondervergütungen im Feststellungsverfahren unterschiedliche Ansätze der

---

1248 Nichts anderes gilt auch in dem Fall, dass Sonderbetriebseinnahmen und Sonderbetriebsausgaben zugleich mehrere Beteiligte betreffen sollten.

1249 Auch in diesem Fall sollen diese jedoch in die gesonderte und einheitliche Feststellung einzubeziehen sein; BFH, Urteil vom 23.04.1991 – IX R 303/87, BFH/NV 1991, S. 653 (654).

1250 So stehen Sonderbetriebseinnahmen und Sonderbetriebsausgaben oft im Zusammenhang mit dem jeweiligen Sonderbetriebsvermögen. Dies ist aber selten identisch.

1251 Hierzu auch *Reuter*, S. 63 ff.

1252 Zur grundsätzlich fehlenden Notwendigkeit der Gesamteinkünfteermittlung siehe Rdnr. 420 ff.

Höhe nach vermeiden. Lediglich wenn man den Bezugspunkt der Einheitlichkeit auch auf diese Korrespondenzgedanken beziehen wollte, wäre die Erfassung von Sondervergütungen im Feststellungsverfahren gerechtfertigt. Unterschiedliche Ansätze der Höhe werden indessen auch vermieden, wenn das Festsetzungsfinanzamt an die Feststellung der Betriebsausgabenhöhe gebunden ist. Darüberhinausgehende Korrespondenzüberlegungen sind überzogen. Anderenfalls müsste auch bei sämtlichen Geschäftsvorfällen zwischen nicht gesellschaftlich oder gemeinschaftlich verbundenen Dritten stets die Forderung nach einer einheitlichen Feststellung erhoben werden. Dies ist jedoch allseits nicht der Fall und kann vom Verfahrensrecht zudem nicht geleistet werden. Auch Einheitlichkeit im Sinne der einheitlichen Feststellung zielt daher auf die gleichsinnige Würdigung eines einzelnen Besteuerungstatbestandselementes ab, beispielsweise den Betriebsausgabenabzug auf Unternehmungsebene für alle Beteiligten, somit auf eine Seite der Medaille, nicht jedoch auf beide Seiten, daher Betriebsausgaben einerseits und Sondervergütung andererseits. Lediglich weil der Beteiligte eine Verbindung zur Unternehmung aufweist, gilt nichts zum allgemeinen Verfahrensrecht abweichendes. Zudem wären derartige Überlegungen begrenzt auf Geschäftsvorfälle, in welche sowohl die Unternehmung als auch der einzelne Beteiligte involviert ist. Die generelle Erfassung aller Sonderbetriebseinnahmen und Sonderbetriebsausgaben im einheitlichen Feststellungsverfahren könnten auch sie nicht begründen.

(b) Verfahrensökonomie im engeren Sinne

442 Gleiches gilt für die verfahrensökonomische Zwecksetzung im engeren Sinne. Dies mag man bereits dadurch als belegt ansehen, dass trotz deren uneingeschränkter Anerkennung auch von Seiten der Rechtsprechung (hierzu Rdnr. 400 ff.) auf diese zur Begründung, soweit ersichtlich, nicht eingegangen wird.[1253] Ein argumentatives Abstellen hierauf würde weit überwiegend auch nicht überzeugen. Im Rahmen der Verfahrensökonomie im engeren Sinne ist maßgeblich, ob ein mehrfacher Verwaltungsaufwand durch die Einbeziehung von Sonderbetriebseinnahmen und Sonderbetriebsausgaben in das Feststellungsverfahren verhindert wird (allgemein hierzu siehe Rdnr. 41). Dies ist indessen im Grundsatz nicht der Fall. Anders als bei den Einkünften der Unternehmung, welche ohne einheitliche Feststellung von mehreren Wohnsitzfinanzämtern und somit mehrfach zu ermitteln wären, sind Ermittlungen und Feststellungen im Rahmen einer Sonderbetriebssphäre regelmäßig nur einmalig notwendig; bei Einbeziehung in das Feststellungsverfahren vom Feststellungsfinanzamt, bei Befassung hiermit im Festsetzungsverfahren von einem Festsetzungsfinanzamt. Der verfahrensökonomische Zwecks im engeren

1253 So zumindest, wenn man, wie vorliegend, die verfahrensökonomische Zwecksetzung im engeren Sinne von Argumenten der Sachnähe und Sachkunde als verfahrensökonomische Überlegung im weiteren Sinne unterscheidet. Auf letztere wird noch einzugehen sein; siehe hierzu Rdnr. 446 ff.

Sinne wird daher hinsichtlich der Zuordnung der Sonderbetriebssphären auch als irrelevant angesehen.[1254]

Dennoch scheint eine geringfügige Einschränkung erforderlich. Stehen Aufwendungen oder Einnahmen im Zusammenhang mit dem Sonderbetriebsvermögen, rechtfertigt dieser Bezug ihre Qualifikation als Sonderbetriebsausgabe oder Sonderbetriebseinnahme. Die Prüfung dieses Zusammenhangs ist sowohl dem Feststellungs- als auch dem Festsetzungsfinanzamt mit gleichem Aufwand möglich. Wird jedoch relevant, ob überhaupt Sonderbetriebsvermögen vorliegt, und hängt dies davon ab, ob der Unternehmung ein Vermögensgegenstand zur Verfügung gestellt wurde, so dürfte das Feststellungsfinanzamt aufgrund bereits vorliegender Kenntnis von den zugrundeliegenden Vertragsverhältnissen und Absprachen bereits umfassendere Kenntnis besitzen. Müsste die Qualifikation als Sonderbetriebsvermögen auch vom Festsetzungsfinanzamt geprüft werden, so wäre insoweit von einem Mehraufwand auszugehen. Dieser hielte sich freilich weit überwiegend in engen Grenzen. Einerseits dürfte die Zugehörigkeit zum Sonderbetriebsvermögen in früheren Besteuerungszeiträumen bereits festgestellt worden sein. Andererseits erschöpft sich die Prüfung der Zugehörigkeit zum Sonderbetriebsvermögen zumeist in der Durchsicht der zugrundeliegenden Verträge.[1255] Ist die Qualifikation von Sonderbetriebsvermögen indessen nicht von einer Nutzungsüberlassung an die Gesellschaft abhängig,[1256] besitzt auch das Feststellungsfinanzamt insoweit keine weitergehenden Kenntnisse. 443

Ähnliches gilt im Grundsatz auch für Sondervergütungen.[1257] Auch bei deren Einbeziehung in das Feststellungsverfahren sind sowohl die Qualifikation als Betriebsausgabe einerseits als auch die Qualifikation als Sondervergütung andererseits und somit verschiedene Tatbestände zu prüfen. Stellt man abstrakt auf diese Tatbestandsprüfung ab, würde durch die Qualifikation als Sondervergütung im Festsetzungsverfahren der Aufwand nicht vermehrt, sondern gleichbleibender Aufwand verteilt. Indessen ist nicht zu verkennen, dass sich Betriebsausgabe und Sondervergütung zumindest teilweise entsprechen. Dies betrifft beispielsweise die Höhe einer Leistung der Gesellschaft an den Gesellschafter als Tatbestandsmerkmal beider Prüfungsgegenstände. Soweit derartige Schnittmengen reichen, würde durch eine Erfassung der Sondervergütung im Festsetzungsverfahren tatsächlich doppelter Aufwand entstehen. Freilich werden Sondervergütungen weit überwiegend durch schlichte Geldzahlung geleistet, so dass der vermehrte Ermittlungsaufwand wiederum äußerst begrenzt scheint. Anders mag dies jedoch bei einer 444

1254 So *Reuter*, S. 67.

1255 Beispielsweise des Miet- oder Pachtvertrages zur Überlassung eines Wirtschaftsgutes an die Gesellschaft.

1256 So beispielsweise, wenn ein Gesellschafter ein Kfz erwirbt, welches er ausschließlich, weit überwiegend, zumindest auch im Rahmen seiner Beteiligung an der Gesellschaft nutzt.

1257 So wohl auch *Reuter*, S. 67.

Vergütung durch Überlassung von Sachwerten sein. Zudem ist es möglich, dass zur Beurteilung der Sondervergütung maßgeblich auf die betrieblichen Verhältnisse, die zugrundeliegenden Absprachen und Vertragsgestaltungen abzustellen ist. Diese sind dem Feststellungsfinanzamt bereits bekannt.

445 Insoweit sind in Bezug auf Sonderbetriebseinnahmen und Sonderbetriebsausgaben, insbesondere hinsichtlich der Sondervergütungen, Konstellationen denkbar und existent, in denen der verfahrensökonomische Zweck im engeren Sinne geringfügig tangiert sein kann, wenn man deren Erfassung dem Festsetzungsverfahren überlässt.

(c) Verfahrensökonomie im weiteren Sinne

446 Ähnliches gilt für die verfahrensökonomische Zwecksetzung im weiteren Sinne. Lassen sich Sachnähe und Sachkunde zumindest noch teilweise bemühen, um die Einbeziehung von Sonderbetriebseinnahmen und Sonderbetriebsausgaben in das Feststellungsverfahren zu stützen, so streiten allgemein verfahrensökonomische Erwägungen dagegen.

(i) Sachnähe und Sachkunde

447 Die Einbeziehung von Feststellungsgegenständen im Allgemeinen (siehe hierzu Rdnr. 52 ff.) sowie von Sonderbetriebseinnahmen und Sonderbetriebsausgaben im Speziellen (siehe hierzu Rdnr. 400 ff.) in die einheitliche Feststellung wird oftmals von Erwägungen zur Sachnähe und Sachkunde begleitet.[1258] Sachnäher und sachkundiger sei das Feststellungsfinanzamt. Die Grundannahme besteht sodann in einer durch Sachnähe und Sachkunde bedingten erleichterten Feststellung bestimmter Feststellungsgegenstände. Jedoch ist weder generell von einer besonderen Sachnähe und Sachkunde des Feststellungsfinanzamtes auszugehen, noch trägt eine solche, soweit gegeben, stets mit maßgeblicher Relevanz zu einer Erleichterung des Verfahrens bei.

448 Dies vermögen bereits abstrakte Überlegungen zu verdeutlichen. Eine Erleichterung des Verfahrens im Sinne der ökonomischen Zwecksetzung im weiteren Sinne setzt voraus, dass ein ohnehin zu bewältigender Verfahrensaufwand durch ein Finanzamt, hier das Feststellungsfinanzamt, leichter zu bewältigen ist als durch ein anderes Finanzamt, hier die Festsetzungsfinanzämter. Sonderbetriebseinnahmen und Sonderbetriebsausgaben betreffen die Sonderbetriebssphäre und somit einen Bereich, der zunächst einen Bezug zum jeweiligen Beteiligten und lediglich mittelbar zur Unternehmung aufweist. Selbst wenn man allgemein annimmt, das

---

1258 Sachnähe sollte nicht lediglich als eine räumliche Nähe zum Unternehmungsfinanzamt verstanden werden, sondern weitgehend synonym mit der Sachkunde eine speziellere Verbindung zu und Kenntnis von Interna der Unternehmung, innerbetrieblichen Vorgängen, Vertragsgestaltungen und Geschäftsvorfällen zum Ausdruck bringen.

Feststellungsfinanzamt sei hinsichtlich der Unternehmung sachnäher, so müsste man doch konstatieren, dass dieses hinsichtlich des jeweiligen Beteiligten sachferner sein dürfte. Wenn es insoweit durch die gesonderte Feststellung von Besteuerungsgrundlagen zu einer Verfahrenserleichterung kommen soll, müsste die Sachnähe und Sachkunde hinsichtlich der Unternehmung eine Verfahrenserleichterung darstellen,[1259] welche per Saldo die Erschwernis hinsichtlich deren Fehlens beim Beteiligten aufwiegt. Macht man sich dies klar, liegt eine pauschalisierende Argumentation mit dem Ziel der Ausdehnung der Feststellungsgegenstände bereits ferner. Betrachtet man sodann Sonderbetriebseinnahmen und Sonderbetriebsausgaben konkret, zeigt sich auch ein ambivalenter Befund.

So weisen Sonderbetriebseinnahmen[1260] (ohne Sondervergütungen, hierzu Rdnr. 452) zunächst einen Bezug zur Beteiligtensphäre auf. Die Verbindung zur Unternehmung besteht darin, dass es sich bei dem Steuerpflichtigen um einen Beteiligten handelt und er die Einnahme in dieser Eigenschaft erzielt. Abzustellen ist somit auf eine Veranlassung durch die Beteiligung. In dieser erschöpft sich der Zusammenhang aber. Insoweit muss stark bezweifelt werden, dass das Festsetzungsfinanzamt größeren Aufwand zu leisten hätte, diesen Zusammenhang zu prüfen, als das Feststellungsfinanzamt. So ist bei der Veräußerung von Wirtschaftsgütern des Sonderbetriebsvermögens deren Zugehörigkeit zu diesem zu klären, welche sich, ebenso wie der Buchwert zur Ermittlung des Gewinns, leicht ermitteln lässt und weit überwiegend bereits feststeht.[1261] **449**

Etwas anderes mag in Bezug auf die Feststellung eines Veräußerungsgewinnes nach § 16 Abs. 1 Nr. 2 EStG gelten. Zur Ermittlung des Gewinnes ist der ideelle Anteil des Ausscheidenden an den Wirtschaftsgütern des Gesamthandsvermögens festzulegen und zu prüfen, ob sämtliche zu den wesentlichen Betriebsgrundlagen gehörenden Wirtschaftsgüter des Sonderbetriebsvermögens veräußert wurden.[1262] In Bezug auf diese Prüfung dürfte tatsächlich das Feststellungsfinanzamt sachnäher und sachkundiger sein.[1263] Dass diese Entscheidung indessen regelmäßig **450**

1259 Beispielsweise, weil durch mehrere betriebsbezogene Tatbestandsmerkmale oder zumindest eines schwieriger zu ermittelnden betriebsbezogenen Tatbestandsmerkmales ein überwiegender betrieblicher Bezug vorhanden ist; *Reuter*, S. 69.

1260 Eine exemplarische Übersicht einzelner Sonderbetriebseinnahmen findet sich beispielsweise bei *Bode* in Blümich, EStG, KStG, GewStG, § 15 EStG Rn. 530 m.w.N.

1261 So auch *Reuter*, S. 70.

1262 Hierzu *Schallmoser* in Blümich, EStG, KStG, GewStG, § 16 EStG Rn. 223 f. m.w.N.

1263 Ebenso *Brandis* in Tipke/Kruse, AO FGO, § 180 AO Rn. 62; *Knobbe-Keuk*, S. 525 f.; *Keuk*, StuW 1974, S. 1 (45 f.), welche zudem darauf hinweist, dass den verbleibenden Gesellschaftern der Veräußerungspreis („*An sich geht [dieser] die Gesellschaft und die anderen Gesellschafter natürlich nichts an …*") ohnehin durch die Bilanzansätze in der Ergänzungsbilanz des eintretenden Gesellschafters bekannt wird. Diese Überlegung greift zunächst freilich nur, wenn die Unternehmung bilanziert. Zwar muss auch ein 4-III-Rechner bei Betriebsveräußerung/-aufgabe zum Bestandsvergleich übergehen; hierzu *Geissler* in Herrmann/Heuer/Raupach, EStG KStG, § 16 EStG Rn. 20, *Schallmoser* in Blümich, EStG, KStG, GewStG, § 16 EStG Rn. 10. Indessen

keine Einheitlichkeit erfordert (hierzu bereits Rdnr. 440), wird oftmals übersehen. Zutreffender Weise ist die Rechtsprechung aber zumindest wieder davon abgerückt, auch die Entscheidung über die Begünstigung des § 16 Abs. 4 EStG in das Feststellungsverfahren zu verlagern.[1264] Es wäre auch nicht verständlich, warum das Feststellungsfinanzamt hinsichtlich des Alters eines Beteiligten oder dessen Berufsunfähigkeit im sozialversicherungsrechtlichen Sinne sachnäher oder sachkundiger sein sollte.

451 Somit gilt in Bezug auf Sonderbetriebsnahmen verallgemeinernd, dass von einer besonderen Sachnähe und Sachkunde des Feststellungsfinanzamtes nicht generell ausgegangen werden kann. Lediglich wenn die Beurteilung von Einnahmen einen überwiegend betrieblichen Bezug aufweist und somit vertiefte Kenntnisse der Unternehmungssphäre voraussetzt, kann Sachnähe und Sachkunde überhaupt genutzt werden. In der überwiegenden Zahl von Sonderbetriebseinnahmen, beispielsweise Provisionszahlungen von Dritten zur Beeinflussung des Abstimmungsverhaltens, Mieterträgen aus einem Grundstück, welches der Gesellschafter an einen Dritten und dieser sodann an die Gesellschaft vermietet, Zinsen auf ein einem Dritten im Interesse der Gesellschaft gewährtes Darlehen sowie Einnahmen aus der Veräußerung von Sonderbetriebsvermögen, kann das Festsetzungsfinanzamt ebenso und ohne Mehraufwand Feststellungen treffen.

Bei Sondervergütungen kann hingegen, bedingt durch Überschneidungen der
452 Prüfungsmaterie, bereits die Verfahrensökonomie im engeren Sinne betroffen sein (hierzu bereits Rdnr. 444). Erst recht ist davon auszugehen, dass das Feststellungsfinanzamt insoweit eine höhere Sachnähe und Sachkunde aufweisen kann. Diese müssen nicht auf einer besonderen originären Nähe zur Unternehmung beruhen. Sie sind aber unlängst gegeben, da das Feststellungsfinanzamt bereits mit dem zugrundeliegenden Sachverhalt im Rahmen der Beurteilung des Betriebsausgabenanzugs der Unternehmung betraut ist. Insoweit liegt bereits eine umfassendere Kenntnis hinsichtlich der insoweit maßgeblichen betrieblichen Verhältnisse, den zugrundeliegenden Absprachen und Vertragsgestaltungen sowie den tatsächlichen Gegebenheiten vor. Dies betrifft beispielsweise auch den Fall, dass erst festgestellt werden muss, ob tatsächlich Sondervergütungen oder gegebenenfalls Auslagenersatz vorliegen.[1265] Aus verfahrensökonomischer Sicht im weiteren

---

betrifft dies nicht die Unternehmung. Zudem setzt diese Ansicht voraus, dass die Gesellschaft auch für die Erstellung der Ergänzungsbilanzen, zuständig ist. Dies ist abzulehnen, hierzu noch Rdnr. 511 ff.

1264 So noch BFH, Beschluss vom 28.03.1974 – IV B 58/73, BStBl. II 1974, S. 459 (461); nunmehr anders BFH, Urteil vom 10.07.1986 – IV R 12/81, BStBl. II 1986, S. 811 (815); BFH, Urteil vom 21.09.1995 – IV R 1/95, BStBl. II 1995, S. 893 (895), da nicht die Gefahr divergierender Entscheidungen besteht; hierzu auch *Schallmoser* in Blümich, EStG, KStG, GewStG, § 16 EStG Rn. 704.

1265 *Knobbe-Keuk*, S. 525.

Sinne ist die Einbeziehung der Sondervergütungen in das Feststellungsverfahren daher sinnvoll.[1266]

Auf Sonderbetriebsausgaben trifft dies wiederum nicht zu. Wie auch Sonderbetriebseinnahmen weisen diese einen überwiegenden Bezug zur Sphäre des Beteiligten und nicht zur Unternehmung auf. Dies verdeutlichen bereits die gängigen Umschreibungen der Sonderbetriebsausgaben, welche letztendlich auf eine Veranlassung durch die Beteiligung an der Unternehmung abstellen.[1267] Bei der Frage, ob Aufwand eines Beteiligten als Sonderbetriebsausgabe abzugsfähig ist, ist somit der Bezug zum Sonderbetrieb oder direkt zu Sonderbetriebseinnahmen und nicht ein Bezug zur Unternehmung entscheidend. Diese Veranlassung kann aber das Festsetzungsfinanzamt ebenso gut prüfen.[1268] **453**

1266 So auch *Brandis* in Tipke/Kruse, AO FGO, § 180 AO Rn. 62; *Knobbe-Keuk*, S. 525; *Keuk*, StuW 1974, S. 1 (45); *Reuter*, S. 70 f.

1267 *Bode* in Blümich, EStG, KStG, GewStG, § 15 EStG Rn. 531, umschreibt diese wie folgt: *„SonderBA sind alle Aufwendungen, die durch das GesVerhältnis veranlasst sind, in Zusammenhang mit dem SonderBV eines G'ters stehen oder die durch die Wahrnehmung von Rechten eines G'ters gegenüber den MitG'tern entstehen und sonstige höchstpersönl. BA wie Reisekosten im Zusammenhang mit der Beteiligung, die von der PersGes nicht ersetzt werden oder Kosten für die Buchprüfung, die ein G'ter in seinem Interesse bei der Ges. durchführen lässt. Bei der Prüfung, ob SonderBA vorliegen, ist § 4 Abs. 4 zu Grunde zulegen, insbes. der Veranlassungszusammenhang zwischen Aufwendungen und SonderBE (…). Aufwendungen, die mit SonderBV I oder II zusammenhängen, sind grds. SonderBA (…).“* *Wacker* in Schmidt, EStG, § 15 Rn. 640, umschreibt die *„persönl Aufwendungen, die wirtschaftl durch einen MUeranteil verursacht sind, als SonderBA(-aufwand)“*. *Tiede* in Herrmann/Heuer/Raupach, EStG KStG, § 15 EStG Rn. 520, umschreibt Sonderbetriebsausgaben als solche *„im Zusammenhang mit den Sondervergütungen, auch wenn dies im Gesetz nicht ausdrückl. erwähnt wird“* sowie als Ausgaben, *„die ihre Veranlassung in der Beteiligung an der PersGes. haben“*, beispielsweise *„Schuldzinsen für den Erwerb der Beteiligung oder von WG des SonderBV“*.

1268 Werden Darlehenszinsen als Sonderbetriebsausgaben geltend gemacht, ist maßgeblich, ob der Beteiligte mit der Darlehensvaluta beispielsweise einen Anteil an der Unternehmung oder ein Wirtschaftsgut des Sonderbetriebsvermögens finanziert. Werden (Erhaltungs-)Aufwendungen für das Sonderbetriebsvermögen angesetzt, ist eben dieser Zusammenhang entscheidend. Werden Kosten für die Prüfung der Bücher der Unternehmung angeführt, kann auch dies das Festsetzungsfinanzamt ohne Weiteres nachvollziehen. Erwirbt der Gesellschafter ein Wirtschaftsgut, welches er der Sonderbetriebssphäre zuordnen will, kann auch das Festsetzungsfinanzamt diese Zuordnung hinterfragen. Allen diesen Fällen ist gemein, dass es grundsätzlich keiner Kenntnis hinsichtlich betriebsinterner Vorgänge bedarf.

(ii) Allgemein verfahrensökonomische Erwägungen

454 Zudem ist nicht zu verkennen, dass allgemein verfahrensökonomische Überlegungen auch gegen die Einbeziehung der Sonderbetriebssphären in das Feststellungsverfahren streiten. Dies gilt zumindest dann, wenn eine Vielzahl von Beteiligten vorhanden ist und es hierdurch zu einer schlichten Überfrachtung des Feststellungsverfahrens kommt (zu ähnlichen Erwägungen bei der Behandlung von Zebra-Gesellschaften siehe Rdnr. 373).[1269] Je größer der Beteiligtenkreis, desto schwerer wird es dem Feststellungsfinanzamt fallen, sämtliche Gegebenheiten aller Beteiligtensphären in zeitlich hinnehmbarem Umfang zu erfassen, insbesondere wenn Beteiligte ihren Mitwirkungspflichten nicht nachkommen. Freilich besteht auch die Möglichkeit einer Schätzung, § 162 Abs. 1 S. 1 AO. Auch in deren Rahmen sind indessen bereits bekannte Umstände zu würdigen und aufzuklären, § 162 Abs. 1 S. 2 AO, was einen gewissen Aufwand darstellt. Ergehen Festsetzungsbescheide sodann vor Erlass, § 155 Abs. 2 AO, oder aufgrund des geschätzten Feststellungsbescheides, sind sie zu ändern, sobald der endgültige Feststellungsbescheid vorliegt, § 175 Abs. 1 S. 1 Nr. 1 AO. Neben dem Aufwand der gegebenenfalls nochmaligen, da bereits im Schätzungsverfahren teilweise enthaltenen, Ermittlung der steuerrelevanten Umstände durch das Feststellungsfinanzamt tritt auch der Aufwand der Änderung durch die Festsetzungsfinanzämter. Diese potentielle Aufwandsmehrung, welche das Zusammenspiel der Auslagerung von Besteuerungsgrundlagen mit der Bindungswirkung entfalten kann, scheint weder dem Gesetzgeber noch der Rechtsprechung, welche der gesonderten und einheitlichen Feststellung auch allgemein verfahrensökonomische Zwecke zuschreiben (hierzu Rdnr. 39), die Sonderbetriebseinnahmen und Sonderbetriebsausgaben indessen diesem zuweisen, bewusst, oder sie nehmen sie in Kauf.

(6) Materiell-rechtlich erforderliche Einheitlichkeit

455 Bisher, soweit ersichtlich, nicht berücksichtigt wird im Rahmen des vorliegenden Kontextes, dass das materielle Recht Vorgaben für eine zwingende einheitliche Behandlung enthalten kann. Die Konstellation ist insofern vergleichbar mit der lediglich von Wenigen erkannten Problematik der materiell-rechtlich erforderlichen Einheitlichkeit bei der Behandlung von Zebra-Gesellschaften (hierzu Rdnr. 368). So sind nach § 7a Abs. 7 S. 2 EStG erhöhte Absetzungen oder Sonderabschreibungen[1270] von den Beteiligten, denen ein Wirtschaftsgut zuzurechnen ist

---

1269 Ebenso sowie zu weiteren, m.E. jedoch nicht durchgreifenden, allgemein verfahrensökonomischen Erwägungen, *Reuter*, S. 73 ff.

1270 Folgt man für Absetzungen für Abnutzung grundsätzlich der Aufwandsverteilungsthese, im Gegensatz zur, ebenfalls typisierenden, Wertverzehrthese, zu beiden *Brandis* in Blümich, EStG, KStG, GewStG, § 7 EStG Rn. 30 ff., so soll hiermit Aufwand, somit grundsätzlich auch (Sonder-)Betriebsausgaben, periodisch verteilt werden. Auch wenn erhöhte Absetzungen oder Sonderabschreibungen mehr Lenkungs- oder Subventionszwecken folgen, kann man hierin zumindest noch rudimentäre

und bei denen die Voraussetzungen dafür jeweils erfüllt sind, nur einheitlich vorzunehmen.[1271] Die Einbeziehung in das Feststellungsverfahren liegt somit nahe. Festzuhalten ist jedoch, dass die Einheitlichkeit in Bezug auf das Gesamthandsvermögen[1272] ohnehin stets gewahrt wird. Sieht man, wie vorliegend, insoweit die Unternehmung als erklärungspflichtig an, ist hiermit automatisch eine einheitliche Ausübung von Wahlrechten verbunden. Nimmt man lediglich die Erklärungspflicht der Beteiligten an, kann das Feststellungsfinanzamt auf eine einheitliche Ausübung hinwirken, notfalls die lediglich partielle Geltendmachung versagen und insoweit eine einheitliche Anwendung sicherstellen. Für den Sonderbetriebsbereich ist § 7a Abs. 7 S. 2 EStG ohne Bedeutung, wenn das Wirtschaftsgut lediglich einem Beteiligten zuzuordnen ist. Lediglich für den Fall, dass ein Wirtschaftsgut mehreren Sonderbetriebssphären zuzurechnen ist, wird § 7a Abs. 7 S. 2 EStG im hier gegenständlichen Kontext relevant.[1273] Ausschließlich insoweit lässt sich dann aber auch die Befassung mit erhöhten Absetzungen oder Sonderabschreibungen im Feststellungsverfahren rechtfertigen, nicht hingegen der Einbezug sämtlicher Sonderbetriebsausgaben und Sonderbetriebseinnahmen.

d) Geheimhaltungsinteressen der Verfahrensbeteiligten

Die Betrachtung der zur Einbeziehung von Sonderbetriebseinnahmen und Sonderbetriebsausgaben in die gesonderte und einheitliche Feststellung vorgebrachten Gründe zeichnet somit ein eher indifferentes Bild. Insoweit ist naturgemäß die Frage aufgeworfen, welcher Aspekt überhaupt gegen die Berücksichtigung entsprechender Vorgänge im Feststellungsverfahren sprechen kann. Den richtigen Weg wiesen bereits beachtenswerte Ausführungen von *Keuk* aus den Jahren 1971 **456**

Aufwandsverteilungsgesichtspunkte erkennen und diese daher als Sonderbetriebsausgaben ansehen. Sämtlichen im Vorhinein bestimmten AfA-Zeiträumen liegen typisierende Betrachtungen zugrunde. Ein Lenkungs- oder Subventionszweck lässt Aufwandsverteilungsgesichtspunkte zwar in den Hintergrund treten, verdrängt sie indessen zumeist nicht vollkommen.

1271 Der Anwendungsbereich des § 7a Abs. 7 S. 2 EStG erscheint innerhalb des EStG nach Aufhebung der §§ 7b ff., 7k EStG stark begrenzt, insbesondere der praktisch bedeutsame § 7g EStG enthält mit seinem Abs. 7 eine vorgehende Sonderregelung. Zum insoweit noch verbleibenden Anwendungsbereich innerhalb des EStG siehe *Kulosa* in Schmidt, EStG, § 7a Rn. 1. Allerdings ist § 7a EStG auch auf Begünstigungen in einkommensteuerlichen Nebengesetzen und der EStDV anzuwenden; eine Übersicht hierzu findet sich bei *Brandis* in Blümich, EStG, KStG, GewStG, § 7a EStG Rn. 20.

1272 Zum hierauf bezogenen Anwendungsbereich der Norm siehe *Pfirrmann* in Kirchhof, EStG, § 7a Rn. 22; *Anzinger/Siebenhüter* in Herrmann/Heuer/Raupach, EStG KStG, § 7a EStG Rn. 61; *Brandis* in Blümich, EStG, KStG, GewStG, § 7a EStG Rn. 55.

1273 So beispielsweise, wenn Gesellschafter A und B ein Gebäude als Miteigentümer erwerben und dieses der Gesellschaft zur Verfügung stellen.

und 1974, somit vor Erweiterung des Wortlautes des § 180 Abs. 1 S. 1 Nr. 2 a) AO: *„Es ist angebracht, daß man sich für die Festlegung des Gegenstandes der einheitlichen Gewinnfeststellung wieder auf deren eigentliche Funktion besinnt. [...] Die persönlichen Betriebsausgaben eines Gesellschafters gehören per definitionem nicht zu den Fragen, die die Gesellschafter gemeinsam betreffen und die folglich auch „gemeinsam, d.h. mit Wirkung für und gegen alle, zu lösen" wären. Es kann die Mitgesellschafter nicht interessieren, welche Fahrtkosten ein Gesellschafter hat; es geht die anderen Gesellschafter nichts an, was ein Gesellschafter im Einzelnen für seine Fortbildung unternimmt, was er seinem Anwalt anlässlich eines Gesellschafterstreits zahlt, was der Sozius für Robe und Binder aufwendet."*[1274] *„In dem Verfahren der einheitlichen Gewinnfeststellung müssen sich mehrere Steuerpflichtige in einem (!) Steuerverfahren – mit allen Konsequenzen – zusammenfinden. Daß aber der einzelne Steuerpflichtige in diesem Verfahren auch Dinge soll ausbreiten müssen, die die anderen Beteiligten schlechthin nichts angehen, ist einfach eine Ungeheuerlichkeit."*[1275] Die Berücksichtigung von Sonderbetriebsausgaben im Feststellungsverfahren *„bedeutet, daß eine Person indirekt gezwungen wird, persönliche Angelegenheiten anderen Leuten zu offenbaren, die darauf nach der allgemeinen Rechtsordnung keinen Anspruch haben. Dies ist nicht Aufgabe eines Steuerverfahrens."*[1276] Dass diese mahnenden Worte weder in der Rechtsprechung, noch beim Gesetzgeber noch im ganz überwiegenden Schrifttum Gehör gefunden haben, ist zu bedauern. Sie stellen den Kernpunkt einer kritischen Betrachtung des Umfangs der gesonderten und einheitlichen Feststellung klar heraus: die bei den einzelnen Beteiligten existierenden Geheimhaltungsinteressen.

457 Die generelle Einbeziehung der Sonderbetriebssphären in das einheitliche Feststellungsverfahren zwingt die Beteiligten zur Offenbarung sämtlicher Geschäftsvorfälle. Dieser Zwang ist für die Sonderbetriebseinnahmen rechtlicher Natur. Der Beteiligte ist gezwungen, dort vollständige Angaben zu machen, will er sich nicht dem Vorwurf der Steuerhinterziehung oder der Steuerverkürzung ausgesetzt sehen. Bei Sonderbetriebsausgaben besteht zumindest ein gewisser wirtschaftlicher und insoweit faktischer Zwang. Der Beteiligte kann zwar auf deren Geltendmachung verzichten. Da hierdurch seine persönliche Steuerlast steigen würde, wäre der Bereich strafrechtlicher oder ordnungswidrigkeitenrechtlicher Normen nicht berührt. Allerdings würde somit zumindest eine Konstellation geschaffen, die dem objektiven Nettoprinzip widerspricht. Keine Relevanz kann

---

1274 *Keuk*, DB 1971, S. 2326 (2328).; ebenso *Keuk*, StuW 1974, S. 1 (41); nach *von Wallis*, DStR 1978, S. 271 (278), sind diese Ausführungen *„ernst zu nehmen, denn sie haben den Wortlaut des Gesetzes für sich, demgegenüber Zweckmäßigkeitsrücksichten schwer zu vertreten sind."*; ebenso zustimmend *Brandis* in Tipke/Kruse, AO FGO, § 180 AO Rn. 61, auch mit Verweis auf den neuen § 4i EStG; *Reuter*, S. 26 ff.; *Schulze zur Wiesche*, DB 1988, S. 1466 (1468).

1275 *Keuk*, StuW 1974, S. 1 (39).

1276 *Keuk*, StuW 1974, S. 1 (41).

ein Geheimhaltungsinteresse hingegen haben, wenn den übrigen Gesellschaftern entsprechende Vorgänge bereits bekannt sind oder ohne Weiteres bekannt werden können. Dies betrifft insbesondere den Bereich der Sondervergütungen.[1277] Diese gehen als Ausgaben ohnehin in die Unternehmungsbilanz ein oder werden auf deren Ebene buchhalterisch dargestellt. Den Beteiligten stehen insoweit Einsichtsrechte zu (vgl. §§ 118 Abs. 1, 166 Abs. 1 HGB, § 716 Abs. 1 BGB).[1278] Abgesehen von den Sondervergütungen werden aber den anderen Beteiligten Umstände bekannt, hinsichtlich derer sie keinen Informationsanspruch besitzen (hierzu bereits Rdnr. 145 f.).

(1) Konkretisierung des Geheimhaltungsinteresses

Das Geheimhaltungsinteresse der Beteiligten untereinander scheint evident.[1279] **458**
Freilich könnte man fragen, wie wichtig es dem einzelnen Beteiligten schon sein kann, dass anderen seine Ausgaben für Stift oder Robe nicht bekannt werden. Zuzugeben wäre, dass ein Interesse an Geheimhaltung bei alltäglichen Ausgaben vergleichsweise gering wäre. Indessen sollte man auch fragen, warum ein Beteiligter im Rahmen eines Steuerverfahrens Informationen preisgeben sollte, welche er aufgrund der gesamten sonstigen Rechtsordnung nicht preiszugeben verpflichtet ist. Letztendlich handelt es sich beim Feststellungsverfahren um ein Konstrukt, welches zur Erfassung der wirtschaftlichen Leistungsfähigkeit beiträgt. Es hat lediglich dienende Funktion und knüpft an wirtschaftliche Sachverhalte an. Wenn der Steuerpflichtige im Laufe der gesamten wirtschaftlichen Betätigung im Rahmen eines Zusammenschlusses, beginnend bei der Gründung, nicht anderweitig zur Informationsverschaffung verpflichtet ist, so verwundert es schon, wenn im Rahmen des Steuerzugriffs und somit nach Ausführung der wirtschaftlichen Betätigung, quasi auf letzter Stufe, den Beteiligten mittelbar Informationen und vollkommende Kenntnis verschafft werden.

Die Verwunderung hierüber und das Geheimhaltungsinteresse sind umso grö- **459**
ßer, je mehr mit dessen Missachtung auch in laufende oder künftige wirtschaftliche Sachverhalte an sich eingegriffen wird. Kein Vermieter ist seinem Mieter gegenüber verpflichtet, allgemeine Kosten und Ausgaben in Bezug auf sein Mietobjekt preiszugeben.[1280] Wieso etwas anderes gelten soll, wenn ein solches an die

---

1277 I.E. ebenso *Reuter*, S. 79; *Knobbe-Keuk*, S. 525.

1278 Auch ein Kommanditist kann eine Abschrift eines erstellten Jahresabschlusses verlangen und dessen Richtigkeit unter Einsicht der Bücher und Papiere prüfen, § 166 Abs. 1 HGB. Hierbei handelt es sich um (nachträgliche) Kontrollrechte, aufgrund derer er aber keine umfassende Feststellungserklärung abgeben kann; hierzu Rdnr. 142.

1279 Dies belegt bereits der Umstand, dass sich sowohl Rspr. als auch Lit. einhellig mit diesem auseinandersetzen. Dass es letztendlich überwiegend als nicht durchgreifend angesehen wird, vermag seiner Anerkennung nicht zu begegnen.

1280 Er kann dies tun, um einen entsprechenden Mietpreis zu rechtfertigen. Er muss es freilich nicht und wird es ganz überwiegend auch nicht. Die Festlegung des

Unternehmung vermietet wird, erschließt sich nicht. Muss der Beteiligte aber den mit dem Mietobjekt in Verbindung stehenden Aufwand im einheitlichen Feststellungsverfahren geltend machen, so dürfte klar sein, dass die anderen Beteiligten (zumindest künftige) Verhandlungen über den Mietzins hieran ausrichten werden. Das materielle Steuerrecht knüpft aber an wirtschaftliche Sachverhalte an. Das Steuerverfahrensrecht soll diese aufgreifen, nicht in die Vorgaben eingreifen. Gleiches gilt für den Fall, dass ein Gesellschafter ein Wirtschaftsgut nicht ausschließlich der Gesellschaft überlässt. Da der BFH § 15 Abs. 1 S. 1 Nr. 2 EStG als Zurechnungsnorm versteht, wäre das Wirtschaftsgut bei einem Qualifikationskonflikt ganzheitlich dem Sonderbetriebsvermögen zuzuordnen.[1281] Auch die Einnahmen aus der Gebrauchsüberlassung an Dritte wären sodann Sonderbetriebseinnahmen und im Feststellungsverfahren zu erfassen.[1282] Kein Beteiligter hat indessen ein Interesse daran, Beziehungen zu unbeteiligten Dritten und deren Inhalt den übrigen Beteiligten bekannt zu geben. Auch hier dürfte außer Frage stehen, dass die anderen Beteiligten auf günstigere Konditionen hinwirken werden, sofern solche mit Dritten vereinbart wurden. Es kann auch nicht Aufgabe des Feststellungsverfahrens sein, den anderen Beteiligten Kenntnis von Provisionszahlungen Dritter zukommen zu lassen.

460 Noch unverständlicher erscheint es, wenn die anderen Beteiligten im Rahmen des Feststellungsverfahrens von der Höhe eines Verkaufserlöses eines bisher an die Unternehmung vermieteten Wirtschaftsgutes erfahren. Keinem Mieter darf es etwas angehen, für welchen Betrag der Eigentümer den Mietgegenstand veräußert. Kein Vermieter muss dies kundtun. Etwas anderes soll jedoch gelten, wenn der Vermieter ein Beteiligter und Mieter die Unternehmung ist.

461 Werden den Beteiligten umfassende Kenntnisse verschafft, so können sich hieraus auch Auswirkungen auf das Beteiligungsverhältnis beziehungsweise zumindest auf dessen Atmosphäre ergeben. Wendet ein Beteiligter Rechtsanwalts- oder allgemeiner Beratungskosten auf, um einzelne Geschäftsvorfälle, das Handeln des Geschäftsführers, Gesellschafterbeschlüsse, die ordnungsgemäße Buchführung oder die Möglichkeit einer Klage gegen die Gesellschaft prüfen zu lassen, dürfte auf der Hand liegen, dass die übrigen Beteiligten, zumindest Einige, hierüber nicht erfreut sein werden. Das Bedürfnis nach Prüfung derartiger Angelegenheiten ist indessen nachvollziehbar, die hierzu getätigten Aufwendungen Sonderbetriebsausgaben. Dem Beteiligten bleibt die Wahl, derartige Kosten nicht geltend zu machen und erhöhte Steuern zu zahlen oder die Mitbeteiligten im Rahmen des

---

Mietpreises ist Verhandlungssache und im größeren Rahmen betrachtet abhängig von Angebot und Nachfrage. Verhandelt der Vermieter gut, erhält er einen höheren Mietzins. Beruft er sich während der Verhandlungen auf angeblich hohe Unkosten, ist es Sache des Mieters, ihm Glauben zu schenken.

1281 Siehe lediglich BFH, Urteil vom 24.02.2005 – IV R 12/03, BStBl. II 2005, S. 361 (363), und *Bode* in Blümich, EStG, KStG, GewStG, § 15 EStG Rn. 465, jeweils m.w.N.

1282 *Wacker* in Schmidt, EStG, § 15 Rn. 648.

Feststellungsverfahrens darüber in Kenntnis zu setzen und das Gesellschaftsklima zu schädigen. Eine Konsequenz, die nicht aus dem Feststellungsverfahren drohen sollte. Geheimhaltungsinteressen sind nicht erst dann anzunehmen, wenn dem Finanzamt ernstliche Meinungsverschiedenheiten zwischen den Beteiligten bekannt sind, was eine Einzelbekanntgabe zur Folge hat (hierzu Rdnr. 231 ff.),[1283] sondern bereits zur Vermeidung derartiger Divergenzen anzuerkennen. Neben dem Umstand, dass entsprechende Vorfälle überhaupt überprüft werden oder wurden, geht es den anderen Beteiligten auch nichts an, in welcher Höhe hierzu Aufwendungen getätigt wurden.

Noch unverständlicher erscheint eine erschöpfende Informationsverschaffung, **462**
wenn mit dieser nachteilige Folgen für das Beteiligtenverhältnis an sich einhergehen können. Finanziert ein Beteiligter dieses oder ein Wirtschaftsgut des Sonderbetriebsvermögens, kann er die Zinszahlungen lediglich im Feststellungsverfahren als Sonderbetriebsausgaben geltend machen. Den übrigen Beteiligten wird die Darlehensfinanzierung bekannt. Dies erlaubt zunächst Aufschlüsse über die persönliche Liquidität und Bonität. Sodann ist auch bekannt, dass der Finanzierende einerseits auf Entnahmen angewiesen und andererseits sich an Einlageerhöhungen wohl nicht beteiligen können wird.[1284] Ein umfassend verstandenes Feststellungsverfahren kann daher die Beteiligtenstellung schwächen.

Gegebenenfalls möchten Beteiligte gern viel oder alles über andere Beteiligte **463**
wissen. Dieses Informationsinteresse ist aber durch vertragliche Vereinbarungen oder auf persönlicher Ebene zu befriedigen, sofern nicht gesellschaftsrechtliche Normen einschlägig sind. Das Steuerverfahren ist hierzu der falsche Ort. Informationsinteressen der Beteiligten sind in diesem nicht schützenswert.[1285]

(2) Kein konkludentes Einverständnis oder allgemeine Risikorealisierung

Diese Geheimhaltungsinteressen werden auch vom BFH wahrgenommen. Im **464**
Ergebnis sind sie ihm indessen weitgehend (zur Berücksichtigung auch im Rahmen der Rechtsprechung siehe Rdnr. 470 ff.) gleichgültig. So stellt er kurz und knapp fest, dass es „*einem Gesellschafter unter Umständen nicht angenehm ist, wenn seine persönlichen Betriebsausgaben durch die Berücksichtigung bei der einheitlichen Gewinnfeststellung seinen Mitgesellschaftern bekannt werden*“, indessen gehöre dies „*zu dem Risiko, das der Stpfl. mit der Beteiligung an einer Personengesellschaft*

1283 Hierzu auch *Kunz* in Gosch, AO FGO, § 182 AO Rn. 49.

1284 Hierauf weisen auch *Schulze zur Wiesche*, DB 1988, S. 1466 (1468), und *Reuter*, S. 61, hin.

1285 Etwas anderes kann dann gelten, wenn das materielle Recht eine Einheitlichkeit erfordert (hierzu Rdnr. 491 f.) oder in Teilbereichen auf die Gesellschaft und alle ihre Gesellschafter abstellt (hierzu Rdnr. 493 ff.). Hier haben die Mitbeteiligten ein berechtigtes Interesse an Informationsverschaffung, soweit ihnen anderenfalls die notwendige Kenntnis zur Überprüfung behördlicher Entscheidungen fehlt (Rdnr. 518 ff.).

eingeht.“[1286] Durch dieses „*Risiko seiner Beteiligung, daß der Mitberechtigte von seinen persönlichen Werbungskosten Kenntnis erhält ... muß [der Steuerpflichtige] deshalb in Kauf nehmen, daß die von ihm geltend gemachten Sonderwerbungskosten jedenfalls nicht im Einkommensteuerveranlagungsverfahren berücksichtigt werden.*“[1287] Diese Ansicht treibt der BFH noch auf die Spitze, wenn er von einer freiwilligen Entscheidung ausgeht, durch Angabe von Sonderbetriebsausgaben im Feststellungsverfahren die Geheimhaltungsinteressen aufzugeben. In einer Geltendmachung sei ein konkludentes „*Einverständnis*“ zur Offenbarung zu sehen, denn glaube der Beteiligte, „*eine Offenlegung ... dem FA gegenüber mit seinen Interessen nicht vereinbaren zu können, so muß er auf eine steuerliche Berücksichtigung ... verzichten.*“[1288]

465 Dass derartige Verlautbarungen als „*verfahrensradikale Rspr.*“[1289], nicht lediglich als „*verblüffend*“[1290], sondern vielmehr als „*bestürzend*“ und „*offensichtlich nicht rechtsstaatsgemäß*“[1291] wahrgenommen werden, überrascht nicht. Entscheidend ist hierbei nicht, dass den erkannten Geheimhaltungsinteressen keine durchschlagende Wirkung zuerkannt wird. Vielmehr erscheint die demonstrative Leichtigkeit, mit der über sie hinweggegangen wird, bedenklich. Letztendlich tragen aber weder der Aspekt des Beteiligungsrisikos noch der eines konstruierten Einverständnisses.

466 Ein Einverständnis scheidet bei Sonderbetriebseinnahmen aus. Der Steuerpflichtige ist zu deren Angabe verpflichtet (hierzu bereits Rdnr. 457). Anderenfalls drohen strafrechtliche Sanktionen. Auch bei den Sonderbetriebsausgaben kann der Steuerpflichtige nur theoretisch auf die Geltendmachung verzichten. Dies um den Preis einer höheren Steuerlast. Je höher die Sonderbetriebsausgaben sind, je größer ist der faktische, wirtschaftliche Zwang, diese preiszugeben. Die Berücksichtigung von Aufwendungen, welche im Zusammenhang mit der Erwerbssphäre stehen, ist zudem elementarer Bestandteil des objektiven Nettoprinzips. Es besteht ein materieller Anspruch, dass diese berücksichtigt werden. Macht der Beteiligte hiervon Gebrauch, kann nicht auf ein Einverständnis geschlossen werden. Er muss, nicht kann, will er Aufwendungen geltend machen, auf sein Geheimhaltungsinteresse verzichten. Ein erzwungenes Einverständnis ist kein Einverständnis. Der Steuerpflichtige hat, anders als beispielsweise bei der in sein Belieben gestellten Wahl

---

1286 BFH, Urteil vom 30.06.1966 – VI 273/65, BStBl. III 1966, S. 582 (583); ähnlich in BFH, Urteil vom 29.08.1973 – I R 26/71, BStBl. II 1974, S. 62 (63); BFH, Urteil vom 23.04.1991 – IX R 303/87, BFH/NV 1991, S. 653 (654).

1287 BFH, Urteil vom 23.04.1991 – IX R 303/87, BFH/NV 1991, S. 653 (654).

1288 BFH, Urteil vom 04.04.1968 – IV R 5/67, BStBl. II 1968, S. 669 (670), betreffend eine Unterbeteiligung.

1289 *Felix*, KÖSDI 1987, S. 6991 (6993).

1290 *Esch*, DB 1968, S. 1280 (1282).

1291 *Felix*, KÖSDI 1987, S. 6991 (6992).

zwischen Getrennt- und Zusammenveranlagung nach § 26 Abs. 1 EStG,[1292] nicht die Wahl zwischen zwei materiell-rechtlich zutreffenden Rechtsfolgen.

Wie darüber hinaus eine umfassende Informationsbeschaffung als allgemeines Beteiligungsrisiko interpretiert werden sollte, bleibt ebenfalls verborgen. Richtig ist zunächst, dass eine Beteiligung regelmäßig zur Offenbarung persönlicher Daten führt. Richtig ist zudem, dass gewisse Kenntnisse in Bezug auf andere Beteiligte verfahrensimmanent sind, so beispielsweise hinsichtlich des zuzurechnenden Unternehmungsergebnisses. Verallgemeinernd wird man davon ausgehen können, dass eine Kenntnisverschaffung angebracht oder notwendig ist, soweit die Beteiligten zusammenwirken oder betroffen sind.[1293] Beides ist aber weder bei Sonderbetriebseinnahmen, ausgenommen Sondervergütungen, noch bei Sonderbetriebsausgaben ersichtlich. Insoweit steht der Steuerpflichtige der Unternehmung vielmehr wie ein Dritter gegenüber. Daher ist nicht erkennbar, warum und wie sich in der Sonderbetriebssphäre ein Risiko realisieren soll, welches in der Unternehmungssphäre angelegt ist. Es liegen Geschäftsvorfälle zugrunde, welche ausschließlich den einzelnen Beteiligten betreffen. Sie erwachsen aus seiner Tätigkeit, nicht der Tätigkeit der Unternehmung, zu der sie lediglich einen mittelbaren Bezug aufweisen. Sofern aber kein unmittelbarer Bezug zur Unternehmung oder zu anderen Beteiligten besteht,[1294] kann dieser auch keine Offenbarung im Sinne einer Risikorealisierung begründen. Nicht ohne Grund bestehen keine gesellschaftsrechtlichen Auskunftsansprüche für diesen Bereich. Dem Handelsrecht ist die Sonderbetriebssphäre gänzlich fremd. Wenn ein Beteiligter beschließt, ein Wirtschaftsgut nicht in die Unternehmung einzubringen, sondern dieser zur Nutzung zu überlassen, so wird dies vom Steuerrecht respektiert. Warum abweichendes für die mit dem Wirtschaftsgut verbundenen Einnahmen und Aufwendungen gelten sollte, erschließt sich nicht. Eine „*Informationstransparenz*“[1295] ist abzulehnen. Nicht die Beteiligten, sondern die Unternehmung wird transparent betrachtet. **467**

(3) (Verfassungs-)Rechtliche Untermauerung des Geheimhaltungsinteresses

Wie Befassungen von Rechtsprechung und Literatur mit diesem Themenkomplex zeigen, wird, wenn auch mit unterschiedlichen Ergebnissen, zutreffend und allgemeinhin davon ausgegangen, dass Geheimhaltungsinteressen des Einzelnen bestehen. Teilweise wird versucht, diese einfachgesetzlich oder verfassungsrechtlich zu untermauern. So seien „*durch Art. 2 I. V. m. Art. 1 I und durch Art. 14 GG* **468**

1292 Hierzu *Reuter*, S. 83.

1293 Ähnlich, wie auch im Folgenden, *Reuter*, S. 92.

1294 Ein solcher Bezug kann sich dann ergeben, wenn das materielle Recht eine Einheitlichkeit erfordert (hierzu Rdnr. 491 f.) oder in Teilbereichen auf die Gesellschaft und alle ihre Gesellschafter abstellt (hierzu Rdnr. 493 ff.).

1295 Diesen Begriff prägt *Hüttemann*, DStJG 34 (2011), S. 291 (304).

geschützte"[1296] Rechte oder die *„verfassungsrechtlichen Schranken des Übermaßverbots*"[1297] berührt. Teilweise wird auf das *„Steuergeheimnis (!)*"[1298] abgestellt.[1299] Derartigen Ausführungen ist das Bemühen nicht abzusprechen, die erkannte Interessenlage rechtlich zu fundieren und im Ergebnis durch einen entsprechenden Rekurs den Geheimhaltungsinteressen mehr Gewicht zu verleihen. Leider lassen die entsprechenden Verlautbarungen, soweit ersichtlich, eine tiefergehende Betrachtung der rekurrierten Grundlagen vermissen. Ursache hierfür dürfte sein, dass diese und deren Einbindung in den vorliegenden Themenkomplex spannend, indessen auch schwer fassbar erscheinen.

469 Eine (halbwegs) verbindliche Aussage kann auch weder verfassungsrechtlichen Vorgaben,[1300] wie die fehlende Befassung des BVerfG mit dieser Problematik

---

1296 *Reuter*, S. 79.

1297 *Söhn* in Hübschmann/Hepp/Spitaler, AO FGO, § 180 AO Rn. 27; so auch *Brandis* in Tipke/Kruse, AO FGO, § 180 AO Rn. 63.

1298 *Brandis* in Tipke/Kruse, AO FGO, § 180 AO Rn. 61; auch der BFH, Urteil vom 23.04.1991 – IX R 303/87, BFH/NV 1991, S. 653 (654); BFH, Urteil vom 29.08.1973 – I R 26/71, BStBl. II 1974, S. 62 (63); stellt auf dieses ab.

1299 Aktuellere Neuerungen in diesem Bereich durch die ab 25.05.2018 unmittelbar geltende Verordnung (EU) 2016/679 zum Schutz natürlicher Personen bei der Verarbeitung personenbezogener Daten, zum freien Datenverkehr und zur Aufhebung der Richtlinie 95/46/EG vom 27.04.2016 (DSGVO), Abl. L 119 vom 04.05.2016, S. 1, L 314 vom 22.09.2016, durch das Datenschutz-Anpassungs- und -Umsetzungsgesetz EU vom 30.06.2017, BGBl. I 2017, S. 72, und das Gesetz zur Änderung des Bundesversorgungsgesetzes und anderer Vorschriften vom 17.07.2017, BGBl. I 2017, S. 2541, sowie durch das entsprechende BMF-Schreiben vom 12.01.2018, BStBl. I 2018, S. 185, haben auf die vorliegenden Fragestellungen keine Auswirkung.

1300 Auch wenn der Schutzbereich des Rechts auf informationelle Selbstbestimmung grundsätzlich in Bezug auf Sonderbetriebseinnahmen und Sonderbetriebsausgaben eröffnet ist, wird dieses doch aus dem allgemeinen Persönlichkeitsrecht in Verbindung mit Art. 1 Abs. 1 GG hergeleitet, BVerfG, Urteil vom 15.12.1983 – 1 BvR 209/83 u.a., BVerfGE 65, S. 1 (Leitsatz 1); BVerfG, Beschluss vom 13.07.2007 – 1 BvR 1550/03 u.a., BVerfGE 118, S. 168 (183 ff.), was zumindest die Frage nach dem Umfang der Teilhabe nicht-natürlicher Personen (Personengesellschaften, Kapitalgesellschaften als Beteiligte an der Unternehmung) hieran über Art. 19 Abs. 3 GG aufwirft. Unabhängig hiervon wäre zu erörtern, ob und inwieweit der durch Art. 12, 14 GG geschützte Bereich des Geschäftsgeheimnisses berührt sein kann. Wären entsprechende Schutzbereiche eröffnet, wird man durch den Zwang zur Offenbarung einen Eingriff annehmen können. Es kann keinen Unterschied machen, ob ein Amtsträger steuerliche Verhältnisse offenbart oder der Steuerpflichtige hierzu rechtlich (wie bei den Sonderbetriebseinnahmen) oder faktisch (wie bei den Sonderbetriebsausgaben) gezwungen wird. Allerdings bestehen diese Grundrechte nicht schrankenlos. Sie können durch allgemeine Gesetze, wie vorliegend den §§ 179 AO ff. oder den materiell-rechtliche Vorgaben enthaltenen Normen, eingeschränkt werden. Diese Einschränkung müsste wiederum verhältnismäßig sein, mithin dem Übermaßverbot entsprechen. Spätestens hier beträte man den wachsweichen Boden allumfassender

belegen mag, noch einem Rekurs auf das Steuergeheimnis entnommen werden.[1301] Eine eingehendere Befassung hiermit scheint daher weniger weiterführend. Wie noch zu zeigen sein wird (hierzu Rdnr. 475 ff.), lässt sich das Problem der Wahrung von Geheimhaltungsinteressen durch (schlichte) Gesetzesauslegung lösen. Hierbei soll die Interessenwahrung nicht den allgemeinen Auslegungskanon der Gesetze ergänzen. Aber wenn eine den Wortlaut umsetzende sowie dem Sinn und Zweck entsprechende Auslegung möglich ist und hierdurch gleichsam die Geheimhaltungsinteressen der Beteiligten gewahrt werden, erscheint dieser Weg vorzugswürdiger. Auch der BFH geht grundsätzlich davon aus, dass *„dann, wenn eine gesetzliche Vorschrift mehrere Auslegungsmöglichkeiten bietet, diejenige maßgebend ist, welche die geringere Beeinträchtigung der Belange der Beteiligten mit sich bringt ... vor allem bei der Auslegung und Fortbildung von Zweckmäßigkeitsvorschriften der allgemeine Rechtsgrundsatz der Verhältnismäßigkeit von Mittel und Zweck zu beachten ist und daß bei der Gesetzesauslegung auch grundlegende besondere Wertentscheidungen des Gesetzgebers berücksichtigt werden müssen"*.[1302] Das Steuergeheimnis stellt, selbst wenn es nicht durchgreift, eine solche Wertentscheidung dar.

(4) Vereinzelte Beachtung von Geheimhaltungsinteressen

In einigen Bereichen der gesonderten und einheitlichen Feststellung werden 470
zudem Geheimhaltungsinteressen nicht nur erkannt, sondern auch anerkannt. So wurde die Beschränkung der Rechtsschutzmöglichkeiten vom Gesetzgeber maßgeblich mit Geheimhaltungsinteressen begründet (hierzu Rdnr. 249). Soweit vertrauensausräumende Gründe vorliegen, hat eine Einzelbekanntgabe durch einen verkürzten Feststellungsbescheid zu erfolgen. Maßgeblich hierfür sind datenschutzrechtliche Gründe (hierzu Rdnr. 236). Letztlich ist auch die verfahrensmäßige

---

Abwägung. Dem Vorwurf der gleichheitswidrigen verfahrensrechtlichen Ausgestaltung in Vergleich zu Kapitalgesellschaftern kann man, sofern man die Forderung nach rechtsformneutraler Unternehmensbesteuerung erstens nicht lediglich als ökonomisches Postulat sondern als verfassungsrechtliches Gebot ansehen und sodann zweitens dieses nicht lediglich materiell-rechtlich verstehen sondern auf das Verfahrensrecht übertragen könnte, mit dem Hinweis auf materiell-rechtlich unterschiedliche Besteuerungskonzeptionen und der hierdurch notwendigerweise abweichenden prozeduralen Umsetzung begegnen.

1301 Persönliche Verhältnisse dürfen im Rahmen eines Steuerverfahrens offenbart werden, sofern es diesem *„dient"*, § 30 Abs. 4 Nr. 1 AO. Freilich ließe sich das Dienen als *„unbedingt notwendig"* interpretieren. Was notwendig ist, kann nur den inhaltsausgestaltenden Normen entnommen werden. Ordnet man im Rahmen des § 180 Abs. 1 S. 1 Nr. 2 a) AO die Sonderbetriebssphäre den mit den Einkünften im Zusammenhang stehenden Besteuerungsgrundlagen zu, dann dient deren Erfassung im Feststellungsverfahren dem Steuerverfahren. Man drehte sich im Kreis. Unbeschadet dessen vermag auch das Steuergeheimnis materiell-rechtliche Vorgaben nicht ohne Weiteres auszublenden.

1302 BFH, Vorlagebeschluss vom 28.06.1972 – I R 206/67, BStBl. II 1972, S. 803 (806).

Behandlung von Zebra-Gesellschaften von Geheimhaltungsinteressen getragen. Die Umqualifizierung von Einkünften erst im Festsetzungsverfahren (hierzu Rdnr. 363 ff.) entspricht nach dem Großen Senat „*den rechtlichen Wertungen, die dem Steuergeheimnis zugrunde liegen*"[1303]. Auch wenn jeder Beteiligte grundsätzlich das Risiko des Bekanntwerdens durch seine Beteiligung auf sich genommen habe, stehen doch „*die persönlichen Verhältnisse, die zur anteiligen Umqualifizierung der Einkünfte führen, gerade in keinem Zusammenhang mit der Beteiligung*".[1304] Warum anderes im Grundsatz für Sonderbetriebseinnahmen und Sonderbetriebsausgaben gelten sollte, ist nicht ersichtlich. Auch hier fehlt es an einem unmittelbaren Bezug.

471 Auch im Rahmen stiller Unterbeteiligungen werden Geheimhaltungsinteressen gewahrt. Bereits im Jahre 1972 ging der I. Senat des BFH entgegen dem IV. Senat[1305] in einem Vorlagebeschluss davon aus, dass atypisch stille Unterbeteiligungen,[1306] insbesondere Zahlungen des Beteiligungsgebers an den Beteiligungsnehmer, nicht im Feststellungsverfahren zu erfassen sind.[1307] Gleiches sollte für typisch stille Unterbeteiligungen gelten.[1308] Nach Ansicht des I. Senates wie auch des Bundesministers für Finanzen[1309] war maßgeblich, dass eine Erfassung im Feststellungsverfahren „*die Geheimhaltungsinteressen der Beteiligten unberücksichtigt*" lässt, denn eine solche „*zwingt die Beteiligten der Innengesellschaft, ihre Verhältnisse vor der Hauptgesellschaft offenzulegen oder in Kauf zu nehmen, daß ernsthaft vereinbarte und tatsächlich durchgeführte Gesellschaftsverhältnisse der Besteuerung nicht zugrunde gelegt werden.*"[1310] Der Große Senat des BFH ist dem für die atypisch stillen

---

1303 BFH, Beschluss vom 11.04.2005 – GrS 2/02, BStBl. II 2005, S. 679 (682).

1304 BFH, Beschluss vom 11.04.2005 – GrS 2/02, BStBl. II 2005, S. 679 (682), so dass „*die einschränkende Auslegung des § 180 Abs. 1 Nr. 2 Buchst. a AO 1977 den mit dem Steuergeheimnis verbundenen Zielsetzungen am ehesten gerecht*" wird. Ebenso *Kunz*, Stbg 2003, S. 149 (153), *Zähle*, DStR 2003, S. 1328 (1331 ff.); *Hennrichs* in Tipke/Lang, § 10 Rn. 102.

1305 BFH, Urteil vom 04.04.1968 – IV R 5/67, BStBl. II 1968, S. 669 (670).

1306 Zur Unterscheidung zwischen atypisch und typisch stillen Unterbeteiligungen/Gesellschaften und deren zivilrechtlicher sowie ertragsteuerlicher Einordnung siehe *Westphal*, SteuerStud 2000, S. 113 (114 ff.); *Kraus*, S. 11 ff. Unterbeteiligungen bestehen an einem Gesellschaftsanteil, stille Gesellschaften an einer Unternehmung.

1307 BFH, Vorlagebeschluss vom 28.06.1972 – I R 206/67, BStBl. II 1972, S. 803 (805 f.).

1308 BFH, Vorlagebeschluss vom 28.06.1972 – I R 206/67, BStBl. II 1972, S. 803 (805).

1309 Zu dessen Stellungnahme siehe BFH, Vorlagebeschluss vom 28.06.1972 – I R 206/67, BStBl. II 1972, S. 803 (804).

1310 BFH, Vorlagebeschluss vom 28.06.1972 – I R 206/67, BStBl. II 1972, S. 803 (806). Neben („*Mehr noch ...*") den Geheimhaltungsinteressen der an der Innengesellschaft Beteiligten fallen nach Ansicht des I. Senates die der Hauptgesellschafter ins Gewicht. Diese „*können zwar zivilrechtlich das Hinzutreten eines weiteren Gesellschafters in Gestalt des Unterbeteiligten verhindern. Im steuerlichen Gewinnfeststellungsverfahren müßten sie sich jedoch – wenn der Auffassung des IV. Senats zu folgen wäre – den Unterbeteiligten aufdrängen lassen.*"

Unterbeteiligungen, zur typisch stillen Unterbeteiligung hat er indessen nicht Stellung bezogen, gefolgt: „*Das allein trägt dem Gedanken Rechnung, daß es sich bei der Hauptgesellschaft und der Untergesellschaft um zwei verschiedene, rechtlich anzuerkennende, selbständige Personengesellschaften mit jeweils unterschiedlicher Interessenlage handelt. Aus der rechtlichen Selbständigkeit der beiden Gesellschaften hat der BGH (Urteil II ZR 179/66) gefolgert, daß der Unterbeteiligte keinen Anspruch auf Einsichtnahme in die Steuer- und Handels*-bilanzen sowie die Gewinn- und Verlustrechnungen der Hauptgesellschaft hat. Auch das Steuerrecht respektiert, wie die Vorschriften des § 22 AO [Anm.: des jetzigen § 30 AO] über die Unverletzlichkeit des Steuergeheimnisses erweisen, grundsätzlich berechtigte Geheimhaltungsinteressen. Es muß deshalb für die zu entscheidende Rechtsfrage eine Lösung gefunden werden, die der Selbständigkeit der Unterbeteiligung im Verhältnis zur Hauptgesellschaft und der unterschiedlichen Interessenlage beider Gesellschaften Rechnung trägt. Diese Lösung kann nur in einer besonderen einheitlichen und gesonderten Gewinnfeststellung für die Untergesellschaft bestehen. Dabei kann nicht entscheidend sein, ob die Untergesellschaft bekannt oder ob sie geheimgehalten worden ist. [...] Der Große Senat schließt es nicht aus, daß etwa – im Falle einer bekannten Unterbeteiligung – die Gewinnfeststellung für die Unterbeteiligung im Einverständnis der Beteiligten mit der Gewinnfeststellung für die Hauptgesellschaft zusammengefaßt wird; hierüber ist indessen nicht abschließend zu entscheiden.*“[1311] Parallel zu dieser Rechtsprechungsentwicklung wurde § 179 Abs. 2 S. 3 AO in die Abgabenordnung 1977 eingeführt, der ein weiteres, besonderes Feststellungsverfahren hinsichtlich der Unterbeteiligung ausdrücklich zulässt („*kann*“). Dass der Gesetzgeber hiermit nicht den vom Großen Senat eingeschlagenen Weg versperren wollte, ergibt sich aus der Gesetzesbegründung.[1312] In der Regel sind daher zwei selbständige Feststellungsverfahren durchzuführen, jeweils bei der Hauptgesellschaft und der atypisch stillen Unterbeteiligung; deren Einbeziehung in das Feststellungsverfahren ist lediglich ausnahmsweise zulässig, wenn sämtliche Beteiligten hiermit einverstanden sind.[1313]

1311 BFH, Beschluss vom 05.11.1973 – GrS 3/72, BStBl. II 1974, S. 414 (416).

1312 Es wird „*klargestellt, daß bei mittelbaren Beteiligungen, insbesondere [Anm.: somit nicht ausschließlich] bei geheim gehaltenen Unterbeteiligungen, eine besondere gesonderte Feststellung vorgenommen werden kann. [...] Es ist danach also nicht erforderlich, daß die Unterbeteiligung bereits bei der einheitlichen Feststellung gegenüber den Hauptbeteiligten berücksichtigt wird.*“, BT-Drs. VI/1982, S. 156.

1313 BFH, Urteil vom 02.03.1995 – IV R 135/92, BStBl. II 1995, S. 531 (531 f.); BFH, Beschluss vom 12.01.1995 VIII B 43/94, BFH/NV 1995, S. 759 (760); *Dostert*, S. 27; *Söhn* in Hübschmann/Hepp/Spitaler, AO FGO, § 179 AO Rn. 259 ff., 264; *Brandis* in Tipke/Kruse, AO FGO, § 179 AO Rn. 15; *Frotscher* in Schwarz/Pahlke, AO FGO, § 179 AO Rn. 62; *Kunz* in Gosch, AO FGO, § 179 AO Rn. 48, 42 ff.; *Ratschow* in Klein, AO, § 179 Rn. 34; *Koenig* in Koenig, AO, § 179 Rn. 28; ebenso AEAO zu § 179 Nr. 4 Abs. 1 S. 2.

Gleiches gilt für Treuhandverhältnisse,[1314] welche lediglich dann in das Feststellungsverfahren der Hauptgesellschaft einbezogen werden, wenn es sich um offene Treuhandverhältnisse handelt und sämtliche Verfahrensbeteiligte zustimmen.[1315] Warum anderes für typisch stille Unterbeteiligungen gelten soll,[1316] ist nicht ganz einsichtig.[1317] Auch wenn mangels gemeinsamer Einkünfte eine Feststellung nach § 180 Abs. 1 S. 1 Nr. 2 a) AO bei der typisch stillen Unterbeteiligung ausscheidet, so könnte doch § 179 Abs. 2 S. 3 AO als vorrangige Sondervorschrift angesehen,[1318] entsprechend angewendet[1319] oder die Geltendmachung im Festsetzungsverfahren zugelassen werden.[1320] Erkennt man letzteres an, wären auch Zahlungen auf (partiarische) Darlehen im Festsetzungsverfahren geltend zu machen.

472 Zumindest teilweise werden Geheimhaltungsinteressen auch beim Ausscheiden eines Beteiligten gewahrt. Wird die Identität der Gesellschaft durch ein solches oder durch einen Gesellschafterwechsel nicht berührt,[1321] ist kein Rumpfwirtschaftsjahr, § 8b EStDV 2000, zu bilden.[1322] Regelmäßig sei eine gesonderte und

---

1314 Zu einer Unternehmung mit zwei Beteiligten, von denen einer die Anteile des anderen treuhänderisch hält, siehe Rdnr. 327.

1315 BFH, Beschluss vom 10.04.2002 – XI B 125/01, BFH/NV 2002, S. 1278 (1279); BFH, Urteil vom 28.11.2001 – X R 23/97, BFH/NV 2002, S. 614 (615 f.); BFH, Urteil vom 12.01.1995 – VIII B 43/94, BFH/NV 1995, S. 759 (670); BFH, Urteil vom 24.05.1977 – IV R 47/76, BFH/NV 1995, S. 759 (760); *Brandis* in Tipke/Kruse, AO FGO, § 179 AO Rn. 14, 19; *Frotscher* in Schwarz/Pahlke, AO FGO, § 179 AO Rn. 73.

1316 BFH, Urteil vom 07.09.2000 – III R 33/96, BFH/NV 2001, S. 415 (417); BFH, Urteil vom 21.02.1991 – IV R 35/89, BStBl. II 1995, S. 449 (450); BFH, Urteil vom 09.11.1988 – I R 191/84, BStBl. II 1989, S. 343 (343); BFH, Urteil vom 10.11.1987 – VIII R 53/84, BStBl. II 1988, S. 186 (189 f.); AEAO zu § 179 Nr. 5.

1317 Kritisch ebenfalls *Kunz* in Gosch, AO FGO, § 179 AO Rn. 42 ff.; *Brandis* in Tipke/Kruse, AO FGO, § 179 AO Rn. 18; *Söhn* in Hübschmann/Hepp/Spitaler, AO FGO, § 179 AO Rn. 270; *Frotscher* in Schwarz/Pahlke, AO FGO, § 179 AO Rn. 68; *Koenig* in Koenig, AO, § 179 Rn. 34.

1318 So *Söhn* in Hübschmann/Hepp/Spitaler, AO FGO, § 179 AO Rn. 270, nach welchem § 179 Abs. 2 S. 3 AO entgegen § 180 Abs. 1 S. 1 Nr. 2 a) AO keine Mitunternehmerstellung verlangt. Eine solche verlangt indessen auch § 180 Abs. 1 S. 1 Nr. 2 a) AO nicht; hierzu Rdnr. 315 sowie *Söhn* in Hübschmann/Hepp/Spitaler, AO FGO, § 180 AO Rn. 172, selbst. Gegen die Annahme einer vorrangigen Sonderbestimmung *Brandis* in Tipke/Kruse, AO FGO, § 179 AO Rn. 14.

1319 So *Kunz* in Gosch, AO FGO, § 179 AO Rn. 42; *Koenig* in Koenig, AO, § 179 Rn. 34.

1320 So *Frotscher* in Schwarz/Pahlke, AO FGO, § 179 AO Rn. 68.

1321 Soweit gesetzliche Vorschriften existieren, welche die Auflösung der Gesellschaft bei Austritt eines Gesellschafters vorsehen, beispielsweise §§ 723, 727 BGB, im Gegensatz zu § 131 Abs. 3 HGB, sind diese dispositiv, § 736 BGB, und werden in der Praxis regelmäßig durch Fortsetzungs- oder Nachfolgeklauseln abbedungen; hierzu *Schäfer* in MünchKomm BGB, § 727 Rn. 4, 26, § 736 Rn. 8 ff.

1322 BFH, Urteil vom 18.08.2010 – X R 8/07, BStBl. II 2010, S. 1043 (1045); BFH, Urteil vom 24.11.1988 – IV R 252/84, BStBl. II 1989, S. 312 (313), da es sich weder um eine

einheitliche Feststellung für den gesamten Veranlagungszeitraum unter Einbeziehung sämtlicher neuer und alter Beteiligter durchzuführen.[1323] Eine Ausnahme gilt jedoch, „*wenn in einem Einzelfall Anhaltspunkte dafür gegeben sind, daß durch eine das ganze Jahr umfassende einheitliche Gewinnfeststellung das Steuergeheimnis (§ 22 AO; nunmehr § 30 der Abgabenordnung – AO 1977 -) verletzt werden könnte.*“[1324] Warum der BFH in Konkretisierung dieser Ausführungen lediglich auf das Geheimhaltungsinteresse der verbleibenden Beteiligten abstellt,[1325] und nicht auch auf die Interessen des Ausgeschiedenen, bleibt offen.[1326] Zudem sollte ein umgekehrtes Regel-Ausnahme-Verhältnis gelten.[1327] Unbeschadet dessen werden auch in diesem Bereich Geheimhaltungsinteressen im Grundsatz anerkannt.

e) Zusammenfassende Bestandsaufnahme

Im Überblick stellt sich die vorliegende Gemengelage insofern wie folgt dar: Die **473**
Bilanzbündeltheorie ist überholt und spielt für die heutige Diskussion keine Rolle. Fehlende Prüfungsmöglichkeiten des Festsetzungsfinanzamtes zwingen nicht zur Erfassung von Sonderbetriebseinnahmen und Sonderbetriebsausgaben im Feststellungsverfahren. Gleiches gilt für gewerbesteuerliche Implikationen. Grundsätzlich

---

Aufgabe oder Veräußerung des bisherigen noch um die Begründung eines neuen Betriebes handelt.

1323 Exemplarisch BFH, Urteil vom 24.11.1988 – IV R 252/84, BStBl. II 1989, S. 312 (313); BFH, Urteil vom 14.09.1978 – IV R 49/74, BStBl. II 1979, S. 159 (160 f.); hierzu auch *Brandis* in Tipke/Kruse, AO FGO, § 180 AO Rn. 66 f., *Söhn* in Hübschmann/Hepp/Spitaler, AO FGO, § 180 AO Rn. 218; *Frotscher* in Schwarz/Pahlke, AO FGO, § 180 AO Rn. 88.

1324 BFH, Urteil vom 29.04.1993 – IV R 107/92, BStBl. II 1993, S. 666 (668); BFH, Urteil vom 24.11.1988 – IV R 252/84, BStBl. II 1989, S. 312 (314); BFH, Urteil vom 14.09.1978 – IV R 49/74, BStBl. II 1979, S. 159 (161); hierzu auch *Brandis* in Tipke/Kruse, AO FGO, § 180 AO Rn. 66 f., *Söhn* in Hübschmann/Hepp/Spitaler, AO FGO, § 180 AO Rn. 218; *Frotscher* in Schwarz/Pahlke, AO FGO, § 180 AO Rn. 88.

1325 BFH, Urteil vom 24.11.1988 – IV R 252/84, BStBl. II 1989, S. 312 (314); BFH, Urteil vom 14.09.1978 – IV R 49/74, BStBl. II 1979, S. 159 (161); ebenso auch *Brandis* in Tipke/Kruse, AO FGO, § 180 AO Rn. 67, *Söhn* in Hübschmann/Hepp/Spitaler, AO FGO, § 180 AO Rn. 220; *Kunz* in Gosch, AO FGO, § 180 AO Rn. 52.

1326 Die Situation entspricht der des § 183 Abs. 2 S. 2 AO, in welcher dem ausgeschiedenen Gesellschafter ein verkürzter Bescheid, den verbliebenen Beteiligten indessen ein allumfassender Bescheid bekannt gegeben wird. Auch dort werden ohne hinreichenden Grund lediglich die Geheimhaltungsinteressen der verbleibenden Beteiligten als maßgeblich erachtet (hierzu Rdnr. 234 ff.).

1327 Freilich dürfte ein solches bei Publikumsgesellschaften an Praktikabilitätsgrenzen stoßen, welche indessen ebenfalls tangiert sind, wenn bei einer solchen stets Geheimhaltungsinteressen bestehen, welche nach dem BFH einzelne Feststellungen gebieten. Mit *Söhn* in Hübschmann/Hepp/Spitaler, AO FGO, § 180 AO Rn. 220, dürften Geheimhaltungsinteressen eher bei kleineren Gesellschaften vorliegen.

zwingt das materielle Recht auch nicht zur Ermittlung der Gesamteinkünfte der Unternehmung. Letzteres gilt indessen nicht ausnahmslos. Im Rahmen der Zinsschrankenregelung, § 4h EStG, und der Regelungen zu den Investitionsabzugsbeträgen und Sonderabschreibungen, § 7g EStG, stellt das Gesetz auf einen Gesamtgewinn der Mitunternehmerschaft ab. Teilweise verlangt auch das materielle Recht in gewissem Umfang Einheitlichkeit, § 7a Abs. 7 S. 2 EStG. Dies spricht für die Einbeziehung der Sonderbetriebssphären in das Feststellungsverfahren. Die Betrachtung des Sinn und Zwecks der gesonderten und einheitlichen Feststellung führt indessen zu keinem klaren Ergebnis. Der Gesetzgeber möchte hingegen die Sonderbetriebssphären eindeutig im Feststellungsverfahren behandelt wissen. Hiergegen sprechen die Geheimhaltungsinteressen der Beteiligten, wenn man die Alternativen eines einheitlichen Feststellungsverfahrens einerseits oder eines Festsetzungsverfahrens andererseits betrachtet.

f) Unzureichende Lösungsansätze

474 Leider ist bisher, soweit ersichtlich, kein Konstrukt gefunden worden, das diese Problematik befriedigend aufzulösen vermag. Je nach Gewichtung vorstehender Gesichtspunkte werden die Sonderbetriebssphären weit überwiegend entweder generell und ganz vorherrschend dem einheitlichen, nicht nur gesonderten, Feststellungsverfahren[1328] oder teilweise dem Festsetzungsverfahren[1329] zugeordnet. Hierdurch werden aber notwendigerweise für die gegenteilige Behandlung sprechende Aspekte vernachlässigt. Lediglich vereinzelt wird der Versuch unternommen, eine gewisse Harmonisierung herbeizuführen. So soll dem Festsetzungsverfahren (lediglich) dann Vorrang einzuräumen sein, wenn Geheimhaltungsinteressen bestehen, welche geltend zu machen seien, und der Sachverhalt ausschließlich den Einzelnen betreffe, somit nicht andere Beteiligte oder die Unternehmung, weil keine Entscheidungsdivergenz drohe und keine Sachnähe bestehe.[1330] Vertreter eines solchen Ansatzes müssen indessen selbst zugestehen, dass dieser *„keinen Vorsprung in Fragen der Rechtssicherheit gegenüber der herrschenden Praxis aufweist“*[1331]

1328 So die einhellige Rechtsprechung, siehe hierzu die Nachweise zu den Rdnr. 398 und 400 ff., sowie das ganz überwiegende Schrifttum, siehe hierzu Fn. 1154, jeweils m.w.N.

1329 So zumindest Teile der Literatur: *Reuter*, S. 124, für Sonderbetriebseinkünfte; noch vor der Einführung der mit den Einkünften im Zusammenhang stehenden Besteuerungsgrundlagen in den § 180 Abs. 1 S. 1 Nr. 2 a) AO *Keuk*, StuW 1974, S. 1 (42), für Sonderbetriebsausgaben, allerdings auch weitere Feststellungsgegenstände aufgrund Zweckmäßigkeitserwägungen zulassend; ähnlich *Keuk*, DB 1971, S. 2326 (2328 f.); *Knobbe-Keuk*, S. 519.

1330 *Brandis* in Tipke/Kruse, AO FGO, § 180 AO Rn. 63; ähnlich *Söhn* in Hübschmann/Hepp/Spitaler, AO FGO, § 180 AO Rn. 247; *Kunz* in Gosch, AO FGO, § 180 AO Rn. 49; *Felix*, KÖSDI 1987, S. 6991 (6993).

1331 *Brandis* in Tipke/Kruse, AO FGO, § 180 AO Rn. 63.

und dass *„nicht von vornherein feststeht, in welchen Fällen eine Einschränkung in Betracht kommt und unter welchen Voraussetzungen schutzwürdige Interessen einer einheitlichen Feststellung entgegenstehen“.*[1332] Insoweit scheint es, bei aller Kritik an der Rechtsprechung in diesem Bereich, auch naheliegend, dass sich der BFH einer derartigen Differenzierung zwischen *„betrieblichen“* und *„höchstpersönlichen“*[1333] Sonderbetriebsausgaben verschließt. Es *„ist unklar, in welchen Fällen eine Einschränkung zum Zuge kommen soll und unter welchen Voraussetzungen etwa schutzwürdige (Geheimhaltungs-)Interessen einer einheitlichen Feststellung entgegenstehen; der Begriff der „höchstpersönlichen“ Sonderbetriebsausgabe ... ist zu unbestimmt, als daß er zur generellen Abgrenzung tauglich wäre.“*[1334] Freilich ließen sich generalisierbare Kriterien entwickeln. In vielen Bereichen werden juristische Probleme anhand kasuistischer Betrachtungen im Einzelfall gelöst, aus denen sich dann ein mehr oder weniger kohärentes Gesamtbild ableiten lässt. Allerdings überzeugt es nicht, jeweils eine Geltendmachung der Geheimhaltungsinteressen gegenüber dem Feststellungsfinanzamt zu verlangen, welches sodann zu einer eingehenderen Prüfung veranlasst wäre, und somit das Feststellungsverfahren mit Interessenprüfungen zu überfrachten.

2. Alternativmodell: Sonderbetriebseinnahmen und Sonderbetriebsausgaben als Gegenstand eines gesonderten Feststellungsverfahrens

Mit dem Befund, dass sämtliche bisherigen Lösungsansätze nicht überzeugen, ist 475
zugleich die Frage nach einem Alternativmodell verbunden. Ein solches sollte die Geheimhaltungsinteressen der Beteiligten von vornherein und in größtmöglichem Umfang wahren, auch wenn aufgrund materiell-rechtlicher Vorgaben kein allumfassender Schutz vor Offenbarungen hergeleitet werden kann. Weitergehend stellt sich die Frage, ob die gesetzgeberische Entscheidung, die Sonderbetriebssphäre der Erfassung beim Feststellungsfinanzamt zuzuweisen, unabhängig ihrer Berechtigung nicht zu respektiert ist. Auch wenn im Einzelfall eine Auslegung des Gesetzes gegen den erklärten Willen des Gesetzgebers durchaus möglich ist,[1335] soll sie vorliegend nicht das Ziel sein.

1332 *Söhn* in Hübschmann/Hepp/Spitaler, AO FGO, § 180 AO Rn. 247, was letztendlich aber nicht durchschlagen soll.

1333 Dieses Begriffspaar bildet *Felix*, KÖSDI 1987, S. 6991 (6993). Für die Annahme *„höchstpersönlicher“* Sonderbetriebsausgaben sei entscheidend der Grundsatz der Zumutbarkeit und des Persönlichkeitsschutzes.

1334 BFH, Urteil vom 11.09.1991 – XI R 35/90, BStBl. II 1992, S. 4 (5).

1335 In st. Rspr. formuliert das BVerfG: *„Nicht entscheidend ist dagegen die subjektive Vorstellung der am Gesetzgebungsverfahren beteiligten Organe oder einzelner ihrer Mitglieder über die Bedeutung der Bestimmung. Der Entstehungsgeschichte kommt für deren Auslegung nur insofern Bedeutung zu, als sie die Richtigkeit einer nach den angegebenen Grundsätzen ermittelten Auslegung [Wortlaut und Sinnzusammenhang]*

a) Konkretisierende Problemverortung

476 Will man sich unter diesen Prämissen einer Lösung nähern, so sollte man sich der eigentlichen Problematik bewusst sein. Diese besteht nicht in der Zuordnung der Sonderbetriebssphäre zum Feststellungsverfahren und somit zum Feststellungsfinanzamt. Eine derartige Zuständigkeit allein vermag Geheimhaltungsinteressen

---

bestätigt oder Zweifel behebt, die auf dem angegebenen Weg allein nicht ausgeräumt werden können.", BVerfG, Urteil vom 21.05.1952 – 2 BvH 2/52; BVerfGE 1, S. 299 (312); ähnlich in BVerfG, Beschluss vom 15.12.1959 – 1 BvL 10/55, BVerfGE 10, S. 234 (244); BVerfG, Beschluss vom 17.05.1960 – 2 BvL 11/59, 2 BvL 11/60, BVerfGE 11, S. 126 (130); BVerfG, Beschluss vom 17.06.2004 – 2 BvR 383/03, BVerfGE 111, S. 54 (91). Exemplarisch für eine Auslegung gegen den Willen des Gesetzgebers im Steuerrecht zwei Beispiele: 1. Das Kapitalkonto eines Kommanditisten im Rahmen des § 15a Abs. 1 EStG soll ausweislich der Gesetzesbegründung umfassen: „*außer seiner Einlage in das Gesellschaftsvermögen auch diejenigen Wirtschaftsgüter, die als sog. Sonderbetriebsvermögen in den steuerlichen Betriebsvermögensvergleich der Gesellschaft einzubeziehen sind*", BT-Drs. 8/3648, S. 16; ebenso im Bericht des Finanzausschusses: „*In den Beratungen wurde klargestellt, daß sogenanntes Sonderbetriebsvermögen einzelner Gesellschafter Kapital im Sinne der sofortigen Verrechenbarkeit von Verlusten darstellt.*", BT-Drs. 8/4157, S. 2. Trotzdem folgte der BFH gegen den von ihm auch so erkannten Willen des Gesetzgebers der „*Auffassung, wonach bei der Ermittlung des Werts des Kapitalkontos i.S. § 15a EStG das aktive und passive Sonderbetriebsvermögen des Kommanditisten nicht zu berücksichtigen ist.*", BFH, Urteil vom 14.05.1991 – VIII R 31/88, BStBl. II 1992, S. 167 (170). 2. Der BFH, Urteil vom 17.12.2002 – VI R 137/01, BStBl. II 2003, S. 407, änderte seine bis dato st. Rspr. dahingehend, dass Ausgaben für ein berufsbegleitendes Erststudium nicht der allgemeinen Lebensführung zuzuordnen und somit lediglich als Sonderausgaben begrenzt abziehbar seien, sondern erkannte diese (zu Recht) als Werbungskosten an. Der Gesetzgeber reagierte hierauf mit der Einführung der §§ 10 Abs. 1 Nr. 7, 12 Nr. 5 EStG, BGBl. I 2004, S. 1753 (1753), wonach Ausbildungskosten der Höhe nach begrenzt lediglich als Sonderausgaben und Aufwendungen für ein Studium außerhalb eines Dienstverhältnisses nicht als Werbungskosten abziehbar seien. Dieser gesetzgeberischen Entscheidung folgte der BFH (zu Recht) nicht, BFH, Urteil vom 28.07.2011 – VI R 5/10, BStBl. II 2012, S. 553; BFH, Urteil vom 28.07.2011 – VI R 38/10, BStBl. II 2012, S. 561: Auch Aufwendungen für eine erstmalige Berufsausbildung können (bei entsprechender Veranlassung) Werbungskosten oder Betriebsausgaben darstellen. Die geschaffenen Bestimmungen lassen, trotz offensichtlich abweichenden gesetzgeberischen Willen, den Vorrang des Werbungskosten- bzw. Betriebsausgabenabzugs unberührt. Die Rechtsentwicklung in diesem Bereich befindet sich weiterhin im Fluss: Der Gesetzgeber fügte den §§ 4 und 9 EStG die Absätze 9 und 6 hinzu und modifizierte § 12 Abs. 5 EStG zunächst, BGBl. I 2011, S. 2592 (2600), bevor er ihn abschaffte, BGBl. I 2014, S. 2417 (2423). Mit Datum vom 17.07.2014 sind gleich sechs Richtervorlagen des BFH an das BVerfG adressiert worden (hierzu u.a. *Bergan/Martin*, SteuK 2015, S. 67); siehe hierzu BVerfG, Beschluss vom 19.11.2019 – 2 BvL 22-27/14, NJW 2020, S. 451.

noch nicht zu tangieren. Die eigentliche Problematik ist an anderen Stellen zu verorten. Sie ist zunächst darin zu erblicken, dass allgemeinhin davon ausgegangen wird, dass am Ende des Verfahrens zur gesonderten Feststellung ein einziger, alles, somit auch sämtliche Sonderbetriebssphären, umfassender und einheitlicher Bescheid zu ergehen hat. Erst durch die Bekanntgabe dieses einheitlichen Bescheides werden letztendlich auch sämtlichen Beteiligten alle Besteuerungsgrundlagen bekannt, welche nicht der Unternehmungssphäre sowie ihrer jeweils eigenen Beteiligtensphäre entstammen.[1336] Bereits vorgelagert wäre problematisch, wenn anderen Beteiligte oder der Unternehmung, mithin dem nach § 34 AO Verpflichteten,[1337] sämtliche Umstände der Sonderbetriebssphäre bekannt gegeben werden müssten, so dass diese ihren Buchführungs- und Erklärungspflichten nachkommen können. Zudem erscheinen umfassende Einsichts- und Informationsrechte der Beteiligten gegenüber den Finanzämtern und Gerichten im Rahmen des Feststellungsverfahrens und in sich anschließenden Rechtsbehelfsverfahren kritisch.

b) Lösungsansatz

Bei Lichte betrachtet ist indessen bereits kein allumfassender einheitlicher Bescheid zu erlassen. Der Wortlaut der §§ 179 Abs. 1, 2 S. 1, 2, 180 Abs. 1 S. 1 Nr. 2 a) AO weist im Zusammenhang mit teleologischen Erwägungen vielmehr in eine andere Richtung. Auch wenn es vom Gesetzgeber in dieser Form nicht beabsichtigt gewesen sein mag, hat er durch die Aufnahme der mit den Einkünften im Zusammenhang stehenden anderen Besteuerungsgrundlagen als eigenständigen Feststellungsgegenstand den Weg zu einer interessenwahrenden Auslegung geebnet. Eine am Wortlaut und Sinn des Gesetzes orientierte Auslegung kommt zu folgendem Ergebnis: Soweit die Unternehmungssphäre betroffen ist, muss ein gesonderter und auch einheitlicher Feststellungsbescheid ergehen. Besteuerungsgrundlagen, welche ausschließlich einzelne Beteiligte betreffen, sind hingegen in der Regel und zwingend gesondert, nicht indessen einheitlich, und ebenfalls vom Feststellungsfinanzamt festzustellen. Diese gesonderten Feststellungen sind sodann lediglich jeweils denjenigen Beteiligten bekannt zu geben, welche von diesen individuell betroffen sind. Eine Ausnahme von dieser gesonderten Feststellung, welche sodann eine auch die Sonderbetriebssphären (partiell) erfassende gesonderte und einheitliche Feststellung rechtfertigt, ist nur anzuerkennen, wenn 477

1336 Dies gilt auch für den Fall, dass ein solcher allumfassender Bescheid lediglich die jeweiligen Gesamtergebnisse der Sonderbetriebssphären enthalten sollte. A.A. *Neufang/Schmid*, Stbg 2012, S. 337 (341), die indessen übersehen, dass ein derart beschränkter Inhalt rechtlich einerseits nicht vorgegeben ist, entsprechende Kenntnisse auch durch Einsichtsrechte erlangt werden könnten (hierzu noch Rdnr. 518 ff.) und es den übrigen Beteiligten im Grundsatz auch nichts angeht, ob andere Beteiligte überhaupt Sonderbetriebseinnahmen erzielt oder Sonderbetriebsausgaben getätigt haben.

1337 Hierfür *Neufang/Schmid*, Stbg 2012, S. 337 (340).

und soweit das materielle Recht entsprechende Vorgaben enthält. Dies kann beispielsweise der Fall sein, wenn materiell-rechtlich an die Gesamteinkünfte angeknüpft wird oder das materielle Recht zwingend eine einheitliche Behandlung zwischen den Beteiligten fordert. Sind derartige materielle Vorgaben nicht ersichtlich oder greifen nicht durch, verbleibt es bei der Regel der lediglich gesonderten Feststellung von ausschließlich beteiligtenbezogenen Besteuerungsgrundlagen. Der hierdurch erreichte Geheimnisschutz wird flankiert durch ohnehin verzugswürdige Überlegungen zu den Erklärungs- und Buchführungspflichten sowie der Eingrenzung von Einsichts- und Informationsrechten. Auch die Konstellation der Änderung von Feststellungsbescheiden kann aufgelöst werden.

(1) Sonderbetriebseinnahmen und Sonderbetriebsausgaben als „andere Besteuerungsgrundlagen"

478 Auch wenn die aufgezeigten Zweckargumentationen stets im Vordergrund standen, griff der BFH zur Begründung der Einbeziehung der Sonderbetriebssphäre in das einheitliche Feststellungsverfahren vor Ergänzung des § 180 Abs. 1 S. 1 Nr. 2 a) AO um die mit den Einkünften im Zusammenhang stehenden Besteuerungsgrundlagen vereinzelt auch auf dessen Wortlaut zurück. Sonderbetriebseinnahmen und Sonderbetriebsausgaben sah er von dem Begriff der Einkünfte erfasst (hierzu bereits Rdnr. 401). Diese bereits zum damaligen Zeitpunkt unzutreffende Sichtweise (hierzu Rdnr. 438) lässt sich erst recht nach der Gesetzesänderung nicht mehr aufrechterhalten. Wenn der Gesetzgeber die ständige Rechtsprechung zur Einbeziehung in das gesonderte Feststellungsverfahren legalisiert, indem er den Gesetzeswortlaut erweitert, wird sehr deutlich, dass Sonderbetriebseinnahmen und Sonderbetriebsausgaben nunmehr auch dem erweiterten Gesetzeswortlaut, mithin den anderen Besteuerungsgrundlagen, zuzurechnen sind. Dies entspricht auch der nunmehr nahezu einhelligen Auffassung in Rechtsprechung und Literatur.[1338]

479 Die Eröffnung des Anwendungsbereiches des § 180 Abs. 1 S. 1 Nr. 2 a) AO verlangt, dass *„an den Einkünften mehrere Personen beteiligt sind und die Einkünfte diesen Personen steuerlich zuzurechnen sind*". Lediglich wenn diese, nach hier vertretener Auffassung von der Unternehmung erzielten (hierzu Rdnr. 86 ff.), Einkünfte festzustellen sind, kann auch ein Zusammenhang dieser mit anderen Besteuerungsgrundlagen bestehen. Lediglich dann sind auch diese anderen Besteuerungsgrundlagen

---

1338 Siehe lediglich: BFH, Urteil vom 04.03.2009 – I R 58/07, BFH/NV 2009, S. 1953 (1956); BFH, Urteil vom 22.06.2006 – IV R 31, 32/05, BStBl. II 2007, S. 687 (690); BFH, Beschluss vom 11.04.2005 – GrS 2/02, BStBl. II 2005, S. 679 (682); *Söhn* in Hübschmann/Hepp/Spitaler, AO FGO, § 180 AO Rn. 163; *Brandis* in Tipke/Kruse, AO FGO, § 180 AO Rn. 64; wohl auch *Kunz* in Gosch, AO FGO, § 180 AO Rn. 43; *Koenig* in Koenig, AO, § 182 Rn. 22; *Ratschow* in Klein, AO, § 180 Rn. 17, 199; *von Wedelstädt* in Kühn/von Wedelstädt, AO FGO, § 180 AO Rn. 23; *Reuter*, S. 32; a.A. wohl noch *Frotscher* in Schwarz/Pahlke, AO FGO, § 180 AO Rn. 51 f.

festzustellen. Die Feststellung anderer Besteuerungsgrundlagen setzt nach der Binnensystematik des § 180 Abs. 1 S. 1 Nr. 2 a) AO somit die Feststellung Mehreren zuzurechnender Einkünfte voraus. Nicht vorausgesetzt wird indessen, dass auch die anderen Besteuerungsgrundlagen mehreren Beteiligten zuzurechnen sein müssten. Es fehlt insoweit an einer entsprechenden gesetzlichen Anforderung.

(2) § 179 AO als differenzierender und dirigierender Maßstab

Mit der Zuordnung der Sonderbetriebseinnahmen und Sonderbetriebsausgaben **480** zu den anderen Besteuerungsgrundlagen und der Binnensystematik des § 180 Abs. 1 S. 1 Nr. 2 a) AO ist aber nicht die Aussage verbunden, dass auch eine umfassende einheitliche Feststellung durchzuführen ist. Richtungsweisend ist vielmehr § 179 AO. Dieser enthält zunächst generelle Bestimmungen zu einer gesonderten, nicht notwendigerweise einheitlichen, Feststellung. Lediglich in § 179 Abs. 2 S. 2 AO wird explizit vorgegeben, wann eine gesonderte Feststellung auch „*einheitlich vorgenommen*" wird. Maßgeblich ist letztendlich, dass eine Besteuerungsgrundlage mehreren Beteiligten zuzurechnen, somit für diese von Relevanz ist.

(a) Die Grundaussage des § 179 Abs. 1 AO i. V. m. § 180 Abs. 1 S. 1 Nr. 2 a) AO

Eine gesonderte, nicht notwendiger Weise einheitliche, Feststellung ist durchzu- **481** führen, wenn dies gesetzlich bestimmt ist, § 179 Abs. 1 AO. Eine Aussage zu einer Einheitlichkeit dieser Feststellung ist § 179 Abs. 1 AO („*werden ... gesondert festgestellt*") indessen nicht zu entnehmen. Entsprechendes gilt für die im vorliegenden Kontext notwendige Anordnung der gesonderten Feststellung durch § 180 Abs. 1 S. 1 Nr. 2 a) AO. Auch dieser spricht lediglich davon, dass Einkünfte und die mit ihnen im Zusammenhang stehenden Besteuerungsgrundlagen „*[g]esondert festgestellt werden ...*". Dieses Verständnis kommt auch in der Verweisungsnorm des § 10e Abs. 7 S. 2 EStG zum Ausdruck, nach welcher es sich bei § 180 Abs. 1 S. 1 Nr. 2 a) AO um eine Vorschrift handelt, die lediglich eine gesonderte Feststellung vorsieht. Gleiches gilt für § 18 Abs. 1 AO (hierzu noch Rdnr. 522). Fehlten daher weitere Vorschriften, welche eine Einheitlichkeit in gewissem Umfang einfordern, so gelangt man allein aufgrund von § 179 Abs. 1 AO i. V. m. § 180 Abs. 1 S. 1 Nr. 2 a) AO zu dem Ergebnis, dass sowohl die Mehreren zuzurechnenden Einkünfte als auch die mit diesen im Zusammenhang stehenden Besteuerungsgrundlagen gesondert, nicht aber einheitlich, festzustellen sind.

Gerade dies wird bislang aber stets übersehen, wenn entgegen der tradierten **482** Auffassung Sonderbetriebseinnahmen und Sonderbetriebsausgaben generell oder unter gewissen Voraussetzungen dem Festsetzungsverfahren zugeordnet werden (hierzu Rdnr. 474). § 180 Abs. 1 S. 1 Nr. 2 a) AO ist aber eindeutig. Der auf die Sonderbetriebssphäre bezogene Wortlaut liest sich wie folgt: „*Gesondert festgestellt werden insbesondere [...] mit ihnen [Anm.: den mehreren Beteiligten zuzurechnenden Einkünften] im Zusammenhang stehende Besteuerungsgrundlagen*". Selbst wenn man sich von zumindest teilweise bestehenden materiell-rechtlichen Vorgaben lösen wollte oder diese übersähe, ist einer Zuordnung der Sonderbetriebssphäre zum Festsetzungsverfahren durch das Verfahrensrecht somit die Grundlage entzogen. Der insoweit vorliegende gesetzgeberische Wille hat im Wortlaut hinreichend Bestätigung gefunden. Festzuhalten sind daher zwei Umstände: Sonderbetriebseinnahmen und Sonderbetriebsausgaben sind dem Feststellungsverfahren zuzuordnen. Betrachtet man lediglich § 179 Abs. 1 i. V. m. 180 Abs. 1 S. 1 Nr. 2 a) AO sind diese Besteuerungsgrundlagen indessen gesondert, nicht aber einheitlich festzustellen.

(b) § 179 Abs. 2 S. 2 AO als konkretisierende Einheitlichkeitsvorgabe

483 Zu einer einheitlichen Feststellung der Sonderbetriebssphäre käme man somit lediglich dann, wenn das Gesetz an anderer Stelle die Einheitlichkeit insoweit vorschreibt. Dies ist indessen grundsätzlich nicht der Fall. Allein § 179 Abs. 2 S. 2 AO konkretisiert vorliegend die Vorgaben für eine notwendige Einheitlichkeit. Demnach ist die gesonderte Feststellung in zwei Fällen einheitlich vorzunehmen, namentlich *„wenn dies gesetzlich bestimmt ist oder der Gegenstand der Feststellung mehreren Personen zuzurechnen ist."*

(i) Fehlende gesetzliche Bestimmung

484 An einer gesetzlichen Bestimmung fehlt es vorliegend aber gerade. Insbesondere stellt § 180 Abs. 1 S. 1 Nr. 2 a) AO keine solche dar. Dies wird auch durch die Gesetzgebungshistorie deutlich. Die Möglichkeit der in § 179 Abs. 2 S. 2 Alt. 1 AO genannten gesetzlichen Bestimmung der Einheitlichkeit wurde eingeführt durch das Steuerbereinigungsgesetz 1986[1339] und somit weit nach der hier gegenständlichen gesonderten Feststellung. Sie stand im maßgeblichen Zusammenhang mit der Schaffung der Ermächtigungsgrundlage des § 180 Abs. 2 AO,[1340] nachdem der vom Gesetzgeber vorgesehene Anwendungsbereich des § 180 Abs. 2 AO a.F. von der Rechtsprechung nicht wie erwünscht ausgeschöpft wurde.[1341] § 180 Abs. 2 AO ist jedoch, unbeschadet der fehlenden Anwendbarkeit der hierauf beruhenden Rechtsverordnung auf die vorliegende Konstellation,[1342] subsidiär und daher nur anzuwenden, wenn nicht bereits Feststellungen, gleich ob gesondert oder auch

---

1339 BGBl. I 1985, S. 2436 (2439).

1340 Ebenfalls durch das Steuerbereinigungsgesetz 1986; BGBl. I 1985, S. 2436 (2439).

1341 Gesetzesbegründung zum Steuerbereinigungsgesetz 1986, BT-Drs. 10/1636, S. 45; hierzu auch *Söhn* in Hübschmann/Hepp/Spitaler, AO FGO, § 180 AO Rn. 481 ff.

1342 Der Anwendungsbereich der Rechtsverordnung umfasst Fälle, die sachlich gleichgelagert sind und in denen der Feststellungsgegenstand mehreren Beteiligten einzeln (nicht gemeinschaftlich) zuzurechnen ist; *Söhn* in Hübschmann/Hepp/Spitaler, AO FGO, § 179 AO Rn. 22; *Frotscher* in Schwarz/Pahlke, AO FGO, § 179 AO Rn. 34.

einheitlich, nach § 180 Abs. 1 AO getroffen werden müssen.[1343] Aber auch abgesehen von §180 Abs. 2 AO bedürfte es nach § 179 Abs. 2 S. 2 AO einer gesetzlichen Bestimmung, wie beispielsweise der des § 15a Abs. 4 S. 6 EStG. Eine solche ist in § 180 Abs. 1 AO aufgrund des eindeutigen Wortlautes („*Gesondert festgestellt werden ...*", nicht „*Gesondert und einheitlich festgestellt werden ...*") indessen nicht zu erblicken (hierzu bereits Rdnr. 481 f.). Gegenteiliges ist auch sämtlichen Gesetzgebungsmaterialien in diesem Bereich nicht zu entnehmen. Weder in der Rechtsprechung noch in der Literatur sind daher auch zutreffender Weise Ansätze ersichtlich, eine einheitliche Feststellung von Sonderbetriebseinnahmen und Sonderbetriebsausgaben auf eine gesetzliche Bestimmung nach § 179 Abs. 2 S. 2 Alt. 1 AO zu stützen.

(ii) Differenzierung nach der Betroffenheit Mehrerer

Insoweit bliebe lediglich, die Einheitlichkeit der Feststellung hinsichtlich der Sonderbetriebssphären an den Feststellungsgegenstand an sich zu knüpfen. Hierzu ist jedoch nach der eindeutigen Regelung des § 179 Abs. 2 S. 2 Alt. 2 AO erforderlich, dass dieser „*Gegenstand der Feststellung mehreren Personen zuzurechnen ist.*" Dies ist bei Sonderbetriebseinnahmen und Sonderbetriebsausgaben als Feststellungsgegenstand aber grundsätzlich nicht der Fall.[1344] Sie betreffen im Normalfall lediglich einen Beteiligten. Gerade die Betroffenheit Mehrerer ist es aber, die eine einheitliche Feststellung nach dem materiell-rechtlichen Zweck der gesonderten und einheitlichen Feststellung (hierzu oben Rdnr. 36 f.) erst erforderlich macht. Kann eine Feststellung keine Relevanz für mehrere Beteiligte aufweisen, bedarf es einer einheitlichen Feststellung bereits nach deren vornehmlichen Zweck nicht. Dies kommt auch durch den Wortlaut des § 179 Abs. 2 S. 2 AO zum Ausdruck, da anderenfalls die einheitliche Feststellung nicht „*gegenüber mehreren Beteiligten ... vorgenommen*" werden könnte. Abgesehen von der vorliegenden Fragestellung ist man sich allgemein auch dahingehend einig, dass eine einheitliche Feststellung die Betroffenheit Mehrerer voraussetzt.[1345] Hinsichtlich der notwendigen Steuerpflicht wird dies auch durch § 180 Abs. 3 S. 1 Nr. 1 AO untermauert. Auch nach **485**

1343 BMF, Schreiben betreffend Gesonderte Feststellung bei gleichen Sachverhalten vom 02.05.2011, BStBl. I 2001, S. 256 (Tz. 1.1); AEAO zu § 180, Nr. 3 S. 2.; *Söhn* in Hübschmann/Hepp/Spitaler, AO FGO, § 180 AO Rn. 495.

1344 Die (grundsätzlich) fehlende Relevanz von Sonderbetriebseinnahmen und Sonderbetriebsausgaben für mehrere Beteiligte war daher bereits vor der Gesetzesänderung ein maßgeblicher Kritikpunkt an der Rechtsprechung; hierzu *von Zezschwitz*, FR 1970, S. 133 (139); *Keuk*, StuW 1974, S. 1 (41); *Keuk*, DB 1971, S. 2326 (2328); *Reuter*, S. 30 f.

1345 *Söhn* in Hübschmann/Hepp/Spitaler, AO FGO, § 179 AO Rn. 16; *Brandis* in Tipke/Kruse, AO FGO, § 179 AO Rn. 4; *Frotscher* in Schwarz/Pahlke, AO FGO, § 179 AO Rn. 29; *Kunz* in Gosch, AO FGO, § 179 AO Rn. 23; *von Wedelstädt* in Kühn/von Wedelstädt, AO FGO, § 179 AO Rn. 9; *Reuter*, S. 32.

der Rechtsprechung wird der strittige Regelungsgehalt eines einheitlichen Feststellungsbescheides dadurch begrenzt, dass *„einheitliche und gesonderte Feststellungsverfahren ... im Interesse der Gleichmäßigkeit der Besteuerung darauf zielen, die gleichsinnige Würdigung der Besteuerungsgrundlagen sicherzustellen“*[1346]. Eine gleichsinnige Würdigung kommt aber lediglich in Betracht, wenn unterschiedliche Würdigungen gegenüber mehreren Betroffenen denkbar sind.

486 Dieses Verständnis liegt im Grundsatz auch beim Gesetzgeber selbst vor. Die gesonderte und einheitliche Feststellung wurde ursprünglich geschaffen, um abweichende Ermittlungen der Einkünfte der Unternehmung von verschiedenen Finanzämtern zu vermeiden (hierzu Rdnr. 24, 36 f.). Gerade die Einkünfte der Unternehmung sind als Zurechnungsgröße für mehrere Beteiligte von Bedeutung. Die Weiterung des § 180 Abs. 1 S. 1 Nr. 2 a) AO deutet in keine andere Richtung. Auch in der Gesetzesbegründung zum Mißbrauchsbekämpfungs- und Steuerbereinigungsgesetz 1993 stellt der Gesetzgeber gerade nicht auf eine Einheitlichkeit der Feststellung bezüglich Sonderbetriebseinnahmen und Sonderbetriebsausgaben ab (hierzu bereits Rdnr. 439).

487 Diese gesetzgeberische Auffassung kommt auch in anderen, eine gesonderte Feststellung vorgebenden Normen zum Ausdruck. Einheitlichkeit ist auch nach diesen auf eine Mehrheit von Personen bezogen. Wenn der Feststellungsgegenstand lediglich eine Person betrifft, so spricht das Gesetz regelmäßig von der gesonderten, nicht von einer gesonderten und einheitlichen Feststellung. So werden nach der Ermächtigungsgrundlage des § 180 Abs. 2 S. 1 AO Besteuerungsgrundlagen grundsätzlich gesondert und lediglich *„für mehrere Personen einheitlich“* festgestellt. Gleiches gilt für § 180 Abs. 2 S. 3 AO. Über den Zulageanspruch hinausgehende Steuerermäßigungen stellt das Finanzamt nach § 10a Abs. 4 S. 1 EStG lediglich *„gesondert fest“*. Auch nach § 18 Abs. 1 S. 1 AStG werden Besteuerungsgrundlagen lediglich *„gesondert festgestellt“*. Erst wenn an der ausländischen Gesellschaft mehrere unbeschränkt Steuerpflichtige beteiligt sind, *„wird die gesonderte Feststellung ihnen gegenüber einheitlich vorgenommen“*, § 18 Abs. 1 S. 2 AStG. Ebenso differenziert § 18 Abs. 2 S. 1, 2 AStG. Auch die gesonderte und einheitliche Feststellung nach § 10e Abs. 7 EStG setzt voraus, dass *„mehrere Steuerpflichtige Eigentümer“* sind. Die Thesaurierungsbegünstigung nach § 34a EStG betrifft dem einzelnen Steuerpflichtigen zuzurechnende nicht entnommene Gewinne. Diesbezüglich relevante Besteuerungsgrundlagen sind daher lediglich *„gesondert festzustellen“*, § 34a Abs. 10 S. 1 EStG. Gleiches gilt für die vortragsfähigen gewerbesteuerlichen Fehlbeträge, welche nach unzutreffender Sichtweise den einzelnen Gesellschaftern zuzuordnen sind, § 10a S. 6 GewStG. Einheitlichkeit setzt somit die Betroffenheit Mehrerer voraus.

488 Ein abweichendes Verständnis liegt indessen § 15a Abs. 4 S. 6 EStG zugrunde.[1347] Einheitlichkeit im Sinne einer Betroffenheit Mehrerer hinsichtlich desselben

---

1346 BFH, Urteil vom 08.11.2005 – VIII R 11/02, BStBl. II 2006, S. 253 (256).

1347 Die (nur) verrechenbaren Verluste eines Kommanditisten sind grundsätzlich lediglich gesondert und nicht einheitlich festzustellen, § 15a Abs. 4 S. 1 EStG. Diese

Feststellungsgegenstandes kann dort offensichtlich nicht gemeint sein. Worin die Einheitlichkeit sodann zu erblicken sein soll, erschließt sich auch nicht ohne Weiteres. Auch die Gesetzgebungsgeschichte ist zunächst weniger hilfreich. Die verfahrensrechtliche Vorschrift des Absatzes 4 wurde erst durch das Steuerbereinigungsgesetz 1986 um die Sätze 5 und 6 ergänzt.[1348] Ursprünglich war im Regierungsentwurf noch die Einführung eines § 180 Abs. 2 S. 3 AO geplant, nach welchem eine Rechtsverordnung hätte bestimmen können, dass gesonderte und einheitliche Feststellungen mit anderen gesonderten Feststellungen verbunden werden.[1349] Von einer einheitlichen Durchführung war im geplanten Gesetzestext indessen nicht die Rede.[1350] Allerdings führt die Gesetzesbegründung aus, durch die Neuregelung *„wird gesetzlich abgesichert, daß die gesonderte Feststellung des verrechenbaren Verlustes gegenüber den Kommanditisten einheitlich vorgenommen ... werden kann.“*[1351] Warum dies, entgegen dem geplanten Gesetzeswortlaut, der Fall sein sollte, wird nicht erläutert. Da die Verbindung der verschiedenen Feststellungsverfahren insbesondere § 15a Abs. 4 EStG im Blick hatte,[1352] empfahl sodann der Finanzausschuss die Regelung in dessen Rahmen und sah auch die Einheitlichkeit der Durchführung vor, ebenfalls ohne diese genauer zu erläutern.[1353] Insoweit bieten sich zwei Interpretationen an: Da der Wortlaut des zunächst geplanten § 180 Abs. 2 S. 3 AO auf *„die Rechtsverordnung“*[1354] nach § 180 Abs. 2 S. 1 AO abstellte, diese aber immer auch *„[z]ur Sicherstellung einer einheitlichen Rechtsanwendung bei gleichen Sachverhalten ...“*, § 180 Abs. 2 S. 1 AO, ergeht, kann *„einheitlich“* im Sinne des § 15a Abs. 4 S. 6 EStG als Vorgabe einheitlicher Rechtsanwendung verstanden werden.[1355] Überzeugend ist dies

---

Feststellungen *„können“* mit der gesonderten und einheitlichen Einkünftefeststellung verbunden werden, § 15a Abs. 4 S. 5 EStG. Macht das Finanzamt von dieser in seinem Ermessen stehenden Möglichkeit Gebrauch, seien *„die gesonderten Feststellungen des verrechenbaren Verlustes einheitlich durchzuführen“*, § 15a Abs. 4 S. 6 EStG.

1348 BGBl. I 1985, S. 2436 (2447).

1349 Gesetzesentwurf zum Steuerbereinigungsgesetz 1985, BT-Drs. 10/1636, S. 6.

1350 Der geplante Wortlaut des § 180 Abs. 2 S. 3 AO lautete: *„Durch die Rechtsverordnung kann auch bestimmt werden, daß gesonderte und einheitliche Feststellungen mit anderen gesonderten Feststellungen verbunden werden, wenn eine oder mehrere Personen an jedem der verbundenen Verfahren beteiligt sind.“*; Gesetzesentwurf zum Steuerbereinigungsgesetz 1985, BT-Drs. 10/1636, S. 6.

1351 Gesetzesbegründung zum Steuerbereinigungsgesetz 1985, BT-Drs. 10/1636, S. 46.

1352 So bereits die ursprüngliche Gesetzesbegründung zum Steuerbereinigungsgesetz 1985, BT-Drs. 10/1636, S. 45.

1353 BT-Drs. 10/4513, S. 17, 22.

1354 Gesetzesentwurf zum Steuerbereinigungsgesetz 1985, BT-Drs. 10/1636, S. 6.

1355 So geht, wenn auch ohne nähere Begründung, *von Beckerath* in Kirchhof, EStG, § 15a Rn. 78, davon aus, dass sich durch die angeordnete Einheitlichkeit Fragen, welche sich für mehrere oder alle Kommanditisten stellen, in derselben Weise beurteilt werden.

nicht.[1356] Insbesondere hat die gesetzliche Bestimmung der Einheitlichkeit in § 179 Abs. 2 S. 2 Alt. 1 EStG sachlich gleichgelagerte Fälle im Blick, in denen ein Feststellungsgegenstand mehreren Beteiligten einzeln (wenn auch nicht gemeinschaftlich) zuzurechnen ist.[1357] § 180 Abs. 2 AO stellt gerade einen Anwendungsfall der gesetzlichen Bestimmung in § 179 Abs. 2 S. 2 EStG dar. Insoweit scheint es überzeugender die Einheitlichkeit im Sinne des § 15a Abs. 4 S. 6 EStG schlicht in der Bekanntgabe eines einzigen Bescheides zu erblicken.[1358] Hierfür kann man wohlwollend[1359] auch den Wortlaut stützend heranziehen, welcher im Rahmen des § 15 Abs. 4 S. 6 EStG anders als in § 179 Abs. 2 S. 2 AO von *„einheitlich durchführen"* statt von *„einheitlich vorgenommen"* spricht.[1360] Freilich ist eine so verstandene formelle Einheitlichkeit der Bescheidausfertigung auch Gegenstand des § 179 Abs. 2 S. 2 AO (hierzu bereits Rdnr. 177 und Rdnr. 28). Im Rahmen des § 179 Abs. 2 S. 2 AO ist diese aber gerade an die weitere Voraussetzung der Zurechnung des Feststellungsgegenstandes zu mehreren Personen geknüpft. Dass der Gesetzgeber im Rahmen des § 15a Abs. 4 EStG von dieser Prämisse abweicht, erscheint aufgrund der teilweise identischen Terminologie äußerst misslich.[1361] An anderer Stelle vermeidet der Gesetzgeber dies auch.[1362] Allerdings nicht durchgängig. So enthält der ähnlich gelagerte

---

1356 Es handelt sich im Rahmen des § 15a EStG nicht um Fragen Mehrerer, die einen einzigen Feststellungsgegenstand betreffen, sondern um jeweils verschiedene Feststellungsgegenstände, die den jeweiligen Verlust eines Kommanditisten, nicht mehrerer Kommanditisten, betreffen. Zudem wäre für eine einheitliche Rechtsanwendung kein einheitliches Feststellungsverfahren notwendig. Es ist ohnehin für jeden Kommanditisten ein und dasselbe Finanzamt zuständig, § 15a Abs. 4 S. 3 EStG. Abweichende materiell-rechtliche Behandlungen dürften daher auch bei getrennten Feststellungen ausscheiden. Wäre der Aspekt der einheitlichen Rechtsanwendung zudem durchgreifend, erschlösse sich zudem nicht, warum die Verbindung mit der gesonderten und einheitlichen Einkünftefeststellung, welche sodann erst zur Einheitlichkeit der Verlustfeststellungen führt, in das Ermessen der Finanzbehörde, § 15a Abs. 4 S. 5 EStG (*„können"*), gestellt sein sollte.

1357 *Söhn* in Hübschmann/Hepp/Spitaler, AO FGO, § 179 AO Rn. 22; *Frotscher* in Schwarz/Pahlke, AO FGO, § 179 AO Rn. 34.

1358 So wohl auch *Wacker* in Schmidt, EStG, § 15a Rn. 190, der *„einheitlich durchzuführen"* dahingehend versteht, dass die Feststellungen *„miteinander zu verbinden"* sind.

1359 Wohlwollend, weil die dargestellte Gesetzgebungshistorie weniger vermuten lässt, dass sich der Gesetzgeber eingehendere Gedanken gemacht haben mag.

1360 Eine Feststellung gegenüber einem Beteiligten *„vornehmen"* bedeutet gerade, dass dieser Beteiligte von der Feststellung inhaltlich betroffen ist. Einer einheitlichen Durchführung dürfte diese Bedeutung kaum beizumessen sein.

1361 Der Gesetzgeber hätte besser daran getan, die Fälle der Betroffenheit Mehrerer, wie sie insbesondere den §§ 179 Abs. 2, 180 Abs. 1 S. 1 Nr. 2 a), 180 Abs. 2 AO zugrunde liegen, von denen einer einheitlichen Durchführung, womit im eigentlichen Sinn eine verbundene, ganzheitliche Bekanntgabe gemeint ist, klarer zu unterscheiden.

1362 Werden Einkünfte unter anderem nach § 180 Abs. 1 S. 1 Nr. 2 a) AO gesondert und einheitlich festgestellt, können auch die für die Thesaurierungsbegünstigung nach § 34a EStG maßgeblichen Besteuerungsgrundlagen gesondert festgestellt und mit

§ 15b Abs. 4 S. 5 EStG[1363] eine vergleichbare Regelung. In der Gesetzesbegründung zu dieser Steuerstundungsmodelle betreffenden Regelung wird die vorgegebene Einheitlichkeit weder erwähnt noch erläutert.[1364] Aufgrund der strukturellen Nähe zu § 15a EStG dürfte es nahe liegen, die Anordnung der Einheitlichkeit identisch auszulegen und somit auch im Rahmen des § 15b Abs. 4 S. 5 EStG lediglich auf die Bescheidausfertigung zu beziehen. Aussagen über die Einheitlichkeit im Rahmen des § 179 Abs. 2 S. 2 AO lassen sich somit aber weder aus § 15a EStG noch aus § 15b EStG gewinnen. Beides sind gesetzgeberisch missglückte Sonderfälle. Eine einheitliche Feststellung nach § 179 Abs. 2 S. 2 AO setzt daher die Betroffenheit Mehrerer voraus.

(c) Notwendigkeit getrennter Bescheide

Setzt eine Einheitlichkeit indessen die Betroffenheit Mehrerer voraus, so wird deutlich, dass § 179 Abs. 1, 2 S. 2 Alt. 2 AO hinsichtlich der Feststellungsgegenstände des § 180 Abs. 1 S. 1 Nr. 2 a) AO differenziert. Eine einheitliche Feststellung hat zu erfolgen, wenn Mehreren ein Feststellungsgegenstand zuzurechnen ist, somit Mehrere von diesem betroffen sind. Ist dies nicht der Fall, verbleibt es bei einer lediglich gesonderten Feststellung. Hinsichtlich der festzustellenden Einkünfte, welche nach hier vertretener Auffassung von der Unternehmung selbst erzielt werden (hierzu Rdnr. 86 ff.), ist die Betroffenheit Mehrerer stets gegeben. Bereits die Anwendung des § 180 Abs. 1 S. 1 Nr. 2 a) AO setzt diese voraus. Die Feststellung dieser Einkünfte ist somit zwingend einheitlich vorzunehmen. Einkünfte, an welchen *„mehrere Personen beteiligt“* und denen diese *„steuerlich zuzurechnen sind“*, sind indessen auch lediglich die Einkünfte der Unternehmung. An den Sonderbetriebssphären sind per definitionem nicht Mehrere beteiligt. Es handelt sich bei Sonderbetriebseinnahmen und Sonderbetriebsausgaben um Besteuerungsgrundlagen, welche grundsätzlich lediglich einen Beteiligten betreffen. Sie sind daher in der Regel gerade nicht einheitlich festzustellen. Aufgrund der klaren Anordnung des § 179 Abs. 1 AO i. V. m. § 180 Abs. 1 S. 1 Nr. 2 a) AO sind diese jedoch ebenfalls nicht im Festsetzungsverfahren zu erfassen, sondern in einem gesonderten Feststellungsverfahren. 489

---

der gesonderten und einheitlichen Feststellung verbunden werden, § 34a Abs. 10 S. 1, 3 EStG. Anders als in § 15a Abs. 4 S. 6 EStG sieht das Gesetz indessen bei dieser Verbindung keine Einheitlichkeit vor. Der Bescheid nach § 34a Abs. 10 S. 1 AO bleibt ein (lediglich) gesonderter Bescheid, auch wenn er mit einem gesonderten und einheitlichen Bescheid verbunden wird; BFH, Urteil vom 09.01.2019 – IV R 27/16, DStR 2019, S. 1204.

1363 Eingeführt durch das Gesetz zur Beschränkung der Verlustverrechnung im Zusammenhang mit Steuerstundungsmodellen, BGBl. I 2006, S. 3683 (3683).

1364 Gesetzesbegründung zum Gesetz zur Beschränkung der Verlustverrechnung im Zusammenhang mit Steuerstundungsmodellen, BT-Drs. 16/107, S. 6 f.

490 Existieren somit Besteuerungsgrundlagen, die einheitlich festzustellen sind, sowie Besteuerungsgrundlagen, die lediglich gesondert festzustellen sind, ist auch der zu erlassende einheitliche Feststellungsbescheid von dem lediglich gesonderten Feststellungsbescheid zu unterscheiden. In der Konsequenz sind daher mehrere Bescheide zu erlassen. Der Erlass gesonderter Feststellungsbescheide setzt hierbei aufgrund der Verknüpfung mit den mehreren zuzurechnenden Einkünften voraus, dass diese Einkünfte gesondert und einheitlich festzustellen sind. Sollte indessen auch eine andere Besteuerungsgrundlage, auch Sonderbetriebseinnahmen und Sonderbetriebsausgaben, mehreren Beteiligten zuzurechnen sein, somit für Mehrere relevant sein, so dass sie von dieser auch nur mittelbar betroffen sind, ist die hierauf bezogene gesonderte Feststellung insoweit, somit soweit sie diesen Feststellungsgegenstand betrifft und die Betroffenheit reicht, ausnahmsweise ebenfalls einheitlich vorzunehmen. Auch dies ergibt sich unmittelbar aus § 179 Abs. 2 S. 2 Alt. 2 AO. Neben den Einkünften, welche stets einheitlich festzustellen sind, können daher auch andere Besteuerungsgrundlagen einheitlich festzustellen sein.

(3) Umsetzung materieller Einheitlichkeit

491 So fordert teilweise das materielle Recht eine einheitliche Sachbehandlung ein, beispielsweise im Rahmen des § 7a Abs. 7 S. 2 EStG (hierzu bereits Rdnr. 455). Dieser Vorgabe wird durch das hier vertretene Alternativmodell bereits im Grundsatz dadurch entsprochen, dass die Behandlung sämtlicher Vorgänge sowohl auf Unternehmungs- als auch auf Beteiligtenebene ein und demselben Finanzamt, namentlich dem Feststellungsfinanzamt, zugewiesen ist (hierzu noch Rdnr. 522). Es liegt somit in der Hand eines Finanzamtes, eine einheitliche Sachbehandlung herbeizuführen. Werden abweichend von § 7a Abs. 7 S. 2 EStG erhöhte Absetzungen oder Sonderabschreibungen bei Wirtschaftsgütern, welche mehreren Sonderbetriebssphären zuzurechnen sind,[1365] nicht einheitlich in Anspruch genommen, sollte das Finanzamt die jeweiligen Betroffenen hierauf hinweisen.[1366] Wird von diesen sodann keine einheitliche Handhabung hergestellt, sind die nur teilweise in Anspruch genommenen Vergünstigungen aufgrund von § 7a Abs. 7 S. 2 EStG zu versagen.[1367] Gleiches gilt für ähnlich gelagerte Fälle, in denen das materielle Recht zwingende Einheitlichkeitsvorgaben statuiert.

1365 In anderen Fällen stellt sich die Problematik nicht; siehe hierzu Rdnr. 455.

1366 Ob einzelne/mehrere Beteiligte von anderen Beteiligten eine einheitliche Geltendmachung verlangen können, ist für das Steuerverfahren irrelevant und richtet sich nach dem jeweiligen Gesellschafts- oder Gemeinschaftsverhältnis sowie den jeweiligen Vereinbarungen. Das Steuerrecht knüpft lediglich Rechtsfolgen an eine (un-) einheitliche Geltendmachung, verschafft aber keinen Anspruch auf eine solche.

1367 Insoweit weicht die Behandlung im Rahmen des hier vertretenen Alternativmodells nicht von der Handhabung im Rahmen eines allumfassenden gesonderten und einheitlichen Feststellungsbescheides ab.

Unbeschadet dessen ist die materiell-rechtlich geforderte Einheitlichkeit verfahrensrechtlich durch eine einheitliche Feststellung abzusichern. Der Umfang dieser verfahrensrechtlichen Einheitlichkeit ist hierbei so weit zu ziehen, wie die materiell-rechtliche Einheitlichkeit gesetzlich gefordert wird. Konstruktiv lässt sich dies zwar nicht über § 179 Abs. 2 S. 2 Alt. 1 AO herleiten, da nach dieser Norm gerade die Einheitlichkeit der Feststellung gesetzlich geregelt sein muss, nicht eine materiell-rechtlich einheitliche Behandlung. Indessen ist eine einheitliche Feststellung auch dann vorzunehmen, wenn der Gegenstand der Feststellung mehreren Personen zuzurechnen ist, § 179 Abs. 2 S. 2 Alt. 2 AO. Im Rahmen des § 7a Abs. 7 S. 2 EStG kann ein Beteiligter eine Vergünstigung in Bezug auf Wirtschaftsgüter, welche mehreren Beteiligten zuzurechnen sind, lediglich dann in Anspruch nehmen kann, wenn alle anderen potentiell Begünstigten ebenso handeln.[1368] Insoweit ist nicht lediglich das Sonderbetriebsvermögen mehreren Beteiligten als Feststellungsgegenstand und Bezugspunkt der einzelnen Entscheidungen der Beteiligten zuzurechnen. Vielmehr sind auch die Entscheidungen der anderen Beteiligten, welchen das Wirtschaftsgut ebenfalls zuzurechnen ist, über die Inanspruchnahme der Vergünstigungen zuzurechnen. Auch von diesen ist der einzelne Beteiligte betroffen. Auch diese stellen Besteuerungsgrundlagen dar, welche für ihn relevant sind. Gegenstand der einheitlichen Feststellung ist in diesem Fall daher auch die einheitliche Ausübung der Inanspruchnahme der Vergünstigungen. Letztendlich wird somit der Gegenstand der Zurechnung im Sinne von § 179 Abs. 2 S. 2 Alt. 2 AO, wie sonst auch, materiell-rechtlich ausgefüllt. Das materielle Recht gibt vor, ob und inwieweit gewisse Besteuerungsgrundlagen zwischen welchen Beteiligten zuzurechnen sind. 492

(4) Fälle materiell-rechtlich notwendiger Gesamteinkünfteermittlung und Berücksichtigung anderer Sonderbetriebssphären

Eine Gesamteinkünfteermittlung ist, wie gezeigt (hierzu Rdnr. 420 ff.), grundsätzlich nicht erforderlich. Grundsätzlich sind daher die Sonderbetriebssphären auch nicht im Rahmen eines allumfassenden gesonderten und einheitlichen Feststellungsbescheides zu berücksichtigen (hierzu Rdnr. 477 ff.). Allerdings existieren materiell-rechtliche Normen, welche zumindest mittelbar eine entsprechende Erfassung der Gesamteinkünfte unter Einbezug sämtlicher Sonderbetriebssphären bedingen können. Dies betrifft, lediglich im Rahmen der Gewinneinkünfte, nach herrschender Lesart die Zinsschranke, § 4h EStG (hierzu Rdnr. 424 ff.), sowie die Investitionsabzugsbeträge und Sonderabschreibungen, § 7g EStG (hierzu 493

1368 Nach h.M. erstreckt sich die Einheitlichkeit im Sinne des § 7a Abs. 7 S. 2 EStG grundsätzlich bereits auf die Antragstellung und nicht erst auf eine gleichgerichtete Behandlung bei den Beteiligten, welche einen Antrag gestellt haben; hierzu *Kulosa* in Schmidt, EStG, § 7a Rn. 14; *Brandis* in Blümich, EStG, KStG, GewStG, § 7a EStG Rn. 60; *Pfirrmann* in Kirchhof, EStG, § 7a Rn. 23.

Rdnr. 434 f.). Hierbei dürfte einerseits unzweifelhaft sein, dass die Gesamteinkünfte im Feststellungsverfahren ermittelt werden müssen, sollte das materielle Recht eine entsprechende Erfassung erforderlich machen. Andererseits gilt dies lediglich, „*wenn*", § 179 Abs. 2 S. 2 AO, und daher soweit das Gesetz eine entsprechende Feststellung bedingt.

(a) Zinsschranke

494 Wird beispielsweise für § 4h EStG relevanter Zinsaufwand geltend gemacht, gleich ob von der Unternehmung oder/und den Beteiligten, so wird dessen Erfassung auch nach dem hier vertretenen Alternativmodell dem Feststellungsfinanzamt zugewiesen. Diesem sind sämtliche Umstände sowohl der Unternehmungs- als auch der Beteiligtensphären bekannt.[1369] Es kann daher ohne Weiteres prüfen, ob und in welcher Höhe sich nach § 4h EStG eine Einschränkung des periodengerechten Zinsabzuges ergeben könnte. Ist demnach eine Einschränkung des Zinsabzuges nicht vorzunehmen, besteht auch keine Notwendigkeit, den Beteiligten die Gesamteinkünfte unter Berücksichtigung der Zinsaufwendungen sowie den Ergebnissen sämtlicher Sonderbetriebssphären bekannt zu geben. Auch sonst geben weder Feststellungs- noch Steuerbescheide einen Überblick, welche Normen sämtlich nicht angewendet wurden, oder begründen gar deren Nichtanwendung. Da sich kein Beteiligter gegen die Nichtanwendung einer ihn benachteiligenden Norm wenden wird, sprechen auch Rechtsschutzgesichtspunkte für keine abweichende Handhabung. Es verbleibt insoweit dabei, dass hinsichtlich der Sonderbetriebssphären lediglich gesonderte (nicht einheitliche) Feststellungen zu ergehen haben. Etwas anderes gilt lediglich dann, wenn der periodengerechte Zinsabzug (teilweise) zu versagen ist. In diesem Fall muss es dem einzelnen Beteiligten möglich sein, hiergegen vorzugehen. Dies setzt indessen Kenntnis und somit die Bekanntgabe der vom Finanzamt zugrunde gelegten Annahmen voraus. Insoweit ist in diesen Fällen eine einheitliche Feststellung vorzunehmen, welche die Unternehmungssphäre als auch die Sonderbetriebssphären der Beteiligten umfasst.

(b) Investitionsabzugsbeträge und Sonderabschreibungen nach § 7g EStG

495 Gleiches gilt im Rahmen des § 7g EStG. Aufgrund der betriebsbezogenen Betrachtung, § 7g Abs. 7 EStG, werden die Größenmerkmale zur Inanspruchnahme der Begünstigungen, § 7g Abs. 1 S. 2, Abs. 6 Nr. 1 EStG, sowie die Schwellenwerte der Abzugsbeträge, § 7g Abs. 1 S. 4 EStG, auf den Gesamtbetrieb bezogen (hierzu Rdnr. 434 f.). Auch hier liegen sämtliche Daten dem Feststellungfinanzamt zur Prüfung vor, da dieses auch die Beteiligtensphären erfasst (hierzu noch Rdnr. 522). Werden die Größenmerkmale und Schwellenwerte eingehalten, so spricht, wie

1369 Insbesondere die Ergebnisse auf Gesellschaftsebene und der Gesellschafterebenen sowie die jeweiligen Zinsaufwendungen und Zinseinnahmen.

auch bei der Zinsschranke, nichts dafür, mittels allumfassenden gesonderten und einheitlichen Bescheid allen Beteiligten sämtliche Umstände aller Sonderbetriebssphären bekannt zu geben. Auch hier gilt abweichendes, wenn die Größenmerkmale oder Schwellenwerte überschritten werden und die Inanspruchnahme der Vergünstigungen daher ausscheidet. Die entsprechenden Annahmen des Finanzamtes müssen dem Beteiligten bekannt gegeben werden, um Erfolgsaussichten von Rechtsbehelfen prüfen zu können.

(c) Normative Begründung

Auch diese Differenzierung ergibt sich aus der Systematik der §§ 179 Abs. 1, 2 S. 2, 496
180 Abs. 1 S. 1 Nr. 2 a) AO. Bereits unbefangen ist anzunehmen, dass eine entsprechende verfahrensrechtliche Feststellung möglich sein muss. Geht das materielle Recht in Einzelfällen von der Notwendigkeit einer Gesamteinkünfteermittlung aus oder müssen andere Besteuerungsgrundlagen berücksichtigt und somit bekanntgegeben werden, so muss dies auch seine verfahrensrechtliche Entsprechung finden. Letztendlich lassen sich die Konstellationen aber in Übereinstimmung mit den verfahrensrechtlichen Vorgaben auflösen. Die verfahrensrechtlichen Normen müssen nicht übergangen werden, vielmehr werden sie durch materiell-rechtliche Vorgaben ausgefüllt.

Dies gilt zunächst für sämtliche Fälle, in denen die vorgenannten Feststellungen 497
Auswirkungen auf die Einkünfteermittlung auf Unternehmungsebene haben. Wird für § 4h EStG relevanter Zinsaufwand ausschließlich auf Unternehmungsebene geltend gemacht oder sollen Vergünstigungen nach § 7g EStG lediglich dort in Anspruch genommen werden, so haben diese Vorgänge Einfluss auf den Gewinn der Unternehmung, welcher den Beteiligten zugerechnet wird. Sind sämtliche Nettozinsaufwendungen abziehbar oder die Vergünstigungen zu gewähren, besteht kein Bedürfnis eines allumfassenden einheitlichen Bescheides unter Einbeziehung der Sonderbetriebssphären. Ist die Abzugsfähigkeit entsprechenden Zinsaufwandes oder die geltend gemachte Vergünstigung abzulehnen, so sind die entsprechenden Feststellungen zwingend bei der Ermittlung der Einkünfte im Sinne des § 180 Abs. 1 S. 1 Nr. 2 a) AO und somit nach § 179 Abs. 2 S. 2 Alt. 2 AO auch einheitlich unter Einbeziehung der Sonderbetriebssphären vorzunehmen. Gleiches gilt, wenn die Einkünfteermittlung auf Unternehmungsebene zumindest auch derart betroffen ist, daher wenn Zinsen oder Vergünstigungen von der Unternehmung und den Beteiligten geltend gemacht werden. Auch dann sind die festzustellenden Besteuerungsgrundlagen, somit auch die Sonderbetriebssphären aller Beteiligten, für alle Beteiligten relevant, somit auch allen zuzurechnen.

Macht lediglich ein Beteiligter entsprechenden Zinsaufwand oder Vergüns- 498
tigungen geltend, so sind die entsprechenden Feststellungen bei der Erfassung der mit den Einkünften im Zusammenhang stehenden Besteuerungsgrundlagen im Sinne des § 180 Abs. 1 S. 1 Nr. 2 a) AO und somit nach § 179 Abs. 2 S. 2 AO gerade nicht einheitlich vorzunehmen. Die Einkünfte auf Unternehmungsebene sowie die anderen Beteiligten sind hiervon nicht betroffen. Etwas anders gilt, wenn

der Nettozinsaufwand dieses Beteiligten oder mehrerer Beteiligter nicht abziehbar sein sollte oder Vergünstigungen nicht gewährt werden können. Sodann hat nicht lediglich eine gesonderte, sondern auch eine einheitliche Feststellung zu erfolgen. In diesem Fall ist der Feststellungsgegenstand, somit Zinsaufwendungen in anderen Sonderbetriebssphären und deren Ertragslage, die Größenmerkmale von § 7g Abs. 1 S. 2, Abs. 6 Nr. 1 EStG beeinflussende Umstände oder die Summe der Abzugsbeträge, „*mehreren Personen zuzurechnen*“, § 179 Abs. 2 S. 2 Alt. 2 AO. Zurechnung ist als Ausdruck persönlicher Betroffenheit zu verstehen (hierzu bereits Rdnr. 485 ff.). Es geht im Rahmen der Zinsschranke nicht darum, dass von einem Beteiligten geltend gemachter Zinsaufwand einem anderen Beteiligten „*zur Besteuerung*“ zugerechnet wird.[1370] Gegenständlich ist somit nicht eine unmittelbare Auswirkung auf die Höhe der Einkünfte in der Art, dass gerade die zugerechneten Feststellungsgegenstände der Steuer beim Zurechnungsadressat unterworfen werden. Indessen wirken sich Umstände anderer Sonderbetriebssphären mittelbar aus, wodurch die Möglichkeit, eigenen Zinsaufwand geltend zu machen, beschränkt wird. Derartige Interdependenzen bedingen eine einheitliche Feststellung. Auch im Rahmen des § 7g EStG kommt es zu einer Zurechnung der Sonderbetriebsergebnisse, da diese die Größenmerkmale, § 7g Abs. 1 S. 2, Abs. 6 Nr. 1 EStG, entsprechend § 7g Abs. 7 EStG beeinflussen. Auch bereits von anderen Beteiligten geltend gemachte Vergünstigungen muss sich ein Beteiligter im Rahmen der Schwelle des § 7g Abs. 1 S. 4 EStG anrechnen lassen. Wie auch im Rahmen des § 7a Abs. 2 S. 2 EStG wird somit der Gegenstand der Zurechnung im Sinne von § 179 Abs. 2 S. 2 Alt. 2 AO materiell-rechtlich ausgefüllt. Inwieweit gewisse Besteuerungsgrundlagen zuzurechnen sind, ist dem materiellen Recht zu entnehmen. Soweit dies der Fall ist, liegt eine Zurechnung (zumindest) eines Feststellungsgegenstandes im Sinne des § 179 Abs. 2 S. 2 Alt. 2 AO vor und die entsprechende Feststellung ist einheitlich vorzunehmen.

(5) Änderung der Feststellungsbescheide

499 Nach dem hier vertretenen Alternativmodell sind regelmäßig mehrere Feststellungsbescheide zu erlassen. Notwendig ist ein gesonderter und einheitlicher Feststellungsbescheid hinsichtlich der mehreren Beteiligten zuzurechnenden Einkünfte. Hinzu treten mehrere gesonderte und in der Regel nicht einheitliche Feststellungsbescheide hinsichtlich der Sonderbetriebssphären. Im Ausnahmefall kann indessen auch ein Teilbereiche mehrerer Sonderbetriebssphären betreffender oder auch ein allumfassender einheitlicher Bescheid für die Unternehmungssphäre und

1370 Von einer steuerlichen Zurechnung und somit von einer Zurechnung zur Besteuerung spricht § 180 Abs. 1 S. 1 Nr. 2 a) AO, allerdings lediglich hinsichtlich der Einkünfte, an denen mehrere Personen beteiligt sind, somit hinsichtlich der Einkünfte auf Unternehmungsebene. § 179 Abs. 2 AO ist keine solche Zurechnung „*zur Besteuerung*“ zu entnehmen. Dort wird lediglich die Zurechnung eines Feststellungsgegenstandes umschrieben.

sämtliche Sonderbetriebssphären zu erlassen sein (hierzu Rdnr. 493 ff.). Soweit ein Feststellungsbescheid einheitlich ergeht, handelt es sich um einen einzigen Verwaltungsakt gegenüber mehreren Adressaten (hierzu bereits Rdnr. 28). Wird der einheitliche Feststellungsbescheid, gleich welchen Umfangs, im Rahmen der rechtlichen Möglichkeiten geändert, gilt dies auch gegenüber sämtlichen Adressaten (hierzu Rdnr. 212, 246). Inhaltlich abweichende Entscheidungen werden somit ausgeschlossen. Es bestehen insoweit keine Unterschiede zu der Behandlung des gesonderten und einheitlichen Feststellungsbescheides nach tradierter Auffassung. Auswirkungen auf die anderen gesonderten Feststellungsbescheide sind hiermit regelmäßig nicht verbunden. Auch soweit ein Feststellungsbescheid gesondert und nicht einheitlich ergeht und nachträglich im Rahmen der rechtlichen Möglichkeiten zu ändern ist, betrifft dies grundsätzlich lediglich diesen Bescheid.

Indessen sind auch Konstellationen denkbar, in denen (erst) die Änderung eines **500**
Bescheides, gleich ob des gesonderten und einheitlichen oder eines gesonderten Bescheides, zur Wahrung der Einheitlichkeit eine Änderung der anderen Bescheide nach sich ziehen muss. Hierbei handelt es sich regelungstechnisch freilich um Ausnahmefälle. Zum einen ergehen diese Bescheide zu unterschiedlichen Besteuerungsgrundlagen, welche grundsätzlich keine Auswirkung aufeinander haben. Zum anderen muss, wenn derartige Auswirkungen überhaupt möglich sind, eine solche durch die Änderung eines Bescheides zunächst auch eintreten. Es handelt sich mithin um unwahrscheinliche, wenn auch mögliche Sachverhalte.[1371] Auch eine derartige verfahrensrechtliche Sonderkonstellation kann indessen aufgelöst werden. Insoweit ist zunächst festzuhalten, dass dem allein zuständigen Feststellungsfinanzamt (hierzu noch Rdnr. 522) sämtliche Umstände bekannt sind. Sodann ist in Anknüpfung an die verfahrensrechtliche Ausgangslage mehrerer Feststellungsbescheide eine Systematik gegenseitiger Abhängigkeiten dieser Bescheide

---

1371 Exemplarisch: Haben die Gesellschaft als auch einzelne Gesellschafter Zinsaufwendungen geltend gemacht, welche nicht den Beschränkungen der Zinsschranke unterliegen, sind diese in den jeweiligen Feststellungsbescheiden, namentlich im gesonderten und einheitlichen Feststellungsbescheid auf Gesellschaftsebene sowie in den jeweiligen gesonderten nicht einheitlichen Feststellungen die einzelnen Sonderbetriebssphären betreffend, zum sofortigen Abzug zuzulassen. Nach Erlass dieser Bescheide kann sich indessen herausstellen, dass das verrechenbare EBITDA auf Gesellschaftsebene oder in einer Gesellschaftersphäre geringer ausfällt oder zusätzliche Zinsaufwendungen beziehungsweise weniger Zinserträge zu berücksichtigen sind. Aus den sich so darstellenden Verhältnissen kann sich die Anwendbarkeit des § 4h EStG ergeben. Entsprechendes kann für die Größenmerkmale zur Inanspruchnahme von Begünstigungen nach § 7g Abs. 1 S. 2, Abs. 6 Nr. 1 EStG gelten. Im Rahmen des § 7a Abs. 7 S. 2 EStG kann sich nachträglich herausstellen, dass einem weiteren Beteiligten die Inanspruchnahme von Begünstigungen zustand, er diese aber nicht/abweichend geltend gemacht hat. Auch die Änderung der Höhe einer Betriebsausgabe auf Gesellschaftsebene, welche beim Gesellschafter als Sondervergütung zu berücksichtigen ist, sollte nachvollzogen werden können.

anzunehmen. Eine weitere Möglichkeit besteht darin, insoweit eine gesonderte und einheitliche Feststellung bei Änderung des Feststellungsbescheides durchzuführen, als dessen Änderung Auswirkungen auf andere Feststellungsbescheide entfaltet.[1372]

(a) Gegenseitige Bindungswirkung von Feststellungsbescheiden

501 Eine gegenseitige Bindungswirkung der verschiedenen Feststellungsbescheide untereinander im Falle einer Änderung ist nicht lediglich aus allgemeineren Erwägungen oder aus materiellen Zusammenhängen herzuleiten. Sie ist vielmehr den verfahrensrechtlichen Vorgaben zu entnehmen. § 182 Abs. 1 S. 1 AO schreibt die Bindungswirkung (allgemein hierzu siehe Rdnr. 29 ff.) für Folgebescheide fest. Entsprechend seiner Legaldefinition („*für andere Feststellungsbescheide, für Steuermessbescheide, für Steuerbescheide und für Steueranmeldungen (Folgebescheide) bindend*“) kann auch ein anderer Feststellungsbescheid Folgebescheid in diesem Sinne sein. Die Bindungswirkung erstreckt sich sodann „*soweit*“, wie „*die in den Feststellungsbescheiden getroffenen Feststellungen für diese Folgebescheide von Bedeutung sind.*“ Hierbei ist § 182 Abs. 1 S. 1 AO nicht zu entnehmen, dass eine Bindungswirkung des Grundlagenbescheides auch die Adressierung an den Inhaltsadressaten des Folgebescheides voraussetzt. Generell entfalten Verwaltungsakte auch gegenüber Drittbetroffenen Wirkung. Sie sind dem Drittbetroffenen bekannt zu geben, § 122 Abs. 1 S. 1 AO.[1373] Dies muss erst recht in der vorliegenden Konstellation gelten, in welcher die geänderte Feststellung gegenüber dem Adressaten des Folgebescheides bereits als Inhaltsadressat eines einheitlichen Bescheides hätte ergehen

---

1372 Die Wahl zwischen beiden Methoden der Anpassung kann dem Einzelfall vorbehalten bleiben. Je weniger ein Bescheid geändert wird und je weniger Auswirkungen auf andere Feststellungsbescheide hiermit einhergehen, desto eher empfiehlt sich eine Lösung über die gegenseitigen Bindungswirkungen.

1373 Auch ohne Bekanntgabe kann indessen Drittbetroffenheit vorliegen; exemplarisch BFH, Urteil vom 31.07.1980 – IV R 18/77, BStBl. II 1981, S. 33 (34). Es bestehen auch Bindungswirkungen ohne Bekanntgabe. Hält ein Beteiligter den Gesellschaftsanteil treuhänderisch, so ist ein zweistufiges Feststellungsverfahren durchzuführen. Auf erster Stufe werden gemäß § 180 Abs. 1 S. 1 Nr. 2 a) AO die Einkünfte der Gesellschaft dem Treunehmer zugerechnet. Auf zweiter Stufe erfolgt eine besondere gesonderte Feststellung nach § 179 Abs. 2 S. 3 AO (siehe auch Rdnr. 471). Hierbei entfaltet der Feststellungsbescheid erster Stufe hinsichtlich der dem Treunehmer zuzurechnenden Einkünfte Bindungswirkung für den Feststellungsbescheid auf zweiter Stufe, mit welchem diese Einkünfte den Treugebern zugerechnet werden; siehe lediglich BFH, Beschluss vom 10.04.2002 – XI B 125/01, BFH/NV 2002, S. 1278 (1279); BFH, Urteil vom 28.11.2001 – X R 23/97, BFH/NV 2002, S. 614 (615 f.). Diese Bindung wirkt auch gegenüber den Treugebern, ohne dass sie Adressat des Feststellungsbescheides erster Stufe sind oder dieser ihnen bekanntgegeben wurde. Gleiches gilt für die Gesellschafter einer Obergesellschaft hinsichtlich der zunächst der Obergesellschaft zugerechneten Einkünfte auf Ebene der Untergesellschaft; hierzu Rdnr. 329.

müssen. Die wechselseitige Bindungswirkung zwischen den verschiedenen Feststellungsbescheiden bei zulässiger Änderung eines Feststellungsbescheides, durch welche erst eine Betroffenheit anderer Beteiligter entsteht, wird somit gerade von § 182 Abs. 1 S. 1 AO vorgegeben.

Die sprachliche Ausgestaltung des § 171 Abs. 10 S. 1 AO („*Soweit für die Fest-* 502
setzung einer Steuer ein Feststellungsbescheid .... bindend ist (Grundlagenbescheid)“), an welchen auch § 175 Abs. 1 S. 1 Nr. 1 AO sowie § 351 Abs. 2 AO anknüpfen, steht dem nicht entgegen. Sie ist zu eng gefasst und trägt dem § 182 Abs. 1 S. 1 AO nicht hinreichend Rechnung.[1374] Auch im Rahmen des § 171 Abs. 10 S. 1 AO verlangt, allgemein anerkannt, die Definition des § 182 Abs. 1 S. 1 AO Geltung.[1375] Die Bindungswirkung der Feststellungsbescheide ist gerade in § 182 Abs. 1 S. 1 AO geregelt. § 171 Abs. 10 S. 1 AO wie auch § 175 Abs. 1 S. 1 Nr. 1 AO sollen diese lediglich verfahrenstechnisch absichern und finden auch nicht allein auf die gesonderten Feststellungen nach §§ 179 ff. AO Anwendung.[1376] Insoweit ist § 182 Abs. 1 S. 1 AO spezieller und die Begriffe Folgebescheid und Grundlagenbescheid korrespondierend auszulegen.[1377] Ein abweichendes Verständnis wäre auch insbesondere in Bezug auf die verfahrenstechnische Behandlung doppelstöckiger Personengesellschaften nicht haltbar. Dort entfaltet der Feststellungsbescheid auf Ebene der Untergesellschaft Bindungswirkung für den Feststellungsbescheid auf Ebene der Obergesellschaft, welche selbst Adressat des ersten Feststellungsbescheides ist (hierzu bereits Rdnr. 329). Feststellungsbescheide können daher Bindungswirkung für andere Feststellungsbescheide entfalten.

1374 *Kruse* in Tipke/Kruse, AO FGO, § 171 AO Rn. 89 ff., § 175 AO Rn. 2; *Brandis* in Tipke/Kruse, AO FGO, Vor § 179 AO Rn. 5; *Söhn* in Hübschmann/Hepp/Spitaler, AO FGO, § 179 AO Rn. 77.

1375 BFH, Urteil vom 09.08.2006 – II R 24/05, BStBl. II 2007, S. 87 (89); BFH, Urteil vom 22.06.2006 – IV R 31, 32/05, BStBl. II 2007, S. 687 (689); BFH, Urteil vom 13.07.1999 – VIII R 76/97, BStBl. II 1999, S. 747 (749); Wacker, HFR 2003, S. 450 (451); *Söhn*, StuW 1999, S. 328 (331); Kruse in Tipke/Kruse, AO FGO, § 171 AO Rn. 89 ff., § 175 AO Rn. 2, *Brandis* in Tipke/Kruse, AO FGO, Vor § 179 AO Rn. 5; *Söhn* in Hübschmann/Hepp/Spitaler, AO FGO, § 179 AO Rn. 77; *Paetsch* in Gosch, AO FGO, § 171 AO Rn. 158; *Kunz* in Gosch, AO FGO, § 182 AO Rn. 4; *Bartone* in Kühn/von Wedelstädt, AO FGO, § 171 AO Rn. 94, § 175 Rn. 10; ebenso bereits BFH, Vorlagebeschluss vom 28.06.1972 – I R 206/67, BStBl. II 1972, S. 803 (805), zum § 218 Abs. 2 AO a.F. *Koenig* in Koenig, AO, § 175 Rn. 9, will bei Folgefeststellungsbescheiden § 175 Abs. 1 S. 1 Nr. 1 AO analog anwenden, was zum gleichen Ergebnis führt.

1376 Zum Anwendungsbereich des § 171 Abs. 10 AO siehe im Überblick *Cöster* in Koenig, AO, § 171 Rn. 149 ff.; *Rüsken* in Klein, AO, § 141 Rn. 103 ff.

1377 Dies gilt auch, soweit man die §§ 172 ff. AO als durch Analogie nicht erweiterungsfähiges Regelwerk ansieht; hierzu BFH, Urteil vom 20.09.1995 – X R 9/93, BFH/NV 1996, S. 288 (289); BFH, Urteil vom 02.08.1994 – VIII R 65/93, BStBl. II 1995, S. 264 (265); BFH, Urteil vom 26.01.1994 – X R 57/89, BStBl. II 1994, S. 597 (599); *Rüsken* in Klein, AO, § 172 Rn. 1; offen gelassen von BFH, Urteil vom 27.08.1996 – IX R 56/94, BFH/NV 1997, S. 273 (274), da eine Auslegung keine Analogie darstellt.

503 Nicht erforderlich ist zudem, dass ein Feststellungsbescheid (Folgebescheid) einem anderen Feststellungsbescheid (Grundlagenbescheid) zeitlich nachfolgt, vgl. § 155 Abs. 2 AO. Die Begriffe „*Folgebescheid*" und „*Grundlagenbescheid*" im Sinne der Legaldefinitionen der §§ 182 Abs. 1 S. 1, 179 Abs. 10 S. 1 AO umschreiben eine verfahrenstechnische Bindungswirkung an den Inhalt eines anderen Verwaltungsaktes und sind somit auch entsprechend inhaltlich auszulegen. Gegenständlich ist daher ein „*inhaltliches Folgen*" im Sinne einer entsprechenden Umsetzung und Übernahme der Feststellungen, soweit diese von Bedeutung sind. Dass kein Folgen im Sinne einer zeitlichen Abfolge gemeint sein kann, ergibt sich zudem aus dem Umstand, dass Folgebescheide bereits vor Erlass eines Grundlagenbescheides ergehen können und sodann nach Erlass eines Grundlagenbescheides entsprechend zu ändern sind (hierzu Rdnr. 29). Auch ein später erlassener Feststellungsbescheid kann somit Grundlagenbescheid für einen zuvor erlassenen Feststellungsbescheid sein.

504 Wenn somit keine zeitliche Abfolge erforderlich ist und allgemein ein Feststellungsbescheid für einen anderen Feststellungsbescheid bindend sein kann, so wird auch deutlich, dass auch eine gegenseitige Bindung ohne Weiteres möglich ist. Ein und derselbe Feststellungsbescheid kann somit sowohl Grundlagenbescheid für einen oder mehrere andere Feststellungsbescheide sein, als auch Folgebescheid dieses oder anderer Feststellungsbescheide. Ein anderes Verständnis lässt sich jedenfalls dem § 182 Abs. 1 S. 1 AO nicht entnehmen, der eine Bindungswirkung lediglich an eine inhaltliche Bedeutung der Feststellungen knüpft, „*soweit*" diese reicht. Wenn der Inhalt eines Feststellungsbescheides für einen anderen Feststellungsbescheid von Bedeutung ist, schließt dies nicht aus, dass auch der Inhalt des anderen Feststellungsbescheides für den einen Feststellungsbescheid von Bedeutung sein kann. Unbeschadet dessen sind gegenseitige Abhängigkeiten mehrerer Feststellungsbescheide untereinander auch anerkannt. So ist beispielsweise der lediglich verrechenbare Verlust eines Kommanditisten gesondert festzustellen, § 15a Abs. 4 S. 1 EStG (hierzu bereits Rdnr. 488). Auch wenn diese Feststellung nach § 15a Abs. 4 S. 5 EStG mit der gesonderten und einheitlichen Feststellung verbunden wird, handelt es sich doch um rechtlich getrennte Verwaltungsakte, die selbständig angefochten und selbständig bestandskräftig werden können.[1378] In dem gesonderten und einheitlichen Gewinnfeststellungsbescheid wird über die subjektive Verlustzurechnung entschieden, im Feststellungsbescheid nach § 15 Abs. 4 S. 1 EStG über die Höhe des nur verrechenbaren Verlustes. Da dieser zugleich die Höhe des ausgleichsfähigen Verlustes vorgibt, stehen beide Bescheide wechselseitig zueinander im Verhältnis Grund- und Folgebescheid.[1379] Allgemeiner

1378 Zu Recht st. Rspr., siehe lediglich BFH, Beschluss vom 07.09.2006 – IX B 199/05, BFH/NV 2007, S. 75 (76); BFH, Urteil vom 03.02.2010 – IV R 61/07, BStBl. II 2010, S. 942 (943) m.w.N.; BFH, Urteil vom 23.02.1999 – VIII R 29/98, BStBl. II 1999, S. 592 (593) m.w.N.

1379 Siehe lediglich BFH, Urteil vom 23.02.1999 – VIII R 29/98, BStBl. II 1999, S. 592 (593); BFH, Urteil vom 22.06.2006 – IV R 31, 32/05, BStBl. II 2007, S. 687 (689 f.);

formuliert: Mehrere Feststellungsbescheide können füreinander von Bedeutung sein, wie es § 182 Abs. 1 S. 1 AO für die Annahme einer Bindungswirkung fordert.

Verfahrenstechnisch umzusetzen ist diese Bindungswirkung sodann über § 175 Abs. 1 S. 1 Nr. 1 AO. Bescheide sind zu erlassen, aufzuheben oder zu ändern, soweit ein Grundlagenbescheid, dem Bindungswirkung zukommt, erlassen, aufgehoben oder geändert wird. Eine derartige Bindungswirkung ist vorliegend mit der zulässigen Änderung eines Bescheides gegeben, soweit sodann Feststellungen enthalten sind, die für andere Feststellungsbescheide von Bedeutung sind (hierzu bereits Rdnr. 29). § 175 Abs. 1 S. 1 Nr. 1 AO normiert eine die Bestandskraft überwindende absolute Anpassungspflicht (hierzu bereits Rdnr. 30). 505

Die sich auf diese Weise ergebende Konstellation der Bindungswirkungen entspricht sodann der, welche bestehen würde, wenn die Änderungen bereits von Anfang an hätten berücksichtigt werden können.[1380] In diesem Fall wäre bereits insoweit ein gesonderter und auch einheitlicher Feststellungsbescheid ergangen.[1381] Es wird somit letztendlich eine Einheitlichkeit erreicht, ohne eine einheitliche Feststellung vorzunehmen. Auch wenn derartige Bindungswirkungen nicht die Regel darstellen, da nur wenige diese erfordernde materiell-rechtliche Vorgaben existieren, sind entsprechende Konstellationen nach Maßgabe der verfahrensrechtlichen Vorgaben handhabbar. Negative Auswirkungen hinsichtlich der zeitlichen Komponente der Änderbarkeit sind hiermit nicht verbunden. Auch wenn von vornherein ein umfassender gesonderter und einheitlicher Feststellungsbescheid ergangen wäre, sind Änderungen gegenüber allen Beteiligten nachzuvollziehen, sofern auch 506

BFH, Urteil vom 03.02.2010 – IV R 61/07, BStBl. II 2010, S. 942 (943); *Heuermann* in Blümich, EStG, KStG, GewStG, § 15a EStG Rn. 107a; *Wacker* in Schmidt, EStG, § 15a Rn. 190; *von Beckerath* in Kirchhof, EStG, § 15a Rn. 71.

1380 Ausgeschlossen wäre somit auch, dass von vornherein sich widersprechende Bescheide erlassen werden. So lässt sich auch eine gegenseitige Bindungswirkung hinsichtlich der Höhe von Sondervergütungen als Betriebsausgaben einerseits und Sonderbetriebseinnahmen andererseits annehmen. Hierdurch würden die Grundsätze korrespondierender Bilanzierung gewahrt, ohne dass insoweit eine einheitliche Feststellung zu erfolgen hat.

1381 Nicht nur aufgrund dieses Vergleiches muss es dem von Änderungen eines anderen Feststellungsbescheides Betroffenen möglich sein, gegen diesen als Grundlagenbescheid vorzugehen. Vielmehr ist allgemein anerkannt, dass sich auch ein Nicht-Adressat eines Bescheides gegen diesen als Drittbetroffener wenden kann, wenn durch diesen in dessen steuerliche Rechtssphäre eingegriffen wird. Hierzu exemplarisch *Cöster* in Koenig, AO, § 350 Rn. 21 f.; *Rätke* in Klein, AO, § 350 Rn. 48 ff.; *Hardtke* in Kühn/von Wedelstädt, AO FGO, § 350 AO Rn. 5; *Seer* in Tipke/Kruse, AO FGO, § 350 AO Rn. 17; *Bartone* in Gosch, AO FGO, § 350 AO Rn. 16; *Keß* in Schwarz/Pahlke, AO FGO, § 350 Rn. 29; *Siegers* in Hübschmann/Hepp/Spitaler, AO FGO, § 350 AO Rn. 67. Die hierzu erforderlichen Kenntnisse sind im Rahmen von in diesem Fall bestehenden Einsichts- und Informationsrechten zu verschaffen (hierzu Rdnr. 518 ff.).

nur gegenüber einem Beteiligten eine Änderung zulässig erfolgen kann (hierzu bereits Rdnr. 212, 246).

(b) Erlass eines (insoweit) einheitlichen Feststellungsbescheides

507 Die verfahrensrechtlichen Vorgaben lassen indessen auch eine weitere mögliche Handhabung erkennen. Ausgangspunkt ist hierbei § 179 Abs. 2 S. 2 Alt. 2 AO, welcher eine einheitliche Feststellung dann vorsieht, wenn der Gegenstand der Feststellung Mehreren zuzurechnen ist. Geht das Finanzamt davon aus, dass die jeweiligen Feststellungen keinen Einfluss aufeinander haben, so hat es mehrere und zu unterscheidende Feststellungsbescheide zu erlassen. Kann ein Feststellungsbescheid nachträglich geändert werden und ergeben sich hieraus Auswirkungen auf die anderen Bescheide, so ist dieser Feststellungsgegenstand auch den anderen Beteiligten zuzurechnen (hierzu bereits Rdnr. 485 ff.). In diesem Moment liegen somit die Voraussetzungen einer gesonderten und auch einheitlichen Feststellung vor, soweit die Auswirkungen reichen. Dass die notwendige Einheitlichkeit von vornherein hätte erkannt werden müssen, lässt sich der Norm nicht entnehmen.

508 Insoweit können derartige Änderungen auch zum Anlass genommen werden, gegenüber den betreffenden Beteiligten einen einheitlichen Bescheid zu erlassen, sofern Einheitlichkeit erforderlich ist. Auch ein ganzheitlicher einheitlicher Bescheid gegenüber allen Beteiligten ist folglich denkbar. So kann beispielsweise hinsichtlich der Zinsschranke die Änderung eines Feststellungsbescheides dazu führen, dass diese erst anwendbar wird und folglich Zinsaufwendungen der Unternehmung oder aller Beteiligter teilweise nicht mehr abziehbar sind. Wird sodann ein einheitlicher Bescheid erlassen, wird lediglich die Situation hergestellt, welche bestehen würde, wenn die Änderungen bereits von Anfang an zutreffend berücksichtigt worden wären. Die anderen Feststellungsbescheide werden nicht lediglich obsolet, sondern sind nach § 175 Abs. 1 S. 1 Nr. 1 AO aufzuheben.[1382] Wie auch bei der Annahme gegenseitiger Bindungswirkungen ist selbstverständlich vorauszusetzen, dass der Feststellungsbescheid, dessen Änderung zu einer einheitlichen Feststellung führen soll, im Rahmen rechtlicher Möglichkeiten noch änderbar ist.

1382 Die Art der Anpassung ist nicht stringent auf die Grundbescheidskonstellation bezogen. Daher ist ein Folgebescheid nicht nur jeweils zu erlassen, aufzuheben oder zu ändern, wenn ein Grundlagenbescheid jeweils erlassen, aufgehoben oder geändert wird. Dies belegen bereits folgende anerkannte Konstellationen: Ein Folgebescheid ergeht vor einem Grundlagenbescheid, der Grundlagenbescheid wird erlassen und der Folgebescheid ist zu ändern (nicht zu erlassen). Ein Grundlagenbescheid wird aufgehoben, der Folgebescheid wird lediglich (unter Schätzung der Besteuerungsgrundlagen) geändert (nicht aufgehoben). Ein noch nicht umgesetzter Grundlagenbescheid wird geändert, der Folgebescheid daraufhin aber erst erlassen (nicht geändert).

(6) Flankierung der Geheimhaltungsinteressen

Nach dem somit hergeleiteten Alternativmodell werden die Geheimhaltungsinteressen der Beteiligten im Rahmen des Feststellungsverfahrens grundlegend gewahrt, da Vorgänge in Sonderbetriebssphären grundsätzlich gesondert, nicht aber einheitlich festgestellt werden. Ausnahmen bestehen insoweit lediglich in dem Umfang, in dem das materielle Recht abweichende Vorgaben enthält. Zugleich wird dem gesetzgeberischen Willen entsprochen, die Sonderbetriebssphäre zur Erfassung dem Feststellungsfinanzamt zuzuordnen. Hinsichtlich des somit erreichten Geheimnisschutzes wäre ein derartiges Modell indessen weniger zielführend, wenn die Beteiligten anderweitig gezwungen wären, Vorgänge preiszugeben, welche ihre Sonderbetriebssphären betreffen. Angesprochen ist hiermit zunächst die Frage, wer hinsichtlich der Sonderbetriebssphäre erklärungs- und buchführungspflichtig ist. Zudem sollte ein Beteiligter auch im Rahmen bestehender Einsichts- und Informationsrechte keine Kenntnis von Besteuerungsgrundlagen anderer Beteiligter erlangen. **509**

(a) Erklärungspflicht für den Sonderbetriebsbereich

Hinsichtlich der Erklärungspflichten wird vorliegend bereits unabhängig von Geheimhaltungsinteressen eine eingrenzende Ansicht vertreten (hierzu Rdnr. 140 ff.). Gestützt auf den Gedanken von Pflichtenkreisen, welche am rechtlichen Können ausgerichtet sind, somit an den jeweiligen Kenntnissen hinsichtlich der Erklärungsinhalte, sind die Erklärungspflichten im Ergebnis beschränkt. Jeder Beteiligte ist hinsichtlich seiner Sonderbetriebssphäre erklärungspflichtig. Der Unternehmung obliegt die Erklärungspflicht hinsichtlich ihrer Sphäre (hierzu Rdnr. 124 ff.). Maßgeblich hierfür ist insbesondere, dass sich gegenseitige Informationsrechte nicht herleiten lassen (hierzu Rdnr. 145 f.). Bestehen keine Informationsrechte, fehlt es auch an Informationspflichten. Die Beteiligten haben somit weder der Unternehmung noch den anderen Beteiligten Vorgänge ihrer eigenen Sonderbetriebsbereiche zum Zwecke der Erklärung bekannt zu geben. Bei zutreffender Justierung der Erklärungspflichten stellt sich die Problematik des Geheimnisschutzes daher nicht. Die Wahrung der Geheimhaltungsinteressen stützt indessen die Begrenzung der Erklärungspflichten. **510**

(b) Buchführungspflicht für den Sonderbetriebsbereich

Einer Buchführungspflicht kann der jeweilige Verpflichtete nur insoweit nachkommen, als er entsprechende Kenntnisse besitzt. Sieht man die Gesellschaft auch hinsichtlich der Sonderbetriebssphären als buchführungspflichtig an, so müsste der Beteiligte die Vorgänge seiner Sonderbetriebssphäre preisgeben. Geheimhaltungsinteressen wären nicht gewahrt, eine Rücksichtnahme hierauf bei der Ausgestaltung des Feststellungsverfahrens obsolet. Indessen ist nicht die Gesellschaft, sondern der Beteiligte selbst insoweit buchführungspflichtig. **511**

512 Der Umstand, dass die Buchführungspflicht hinsichtlich des Sonderbetriebsvermögens als *„ein praktisch wie theoretisch wenig erquickliches Thema"*[1383] angesehen wird, findet seine Ursache in der fehlenden gesetzlichen Normierung. Hierbei ist im Ausgangspunkt klar, dass der Gesellschaft die Buchführungspflicht für den Gesamthandsbereich zukommt.[1384] Nahezu einhellig wird auch davon ausgegangen, dass bei Bilanzierungspflicht der Gesellschaft, bei freiwilliger Bilanzierung oder auch bei Einnahmen-Überschuss-Rechnung auf Gesellschaftsebene im Sonderbetriebsbereich die gleichen Gewinnermittlungsmethoden Anwendung zu finden haben (hierzu bereits Rdnr. 390 ff.). Allerdings fehlen gesetzliche Vorgaben, wer für diesen Bereich die Buchführungspflichten wahrzunehmen hat.

513 Die Zuweisung der Buchführungspflicht für die Sonderbetriebsbereiche an die Gesellschaft, insbesondere durch die Rechtsprechung,[1385] muss hierbei auf erhebliche Bedenken stoßen. Im Ausgangspunkt noch zutreffend geht der BFH davon aus, dass sich eine solche nicht als derivative Buchführungspflicht der Gesellschaft aus § 140 Abs. 1 ergeben kann.[1386] Dieser knüpft an die handelsrechtliche Buchführung an, die jedoch lediglich Gesamthandsvermögen ausweisen kann, da Sonderbetriebsvermögen als originär steuerrechtliche Konstruktion handelsrechtlich nicht existiert. Oder anders gewendet: Handelsrechtlich ist das Vermögen der Gesellschaft auszuweisen, nicht das eines Dritten. Diese Wertung wird von § 140 AO übernommen. Hieran anknüpfend begründet der BFH eine Buchführungspflicht der Gesellschaft für den Sonderbetriebsbereich indessen mit § 141 AO.[1387] Dies überzeugt nicht. Zum einen ist § 141 AO ausweislich des Gesetzeswortlautes nur anwendbar, *„wenn sich eine Buchführungspflicht nicht aus § 140 ergibt"*, § 141 Abs. 1 S. 1 letzter Hs. AO. Eine doppelte Buchführungspflicht kann daher nicht eintreten, so auch AEAO zu § 141, Nr. 1 S. 1. Zum anderen setzt eine solche Buchführungspflicht konstitutiv eine Aufforderung einer Finanzbehörde hierzu voraus, § 141 Abs. 2 S. 1 AO. Eine solche wird jedoch in der Praxis nicht erteilt.[1388] Auch dass die originäre Buchführungspflicht von Wertgrenzen abhängig ist, § 141 Abs. 1 S. 1 AO, ignoriert der BFH vollends. Ergänzend hebt er darauf ab, dass die Sonderbetriebssphäre in die gesonderte und einheitliche Feststellung miteinzubeziehen sei.[1389]

1383 *Görke* in Hübschmann/Hepp/Spitaler, AO FGO, § 141 AO Rn. 19.

1384 Bei Handelsgesellschaften nach § 140 AO i. V. m. §§ 6 Abs. 1, 238 HGB, bei GbRs nach § 141 AO; hierzu *Drüen* in Tipke/Kruse, AO FGO, § 141 AO Rn. 3.

1385 BFH, Urteil vom 30.10.1990 – VIII R 142/85, BStBl. II 1991, S. 401 (403 f.); BFH, Urteil vom 11.03.1992 – XI R 38/89, BStBl. II 1992, S. 797 (798); BFH, Urteil vom 27.06.2006 – VIII R 31/04, BStBl. II 2006, S. 874 (878).

1386 BFH, Urteil vom 30.10.1990 – VIII R 142/85, BStBl. II 1991, S. 401 (403); BFH, Urteil vom 11.03.1992 – XI R 38/89, BStBl. II 1992, S. 797 (798).

1387 BFH, Urteil vom 30.10.1990 – VIII R 142/85, BStBl. II 1991, S. 401 (403 f.); BFH, Urteil vom 11.03.1992 – XI R 38/89, BStBl. II 1992, S. 797 (798).

1388 *Görke* in Hübschmann/Hepp/Spitaler, AO FGO, § 141 AO Rn. 19.

1389 BFH, Urteil vom 30.10.1990 – VIII R 142/85, BStBl. II 1991, S. 401 (404); ebenso nunmehr *Märtens* in Gosch, AO FGO, § 141 AO Rn. 14.

Eine solche Feststellung kann jedoch, auch nach tradierter, hier nicht geteilter Meinung, auch stattfinden, wenn sowohl die Gesellschaft als auch die Gesellschafter Buchführungspflichten treffen.[1390] Schließlich vermag auch eine lückenausfüllende Auslegung der §§ 5 Abs. 1, 15 Abs. 1 S. 1 Nr. 2 EStG keine Buchführungspflicht der Gesellschaft für die Sonderbetriebsbereiche zu begründen.[1391] § 5 Abs. 1 EStG setzt eine Buchführungspflicht voraus,[1392] konstituiert diese aber nicht. Die Erstreckung der Buchführungspflicht der Gesellschaft auf den Sonderbetriebsbereich mittels § 141 AO[1393] lässt sich sodann auch auf eine einfache Grundannahme zurückführen: *„Dem BFH bereitet es wohl Schwierigkeiten, zwischen „Mein" und „Dein" zu unterscheiden."*[1394]

Die besondere Brisanz erfährt die vorliegende Problematik dadurch, dass sich **514**
auch die Buchführungspflicht der Gesellschafter für ihre Sonderbetriebsbereiche nicht aus den §§ 140, 141 AO herleiten lässt.[1395] Der Gesellschafter ist weder nach anderen Gesetzen verpflichtet, wie es § 140 AO verlangt, noch unterhält er nach zutreffender Auffassung einen gewerblichen Betrieb, wie es § 141 AO verlangt. Will man Buchführungs- und Bilanzierungsnotwendigkeit hinsichtlich des Sonderbetriebsvermögens nicht infrage stellen,[1396] so sollten diese trotzdem dem Gesellschafter zugewiesen werden. Es handelt sich weder um handelsrechtliche Vermögensgegenstände noch um steuerliche Wirtschaftsgüter der Gesellschaft. Sonderbetriebsvermögen steht materiell-rechtlich allein im (wirtschaftlichen) Eigentum des Gesellschafters. Allein der Gesellschafter ist es sodann auch, dem zunächst steuerrelevante Vorgänge im Sonderbetriebsbereich bekannt sind und der zeitnah und unmissverständlich Buchführungs- und Bilanzierungsentscheidungen vornehmen kann. Dies gilt insbesondere für die Schaffung gewillkürten Sonderbetriebsvermögens. Insbesondere in Bezug auf Sonderbetriebsvermögen II hängt die Zuordnung zu einer von mehreren Sonderbetriebssphären desselben Steuerpflichtigen bei mehreren Gesellschaften von dessen Zuordnungsentscheidung ab.

1390 Ebenso *Görke* in Hübschmann/Hepp/Spitaler, AO FGO, § 141 AO Rn. 19.

1391 So aber *Cöster* in Koenig, AO, § 141 Rn. 5.

1392 So auch BFH, Beschluss vom 04.05.1999 – VIII B 111/98, BFH/NV 1999, S. 1444 (1445), in Verbindung mit dem Maßgeblichkeitsgrundsatz.

1393 Lässt sich eine Buchführungspflicht der Gesellschaft für den Sonderbetriebsbereich nicht auf § 141 AO stützen, wird auch klar, dass Sonderbetriebsvermögen für die Wertgrenzen des § 141 Abs. 1 S. 1 Nr. 1–5 AO keine Relevanz zukommt; ebenso *Niehus/Wilke*, S. 96, mit anderer Begründung. Auch aus diesem Grund ist der Gesellschafter daher nicht verpflichtet, der Gesellschaft sein Sonderbetriebsergebnis mitzuteilen.

1394 *Knobbe-Keuk*, S. 443.

1395 A.A. *Stehr*, S. 65 ff., 76, der indessen die Vorgaben der §§ 140, 141 AO zumindest teilweise außer Acht lässt.

1396 Dies erwägend indessen *Görke* in Hübschmann/Hepp/Spitaler, AO FGO, § 141 AO Rn. 20 a.E., der eine Zusammenführung im Feststellungsverfahren als ausreichend erachtet.

Auch über die Inanspruchnahme von Vergünstigungen, wie erhöhte Abschreibungsmöglichkeiten, hat der Gesellschafter zu entscheiden. Die Rechtsprechung ist insoweit auf Abstimmungsvermutungen angewiesen,[1397] welche höchst zweifelhaft erscheinen, oder konstruiert Einwirkungspflichten des Gesellschafters auf die Gesellschaft,[1398] welche einer rechtlichen Grundlage entbehren. Allein dem Gesellschafter sind Anschaffungs- oder Herstellungskosten bekannt. Insgesamt handelt es sich grundsätzlich (zu Ausnahmen siehe Rdnr. 423 ff.) bei Sonderbetriebseinnahmen und Sonderbetriebsausgaben um Vorgänge, welche die Gesellschaft als solche nicht berühren. Warum sodann die Gesellschaft verpflichtet und quasi als Ausführungsinstrument zwischengeschaltet werden sollte, wenn doch der Gesellschafter sämtliche Informationen besitzt und sämtliche Entscheidungen hinsichtlich der Sonderbetriebssphäre zu treffen hat, erschließt sich nicht. Auch ist nicht ersichtlich, wie die Gesellschaft Angaben des Gesellschafters kontrollieren können sollte. Nicht einsichtig erscheint auch, warum die Gesellschaft und somit wirtschaftlich betrachtet jeder einzelne Gesellschafter mangels gesetzlicher Anordnung die Kosten der Buchführung und Bilanzierung hinsichtlich der (anderen) Sonderbetriebsbereiche tragen sollte. Auch bei der Zebra-Gesellschaft ist der gewerblich Beteiligte selbst bilanzierungspflichtig (hierzu Rdnr. 382). Warum anderes gelten sollte, wenn die Gesellschaft für den Gesellschaftsbereich verpflichtet ist, bleibt offen.

515 Will man insoweit die materielle Zuordnung nicht bereits für eine Buchführungspflicht der Gesellschafter genügen lassen,[1399] findet man auch verfahrensrechtliche Anknüpfungspunkte für deren Begründung. Zunächst erscheint es möglich, die allgemeine Mitwirkungspflicht der Steuerpflichtigen im Zusammenhang mit den §§ 179, 180 AO hin zu einer Adressierung der Buchführungspflicht zu konkretisieren.[1400] Hiergegen sollte nicht angeführt werden, dass nicht anwendbare speziellere Normen durch Rückgriff auf allgemeine Grundlagen inhaltsgleich ersetzt werden.[1401] Maßgeblich ist, dass eine Buchführungspflicht für den Sonderbetriebsbereich nicht erst verfahrensrechtlich geschaffen wird, sondern nach zutreffendem Verständnis bereits materiell-rechtlich besteht. Lediglich der Adressat dieser Verpflichtung ist nicht gesetzlich geregelt. Diesbezüglich sodann auf die allgemeinen Grundsätze zurückzugreifen, wenn

---

1397 BFH, Beschluss vom 25.01.2006 – IV R 14/04, BStBl. II 2006, S. 418 (419).

1398 BFH, Urteil vom 27.06.2006 – VIII R 31/04, BStBl. II 2006, S. 874 (878). Wie Fälle zu behandeln sein sollen, in denen die Gesellschaft klaren Weisungen des Gesellschafters nicht nachkommt, wird nicht beantwortet. Scheinbar geht der BFH von einem ausreichenden gesellschaftsrechtlichen Haftungsinstrumentarium aus.

1399 So wohl *Knobbe-Keuk*, S. 443.

1400 So *Autenrieth*, DStZ 1992, S. 275 (278). Allgemein wird in den §§ 140 ff. AO, wenn auch ohne Bezug zu dem vorliegenden Kontext, eine Konkretisierung der allgemeinen Mitwirkungspflicht gesehen, *Wied* in Blümich, EStG, KStG, GewStG, § 4 EStG Rn. 67; *Cöster* in Koenig, AO, § 141 Rn. 1. Dies entspricht auch der Überschrift zum Zweiten Abschnitts des vierten Teils der Abgabenordnung.

1401 So aber *Stehr*, S. 75 f.

speziellere Anordnungen fehlen, erscheint nicht verfehlt. Wollte man hinsichtlich der Pflichtenbegründung und Pflichtenadressierung zudem immer auf die §§ 140, 141 AO abstellen, wären auch andere Konstellation auflösungsbedürftig. Wenn eine Gesellschaft freiwillig, allerdings lediglich für einen Veranlagungszeitraum, bilanzieren will,[1402] ist sie nach Ansicht der Rechtsprechung, sofern nicht besondere Gründe vorliegen, *„aus Vereinfachungsgesichtspunkten“* an diese Entscheidung für drei Wirtschaftsjahre gebunden.[1403] Weder die Pflicht zur Bilanzierung in den nachfolgenden Wirtschaftsjahren noch die Adressierung dieser Verpflichtung an die Gesellschaft kann indessen aus den §§ 140, 141 AO hergeleitet werden. Gleiches gilt für den Komplementär einer KGaA. Durch dessen Gleichstellung mit einem Mitunternehmer (hierzu Rdnr. 336 f.) verfügt er ebenfalls über eine Sonderbetriebssphäre. Für diese ist aber, auch nach Ansicht des BFH, nicht die KGaA, sondern er selbst buchführungspflichtig.[1404] Auch dies kann nicht mit §§ 140, 141 AO begründet werden.

Unbeschadet dessen wird ein weiterer Ansatzpunkt für die Pflichtenzuweisung **516**
an die Gesellschafter, soweit ersichtlich, bisher nicht in die Diskussion eingebracht. Die Gesellschafter sind hinsichtlich des Feststellungsverfahrens nach allgemeiner Auffassung erklärungspflichtig. Nach hier vertretener Auffassung ist diese Erklärungspflicht zwar beschränkt, so dass nicht erst durch eine Ermessensausübung der Finanzbehörden allumfassende Erklärungspflichten handhabbar gemacht werden müssen (hierzu Rdnr. 140 ff.). Indessen besteht auch nach dieser einschränkenden Ansicht eine Erklärungspflicht der Beteiligten hinsichtlich ihrer jeweiligen Sonderbetriebssphäre. Dieser Feststellungserklärung eines Beteiligten ist jedoch bei bestehender Buchführungs- und Bilanzierungspflicht, wie vorliegend, wenn auf Gesellschaftsebene bilanziert wird, eine *„Abschrift der Bilanz, die auf dem Zahlenwerk der Buchführung beruht“*, beizufügen, § 60 Abs. 1 S. 1 EStDV 2000.[1405] Der Gesellschafter ist somit verpflichtet, seiner Feststellungserklärung eine Bilanz beizufügen. Das Gesetz sieht aber nicht ausdrücklich vor, wer diese zu erstellen hat. Hierdurch entsteht nicht lediglich ein faktischer Zwang für den Gesellschafter, die Bilanz selbst zu erstellen oder erstellen zu lassen. Vielmehr liegt auch der Schluss nahe, dass er zur Buchführung und Bilanzierung hinsichtlich des Inhaltes seiner

---

1402 Das Wahlrecht bei nicht bestehender Bilanzierungspflicht wird durch § 4 Abs. 3 S. 1 EStG eingeräumt.

1403 BFH, Urteil vom 09.11.2000 – IV R 18/00, BStBl. 2001, S. 102 (105).

1404 BFH, Urteil vom 21.06.1989 – X R 14/88, BStBl. II 1989, S. 881 (884); hierzu auch *Hageböke* in Rödder/Herlinghaus/Neumann, KStG, § 9 Rn. 170.

1405 § 60 EStDV 2000 ist zwingendes materielles Recht, § 51 Abs. 1 Nr. 1 a) EStG, Art. 80 Abs. 1 S. 1 GG. Feststellungserklärungen sind Steuererklärungen, § 181 Abs. 1 S. 2 AO. § 60 EStDV 2000 ist auf Feststellungserklärungen anwendbar, *Frotscher* in Schwarz/Pahlke, AO FGO, § 181 AO Rn. 14; *Kunz* in Gosch, AO FGO, § 181 AO Rn. 10.

Feststellungserklärung, somit seiner Sonderbetriebssphäre, verpflichtet ist.[1406] Anderenfalls könnte man von ihm die Vorlage einer Bilanz nicht verlangen.[1407]

517 Insoweit ist nicht nur die Verortung einer Buchführungspflicht für Sonderbetriebssphären bei der Gesellschaft durch den BFH mit dem überwiegenden Schrifttum abzulehnen,[1408] sondern über diese Ablehnung hinausgehend die Buchführungspflicht den jeweiligen Gesellschaftern positiv zuzuschreiben.[1409] Diese Verpflichtung umfasst sodann neben der Erstellung der Sonderbilanzen zutreffender Weise auch die jeweiligen Ergänzungsbilanzen.[1410] Hiergegen sollte nicht eingewandt werden, dass Ergänzungsbilanzen einen integralen Bestandteil der Gesamthandsbilanz darstellen.[1411] Entscheidend ist, dass in einer Ergänzungsbilanz keine Wirtschaftsgüter zu erfassen, sondern lediglich den einzelnen Gesellschafter betreffende Korrekturwerte hinsichtlich des Gesamthandsvermögens auszuweisen sind. Hierdurch wird einerseits nicht in die Bilanzierungshoheit der Gesellschaft eingegriffen, andererseits stammen die Gründe, welche zu einer Wertkorrektur zwingen, gänzlich aus der Gesellschaftersphäre. Die Gesellschaftssphäre wird durch Ergänzungsbilanzen nicht berührt.

(c) Einsichts- und Informationsrechte

518 Besteuerungsgrundlagen sind somit buchmäßig von demjenigen zu erfassen, der sie zu erklären hat. Sie sind lediglich demjenigen im Rahmen der Feststellung

---

1406 Positiver Nebeneffekt einer solchen differenzierenden Sichtweise, welche Buchführungspflichten der Gesellschaft und den Gesellschaftern zuweist, wäre eine automatische und veranlassungsbezogene Verteilung der Buchführungskosten hinsichtlich der einzelnen Bereiche.

1407 Eine so verstandene Zuweisung der Buchführungspflichten für die jeweils eigene Sonderbetriebssphäre sollte es ausschließen, dass andere Beteiligte auch bei (zufälliger) Kenntnis von Vorgängen hinsichtlich dieser Sphäre erklärungspflichtig sind, sofern bilanziert werden muss (hierzu bereits kursorisch Rdnr. 153 a.E.). Wollte man eine Erklärungspflicht eines anderen Beteiligten annehmen, müsste dieser die ihm bekannten Vorgänge bilanziell darstellen. Die Aufbürdung der hiermit verbundenen Kosten beziehungsweise des Aufwandes entbehrt jeglicher Rechtfertigung.

1408 Siehe hierzu lediglich die Nachweise bei *Dißars*, StuB 2016, S. 452 (453); *Schneider*, S. 79 Fn. 198; *Drüen* in Tipke/Kruse, AO FGO, § 141 AO Rn. 3a; *Dißars* in Schwarz/Pahlke, AO FGO, § 141 AO Rn. 8; *Görke* in Hübschmann/Hepp/Spitaler, AO FGO, § 141 AO Rn. 20; sowie die Nachweise in Fn. 1409. Dem BFH zustimmend hingegen *Märtens* in Gosch, AO FGO, § 141 AO Rn. 14 m.w.N.; *Rätke* in Klein, AO, § 141 Rn. 12; *Cöster* in Koenig, AO, § 141 Rn. 5, mit anderer Begründung, zu dieser siehe Rdnr. 513.

1409 *Schön*, DStR 1993, S. 185 (193); *Knobbe-Keuk*, S. 443; *Hennrichs* in Tipke/Lang, § 10 Rn. 116; *Stehr*, S. 73 ff., 76; i.E. ebenso *Hallerbach*, S. 209, wenn auch auf anderer dogmatischer Grundlage.

1410 Ebenso *Hennrichs* in Tipke/Lang, § 10 Rn. 116.

1411 So aber wohl *Niehus/Wilke*, S. 95.

bekannt zu geben, für den sie von Relevanz sind. Diese Differenzierung ist auch im Rahmen verfahrensrechtlicher Einsichts- und Informationsrechte fortzuführen. Angesprochen sind hiermit zunächst die Rechte auf Mitteilung der Besteuerungsgrundlagen nach § 364 AO und das Akteneinsichtsrecht nach § 78 FGO. Diese Rechte bestehen zur Absicherung und als Ausfluss des Anspruchs auf rechtliches Gehör.[1412] Sie sind daher unabdingbar. Anders als beispielsweise § 29 VwVfG oder § 147 StPO sieht die Abgabenordnung indessen kein allgemeines Akteneinsichtsrecht vor. Maßgeblich hierfür waren die (nach § 30 AO zu schützenden) Geheimhaltungsinteressen Dritter.[1413] Der BFH geht insoweit aber davon aus, dass die Finanzbehörden während des Verwaltungsverfahrens Akteneinsicht im Rahmen pflichtgemäßer Ermessensausübung gewähren können.[1414] Auch im Rahmen des Informationsfreiheitsgesetzes können sich Informationsansprüche zu einem Akteneinsichtsrecht verdichten.[1415]

Allerdings ist zur Wahrung des Anspruchs auf rechtliches Gehör die Mitteilung **519**
von Besteuerungsgrundlagen auch lediglich insoweit notwendig, als das Informationsbedürfnis, insbesondere ein Rechtsschutzbedürfnis, im Einzelfall reicht. Erforderlich ist somit, dass der jeweilige Beteiligte von einzelnen Besteuerungsgrundlagen überhaupt betroffen ist. Gemessen am Sinn und Zweck der Einsichts- und Informationsrechte ist daher eine allumfassende Kenntnisverschaffung nicht erforderlich. Im Verwaltungsverfahrensgesetz kommt dies bereits durch § 29 Abs. 1 S. 1 Hs. 2 VwVfG selbst („*soweit deren Kenntnis zur Geltendmachung oder Verteidigung ihrer rechtlichen Interessen erforderlich ist*") und § 30 VwVfG zum Ausdruck. Auch im Steuerverfahren wird allgemeinhin davon ausgegangen, dass Informationen geeignet sein müssen, das Ergebnis des Verfahrens für den jeweiligen Beteiligten zu beeinflussen.[1416] Hierauf ist sodann aber ein Informationsanspruch oder ein Einsichtsrecht auch zu begrenzen.

1412 Siehe lediglich BVerfG, Beschluss vom 13.04.2010 – 1 BvR 3515/08, NVwZ 2010, S. 954 (1. Leitsatz, S. 955 f.); BFH, Urteil vom 23.02.2010 – VII R 19/09, BStBl. II 2010, S. 729 (730); BFH, Beschluss vom 25.05.2011 – VI B 3/11, BFH/NV 2012, S. 46 (46); *Rätke* in Klein, AO, § 364 Rn. 1; *Cöster* in Koenig, AO, § 364 Rn. 1; *Stapperfend* in Gräber, FGO, § 78 Rn. 1.

1413 Hierzu BT-Drs. 7/4292, S. 24 f. Auch die Auskunftsrechte hinsichtlich der gespeicherten personenbezogenen Daten sind entsprechend begrenzt; hierzu BMF, Schreiben betreffend Erteilung von Auskünften über Daten, die zu einer Person im Besteuerungsverfahren gespeichert sind vom 17.12.2008, BStBl. I 2009, S. 6 (Tz. 7 c), 10).

1414 Siehe lediglich BFH, Urteil vom 23.02.2010 – VII R 19/09, BStBl. II 2010, S. 729 (730 f.); BFH, Beschluss vom 04.06.2003 – VII B 138/01, BStBl. II 2003, S. 790 (791) m.w.N.

1415 Hierzu *Seer* in Tipke/Kruse, AO FGO, § 91 AO Rn. 28 ff.; *Seer* in Tipke/Lang, § 21 Rn. 10.

1416 FG Düsseldorf, Beschluss vom 19.03.2007 – 16 V 4828/06 A(H(L)), EFG 2007, S. 1053 (1053); *Rätke* in Klein, AO, § 364 Rn. 2; *Cöster* in Koenig, AO, § 364 Rn. 5; *Birkenfeld*

520 Insbesondere soweit der Einzelne gegen einen Feststellungsbescheid zulässiger Weise vorgeht (hierzu bereits Rdnr. 243 ff., siehe zudem noch Rdnr. 525 ff.), sind daher Einsichts- und Informationsrechte lediglich im notwendigen Umfang anzuerkennen. Der Umfang entsprechender Rechte ist an seinem Rechtsschutzbegehren auszurichten. Freilich muss der Einzelne die Fehlerfreiheit des ihm gegenüber zu erlassenden Feststellungsbescheides prüfen können. Hierzu sind Besteuerungsgrundlagen, welche ihn betreffen, zunächst in den Feststellungsbescheid aufzunehmen. So genügt es im Rahmen des § 7a Abs. 7 S. 2 EStG für einen ablehnenden Bescheid aber beispielsweise, wenn dieser zum Ausdruck bringt, dass namentlich zu benennende andere Beteiligte die Voraussetzungen für geltend gemachte Vergünstigungen erfüllen, diese aber nicht geltend gemacht haben. Macht der Steuerpflichtige nunmehr Einsichts- oder Informationsrechte geltend, um diese Annahmen des Finanzamtes zu prüfen, so sind diese auch hierauf beschränkt. Dem Steuerpflichtigen muss es (lediglich) möglich sein, nachzuvollziehen, ob die Voraussetzungen der Vergünstigungsnorm auch bei den anderen Beteiligten vorliegen und inwieweit eine Geltendmachung vorliegt. Für letzteres genügt in der Regel die Einsicht in die Feststellungserklärung des anderen Beteiligten, welche hinsichtlich der nicht in Anspruch genommenen Vergünstigungen unausgefüllt geblieben und darüber hinaus, abgesehen von den persönlichen Daten, zu schwärzen ist. Keinesfalls erforderlich ist in diesem Fall aber, sämtlichen Beteiligten sämtliche Besteuerungsgrundlagen aller Beteiligten offen zu legen. Ein erweiterter Umfang der Kenntnisverschaffung gilt lediglich dann, wenn die Prüfung der Rechtmäßigkeit eines Bescheides umfassende(re) Kenntnis erfordert. Werden beispielsweise Zinsaufwendungen nach § 4h EStG nicht zum periodengerechten Abzug zugelassen oder die Vergünstigungen nach § 7g EStG verwehrt, weil der Gesamtinvestitionsabzugsbetrag die Schwelle des § 7g Abs. 1 S. 4 EStG überschreitet oder die Grenzen des § 7g Abs. 1 S. 2 Nr. 1 EStG überschritten sind, so bedarf der Steuerpflichtige zur entsprechenden Prüfung weitergehender Informationen. Diese sind sodann auch zu gewähren. Allerdings lediglich insoweit und in derartigen Fällen, in denen eine Informationsbeschränkung gleichsam eine Beschränkung der Rechtsschutzmöglichkeiten bedingt.

c) Integration des Alternativmodells in den Verfahrensgang

521 Das hier vertretene Alternativmodell lässt sich zudem nahtlos in den vorgegebenen Ablauf des Feststellungsverfahrens integrieren. Soweit gewisse Modifikationen vorzunehmen sind, folgen diese allgemeinen Grundsätzen sowie den gesetzlichen Vorgaben.

---

in Hübschmann/Hepp/Spitaler, AO FGO, § 364 AO Rn. 32; *Tipke* in Tipke/Kruse, AO FGO, § 364 AO Rn. 2.

(1) Erklärungspflicht und örtliche Zuständigkeit

So hat das Alternativmodell zunächst keine Auswirkungen auf die Erklärungs- 522
pflichten der Beteiligten sowie, nach hier vertretener Auffassung, der Unternehmung (hierzu Rdnr. 124 ff.). Diese bestehen in dem hier vertretenen, auf das Kennen und Kennenmüssen beschränkten, Umfang (hierzu Rdnr. 150 ff.) und sind daher im Regelfall auf die eigenen materiellen Zuständigkeiten bezogen. Der Erlass mehrerer Bescheide am Ende des Verfahrens entfaltet hierauf keine Rückwirkung. Örtlich zuständig für den Erlass der Bescheide ist sodann das Feststellungsfinanzamt (allgemein zur örtlichen Zuständigkeit Rdnr. 157 ff.). Maßgeblich ist insoweit, dass § 18 Abs. 1 AO nicht lediglich die örtliche Zuständigkeit für die gesonderte und einheitliche Feststellung regelt, sondern erschöpfender sämtliche *„gesonderten Feststellungen nach § 180"* AO umfasst. Um derartige gesonderte Feststellungen handelt es sich indessen auch, wenn für die Sonderbetriebssphären lediglich gesonderte Feststellungsbescheide nach § 180 Abs. 1 S. 1 Nr. 2 a) AO zu erlassen sind.

(2) Adressierung und Bekanntgabe

In Bezug auf die Adressierung ist zu differenzieren. Hinsichtlich des gesonder- 523
ten und einheitlichen Feststellungsbescheides, welcher die mehreren Beteiligten zuzurechnenden Einkünfte auf Unternehmungsebene umfasst, ergeben sich keine Besonderheiten. Der Bescheid ist an sämtliche Beteiligte sowie, nach hier vertretener Auffassung, an die Unternehmung selbst zu adressieren (hierzu Rdnr. 164 ff.). Ein gesonderter (nicht einheitlicher) Feststellungsbescheid in Bezug auf eine Sonderbetriebssphäre ist lediglich an den Beteiligten zu adressieren, der inhaltlich von diesem betroffen ist. Da insoweit regelmäßig keine einheitliche Feststellung vorzunehmen ist, richtet sich die Adressierung somit nach § 179 Abs. 2 S. 1 AO. Sofern ein andere Besteuerungsgrundlagen erfassender Bescheid ausnahmsweise einheitlich zu ergehen hat, ist er an die von ihm Betroffenen, somit gegebenenfalls auch die Unternehmung, zu adressieren. § 179 Abs. 2 S. 1 AO findet in derartigen Konstellationen keine Anwendung (hierzu Rdnr. 173 ff.). Die Adressierung an alle Betroffenen folgt mittelbar aus § 179 Abs. 2 S. 2 AO, welcher diese voraussetzt (hierzu Rdnr. 176 ff.).

Die Feststellungsbescheide sind denjenigen bekannt zu geben, die von ihnen 524
betroffen sind, mithin den jeweiligen Adressaten, nach Änderung gegebenenfalls auch Drittbetroffenen. Hinsichtlich der Bekanntgabe des gesonderten und einheitlichen Feststellungsbescheides auf Ebene der Unternehmung bestehen keine Besonderheiten. Dieser Bescheid ist den Beteiligten sowie nach hier vertretener Auffassung auch der Unternehmung bekannt zu geben (hierzu Rdnr. 239 ff.). Von der Bekanntgabeerleichterung des § 183 AO kann insoweit Gebrauch gemacht werden. Gesonderte Feststellungsbescheide hinsichtlich der Sonderbetriebssphären sind den jeweiligen Beteiligten bekannt zu geben. Sollte in diesem Bereich eine partielle einheitliche Feststellung vorzunehmen sein, ist zu unterscheiden: Werden nicht sämtliche anderen Besteuerungsgrundlagen erfasst, ist der Feststellungsbescheid

aber sämtlichen Beteiligten bekannt zu geben, bleibt § 183 AO anwendbar. Ist nicht sämtlichen Beteiligten bekannt zu geben, kann nicht auf § 183 AO zurückgegriffen werden. Zwischen den von dieser einheitlichen Feststellung Betroffenen besteht in dem Umfang der Feststellungen kein Gesellschafts- oder Gemeinschaftsverhältnis, wie es § 183 Abs. 1 S. 1 AO („*die an dem Gegenstand der Feststellung als Gesellschafter oder Gemeinschafter beteiligt sind (Feststellungsbeteiligte)*" voraussetzt. Diese spiegelt sich auch in § 183 Abs. 2 S. 1 AO wider. § 183 AO geht davon aus, dass die einheitliche Feststellung gegenüber allen Beteiligten vorzunehmen ist.

(3) Rechtsbehelfsverfahren

525 Auch die Rechtsbehelfsbefugnis folgt allgemeinen Grundsätzen. Mithin ist auch hier zu unterscheiden: Da sowohl § 352 AO als auch § 48 FGO eine gesonderte und einheitliche Feststellung[1417] voraussetzen, ist ihr Anwendungsbereich begrenzt und bezieht sich nicht auf ausschließlich gesonderte (nicht einheitliche) Feststellungsbescheide. Für den gesonderten und einheitlichen Feststellungsbescheid, welcher die Einkünfte auf Unternehmungsebene umfasst, gilt daher das hier vertretene Verständnis zu Inhalt und Umfang der einzelnen Regelungen innerhalb der jeweiligen Nr. 1–5 (hierzu Rdnr. 251 ff.). Insoweit ist auch die Unternehmung berechtigt, den einheitlichen Feststellungsbescheid anzugreifen (hierzu Rdnr. 256 ff.). Da nach dem hier vertretenen Alternativmodell die Sonderbetriebssphären grundsätzlich nicht Gegenstand dieser einheitlichen Feststellung sind, ist sie auch grundsätzlich beschwert. Dem Alternativmodell kann in diesem Zusammenhang nicht entgegengehalten werden, dass die Nr. 5 hinsichtlich des einheitlichen Feststellungsbescheides zur Unternehmungsebene leer liefe (zu deren Anwendungsbereich nach tradierter Auffassung siehe Rdnr. 282). Es existieren auch im Rahmen des Alternativmodelles Konstellationen, in denen eine ganzheitliche und umfassende gesonderte und einheitliche Feststellung durchzuführen ist (hierzu Rdnr. 493 ff.), wodurch Anwendungsfälle für Nr. 5 verbleiben. Allgemein gilt im Fall umfassender einheitlicher Feststellung nichts zu den allgemeinen Ausführungen abweichendes (zu den Rechtsbehelfsbefugnissen und deren Umfang siehe daher Rdnr. 251 ff.)

526 Auch auf eine partielle gesonderte und einheitliche Feststellung im Sonderbetriebsbereich, welche in Ausnahmefällen durchzuführen ist (hierzu Rdnr. 491 f.), finden §§ 352 AO, 48 FGO aufgrund ihres klaren Wortlautes („*Gegen Bescheide über die einheitliche und gesonderte Feststellung von Besteuerungsgrundlagen ...*") grundsätzlich Anwendung. Betrifft der Feststellungsbescheid nicht alle Besteuerungsgrundlagen, indessen aber sämtliche Beteiligte, gilt nichts zum umfassenden einheitlichen Bescheid abweichendes. Sind indessen nicht sämtliche Beteiligte Betroffene dieses Bescheides, existiert im Umfang des Feststellungsgegenstandes weder ein Gesellschafts- noch Gemeinschaftsverhältnis. Daher ist weder ein Geschäftsführer zur Vertretung berufen noch ein Rechtsbehelfsbevollmächtigter

1417 Jeweils unzutreffend als „*einheitliche und gesonderte Feststellung*" bezeichnet , hierzu bereits Fn. 114.

vorhanden. In der Konsequenz besteht daher in diesem Fall keine Rechtsbehelfsbefugnis nach § 352 Abs. 1 Nr. 1 AO und § 48 Abs. 1 Nr. 1 FGO.

Hinsichtlich der lediglich gesonderten (nicht einheitlichen) Feststellungen im 527 Sonderbetriebsbereich folgt die Rechtsbehelfsbefugnis mangels Anwendbarkeit der §§ 352 AO, 48 FGO allgemeinen Grundsätzen. Die jeweiligen Adressaten sind rechtsbehelfsbefugt, soweit sie eine Beschwer geltend machen können, § 350 AO, § 40 Abs. 2 FGO. Weder der Unternehmung noch anderen Beteiligten ist dies möglich, wodurch eine Drittbetroffenheit regelmäßig ausscheidet. Wäre eine solche gegeben, so wäre der Feststellungsgegenstand zuzurechnen und es wäre eine einheitliche Feststellung ergangen. Etwas anderes gilt dann, wenn ein Bescheid erst durch seine Änderung Drittwirkung über seine Bindungswirkung entfaltet (hierzu Rdnr. 501 ff.).

d) Vereinbarkeit mit Sinn und Zweck des Feststellungsverfahrens

Das hier vertretene Alternativmodell lässt sich nicht lediglich allgemein in das Fest- 528 stellungsverfahren integrieren. Es entspricht vielmehr auch dessen Sinn und Zweck. Dies gilt zunächst und uneingeschränkt für die materiell-rechtliche Zwecksetzung, welche unterschiedliche Entscheidungen vermeiden soll (hierzu Rdnr. 36 f.). Sämtliche Feststellungsgegenstände, welche letztendlich mehrere Beteiligte betreffen, somit Mehreren zuzurechnen sind, werden § 179 Abs. 2 S. 2 Alt. 2 AO folgend einheitlich festgesellt. Auch im Falle von Bescheidänderungen wird die Einheitlichkeit gesichert. Ohne Weiteres wird auch die verfahrensökonomische Zwecksetzung im engeren Sinne gewahrt (hierzu Rdnr. 41). Es existiert im Alternativmodell keine Konstellation, in welcher mehrere Finanzämter mit ein und derselben Besteuerungsgrundlage befasst wären. Eine Mehrfachbefassung wird durch die örtliche Allzuständigkeit des Feststellungsfinanzamtes (hierzu Rdnr. 522) ausgeschlossen. Sieht man das Feststellungsfinanzamt zudem generell als sachnäher und sachkundiger (zur Kritik einer pauschalierenden Betrachtung siehe Rdnr. 447 ff.), wird auch dieser Vorstellung entsprochen. Insoweit realisiert das Alternativmodell auch die verfahrensökonomische Zwecksetzung im weiteren Sinne.

Diese verfahrensökonomische Zwecksetzung im weiteren Sinne scheint ledig- 529 lich auf den ersten Blick durch den Umstand negativ tangiert, dass im Rahmen des Alternativmodells regelmäßig mehrere Bescheide zu erlassen sind. Zunächst ist zu vergegenwärtigen, dass weder mehr noch weniger Feststellungen zu treffen sind als nach tradierter Auffassung. Der notwendigerweise an den materiellen Vorgaben orientierte Ermittlungsaufwand ist somit stets gleich hoch. Allein die Anzahl der Bescheide weicht ab. Ein Mehraufwand besteht daher lediglich in der Zuordnung der festzustellenden Besteuerungsgrundlagen sowie in den entsprechenden Bescheidabfassungen und fällt daher äußerst gering aus. Mit anderen Worten: Der Inhalt eines Bescheides nach tradierter Auffassung wird lediglich auf mehrere Bescheide im Sinne des Alternativmodells aufgeteilt. Hierin eine maßgebliche Verfahrenserschwerung erblicken zu wollen, erschiene, auch angesichts softwaregestützter Veranlagung, fernliegend. Gleiches gilt für Fälle der Bescheidänderung.

530 Auch der Umstand, dass im Rahmen des Alternativmodells unterschiedliche Bescheide mehreren Beteiligten bekannt zu geben sind, wirkt nicht durchweg erschwerend. Selbst wenn man dieser Gegebenheit ein gewisses Gewicht beimessen wollte, kehrt sich dieser Nachteil im Rahmen des Rechtsbehelfsverfahrens und bei Bescheidänderungen aus sonstigen Gründen regelmäßig um. Für den gesonderten und einheitlichen Feststellungsbescheid auf Unternehmungsebene bestehen keine Unterschiede. Feststellungen im Sonderbetriebsbereich werden im Alternativmodell im Normalfall indessen lediglich gesondert und gegenüber einem Adressaten festgestellt. Änderungen sind somit auch lediglich gegenüber einem Adressaten vorzunehmen. Nach tradierter Auffassung sind diese Feststellungen Bestandteil eines allumfassenden einheitlichen Bescheides. Auch hier ist lediglich ein Bescheid zu ändern. Dieser adressiert indessen Mehrere und ist diesen daher auch bekannt zu geben, selbst wenn ein Großteil der Beteiligten von den Änderungen inhaltlich nicht betroffen ist. In dieser Hinsicht entfaltet das Alternativmodell sodann eine verfahrenserleichternde Wirkung, die im Rahmen der tradierten Auffassung nicht erreicht werden kann.[1418] Dies gilt auch im Rahmen von Hinzuziehung und Beiladung im Rechtsbehelfsverfahren.

531 Wollte man dieser Kompensation entgegenhalten, dass in der Summe gleichwohl eine Verfahrenserschwerung durch vermehrte Bekanntgaben oder aus anderen Gründen verbliebe, sollten zwei Aspekte nicht außer Acht gelassen werden. Zunächst ist festzuhalten, dass das Gesetz selbst vermehrten Bekanntgabeaufwand ohne Weiteres hinnimmt. Auch im Rahmen der tradierten Auffassung ist die Bekanntgabeerleichterung des § 183 AO als Ermessensnorm ausgestaltet (hierzu Rdnr. 214), (zutreffender Weise) durch Ausnahmen durchbrochen (hierzu Rdnr. 231 ff.) und führt somit auch bei Annahme eines allumfassenden Bescheides nicht zwingend zu einer Verfahrenserleichterung. Darüber hinaus folgt die Unterscheidung zwischen einem gesonderten und einheitlichen Feststellungsbescheid für die Unternehmungsebene und den gesonderten Feststellungsbescheiden, welche die jeweiligen Sonderbetriebssphären betreffen, den gesetzlichen Vorgaben. Diese können einerseits nicht durch allgemeine verfahrensökonomische Gesichtspunkte überlagert werden. Dies gilt erst recht, als andererseits die verfahrensökonomische

---

1418 Wie groß allgemeinhin das Änderungspotential bei Einsprüchen gegen Steuerbescheide ist, zeigt die jährliche Statistik über die Einspruchsbearbeitung in den Finanzämtern, auch wenn diese keine expliziten Angaben zu gesonderten und einheitlichen Feststellungsbescheiden enthält. Die Abhilfequote im Jahr 2016 lag bei 63,5 v.H.; Statistik über die Einspruchsbearbeitung in den Finanzämtern im Jahr 2016, abrufbar unter: http://www.bundesfinanzministerium.de/Content/DE/Standardartikel/Themen/Steuern/Weitere_Steuerthemen/Abgabeordnung/BMF_Anordnungen_Allgemeines/2017-10-19-statistik-ueber-die-einspruchsbearbeitung-in-den-finanzaemtern-jahr-2016.html (abgerufen September 2019).

Zwecksetzung im engeren Sinne sowie die materiell-rechtliche Zwecksetzung durchweg gewahrt werden.

e) *Exkurs: Sachgerechte Lösung für mehrgliedrige atypisch stille Gesellschaften*

Folgt man dem hier vertretenen Alternativmodell, so lässt sich auch für die ver- **532**
fahrensmäßige Behandlung von mehrgliedrigen atypisch stillen Gesellschaften[1419] eine interessengerechte Lösung herleiten. Angesprochen sind hiermit Konstellationen, in denen ein Betriebs- oder Geschäftsinhaber (Prinzipal) mehrere Dritte am Ergebnis seines Betriebes oder Geschäftes, am Geschäftswert, Wertzuwächsen und stillen Reserven beteiligt. Geschieht dies jeweils einzeln, entstehen hierdurch mehrere getrennte atypisch stille Gesellschaften.[1420] Hinsichtlich deren verfahrenstechnischer Erfassung differenziert der BFH: Beziehen sich die jeweiligen Gesellschaften auf jeweils verschiedene Betriebszweige oder Geschäftsbereiche, sind insoweit verschiedene und somit auch getrennte Feststellungsverfahren durchzuführen. Dies erscheint sowohl unproblematisch als auch zutreffend und bedarf keiner weiteren Erläuterung. Beziehen sich die zu unterscheidenden Gesellschaften indessen auf dieselben Betriebszweige oder Geschäftsbereiche oder auf den Betrieb beziehungsweise das Geschäft als Ganzes, so sei lediglich eine (!) gesonderte und einheitliche Feststellung durchzuführen, welche sämtliche Beteiligte, daher sämtliche Gesellschaften, umfasst.[1421]

1419 Zum Begriff der atypisch stillen Gesellschaft sowie deren zivilrechtlicher und ertragsteuerlicher Einordnung siehe *Westphal*, SteuerStud 2000, S. 113 (114 ff.); *Kraus*, S. 11 ff.

1420 Unproblematisch und hier nicht gegenständlich sind Fälle, in denen mit allen Unterbeteiligten zusammen vereinbarungsgemäß ein einziges Gesellschaftsverhältnis besteht. Gleiches gilt, wenn sich die zu beteiligenden Personen zu einer Gesellschaft verbinden und diese Gesellschaft sodann mit dem Prinzipal eine atypisch stille Gesellschaft begründet.

1421 BFH, Beschluss vom 05.07.2002 – IV B 42/02, BFH/NV 2002, S. 1447 (1450); BFH, Urteil vom 15.10.1998 – IV R 18/98, BStBl. II 1999, S. 286 (290); BFH, Beschluss vom 09.03.1994 – VIII S 9/93, BFH/NV 1995, S. 28 (29); *Löhr*, BB 2002, S. 2361 (2361 f.); *Ros*, DStR 2001, S. 1592 (1593); *von Wedelstädt* in Kühn/von Wedelstädt, AO FGO, § 179 AO Rn. 16; *Söhn* in Hübschmann/Hepp/Spitaler, AO FGO, § 179 AO Rn. 18 ff. Ähnlich differenziert der BFH im Gewerbesteuerrecht, ob ein Gewerbebetrieb oder mehrere Gewerbebetriebe vorliegen; siehe hierzu *Ros*, DStR 2001, S. 1592 (1593); *Lindwurm*, DStR 2000, S. 53 (54); jeweils m.w.N. Eine Anknüpfung an diese Differenzierung im Gewerbesteuerrecht ist indessen in den Befassungen des BFH zur gesonderten und einheitlichen Feststellung nicht existent. Gewerbesteuerliche Aspekte können daher außer Betracht bleiben, auch da die dortige Gewinnermittlung unabhängig von der ertragsteuerlichen Einkünftefeststellung ist (hierzu Rdnr. 413).

533 Die Problematik einer solchen verfahrensmäßigen Behandlung erscheint evident. Mit den verschiedenen Unterbeteiligten werden Personen, welche weder eine gesellschaftliche noch eine gemeinschaftliche Verbindung zueinander aufweisen können, in einem einzigen Verfahren und einheitlichen Bescheid erfasst. Ein Gesellschaftsverhältnis besteht jeweils lediglich zu dem Prinzipal, nicht indessen untereinander. Ein gemeinsamer Zweck zwischen den stillen Gesellschaftern existiert nicht.[1422] In der Konsequenz geht den atypisch stillen Gesellschaften die *„Stille"* verloren. Alle Beteiligten sehen sich nach tradierter Auffassung zu umfassender Offenbarung gezwungen. Den stillen Gesellschaftern werden somit sowohl sämtliche stille Gesellschaftsverhältnisse als auch sämtliche in den anderen Gesellschaftsverhältnissen vorliegende Umstände und Vorfälle bekannt. Ein Interesse an Offenbarung ihrer Verhältnisse haben Gesellschafter aber schon innerhalb ihres eigenen Gesellschaftsverhältnisses nicht (siehe hierzu auch Rdnr. 456 ff.). Erst recht besteht ein solches Interesse nicht gegenüber Dritten, die dem Gesellschafter zudem vollkommen unbekannt sind. Auch der Prinzipal hat kein Interesse daran, dass die stillen Gesellschafter Kenntnis voneinander erlangen sowie, dass die jeweiligen Absprachen mit dem Prinzipal, insbesondere hinsichtlich der Beteiligungshöhen, bekannt werden.[1423] Wären derartige Interessen ohne Relevanz, hätte der Prinzipal auf ein umfassendes Gesellschaftsverhältnis zu allen stillen Gesellschaftern hingewirkt. Bestehen aber mehrere Gesellschaftsverhältnisse, sind diese auch zu respektieren. Der Grundsatz, dass für jedes Gesellschafts- oder Gemeinschaftsverhältnis eine eigene gesonderte Feststellung durchzuführen ist (hierzu Rdnr. 320), selbst wenn (vorliegend nicht gegebene) Beteiligungsidentität vorliegt (hierzu Rdnr. 321 ff.), wird indessen vollkommen außer Acht gelassen.[1424]

534 Auf derartige Aspekte geht der BFH indessen nicht ein. Er rechtfertigt seine Sichtweise vielmehr mit zwei Überlegungen. Zunächst nimmt er an, bei *„einer derartigen Vertragsgestaltung liegen nicht nur gemeinschaftliche Einkünfte der am jeweiligen stillen Gesellschaftsverhältnis beteiligten Personen vor, sondern gemeinschaftliche Einkünfte aller Gesellschafter."*[1425] Dies überzeugt nicht. Gesellschafter verschiedener Gesellschaften, welche sich nicht kennen, können keine gemeinschaftlichen Einkünfte erzielen. Die atypisch stillen Gesellschafter der zu unterscheidenden Gesellschaften verfolgen jeweils das Ziel der gemeinschaftlichen

---

1422 Diese verfolgen einen ähnlichen oder gar einen gleichen Zweck, indessen gerade keinen gemeinsamen.

1423 Auch hier droht, wie allgemein bei der einheitlichen Erfassung von Sonderbetriebsausgaben (hierzu Rdnr. 458 ff.), ein Eingriff in wirtschaftliche Sachverhalte, welche dem Feststellungsverfahren nicht zusteht. Beteiligt sich A atypisch still mit einer Einlage von 100 GE gegen 10 v.H. des Gewinns wird B nicht erfreut sein, für seine Einlage in gleicher Höhe lediglich 5 v.H. verhandelt zu haben.

1424 Aus diesem Grund ebenfalls kritisch *Söhn* in Hübschmann/Hepp/Spitaler, AO FGO, § 179 AO Rn. 21.

1425 BFH, Urteil vom 15.10.1998 – IV R 18/98, BStBl. II 1999, S. 286 (290); ebenso in BFH, Beschluss vom 05.07.2002 – IV B 42/02, BFH/NV 2002, S. 1447 (1450).

Einkünfteerzielung mit dem Prinzipal, nicht mit Dritten. Daher liegen auch keine gemeinschaftlichen Einkünfte vor, selbst wenn der Wortlaut des § 180 Abs. 1 S. 1 Nr. 2 a) AO dies zulassen würde. Auch sonst wird verlangt, dass zwischen den Beteiligten ein Gesellschafts- oder Gemeinschaftsverhältnis besteht (hierzu Rdnr. 312 ff.). Auch sonst wird nicht beim reinen Wortlaut des § 180 Abs. 1 S. 1 Nr. 2 a) AO stehen geblieben. Allein am Wortlaut orientiert könnten auch die Einkünfte von Kapitalgesellschaftern gesondert festgestellt werden (hierzu Rdnr. 327). Bei atypisch stillen Unterbeteiligungen sprechen nach dem BFH selbst die fehlenden Rechtsbeziehungen zwischen Haupt – und Untergesellschaft gegen ein umfassendes Feststellungsverfahren (hierzu oben Rdnr. 471), da somit auch keine gemeinsamen Einkünfte vorliegen.[1426] Bei mehrgliedrigen atypisch stillen Gesellschaften gilt nichts anderes.

Auf den ersten Blick eher verfangen indessen Überlegungen des BFH zu den **535**
Bindungswirkungen. Würden mehrere parallele Feststellungsverfahren durchgeführt, würden alle entsprechenden Feststellungsbescheide Bindungswirkung gegenüber dem Festsetzungsverfahren des Prinzipals entfalten. In den einzelnen Feststellungsbescheiden dürften lediglich Bruchteile der dem Prinzipal insgesamt zuzurechnenden Einkünfte enthalten sein, welche idealerweise den zutreffenden Gesamtgewinn abbildeten. Dies könnte nach Ansicht des BFH indessen verfahrensrechtlich nicht sichergestellt werden. An einer verbindlichen Entscheidung hinsichtlich des Gesamtgewinnes des Prinzipals würde es demnach fehlen.[1427] Bei Lichte betrachtet überdehnt der BFH den Feststellungsumfang daher aus rein rechtsfolgenorientierten Überlegungen. Da der BFH keine Möglichkeit sieht, mehrere bindende Feststellungsbescheide zu harmonisieren, wird die Notwendigkeit eines einzelnen, umfassenden und bindenden Feststellungsbescheides postuliert.

Vergegenwärtigt man sich indessen, dass eine gegenseitige Bindungswir- **536**
kung der Feststellungsbescheide untereinander anzunehmen ist (siehe hierzu Rdnr. 501 ff.), so verlieren entsprechende Begründungsansätze an Überzeugung. In Übereinstimmung mit der Einsicht, dass für mehrere Gesellschaften jeweilige Feststellungen erforderlich sind, sind auch vorliegend mehrere einheitliche Feststellungen durchzuführen. Allerdings bedürfen die einheitlichen Gewinnfeststellungsbescheide einer korrespondierenden Korrektur, da anderenfalls dem Prinzipal zu hohe Einkünfte zugewiesen würden.[1428] Dies ist indessen ohne Weiteres

1426 BFH, Urteil vom 02.03.1995 – IV R 135/92, BStBl. II 1995, S. 531 (531).

1427 BFH, Beschluss vom 05.07.2002 – IV B 42/02, BFH/NV 2002, S. 1447 (1450). Zutreffender Weise verneint der BFH entgegen dem FG Köln, Urteil vom 20.02.1997 – 4 K 790/93, EFG 1997, S. 676 (677), eine Bindungswirkung des Festsetzungsbescheides gegenüber den Feststellungsbescheiden; siehe hierzu im Rahmen der Behandlung von Zebra-Gesellschaften die entsprechende Argumentation gegen die Ping-Pong-Lösung, Rdnr. 385 f.

1428 Erwirtschaftet der Prinzipal beispielweise Einkünfte i. H. v. 100 GE und hat er jeweils einzeln A mit 10 v.H. und B mit 20 v.H. an diesen Einkünften atypisch beteiligt, so sind zwei gesonderte und einheitliche Feststellungen durchzuführen.

realisierbar.[1429] Die jeweiligen Gewinnanteile der atypisch stillen Gesellschafter sollen weder den Gesamtgewinn als Ausgangsgröße der Bemessung ihrer eigenen Gewinnanteile noch die Bemessungsgrundlage der anderen atypisch stillen Gesellschafter mindern. Sie treffen daher lediglich den Prinzipal, sind daher nicht als Betriebsausgaben sondern als Sonderbetriebsausgaben anzusehen.[1430] Gleiches gilt für den Gewinnanteil des Prinzipals in den jeweils anderen atypisch stillen Gesellschaften, wobei der Gesamtgewinnanteil des Prinzipals entsprechend der Anzahl der atypisch stillen Gesellschaften aufzuteilen ist.[1431] Im hier vertretenen Alternativmodell werden diese Sonderbetriebsausgaben nicht gesondert und einheitlich, sondern lediglich gesondert festgestellt (hierzu Rdnr. 480 ff.). Daher werden auch die Geheimhaltungsinteressen der Beteiligten weitestgehend gewahrt.[1432] Die gesonderten Feststellungen sind lediglich an den Prinzipal zu adressieren und lediglich diesem bekannt zu geben. Einem atypisch stillen Gesellschafter werden daher weder die Existenz anderer atypisch stiller Gesellschaften noch deren Verhältnisse, insbesondere Gewinnverteilungsabreden, bekannt. Letztendlich ist somit das Festsetzungsfinanzamt an mehrere Feststellungsbescheide gebunden, welche in der Summe auch dem Prinzipal einen zutreffenden Gewinn zuweisen.[1433]

Die gesonderte und einheitliche Feststellung mit A würde P 90 GE und A 10 GE zuweisen, die gesonderte und einheitliche Feststellung mit B würde P 80 GE und B 20 GE zuweisen. Während die Zurechnungen zu A und B korrekt sind, werden P insgesamt 170 GE und somit 100 GE zu viel zugerechnet; Beispiel angelehnt an *Lindwurm*, DStR 2000, S. 53 (55 ff.).

1429 Die korrespondierende Korrektur von Betriebsvermögensansätzen kann in den jeweiligen Ergänzungsbilanzen, welche nach hier vertretener Ansicht keine Relevanz im Rahmen der einheitlichen Feststellung haben (hierzu Rdnr. 517), erfolgen; hierzu *Marx*, StuW 1994, S. 191 (201); *Lindwurm*, DStR 2000, S. 53 (58 Fn. 33).

1430 Eingehender hierzu *Lindwurm*, DStR 2000, S. 53 (56 f.).

1431 *Lindwurm*, DStR 2000, S. 53 (57).

1432 Eine Aufdeckung der verschiedenen atypisch stillen Gesellschaften fände lediglich dann statt, wenn ein gesonderter und einheitlicher Feststellungsbescheid geändert werden müsste; hierzu Rdnr. 499 ff.

1433 Fortführung des Beispiels aus Fn. 1428: Gesondert und einheitlich wurden P 90 GE und A 10 GE zugewiesen. In der lediglich gesonderten Feststellung für P für diese Gesellschaft sind 20 GE (Gewinnanteil B aus der weiteren atypisch stillen Gesellschaft) und 35 GE (Gewinnanteil des P, welcher auf die atypisch stille Gesellschaft mit B entfällt) auszuweisen. Aus dieser gesonderten Feststellung ergibt sich somit ein Verlust in Höhe von 55 GE, welcher im Zusammenhang mit dem Gewinn der gesonderten und einheitlichen Feststellung für P i. H. v. 90 GE einen Gewinn von 35 GE ergibt. Ebenso ist hinsichtlich der atypisch stillen Gesellschaft mit B zu verfahren. Aus der gesonderten und einheitlichen Feststellung ergibt sich ein Gewinn für P i. H. v. 80. In seiner gesonderten Feststellung sind indessen Sonderbetriebsausgaben i. H. v. 10 GE (Gewinnanteil A aus der weiteren atypisch stillen Gesellschaft) sowie i. H. v. 35 GE (Gewinnanteil des P, welcher auf die atypisch stille Gesellschaft mit A entfällt) auszuweisen, mithin ein Verlust i. H. v. 45. In Summe mit der gesonderten und einheitlichen Feststellung mit B wird P somit auch hier

3. Zusammenfassung

Nicht nur die Behandlung atypisch stiller Gesellschaften lässt erkennen, dass 537
die Erfassung der Sonderbetriebssphären in einem lediglich gesonderten Feststellungsbescheid die Interessen der Beteiligten weitestgehend wahrt. Vielmehr und allgemein ist die Differenzierung zwischen gesonderten und einheitlichen sowie lediglich gesonderten Feststellungen bereits dem Gesetz zu entnehmen. Es ist daher auch zu unterscheiden. Der hierdurch erreichte Geheimnisschutz ist durch ein ohnehin vorzugswürdiges Verständnis zu Buchführungspflichten und Einsichts- beziehungsweise Informationsrechten zu flankieren. Auch Konstellationen, die eine einheitliche Erfassung einzelner Feststellungsgegenstände oder eine umfassende einheitliche Feststellung unter Einbezug sämtlicher Sonderbetriebssphären erfordern, wird das Alternativmodell gerecht, da sodann Besteuerungsgrundlagen anzunehmen sind, die Mehreren zuzurechnen sind. Auch soweit sich eine solche Betroffenheit erst durch die Änderung eines Feststellungsbescheides ergibt, lässt sich aus den Vorgaben des Gesetzes eine letztendlich einheitliche Handhabung ableiten.

---

ein Gewinn i. H. v. 35 GE zugewiesen. Insgesamt wird P daher ein zutreffender Gesamtgewinn i. H. v. 70 GE zugerechnet.

E. Resümee und Thesen

Das Verfahren der gesonderten (und einheitlichen) Feststellung bei zuzurechnenden Einkünften Mehrerer erweist sich in Anbetracht der vorstehenden Ausführungen als vergleichsweise komplexe Regelungsmaterie. Insoweit konnte in Bezug auf essentiellere Einzelfragen, welche auf die Eigenheit und das Wesen einer verselbständigten Feststellung zurückzuführen sind, das Meinungsspektrum und das Diskussionspotential aufgezeigt sowie vielfach ergänzt werden. Hinsichtlich der abgehandelten Grundsatzfragen der Einbindung der Unternehmung in den Verfahrensgang sowie der Befassung mit den Sonderbetriebssphären im Rahmen einer einheitlichen Feststellung konnten eindeutige Ergebnisse begründet werden. Die hergeleiteten Kernaussagen zu den Schwerpunkten der vorliegenden Untersuchung lassen sich wie folgt kursorisch zusammenfassen: 538

Die gesonderte und einheitliche Feststellung verfolgt eine materiell-rechtliche sowie eine verfahrensökonomische Zwecksetzung, letztere im engeren und weiteren Sinne. Nicht zu den normimmanenten Zwecksetzungen gehört es indessen, das sachnähere oder sachkundigere Finanzamt mit der Feststellung zu befassen. Derartige Erwägungen lassen sich, wenn überhaupt, als Auslegungskriterium fruchtbar machen. Allgemein ist hinsichtlich des Verfahrensganges festzuhalten, dass die Annahme unbegrenzter Erklärungspflichten nicht überzeugt. Diese sind an einem jeweiligen Kennen und Kennenmüssen auszurichten, mithin zu begrenzen. In der Regel werden die Erklärungspflichten somit entsprechend der materiellen Zuständigkeiten justiert. Zudem ist der Umfang der Rechtsbehelfsbefugnisse der in Verfahrensstandschaft handelnden Geschäftsführer und Rechtsbehelfsbevollmächtigten einzuschränken. Die Annahme umfassender Rechtsbehelfsbefugnisse ist weder erforderlich, noch dem Sinn und Zweck der entsprechenden Normen zu entnehmen. Der Anwendungsbereich der gesonderten und einheitlichen Feststellung ist auch für die Kommanditgesellschaft auf Aktien eröffnet. Dies lässt sich letztendlich aus vergleichenden subjektivitätsbezogenen Betrachtungen, Zurechnungsüberlegungen und der materiell-rechtlichen Zwecksetzung der einheitlichen Feststellung herleiten. Eine einheitliche Feststellung ist durchzuführen zwischen dem oder den Komplementär(en) einerseits sowie der KGaA andererseits. 539

Zivilrechtlich rechtsfähigen Personengesellschaften ist materielle ertragsteuerliche Subjektivität beizumessen. Neben der möglichen Anknüpfung an zivilrechtliche Vorstellungen wird dies durch Zuweisung eigener Rechte und Pflichten und ihre die Einkünftetatbestände erfüllende Betätigung belegt. Sie selbst erzielt, unabhängig von der Einkunftsart, die Einkünfte, welche den Beteiligten zugerechnet werden. Diese Verselbständigung relativierende oder gar negierende Tendenzen sind, auch aufgrund der aufgezeigten, den vorhandenen Meinungsstand ergänzenden Argumentationsstrukturen, abzulehnen. Diese materielle Subjektivierung kann und sollte in das Verfahrensrecht übertragen werden. Sämtliche relevanten Normen können einer entsprechenden Interpretation zugeführt werden. Somit ist 540 die Gesellschaft selbst zur Abgabe einer Feststellungserklärung verpflichtet und selbst Adressat des einheitlichen Feststellungsbescheides über die Einkünfte auf Gesellschaftsebene, welcher ihr folglich auch bekannt zu geben ist. Im Rechtsbehelfsverfahren kann sie eigene Rechte geltend machen. Auch zivilrechtlich nicht rechtsfähigen Gebilden ist materielle Steuersubjektivität zuzusprechen. Aufgrund des autonom interpretationsfähigen Steuerverfahrensrechts kann nicht davon ausgegangen werden, dass die zivilrechtlichen Vorgaben deren verfahrensrechtlicher Verselbständigung in Form einer prozeduralen Beteiligtenfähigkeit zwingend entgegenstehen.

541 Die generelle Einbeziehung der Sonderbetriebssphären in die einheitliche Feststellung ist abzulehnen. Der bisher erwogenen Gegenposition in Form der Zuordnung zum Festsetzungsverfahren stehen indessen die gesetzliche Ausgestaltung sowie materiell-rechtliche Überlegungen entgegen. Sonderbetriebseinnahmen und Sonderbetriebsausgaben als mit den Einkünften im Zusammenhang stehende andere Besteuerungsgrundlagen sind gesondert festzustellen, allerdings auch grundsätzlich lediglich gesondert und nicht zugleich einheitlich. Eine einheitliche Feststellung erfolgt lediglich dann und soweit, als auch andere Beteiligte von diesen Besteuerungsgrundlagen betroffen sind. Die hierdurch erreichte Wahrung der Geheimhaltungsinteressen der Beteiligten ist durch ein ohnehin vorzugswürdiges Verständnis zu den Erklärungspflichten, den Buchführungspflichten hinsichtlich der Sonderbetriebsbereiche sowie den Einsichts- und Informationsrechten zu stützen. Konstellationen, welche eine Änderung der Feststellungsbescheide bedingen, können mit dem gesetzlichen Instrumentarium aufgelöst werden. Auch der Sinn und Zweck des Verfahrens wird hierdurch gewahrt.

542 Die somit gefundenen Ergebnisse zu den Kerngedanken dieser Untersuchung lassen sich zusammenfassen in folgenden

Thesen

Allgemein zum Verfahren der gesonderten und einheitlichen Feststellung:

(1) Die gesonderte und einheitliche Feststellung verfolgt nicht den Zweck, das sachnähere oder sachkundigere Finanzamt mit der Feststellung zu befassen (Rdnr. 42 ff.; 59).

(2) Die Erklärungspflichten zum Feststellungsverfahren sind inhaltlich begrenzt (Rdnr. 140 ff., 154).

(3) Der Umfang der Rechtsbehelfsbefugnisse der zur Vertretung berufenen Geschäftsführer und Rechtsbehelfsbevollmächtigten ist beschränkt (Rdnr. 285 ff., zur Gesamtkonzeption Rdnr. 305).

(4) Bei einer KGaA ist eine einheitliche Feststellung durchzuführen zwischen dem oder den Komplementär(en) einerseits sowie der KGaA andererseits (Rdnr. 332 ff., 353).

Hinsichtlich der Verselbständigung von Unternehmungen:

(5) Unternehmungen in Form von Personengesellschaften und Gemeinschaften sind unabhängig ihrer fehlenden Steuerschuldnerschaft als materiell-rechtliche Ertragsteuersubjekte zu qualifizieren (Rdnr. 62 ff., 101).

(6) Beteiligungsfähige (Rdnr. 114 ff.) Unternehmungen sind zur Abgabe einer Feststellungserklärung verpflichtet (Rdnr. 124 ff., 139), selbst Adressat des einheitlichen Feststellungsbescheides (Rdnr. 164 ff., 181), welcher ihnen bekannt zu geben ist (Rdnr. 239 ff.), und im Rechtsbehelfsverfahren in der Lage, eine eigene Beschwer geltend zu machen (Rdnr. 256 ff., zur Gesamtkonzeption Rdnr. 305).

In Bezug auf den Anwendungsbereich und den Umfang des einheitlichen Feststellungsverfahrens:

(7) Sonderbetriebseinnahmen und Sonderbetriebsausgaben, allgemeiner die Sonderbetriebssphären, sind in der Regel lediglich Gegenstand gesonderter, nicht indessen einheitlicher, Feststellungen (Rdnr. 393 ff., 537).

***

Literaturverzeichnis

Kommentare

Blümich, Walter [Begr.]/Heuermann, Bernd/Brandis, Peter [Hrsg.]: Einkommensteuergesetz, Körperschaftsteuergesetz, Gewerbesteuergesetz, Loseblattsammlung Stand Juli 2019. Zitiert als: *Verfasser* in Blümich, EStG, KStG, GewStG

Dötsch, Ewald/Pung, Alexandra/Möhlenbrock, Rolf [Hrsg.]: Die Körperschaftsteuer, Loseblattsammlung Stand Juni 2019. Zitiert als: *Verfasser* in Dötsch/Pung/Möhlenbrock, KStG

Fehling, Michael/Kastner, Berthold/Störmer, Rainer [Hrsg.]: Verwaltungsrecht VwVfG – VwGO – Nebengesetze, 4. Auflage 2016. Zitiert als: *Verfasser* in Fehling/Kastner/Störmer, VerwR

Frotscher, Gerrit/Geurts, Matthias [Hrsg.]: Kommentar zum Einkommensteuergesetz, Loseblattsammlung Stand August 2019. Zitiert als: *Verfasser* in Frotscher/Geurts, EStG

Frotscher, Gerrit/Drüen, Klaus-Dieter [Hrsg.]: Kommentar zum Körperschaft-, Gewerbe- und Umwandlungssteuergesetz, Loseblattsammlung Stand September 2019. Zitiert als: *Verfasser* in Frotscher/Drüen, KStG GewStG UmwStG

Fuisting, Bernhard: Das preußische Einkommensteuergesetz vom 24. Juni 1891 mit Erläuterungen und einer Einleitung, 2. Auflage 1892. Zitiert als: *Fuisting*, PrEStG

Glanegger, Peter/Güroff, Georg et al. [Hrsg.]: Gewerbesteuergesetz, 9. Auflage 2017. Zitiert als: *Verfasser* in Glanegger/Güroff, GewStG

Goette, Wulf/Habersack, Mathias [Hrsg.]: Münchener Kommentar zum Aktiengesetz, Band 5, 4. Auflage 2015. Zitiert als: *Verfasser* in MünchKomm AktG

Gosch, Dietmar/Hoyer, Andreas [Hrsg.]: Abgabenordnung Finanzgerichtsordnung, Loseblattsammlung Stand August 2019. Zitiert als: *Verfasser* in Gosch, AO FGO

Gosch, Dietmar [Hrsg.]: Körperschaftsteuergesetz, 3. Auflage 2015. Zitiert als: *Verfasser* in Gosch, KStG

Gräber, Fritz [Begr.]/Herbert, Ulrich/Levedag, Christian et al. [Bearb.]: Finanzgerichtsordnung, 9. Auflage 2019. Zitiert als: *Verfasser* in Gräber, FGO

Gräber, Fritz [Begr.]/von Groll, Rüdiger/Koch, Hanns-Reimer et al. [Bearb.]: Finanzgerichtsordnung, 7. Auflage 2010. Zitiert als: *Verfasser* in Gräber, FGO 7

Gsell, Beate/Krüger, Wolfgang/Lorenz, Stephan/Reymann, Christoph [Hrsg.]: beck-online.Großkommentar zum Zivilrecht, Stand Juni 2018. Zitiert als: *Verfasser* in BeckOGK Zivilrecht

Herrmann, Carl/Heuer, Gerhard/Raupach, Arndt [Fortgef.]: Einkommensteuer- und Körperschaftsteuergesetz, Loseblattsammlung Stand Juni 2018. Zitiert als: *Verfasser* in Herrmann/Heuer/Raupach, EStG KStG

Herrmann, Carl/Heuer, Gerhard/Raupach, Arndt [Fortgef.]: Einkommensteuer- und Körperschaftsteuergesetz, Loseblattsammlung Stand April 2015. Zitiert als: *Verfasser* in Herrmann/Heuer/Raupach, EStG KStG April 2015

Hübschmann, Walter/Hepp, Ernst/Spitaler, Armin [Begr.]: Abgabenordnung Finanzgerichtsordnung, Loseblattsammlung Stand September 2019. Zitiert als: *Verfasser* in Hübschmann/Hepp/Spitaler, AO FGO

Kirchhof, Paul [Hrsg.]: Einkommensteuergesetz, 17. Auflage 2018. Zitiert als: *Verfasser* in Kirchhof, EStG

Kirchhof, Paul/Söhn, Hartmut/Mellinghoff, Rudolf [Hrsg.]: Einkommensteuergesetz, Loseblattsammlung Stand September 2019. Zitiert als: *Verfasser* in Kirchhof/Söhn/Mellinghoff, EStG

Klein, Franz/Orlopp, Gerd [Begr.]/Brockmeyer, Hans Bernhard et al. [Bearb.]: Abgabenordnung, 12. Auflage 2014. Zitiert als: *Verfasser* in Klein, AO 12

Klein, Franz/Orlopp, Gerd [Begr.]/Gersch, Eva-Maria et al. [Bearb.]: Abgabenordnung, 14. Auflage 2018. Zitiert als: *Verfasser* in Klein, AO

Knack, Hans J. [Begr.]/Henneke, Hans-Günter [Fortgef.]: Verwaltungsverfahrensgesetz, 10. Auflage 2014. Zitiert als: *Verfasser* in Knack/Henneke, VwVfG

Koch, Karl/Scholtz, Rolf-Detlev [Hrsg.]: Abgabenordnung, 5. Auflage 1996. Zitiert als: *Verfasser* in Koch/Scholtz, AO

Koenig, Ulrich [Hrsg.]: Abgabenordnung, 3. Auflage 2014. Zitiert als: *Verfasser* in Koenig, AO

Kopp, Ferdinand O. [Begr.]/Ramsauer, Ulrich [Hrsg.]: Verwaltungsverfahrensgesetz, 20. Auflage 2019. Zitiert als: *Verfasser* in Kopp/Ramsauer, VwVfG

Kühn, Rolf [Begr.]/von Wedelstädt, Alexander [Hrsg.]: Abgabenordnung Finanzgerichtsordnung, 21. Auflage 2015. Zitiert als: *Verfasser* in Kühn/von Wedelstädt, AO FGO

Lenski, Edgar/Steinberg, Wilhelm [Begr.]: Gewerbesteuergesetz, Loseblattsammlung Stand September 2019. Zitiert als: *Verfasser* in Lenski/Steinberg, GewStG

Littmann, Eberhard [Begr.]/Bitz, Horst/Pust, Hartmut [Hrsg.]: Das Einkommensteuerrecht, Loseblattsammlung Stand September 2019. Zitiert als: *Verfasser* in Littmann/Bitz/Putz, EStG

Mössner, Jörg-Manfred/Seeger, Siegbert F. [Hrsg.]: Körperschaftsteuergesetz, 3. Auflage 2017. Zitiert als: *Verfasser* in Mössner/Seeger, KStG

Obermayer, Klaus [Begr.]/Funke-Kaiser, Michael [Hrsg.]: Verwaltungsverfahrensgesetz, 5. Auflage 2018. Zitiert als: *Verfasser* in Obermayer/Funke-Kaiser, VwVfG

Palandt, Otto [Begr.]: Bürgerliches Gesetzbuch, 78. Auflage 2019. Zitiert als: *Verfasser* in Palandt

Prinz, Ulrich/Wendt, Michael [MitHrsg.]: Herrmann/Heuer/Raupach Jahresband 2008, Kurzkommentar Unternehmensteuerreform 2008, 2008. Zitiert als: *Verfasser* in Herrmann/Heuer/Raupach, Unternehmensteuerreform

Rauscher, Thomas/Krüger, Wolfgang [Hrsg.]: Münchener Kommentar zur Zivilprozessordnung, Band 1, 5. Auflage 2016. Zitiert als: *Verfasser* in MünchKomm ZPO

Rödder, Thomas/Herlinghaus, Andreas/Neumann, Ralf [Hrsg.]: Körperschaftsteuergesetz, 2015. Zitiert als: *Verfasser* in Rödder/Herlinghaus/Neumann, KStG

Säcker, Franz Jürgen/Rixecker, Roland/Oetker, Hartmut/Limperg, Bettina [Hrsg.]: Münchener Kommentar zum Bürgerlichen Gesetzbuch, Band 1, 8. Auflage 2018. Zitiert als: *Verfasser* in MünchKomm BGB

Säcker, Franz Jürgen/Rixecker, Roland/Oetker, Hartmut/Limperg, Bettina [Hrsg.]: Münchener Kommentar zum Bürgerlichen Gesetzbuch, Band 6, 7. Auflage 2017. Zitiert als: *Verfasser* in MünchKomm BGB

Schmidt, Karsten [Hrsg.]: Münchener Kommentar zum Handelsgesetzbuch, Band 1, 2, 4. Auflage 2016. Zitiert als: *Verfasser* in MünchKomm HGB

Schmidt, Ludwig [Begr.]/Weber-Grellet, Heinrich [Hrsg.]: Einkommensteuergesetz, 38. Auflage 2019. Zitiert als: *Verfasser* in Schmidt, EStG

Schmidt, Ludwig [Begr.]/Weber-Grellet, Heinrich [Hrsg.]: Einkommensteuergesetz, 36. Auflage 2017. Zitiert als: *Verfasser* in Schmidt, EStG 36

Schwarz, Bernhard/Pahlke, Arnim [Hrsg.]: Abgabenordnung Finanzgerichtsordnung, Loseblattsammlung Stand Juli 2019. Zitiert als: *Verfasser* in Schwarz/Pahlke, AO FGO

Stelkens, Paul [Hrsg.]/Bonk, Heinz Joachim/Sachs, Michael: Verwaltungsverfahrensgesetz, 9. Auflage 2018. Zitiert als: *Verfasser* in Stelkens/Bonk/Sachs, VwVfG

Strutz, Georg: Kommentar zum Einkommensteuergesetz vom 10. August 1925, Band II, 1929. Zitiert als: *Strutz*, EStG 1925

Tipke, Klaus/Kruse, Heinrich Wilhelm [Begr.]/Seer, Roman et al. [Fortgef.]: Abgabenordnung Finanzgerichtsordnung, Loseblattsammlung Stand September 2019. Zitiert als: *Verfasser* in Tipke/Kruse, AO FGO

Monographien und Handbücher

Alberternst, Stephan: Relevanz der deutschen Zinsschranke für Personenunternehmen – eine dynamische Analyse der Betroffenheit, 2016

Alberternst, Stephan/Schwar, Torben: Relevanz der Zinsschranke – eine empirische Untersuchung der betroffenen Unternehmen von 2008 bis 2012, 2016

Bach, Stefan/Buslei, Hermann: Empirische Analysen zur Zinsschranke auf Grund von Handelsbilanzdaten, 2009

Becker, Enno: Grundlagen der Einkommensteuer, 1940

Beierl, Otto: Die Einkünftequalifikation bei gemeinsamer wirtschaftlicher Betätigung im Einkommensteuerrecht, 1987

Bielinis, Andrius: Die Besteuerung der KGaA, 2013

Blumenberg, Jens/Benz, Sebastian [Hrsg.]: Die Unternehmensteuerreform 2008, 2007

Bodden, Guido: Einkünftequalifikation bei Mitunternehmern, 2001

Bohn, Alexander: Zinsschranke und Alternativmodelle zur Beschränkung des steuerlichen Zinsabzugs, 2009

Bühler, Ottmar: Steuerrecht der Gesellschaften und Konzerne, 3. Auflage 1956

Bürgers, Tobias/Fett, Torsten [Hrsg.]: Die Kommanditgesellschaft auf Aktien, Handbuch, 2. Auflage 2015. Zitiert als: *Verfasser* in Bürgers/Fett

Crezelius, Georg: Steuerliche Rechtsanwendung und allgemeine Rechtsordnung. Grundlagen für eine liberale Besteuerungspraxis, 1983. Zitiert als: *Crezelius*, Steuerliche Rechtsanwendung

Crezelius, Georg: Steuerrecht II, Die einzelnen Steuerarten, 2. Auflage 1994. Zitiert als: *Crezelius*, Steuerrecht II

Dostert, Iris: Die gesonderte Feststellung von Besteuerungsgrundlagen, 1988

Engel, Michaela: Vermögensverwaltende Personengesellschaft und ertragsteuerliche Selbständigkeit, 2002. Zitiert als: *Engel*, Vermögensverwaltende Personengesellschaft und ertragsteuerliche Selbständigkeit

Engel, Michaela: Vermögensverwaltende Personengesellschaften im Ertragsteuerrecht – Ein systematischer Leitfaden für die steuerrechtliche Praxis, 2012. Zitiert als: *Engel*, Vermögensverwaltende Personengesellschaften

Engisch, Karl [Begr.]/Würtenberger, Thomas/Otto, Dirk [Hrsg., Bearb.]: Einführung in das juristische Denken, 11. Auflage 2010. Zitiert als: *Engisch*

Erm, Nina: Personengesellschaften im Steuerverfahren. Verfahrensklarheit trotz Einheit und Vielheit, 2016

Florstedt, Tim: Stand und Entwicklung der steuerrechtlichen Mitunternehmerdoktrin, 2015

Flume, Werner: Allgemeiner Teil des Bürgerlichen Rechts, Erster Band, Erster Teil, Die Personengesellschaft, 1977

Fuisting, Bernhard: Die Grundzüge der Steuerlehre, 1902. Zitiert als: *Fuisting*, Steuerlehre

von Gierke, Otto: Deutsches Privatrecht, Erster Band, Allgemeiner Teil und Personenrecht, 1985

Haarmann, Hans/Schmieszek, Hans-Peter [Hrsg.]: Rechtsschutz in Steuer- und Abgabensachen, Teil 1 Außergerichtliches Rechtsbehelfsverfahren, Band 2, Stand 26. Ergänzungslieferung. Zitiert als: *Verfasser* in Haarmann/Schmieszek

Hallerbach, Dorothee: Die Personengesellschaft im Einkommensteuerrecht, 1999

Heyll, Ulrich: Zur unternehmerspezifischen Rechtssubjektivität von Personengesellschaften im Einkommensteuerrecht, 1982

Hidien, Jürgen W./Pohl, Carsten/Schnitter, Georg: Gewerbesteuer, 15. Auflage 2014. Zitiert als: *Verfasser* in Hidien/Pohl/Schnitter

Hoffmann, Wolf-Dieter: Zinsschranke Fremdfinanzierung nach dem Unternehmensteuerreformgesetz 2008, 2008

Hölz, Michael: Die Besteuerung der Kommanditgesellschaft auf Aktien (KGaA), 2002

Knobbe-Keuk, Brigitte: Bilanz- und Unternehmenssteuerrecht, 9. Auflage 1993

Kraus, Eva-Maria: Die mitunternehmerische Innengesellschaft in der Gewerbesteuer, 2015

Krebbers-van Heek: Die mitunternehmerische Besteuerung der Komplementäre der Kommanditgesellschaft auf Aktien, 2016

Krüger, Frank: Die vermögensverwaltende Personengesellschaft im Ertragsteuerrecht, 1995

Kuck, Tobias: Steuerrechtssubjektivität mitunternehmerischer Innengesellschaften. Am Beispiel und unter besonderer Berücksichtigung der stillen Gesellschaft, 2009

Kuhn, Thorsten: Die steuerrechtliche Behandlung vermögensverwaltender Gesamthandsgemeinschaften – Personengesellschaften, Erbengemeinschaften, Gütergemeinschaften, 2006

Kurth, Hans: Die Besteuerung des Mitunternehmers, 1978

Larenz, Karl [Begr.]/Canaris, Claus-Wilhelm [Fortgef.]: Methodenlehre der Rechtswissenschaft, 3. Auflage 1995

Lehmann, Matthias: Betriebsvermögen und Sonderbetriebsvermögen – Ein Beitrag zur konzept-orientierten Anwendung des Erfolgssteuerrechts auf Personengesellschaften, 1988

Meyer, André: Der Grundsatz der unbeschränkten Verbandsmitgliederhaftung, 2006. Zitiert als: *Meyer*, Verbandsmitgliederhaftung

Meyer, André: Steuerliches Leistungsfähigkeitsprinzip und zivilrechtliches Ausgleichssystem. Zum zivilrechtlichen Ausgleich von Steuerfolgen, 2013. Zitiert als: *Meyer*, Steuerliches Leistungsfähigkeitsprinzip und zivilrechtliches Ausgleichssystem

Mönkemöller, Frank-André: Die Zurechnung der Überschusseinkünfte bei Personengesellschaften, 2005

Müller, Carla: Steuerliche Gewinnermittlung bei Personengesellschaften, 1992

Müller, Hans-Friedrich: Der Verband in der Insolvenz, 2002

Nagel, Sibilla/Wittkowski, Ansas: Die Kommanditgesellschaft auf Aktien (KGaA), 2012

Niehus, Ulrich/Wilke, Helmuth: Die Besteuerung von Personengesellschaften, 5. Auflage 2010

Palm, Ulrich: Person im Ertragsteuerrecht, 2013

Pinkernell, Reimar: Einkünftezurechnung bei Personengesellschaften, 2001

Rau, Thomas: Verfassungsdirigierte Prinzipien für das Unternehmenssteuerrecht. Die Trias der Unternehmensträger und ihr Markteinkommen im Lichte von Gleichheit, Leistungsfähigkeit, Neutralität und Freiheit, 2007

Regniet, Michael: Ergänzungsbilanzen bei der Personengesellschaft – Sonderbilanzen der Gesellschafter und Wertkorrekturen der Gesellschaftsbilanz, 1990

Reinach, Adolf: Zur Phänomenologie des Rechts. Die apriorischen Grundlagen des bürgerlichen Rechts, 1953

Reuter, Hans-Georg: Sonderbetriebseinkünfte im Verfahren der einheitlichen und gesonderten Gewinnfeststellung, 1995

Schaumburg, Harald/Rödder, Thomas [Hrsg.]: Unternehmensteuerreform 2008, 2007. Zitiert als: *Verfasser* in Schaumburg/Rödder

Schaumburg, Harald/Schulte, Christoph: Die KGaA – Recht und Steuern in der Praxis, 2000

Schell, Matthias: Subjektive Besteuerungsmerkmale im Einkommensteuerrecht. Zur Beachtlichkeit von Wille und Absicht bei der Ertragsbesteuerung natürlicher Personen, 2006

Schmidt, Axel: Einkommensteuerliche Behandlung mittelbarer Leistungsbeziehungen bei Personengesellschaften, 1990

Schmidt, Karsten: Gesellschaftsrecht, 4. Auflage 2002

Schneider, Norbert: Sonderbetriebsvermögen – Rechtsgrundlage und Umfang, 2000

Schulze, Michael: Das Besteuerungsverfahren der Personengesellschaft bei Insolvenz, 2010

Segebrecht, Helmut: Die einheitliche und gesonderte Feststellung von Einkünften nach der AO 1977, 3. Auflage 1978

Sieker, Susanne: Eigenkapital und Fremdkapital der Personengesellschaft, 1991

Söffing, Günter: Besteuerung der Mitunternehmer, 4. Auflage 1994

Sparrer, Claudia: Sonderbetriebsvermögen – über Legitimation zur Definition –, 2007

Stache, Ulrich: Die Gesamthand im Steuerrecht, 1984

Stadie, Holger: Allgemeines Steuerrecht, 2003

Stehr, Johannes: Die Personengesellschaft im Einkommensteuerverhältnis, 2010

Tipke, Klaus [Begr.]/Lang, Joachim [Fortgef.]: Steuerrecht, 23. Auflage 2018. Zitiert als: *Verfasser* in Tipke/Lang

Zähle, Kai: Die grundstücksverwaltende Zebragesellschaft in gesellschafts- und steuerrechtlicher Sicht, 2002

Zitzelsberger, Heribert: Grundlagen der Gewerbesteuer. Eine steuergeschichtliche, rechtsvergleichende, steuersystematische und verfassungsrechtliche Untersuchung, 1990

Aufsätze sowie Festschriften-, Tagungsband- und Jahrbuchbeiträge

Autenrieth, Karlheinz: Neue Entwicklungen zum Sonderbetriebsvermögen, DStZ 1992, S. 275

Baier, n.a.: Sonderfragen zur Gewinnermittlung bei Personengesellschaften, DStZ 1937, S. 1212

Becker, Enno: Erläuterungen zur Rechtsprechung. A. Allgemeines Steuerrecht. – Einkommensteuergesetz, StuW I 1936, Sp. 79

Benne, Dietmar: Einkommensteuerliche und steuerverfahrensrechtliche Probleme bei Insolvenzen im Zusammenhang mit Personengesellschaften, BB 2001, S. 1977

Bergan, Maik/Martin, Sascha: (Erst-)Berufsausbildungskosten – jetzt muss das BVerfG entscheiden! – Anmerkungen zu den BFH-Beschlüssen vom 17.7.2014 und zum ZKAnpG, SteuK 2015, S. 67

Bielinis, Andrius: Vorschläge zur Reform der KGaA Besteuerung, DStR 2014, S. 769

Bodden, Guido: Die einkommensteuerrechtliche Subjektfähigkeit der Personengesellschaft, DStZ 1996, S. 73

Bodden, Guido: Einkünftequalifikation bei Mitunternehmern. 4 Thesen zur Neuorientierung bei der Besteuerung von Personengesellschaften, FR 2002, S. 559

Brezing, Klaus: Durchsäuerungstheorie contra Bilanzbündeltheorie?, FR 1974, S. 499

Brüggmann, Werner: Die Rechtsbehelfsbefugnis des nichtunternehmerischen Treugeber-Kommanditisten bei gesonderter Feststellung von Sonder-Betriebsausgaben, DStZ 1994, S. 141

Dißars, Björn-Axel/Dißars, Ulf-Christian: Einspruchsbefugnis bei einheitlicher Feststellung. Der neue § 352 der Abgabenordnung, BB 1996, S. 773

Dißars, Ulf-Christian: Buchführung für das Sonderbetriebsvermögen? – Wer ist zur Gewinnermittlung nach aktueller Rechtslage verpflichtet?, StuB 2016, S. 452

Döllerer, Georg: Die Maßgeblichkeit des Zivilrechts für das Ertragsteuerrecht in der neueren Rechtsprechung des Bundesfinanzhofs, JbFSt 1986/1987, S. 37

Dötsch, Franz: Mitunternehmer und Mitunternehmerschaft, in Dötsch, Franz/Herlinghaus, Andreas et al. [Hrsg.], Die Personengesellschaft im Steuerrecht, Gedächtnissymposium für Brigitte Knobbe-Keuk, 2011, S. 7. Zitiert als: *Dötsch* in GS Knobbe-Keuk

Drüen, Klaus-Dieter /van Heek, Stephanie: Die Kommanditgesellschaft auf Aktien zwischen Trennungs- und Transparenzprinzip – Eine steuersystematische Bestandsaufnahme, DStR 2012, S. 541

Dürrschmidt, Daniel/Friedrich-Vache, Heidi: Materiell- und verfahrensrechtliche Aspekte der Einkünfteermittlung bei der Zebragesellschaft, DStR 2005, S. 1515

Esch, Günter: Zur steuerlichen Behandlung der Unterbeteiligung – Stellungnahme zum Urteil des BFH vom 4.4.68, BB 1968, S. 1280

Falter, Rudolf: Die einheitliche und gesonderte Feststellung von Besteuerungsgrundlagen bei der KGaA, In Wachter, Thomas [Hrsg.], Festschrift für Sebastian Spiegelberger zum 70. Geburtstag, Vertragsgestaltung im Zivil- und Steuerrecht, 2009, S. 113. Zitiert als: *Falter* in FS Spiegelberger

Felix, Günther: „Höchstpersönliche" und „betriebliche" Sonderbetriebsausgaben, KÖSDI 1987, S. 6991

Fink, Hansludwig: Ist die Bilanzbündeltheorie noch haltbar?, StbJb 1955/56, S. 525

Fischer, Peter: Auch der Mitunternehmer ist ein Unternehmer des Betriebs, in Budde, Wolfgang/Moxter, Adolf/Offerhaus, Klaus [Hrsg.], Handelsbilanzen und Steuerbilanzen, Festschrift zum 70. Geburtstag von Prof. Dr. h.c. Heinrich Beisse, 1997, S. 189. Zitiert als: *Fischer* in FS Beisse, S. 189

Flume, Werner: Die Gewinnverteilung bei Personengesellschaften nach Gesellschaftsrecht und Steuerrecht, DB 1973, S. 786

Flume, Werner: Gesellschaft und Gesamthand, ZHR 136 (1972), S. 177

Gosch, Dietmar: Einige aktuelle und zugleich grundsätzliche Bemerkungen zur Gewerbesteuer, DStZ 1998, S. 327

Groh, Manfred: § 39 AO und die Gewinnermittlung für Mitunternehmer, JbFSt 1983/1984, S. 255

Groh, Manfred: Die Bilanzen der Mitunternehmerschaft, StuW 1995, S: 383

Gschwendtner, Hubertus: Die atypisch stille Gesellschaft als beschränkt rechtsfähiges Steuerrechtssubjekt im Einkommensteuerrecht – Zugleich eine Besprechung des BFH-Urteils vom 26. November 1996 VIII R 42/91, DStZ 1998, S. 335

Gschwendtner, Hubertus: Die Personengesellschaft als Steuerrechtssubjekt im Einkommensteuerrecht nach der Rechtsprechung des Großen Senates des BFH, in Kirchhof, Paul/Offerhaus, Klaus/Schöberle, Horst [Hrsg.], Steuerrecht, Verfassungsrecht, Finanzpolitik, Festschrift für Franz Klein, 1994, S. 751. Zitiert als: *Gschwendtner* in FS Klein

Haas, Franz Josef: Ist die Bilanzbündeltheorie tatsächlich überholt?, DStR 1997, S. 1706

Hartmann, Reiner: Bestandsschutz für die Gewerbesteuer, BB 2008, S. 2490

Heinke, Hans-Michael: Der Einspruchsbevollmächtigte, § 352 Abs 2 AO, DStZ 1997, S. 558

Heißenberg, Lutz: Rechtsbehelfsbefugnis bei Gesellschaften und Gemeinschaften, KÖSDI 1990, S. 8037

Hennrichs, Joachim: Besteuerung von Personengesellschaften – Transparenz- oder Trennungsprinzip, FR 2010, S. 721

Hennrichs, Joachim: Dualismus der Unternehmensbesteuerung aus gesellschaftsrechtlicher und steuersystematischer Sicht – Oder: Die nach wie vor unvollendete Unternehmenssteuerreform, StuW 2002, S. 201

Herrmann, Joachim: Die Personengesellschaft als Rechtssubjekt im Zivil- und Steuerrecht, DStZ 1998, S. 87

Hey, Johanna: Besteuerung von Unternehmen und Individualsteuerprinzip, in Schön, Wolfgang/Osterloh-Konrad, Christine, Kernfragen des Unternehmenssteuerrechts, 2010, S. 1. Zitiert als: *Hey* in Kernfragen Unternehmenssteuerrecht

Hey, Johanna: Besteuerung von Unternehmensgewinnen und Rechtsformneutralität, DStJG Band 24 (2001), S. 155

Hildebrandt, Bernd: Folgen von typischen Inhalts- und Verfahrensfehlern bei Gewinnfeststellungsbescheiden, DStZ 1984, S. 116

Hoffmann, Wolf-Dieter: Das BMF zur Zinsschranke bei Mitunternehmerschaften, GmbHR 2008, S. 927

Hoffmann, Wolf-Dieter: Die Zinsschranke bei mitunternehmerischen Personengesellschaften, GmbHR 2008, S. 113

Horlemann, Heinz-Gerd: Gesonderte und einheitliche Feststellung von Besteuerungsgrundlagen einer Personengesellschaft bei beschränkter Steuerpflicht eines Beteiligten – Auswirkungen eines Doppelbesteuerungsabkommens bei Verpachtung eines Gewerbebetriebes ohne Betriebsaufgabeerklärung, DStZ 1984, S. 586

Hüttemann, Rainer: Gewinnermittlung bei Personengesellschaften, in Dötsch, Franz/Herlinghaus, Andreas et al. [Hrsg.], Die Personengesellschaft im Steuerrecht, Gedächtnissymposium für Brigitte Knobbe-Keuk, 2011, S. 39. Zitiert als: *Hüttemann* in GS Knobbe-Keuk

Jachmann, Monika: Besteuerung von Unternehmen als Gleichheitsproblem, DStJG Band 23 (2000), S. 9

Jachmann, Monika: Die Gewerbesteuer im System der Besteuerung von Einkommen, DStJG Band 25 (2002), S. 195

Jakob, Wolfgang: Die Mitunternehmerschaft in der Form der sogenannten atypisch stillen Gesellschaft, BB 1986, S. 1615

Jünger, Paul: Zur Stellung des persönlich haftenden Gesellschafters einer KGA im Steuerrecht, DB 1988, S. 1969

Kahle, Holger: Die Steuerbilanz der Personengesellschaft, DStZ 2012, S. 61

Kempermann, Michael: Kein Pingpong-Verfahren bei Zebragesellschaften, FR 2005, S. 1030

Keß, Thomas: Unternehmenssteuerreform: Ohne Reform der Gewerbesteuer?, FR 2000, S. 695

Keuk, Brigitte: Die Besteuerung des Gewinns der Personengesellschaft und der Sondervergütungen der Gesellschaft, StuW 1974, S. 1

Keuk, Brigitte: Gewinnfeststellung nach § 215 AO und Einkommensteuerveranlagung der Gesellschafter, DB 1971, S. 2326

Klasmeyer, Bernd: Anmerkung zu BFH, Urteil vom 21.06.1979 – IV R 131/74, ZIP 1980, S. 54

Klasmeyer, Bernd/Kübler, Bruno M.: Buchführungs-, Bilanzierungs- und Steuererklärungspflichten des Konkursverwalters sowie Sanktionen im Falle ihrer Verletzung, BB 1978, S. 369

Knobbe-Keuk, Brigitte: Die gesellschaftsvertragliche Gewinnverteilung und die Gewerbesteuerbelastung bei Personengesellschaften, StuW 1985, S. 382

Kohlhaas, Karl-Friedrich: Gewerblicher Grundstückshandel und Gewinnfeststellungsbescheide bei Zebragesellschaften, DStR 1997, S. 93

Kohlhaas, Karl-Friedrich: Verfahrensrechtliche Fragen der Einkunftsermittlung einer sogenannten Zebragesellschaft, DStR 1998, S. 1458

Kollruss, Thomas: Besteuerung der KGaA: Klärung der Besteuerungssystematik in fünf Stufen – Lösung des KGaA-Holdingparadoxons, BB 2012, S. 3178

Kraft, Cornelia: Entwicklungstendenzen in der Besteuerungskonzeption für Personengesellschaften, DStR 1995, S. 921

Krüger, Christiane: Umfang der Steuerrechtssubjektivität von Personengesellschaften im Spannungsfeld zwischen Gesamthandslehre und steuerlichem Transparenzprinzip, FR 2016, S. 1031

Kruse, Heinrich Wilhelm: Gewinnanteil und Sondervergütungen der Gesellschafter von Personengesellschaften de lege lata und de lege ferenda, DStJG Band 2 (1979), S. 37

Kruse, Heinrich Wilhelm: Über Feststellungs- und Steuerbescheide an Gesamthandsgemeinschaften, DStR 1974, S. 395

Kruth, Claus-Peter: Steuerentnahmerechte von Gesellschaftern bei werbender und insolventer Personengesellschaft Die steuer- und zivilrechtlichen Rechtsbeziehungen zwischen Gesellschaft und Gesellschaftern am Beispiel der Kapitalertragsteuer, DStR 2013, S. 2224

Kunz, Petra: Aktuelle steuerrechtliche Entwicklungen zur Zebragesellschaft – Anmerkung zum Vorlagebeschluss des BFH vom 30.10.2002 –, Stbg 2003, S. 149

Kurth, Hans: Irrwege zur Bilanzbündeltheorie – Wege zur Beitragstheorie?, StuW 1978, S. 1

Kußmaul, Heinz/Ruiner, Christoph/Schappe, Christian: Problemfelder bei der Anwendung der Zinsschranke auf Personengesellschaften, DStR 2008, S. 906

Kusterer, Stefan: Überlegungen zur Besteuerung des persönlich haftenden Gesellschafters einer Kommanditgesellschaft auf Aktien, DStR 2008, S. 484

Ley, Ursula: Steuerliche Transparenz von Personengesellschaften, Ubg 2001, S. 274

Leyh, Detlef: Die Klagebefugnis der Personengesellschaften, in Schlutius, Walter [Hrsg.], Gesellschaften und Gesellschafter im Steuerrecht, Festschrift zum 10jährigen Bestehen der Fachhochschule für Finanzen Nordrhein-Westfahlen in Nordkirchen, 1986, S. 151. Zitiert als: *Leyh* in FS FH Nordkirchen

Lindwurm, Christof: Gewinnverteilung und Gewinnfeststellung bei der Kumulation von stillen Gesellschaften – Ein Vergleich mit mehrgliedrigen stillen Gesellschaften unter Berücksichtigung von bewertungs- und gewerbesteuerrechtlichen Konsequenzen -, DStR 2000, S. 53

Littmann, Eberhard: Die Gewinne der Personengesellschaften in der Einkommensteuer. Zugleich eine kritische Betrachtung der Rechtsprechung des BFH, DB 1958, S. 580

Löhr, Dirk: Implikationen des § 3c Abs. 2 EStG für die Besteuerung der GmbH & atypisch Still, BB 2002, S. 2361

Lüdicke, Jochen: Mehrstufiges Feststellungsverfahren bei Zebragesellschaften – München locuta causa finita?, DB 2005, S. 1813

Lux, Jochen: Kenntnisfiktion qua Eintragung im Handelsregister?, DStR 2006, S. 1968

Mahlow, Christian: Die Kommanditgesellschaft auf Aktien und das Vorliegen einer verdeckten Gewinnausschüttung, DB 2003, S. 1540

Marchal, Hendrik: Einkünftequalifikation und Einkünfteermittlung bei „Zebragesellschaften“ nach dem Beschluss des Großen Senats des Bundesfinanzhofs, DStZ 2005, S. 861

Martini, Ruben: Das Verhältnis des persönlichen Körperschaftsteuertatbestandes zur Mitunternehmerschaft. Die steuerliche Zuordnung von Personenvereinigungen als Herausforderungen für die Kongruenz von Einkommen- und Körperschaftsteuer, DStR 2012, S. 388

Marx, Franz Jürgen: Steuerliche Ergänzungsbilanzen, StuW 1994, S. 191

Mathiak, Walter: Rechtsprechung zum Bilanzsteuerrecht, DStR 1989, S. 661

Meilicke, Heinz: Die Lehre vom notwendigen Betriebsvermögen bei Personengesellschaften, StuW I 1939, Sp. 897

Mellwig, Winfried: Zur steuerlichen Behandlung von Sondervergütungen i. S. § 15 Abs. 1 Nr. 2 EStG an inländische Gewerbebetriebe (I), DB 1978, S. 1047

Meßmer, Kurt: Die Bilanzbündeltheorie – Eine meisterhafte Schöpfung der Rechtsprechung?, StbJb 1972/1973, S. 127

Meßmer, Kurt: Rechtssubjekte im Rahmen der Besteuerung gemäß § 15 Abs 1 Nr 2 EStG, FR 1990, S. 205

Meyer, Bernd/Ball, Jochen: (Zweifelhafte) Zweifelsfragen zu § 7g EStG, FR 2009, S. 641

Meyer, Bernd/Ball, Jochen: Zur Anwendung des § 7g EStG bei Personengesellschaften – Teil I, INF 2001, S. 71

Müller, Thomas: Einkünftequalifizierung im Gewinnfeststellungsbescheid, EFG 2003, S. 751

Neufang, Bernd/Schmid, Franz: Sonder-Betriebseinnahmen und Sonder-Betriebsausgaben – Haben die übrigen Gesellschafter ein Einsichtsrecht?, Stbg 2012, S. 337

Neumann, Steffen: Zinsschranke nach dem Unternehmensteuerreformgesetz 2008, Die schwierige Neuregelung in 9 Prüfungsschritten, EStB 2007, S. 292

Raupach, Arndt: Gewinnanteil und Sondervergütungen der Gesellschafter von Personengesellschaften, StuW 1991, S. 278

Raupach, Arndt: Konsolidierte oder strukturierte Gesamtbilanz der Mitunternehmerschaft oder additive Ermittlung der Einkünfte aus Gewerbebetrieb der Mitunternehmer mit oder ohne korrespondierende Bilanzierung?, DStZ 1992, S. 692

Reiß, Wolfram: Einkunftsart und Einkunftsermittlung für die Gesellschafter einer vermögensverwaltenden Gesamthandsgesellschaft, in Schlutius, Walter [Hrsg.], Gesellschaften und Gesellschafter im Steuerrecht, Festschrift zum 10jährigen Bestehen der Fachhochschule für Finanzen Nordrhein-Westfahlen in Nordkirchen, 1986, S. 197. Zitiert als: *Reiß* in FS FH Nordkirchen

Rohrer, Oswald/Orth, Tilmann: Anwendung des Halbeinkünfteverfahrens auf Ebene einer KGaA, BB 2007, S. 1594

Ros, Bernhard: Die Veranlagung der GmbH & atypisch Still im Spiegel der Rechtsprechung des BFH, DStR 2001, S. 1592

Roser, Frank: Kritische Bestandsaufnahme der Gewerbesteuer, DStJG Band 35 (2012), S. 189

Ruban, Reinhild: Beteiligtenfähigkeit und Klagebefugnis der Gesellschaft bürgerlichen Rechts im Steuerprozeß, in Knobbe-Keuk, Brigitte/Klein, Franz/Moxter, Adolf [Hrsg.], Handelsrecht und Steuerrecht: Festschrift für Dr. Dr. hc. Georg Döllerer, 1997, S. 515. Zitiert als: *Ruban* in FS Döllerer

Ruban, Reinhild: Die atypisch stille Gesellschaft im Ertragsteuerrecht – Tendenzen in der neueren Rechtsprechung des Bundesfinanzhofs, DStZ 1995, S. 637

Ruban, Reinhild: Erbauseinandersetzung über Betriebsvermögen nach dem Beschluß des Großen Senats vom 5. 7. 1990, DStR 1991, S. 65

Ruppel, Alfred: Die Fragwürdigkeit der steuerrechtlichen Nichtanerkennung handelsrechtlicher Gesellschaftsformen, DStZ 1982, S. 465

Scheffler, Wolfram: Hinzurechnung von Leasingraten nach der Unternehmensteuerreform 2008: Verlust des Leasingvorteils und Verzerrungen durch Pauschalierung, BB 2007, S. 874

Schellenberger, Heinz: Der Bundesfinanzhof-Beschluß vom 25.6.1984, GrS 4/82 – Folgen und Folgerungen, DStR 1985, S. 163

Schick, Walter: Die Verfahren des Steuerrechts, StuW 1992, S. 197

Schmidt, Karsten: Die BGB-Außengesellschaft – rechts- und parteifähig, NJW 2001, S. 993

Schön, Wolfgang: Der Große Senat des Bundesfinanzhofs und die Personengesellschaft, StuW 1996, S. 275

Schön, Wolfgang: Die zivilrechtlichen Voraussetzungen steuerlicher Leistungsfähigkeit, StuW 2005, S. 247

Schön, Wolfgang: Steuerbilanz der atypischen stillen Gesellschaft, BB 1984, S. 313

Schön, Wolfgang: Zum Stande der Lehre vom Sonderbetriebsvermögen, DStR 1993, S. 185

Schulze zur Wiesche, Dieter: Sonderbetriebsausgaben eines Gesellschafters, DB 1988, S. 1466

Seer, Roman: Gewerbesteuer im Visier des Verfassungsrechts – Anmerkungen zu dem Vorlagebeschluß des FG Niedersachsen vom 24.6.1998, FR 1998, S. 1022

Siegert, Alice: Die Abgabenordnung im Wandel – Das neue Einspruchsverfahren, DStZ 1995, S. 25

Söhn, Hartmut: Einheitliche und gesonderte Feststellungen bei „doppelstöckigen Personengesellschaften", StuW 1999, S. 328

Szymczak, Manfred: Das außergerichtliche Rechtsbehelfsverfahren ab 1996, DB 1994, S. 2254

Thiel, Rudolf: Die Gesamtbilanz der Mitunternehmerschaft. Ein Exkurs zum 2. Kapitel von Brigitte Knobbe-Keuks „Bilanz- und Unternehmenssteuerrecht", StuW 1984, S. 104

Veiel, Otto: Zum Steuerrecht der Mitunternehmerschaften. Ein Querschnitt durch die Rechtsentwicklung, StuW I 1941, Sp. 825

Vogel, Klaus: Die Abschichtung von Rechtsfragen im Steuerrecht. Lastenausteilungs-, Lenkungs- und vereinfachungsnormen und die ihnen zuzurechnenden Steuerfolgen: ein Beitrag zur Methodenlehre des Steuerrechts, StuW 1977, S. 97

Wacker, Roland: Anmerkung zu BFH, Beschluss vom 14.01.2003 – VIII B 108/01, HFG 2003, S. 450

von Wallis, Hugo: Zur Ertragsbesteuerung der offenen Handelsgesellschaft, DStR 1978, S. 271

Wassermeyer, Franz: Aussprache zu Wacker, Roland, Gewinnermittlung bei sog. Zebra-Gesellschaft, JbFSt 2006/2007, S. 365, JbFSt 2006/2007, S. 376

Wassermeyer, Franz: Die Besteuerung des Gewinnanteils des persönlich haftenden Gesellschafters einer Kommanditgesellschaft auf Aktien, in Binnewies, Burkhard/Spatscheck, Rainer [Hrsg.], Festschrift für Michael Streck zum 70. Geburtstag, 2011, S. 259. Zitiert als: *Wassermeyer* in FS Streck

von Wedelstädt, Alexander: Gesonderte und einheitliche Feststellung von Besteuerungsfragen (II) – Verfahrensrechtliche Fragen bei der Besteuerung von Personengesellschaften und ihrer Gesellschafter, BuW 2000, S. 627

von Wedelstädt, Alexander: Mißbrauchsbekämpfungs- und Steuerbereinigungsgesetz: Änderungen der Abgabenordnung, DB 1994, S. 9

Wehrheim, Michael/Nickel, Katrin: Überführungs- und Übertragungsmöglichkeiten nach § 6 Abs. 5 EStG – eine steuersystematische Einordnung, BB 2006, S. 1361

Westerfelhaus, Herwarth: Umfang der gesonderten Feststellung von Besteuerungsgrundlagen mehrerer Beteiligter für Einkommen- und Vermögensteuerzwecke, DB 1987, S. 907

Westphal, Michael R.: Steuerliche Behandlung der Innengesellschaften, SteuerStud 2000, S. 113

Wichmann, Gerd: Fortwirkung der Bilanzbündeltheorie?, DStR 2019, S. 2214

Wichmann, Gerd: Fragen im Zusammenhang mit der Sonderergebnisermittlung und Verfassungsrecht, DStR 2012, S. 2513

Wissenschaftlicher Beirat Steuern der Ernst & Young GmbH: Hinzurechnungsbesteuerung und gesonderte Feststellung von Besteuerungsgrundlage, IStR 2013, S. 549

Wissenschaftlicher Beirat Steuern der Ernst & Young GmbH: Rechtsunsicherheit bei der Besteuerung der KGaA und ihrer persönlich haftenden Gesellschafter, DB 2014, S. 147

Woerner, Lothar: Beiladung im Verfahren der einheitlichen Gewinnfeststellung, Anmerkung zu Bundesfinanzhof, Urteil vom 28.11.1974 – I R 62/74, BB 1975, S. 355

Woerner, Lothar: Mitunternehmerbegriff und Bilanzbündeltheorie bei der Gewerbesteuer, BB 1974, S. 592

Wündisch, Fritz: Die „Bilanzbündeltheorie" ist tot. Wan nun?, FR 1973, S. 204

Wündisch, Fritz: Zur steuerlichen Problematik der gewerblichen Gesamthand, FR 1960, S. 147

Zähle, Kai: Die Umqualifizierung der Einkünfte eines betrieblich an einer Zebragesellschaft beteiligten Gesellschafters. Anmerkung zum Vorlagebeschluss BFH v. 30. 10. 2002, BFH 30.10.2002 Aktenzeichen IX R 80/98, DStR 2003, S. 1328

von Zezschwitz, Friedrich: Die Bilanzbündeltheorie – ein brüchiger Torso (I. Teil), FR 1970, S. 133

***

Studien zum Steuer-, Bilanz- und Gesellschaftsrecht
Herausgegeben von André Meyer

Band 1 Alexander Zenefels: Was von avoir fiscal übrig blieb. Eine systematische Betrachtung der Entwicklung der Rechtsprechung des Europäischen Gerichtshofs zu den direkten Steuern der Mitgliedstaaten in den vergangenen dreißig Jahren. 2018.

Band 2 Tina Kießling: Einkommensbesteuerung in der insolventen Personengesellschaft. 2018.

Band 3 Simon Müllner: Die Reichweite der Sonderregelung über Verpflichtungsübernahmen (§§ 4f, 5 Abs. 7 EStG), insbesondere bei Umstrukturierungsvorgängen im Sinne des Umwandlungssteuergesetzes. 2019.

Band 4 Enrico Stenzel: Die gesonderte und einheitliche Feststellung. Thesen zu einer subjektivitäts-, zweck- und interessengerechten Ausgestaltung des Verfahrens bei Einkünften Mehrerer (insbesondere bei Mitunternehmerschaften). 2020.

www.peterlang.com

www.ingramcontent.com/pod-product-compliance
Ingram Content Group UK Ltd.
Pitfield, Milton Keynes, MK11 3LW, UK
UKHW021124041026
8980IPUK00026B/384